The Creative Arts
A Process Approach for Teachers and Children

다중지능으로 풀어본 창의예술

Linda Carol Edwards 지음

김명희 · 주은희 · 박선희
신동은 · 박성은 옮김

아카데미프레스

The Creative Arts
A Process Approach for Teachers and Children, 5th Edition
Linda Carol Edwards

Authorized Translation from the English language edition, entitled CREATIVE ARTS, THE: A PROCESS APPROACH FOR TEACHERS AND CHILDREN, 5th Edition by EDWARDS, LINDA CAROL, published by Pearson Education, Inc, publishing as Merrill, Copyright © 2010

KOREAN language edition published by PEARSON EDUCATION KOREA LTD and ACADEMY PRESS, Copyright © 2013

Pearson
is an imprint of

PEARSON

번역서 출간에 즈음하여

이 책은 아동들의 감성계발 훈련과 시각예술, 음악, 신체표현, 문학적 능력을 풍부하게 하는 창의예술의 과정적 접근에 기초하여 예비교사들의 역량을 높이는 데 초점을 두고 있다. 창의예술 표현에서 아동의 잠재력 계발을 위해 발달에 적합한 실제와 예능 분야별 미국 국가 표준에 따른 지침을 제시하는 한편, 창의예술 표현을 다루는 각 장마다 다중지능이론의 맥락에서 관련 지능을 발달시키는 데 도움이 되는 안내지침을 제시하고 있다.

교사들의 아동 인지에 대한 박사학위를 영국에서 취득한 역자는 한양대학교 김명희 교수님과 미시건주립대의 이경희 교수(하버드대 졸)가 1998년 번역, 소개한 가드너의 『다중지능의 이론과 실제(Multiple Intelligences)』를 처음 접했을 때의 반가움을 아직 기억하고 있다. 그 당시 새롭고 다양하게 지능을 정의한 가드너의 다중지능이론에 매료되어 다시 겸손히 학습하는 학생이 되기로 작정한 바 있다.

그 후 10여 년간 한국교육환경에 이 이론을 접목하여 선구적인 연구를 지속해 오시고 국내외적으로 다중지능이론과 실천의 대가로 인정받아오신 김명희 선배께서 이번에 『다중지능으로 풀어본 창의예술(The Creative Arts: A Process Approach for Teachers and Children)』을 번역하는 이 작업에 관심을 보여주고 감수를 통해 해박한 조언을 해주심에 감사를 드리는 바이다.

역자들은 번역을 하면서 우리 아동들과 이 책에 담겨진 다양한 활동을 통해 그들의 다양한 지능을 계발하고 창의적 감성을 발달시키고 싶은 설렘을 함께 나누기도 하였으며, 유아교육 전공 학생들에게 예비교사로서 유아들의 긍정적이고 행복한 교육을 향한 여행길에 안전한 플랫폼을 제공할 수 있다는 뿌듯함도 느꼈다.

학인의 길에 밤하늘에 높이 떠올라 길잡이가 되어주는 밝은 별 같은 선배와 일상의 분주함 속에 서로에게 지식과 감동의 마대자루를 채워주려는 동문 후배들이

동역하고 있다는 것은 분명 큰 축복이기도 하다. 유아 미디어와 효율적인 교수매체 개발에 지침이 없는 박선희 교수, 실용적 교육 개선을 위한 평가와 정책 연구에 여념이 없는 신동은 박사, 샘솟는 탐구심으로 끊임없이 정진하는 박성은 박사처럼 신의있는 후배들과 쌓은 우정은 오래도록 깊어갈 것 같다.

이제 이 책을 접하는 독자들이 지능에 대한 새로운 관점의 맥락에서 아동들이 각자의 흥미에 따라 창의예술을 경험하는 과정을 즐기며, 관련된 지능을 향상시킬 수 있도록 지도하는 데 자신감을 갖게 되길 기대한다. 미래세대의 교육을 기대하는 예비교사들이 이 책의 첫 장을 열며 인습적인 교육으로부터의 탈피와 새로운 접근에의 만남이 이루어지는 여정에서 우리 역자들은 함께 성장하고 나누는 배움의 동반자가 되길 기원한다. 이 모든 작업과정에 귓전에 메아리 음으로 울리던 '나의 갈 길 다가도록…' 의 찬송가락이 혹 부족함이 있더라도 일단 활자화하고, 온전을 향해 지속적으로 다듬는 노력을 하자고 우리 스스로에게 다짐하는 용기를 주었음을 고백하는 바이다.

2012년 12월 행원의 봄을 기다리며
역자를 대표하여 주은희

저자 서문

창의예술은 음악가, 무용가, 화가, 조각가, 동화작가, 시인들의 상상의 언어이자 우리들의 보편적인 언어이다. 자신의 몸을 이용해 헤엄치는 돌고래의 우아한 움직임을 재현하며 춤추는 5세 아이들의 율동적 언어이며, 반복되는 일상에서 벗어나 자신이 가보지 않은 저 머나먼 곳으로 상상의 나래를 펼치는 초등학교 1학년생의 묵언의 언어이기도 하다. 예술 언어는 화가와 조각가들이 개인적으로 즐길 수 있는 방식으로 색채, 모양, 형태를 표현할 때 관습의 제한을 받지 않고 표현된다. 창의예술은 친숙한 이야기가 진행될 때 그 줄거리에 독창적인 대화체와 신선한 아이디어를 더하는 어린이들의 언어인 것이다.

창의예술은 인간행동을 가장 잘 드러내주는 것으로 우리들의 미적 경험의 본질과 소통하는 것이요, 가장 강렬하고 기본적으로 지속하는 방법으로 아름다움을 현실로 불러들이는 방법인 것이다. 예술은 지루하거나 밋밋하고 세속적이지 않다. 창의예술은 어느 연령의 사람들에게나 자신들에 대해 새로운 발견의 지평선과 이해로 이끄는 통로인 것이다. 상상력, 음악, 움직임, 시각예술, 창작동극, 조각, 문학은 우리가 여섯 살이건 아흔 살이건 무수한 방법과 많은 상이한 형태와 표현양태를 통해 우리들의 삶을 확장시키고 풍부하게 해준다.

4년 전에 이 책의 제4판을 저술할 때 예술에서의 창의적 과정의 중요성을 전달하였고 교사가 적극적으로 창의예술에 관여하는 데 필요로 하는 지식과 기술을 습득하는 방법을 이해시키려 하였다. 또한 경험의 중심부에 놓여지는 것은 예술활동이 아닌 사람임을 강조하였다.

이 개정판은 전문적인 연구를 통해 최신 조사결과를 제시하여 이론과 실제의 연계성을 추구하고자 한다. 교사들이 연구의 중요성과 최근 사조에 주목하도록 의도하였다. 서술형태에 있어서 전문직으로 교직을 택한 이들에게 의미 있는 방식으로 이론적 아이디어를 구성하였다. 이 책을 통해 나는 '교사'란 용어를 아동들에 대한 '보살핌'과 복지의 책임을 다하는 어른의 의미로 기술하였다. 여기서 '교사'란 교직과목을 이수하는 예비교사 학생, 교육실무를 실습하는 학생, 현직교사, 주임교사, 대학교수, 아동들의 삶을 풍요롭게 하는 일에 종사하는 전문직까지를 모두 포함한다.

교사는 창의적 표현과 성장을 위해 아동들이 출구를 찾도록 필사적으로 돕고 아동들의 창의성의 물고를 트는 데 그치지 않고 아동들의 발달 잠재력에 적합한 창의적 표현을 하도록 돕는 데 힘써야 한다. 개정판에선 이미 정례화된 활동에 의존하거나 규격화된 결과물의 정렬에서 벗어나 누구나 창의적 과정에 동참하는 능력에 대한 확신을 갖도록 강구하고자 한다. 어떻게 이것을 이룰 수 있을까?

이에 대한 정보를 담은 전반적인 틀은 정의적 영역의 연속선, 즉 단지 여러분이 교사가 되든지, 정말 계몽적이고 유연성 있는 교사가 되든지 간에 여러분의 여행길을 인도하도록 발달적 체계를 따른 것이다. 이 책을 읽어가고 연속선을 따라갈 때 정서 발달의 기본과 기초에서 보다 높은 단계로 진보해나가게 될 것이다. 이러한 단계적 성장을 인식하는 것은 여러분과 학생들의 창의력 수준을 향상시키게 된다. 창의력 발달을 지지하는 각 장의 특징 외에도 이 책의 구조와 조직은 여러분의 학습과 성장을 촉진하게 해준다.

개정판의 새로운 점

본 개정판의 새로운 변화와 주요 개정내용은 창의예술의 종합적 과정을 보여주며 교수학습과정에서 예술이 어떻게 우리의 이해를 확장시켜주는지를 알려준다.

수학, 과학, 사회, 언어의 표준 제시

교과영역의 내용을 다루는 각 장에서는 이 영역의 국가 표준을 제시하고 어떻게 이러한 표준이 시각예술과 공연예술과 통합될 수 있는지를 기술한다. 교사나 학생들에게 유아에게 적합한 방법으로 모든 국가 교육내용 영역을 고지함으로써 어떤 방식으로 '표준 지향 교육과정' 안에서 창의예술을 포함할지에 답을 줄 것이다.

교육과정 설계, 학습계획과 예술 통합

음악, 무용과 신체표현, 시각 및 공연예술, 극놀이 활동을 다루는 장에서는 창의예술 교육과정 안에서 수학, 과학, 사회, 언어를 포함하는 활동 장으로 예술을 사용하도록 격려하는 학습계획 개발 전략을 제공한다.

평가

평가 과정이 소개되고 학생과 교수자에게 가르치는 과정을 제대로 통합하는 전통적 상황에서 공정하고 정확한 방법으로 아동들이 그들의 가능성을 과시할 수 있는 기회가 되도록 구체적 아이디어를 제공한다.

실천과 통합된 이론-가르치기에 주는 시사점

이론에 대한 비판적 관점에서 실제와 연계하는 아이디어를 제시하였다. 유아의 발달수준에 기초한 발달적 활동을 제안하고 있다. 추상적인 이론의 신비를 벗어나 아동의 학습형태로 기술한다.

창의예술에 대한 교사 아이디어 원천

과정지향적 예술학습은 아동들의 관심을 유발하는 방법에 대한 아이디어를 현직 교사로부터 공들여 수집하여 제시한다.

내용 구성범주의 특이성

여러 장에서 교실환경의 주요 요소를 다루고 있다.

발달에 적합한 실제

구체적인 경험과 아동의 발달수준에 적합한 실제를 유지하는 방법을 제시한다.

특수교육 요구가 있는 아동

학급 내 모든 아동들을 위한 창의예술 경험을 제공하는 방법을 논의한다.

다문화 맥락에서의 창의예술

예술은 학교에서 참으로 다양한 아동들에게 가르치기에 매우 적합하다. 교사에게 그들 자신과는 다른 관점의 다양성을 보는 다문화적 시각을 제공한다. 본 개정판에서는 다문화적 관점이 내용과 예시를 통해 확대된다. 이것은 예술이 최고의 잠재력인 창의적 표현 자원으로서 지구촌 예술의 다양성을 인식하려면 다문화적 상징을 통해 예술을 보는 데 초점을 두는 것이다.

창의예술 개발과 가정의 역할

각 영역의 내용을 다루는 장마다 과정지향 활동을 통해 창의예술에서의 가족들의 참여를 격려하고 있다. 아이를 돌보는 이와 아동들에게 적합하게 가정환경을 염두에 두고 저술한 것이다.

개인적 · 직업적 성장

각각의 장은 교사들의 개인적 · 직업적 성장과 관련된 활동 예시를 보여주며 마무리된다. 이 예시들은 대학생과 강사들 스스로 창의예술 과정의 잠재력을 경험할 기회를 제공한다. 또한 예시들을 통해 창의예술의 개념을 개인적 삶과 연관시켜 이해할 수 있도록 해준다.

시각 · 공연예술 전국 표준의 통합

이 절들은 예술을 주류 교육과정에 다시 포함시키려면 전국 표준들에 어떻게 대응책을 마련하여야 하는가를 심도 있게 다루고 있다. 이 개정판에서는 음악교육, 무용교육, 연극교육, 미술교육에 대한 표준에 초점을 맞춘다. 또한 다양한 예시들을 통하여 교사와 사범대학 교수들이 예술의 구체적인 내용에 대한 기준과 다른 조기 교육과정 간에 연결점을 만들 수 있도록 하였다.

아동문학과의 관련성

아동문학은 예술과 창의성에 대하여 배울 수 있는 훌륭한 자원이다. 각 장마다 교사들이 아동들의 창의예술 경험 향상에 사용할 수 있는 추천 아동도서들을 수록하였다. 이는 또한 각 장의 내용과 문학과의 연결고리를 제공해준다. 아동들이 예술 활동에 참여하는 동안 교사가 참고도서를 선택하는 데 도움이 되도록 주석을 곁들였다.

다중지능이론

가드너(Gardner)의 다중지능이론은 다중지능에 접근할 수 있는 개념틀과 이 이론이 창의예술교육에 미치는 영향을 제공한다. 각 장은 창의예술의 내용과 연계되는 다중지능이론의 영역을 선보인다. 예를 들어 창작 동극에 대한 장은 대인관계지능과 개인이해지능에 근거를 두고 있다.

현대 이론과 모형들

이번 개정판에서는 미학적 발달에 대한 비고츠키(Vygotsky)와 파슨스(Parsons)의 이론 일부를 다루고 있다. 비고츠키의 작업은 학습의 사회적 형성에 대한 이해에 대한 기초를 제공한다. 파슨스의 이론은 미학의식의 조망과 예술 발달에 대한 체계적인 방법론을 제공한다는 점에서 중요하다.

이 책의 그 외 특징

삽화 일화

각 장은 저자의 교사 시절 경험과 현직 교사와 교생들의 경험에 기초한 일화를 선보이며 시작한다. 이 이야기들은 각 장을 위한 무대를 마련하고 실제 생활에서 창의예술과정에 대한 아동들의 참여를 강조한다. 아동들의 창의활동에 대한 이러한 일화들은 개념의 소개, 개관, 결론, 검토 과정에 필요한 토의에 사용할 수 있으며, 실제 경험을 관찰하고 반영할 수 있는 기회를 제공한다.

인용문

책 전체에 수록되어 있는 철학자, 음악가, 무용가, 화가, 작가, 배우들의 명언들은 예술에 대한 새로운 사고를 도와준다. 일부는 진지한 사고를 위해, 다른 것들은 익살스러운 메시지 전달을 위해 수록되었으며 아동들의 창의예술교육을 위한 영감을 제공한다.

연구

모든 학습자, 특히 아동들에게 필수적인 교육 요소로서의 예술에 대한 이해를 돕는 데 연구 결과와 이론이 이전보다 더 많은 도움을 주고 있다. 이러한 성장을 보다 정확히 반영하기 위하여 최신 관련 연구들을 책에 수록하여 예술학습의 기초를 제공하였다. 교사들이 추가 정보를 얻는 데 사용할 수 있는 실용적인 글들과 참고문헌들도 수록하였다.

아동들의 그림

이번 판에는 아동들의 작업들을 수록하였다. 이 이미지들은 아동의 창의적 발달과정의 다양한 단계들을 보여주기 위하여 사용되었다. 모든 그림들은 찰스턴대학(Charleston College)의 마일즈유아발달센터(Miles Early Childhood DevelopmentCenter) 아이들의 선물이기도 하다.

참고문헌

300개 이상의 참고문헌이 인용되었으며 책의 끝에 목록을 수록하였다. 이 참고목록은 최신 연구에 대한 개요에서 창의적 예술에 대한 최신 작업까지 포함한다. 이론적 기초의 확장과 창의예술을 뒷받침하는 연구를 반영하는 30개 이상의 새로운 주석들이 이번 개정판에는 추가되었다.

부록

아동문학, 동요, 손가락 인형극, 안내 이미지에 대한 부록은 교사와 아동들을 위한 창의예술 체험에 준비된 자료를 제공한다. 또한 교실에서 자료들을 이용하기에 손쉬운 참고문헌을 수록하였다. 많은 참고문헌이 책 전반에 걸쳐 언급되어 있다.

마무리 노트

이 책은 마무리 노트를 통해 독자의 학습을 지원하는 대안적인 방법을 제안한다. 마무리 노트는 특히 외부 과제, 확장 연구, 교실 과제가 개별 · 협동 · 대집단 활동으로 이루어지는 데 유용하다. 또한 교육 분야 외에 예술가들과의 전문적인 관계 형성에 대한 제안을 담고 있다.

조직과 구조

1장에서는 책 전반에 조직되어 있는 창의예술에 대한 중심주제와 아이디어를 요약하는 네 개의 주장이 소개된다. 2장에서는 창의적 과정을 소개한다. 3장에서 8장까지는 창의예술의 세부적 분야에 따라 감정과 이미지의 탐색, 음악과 신체표현의 도입, 시각예술로의 초대, 연극과 창작 동극의 격려, 3차원 예술 실험, 문학적 능력 향상 계획으로 나누어져 있다. 9장에서는 창의예술 수업에 대한 대학생들의 경험담을 소개한다.

『The Creative Arts: A Process Approach for Teachers and Children』 제5판을 통해 독자가 자신의 교실에서 창의예술 과정의 촉진자 역할을 하는 유익하고 도전적인 접근법을 찾을 수 있기를 바란다. 새롭게 교직에 종사하는 교사들은 아동들이 자유롭게 다양한 예술형태를 통해 창의력을 탐구할 수 있도록 수업을 조직하는 길을 찾을 수 있을 것이다. 경험 있는 교사들은 모든 아동들이 같은 주제에 대하여 같은 시간에 그리기, 만들기, 움직이기 등의 활동을 해야만 한다는 낡은 관념을 떠날 수 있는 용기를 얻을 것이다. 이를 통해 예술을 마치 교향곡의 악보처럼 해석의 자유가 풍부한 영역으로 볼 수 있도록 격려받을 것이다. 창의예술에 대한 이러한 관점은 교육자들이 아동 각자가 타고난 예술적 잠재력의 발달을 도울 수 있는 무한한 가능성을 제공해준다.

감사의 말

제5판을 쓰는 동안 많은 이들로부터 영감을 받았으며, 이것은 출판사 피어슨/메릴(Pearson/Merrill)의 재능 있는 이들의 노력에 의해 보완되었다. 편집자 줄리 피터스(Julie Peters)는 지지와 격려를 전해주었다. 나는 그녀의 통찰력과 선견지명, 열정, 그리고 이 책과 나의 글쓰기에 대한 그녀의 신뢰에 크게 빚지고 있다. 또한 이번 판을 발간하고 성공적으로 만드는 데 기여한 티파니 비첼(Tiffany Bitzel), 브라이스 벨(Bryce Bell), 린다 베이머(Linda Bayma), 캐롤 시케스(Carol Sykes), 발레리 슐츠(Valerie Schultz)에게 감사의 말을 전하고 싶다.

나는 켈리 조런(Kellie Jauron)과 S4칼라일(Carlisle) 출판사에서 일하는 그녀의 재능 있는 동료들에게 감사한다. 그녀는 프로정신의 가장 훌륭한 예시를 보여준다.

이해 더해 적시에 원고를 검토해주고 보강해준 센트럴 오클라호마대학교의 로라 데이비스(Lora Davies), 루더스대학의 히더 호킨스-스콧(Heather Hawkins-Scott), 테네시주립대학교의 그라함 매튜(Graham P. Mattehews)에게 감사를 드리고 싶다.

아이들과의 이야기를 나와 공유해준 필리스 게이츠(Phyllis Gates), 디나 샽츠거(Deanna Satzger), 메리 화이트(Mary White), 스테파니 존슨(Stephanie Johnson)을 포함하여 마일즈 유아발달센터 소장이며, 재능이 풍부한 교사인 캔디스 자르제위츠(Candice Jaruszewicz) 박사의 전문적인 제언을 받은 것은 행운이기도 하다. 또한 나의 대학원생 제자인 안나 햇쳇(Anna Hatchett)과 마이크 글레이저(Mike Glazier)에게 감사를 표한다. 안나는 원고에 대한 사려 깊은 언급을 하며 이 개정판을 발간하는 여정을 지치지 않고 이겨나게 유머로서 위로해 주었고 마이크는 편집단계에서 내가 과제와 시간에 집중하게 하는 도구적 도우미가 되어주었다. 마지막으로 원고 집필 동안 너그럽게 길잡이가 되어준 동료이자 친구인 캐바스 곱하이(Cavas Gobhai), 마가렛 험프리(Margaret Humphreye)에게 감사의 표현를 하고 싶다. 또한 가렌 파시올렉(Karen Paciorek) 박사가 보여준 동료로서의 지원과 개인적인 도움에 깊은 감사를 드린다.

끝으로 나의 제자들에게도 특히 그들의 격려와 지지에 감사하며 깊이 고마움을 표현하고 싶다. 그들은 아동의 조기학습을 지지하는 최고의 수준 높은 창의예술 프로그램을 제공하는 데 있어서 자신들의 중요한 역할을 잘 인지하고 있다. 이들 학생들이야말로 유아교육 예술 분야의 미래인 것이다.

린다 캐롤 에드워즈(Linda Carol Edwards) 올림

저자 소개

린다 캐롤 에드워즈는 사우스 캐롤라이나 찰스턴대학의 교수이며, 학부와 대학원에서 유아교육과 시각 · 공연예술을 가르치고 있다. 펨브로크주립대학교에서 문학사를 취득한 후 암허스트 소재 매사추세츠대학교에서 교육학석사와 박사를 취득하였다. 대학교로 전직하기 전에 12년간 노스캐롤라이나의 공립초등학교에서 12년간 교편을 잡은 바 있다.

에드워즈 박사는『음악과 신체표현: 유아의 생활방식(Music and Movement: A Way of Life for the Young Children)』제6판(피어슨/메릴)의 공저자이기도 하다. 이 책은 최근까지 켄트주립대학교의 명예교수였던 캐서린 베이리스(Catherine M. Bayless)와 조지아 사우스웨스턴대학의 마조리 램시(Marjorie E. Ramsey)와 함께 저술한 것이다. 또한 그녀의 출판물은 유아, 과학과 아동, 유아교육과 가족 리뷰 학회지, 유아교육 영역, 카파 델타 피 레코드 등에서 출간되었다. 에드워즈박사의 경험은 교사교육수월성 표준승인기관(NCATE)과 미국유아교육협회(NAEYC)에 의해 인정된 유아교육 대학원프로그램을 창안하도록 하였다.

유아 예술교육에 대한 주창자로서 그녀는 지역, 주, 그리고 전국 협의회에서 유아기의 시각 및 공연예술의 중요성을 발표해 널리 홍보하고 있다.

차 례

4장 음악과 신체표현 도입하기 129

6장 교실 안에서의 놀이와 창작 동극 격려하기 239

8장 문학적 능력 향상 계획 333

제1장

출발하기

어느 사회나 생존과 번영에 필요한 5가지 기본 요소는 진리, 미, 모험, 예술 그리고 평화다.

— 갓프리(Godfrey, 1992)

리엔(Lien)은 평평한 종이위로 물감을 묻힌 붓을 움직이면서 자신이 가장 좋아하는 것은 "바다 수영"이라고 말한다. 며칠 후 리엔은 찰흙으로 바다와 돌고래를 만든다. 선생님이 반 친구들에게 헨델의 "수상음악(water music)"을 들려주면서 그 곡명을 알려주었을 때, 다섯 살의 리엔은 뛰어오르고 다이빙하면서 돌아다니고 있다. 리엔은 자신이 요트 옆에서 헤엄치면서 주위에 물을 뿜어대는 돌고래라고 선생님에게 말한다. 각각의 경우, 리엔은 시각예술과 공연예술을 활용하여 자신의 감정과 감각적 경험을 상징적이지만 보여지는 형태로 표현하는 법을 찾고 있다. 이 아동은 색채와 형태, 소리와 움직임, 그리고 다른 감각적 현상들을 조직해서 자신에 대한 생각과 느낌을, 그리고 자신이 세계에 대해서 알고 있는 것을 표현하기 위해 노력하고 있다.

아동은 자신을 표현하고 다른 사람들과 의사소통해야 한다. 아동은 자기표현과 의사소통의 요구들을 개인적 표현, 창의적 탐구, 행동을 통해 가장 효과적으로 만족시킨다. 아동은 시각예술과 공연예술에서 그들만의 고유하고 독특한 방식으로 세계와 직면하고 상호작용하는 구체적인 경험을 하게 된다. 특히 유아들은 예술에 매료되는데, 그 이유는 창의적 예술 재료들을 가지고 "난장판을 만드는 것"이 천성적인 것이며 동시에 만족감을 주는 일이기 때문이다. 아동은 내면의 생각과 감정에 다가가는 그림을 그리거나 찰흙으로 형태를 만들거나 음악을 듣는 것과 같은 감각적 즐거움에 몰두할 때 자기 생각과 감정을 보여준다. 이 과정은 아동이 세계에 대해 알고 있는 것을 탐구하고 해석해내도록 하는 것이다. 아동은 자신의 모든 감각들을 탐색하고 그러한 감각들로 할 수 있는 일들을 발견해내야 한다. 아동이 말할 것을 표현하는 방법은 바로 예술적 탐구과정에서 얻어진다. 이러한 경험의 중요성은 그것이 아동에게 주는 의미에 있다. 아동의 경험이 소통의 수단으로서 다른 사람과 공유되고 수용될 때 그 중요성과 힘은 더 커진다.

> 가장 친밀하고, 가장 감동적인 경험을 위해 우리는 어떠한 말보다 풍부한 상징체계를 필요로 한다. 이러한 풍부한 언어를 우리는 예술이라 부른다.
> — 어네스트 L. 보이어(Ernest L. Boyer)

사람들의 가장 중요한 욕구 중 하나는 긍정적으로 자신의 가치를 느끼는 것이다. 아동은 세계에 대해서 배우기 시작한다. 아동은 아직 아마추어로서 실수하고, 당황해하고, 일을 제대로 해내지도 못한다. 아동은 주변의 성인들로부터 긍정적인 반응을 얻고 소중한 존재로 다루어져야 한다. 창의예술 과정은 아동에게 다가갈 수 있는 좋은 방법이다. 왜냐하면 창의예술 과정은 구상주의 예술 형식들을 창조하는 법을 알아야 한다거나 발레의 전문 기술들을 이해해야 한다고 요구하지 않기 때문이다. 아동의 창의적이고 예술적 표현에는 단 하나의 옳은 반응이 있는 것이 아니고, 돌고래와 함께 수영하거나 아동이 표현하는 다른 창의적 표현법에 맞고 틀린 것이 있는 것도 아니다. 창의적이고 예술적 과정은 아동이 시도하고, 탐구하고, 실험하고, 자신을 알아가는 가장 안전한 방법이다. 예술을 통하여 아동이 자신을 표현하게 하는 것은 아동의 내적 삶을 육성한다. 예술적 탐구를 통하여 아동이 성취감과 자신감을 얻게 될 때, 아동은 개인적 만족감과 긍정적인 자기 이미지를 경험하게 된다. 유아교육에서 예술적 활동은 그것이 아동의 삶에 가져다주는 충족감이라는 이유만으로도 매우 핵심적인 것으로 여겨져야 한다.

공간 만들기

아동이 창의예술 활동에서 적절한 경험을 하는가의 여부는 어느 정도 교사의 이해에 달려 있다. 많은 유치원 교사들은 창의예술을 꼭 필요한 핵심 교과의 하나로 여기면서도 여전히 예술을 하는 것에 가치를 두기보다는 결과물 중심의 활동을 중시하는 경향이 있다. 무엇이 창의적인 것이며, 또 무엇이 창의적이지 않은 것인가? 그리고 아동이 예술 활동에 참여할 때 창의예술을 경험하도록 하기 위해서 교사는 무엇을 해야 하는가?

이제 몇몇 교실을 살펴보자. 우리는 아동의 상상력이 작동하도록 만드는 것이 어떤 것인가를 잊곤 한다. 아동의 상상력은 무의식적으로 솟구친다. 하지만 불행하게도 사람들은 창의적이고 상상력이 풍부해지도록 "교육받았다." 여러분의 경험 속에서 다음과 같은 상황을 상기해보길 바란다.

노란 문의 영아반

여기는 동네 어린이집 영아반이다. 교사는 미술 영역에 물감, 커다란 종이, 작업복을 준비해 놓았다. 대집단 활동 시간에 손가락으로 그림 그리기를 간략하게 소개한 다음에 친구들이 재료들을 자유롭게 쓸 수 있도록 했다. 교사는 친구들이 손가락 물감놀이에 익숙해지는 과정을 관찰한다. 물감을 입에 넣은 아이들의 표정에서 물감의 맛을 별로 좋아하지 않는다는 것을 알 수 있었다. 대부분의 친구들이 한 손 창의성은 아이디어를 자신만의 방식으로 표현하는 융통성 있는 독창적인 감정이다.

가락으로 물감을 만져보더니 차츰 두 손가락을 활용하다가 마침내는 모든 감각을 활용한다. 곧 다른 아이들도 이 재미있는 활동에 참여하고, 미술 영역은 물감, 새로운 창조, 즐거운 두 살 배기 유아들로 활기가 넘치게 된다.

파란 문의 유아반

복도 건너편 유아반에서 선생님은 아이들에게 레오 리오니(Leo Lionni)의 동화 『프레드릭(Fredrick)』을 읽어주고 있다. 다른 생쥐들이 곡식을 모으고 있는 동안 프레드릭은 햇빛과 색을 모을 상상을 하고 있다. 쥐는 다가올 겨울에 필요한 것들을 모으고 있다. 교사들은 동그란 모양의 분홍과 갈색 색종이를 나누어주고 있다. 교사는 종이컵에 동그란 색종이를 붙여 만든 쥐를 친구들에게 보여준다. 그런 후에 종이 쥐를 만들었던 과정을 차례차례 시연해 보인다. 보조 교사도 자신이 만든 쥐를 친구들에게 보여주며 동그란 색종이와 컵을 활용해서 선생님들이 만든 것과 같은 쥐를 만들 수 있을 거라고 한다. 교사들은 친구들에게 자신들이 만든 쥐를 자세히 살펴보게 하고 돌아다니면서 지도한다. 어떤 친구들이 동그란 원을 컵에 제대로 붙이지 못하자 교사들은 도와주면서 그 작업을 마친다.

유치반

교사와 아동은 곧 열릴 교사 학부모 간담회에 선보이게 될 연극의 예행연습을 하고 있다. 친구들은 몇 주간 연극 연습을 해왔고, 지금은 공연을 앞두고 마지막 리허설을 하는 중이다. 이제 아동들이 가장 좋아하는 이야기 중 하나인 『세 마리 염소(The Three Billy Goats Gruff)』의 대사를 모두 외웠다. 커튼이 올라가고 총연습 시간이 되자 다섯 살 친구들이 무대의상을 갖추어 입고 정확한 대사로 완벽하게 연기를 한다.

블록 영역

다음으로 블록 영역으로 가보자. 거기에는 다섯 살 아동이 원목으로 다리를 만들고 있다. 아동은 대충 만들어놓은 다리에서 "터벅터벅터벅"이라는 말을 하면서 행진하고 있다. 교사가 가까이 가서 아이들의 "터벅터벅"이라는 말이 『세 마리 염소』의 염소들의 울음처럼 들린다고 말한다. 그 말을 듣고 한 아이가 다리 아래로 기어 들어갔다. 다음 우리는 "누가 내 다리를 건너가는 거야?" 하는 말을 들을 수 있었다. 다른 아이는 작은 깔개를 들고서 "얘들아, 이것을 초원이라 하자."라고 말한다. 이렇게 놀이는 20분간 계속되었다. 그 사이 줄거리가 몇 번 바뀌었다. 또 막내 염소를 맡은 아동은 어떻게 자기들이 케이크와 아이스크림으로 괴물을 속일 수 있을까를 얘기한다.

적절한 실습과 부적절한 실습

핑거 페인팅 활동을 했던 영역과 쥐를 만들었던 영역을 생각해보자. 손가락 색칠 활동에서 영아들은 핑거 페인팅을 실험해볼 수 있었다. 그 친구들은 새로운 미술 재료를 살펴보거나 자신들이 선택한 작업 공간으로 갈 수 있었다. 미술 영역으로 간 친구들은 자유롭게 핑거 페인팅의 특징을 경험하거나, 자기 생각, 경험, 아이디어를 표현하면서 색칠하거나, 종이에 손가락, 손, 팔꿈치를 사용하여 색칠하는 것에 즐거움을 느낄 수 있었다. 친구들은 작품을 끝낼 수도 있었다. 이러한 활동을 통해 아동은 창의적인 충동이 작동하는 과정에 몰입하게 된다. 교사들은 활동의 결과물보다는 그 과정에서 얻게 되는 것에 몰두할 수 있도록 했다. 친구들은 외적인 기준보다 내적인 것에 반응할 수 있었다. 그 반 친구들은 교사의 생각이나 아이디어를 따라 하는 단계적 과정을 따르기보다는 각자의 아이디어를 시험하는 예술 자료로 작업했다.

쥐 만들기 활동에서의 창의 과정은 의문스럽다. 아이들은 교사의 아이디어나 또는 만들기 책에서 제시해주는 단계적 과정을 따라 하고 있다. 아이들은 자신들이 상상한 것을 만들기 위하여 컵에 어떤 모양들을 붙일 것인가에 대한 아이다운 아이디어에 반응하는 것이 아니다. 완성된 모형으로 한 단계씩 이끌어가는 것은 과정을 익히고 지시사항을 따르도록 가르치는 것이기는 해도, 그러한 과정을 예술이나 창의적 과정이라 할 수는 없다. 아이 숫자만큼의 종이 쥐를 완성함으로써 각자 집에 하나씩 가져갈 수 있도록 했겠지만, 이러한 활동은 종이 색칠하기 정도에 지나지 않는다. 아동은 교사가 만든 것만큼 자신은 잘 만들 수 없다는 식의 잘못된 생각을 곧 갖게 될 것이다.

블록 영역에 있던 다섯 살의 아동은 블록으로 만든 다리 위를 "터벅터벅터벅" 하며 걸어가서 양탄자로 만든 풀밭에서 풀을 뜯어먹고 있다. 이 친구들은 자신에게 어울리는 극화놀이로 표현하고 있다. 극화놀이는 창작 동극과 혼동되어서는 안 된다. 맥캐스린(McCaslin, 2000)은 두 단어를 구별했는데, 극화놀이를 다음과 같이 설명한다.

> 자유놀이는 아동이 자신을 둘러싼 사람들의 행동과 특성을 모방하면서 자기 경험 세계를 탐색해가는 자유로운 놀이이다. … 그것은 처음도 끝도 없고, 극적이라는 의미에서의 전개도 없다. 창작 동극은 보다 잘 조직되어 있다. 그것은 시작—중간—이라는 이야기를 사용할 수 있다. … 그것은 언제나 즉흥극이다(p. 6).

이 아동들이 (그리고 교사들이) 목재 블록, 낡은 깔판, 그리고 예술을 창조하는 과정 중심의 접근을 통해 만들어낸 것은 무엇인가? 어떤 친구는 다리를 만들고, 어떤 친구는 깔개를 초원으로 꾸미자고 제안하고, 이제 자신들에게 의미 있는 방식으로 이야기를 해석하기 시작한다. 이러한 과정이 전개됨에 따라 새로운 대화로 발전되고, 원래 줄거리와는 다른 차원의 이야기가 덧붙여지고, 새로운 등장인물이 나타나고, 어떤 부분은 생략되고, 새로운 더 흥미로운 이야기가 전개된다. 아동은 동작, 몸짓, 언어, 의사소통, 유연한 사고, 옛 아이디어에 대한 새로운 접근, 이야기에 접근하는 원래의 방식, 원래 아이디어를 정교화하여 자기표현의 과정에 참여하게 된다. 그 놀이는 아동에 의해 주도된, 그리고 잘 계획되고 창의적인 환경에서 만들어진 것이다. 이것이 창의적으로 사고할 수 있는 능력을 발전시키는 과정이고 자신들의 최선을 보여주는 공연예술이라 할 수 있다.

아동이 총연습을 하는 것은 결과 지향적 접근의 대표적 예이다. 아동이 대사와 제스처를 기억하고 정확하게 따라 하기를 바라는 것은 아동의 창의적 사고가 발전해가도록 장려하는 것이 아니다. 또한 이러한 방식은 아동에게 교사가 가르쳐준 것이 이야기를 해석하는 적절한 방식이고, 또 유일한 것이라는 명확한 메시지를 주는 것이다. 괴물을 아이스크림과 케이크로 속여서 굴복시킬 수 없다고 누가 말할 수 있겠는가? 아이들은 세상에서 가장 자연스럽고 창의적인 존재들이다. 우리가 의미 있고 적절한 방식으로 공간을 꾸미는 것은 아동의 타고난 재능을 키워내는 또 하나의 통로를 개방하는 것이라 할 수 있다. 다음에서 아동의 창의적 표현이 한 걸음 더 나아가게 되는 상황을 확인해볼 수 있다.

이사벨라: 공간 확대하기

여섯 살의 이사벨라(Isabella)가 가장 좋아하는 손유희는 "숲속의 작은 오두막"이다. 이사벨라는 손유희를 할 때 쓸 작은 토끼를 만들기 위해 자신의 상상력과 감정, 운동 능력을 활용한다. 이사벨라는 선생님과 친구들을 흉내 내지 않는다. 이 친구는 자기에게 만족할 만한 방식으로 자신만의 작은 토끼를 만들고 있다. 이사벨라가 "숲속의 작은 오두막" 놀이를 하는 지금 이 친구에게 어떤 일이 일어나고 있을까? 이사벨라의 행동은 1학년 아동들에게 설정된 핵심적 교육목표 중 하나를 만족시킬 수 있는 단순 암기로 보이거나, 발달이라는 더 중요한 측면을 보여주는 것이 될 수 있다. 특히, 이사벨라의 행동은 총연습에서 염소를 연기했던 다섯 살 아동이 했던 것과 같은 형식적 암기에 한정되지 않는다.

이사벨라가 손유희에 참여할 때, 그 친구는 자신의 상상력, 문제해결능력, 세계에 대한 지식을 활용하고 있다. 또한 자기 토끼가 어떻게 생겼고, 어떻게 뛰고, 혹은 어떻게 두려움을 경험하고 딜레마를 해결하는가를 보여주기 위해 감정을 활용하고 있다. 결국 이사벨라는 토끼를 돌보기로 결심한다. 이 친구는 자기 생각을 정리하고 있다. 이사벨라는 두려움, 안전, 안도감과 같은 개념들을 명확하게 이해하게 된다. 이사벨라는 토끼들이 무서운 상황을 벗어나기 위하여 어떻게 추론할 것인가를 생각하고 있다. 이사벨라는 이 모든 것을 창의적으로 하고 있다.

손유희의 마지막 부분은 "너는 안전하게 머무를 것이다."이다. 이사벨라와 친구들이 소꿉놀이 영역에서 놀고 있을 때, 교사는 아동들이 블록을 소꿉놀이 영역으로 옮기는 것을 알아챘다. 아이들은 작은 블록으로 작은 침대를 만들고 있었다. 그러고 나서 아이들은 상상의 토끼를 흔들고 상상의 담요를 덮어주며 잘 자라는 인사를 하며 손유희를 하고 있었다. "작은 토끼가 들어왔다"라는 구절 이후에, 친구들은 "너의 옆에서 안전하게"라고 노래하고 있었다. 교사는 아동들이 말을 바꿔 활동하고 있었지만, 분위기, 느낌, 감정이 똑같음을 알 수 있었다. 아이들은 상상의 토끼를 부드럽게 돌보고 있었다. 아이들은 보다 격식 있고 어려운 말인 "너는 안전하게 머무를 것이다"라는 말 대신에 "너의 옆에서 안전하게"라는 말을 사용했다. 이사벨라가 발전시킨 언어 구사능력을 생각해보자. 이 친구는 자신이 이해하지 못하는 말을 문맥에 맞게 자신이 알고 있는 익숙한 말로 바꾸었다. 이사벨라는 자신의 경험과 실재에 대한 지식에 비추어 노래를 해석한다. 이러한 일은 연극에서 자신의 "대사"를 외우도록 했었다면 아마도 일어나지 않았을 것이다.

이 책은 창의적 능력, 창의적 과정, 예술, 창의성에 있어서의 예술의 역할을 광범위하게 다룬다. 어른으로서 우리는 아동에게 경험을 줄 수 없고, 경험을 의미 있고 중요한 것으로 느끼도록 할 수도 없다. 우리가 할 수 있는 것은 환경을 마련해주고, 아동들에게 의미 있고 중요한 경험을 할 수 있도록 해주는 것뿐이다. 하지만 이 책은 아동과 교사로서의 여러분의 역할만을 다루지는 않는다. 이 책은 또한 성인인 여러분의 예술적, 창의적, 감정적 발달에 초점을 두어, 여러분 자신의 예술적, 창의적, 감정적 잠재력과 능력을 어떻게 이해할 것인가도 다루고 있다.

이 책의 특징

이 책은 아동과 어른을 위한 책이다. 이 책은 아동과 예술적, 창의적 과정을 다루고 또한 여러분과 같은 예술적이고 창의적인 성인에 관해 다룬다. 이 책은 개인적 반성(reflection), 자기탐색, 자기표현을 촉진시키는 것을 목적으로 한다. 이 책은 여러분이 창의적 과정을 이해하고 경험해봄으로써 교실에서 창의적이고 예술적인 성장과 참여를 잘 이끌어낼 수 있도록 한다. 이 책의 목적은 창의적이고 예술적인 능력을 높여서, 예술에 대한 경험, 개념, 기억, 느낌, 관심, 태도, 가치를 깨닫게 하는 데에 있다. 여러분은 자신의 창의성에 접근하는 법을 배울 때 결과보다 과정에 중점을 두게 된다. 여러분이 자신의 창의적이고 예술적 번뜩임을 발견할 때 아동이 창의적 과정에 관여하도록 도울 수 있을 것이다. 이 책을 통해 접하게 될 창의예술 경험은 여러분을 훌륭한 예술가, 음악가, 연기자, 무용가가 되도록 하지는 않지만, 정해진 활동이나 미리 안내된 결과물에 더 이상 의존하지 않게 할 수 있다.

창의예술을 탐구하는 과정 중심 접근은 결과물로 평가받기보다는 창의적 과정에 참여할 수 있는 여러분의 능력에 대한 안도감을 갖게 해준다.

시각예술과 공연예술에 대한 과정 중심 접근은 수행하고 있는 것에 대한 높은 자각과 감수성을 포함한다. 결과 중심 접근은 창조하고 있는 경험보다 최종 결과물에 더 관심을 갖는다. 우리의 예술활동을 다른 사람들의 것과 계속 견주어보고 그 결과에 관심을 기울이는 것은 결과물에 집중하고 있는 것이다. 예술재료를 활용해서 새로운 방식을 실험하고 계발할 때, 또는 신체를 음악에 맞추어 표현하는 새롭고 다른 방식에 대해 생각할 때, 우리는 과정에 집중하게 된다.

아동이 창의적인 과정을 경험하도록 도와주는 것에 대한 성공 여부는 많은 부분 예술분야에서의 우리 경험에 달려 있다. 다음 구절이 그러한 점에서 의미심장하다.

> 저는 많은 분들에게 감사함을 느낍니다. 그러나 특별히 저의 어머니인 브랜디 여사에게 특별한 감사의 마음을 전합니다. 저의 어머니는 저의 모든 손가락 그림(finger paint)들을 피카소의 작품같이 여겼고, 내가 전혀 두려움을 느끼지 않도록 가르치셨습니다(조디 포스터, 「아카데미 여우주연상 수락 연설」, 1988).

다양한 사람들이 자신의 경험에 의존하여 각기 다른 방식으로 창의적 예술에 접근한다. 다음 절에서는 다양한 경험을 가진 사람들이 발전시켰던 상이한 개념들을 설명한다.

예술에서 성인의 발달

몇몇 대학생들이 〈창의성과 예술〉이라는 강좌의 첫 강의를 듣기 위해 기다리고 있다. 학생들은 이 과목에서 그리고, 춤추고, 자신들이 출연하게 될 연극의 대본을 써야 한다는 소문을 들었다. 한두 명의 학생들은 예술 활동을 직접 해볼 수 있다는 것에 흥미를 느꼈지만 대부분은 어쩔 줄 몰라 하며 말했다.

> "나는 그림을 잘 못 그려."
> "나는 창의력하고는 상관없다구."
> "나는 정말 음치야."
> "춤추는 것으로 점수를 매긴다면, 나의 평점은 엄청난 타격을 받게 될 거야."

전반적으로 학생들은 주저함이나 내키지 않음에서부터 재능의 유무에 따라 평가되는 것에 대한 두려움을 갖는다.

창의적으로 되기 위해서는 타고난 재능이 전제되어야 하는가? 답은 의심할 여지 없이 "아니다" 이다. **창의성은 재능과 동의어가 아니다.** 교사가 아동을 즉흥극에 끌어들이기 위해 연기자여야 하거나 아동에게 의미 있는 음악적 경험을 제공하기 위해 꼭 음악가여야 할까? 찰흙으로 형태를 만들어 아이디어를 표현하기 위해 훌륭한 예술가여야 할까? 이에 대한 대답 역시 "아니다" 이다. 아동에게 예술을 효과적으로 제공하기 위하여 창의적 능력을 활용했던 여러분의 경험은 예술의 본질과 여러분 자신의 표현적이고 창의적인 잠재력을 세심하게 이해할 수 있도록 한다. 여러분은 창의적인 사람이 되기 위하여 큰 재능을 가지고 있을 필요는 없다. 단지 여러분은 기꺼이 위험을 감수하거나, 낯익은 것을 새롭게 시도해보거나, 여러분 자신에게서 새로운 무엇인가를 발견하게 될 가능성에 개방적일 정도로 스스로를 신뢰해야 한다.

> 예술재료를 가지고 창조하는 과정을 경험해보지 않은 교사들은 찰흙이나 물감, 그 밖의 것을 가지고 작업하는 데 필요한 특정한 형식의 사고를 이해할 수 없을 것이다. 이는 교사들이 재료들을 가지고 창조하는 작업에 참여해봐야 한다는 것을 의미한다. 즉, 기술적으로 어떤 프로젝트를 시행하거나 예술 작업에 대하여 읽음으로써 단지 추상적으로 이해하거나 해서는 안 된다는 것이다. 재료와 표현은 하나가 되어야 한다(Lowenfeld & Brittain, 1987, p. 62).

로웬펠드(Lowenfeld)와 브리튼(Brittain)의 말은 가르치는 일을 시작하는 우리에게 의미가 매우 깊다. 우리가 예술 분야에서 개인적 경험을 하지 못했다면 아동이 그 과정에 들어서서 어떻게 느끼는가를 이해하지 못한다. 이러한 이유로, 그리고 다음에 제시될 몇 가지 다른 이유들로 나는 이 책에서 다루는 창의예술을 여러분이 직접 해보기를 바란다. 나는 이러한 경험을 통하여 여러분이 기억을 되살리거나, 혹은 처음으로 개인적으로든 직업적으로든 창의예술 과정이 자신에게 부여하는 의미를 깨달을 수 있도록 주의 깊게 고려했다. 이 책에 제시되어 있는 많은 활동들은 결과물보다는 과정을 강조한다. 이로써 창의적 과정과 예술에 대한 여러분의 이해는 새로운 차원을 볼 수 있을 것이다. 아이들에게 예술의 세계를 가져다주기 위해서는 "실제" 예술가여야 한다는 구식 생각과 두려움은 사라지게 될 것이다. 대신 예술재료와 아이디어를 가지고 직접 해본다는 즐거움을 느끼고, 이러한 흥미로운 과정에 들어서는 자신만의 표현적이고 창의적인 방식을 발견하게 될 것이다. 알프레드 발킨(Alfred Balkin, 1990)은 이러한 과정을 다음과 같이 표현한다.

> 음악이거나 미술이거나, 연극이거나 춤이거나 창의성은 해볼 기회를 갖는 것에 달려 있다(p. 31).

함께 기회를 가져보자.

창의성을 표현한다는 아이디어를 편안하게 시도해볼 수 있는 방법은 대부분의 교사들이 활용하는 방법, 즉 아이들의 책을 읽는 것이다. 매 장(chapter)마다 관련된 동화들이 소개될 것이다. 이 장에서 소개된 문학작품은 『아동문학과 창의적 교사』에 있다. 여기에는 교사들이 아이들에게 창의성을 발견하고 표현하도록 도와주는 책들이 소개된다. 동화책은 각 장에서 다루는 주제와 관련된 것들이다. 예를 들어 4장에서는 아이들, 교사, 음악에 관한 것이다.

아동문학과 창의적 교사

My Great-Aunt Arizona by Gloria Houston, HarperTrophy, 1997.

아리조나(Arizona)는 한 교실에서 전교생을 가르치는 작은 학교의 교사이다. 아리조나의 조용하지만 의미 있는 삶은 특별한 교사만이 우리 마음에 심어줄 수 있는 마술적 희망의 자리를 마련해준다.

The Art Lesson by Tommy dePaola, The Putnam & Grosset Group, 1989.

화가가 되고 싶었던 토미(Tommy)는 빨리 1학년이 되어 미술 선생님에게 수업을 받고 싶었다. 선생님이 자신의 그림을 따라 그리도록 하는 것을 알게 되었다. 이 훌륭한 그림책은 자신만의 예술적 표현방식을 추구해가는 소년의 뛰어난 탐구과정을 보여준다.

Ruby the Copycat by Peggy Rathmann, Scholastic, 1997.

루비(Ruby)는 자신의 창의적 재능을 발견하도록 도와주는 교사를 만나 무척 행복해하고 있다. 이 책은 아주 재미있고, 표현이 풍부하며, 연필과 잉크를 활용한 그림책이다.

이 책의 주제

이 장에서는 이 책이 전반적으로 다루고 있는 예술과 창의적 과정에 관한 중심 주제와 아이디어를 소개한다.

- 창의적 예술은 아이와 어른의 지적, 정서적, 사회적, 신체적 발달에 필수적인 요소이다.
- 자아에 대한 인식과 다름의 인정은 창의예술에서의 개인적 경험에 의해 촉진된다.
- 창의예술은 자아와 타인에 대한 감수성, 가치, 통찰력의 발달이라는 감정적 영역이 차지하는 중요성을 인식할 수 있도록 돕는다.
- 창의예술 내용과 교사의 감정적 발달을 통합하는 것은 창의 과정에 대한 이해와 아이들의 창의적 노력에 대한 교사들의 자각을 높여준다.
- 아이들에게 세계 문화를 접하도록 세심하게 배려하는 것은 학습자들에게 문화적 동질성에 대한 이해를 증진시키고, 차이에 대한 존중감을 발달시킬 수 있다.

이러한 주제들이 전개될수록 이 책에서 제시하고 있는 교육과정이 교사, 교사를 준비하는 대학생, 아이들 간에 끊임없는 교류를 촉진하도록 매우 체계적이고 세심하게 기획되었음을 여러분은 알게 될 것이다. 우리는 나이나 능력이 어떻든지 간에 우리의 창의적 잠재력을 발견하는 끝없는 과정에 관여하게 된다. 창의예술적

예술의 엄청난 아름다움을 보여주는 요술문을 여는 것 같은 창의예술 과목을 생각해보라!

인 교육은 어린 아이건, 경험이 많은 교사이건, 학생이건 간에 평생 지속된다. 우리가 기억하고 있는 어린 시절의 경험, 아이들을 가르치는 법을 배워야 할 필요성, 창의적인 교사로서 우리 자신에 대한 인식에 따라 우리는 끊임없이 움직인다. 상호 간에 역할 전환이 가능한 역동성이란 그 본질성이 세 집단 간의 균형된 상호작용의 확산을 북돋아주는 정신임을 알아차림으로써 가능하다.

예술이란 무엇인가

"예술"을 정의하는 것은 쉬운 일처럼 보인다. 우리는 예술이 무엇인지 모두 잘 알고 있다. 우리는 예술가들이 무엇을 하는 사람인지, 예술이 무엇인지 알고 있다. 그러나 시각예술과 행위예술의 구체적 정의를 내리는 것은 여러분이 생각하는 것보다 더 많은 것과 연관되어 있다.

이 책에서는 예술을 무용, 연극, 음악, 시각예술, 문학작품으로 정의한다.

무용: 몸의 인식, 동작의 기본, 창조적 표현, 다감각 응용의 통합
연극: 창의적 연기술(dramatics), 팬터마임, 즉흥극, 놀이 창출, 성격 묘사
음악: 소리, 음의 높이, 리듬, 노래, 놀이, 음악게임, 듣기, 창조적 동작
시각예술: 자기표현, 시각과 촉각 예술, 인쇄와 공예 미디어, 분석과 해석
문학작품: 시, 일러스트레이션, 쓰기, 수상작, 스토리텔링, 읽기, 말하기

모둠에서의 공유와 반성은 예술적 발견 과정의 핵심이다.

아동은 이야기를 들으면서 스스로 주인공이 되어 동작, 연극, 소리를 결합하여 표현한다.

예술작품의 다양한 구성요소에 대한 정의에는 미적 인식(느낌), 창의적 표현(해석을 행위로 표현하기), 역사적, 문화적 유산(세계 예술을 접하기), 미적 가치 평가(평가하기)와 같은 것들이 더해질 수 있다. 이러한 미학적 측면은 기초적 예술 개념과 기예, 예술사와 문화에 대한 사실과 흐름에 대한 이해, 예술작품을 분석하고 미학적 문제를 해결하는 데 필요한 비판적 사고 능력을 포함하여 넓은 범위의 예술에 대한 지식, 개념, 기예를 아우르고 있다(예술교육과 인문학에 관한 대통령 위원회, 1999). 이러한 문제는 [표 1-1]과 같이 요약할 수 있다.

「예술교육 전국 표준: 미국 아동들이 예술 교과를 통해 알아야 하고 할 수 있어야 하는 것」의 자료는 음악교사전국회의(Music Educators National Conference)에서 얻을 수 있다(2장 후반부에 소개됨).

[표 1-1] 예술의 구성요소

미적 인식	창의적 표현	역사적/문화적 유산	미적 가치 부여
느낌	해석을 행위로 표현하기	세계 예술 접하기	평가하기
모든 것들은 광범위한 지식, 개념, 기예를 포함한다.			
기본적인 예술 개념과 기예	역사와 문화에서 예술에 대한 사실과 흐름에 대한 이해	예술작품을 분석하고 미학적 문제를 해결하는 데 필요한 비판적 사고 능력	

예술교육 전국 표준

『예술교육정책 보고서』(1996)에 쓰인 정책에서, 전국 예술교육연합의 회장인 토마스 햇필드(T. Hatfield)는 교육개혁의 기초적인 문제를 제기했다. 그 일부는 다음과 같다.

> "우리의 모든 아동들이 예술적 이해능력을 갖는 것에 대하여 국가적으로 일관된 비전을 갖는 것이 필요하다. … '모든 아동들' 이라는 말은 성별, 인종, 경제적 조건과 같은 배경이나 환경, 의지와 상관없이 모든 아동들에게 적용되어야 한다는 사회적 합의를 반영하고 있어야 한다는 것을 의미한다. '국가적' 이라는 말은 성공적인 예술의 학습과 그것을 지원하는 사회적 실천을 규정하는 것을 국가적 차원에서 합의하는 것을 의미한다(Hatfield, T., 1996, p. 15).

역사 돌아보기

이쯤에서 예술교육, 특히 학교에서 예술의 위상에 영향을 끼쳤던 최근의 역사적 사건들을 돌아보는 것은 의미 있는 일이다. 예술에 대한 기금이 계속 줄어들고, 예술에 대한 재정적 지원이 항상 부족한 상황에서, 지난 10년간 예술교육 분야에서 일어났던 변화들을 알아둘 필요가 있을 것이다. 이 간략한 역사는 현대의 예술교육과 예술교육 분야에서 가장 영향력 있는 사람들을 중심으로 살펴볼 것이다.

전국적으로 예술교육의 중요성은 인식되고 있다. 연방정부는 예술을 미국의 학생들이 배워야 할 핵심 교과 8과목의 하나로 여겼다. 1994년 2월 의회는 〈2000년을 향한 목표: 미국교육법〉을 통과시켰는데, 거기에는 1926년 허버트 리드(Herbert Read)가 예술교육에 부여했던 위상이 담겨 있다. 우리 생전에 예술교육의 위상이 인식되었던 것이다! 〈미국교육법〉은 "2000년까지 4학년, 8학년, 12학년에 영어, 수학, 과학, 외국어, 사회, 경제, 예술, 역사, 지리학 교과의 능력을 보이고 마치게 된다"고 밝히고 있다(게티예술교육센터 뉴스레터, 1994-1995, p. 8).

전국예술교육협회 컨소시엄은 이 새로운 법을 대비하여 예술교육의 성과가 무엇이어야 하는가, 즉 다양한 학년의 학생들이 예술 분야에서 무엇을 알고 할 수 있어야 하는가에 대한 국가적 표준을 마련하기 위해 구성되었다. 컨소시엄에 참여했던 연극과 교육 협회, 음악교육자 전국협회, 전국예술교육협회, 전국무용협회와 같은 전문가 예술교육협회는 예술 교과를 "부드러운" 교과 이미지로 만듦으로써 예술이 수학, 과학, 언어와 같은 교육과정에서 자리 잡을 수 있도록 적극적으로 참여했다(컨소시엄 성원들을 위한 연설이 이 장 맨 뒤에 실려 있다). 이러한 전문가 협회가 제출한 제안에는 예술의 수준을 높일 것, 예술의 국가적 기준에 기초하여 12년간의 학교 교육과정의 틀을 만들도록 지원해줄 것, 전국적 교육평가에 예술과를 포함할 것이 제시되어 있다.

미국교육법이 통과된 지 한 달이 채 지나지 않아 이 컨소시엄은 당시 교육부장관이었던 리차드 릴리(Richard Riley)에게 기준을 제안했다. 각각의 예술 형식에 대한 세 개의 평가는 다음과 같다.

1. 첫 번째는 4학년 말에
2. 두 번째는 8학년 말에
3. 세 번째는 고등학교 졸업할 때에

지역 신문이나 인터넷을 통해 예술협회의 목록을 확인할 수 있다. 흥미로운 분야를 선정하여 친구들과 함께 관련기관을 방문해보자.

이 컨소시엄의 활동은 〈예술교육 전국 표준: 미국 아동들이 예술 교과를 통해 알아야 하고 할 수 있어야 하는 것〉이라는 제목으로 출간되었다. 이 새로운 표준은 학생들이 최소한 하나의 예술 분야에서 새로운 것을 창조해낼 수 있고 능숙한 수행능력을 보유해야 한다고 강조하고 있다. 또한 학생들은 역사, 문화, 미학적 측면에서 기본적인 이해능력을 갖추고 있어야 한다. 국가 표준을 갖는 것과 아동들이 성취한 것을 체계적으로 평가한다는 생각은 어떤 사람들에게는 불가능한 일로 여겨질 수 있다. 그러나, 이러한 노력은 예술을 핵심 교과의 하나로 위치시키고자 하는 노력이라 할 수 있다. 또한 교사로서 우리는 이러한 일을 실현시키는 데 특별한 역할을 하고 있다. 1994~1995년 간행물에서 전국예술교육협회의 회장이었던 제임스 클라크(James Clarke)는 예술의 기준이라는 의미를 고려하여 전국의 학교와 교사들에게 이러한 국가적 목표가 장기적으로 지향하는 바에 주의를 기울여줄 것을 촉구했다.

(이러한 표준들은) 시각예술 교육의 질을 높이기 위해 만들어졌다. 그러나 이러한

> 목적은 모든 학교가 이 기준들을 받아들일 때 성취할 수 있다. 아동은 자신들에게 주어지는 기대 수준까지 해낼 수 있으며, 이 표준들을 설정하는 것은 아동의 수행 능력을 장기적인 이익으로 바꾸는 방법임을 우리는 알고 있다(Clarke, 1994-1995, p. 9).

대통령 산하의 예술과 인문학 위원회의 보고서에 따르면, 위원회의 회장이었던 존 브레이드매스(John Brademas)는 활력 넘치는 문화적 삶이 민주주의를 기능하도록 하는 필수적인 요소라고 평가한다. 이 보고서에서 브레이드매스는 "문화를 번성시키는 것은 활력적 사회의 핵심 사항이다. … 예술과 인문학의 창의력은 우리의 민주주의를 강화시키고 인간의 창의적 잠재력을 드러내고 고립된 개인주의를 넘어 공유할 수 있는 이해로 우리를 고양시킨다."라는 신념을 표명했다.

벤자민 바버(Benjamin Barber)도 예술, 문화, 민주주의 간의 관련성을 말했다(1996).

> 우리 모두는 인간의 독특한 재능, 상상력에 의지한다. 상상력은 다양성, 시민들의 연민, 공통성에 이르는 열쇠이다. 예술과 인문학은 시민 사회를 이끌어가는 엔진이고, 시민사회의 창의성, 다양성, 상상력, 자발성과 자유에 이르게 하는 열쇠이다(p. 12).

예술이 예술, 사회, 인간의 공통된 인간성에 어떻게 관련되어 있는가에 대한 수십 년간의 연구는 우리에게 무엇을 말해주고 있는가? 우리는 다음의 사항을 알게 된다.

- 예술교육은 비판적 사고, 문제제기, 문제해결, 의사결정에 큰 영향을 미친다.
- 언어, 수학과 같이 예술교육의 핵심적 부분은 복잡한 상징의 의사소통, 조작, 해석, 이해를 수반한다.
- 예술적 표현능력과 이해능력의 발달은 분석, 종합, 평가와 같은 상위의 사고기술과 관련된다.
- 예술은 아동의 다중지능, 예를 들어 그리기나 조각을 통해 공간능력, 음악 듣고 제작함으로써 수학적 · 논리적 능력, 무용을 통해 신체적 능력, 연극을 통해 관계적 능력을 발달시킨다.

◆ 예술은 맥신 그린(Maxine Greene)의 표현대로, "마치 ~같은" 세계를 창조하여 우리가 살아가는 세계를 새롭게 보는 것을 허용함으로써 상상력과 판단력을 발달시킨다(Cortines, 1997, p. 5).

> 예술은 인간 본성의 폭, 깊이, 복잡성을 보여주는 가장 훌륭한 사례라는 점에서 인류의 중요한 공통문화이다.
> — 윌리엄 베넷(William J. Bennett)

이러한 견해는 예술에 대한 관심이 오늘날 교육 현장에서 필수적인 이유 중 일부일 뿐이다. 그러나 존 가드너(John W. Gardner, 1996)에 따르면 모든 건강한 사회는 자신의 가치를 기념한다. 사회의 가치는 예술, 노래, 의식에 표현되어 있다. 그러한 것들은 역사적 문헌, 기념 연설, 교과서에 명백하게 표현된다. 또는 캠프 파이어를 하며 나누는 이야기에, 어른들에 의해 전래되는 전설에, 아동에게 들려주는 우화에 반영되어 있다. 헌법은 통치의 방법을 모아놓은 것뿐 아니라 공유된 가치를 공식적으로 표명한 것이다(p. 2).

교육에서 예술은 필수적인 분야이다. 지금 시점에서 모든 방법을 강구해서 아동의 뇌의 창의적 부분을 발달시켜주지 않는다면, 혁신과 경제적 · 문화적 성장을 이룰 수 없을 것이다(Riley, 1998). 1999년 리차드 릴리(Richard Riley)는 버지니아의 레스톤에서 열린 음악교육가 전국회의에서 개인적이면서도 중요한 메시지가 담긴 다음과 같은 연설을 한 적이 있다.

> 어린 시절 저는 4년간 피아노를 배웠습니다. 저는 유명한 음악가가 되리라고 생각하지는 않았습니다. 하지만 아동이 음악을 통해서 최선을 다하는 법을 배우고 있음을 잘 알고 있습니다. 여러분은 연주회를 준비할 때 아동이 얼마나 집중하는가를 본 적이 있을 것입니다. 아동들은 실수를 하지 않을 정도로 계속 연습합니다. 몇 년 지나, 그 친구들이 기하학 시험 준비를 똑같이 열심히 하는 모습을 상상해보세요. 그리고 대학생으로, 시민으로 그리고 부모로 탁월함을 성취하기 위해 계속 노력하고 있는 모습을 상상해보세요(p. 1).

예술이 교육 프로그램의 핵심적 부분일 때, 음악, 무용, 연극, 시각예술, 문학, 모든 소통적 · 표현적 방식의 예술로 표현해보는 경험은 개인으로서 그리고 사회의 구성원으로서의 잠재력을 확장하고 풍부하게 해준다.

예술교육과 아동

전국예술교육협회는 예술이 문화를 이해하는 데 가장 풍부한 자원 중 하나이며,

인간 활동의 가장 흥미로운 부분의 하나라고 설명한다. 우리가 알고 있는 최초의 일들은 시각예술을 통해 기록되어 있기 때문이다. 종합적 예술교육은 학생들의 지적, 사회적, 정서적, 신체적 발달에 도움을 주는 지식, 이해력, 기술을 얻는 데 도움을 준다.

포괄적인 예술교육 프로그램은 다양한 문화에 대한 인식을 증진시키기에 아주 훌륭한 자료이며, 아동의 폭넓은 생각을 형성하는 데 중요한 역할을 한다(Boutte, 2000). 사울 등(Saul and Saul, 2001)은 교사들에게 "여행자 접근"(p. 38)으로부터 탈피해서 우리가 "방문"한 다른 문화를 가르치는 다문화교육을 가르칠 것과 다른 문화에 대해서 토론하지 말 것을 강조한다. 아동의 다문화 경험은 예술적 이해의 일부가 되어야 한다.

훌륭한 예술가이자 교직의 향상을 위한 카네기 재단의 어네스트 보이어(Ernest Boyer)는 예술교육의 중요성을 강조하면서 학교에서 예술교육이 필요한 세 가지 이유를 다음과 같이 들고 있다. "예술은 인류의 가장 시각적이고 필수적인 언어의 하나로서, 예술이라는 상징체계를 가르치지 않는다면 우리 문화뿐 아니라 우리의 인간다움 또한 잃게 될 것이다"(Boyer, 1987, p. 16). [그림 1-1]은 예술이 아동의 학교 경험에 가져올 수 있는 차이에 대한 보이어의 몇 가지 근거를 제시하고 있다.

보이어의 관점은 우리들이 교육자로서 아동의 예술적 발달에서 중요하다고 생각하는 것의 핵심을 적절하게 지적한다. 아동의 예술교육은 다양한 자기표현 기회와 방법들을 제공한다. 탐색하고, 가지고 놀고, 표현하는 법을 바꾸는 충동, 이 모든 것들은 예술 안에서 발산된다. 아동은 그림이든 책의 줄거리든 즉흥극을 위한 소품이건 간에 재료를 조작해서 아이디어, 감정, 개념들을 표현할 수 있다. 이러한 것들은 서로 분리된 것이 아니다. 이러한 요소들은 서로 관련되어 있어서, 아동이 창의적 표현의 구조와 본질을 더 많이 이해할수록 각각의 요소들은 풍부해지고 상

[그림 1-1] 보이어의 창의예술 교육의 비전

- 예술교육은 아동이 말로 표현할 수 없는 느낌이나 생각을 표현할 수 있도록 한다.
- 우리는 예술의 언어를 통하여 분절화된 학문세계를 통합할 수 있다. 아동은 전체성에 대한 감각이나 비전을 획득하지 못한다. 아동은 관련성을 보아야 한다. 학문에서 패턴을 찾는 것은 예술을 통해 이루어진다.
- 예술교육은 예술이 아동에게 보편적인 언어를 제공한다는 점에서도 꼭 필요하다.

승작용을 한다. 창의예술의 과정은 아동 자신의 새로운 창조적 발달과 이해에 이르는 길을 제공해준다.

아동은 예술을 경험하면서 보고 듣고 느낀 대로 그들의 세계를 재현하는 새로운 방법들을 발견하게 된다. 우리는 뒤에 앉아서 아동의 개인적 경험, 느낌, 감각적 표현, 상상력을 예술적 경험으로 옮기는 것을 보아야 한다. 아동은 독특하고 자신에게 적절한 방식으로 과정에 들어간다. 이 과정은 아이들 개개인에게 고유한 예술적 잠재력의 변형이고, 그 결과는 예술가로서 아동에게 멋지고 의미 있는 반영물이다.

아동이 그림, 음악, 찰흙, 동작의 특징들을 조작하고 탐구할수록, 아동은 자신의 경험에 대한 개념들을 더욱 발달시킬 수 있다. 예술을 통하여 아동은 찰흙의 단단함과 가소성을, 다른 질감들의 부드러움과 딱딱함, 트라이앵글의 부드럽고 여운이 남는 소리, 실크 스카프의 하늘하늘함과 같은 것들을 경험한다. 만지기, 보기, 듣기와 같은 활동은 아동의 창의 경험들과 밀접하게 관련되어 있다. 아동의 감각적 탐색은 감각적 인식을 높이고 미래의 예술적 창조를 위한 튼튼한 받침대를 제공한다.

과정 중심 접근법의 목적

창의성의 과정 중심 접근은 몇 가지 측면에서 이해할 수 있다. 토랜스(Torrance, 1995)는 과정을 주어진 정보의 문제점을 파악하고, 가설을 설정하고, 설정한 가설을 시험하고, 결과를 소통하는 방법으로 이해한다. 데이비스(Davis, 2000)는 토랜스의 관점을 다음과 같이 부연하고 있다.

> 이것은 창의적인 사람이 문제를 분명히 설정하고 그것을 해결하기 위해 노력하여 난점을 해결하는 해법을 만들어내는 일련의 과정이라 할 수 있다. 창의적 과정은 창의적인 사람들이 때로는 의식적으로 때로는 무의식적으로 새로운 아이디어의 조합, 관련, 의미이해, 개념파악, 변형을 하기 위해 사용하는 기술과 전략을 의미한다 (p. 60).

이러한 생각들이 외면적으로 이해하기 어렵게 보인다 할지라도, 창의적 과정에 접근하는 비교적 간단한 방법들이 있다. 좀 더 구체적으로 다음과 같은 목적들을 자세히 주의해 볼 필요가 있다. 다음 사항들 중에서 여러분에게 쉬운 것으로 여겨지는 것을 확인하고 도전의식을 갖게 하는 것을 표시해두길 바란다.

- 아이디어를 시험한다.
- 다양한 재료와 방법을 탐색한다.
- 엉뚱한 색을 섞는 것과 같은 우연을 잘 활용한다.
- 감각적 만족을 주는 활동을 추구한다.
- 미디어에 대한 발견을 좋아한다.
- 아이디어를 주고받는 면에서 협동한다.
- 기대하지 않았던 것을 높이 평가한다.
- 시행착오를 통해 문제와 딜레마를 해결한다.
- 정서와 느낌이 여러분을 창조하는 과정으로 이끌도록 인정해준다.
- 예술적 도전에 접근하는 여러분의 옛날 방법에 변화를 준다.
- 여러분의 관점을 인정한다.
- 과정을 여러분의 생각과 감정을 말없이 전달하는 방식으로 이해한다.
- 여러분의 통찰을 인정하고 가치를 부여한다.
- 새로운 방식으로 시작하고, 대안적인 아이디어를 제안한다.
- 여러분의 작업에 대하여 긍정적인 면을 찾는다(Edwards, 2002, p. 17).

아동에 대한 선언문(1983)에서 토랜스는 아동에 대한 예술교육의 훌륭한 목적을 제시했다. 그의 선언문은 교실에서 창의성을 육성할 것을 강조했고, 우리들 자신과 아동의 창의성의 발달을 높이 평가하고 지원할 수 있는 적절한 방법을 찾도록 했다. 그의 선언문에는 다음과 같은 것들이 포함되어 있다.

- 뭔가에 반해서 열심히 그것을 추구하는 것을 두려워하지 마라.
- 여러분의 강점들을 알고, 이해하고, 자부심을 갖고, 실천하고, 계발하고 즐겨라.
- 다른 사람들의 기대로부터 자유로운 여러분 자신을 알고, 여러분에게 덧붙여진 것들로부터 거리를 유지하라. 여러분 자신만의 게임을 자유롭게 즐겨라.
- 여러분이 사랑하는 것, 그리고 잘 할 수 있는 것을 하라.
- 상호의존의 기술을 배워라(p. 78).

교실에서의 다양성과 다문화적 예술

아동의 교실에는 언제나 다양성이 있다. 문화적 배경, 라이프스타일, 능력, 아동 개개인의 요구, 성별, 종교, 민족성 측면에서의 차이는 별다른 환경을 가지고 있지 않은 교실에 풍부함을 가져다주는 것들이다. 어떤 아동에게 효과가 있는 것이 다른 아동에게는 효과가 없을 수도 있다. 예를 들어 신체 장애를 가지고 있는 아동의 음악에 반응하는 방식은 청각 장애를 가지고 있는 아동들과는 다를 것이다. 여러분 자신과 다른 문화적 배경을 가지고 있는 사람들은 여러분이 기대하는 방식과는 다르게 창조적 연극의 경험을 해석할 수도 있다. 도시에 위치한 학교에서 창의예술 프로그램을 위해 요구하는 것은 필자의 제자인 크리스 프렌치(Chris French)가 가르쳤던 4명의 아동으로 구성된 학교의 상황과는 무척 다를 것이다. 그러나 우리 제자들이 직면하게 될 아동교육 현장의 그 모든 차이에도 불구하고, 우리의 역할은 촉진자이다. 우리는 아동이 창조하고 질문하고 탐색하고 아이디어를 행동으로 경험할 수 있는 소재들을 제공한다.

우리 교실에서 다양성이 점점 증대하고 있기 때문에, 외부의 영향에 가장 영향을 받기 쉬운 어린 시절에 세계에 대한 이해를 발달시키기 시작하는 것은 필수적인 일로 보인다. 아동은 교실 문화의 다양성에, 이웃과 공동체 구성원들의 다양성에, 세계 문화의 다양성에 주의를 기울일 필요가 있다. 교사들은 아동에게 세계의 다양한 시각예술과 공연예술을 소개함으로써 이러한 과정을 촉진시킬 수 있다.

3장에서부터 8장까지는 문화적 맥락에서 아동에게 다문화적 예술의 아이디어를 창출하고 탐색하도록 하는 활동들을 소개하고 있다. 이러한 전 세계적 활동들은 관습과 기념행사에 기초하고 있다. 각각은 결과물이 아닌 세계에 대한 배움의 과정에 초점을 두고 있다. 이러한 활동들은 아동을 성장시키는 데 가장 중요한 과정이라 할 수 있는 탐색하기와 창조하기의 과정들을 제공해준다. 이러한 활동으로써 여러분과 아동들은 다양한 문화가 예술 세계에 많은 기여를 해왔음을 이해하게 될 것이다.

아동에게 유의미하고 적절한 세계 예술 경험을 제공해줄 수 있는 핵심은 다양성에 대한 여러분의 태도와 세계 예술교육을 배우고자 하는 여러분의 의지에 달려 있다. 나는 언제나 나의 문화적 배경을 탐구하는 것이 매우 흥미롭고 유익한 일이라고 생각해왔다. 최근에는 가까운 친구들의 문화적 배경을 탐구하는 것으로 확대하게 되었다. 가르치는 일의 전문가로서 우리는 우리 자신의 경험적 한계에만 근시안적으로 머물러서는 안 되고, 우리 자신을 아동의 문화적 배경이나 다양성으로부터 단절시켜서도 안 된다. 여러분의 학급에 장애가 있는 아동이 있거나 다양한 민족기원(ethnicity)을 갖는 아동들이 있을 때, 여러분은 이러한 다양성을 수용하기 위해 창의예술 경험을 제공하려는 계획을 수정해야 할 수도 있다. 그러나 이것이 아동 개개인에게 예술을 접하게 하는 여러분의 능력을 저해하는 것이어서는 안 된다.

여러분이 아동의 다양성을 고려하고 다문화적이고 전지구적인 예술을 어떤 문화적 맥락에서 제시하려고 생각할 때, 다른 나라에 대한 자신의 태도와 편견을 검토해보길 바란다. 여러분은 인종, 문화, 가문의 족보나 지역과 같은 자신의 문화적 배경에 기초하여 생각할 수도 있다. 자신의 문화적 역사를 되돌아볼 때, 여러분은 예술적 과정이나 예술적 과제로부터 벗어나 하나의 문화적 맥락에서 예술이 자신에게 의미하는 바를 이해하게 될 것이다.

세계의 예술

여러분의 역할

최근에 나는 교생실습을 하는 학생들을 관찰하기 위해 지방의 학교를 방문했다. 나는 생기 넘치는 5살 아이들과 같이 식사를 하게 되었다. 식사하면서 나는 한 아동에게 계속 찰스턴(Charleston)에서 살았는지를 물었다. 아이는 가끔씩 어른들은 바보 같은 질문을 한다는 듯이 혼란스러운 표정으로, "나는 찰스턴에 살지 않아요. 나는 샌디 리지(Sandy Ridge)에 살고 있어요."라고 대답했다. 나는 그 아이에게 샌디 리지가 찰스턴에 있는가를 다시 물었다. 아이는 다시 화가 나서 다섯 살 아이만 할 수 있을 것 같은 목소리로 "나는 찰스턴에 살지 않는다고 말했다구요. 나는 샌디 리지에 살고 있다구요."라고 말했다. 나중에 어떤 교사가 샌디 리지는 찰스턴 카운티의 시골지역으로, 시의 이름을 샌디 리지 커뮤니티 센터의 이름을 따서 지었다는 것을 내게 알려주었다.

아동에게 다른 지역의 예술을 소개할 때 그 지역이 어디에 위치하는가에 대한 생각을 아동이 거의 하지 않는다는 점이 놀라운 것인가? 우리는 지도에서 그 지역의 위치를 보여줄 수 있고, 지구본에서 다른 대륙을 가리켜 보일 수 있다. 그러나 아동은 공간에 대한 제한된 개념을 갖고 있다. 아동이 이해할 수 있는 것은 자기 집, 이웃, 학교를 오가는 길에 있는 공간에 대한 것에 집중되어 있다. 발달심리학적으로 아동의 이러한 특징이 사실이라는 점을 이해한다면, 우리는 서양과 서양을 넘어선 다른 문화 예술을 어떻게 소개하여야 예술작품을 통해 표현되는 다른 문화의 규범, 사상, 관습을 설명할 수 있을까? 너무나 많은 선의의 유아 교사들은 다문화적 예술이라는 이름으로, 아이들에게 인도, 아프리카, 중앙 아메리카 등의 시각예술의 전통이 풍부한 다른 문화들을 예술에 대한 혹은 예술을 창조하게 된 문화적 이유들에 대한 충분한 설명 없이 아이들에게 보여준다. 다문화적 예술 이해의 목적은 지식이고, 이러한 지식은 여러분, 교사들에게 달려 있다.

맥락적 다문화 예술

세계의 문화를 아동에게 효율적으로 가르치기 위해서는 여러분이 예술품의 사회적 기원, 역사적 필요, 용도, 미학적 · 역사적 측면, 작자 등에 대한 것을 가능한 한 많이 배워야만 한다. 다시 말해, 여러분은 예술품이 아동과 여러분에게 살아있는 것이 될 수 있도록 예술품에 대하여 충분히 많이 알고 있어야 한다. 예를 들어, 아동의 삶의 맥락에서 물고기와 주제망에 대하여 알고 있는 것을 통해 스스로를 표현할 수 있는 활동과 연계시키지 않고 아시아의 물고기잡이 주제망을 아동에게 소개하는 것은 그다지 좋은 일이 아니다.

다른 문화의 예술을 어떻게 소개할 것인가를 결정할 때 교사들은 어디에서 시작해야 할 것인가? 그 과정은 여러분으로부터 시작된다. 다음과 같은 질문을 스스로에게 던져보길 바란다. 여러분의 대답으로부터 특정한 문화를 조사할 동기와 통찰을 얻을 수 있을 것이다.

- 여러분 교실의 아동은 어떠한 문화를 갖고 있는가?
- 여러분의 학교와 지역사회 구성원들은 어떠한 문화를 갖고 있는가?
- 여러분은 어떤 문화에 흥미를 느끼는가?
- 여러분은 아프리카의 가면, 아스라엘의 고대 모자이크, 프에블로의 도자기에 흥미를 느끼거나 여러분의 미적 감각에 맞는가?
- 여러분이 쇼핑을 하거나 혹은 우편 주문 목록을 보고 있을 때, 여러분의 눈을 사로잡는 다른 문화의 예술품이 있는가?
- 다른 나라를 여행한 적이 있는가? 여러분을 사로잡는 예술이 있었는가? 어떤 점에서 흥미를 느꼈는가?

교사로서 우리가 아동에게 보여준 예술품에 대하여 실제로 흥미를 느끼지 못하거나 잘 알지 못한다면 아동도 다른 문화의 예술품을 흥미로운 것으로 느끼거나 더 알아보고 싶은 마음을 갖지 않을 것이라는 점을 상식적으로도 알 수 있다.

내가 3학년 때, 우리 선생님은 옥수수 껍질로 만든 인형을 교실로 가져오신 적이 있다. 선생님은 그것을 "인디언"들이 만든 거라 하면서, 인디언 아이들이 가지고 놀 것이 없어서 옥수수로 인형을 만들었다고 말했다. 나는 1학년 때 아메리카 인디언인 이로쿼이(Iroquois)족의 아이들은 인형을 만들기 위해 마른 사과를 사용했다고 배웠기 때문에 선생님의 설명이 이해되지 않았다. 옥수수 껍질과 마른 사과는 나의 이해력의 범위 밖에 있었기 때문에 옥수수 껍질 인형과 마른 사과 인형에 대한 경험 모두 나를 혼란스럽게 만들었다. 다행스럽게도 어머니가 이 모든 것을 설명해주었지만, 설명과 이해의 방법을 교사들로부터 얻었어야 했다.

여러분은 어떻게 세계의 예술을 아이들과 아이들의 경험에 적절한 것으로 만들 것인가? [그림 1-2]는 아이들의 창의력을 자극하는 기초로서 다문화 예술을 선택하는 데 몇 가지 시사점을 준다.

수업 계획하기

세계 여러 나라의 예술을 소개할 때 나무나 꽃 혹은 성장하고 있는 어떤 사물에 다가가는 것처럼 접근하라. 아동에게 여러 나라의 예술을 소개하는 수업을 다음과 같은 단계를 따라 발전시켜 볼 수 있을 것이다.

1. 교실에 새로 찾은 예술품에 대한 책을 갖다 놓아라.
2. 아동이 만질 수 있고 움직이고 얘기를 나눌 수 있는 곳에 예술작품들을 전시하라.
3. 예술가가 살고 일했던 시대와 지역을 알려주고, 왜 그 예술품이 중요하게 여겨지고 가치 있는 것으로 평가되는가를 아동들에게 말해주어라.
4. 아동이 경험하고 있는 것에 의미를 부여하고, 예술을 생산해낸 문화적 차이를 이해하고 주의를 기울이도록 제안하라.
5. 아동이 만들어내는 것이 여러분이 제시하는 것만큼 훌륭하리라고 기대해서도 또 요구해서도 안 된다. 오히려 세계의 예술에 대한 아동의 지식을 확장할 기회로 활용하고, 교실에 있는 익숙한 재료들을 가지고 아동이 본 것과

[그림 1-2] 맥락적 다문화 예술

- 세계의 예술에 대하여 읽고 다음과 같은 사진과 그림 보기
  - 서아프리카: 홀치기 염색(tie-dyeing), 가면, 조각
  - 중동: 상형문자, 태피스트리 짜기(tapestry weaving), 모자이크
  - 유럽: 스웨디시 쿠키 도장, 종이 세공(paper cutout), 독일의 꽃 관련 예술
  - 아시아: 서예, 종이 만들기, 목판화, 칠기
  - 중앙아메리카: 실 페인팅(yarn painting), 조각상, 조각된 박(gourd) 디자인
  - 멕시코, 남아메리카, 캐리비언 섬: 씨 목걸이, 마라카스, 아이티의 철 디자인
  - 미국, 캐나다: 나바호족 짜기(Navajo weaving), 모래 그림, 새의 깃대를 이용한 장식공예(quill-work), 조각 세공품(scrimshaw)
- 가장 흥미로운 것 고르기
- 예술품에 대한 정보를 더 얻을 수 있도록 내적 호기심을 따르기. 여러분이 잘 이해하지 못하고 있는 부분을 알아가기
- 토착 예술품과 다른 예술작품들을 비교하기. 여행사를 방문하여 여러분이 선택한 지역의 그림이나 설명서 모으기, 도서관에 들러서 책을 대출하여 추가적인 자료 얻기
- 수업 계획서를 쓰기 전에 가능한 한 많은 것을 배우기

문화에 대하여 알고 있는 것을 재현할 수 있도록 하라.

6. 예술작품을 그대로 모방할 수는 없다. 그것은 여러분이 소개한 특정한 예술을 재창조하는 과정에 아동의 경험, 개인적 해석과 이해가 가미될 때에만 의미를 가질 수 있다. 여러분은 아동이 점심시간 전에 읽은 이야기의 친숙한 등장인물을 활용하여 인도네시아의 그림자 인형을 만드는 것을 확인할 수 있을 것이다.

세계의 예술에 이런 식으로 접근함으로써 아동에게 통찰력과 지혜를 줄 수 있다. 여러분은 읽고 연구하고 계획을 세워야 할 것이다. 여러분이 교사이기 때문에 그러한 일을 방기해서는 안 된다. 아동에 대한 우리의 목표는 다른 문화의 관점에서 새롭게 보는 것을 탐색하는 것이지, 복제품을 만드는 방법을 배우는 것은 아니다.

이론적 측면

유아의 발달에 대한 이론, 연구, 철학은 아동에 대한 이해, 아동이 세계에 대한 지식을 구축하는 법, 아동이 가장 효과적으로 배우는 법과 같은 것에 대한 이해를 증진시켜 주었다. 다음에서는 아동의 지적, 사회적, 정서 발달을 분리된 것으로 보지 않는 "총체적 아동(whole-child)"의 관점을 발달시킨 이론을 설명하고자 한다.

이론적 발달

피아제의 인지 발달 단계

피아제와 인헬더(Piaget and Inhelder, 1969)는 인지적 발달 단계를 아이들이 새로운 지식을 획득할 때 보여주는 질적인 변화로 설명한다. 아동의 인지 발달에 대한 이 모델이 융통성 없게 해석되어서는 안 되겠지만, 아동이 어떻게 지식을 구성하고 통합하는가에 대한 이해를 돕는다. 발달 단계에 해당되는 연령은 변할 수 있어서, 생물학적 나이만으로 아이들을 특정한 단계로 범주화하지 말아야 한다. 만 두 살이 된 생일날 아이들이 갑자기 전조작기 단계로 발달하지도 않고, 12살이 되었다고 해서 모든 아이들이 은유나 유추를 할 수 있게 되는 것도 아니다. 아동은 실제로는 구체적 조작기에 해당하는 특성을 보여주기도 하지만 한편으로는 전조작기에 해당하는 행동을 보여주기도 한다. [표 1-2]는 감각운동기, 전조작기, 구체적 조작기의 발달 단계를 보여주고 있다.

[표 1-2] 피아제의 유아기 인지 발달 단계

단계	연령	특징
감각운동기	0~2세	인지적 발달은 감각적 경험과 신체적 활동에 좌우된다. 잡기, 조작하기, 촉각적이고 신체적인 감각은 처음으로 생각하게 하는 추동력이다.
전조작기	2~7세	아동은 언어, 정신적 형상화, 상징적 놀이, 그림과 같은 표상적 기술을 얻게 된다. 아동은 세상에 대하여 자아중심적 관점을 얻게 되고, 자기 관점으로 세상을 이해한다.
구체적 조작기	7~11세	아동은 구체적인 사건에 대한 지각에 의존하기보다는 논리적 추론을 사용할 수 있게 된다. 아동은 다른 사람의 관점을 생각하고, 동시에 하나의 관점 이상을 고려할 수 있게 된다. 그러나 높은 수준의 추상적 개념을 이해하지는 못한다.

피아제가 가장 흥미롭게 여긴 질문은 "인간은 지식을 어떻게 구성하는가?"라는 것이었다. 피아제는 지능이 일련의 단계와 발달의 과정을 거쳐 발달해간다고 생각했다.

감각운동기 첫 번째 단계인 감각운동기는 아동의 감각과 운동능력에 반응하는 것을 포함한다. 아동의 행동은 반사작용에 기초한다. 영아기와 걸음마를 배우는 유아들은 사물을 잡고, 만지고, 조작할 수 있고, 강력한 청각, 후각, 미각을 갖고 있다. 이 단계의 중요한 성취는 대상영속성의 발달, 즉 대상이 보이지도 들리지도 만져지지도 않아도 사물이 존재하는 것을 아는 것이다. 아동은 체계적으로 행동을 반복하고, 점차적으로 예측 가능한 일련의 행위에 따라 행동한다. 아동은 새로운 경험을 통해 탐색함으로써 개념을 배워간다. 여러 이론들은—특히 피아제의 이론은—음악과 움직임에 관련한 교육학적 실천을 뒷받침하고 있다. 아동이 교실로 들어가기 전에, 부모와 보육자, 유아 교사들은 음악과 동작의 배움을 통해 아동의 발달을 장려하고 있다. 다음 절에서는 피아제의 이론을 실천에 연계시키는 몇 가지 아이디어들을 소개했다.

0세에서 2세 유아를 위한 음악과 신체표현 활동

태어난 지 얼마 되지 않은 영아들은 자신들을 둘러싼 세계를 탐색하기 위해 자신의 자원을 활용하기 시작한다. 영아들은 소리가 들릴 때 그 소리를 탐색한다. 태어난 지 4주가 되는 아기들은 목소리의 음색을 활용하여 누가 곁에 있는가를 알아낸다. 3개월이 되었을 때 쯤, 부모나 주된 보육자의 목소리를 듣고 깨기도 하고 안정감을 찾기도 한다. 전형적으로 아기들은 소리가 들리는 쪽으로 그들의 눈이나 머리를 돌릴 것이다. 아기들이 사물을 잡지는 못해도, 아기들은 익숙한 장난감의 소리에 즐거워하기도 하고 조금씩 몸을 흔들기도 하고, 웃기도 한다.

아이가 1살 반이 될 때까지 음악과 관련된 두 단계가 있다. 첫 단계는 거의 출생부터 3~4개월의 것으로서, 우는 것이 아이의 첫째 소리이다. "아이의 울음은 소리의 고저, 리듬에 따라 상이한데, 이는 초보적인 음악의 패턴을 보이는 것이다" (Miche, 2002, p. 77). 이 단계의 아이들은 비둘기처럼 구구 소리를 내고, 까르륵거리고, 꽥액꽥액 소리를 내거나, 옹알이를 하기도 한다. 첫해의 아기들은 자신들을 즐겁게 만드는 소리를 내기를 실험하게 된다.

음악의 두 번째 단계는 거의 4개월부터 18개월 사이에 해당한다(Brewer, 2003). 옹알이는 점점 잦아진다. 아이들의 소리 내기는 노래를 들려주거나 부모가 말을 건넬 때 더욱 많아진다. 6개월에서 9개월에 이르는 시기의 아이들이 내는 음악적 옹알이는 다양한 음의 높낮이를 활용해 말하는 것처럼 들리는데, 이는 아기들이 음악을 들을 때 더욱 빈번하게 이루어진다. 주위 사람들이 아기들에게 노래를 불러줄 때 아기들은 옹알이를 더 많이 한다(Brewer, 2004).

6개월에서 9개월에 이르는 동안 아기들은 소리에 대한 실험을 계속하게 된다. 아기의 소리는 가끔 노래의 형태를 취하기도 한다. 이 발달 단계 중에 아기들은 거의 쉼 없이 움직이고, 놀이와 움직임과 함께 소리를 내는 일이 잦아진다. 아이들은 놀이 대상들과 상호작용할 때 이러한 소리를 낸다. 11개월이 되었을 때 쯤, 웅얼거림이 시작되어, 18개월이 되었을 때에는 말과 노래를 한다. 아이들은 자신의 방식으로 자신을 둘러싸고 있는 세계와 끊임없이 의사소통한다. 음악적 소리와 신체적 움직임이 아이들에게 나타나지 않는 경우는 거의 없다.

까꿍놀이

어른이 손으로 자기의 얼굴을 가리고 말한다. "엄마(선생님, 보육자, 친구 등)가 어디 있게?" 여러분이 손을 떼면서 웃으면, 아기들도 함께 웃는다. 여러분은 몸 전체를 숨기는 것도 해볼 수 있을 것이다. 예를 들어 의자 뒤에 숨어서 "엄마가 어디 있게?" 하고 물으면, 아기들은 이 사회적 상호작용을 좋아한다. 아기들은 춤추는 것도 좋아한다. 아이를 팔로 부드럽게 안고 춤을 출 수 있고, 밥을 먹이면서 여러분 방식으로 춤을 출 수 있고, 아기와 함께 움직이는 기쁨을 춤으로 표현할 수 있다. "한 작은 돼지가 시장에 갔네(This little piggy went to market)" 와 같은 간단한 게임은 신체 교육의 시작이라 할 수 있는 아기들의 신체적 자각을 발달시킬 수 있을 것이다.

한 작은 돼지가 시장에 갔네
한 작은 돼지는 집에 남아 있네
한 작은 돼지는 밥을 먹고 있네
한 작은 돼지는 아무것도 없네
한 작은 돼지는 집에 가는 길에 "꿀-꿀-꿀" 하고 울었다네.

엄지 발가락부터 발가락을 번갈아가며 짚으면서 마지막에는 발바닥을 간지럽힌다. 아이에게 발로 차고 던질 것을 충분히 주어야 한다. 동물 인형이나 작은 베개는 발로 찰 뿐 아니라 느끼고 던질 수 있는 것이다. 아이들이 계속 움직이고 웃고 탐색할 수 있는 게임을 최대한 많이 개발해보라.

아기들에게 적합한 아주 좋은 동작 활동으로는 손유희를 들 수 있다. 예를 들어, "천천히, 천천히, 아주 천천히"를 보자.

천천히, 천천히, 아주 천천히
달팽이가 움직인다.
천천히, 천천히, 아주 천천히
나무로 된 난간을 올라간다.
빨리, 빨리, 아주 빨리
작은 쥐가 달린다.
빨리, 빨리, 아주 빨리
집 주변을.

손을 이용해 노래를 표현하거나 간질이기 게임처럼 아이와 함께 놀이를 해 보라.

정원 주변으로
(아기의 손바닥 주변을 집게 손가락으로 달린다)
곰 한 마리가 왔다네.
한 발짝,
두 발짝,
(여러분의 손이 아기의 팔로 뛰어오른다)
간지러워.
(겨드랑이를 간지럽힌다)
건초 주변으로
작은 쥐가 왔다네
한 발짝,
두 발짝,
그의 작은 집으로.

전조작기 두 번째 단계의 전조작기는 지연된 모방, 상징적 놀이, 그리기, 정신적 형상화, 언어에 의해 대상을 표상하는 능력으로 특징지어진다. 지연된 모방은 아이가 전에 보았지만 지금 여기 아이 경험에는 존재하지 않는 것을 모방하는 것이다. 예를 들어, 주변에 책을 읽고 있는 어른이 없는 상황에서 독서하는 모습을 모방할 수도 있다. 상징적 놀이에서, 블록을 차라고 하는 식의 상상이나 "네가 아빠해, 나는 네가 저녁 하는 것을 도울게"라는 식으로 가장한다. 아이들이 그리기, 음악에 따라 움직이기, 찰흙 빚기, 시 청취를 통해 탐색을 할 때에는 동기화가 필요하다. 처음에는 단순히 예쁜 색에 반응할지도 모른다. 하지만 나중에는 자신들이 끄적거린 것의 형태를 인식하게 될 것이다. 나중에는 그림 그리기에서 자신에게 의미 있는 것이나 중요한 경험 혹은 사물을 표현하려 한다. 아이들의 첫 번째 표상 그리기가 어른의 기준에서 잘 인식되지 않을 수 있지만, 그럼에도 불구하고, 그것은 아이들에게 의미 있는 것들이다. 전조작기 단계의 주된 성취는 언어의 시작이다. 아이들은 사물이나 행동 대신 언어를 사용할 수 있음을 배우게 된다. 우리가 이론과 실제를 관련지어 갈 때, 다음에 제시한 것들이 전조작기 발달 단계에 있는 아이들에게 적합한 시각예술 활동이 될 것 같다.

2세에서 7세 아동을 위한 시각예술 활동

이 단계의 아동에게는 예술 활동을 경험하도록 하는 것이 중요하다. 즉 교사들은 다양한 재료를 제공하고, 시각예술 과정에 참여하도록 해야 한다. 물감, 풀, 종이, 찰흙의 특성을 느끼고, 냄새 맡고, 조사하면서 아동은 감각적 경험에 완전히 몰두할 것이다. 아동이 서툰 몸짓에 좀 더 익숙해지면서, 아동은 자신의 행동과 종이 위에 그린 것 사이에 연관성을 이해해갈 것이다. 이것은 아동이 선, 지그재그, 원, 그 밖의 다른 그림을 그릴 수 있다는 것을 알게 되는 것이기 때문에 아동에게 매우 흥미로운 것이다. 따라서 아동이 원한다면 큰 종이, 크레용, 마커 등을 주어서 그릴 수 있도록 해야 한다.

이 단계의 아동은 찰흙으로 놀기를 좋아한다. 찰흙 반죽은 광범위하게 사용되는 것이다. 여러분이 직접 만들거나 시중에서 구입할 수도 있다. 여러분과 아동은 물을 활용해서 찰흙의 농도와 질감을 바꿀 수 있다. 찰흙은 아동의 손으로도 쉽게 형태를 만들 수 있다. 다양한 찰흙 종류들은 아동에게 새로운 조각, 형상, 추상적 형태를 창조하는 새로운 경험을 줄 수 있다.

아동이 찰흙으로 작업할 때 사용하는 도구로는 다음과 같은 것이 있다.

- 밀대
- 아이스크림 주걱
- 쿠키 모양 찍기
- 플라스틱 칼
- 피자 칼
- 뭉툭한 가위

아동은 위와 같은 도구를 사용하기 전에 찰흙을 사용할 기회를 많이 가져야 한다. 표상적 그림과 조각들은 교사들에게 인식될 수도, 인식되지 않을 수도 있다는 것을 기억하라. 활동을 통해 얻어야 하는 것은 끝날 때의 결과물이 아니라, 시각적, 신체적 활동이다. 여러분은 7장에서 집에서 찰흙 반죽 만드는 법을 배울 수 있다.

구체적 조작기 피아제 이론의 세 번째 단계는 구체적 조작기이다. 구체적 조작기의 아동은 상징적 표상과 가역적 조작을 할 수 있다. 이 단계에서 아동은 사물을 분류하고 기준에 따라 순서대로 배열할 수 있다. 예를 들어, 아동은 유사성에 따라 사물을 분류할 수 있고, 상위집단과 하위집단의 관계를 추론할 수 있다. 구체적 조작기의 아동은 또한 부피와 양의 차이를 인식하는 능력이나 보존의 개념을 이해하게 된다. 다른 사람의 관점을 이해하고, 대인관계의 접촉이 좀 더 협동적으로 되어 가면서 탈중심화가 시작된다(Piaget and Inhelder, 1969).

피아제에 따르면 아동은 자신들이 스스로 발견한 것이나 해석한 것만을 이해하기 때문에 자신의 지식을 구축하는 데 활발하게 관련되어야 한다. 참 지식은 아동 내부에서 일어난다. 그리고 아동이 감각 체험을 할 때 참 지식을 이해할 수 있다. 아동이 음악, 예술, 연극, 춤, 시와 같은 것을 경험하게 될 때, 아동은 지적 발달을 촉진하는 상징적 방식으로 정신적 표상능력을 종합하는 기회를 얻게 될 것이다. 우리는 공표된 아동교육 단계의 국가적 기준을 달성해야 할 책임을 가지고 있다. 시각예술에서 국가적 기준을 달성하는 방법은 아동의 발달 단계 이론을 다양한 시각예술 내용에 연관짓는 것이다. 유치원부터 초등학교 4학년 학생들의 연극 분야 표준은 “역할을 가정하고 즉흥극으로 상호작용하기”를 포함하고 있다. 피아제와 인헬더가 말하듯이, 아동은 타인들과의 상호작용을 통해 다른 사람들의 관점을 이해하면서 탈중심화가 이루어진다. 다음의 활동은 연극을 다른 사람의 관점을 이해하는 능력으로 연결시키는 것이다. 이것은 아동에게 이솝 우화를 소개하는 것이기도 하다. 이솝 우화는 2600년 전에 지어진 것이지만, 그 이야기와 도덕은 여전히 오늘날에도 의미 있다.

7세에서 11세 아동을 위한 연극 활동

연극(유치원~초등학교 4학년) 표준 2: 역할을 가정하고 즉흥극으로 상호작용하기

"토끼와 거북이"와 같은 여러분이 좋아하는 이솝 우화를 읽고 들어보라. 아동에게 이야기의 주인공으로 분장할 수 있도록 가면을 만들도록 해보라. 이야기의 중심 인물이나 이야기의 문제상황에 대한 이해, 이야기의 결말, 이야기의 교훈에 대한 대화를 학생들과 나누어보라. 아동들이 즉흥극 활동을 통해 우화의 중요한 부분을 표현해보도록 하라. 예를 들어, 토끼가 "나는 너보다 빨라.", "너무 피곤해서 낮잠을 좀 자야겠어."라고 말할 수도 있다. 아동이 대화를 이어가면서 연극이 계속되고 발전할 수 있도록 하라. 아동이 가면을 교환하고 이야기를 바꿔가는 것을 살펴보라. 여러분은 즉흥극을 촬영하면서, 아동에게 토끼의 관점과 거북이의 관점이 다른 점을 말할 수 있도록 시간을 줄 수 있을 것이다. 이 단계의 아동에게 적합한 우화들은 아주 많다. "개미와 베짱이", "시골쥐와 도시쥐", "양의 모습을 한 늑대"와 같은 것들은 이 단계의 아동이 가장 좋아하는 우화이다.

비고츠키와 인지 발달

비고츠키(Vygotsky, 1978)는 학습의 사회적 형성을 이해하는 데 토대를 제공해주었다. 비고츠키는 아동이 과업을 익히기 위하여 다른 사람과 상호작용할 때, 혹은 덜 복잡한 작업을 독립적으로 해갈 때 아동이 사고, 언어, 자유의지를 배워가는 것을 이론화했다. 특히 비고츠키는 다른 사람들의 도움이 "근접발달영역"에 있을 때 학습은 일어난다고 생각한다. 근접발달영역이란 "아동이 독립적으로 문제를 해결할 수 있는 실제적인 발달 수준과 어른의 지도나 잘하는 친구의 도움으로 문제를 해결할 수 있는 잠재적 발달의 상위 단계 간의 거리"로 정의할 수 있다(Vygotsky, 1978, p. 86).

아동이 놀이할 때 관찰해보면 아동이 새로운 개념, 기술, 능력을 발달시키는 것을 알게 된다. 아이의 발달에 대한 이해라는 면에서 비고츠키가 기여한 중대한 것은 아동이 어떤 과제를 탐색하면서 자신 있어 하면서도 동시에 싫증을 느끼거나 좌절하지 않는 단계로서 근접발달영역을 설정했다는 점이다. 비고츠키의 모델에 따르면, 이 수준에서 기능할 때 아동의 학습이 최적화된다. 이 수준에서 과업을 마친 아동은 더 높은 수준의 사고와 행동을 필요로 하는 활동에 참여하고 싶은 내재적 동기와 자신감을 얻게 될 것이다. 비고츠키는 발달에서 모든 기능들은 사회적 상호작용을 통한 사회적 수준에서, 그 다음에는 개인적 수준에서 시작한다고 주장한다(Vygotsky, 1978). 아동이 친구나 어른들과 이야기하고 상호작용해야 하는 이유는 바로 이것이다. 비고츠키는 사회적 상호작용이 사고를 발생시키는 것이라고 주장했다. "아동은 자신들이 하고 있는 것을 말하는 것만은 아니다. 아이들의 말과 행동은 동일한 심리학적 기능이다" (Vygotsky, 1986, p. 43). 아동이 새로운 개념, 기술, 능력을 발달시키는 것은 언어, 토론, 듣기, 문제해결과 같은 것을 통해서 이루어진다.

이론 적용

이 예술적인 노력을 하고 있을 때 아동의 행동을 인식해야 한다. 또한 교사들은 비계 과정이 아동의 발달이나 학습에 미치는 영향을 실현하는 동안에 조용한 관찰자처럼 편안해야 한다. 가장 중요하게는 언어의 기능이 예술에서의 사고를 촉진하고 풍부하게 한다는 점을 기억해야만 한다. 비고츠키에게 아동의 예술 활동에서 중요한 점은 "결과물 지향적" 인 것이 아니라, "과정 지향적" 인 활동에 있다. "아동의 다양한 상징적 표상 활동의 하나인 아동의 예술 작업은 아동의 독특한 세상 읽기 방식을 자극하고, 자신의 생각을 소통하고 구축하고 표현하도록 했던 이전의 경험으로부터 유래하는 최종적 생산물일 수 있다" (Booyeun, 2004, p. 483). 레지오 에밀리아 학교에서 아동의 상징적 표현은 다양하고 매우 우수하다. 이것은 아동의 예술적 경험이 상징적 표현에 참여하기 "이전" 과 상징적 표현에 참여하는 "동안" 이루어지기 때문이다. 레지오 에밀리아 학교의 교사들은 아동의 언어, 대화, 질문, 예술에 대한 반응을 활용한다. 교사들은 아동들의 시각적이고 상상력이 풍부한 마음을 촉진하기 위해서 그렇게 한다(Edwards, Gandini, Forman, 1993). 비고츠키의 학습 이론은 유아기의 미적 교육이 탐구해보도록 이끈다. 학습의 사회적 과정에 대한 비고츠키의 아이디어는 예술과 미학교육에서 중요한 역할을 한다. 비고츠키의 관점을 살펴보면, 교사들이 "아동 인식의 회화적 양식에 적합한 미학적 기능을 부각시키면서 아동의 표현 방식에" 활동적으로 참여하는 방법을 찾을 수 있다.

아동은 이야깃거리를 주는 활동을 필요로 한다. 이것은 아동이 블록 쌓기 활동을 함께 하고 있을 때, 소꿉놀이나 즉흥극 놀이를 할 때, 아이디어나 어떤 상황을 재현하기 위해 사물들을 이용할 때 아동이 비형식적으로 이야기 나눌 수 있는 환경을 조성해야 하는 중요한 이유이다. 교사들은 아동이 프로젝트를 수행하는 방법, 즉흥극을 위한 아이디어를 모으는 법, 주방에서 특정 음식을 노란색으로 표현하기로 한 이유 등에 대해 토론하는 것을 장려하는 것이다. "아동이 말하고 듣고 공유하는 경험을 토론할 때, 그 경험에 대한 서로의 인식, 다른 사람들의 세계 이해를 알게 된다"(Seefeldt, 2000, p. 158). 사회적 상호작용이 아동의 발달에 어떻게 관련되는가에 대한 비고츠키의 이론은 그림 색칠하기, 연습문제지 풀기와 같은 사회적으로 고립된 활동들이 아동에게 적합하지 않음을 보여주는 근거를 제공해준다. 공식이 실려 있거나 보고 색칠하게 되어 있는 연습장 활동들은 창의성을 약화시키고, "혼자만의 활동" 및 "조용히 하기" 활동에 주안점을 두게 된다. 이러한 형태의 활동은 교실을 매우 조용하게 운영해갈 수는 있지만, 아동의 지력을 발달시키는 면에서는 무력한 방식이다.

예술과 지적 발달

예술이 지적인 발달에 관한 풍부하고 종합적인 이론들에 어떻게 기여할 수 있는가? 아동이 창의적인 예술 과정에 골두하고 있을 때, 아동은 기본적인 개념, 기억, 문제해결능력, 언어를 넓힐 수 있는 기회를 많이 갖게 된다. 동시에 아동의 이해와 창의적 예술 간의 관련성을 이해하게 됨에 따라, 어떻게 예술이 전반적인 지적 성장에 유익할 수 있는가를 인식하게 된다. [그림 1-3]은 예술을 통한 지적 발달을 위한 몇 가지 기회를 제시해준다.

정서적 · 사회적 발달

3세 무렵까지 아이들은 가족, 친구, 가족 외 사람들과의 관계를 확립한다. 4세나 5세가 될 무렵 다양한 감정들을 표현할 수 있게 된다. 아동의 정서적 · 사회적 성장에 관심을 가지고 있는 교사들은 심리분석 이론가인 에릭슨의 이론을 알 필요가 있다. 에릭슨의 포괄적인 작업은 아동들의 사회적 · 정서 발달을 촉진시키는 것의

[그림 1-3] 예술을 통한 지적 발달의 기회

창의적 예술 과정에 참여하면서 아동은 다음과 같은 기회를 얻게 된다.

- 보고 느끼고 생각하고 말하고 싶은 것을 표현하기
- 소리, 질감, 색, 가장하기, 창조하기를 통한 실험하기와 탐색하기
- 아이들 자신, 환경, 세상에 대한 느낌과 아이디어를 표현하기
- 상상하고 창조하고 관찰하는 능력을 증진시키기
- 비난하지 않고 판단하는 법을 배우기
- 문제를 해결하는 다양한 재료를 사용하기
- 토론을 하고 다른 사람들의 경험을 탐구하는 데 적절한 단어를 사용하기
- 자신을 설명하는 능력에 자신감을 갖기
- 문제를 정의하고 해법을 찾기
- 결정하기
- 자기들의 이해를 증진하고 신체적 경험을 활용하기
- 시각적, 청각적, 신체적 의식을 발달시키고 예술적 표현으로 발달시키기
- 그리는 법, 춤추는 법, 이야기를 표현해내는 방법을 알기
- 자기만족을 위한 재료를 바꾸기
- 집중할 수 있는 시간을 늘리고, 집중하는 기술을 증진시키기
- 지략과 대안을 실행해보기
- 자기방향감, 주도성, 독립적 사고능력을 얻기

중요성을 강조하는 견고한 이론적 틀을 제공해주었다.

에릭슨의 심리사회적 발달

에릭슨(Erikson, 1963)은 사람들이 인격의 발달에서 해결해야 하는 일련의 심리학적 갈등이나 위기를 제시한다. 이러한 갈등의 결과는 자아 발달에 긍정적이거나 부정적인 영향을 미칠 수 있다. 각 갈등의 해결은 우리 환경의 다른 사람들과의 관계에 달려 있다. 일생동안의 이러한 갈등의 긍정적 결과는 긍정적인 자아존중감이나 타인에 대한 긍정적인 태도를 형성하는 데 중요하다. 인지적 발달에서 피아제 이론과 마찬가지로, 에릭슨의 단계는 연령과 관계되어 있다. 또한 교사들은 아이

[그림 1-4] 에릭슨의 심리사회 발달 이론

0~18개월	신뢰 대 불신
18개월~3세	자율성 대 수치, 의심
3~6세	주도성 대 죄의식
6~12세	근면 대 열등감
청소년기	자아정체감 대 역할 혼미
청년기	친근감 대 고립
장년기	생산성 대 정체
노년기	통합 대 절망

들 모두가 하나의 발달 단계에 있을 것이라고 생각하는 데는 신중해야 한다. [그림 1-4]는 에릭슨의 심리사회적 갈등을 요약한 것이다.

태어난 첫해 유아들은 세상이 믿을 만한 곳이고, 그래서 자신들을 보호해주고 사랑해주는 주위 사람들을 신뢰할 수 있다는 점을 배우게 되거나, 아기들의 욕구가 제대로 충족되지 않음으로써 주위 사람들을 신뢰하지 못하는 감정을 발달시키게 된다. 걸을 때 쯤, 아기들은 어느 정도의 독립성을 발달시키게 되면서 자신의 선택과 의지를 강하게 주장하기 시작한다. 이 시기에 아기들이 과도하게 통제된다면 아이들은 자신의 능력에 대하여 의심하게 된다. 이로부터 자아존중감이 결여될 수 있다. 3세에서 6세에 이르는 동안 아동의 운동적 · 인지적 능력들은 계속 발달한다. 아동은 아이디어를 주도하고 완수하는 데 많은 책임감을 느끼게 된다. 아동의 주도적인 노력이 주위 사람들에게 받아들여지지 않으면 자신의 잘못된 행위에 대한 죄책감을 발달시키게 된다.

6세에서 12세 아동은 자신의 성취감과 다른 사람과의 상호작용에 대한 자신감을 통해 자기가치감을 발달시킨다. 혹은 아동은 열등감을 발달시키기도 한다. 있을 수 있는 실패의 경험은 죄책감이나 벌에 대한 두려움으로 이끈다.

예술과 사회 · 정서적 발달

모든 아동에게 예술은 아이디어와 감정을 소통할 수 있는 사회적 장을 제공해준다. 때때로, 아동은 감정을 정확히 기술해내지 못한다. 더욱이 감정적이거나 정서적인 것을 표현하는 혼란스러운 용어를 사용하여 자신의 감정을 분류해내지도 못한다. 그러나 아동은 그림, 색칠, 찰흙 빚기, 즉흥 연극을 통해서 감정을 표현해낼 수 있다. 예술 활동을 할 때 아동은 자신과 다른 사람들에 대하여 배워가는 중대한 일을 하게 된다. 아동은 자신의 내적 세계와 외부의 사물, 사람, 일어나는 일들과 조화를 이루고 있다([그림 1-5]).

창의예술을 만들고 발견해가는 과정에 참여해본 아동은 이러한 두 세계를 더 잘 경험할 수 있다. 예술 활동의 창조적 과정을 통하여 아동은 지적, 사회적, 감정

[그림 1-5] 예술 활동을 통한 사회 · 정서적 기회

아이들이 창의적 예술 활동을 할 때, 다음과 같은 기회를 얻는다.

- 독자적 개인으로서 그리고 상호작용하고 협동적 그룹의 구성원으로서 작업을 한다.
- 순서를 지켜 재료, 장비, 공간을 공유한다.
- 다른 사람의 권리, 의견, 감정을 존중한다.
- 집단의 리더십과 집단의 결정을 따르는 정신(followership)을 발달시킨다.
- 예술 분야의 다양한 경험에 대하여 토론, 탐구, 질문한다.
- 성취를 통하여 스스로를 존중한다.
- 개인적 관심, 느낌, 상호 간의 긍정적 신뢰를 공유한다.
- 자신과 타인에 대한 긍정적인 환경을 만들기 위해 계획하고 문제를 해결하고 유지한다.
- 의사결정에 참여적 방법을 사용한다.
- 집단의 과정을 가치 있게 여긴다.
- 자기존중감을 갖는다.
- 질문을 하고 공유함으로써 사회적 발달을 촉진한다.
- 다른 방식으로는 잘 받아들여지지 않았을 개인적 감정과 생각을 표현한다.
- 두려움을 이해하고 그 감정을 다루는 법을 배운다.
- 특정한 분야에서 뛰어나고, 인정받고 있음을 느낀다.
- 집단에서 수용되고 있음을 느낀다.
- 자신의 노력이 가치 있다고 느낀다.
- 다른 사람에 의해 가치 있게 여겨짐을 느낀다.
- 의사소통 기술을 발달시킨다.

적 기술과 개념, 지식을 활용하게 된다. 예를 들어, 이 장의 맨 처음으로 돌아가서 다섯 살 리엔이 돌고래처럼 수영하는 부분을 다시 읽어보라. 먼저 리엔은 돌고래, 요트, 바다에 대해 알고 있는 것을 기억해내야 한다. 리엔은 물 위에 떠다니고 있는 것들과 배에 대하여 자신이 이해하고 있는 것을 표현해낸다. 그러고 나서 헤엄치고 있는 돌고래과 매우 유사한 동작들을 모방하면서, 음악의 리듬과 자기 몸의 동작을 조정한다. 다음으로 리엔은 돌고래가 요트와 나란히 수영하는 방법과 배에 탄 사람들에게 물을 뿜어내기 위하여 지느러미를 툭 칠 때 생기는 사회적 상호작용을 한다. 결국에는 리엔은 5분이 채 흐르지도 않아 멋진 물속 춤을 보여준다. 세계에 대한 지식과 소통하는 방법을 통합해내는 리엔의 능력은 정말 수준 높고 대단한 것이다.

로버트 알렉산더(Robert Alexander, 1985)의 다음과 같은 말은 아동을 위한 예술교육의 가치를 강력하게 시사하 준다.

> 아동이 정신-가슴-영혼의 창조적 아름다움을 여행할 때, 아동의 상상력은 끊임없이 새로운 길을 열어놓아 새로운 접근 통로를 보여주고 아동이 볼 수 있는 것을 넘어 존재하는 신비로움을 알아볼 수 있게 해준다. … 창조의 과정에서 아동은 다른 어떤 때보다도 자신들의 진실에 더 가까이 가게 된다. … 사고와 감정이 매우 명료해지고 아름답게 빛난다. 당황스러운 삶의 혼돈은 조화로움과 진실함으로 바뀐다. 창

모래성 쌓기와 같은 단순한 창의적 작업은 아이의 자각과 예술적 표현 능력을 향상시켜준다.

아동이 창의적 예술 활동에서 성공했을 때, 긍정적인 자아 개념을 얻을 수 있다.

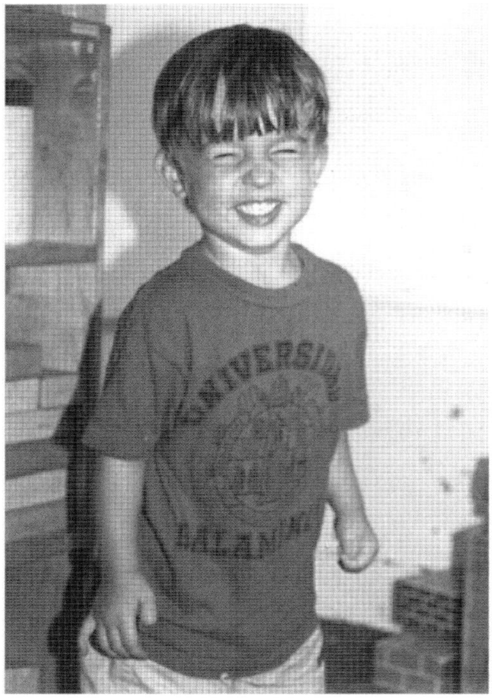

조의 과정에서 아동은 진실로 자유롭다(p. 5).

이 책에서 여러분은 아동의 창의적 예술과정을 탐색하면서 활용할 수 있는 활동이나 아이디어를 얻을 수 있는 것이다. 비고츠키(1978)와 에릭슨(1963)의 연구는 아동에게 근접발달영역(어떤 것들은 쉽게 할 수 있고, 동시에 더 높은 단계로 가는 데에는 도전의식을 갖게 되는)에 있는 경험을 제공하는 교육과 긍정적인 자아존중감과 자신과 타인에 대하여 긍정적인 감정을 형성하는 데 주안점을 두고 있다(Edwards, 2002).

미적 발달

미학에 대한 정의는 매우 다양하다. 이 장에서는 미학을 색, 형태, 디자인에 대한 반응과 감정과 관련된 예술 분야로 정의한다. 우리가 살아가는 세계를 이해하고 감상하기 위한 기본적인 요구가 있다. 아동이 자신의 세계와 교실에서 아름다운 것을 보고 탐색할 수 있는 기회를 가질 때, 아동은 즐거움을 주고 감각적으로 풍부한 환경의 독특함을 감상하기 시작한다(Schirrmacher, 2002).

파슨의 미적 반응 발달 단계

파슨(Parson, 1987)은 예술의 미적 인식에 관한 자신의 견해를 통하여 예술 발달의 단계 이론을 제시하고 있다.

1. 첫째 단계는 좋아하는 색, 그림으로 표현하기, 사물과 자신의 관련성, 그림 그리기의 즐거움으로 특징지을 수 있다.
2. 둘째 단계는 아동이 그림을 좋아하는 단계로 특징지을 수 있다. 아동의 그림은 멋지고 실제 사물을 표현하고 있다. 예술작품의 주제는 실제 관련성으로써 평가된다.
3. 셋째 단계는 주제의 아름다움이나 실제 관련성에 상관없이 예술작품이 표현해내는 감정을 알아채는 관찰자로 특징지을 수 있다.
4. 넷째 단계는 그림으로 표현해내는 자신의 능력을 이해한다.
5. 다섯째 단계는 자율성이다. 이 단계에서 판단은 사람마다 다를 수 있다. 하지만 관찰자는 토론을 하여 상호주관적 이해를 얻고자 한다.

이 모델을 활용할 때 교사는 아동에게 적절한 질문을 해서 특정한 예술작품에 대한 자신들의 생각을 말하고, 또 다른 사람들의 아이디어, 생각, 느낌을 들을 수 있도록 할 수 있다.

예술로 이끌어주는 가정의 역할

- 보호자는 아동의 예술적이고 창의적인 노력에 즉각적이고 책임감 있는 반응을 보여주어야 한다.
- 아동은 가족의 관심, 사랑, 보호에서 안정감을 느낄 수 있어야 한다.
- 보호자는 개의 꼬리 흔들기, 거미줄, 그림자, 물방울 등 주변에서 일어나는 일들에 대한 경탄, 관심, 끌림을 보여주는 모델이 되어야 한다.
- 가족은 지루할 수도 있는 일상의 삶에서 기쁨을 보여줘야 한다.
- 아동은 창의적인 이야기를 자유롭게 표현하고, 놀이의 창의성과 즐거움에 빠져야 한다.

- 보호자는 적절한 행동과 목소리로 아이들의 감정을 수용하고 아이들이 느끼는 두려움을 어루만져 주어야 한다.
- "아이들이 아무런 두려움 없이 자기됨을 시도할 수 있을 때라야 경이로움은 가능한 것이다." (Haiman, 1991, p. 52)

가드너의 다중지능이론

지적, 정서적 사회적 발달 영역은 수십 년 동안 학자, 학습이론가, 예술교육자들을 매혹시켜 왔다. 다양한 이론들은 아동이 창조적 예술 과정에 참여할 때 어떻게 배우고 성장하는가에 대한 관점을 제공해준다. 교육자에 의하여 호평을 얻고 있는 또 하나의 이론은 하버드 대학의 교수인 하워드 가드너(Howard Gardner)의 이론이다. 가드너의 연구는 가르치는 직업을 갖고 있는 사람들에게 큰 영향을 주었다. 특히 다양한 형태의 지능을 이해하도록 만들었다는 점에 있어서 매우 중요한 의미를 갖는다.

다중지능이론: 교수에 미친 영향

가드너는 인간이 모든 것을 포괄하는 하나의 지능을 갖고 있는 대신에, 최소한 아홉 개의 독특한 지능을 가지고 있다고 주장한다. 1983년에 발간된 『마음의 틀(Frames of Mind)』에서 가드너는 다양한 강도와 정도로 사람들이 가지고 있는 7가지 지능, 언어적 지능, 논리수학적 지능, 공간적 지능, 신체운동적 지능, 음악적 지능, 대인관계 지능, 자기이해 지능을 제시했다. 1997년 가드너는 여덟 번째 지능으로서 자연탐구 지능을 추가했다(Checkley, 1997). 미국 교육학 연구협회에서 행한 연설에서 가드너는 여덟 번째 지능인 자연탐구 지능을 풍부한 예를 들어 확증하면서 실존적 지능(큰 질문의 지능)의 도발적 증거를 제시하기도 했다(2003).

이 장의 도입 부분에 소개되었던 다섯 살 된 리엔이 "바다에서 수영하는 것"을 떠올려보자. 이 이야기는 동시에 작동하고 있는 지능의 독특한 윤곽을 보여주는 방식 때문에 중요하게 여겨진다. 바다에서 수영하는 것에 대한 자신의 이해를 시각적 표상으로 바꿀 때 리엔은 공간적 지능을 활용한다. 리엔은 음악에 민감하게 반응하고, 교실을 가로질러 뛰어오르고 다이빙하기 위해 몸을 움직인다. 리엔은 이러한 활동을 통해 음악적 지능과 신체적 지능을 활용하기도 한다. 리엔은 선생님에게 자신이 누구이고 무엇을 하고 있는가를 설명하면서 언어적 지능을 활용한다. 리엔이 배에 타고 있는 사람들에게 물을 뿌릴 때 대인관계 지능으로 다른 사람들에게 적절하게 반응하는 능력을 보여주고 있는 것이다. "바다에서 수영하고 있을 때" 리엔은 주변 환경과 지구의 다른 생명체(돌고래)에 대한 강한 친밀감을 보여줌으로써 자연탐구 지능을 발휘하고 있다. 또한 리엔은 자기 행동의 안내자로서 자신의 감정에 의지하는 것으로서 자기이해 지능을 활용하고 있음을 보여준다.

다중지능이론의 가치는 그것이 교육을 개혁하는 데 미칠 수 있는 잠재적 영향력에 있다. 지적 능력의 발달에서 예술이 가질 수 있는 가치를 이해할 수 있도록 한다는 점에서 특히 가치가 있다. 가드너의 연구를 어떻게 소개할까를 생각할 때, 나는 그의 이론이 얼마나 흥미 있고, 그의 이론이 학습과 지능에 대한 나의 이해에 어떠한 영향을 미쳤는가를 생각해보곤 한다. 가드너의 연구는 교수에 대한 나의 접근을 매우 많이 바꿔놓았다. 여러분이 아동 교육에 접근할 때 가치 있는 통찰력을 얻기를 바란다.

1979년에 가드너는 네덜란드의 자선단체인 밴 리어(Van Leer) 재단으로부터 인간 잠재력의 본성과 실현에 대한 연구를 해달라는 요청을 받았다. 가드너의 첫 번째 과제는 지난 수십 년간의 인지과학과 신경과학의 성과에 비추어 인지적 잠재력에 대하여 규명된 것을 정리하는 것이었다.

인간의 잠재력에 대한 프로젝트를 시작하기 이전에, 가드너는 『정신의 종류(Kinds of Minds)』의 개요를 작성했다. 그 책에서 가드너는 인간의 정신은 다양한 일을 할 수 있으며, 지능이라는 용어를 지금까지 너무 좁게 정의 내렸다고 비판했다. 가드너는 이러한 더 넓은 개념을 탐색하면서, 다양한 종류의 정신을 "지능"이라 정의하기로 했다.

가드너는 필라델피아에서 열린 연설에서 "지능"을 다음과 같이 정의했다.

> 이것은 거침없는 일이었다. 내가 그것을 "재능"이라 부른다면, 사람들은 "오, 좋아. 사람들은 많은 재능을 가지고 있지."라고 말할 것이다. 그러고 나서 자신들의 일에만 신경을 쓰게 될 것이다. … 만약 내가 하고 있는 것을 "지능"이라고 부른다면, 재능이 무엇인가를 알고 있다고 생각하는 사람들에게 직접적인 도전이 될 것이다.

… 그래서 나는 내가 연구하고 있는 것을 지능이라고 부르기로 했다. 그리고 나의 예상은 성공적이었다.

다음으로 가드너는 지능의 정의를 필요로 했다. 가드너는 "지능"을 "문제를 해결하는 능력, 또는 하나 또는 그 이상의 문화적 환경에서 가치 있게 여겨지는 것을 만드는 능력"이라고 정의했다. 가드너의 지능에 대한 정의는 지능이 1) 문제해결, 2) 악보를 쓰거나 그림을 그리거나 과학적 이론을 만들거나 손과 몸을 사용하는 것과 같은 제작과 관계있음을 암시한다. 가드너의 작업을 통하여 지능을 연구했던 심리측정가의 탓으로 생겼던 지능을 둘러싼 신비스러움은 사라지기 시작했다. 그 용어는 기능적으로 교사, 행정가, 이외의 교육자들에게 보다 접근 가능한 것이 되었다(회의록, 1987b, p. 22).

조원들에게 가드너의 지능 중에서 어떤 것이 자신을 가장 잘 설명하고 있는지를 인터뷰해 보자.

가드너는 자신이 내놓은 지능의 수에 놀랄 필요가 없다고 했다. 또한 "나는 지능을 제대로 알아냈다고 주장하지도 않는다. 내가 주장하고자 하는 것은 지능이 기본적으로는 복수의 개념이라는 점이다."라고 말했다. 지능은 어떻게 사람들이 문제를 해결하고 문제를 발견하게 되는가를, 어떻게 사람들이 배우고 발달해 가는가를 분명히 보여주는 것이다. 가드너의 지능은 이 책의 단원들마다 자세히 논의될 것이다. 예를 들어 신체운동적 지능, 음악적 지능, 논리수학적 지능은 4장 "음악과 동작 도입하기"에서 다룰 것이다. 우리가 리듬, 박자, 음표, 박자표, 특히 대위법을 생각해보면 논리적이거나 수적 패턴이 음악과 움직임에 관계된다는 것을 알 수 있다.

지능, 정서적, 사회적 발달에 덧붙여 우리는 어떻게든 창조적 잠재력을 실현시키는 창의성과 창의적 과정을 검토해야만 한다. 창의적 과정 전체로부터 지적, 정서적, 사회적 발달을 분리시키는 일은 분명 어려운 일이다. 다음 장은 창의적 과정의 몇몇 요소와 창의성의 모델과 관련한 중요한 내용을 다룬다.

창의성이라는 말은 매우 흔해졌다. "창의성"이나 "창의"라는 단어는 책 제목이나 자작(DIY) 프로젝트는 공연집단에 반짝이칠을 하는 것과 흡사하다. 여전히 우리는 창의적인 사고의 발달이 우리 개인이나 사회에 미치는 엄청난 의미를 잊어서는 안 된다.

— 빅터 로웬펠드(Viktor Lowenfeld)

시각 및 공연예술 기관 웹사이트

American Alliance for Theatre and Education (AATE)
http://www.aate.com/

MENC: The National Association for Music Education
http://www.menc.org/

National Art Education Association (NAEA)
http://www.naea-reston.org

National Dance Association (NDA)
http://www.aahperd.org/NDA/

제2장

창의적 과정 이해하기

모든 사람들은 창의적이다. 우리는 우리 안에 있는 창의적인 성향을 따라 행동할 준비가 되어 있을 뿐 아니라 그것을 몹시 희망하고 있다.

— M. 골드버그(M. Goldberg, 2000)

작년에 라드 선생님은 시앙(Xiang)과 왕(Wang)이라는 네 살, 다섯 살이 된 형제를 가르쳤다. 찰흙과 조형용 점토는 미술 영역에서 언제든지 사용할 수 있었다. 시앙은 "진짜" 찰흙에 흥미를 느꼈다. 반면에 왕은 조형용 점토를 좋아했다. 어느 날 시앙과 왕은 나란히 앉아서 두 종류의 흙을 가지고 놀고 있었다. 아이들은 두드려보고, 눌러보고, 접어보고 반듯하게 펴보았다. 라드 선생님은 아이들이 두 종류의 찰흙의 속성을 탐구하는 과정을 관찰했다. 찰흙이 마르기 시작하자, 시앙은 물을 조금 따르고 구멍을 냈다. 시앙은 그 구멍에 물을 부어 부드럽게 만들었다. 동생이 구멍에 물을 넣는 것을 보자 왕은 조형용 점토에도 물을 붓기로 했다. 왕은 동생의 찰흙과는 달리 자신의 조형용 점토가 물을 흡수하지 않자 당황한 것처럼 보였다. 이 과정에서 아이들은 독립적으로 작업하면서, 자신의 찰흙으로 활동하는 과정에 집중했다. 이 과정을 관찰하면서 라드 선생님은 이 순간이 아이들에게 두 종류의 흙이 가진 독특한 특성을 설명하기에 가장 완벽한 순간이라는 것을 알아챘다. 라드 선생님이 현명한 관찰자가 아니었더라면, 그리고 시앙과 왕이 흙을 가지고 노는 것을 허락하지 않았더라면, 이와 같이 완벽한 순간은 오지 않았을 것이다.

창의적 과정

우리가 창의성에 대하여 말할 때 가장 핵심적인 쟁점은 무엇인가? 다음의 세 가지 질문은 창의적 과정을 연구하는 틀을 제공해준다. 이 질문은 토론을 위한 문제제기로서 이 절의 내용과 창의적 과정에 대한 넓은 시야를 갖는 데 도움을 줄 것이다.

1. 창의성을 어떻게 정의할까?
2. 창의적 과정의 단계는 무엇인가?
3. 창의적인 사람의 특성은 무엇인가?

위의 질문은 이 절에서 다루는 내용을 이해하고 종합하는 틀로서 여러분 각자의 대답을 찾기 위한 매개물로 활용해보라.

창의성 정의

창의적 노력

창의적 자금 융통

창의적 접근법

창의적 글쓰기

창의적 생산품	창의적 팀 구성
창의적 잠재력	창의적 광고
창의적 경영	창의적 문제해결
창의적 과정	창의적 리더십

위의 익숙한 단어들은 교육, 비즈니스, 사업, 사회과학에서 자주 쓰이는 것들이다. 이러한 용어들의 익숙함을 통해 사람들이 일반적으로 창의성에 관심을 가지고 있다는 것을 알 수 있다. 창의성이 어떻게 모든 측면의 인간의 노력을 초월하는가에 사람들이 관심을 가지고 있다는 것은 예술이나 창의성에 관련되어 있는 우리들에게 고무적인 것이다. 반면에 이러한 용어들은 밸킨(Balkin, 1990)이 "창의성"이라는 용어를 "과다 사용한, 잘못 사용한, 혼란스러운, 남용한, 일반적으로 오해한 것"이라 지칭한 것이다.

"창의성"이란 말은 무엇을 의미하는가? 창의성에 대해서는 "독창성, 상상력이 풍부한 것"이라는 사전적 정의로부터, "만들다, 생산하다, 야기하다, 낳다" 등을 의미하는 creo를 어원으로 하는 라틴어 creare를 의미한다는 정의에 이르기까지 수백 개의 설명이 있다. 사전적 정의나 라틴어 어원을 고려할 때, 이 규정하기 어려운 단어를 둘러싼 신비함은 좀 더 복잡한 특징을 갖게 된다. 게슈탈트 심리학의 창의자로 거론되기도 하는 칼 융(Carl Jung)은 고대 사회에서부터 존재했던 창의성, 기억, 꿈, 상징, 보편적 이미지에 대하여 방대한 저작을 남겼다. 융은 창의성을 인과적으로 설명될 수 있는 자극에 대한 반응으로 묘사했다. 하지만 단순한 반응과 반대되는 의미로 창의적 예술을 정의한다면 그것은 쉽게 이해할 수 없는 것이다(Jung, 1933). 그리스의 위대한 철학자인 호머(Homer)조차도 창의성은 여신들로부터 얻은 영감이라고 말했다. 어떤 의미에서는 예술과 문학에 대한 첫 비평가였던 플라톤(Platon)은 아홉 명의 여신들로부터 받았던 영감을 표현하는 글을 많이 썼고, 이러한 여신들이야말로 시인, 배우, 역사가, 음악가, 천문학자, 무용가들에게 창의적 영감을 가져다주는 존재라고 여겼다. 창의성의 정확한 정의를 개념화하는 것은 이 책의 범위를 넘어서는 것이지만, 다음과 같은 것들은 아이들의 예술적·창의적 노력에 적용 가능하고 시사점을 준다는 점에서 눈여겨볼 필요가 있다.

고바이(Gobhai): 분명하지 않은 것들의 연관성을 짓는 능력(개인적 대화, 2004)

칙센미하이(Csikszentmihalyi): 창의성은 세계를 새롭고 독특한 방식으로 경험하는 사람들, 혹은 세계를 새롭게 인식하고, 영감에 찬 판단을 하고, 자신들만이 알 수 있는 중요한 발견을 하는 사람들을 지칭하는 말이다(Levinson, 1997, p. 447).

에드워즈(Edwards): 현재를 넘어가고자 하는 결단력 있는 충동으로서 독창성, 상상력, 환상으로 특징지어진다(2002, p. 12).

프린스(Prince): 임시적 조화, 기대하지 않은 놀라움, 특유의 폭로, 익숙한 놀라움, 넉넉한 이기주의, 필수적인 사소함, 훈련된 자유, 끈기 있음, 반복적인 시도, 어려운 기쁨, 예측할 수 있는 모험, 짧은 확실함, 차이를 통합하기, 만족을 구하기, 기적적인 기대, 익숙한 놀라움(1982, p. 25)

프란켄(Franken): 창의성은 문제를 해결하고 다른 사람들과 의사소통하고, 함께 즐기는 데 유용할 수 있는 아이디어, 대안, 가능성을 인식하고 생산하는 경향성으로 정의될 수 있다(1994, p. 396).

창의성의 정의를 신중하게 찾으면서, 우리는 토랜스의 희망적이면서도 도전적인 정의를 발견하게 될 것이다. [그림 2-1]에서 토랜스의 깊은 식견을 엿볼 수

[그림 2-1] 토랜스의 창의성

창의성은 더 깊이 파내는 것이다.

창의성은 두 배로 보는 것이다

창의성은 실수를 감당하는 것이다.

창의성은 고양이와 말하고 듣는 것이다.

창의성은 깊은 바다로 들어가는 것이다.

창의성은 닫힌 문 뒤로부터 나오는 것이다.

창의성은 태양에 전기를 꽂는 것이다.

창의성은 알고 싶어하는 것이다.

창의성은 공을 갖는 것이다.

창의성은 모래성을 쌓는 것이다.

창의성은 자신의 방식으로 노래하는 것이다.

창의성은 미래와 악수하는 것이다.

출처: Torrance, 1992, p. 5.

있을 것이다. 토랜스의 관점은 창의성과 진정으로 관계되어 있는 것을 보여주고 있다.

토랜스의 제자이자 동료인 로렌 오스(Lauren Orth)는 토랜스가 깨우치는 순간을 일본어로 묘사했던 강의를 기억한다. 토랜스는 그것을 "사토리(悟り)"를 찾는 것으로 불렀다. 사토리는 준비와 잠복기의 시기를 지나서 오는 깨우침, "유레카"의 순간이다. 아이들의 예술 경험을 통해 우리는 창의적인 사람들의 특징을 탐구하면서 창의적 과정의 단계를 발굴할 수도 있다.

그러나 아이들에게 예술 경험의 본질적 가치는 과정에 있다는 점을 항상 기억하라.

여러분에게 학부모들이 "우리 아이가 미술 시간에 뭘 만들기는 하나요?"라고 물을 때가 있을 것이다. 아이들은 하교 길에 집에 무엇인가를 가져가기 위해서 그림을 그리거나 뭔가를 만들어야 한다는 압박감을 빈번하게 느낄 수도 있다. 때때로 아이들은 창의적 과정에 대하여 여러분이 아이들에게 말하는 것과 부모들이 보고 싶어하는 결과물 사이에서 갈광질팡할 때도 있을 것이다. 발달 전문가로서 여러분은 유아기 예술적 경험의 이유와 목적을 부모들에게 설명해서 부모들이 결과물보다 과정이 더 중요한 이유를 이해할 수 있도록 해야 한다. 일단 여러분이 "과정 대 결과"라는 주제에 대한 관련 지식을 알게 된다면, 부모들에게 과정의 본질을 분명하게 말할 수 있을 것이다.

과정과 결과물

사람들이 무언가 창의적 작업을 하고 있을 때에는 흔히 두 개의 활동이 일어난다. 첫째는 과정과 관계되는 것이고, 둘째는 생산물과 관계되는 것이다. 창의적 과정은 다음과 같은 것으로 볼 수 있다.

> (창의적 과정은) 창의적인 사람이 문제를 명확하게 하고, 그것을 해결하기 위해서 노력하고, 난관을 해결하기 위한 해결책을 찾아가는 일련의 단계나 과정이다. 창의적 과정은 창의적 사람들이 새로운 아이디어를 조합하고, 관련성을 짓고, 의미를 이해하고, 변형해내기 위하여 때로는 의식적으로, 때로는 무의식적으로 활용하는 전략이며 기술들을 의미한다(Davis, 2000, p. 60).

창의적 결과물은 과정으로부터 나온 자료나 구체적인 표현으로서 사람이 산출해낸 것이다. 그것은 아이들의 그림, 춤, 조각에 표현된 이미지 또는 생각이나 느낌을 표현해내고자 하는 아이들의 요구로부터 나오는 것이다. 어른에게 결과물은 바느질감이나 동네 극단에 참여하는 것이 될 수 있다. 과정과 결과물은 모두 중요한 것으로서, 과정이 어디에서 끝나고 결과물은 어디에서 시작되는가를 꼭 짚어내는 것은 어렵다. 아이들은 창조적으로 만들어내는 과정에서 수시로 바뀐다. 아이들은 만족스러운 물건을 만들어내기 전에 과정을 반복하고 다시 만들기도 한다. 성인들도 이러한 특성을 갖고 있다.

창의적 과정을 볼 때 목표 상태 혹은 결과로부터 지금 여기의 순간을 경험하고 행동하는 것으로 초점이 옮겨진다. 이러한 초점의 이동은 우리가 무엇인가를 하고 있는 동안에 우리가 하고 있는 것을 받아들일 때 가능하다. 지금 여기의 과정에 참여하는 것은 쉬운 일이 아니다. 게다가 우리 주변에서 지금 일어나고 있는 것을 의식하기에는 우리의 시간이 너무 짧아 보인다. 지금 여기의 예술을 창의하는 과정에서 재료, 음악, 즉흥극, 춤과 같은 것들은 실재하는 것이다. 우리가 과거에 창의했던 것은 과거의 일이다. 그림이나 춤추는 것을 찍은 비디오와 같은 것을 가지고 있을 수 있지만, 그러한 것들은 과거의 일부분이다. 미래는 오고 있는 것이기 때문에, 우리가 어떻게 그리고 노래하고 찰흙을 빚고 시를 지을까를 추측할 수 있을 뿐이다. 시각예술과 행위예술 경험에 대한 과정 중심적 접근은 지금 여기에 대한 우리의 인식을 넓히고 발달시킬 수 있는 직접적인 환경을 제공해준다. 이로써 우리는 만들고자 하는 것보다는 우리가 어떻게 만들고 있는가에 초점을 맞출 수 있게 된다.

대부분의 성인들은 소박한 과정 중심 예술 경험을 한 적이 있다. 그래서 어른들은 시각예술과 행위예술 분야의 수업을 듣는 것을 어느 정도의 불안과 관심을 가지고 접근하게 된다. 이러한 불안 때문에 매우 단순한 수준에서부터 점차적으로 어떤 견해나 다른 사람들의 판단, 우리의 경험 밖에 있는 사물들에 의해 제약되거나 통제되지 않는 곳까지 발달해 가도록 할 필요가 있다. 우리가 자신의 가능성과 과정의 중요성을 인식해 갈수록 우리는 자신에게 적절한 방식으로 노래하고 춤추고 그림을 그리고 시를 짓고 몸으로 표현할 수 있게 된다. 이러한 활동이 이루어질 때, 우리는 서른 개의 비슷한 "예술작품"에 얽매이지 않을 수 있다. 우리가 개방적인 태도로 예술을 할 때 우리의 모든 가능성을 탐색할 수 있는 것은 바로 이 지점이다.

예술적 과정에 대한 이러한 접근은 새롭고, 어떤 면에서는 위협적일 수 있다. 정의적 영역을 강조하는 이 책은 내재화의 연속적 과정이라는 측면에서 정리되었다. 즉 단원마다 제시되어 있는 정서적 요소는 이미 여러분이 경험한 것을 바탕으로 내재화의 첫 단계를 확실히 인식하도록 한다. 첫 번째 수준에서는 내용 관련 영역으로서 예술을 "수용하는" 법을 소개한다. 마지막 단계에서는 예술이 성인이나 아동에게 주는 가치를 여러분이 따르도록 예술에 일정한 힘을 부여한다.

필자의 한 학생이 헬렌 버클리 심케위츠(Helen Buckley Simkewicz)가 쓴 다음의 이야기를 가져왔다. 우리는 수업 시간에 이 글을 읽은 후에 교사들이 아이들의 창의적 가능성과 창의적 표현을 어떻게 가로막았는가에 대해 오랜 시간 토론했다.

작은 소년

어느 날 작은 아이가 학교에 갔다.
아주 어린 아이에게
학교는 거대하게 느껴졌다.
하지만 아이는 교문(the door outside)에서 오른쪽으로 걸어가면
자기 교실로 갈 수 있다는 것을 알았을 때
아주 행복해했다.
이제 학교는 더 이상 거대해 보이지 않았다.
어느 날 아침,
선생님이 말했다.
"오늘 우리는 그림을 그릴 겁니다."
"야, 신난다." 아이는 생각했다.
아이는 그림 그리는 것을 아주 좋아했다.
아이는 뭐든지 그릴 수 있었다. 사자, 호랑이, 닭, 소, 기차, 배.
아이는 크레용을 꺼내어 그리기 시작했다.

하지만 선생님이 말했다. "기다리렴. 아직 그릴 시간이 아니야."
선생님은 아이들 모두 준비가 될 때까지 기다렸다.

선생님은 말했다.

"이제 그려라. 우리는 꽃을 그릴 거야."
아이는 분홍색, 주황색, 파란색 크레용을 들어 예쁜 꽃을 그리기 시작했지.
하지만 그때 선생님이 말했어.
"기다려봐. 내가 어떻게 그리는지 시범을 보일게."
그리고 선생님은 초록 줄기와 빨간 꽃이 피어있는 예쁜 꽃을 칠판에 그렸다.

"자, 이제 시작해 보거라." 선생님이 말했어.
소년은 선생님의 꽃을 바라보았다.
그러고 나서 자기가 그린 꽃도 바라보았지.
아이는 선생님의 꽃보다 자기가 그린 꽃이 더 좋게 보였다.
하지만 아이는 그 말을 하지는 않았다.
아이는 종이를 뒤집어서
선생님의 것처럼 꽃을 그렸다.
그 꽃은 초록 줄기를 가진 빨간 꽃이었다.

다른 날,
아이가 밖에서 문을 열었을 때,
선생님이 말했다.
"오늘 우리는 찰흙으로 만들기를 할 겁니다."
"야, 신난다." 아이는 생각했다. 아이는 찰흙을 좋아했다.
아이는 찰흙으로 모든 것을 만들 수 있었어. 뱀, 눈사람, 코끼리, 쥐, 차, 트럭.
아이는 찰흙을 떼어냈다.
그러나 선생님이 말했다. "기다리렴."

그리고 선생님은 그릇 만드는 법을 아이들에게 보여주었다.
"자, 이제 시작해도 돼." 하고 선생님이 말했다.
아이는 선생님의 그릇을 바라보았다.
그러고 나서 자기가 만든 것도 보았다.
아이는 자기 것이 선생님의 것보다 더 좋았다.
하지만 그것을 말하지는 않았다.
아이는 자신의 찰흙을 뭉쳐서 다시 커다란 공 모양으로 만든 다음 선생님의 것처럼 그릇을 만들었다.

그리고 이내
아이는 기다리는 법을 배우게 되었다.
그리고 선생님이 하는 것을 바라보고,
선생님의 것처럼 만드는 법도.
그리고 스스로 만들지 않게 되었다.
아이의 가족들이 다른 도시로 이사를 하게 되었다.
아이는 다른 학교를 가게 되었다.
이 학교는 전에 다니던 학교보다 훨씬 더 컸다.
그리고 교실로 쉽게 갈 수 있는 길도 없었다.
교실에 가려면
아이는 높은 계단으로 가서
긴 복도를 지나야했지.

학교에 간 첫날,
선생님이 말했지. "오늘 우리는 그림을 그릴 거에요."
"좋아." 아이는 생각했다.
그리고 선생님이 무엇을 하라고 말할 때까지 아이는 기다렸다.

그러나 선생님은 아무 말도 하지 않았다.
선생님은 교실을 돌아다닐 뿐이었다.
선생님이 아이에게 와서 말했다. "그림 그리기 싫으니?"
"아니요. 좋아요." 하고 대답했다.
"뭘 그려야 하나요?" 라고 물었다.
"글쎄, 나는 너가 그릴 때까지는 알 수가 없지." 라고 말했다.
"어떻게 그려야 하나요?" 소년이 물었다.
"네가 원하는 대로." 선생님이 대답했다.
"어떤 색깔로요?" 아이가 물었고,
"어떤 색이든"
선생님은 대답했다. "모든 사람이 같은 그림을 그리고, 같은 색깔을 쓴다면,

내가 어떤 것이 누구 그림인지 어떻게 알 수 있겠니?"
"글쎄요." 아이는 대답했다.
그러고 나서 아이는 분홍색, 주황색, 파란색 꽃을 그리기 시작했다.
아이는 새 학교가 좋아졌어. 그 학교에는 빨리 가는 지름길도 없었지만.

여러분은 어린 소년과 비슷하게 자신의 창의적 능력을 실험하고 자신의 창의적 충동을 따르는 것을 조심스러했던 기억을 가지고 있는가? 우리 모두는 이야기의 소년처럼 창의적 능력을 가지고 태어났다. 이러한 능력들 중에는 예술적이라 할 만한 것이 있었을 것이다.

실험적인 것 또는 경험적인 것?

예술, 창의성, 정서 발달에 대한 접근은 "경험적인" 것이다. 경험적인 접근은 실험적인 접근과 같지는 않다. 우리가 활동이나 과정에 참여하고 있을 때, 그리고 앞으로 몇 단계가 남아있는지를 명확히 알지 못할 때에는 배움에 대한 경험적 접근을 할 수 있다. 경험적인 학습상황에서 우리는 결과가 어떨지, 어떻게 성과를 거둘 수 있을지, 심지어는 성과가 있을지조차도 알지 못한다.

경험적 접근에는 안내판이나 매뉴얼과 같은 것이 없기 때문에 용기를 내야 한다. 우리는 경험이나 인식, 상상, 재료나 다른 사람과의 상호작용에 의해 안내를 받아야 한다. 창의적 각성과 예술의 탐구에 경험적으로 접근하는 것은 정해진 곳에 도달하기 위하여 명확히 설정된 절차를 따르는 것이라기보다는 외국을 여행하는 것과 더 비슷하다.

> 색칠하기 공책이나 워크북을 활용한 모방 활동은 아동을 의존적이게 만든다. 주어진 것을 따라 해야 하기 때문에 융통성도 없게 된다. 이러한 활동은 아동의 감정을 표현할 기회를 주지 않기 때문에 정서적인 위안도 주지 않으며, 기술이나 규율을 증진시키지도 않는다. 왜냐하면 완벽해지고 싶은 아동의 충동은 표현하려는 욕구로부터 자라기 때문이다. 그런 것들은 아동 자신을 어른의 개념에 종속시키고 아동 혼자 만들 수 없도록 창조적인 열망을 좌절시킨다.
>
> — 빅터 로웬펠드(V. Lowenfeld)

실험적이라는 것은 발견하기 위한 과학적 접근을 뜻한다. 우리가 실험을 하거나 가설의 타당성을 검토하거나 알려진 진실을 증명하기 위하여 시험할 때 우리는 정해진 성과를 안내할 이론을 가지고 있다.

경험주의적 접근을 새로운 해석, 즉흥적 연주의 여지가 있는 오케스트라 악보로 생각해보라. 우리가 예술을 이러한 것으로 볼 때 우리는 원래의 악보가 가지고 있는 미묘한 차이를 무시하지 않고 기록하고 연주할 것이다. 경험주의적 교육의 전 과정은 배우는 과정에 대한 경험주의적 접근을 요약하는 다음의 문구를 떠올리게 한다. "마술 문 앞에는 '우리가 지나쳤음에도 그 문을 보지 못했다' 고 써있다."

어떻게 우리의 교향곡을 쓰기 시작할 수 있을까? 우리가 그 과정을 탐색할 때 우리가 경험할 수 있는 단계는 무엇인가? 창의적 과정에는 네 가지 기본적인 과정이 있다고 기존 연구들은 밝힌 바 있다(Boles, 1990; Sapp, 1992; Wallas, 1926). 월러스(Wallas)의 1926년 모델은 처음으로 창의적 과정을 정리한 것이라 평가할 수 있다. 이러한 단계가 여러분에게는 아주 오래전의 옛날이야기처럼 들리겠지만, 관심을 기울여주기를 바란다. 수십 년간의 전문적 연구는 월러스의 아이디어에 상당히 근거하고 있다.

창의성 모델

월러스의 창의적 과정 모델

월러스는 네 가지 창의적 과정의 기본적인 단계를 들었다.

1. 준비기(Preparation)
2. 부화기(Incubation)
3. 조명기(Illumination)
4. 검증기(Verification)

준비기는 정보 수집, 데이터나 자료의 검토, 문제 확인 등 초기 단계에서 문제 해결을 위해 요구되는 자료를 찾는 단계이다.

부화기는 문제를 해결하기 위해 의식적으로 씨름하지 않으면서 발달시키는 단계이다. 이 단계에서는 관련 없는 일을 하는 중에 자유롭게 연상이 일어날 수 있고, 가까이 있는 일에 바로 집중하지 않는 것을 의미한다.

조명기는 "사토리", 즉 깨달음, 아하!, 유레카의 순간이다. 새로운 아이디어, 만족할 만한 해법, 혹은 상승적인 조합이 일어나는 단계이다.

검증기는 흥분이 지났을 때 일어난다. 이 단계에서는 개념을 시험하고, 해법을 비판적으로 분석한다.

밸킨(1990)은 월러스의 모델에 동의하면서 검증기 이후에 또 하나의 단계로서,

"다시"라는 요소를 추가했다. 벨킨에 따르면,

> 이것은 작업이 진정으로 시작되고 인내가 결실을 맺는 지점이다. 이것이 과정의 핵심이다. 창의적인 사람은 끊임없이 다시 생각하고, 재고하고, 바꾸고, 개선하고, 다시 하고, 재확인하고, 다시 처리하고, 다시 쓰고, 재개념화한다. 아이들이 삶을 살아가면서 배우게 되는 것 중, "다시(再)"의 중요성보다 더 좋은 교훈이 있을까? 이것이 문제 해결의 핵심이다(p. 30).

우리는 음악을 짓거나, 그림을 그리거나, 춤을 추거나, 연극을 하거나 시를 짓거나, 문제를 해결하는 등의 창의적 과정에서 "다시"라는 요소가 매우 중요한 사항이라고 결론을 내릴 수 있다.

이 토론에서 중요한 또 하나의 점은 창의적인 사람이 창의적 과정에 있을 때 보여주는 특성이다. 창의적 과정의 단계와 특성 간의 연관은 중요하다. 이 연관을 이해할 수 있다면 이러한 두 과정이 어떻게 통합적인 방식으로 동시에 작동하는가를 알 수 있을 것이다.

창의성의 특징에 대한 토랜스의 이론

창의적 능력 연구의 선구자인 토랜스는 창의적 과정에서 핵심적인 네 가지 특성, 혹은 능력을 발견했다.

- 유창성
- 융통성
- 독창성
- 정교성

토랜스의 연구 결과에 따르면 창의적 능력은 언어적 · 비언어적 아이디어를 만들어내는 능력이며, 아이디어나 사고에 관련하여 자유롭게 연상할 수 있는 능력이며(유창성), 문제, 해법에 접근하는 다양한 방식들을 탐색하고 다른 관점에서 상황을 바라보는 것이며(융통성), 새로운 아이디어로 독특한 무엇인가를 만들어내는 것, 이미 존재하는 것에 새로운 흔적을 남기는 것(독창성), 사고나 아이디어를 넓히고 장식하는 것, 세부적인 것이나 마무리 손질을 첨가하는(정교성) 능력이라고 한다.

노란 문의 유아반에서 했던 손가락 그림 활동은 아이들이 능숙하게 사고할 수 있도록 장려했다. 손가락 그림의 특성을 알아내는 데 자유로운 방식으로 접근하는 것은 아이들이 자유롭게 자신이 할 수 있는 것과 할 수 없는 것을 말하도록 허용한다. 또 아이들이 종이에 그림을 그리는 과정에서는 사고와 아이디어를 자유롭게 연상할 수 있도록 한다(유창성). 아이들은 물감과 종이를 가지고 하고 싶은 것에 대해서 수많은 아이디어와 실행 방법을 생각해낼 수 있다. 그 활동은 종이를 돌려가면서 다양한 관점에서 자신의 그림을 보도록 하여 아이들이 다양하게 접근하는 방식을 생각하도록 한다(융통성). 아이들은 새로운 색을 만들기 위하여 색깔을 섞는 것을 생각해낼 수 있고(독창성), 다른 아이들의 것과 달라 보이도록 풀이나 반짝이 붙이기로 할 수도 있다(정교성).

과정 지향적, 아동 중심적 활동은 아이들에게 자신의 생각하는 방식을 묘사할 수 있는 기회를 주고, 자신의 창의적 능력을 발달시킬 수 있도록 한다. 아이들은 자신의 사고 과정을 확장할 수 있게 된다. 그리고 창의적 발달의 이론에 정통한 교사들은 일어나고 있는 지적 구조화를 이해하고 존중한다.

창의적 과정이라는 주제는 또한 창의적 사람의 특징에 대한 이해를 포함한다. 어떠한 특성이 창의적 과정의 가능성을 증진시키는가?

창의적 사람의 특징

수십 년 동안 창의성과 관련된 영역과 함께 창의적 사람의 독특한 특성이 정의되고 연구되었다. 이 주제를 다룬 대표적 연구물(Csikszentmihalyi, 1997; Daniels, 1995, 1997; Davis, 2000; Gardner, 1983, 1987a, 1991; Torrance, 1962, 1979, 1984)들은 창의적 사람들의 독특한 특징을 다양하게 제시했다. 다음에 제시한 것들은 결코 모든 것을 포괄하는 것은 아니지만, 이 분야의 뛰어난 연구물에서 모은 것들이다. 창의적 사람들은 다음의 특징을 가지고 있다.

독립적이다	경험에 개방적이다
모험을 좋아하고	정서적 상태에 개방적이다
자신을 신뢰한다	호기심이 많다
내적으로 동기화되어 있다	유동적이다
자발적이다	신념에 있어서 성실하다

모호함을 참는다	단호하다
기지가 있다	다른 것을 자각하고 있다(aware of others)
장난기가 많다	아이 같다
개방적이다	표현적이다
발견에 도전적이다	새로움에 매혹된다
반성적이다	과제 참여에 대하여 열정적이다
통찰력이 있다	다른 사람들을 이해시키는 것에 개의치 않는다

창의성과 창의적 사람의 특성에 대한 이해에서 칙센미하이의 중요한 연구(1997)를 살펴볼 필요가 있다. 다음 절에는 창의성에 대한 칙센미하이의 관점과 아이디어를 광범위하게 설명할 것이다. 그의 글을 읽을 때 칙센미하이가 창의성에 대한 연구의 핵심적 연구자 중 한 명이라는 점을 기억해주길 바란다.

칙센미하이(1997)에 따르면, 창의성은 다음과 같이 표현될 수 있다.

1. 특이한 생각을 표현하고 자극이 되는 사람. 즉 특이하게 똑똑한 사람
2. 새롭게 독창적인 방식으로 세계를 경험하는 사람. 이들은 새롭게 지각하고, 영감 있는 판단을 하고, 그들만이 알 수 있는 새로운 발견을 할 수 있는 창의적 개인이다.
3. 중요한 면에서 우리의 문화를 바꾼 사람들. 그들의 성취는 레오나르도, 에디슨, 피카소, 아인슈타인과 같이 모든 사람들에게 알려져서 그들에 대해서 쓰는 것이 쉬운 사람들이다(p. 25-26).

창의적 사람의 인성적 특징

1. 창의적 사람들은 상당한 에너지를 가지고 있다. 그러나 때로는 조용하고 휴식을 취한다.
2. 창의적 사람들은 매우 똑똑하면서도 동시에 순진무구하다.
3. 창의적 사람들은 장난스러우면서도 절제되어 있으며, 책임과 무책임이 함께 있다.
4. 창의적 사람들은 한편으로는 상상이나 환상을, 다른 한편으로는 굳건한 현실감을 가지고 있다.
5. 창의적 사람들은 외향성과 내향성의 대조적 특성들을 가지고 있다.

6. 창의적 사람들은 매우 겸손하면서 동시에 자부심이 강하다.
7. 창의적 사람들은 성역할의 강한 고정관념을 피하고, 양성적인 특성을 가지고 있다.
8. 일반적으로 창의적 사람들은 독립적이고 반항적이라고 여겨진다.
9. 대부분의 창의적 사람들은 자신의 일에 대하여 열정이 있지만, 또한 매우 객관적이다.
10. 창의적 사람들의 개방성과 감수성으로 인해 상당한 고통이나 즐거움을 겪게 된다(Csikszentmihalyi, 1997, p. 58-73).

우리들은 창의적 사람들의 몇 가지 특징을 우리 자신에게서도 볼 수 있다. 처음에 여러분에게 해당되는 특성을 발견하지 못했다면, 다시 이 목록을 읽어보길 바란다. 그리고 다시 여러분에게 해당되는 요소를 몇 가지 찾아보길 바란다. 위에서 제시한 것들은 보편적인 특성으로서, 우리가 실제로는 얼마나 창의적인가를 알기 위해 좀 더 깊이 고찰해야 할 때가 있다.

여러분의 교실에서 잘 알지는 못하는 다른 수강생을 찾아보라. 창의적인 사람의 특징에 대해 그 학생과 의견을 나누어보라. 논의된 특징 중 여러분이 갖고 있는 특질을 적어보고, 강화하거나 발전시키고 싶은 요소를 나누어보라.

자아에 대한 사례 연구

네 가지 창의적 과정(밸킨의 "다시(re)" 요소를 포함하여)을 경험하는 것은 검증기가 끝난 후 몇 일이나 몇 주가 지나서야 자각된다. 다음의 이야기는 이에 대한 나의 경험이다.

유명 대학교에서 열리는 유아교육학회의 기조연설을 부탁받은 적이 있었다. 회의의 의장은 연설 주제를 주었고, 이어서 학부생과 대학원생을 위한 세미나를 하기를 청했다.

나는 기조연설과 세미나를 준비하느라 나머지 두 달을 보냈다. 내가 그 학교에 도착해서 회의 의장을 만났을 때 나는 기조연설은 제대로 준비했지만, 의장이 세미나 시간에 나에게 요구했던 것을 잘못 이해했음을 알 수 있었다. 주제에 대해 정리한 자료들은 너무 먼 곳에 있었다. 어떻게 해야 할지 아무리 생각해도 알 수 없었다. 나는 요구받은 것을 제대로 이해하지 못했던 나 자신에게 화가 나고 짜증이

아동문학과 창의성

Wilfrid Gordon McDonald Partridge by Mem Fox, illustrated by Julie Vivas, Kane/Miller Book Publishers, 1984.

윌프리드(Wilfrid)는 자기 옛 여자친구인 낸시에게 줄 선물을 모으면서 창의적 순간들을 경험한다.

It Looked Like Spilt Milk by C. G. Shaw, Scholastic, 1947.

이 책은 푸른색 바탕 위에 윤곽이 드러난 계속 변화되는 흰색 모양을 제시한다. 어린이 독자들은 그 모양이 무엇인지 추측하면서 재미를 느낀다.

Christina Katerina and the Box by P. L. Gauch, Coward, McCann & Geoghegan, Inc., 1998.

크리스티나(Christina)는 새 냉장고의 포장상자를 가지고 실험하면서 그 상자를 창의적으로 사용하는 여러 방법을 발견한다.

나고, 좌절하는 기분에 휩싸인 채 호텔에 체크 인을 했다.

호텔 방은 더블 침대 두 개, 컬러 텔레비전, 전화가 있는 전형적인 곳이었다. 나는 침대에 아무 쓸모없는 정리 자료를 놓고 다른 침대 위에 앉았다. 이 시점에서 나는 울어야 할지, 할 수 있는 한 최선을 다해봐야 할지, 회의 의장에게 전화해서 내가 세미나를 제대로 준비하지 못했다고 말해야 할지 아무것도 확신할 수 없었다. 나의 마음은 동쪽 끝에서 서쪽 끝으로 달려오느라 무척 피곤했으니, 뭔가 결정하기 이전에 좀 쉬면서 정신을 가다듬으라고 말하고 있었다. 그러는 사이 나는 맞은편 침대 위에 놓아둔 메모를 계속 보고 있었다. 나는 또한 심한 갈증을 느껴 시원한 물을 마시고 싶었다. 나는 룸 서비스를 불렀고, 그들은 시원한 레몬에이드를 가져왔다. 나는 텔레비전을 켰고, 편하게 기대앉아서, 쉬려고 했다.

나는 쉬면서, 내가 활용할 수 있는 몇 개의 논문이 있음을 기억했다. 나의 친구이자 동료인 마르타 네이버 박사와 나는 연구계획서를 작성하다가, 그때 그 논문들을 마르타 박사에게 남겨 두었었다. 나는 마르타 박사와 몇 시간 통화하면서 세미나를 진행할 만큼 주어진 주제에 대하여 충분한 지식을 갖게 되었다.

그때 나는 배가 고파졌다. 다시 룸 서비스를 통해 저녁을 주문해 먹었다. 나는 마르타와 전화하면서 적었던 것을 옆에 제쳐두고, 텔레비전으로 영화를 보기 시작했다.

나는 점점 영화와 저녁식사에 빠져들게 되었다. 그리고 짧은 시간동안 나는 나의 딜레마에 대해서는 새까맣게 잊고 있었다. 진정으로, 16시간도 남지 않은 세미나에 대하여 생각하지 않았다. 영화가 끝나기 전, 나는 전화 통화를 하면서 적은 노트에 대한 생각 때문에 줄리 앤드류의 연기에 집중할 수 없었다. 나는 영화의 끝을 보고 싶었지만, 꿈틀거리는 아이디어로 인해 더 이상 집중할 수가 없었다. 이러한 생각들은 너무 방해가 되어서 나는 영화의 이야기에 머물러 있기를 바라면서도 메모용지를 들고서는 단어들에 동그라미를 치고 있었다.

영감이 번개치듯이, 나의 생각은 아이디어로 폭발했다. 순간적으로 나는 어떻게 세미나를 진행할 것인가에 대한 완벽한 계획, 전체 해법, 전체적인 개념화를 얻었다. 회의 의장이 원했던 것에 적절한 아이디어가 떠올랐는데, 그 아이디어가 너무나 훌륭해서 나는 기분이 무척 좋아졌다. 나는 이후 4시간동안 세미나 발표를 준비했다.

다음날 아침 발표가 끝났을 때 참여자들의 긍정적인 반응에 나는 무척 기뻤다. 내 아이디어가 얼마나 좋았을까? 세미나의 발표 내용이 회의 참석자들이 원했던 것이었나? 영겁의 시간처럼 느껴졌던 2주 후에 사람들의 평가로 채워진 회의 평가가 배달되었다. 회의 참석자들이ㄴ 의장은 무척 만족스러워했고, 사람들의 평가도 좋았다. 실패할 것 같은 느낌이 들었지만, 마지막 결과는 아주 긍정적이었다.

내가 회의에서 돌아왔을 때, 나는 마르타 네이버 박사에게 그렇게 중요한 행사에 준비되어 있지 않은 직업적 트라우마에 대하여 이야기를 했다. 마르타 박사는 내 얘기를 들은 후에, 내가 종종 원했던 것을 실제 경험했던 것이라며 매우 현명하게 조언을 해주었다. 나는 깨닫지 못한 사이에 창의적 과정의 단계들을 경험했다는 것이다.

내 얘기를 벗어나서 내가 창의적 과정동안에 연관되었던 단계를 확인해보자. 여러분은 이러한 발견이 어떻게 일어날 수 있는가를 배웠고, 여러분 자신에게 있었던 "아하!"의 순간을 기억해낼 수 있을 것이다. 유치원 교사가

> 창의적으로 생각하는 사람은 유연하고 적용을 잘하며 자신의 사고를 재구성할 준비가 되어있다.
> — 에이 제이 크로플리(A. J. Cropley)

된다는 것은 아이들을 포함한 모든 사람들이 창의적인 생각을 할 수 있는 사상가로서의 개인적인 특성들을 드러내주는 개개인의 지식의 수준과 배우는 방법을 인정해주는 것이다.

정의적 영역 발달

예술을 대하는 동안 아이들이 정의적(affective) 단계에 몰입하는 것은 긍정적인 측면을 갖는다. 그것의 통일성과 저력으로 볼 때 정의(affect)는 아이의 경험을 구조화하고 통합하는 효과를 갖고, 아이의 사물에 대한 지각과 창의력에 영향을 미친다

— 가드너(Gardener, 1973)

학습과 의미는 세 개의 주된 근원을 통해 다가온다. 그것은 지식, 이해, 적용, 분석, 종합, 평가를 통해 전해지는 "인지(cognition)", 수용하기, 반응하기, 가치부여하기, 조직하기, 가치에 의해 분류하기와 같은 것으로 드러나는 "정의(affect)", 몸의 지각, 공간적 지각, 균형, 기본적인 운동능력과 같은 것으로 나타나는 "심리운동(psychomotor)"이다. 우리가 누구이고, 우리가 다른 사람들과 어떻게 서로 다른가라는 측면의 기초를 형성하는 인간성의 보다 미묘한 측면들은 이러한 학습과 알아감의 영역들로 짜여 있다. 우리의 생각, 감정, 다중감각 지각, 상상은 우리의 지문이 모두 다르고 독특한 것과 같이 우리를 서로 구별되도록 한다.

교사와 아동들은 종종 전혀 기대하지 않은 장소에서 마음으로부터 우러나온 선물을 교환하곤 한다.

창의적 경험을 특징짓는 사고, 감정, 행위의 상호연관은 교육에 관한 "전인적 아이(whole-child)"의 접근법에 초점을 두고 있다. 인간의 발달을 보는 새로운 이론들, 특히 가드너의 다중지능이론은 아이의 사고, 감정, 신체적 활동의 발달을 육성하는 교수법에 대한 관심을 불러일으켰다. 예술은 이와 같이 겉보기에 다양한 학습방법에 대한 우리의 이해를 넓혀주는 데 엄청난 잠재력을 가지고 있다. 우리의 사고, 감정, 행동, 상상은 동시에 작동한다. 창의적 예술 과정과의 연관은 아이들이 인의적으로뿐만 아니라 정의적으로 성장하도록 하는 수용하고 반응하는 형태를 불러일으킨다.

예술은 아이들에게 자연스럽게 소개될 수 있는 것이기 때문에, 아이들이 정의적 영역의 발달을 위해 필요한 경험을 얻는 것은 이러한 창의적 노력에 의해서이다. 아이들이 감정을 표현하고 상상력이나 감각적 반응, 사고 과정에서 아이들의 능력을 발휘할 때, 학습의 세 가지 측면은 더 깊고 넓어진다.

결과물에 대한 두려움이나 완벽한 결과물에 대한 외부의 기대가 없을 때, 아이들은 기량이 풍부한 예술가처럼 개방적이며, 예술 활동에 대한 자생적 흥미를 갖는다. 감각적 느낌을 예술을 통해 표현할 때, 아이들은 세상에 대한 정연한 개념을 형성하기 시작한다. 창의예술과의 만남은 몇몇 다른 분야에서 찾게 된 여러 감각적 표현에 개방성을 제공한다. 경험이 촉각, 소리, 시각적인 요소를 포함할 때, 아이들은 지각의 지평을 넓히고, 그들의 세계를 보다 풍부하게 받아들일 수 있는 능력을 키우게 된다.

창의적 예술을 실행하면서 아이들은 내면을 들여다보고, 자신들의 감정 상태에 긴밀한 연결을 갖게 된다. 이는 아이들에게 융통성을 길러주고, 느낌을 보다 개방적으로 표현할 수 있게 한다. 이 과정에서 아이들이 느끼는 것은 표현되도록 허용된다. 아이들이 세상에서 잘 살아가기 위해서는 정서적이고 인지적인 능력을 기를 필요가 있다. 예술과 창의적 경험은 모든 인간에게 내재하는 배움의 정의적 측면의 발달을 육성한다. 느낌, 알아감, 행동함의 조직화된 표현을 찾는 것은 아이들의 인식에 해당되는 부분이다. 그러므로 아이들의 교육의 내용 구성이 통합적이어야 한다. 훨씬 더 중요한 것이 될 수 있는 것은 풍부한 질감, 색, 움직임, 말의 아름다움을 가진 예술이 아이들에게 자기이해와 자기평가에 긍정적 감정을 제공한다는 것이다.

전국연수실험협회(National Training Laboratories Institute)에 참여했을 때, 나

는 강사에게 유치원 아이들의 요구를 만족시키고 있는가를 내가 언제 알 수 있고 아이들의 모든 요구를 만족시키는 것이 가능한가를 물어보았다. 그녀는 나중에 융 학파의 지혜를 몇 마디 쓴 종이를 주었다. 나는 그녀가 써준 글을 읽었지만 완전히 이해하지는 못했다. 며칠 지나서, 나는 융의 말이 매우 명확하게 느껴지는 "아하"의 순간을 경험했다. 나는 그녀가 준 메모를 가장 중요한 선물의 하나로 여기고 있다.

> 머리만이 아니라 가슴도 재능을 가지고 있다. 가슴의 재능은 흔히 간과되지만 덜 중요한 것은 절대 아니다. 왜냐하면 그것이 무시될 경우 머리는 더 약해질 수 있기 때문이다(Jung, 1954, p. 199).

융의 인용문은 나에게 은유가 되었다. 그것은 내가 어떻게 가르쳐야 하는지에 대한 혼란을 해결해주었다. 그리고 가슴의 재능, 즉 정의 영역이 아이들에 대한 이해와 자기이해에서 얼마나 중요한가를 이해할 수 있게 되었다.

"정의적"이라는 말은 이 책 전체에서 사용되고 있다. "정의적"이라는 용어는 느낌이나 감정보다 더 포괄적이기 때문이다. 정의적 발달의 가이드로서 이 책은 정의적 영역의 발달을 위한 구성요소에 초점을 두고 있다. 정의적인 것에 바탕을 둔 경험은 여러분 자신의 정의적 발달에 참여할 수 있는 학습활동을 제안한다. 이러한 경험을 통해 여러분은 기본적인 인간 상호관계에 관여할 수 있고, 자신의 창의적 표현을 각기 직업적이고 개인적인 삶에 통합할 수 있다. 이러한 활동들은 각 장의 끝부분에 〈개인적 · 직업적 성장〉이라는 제목으로 제시되어 있다. 여러분은 가장 편안하게 느껴지는 수준에서 이러한 활동들에 참여할 수 있다. 여러분은 매 장마다 제공되는 지금-여기의 자료를 가지고 자신의 예술 활동을 하게 되고, 자신의 정의적 발달에 의식적으로 참여하는 것이 교사로서의 성장에 미치는 영향이 크다는 것을 이해할 수 있을 것이다.

어떻게 우리가 더 좋은 교사가 될 수 있는가에 대하여 생각할 때 이론은 언제나 우리와 함께 있음에도 불구하고, 4년간의 교직 준비과정에서 배웠던 지식들로 인해 얼마나 힘이 들었던가를 기억하게 된다. 앨린 킬머(Aline Kilmer)가 다음과 같이 말했을 때 그녀는 내가 어떻게 느꼈을지를 알았을 것이다.

> 때로 단어의 의미는 너무 명료하게 규정됨으로써 파괴된다(앨린 킬머에 대한 헌사, 1954, p. 103).

> 우리가 자녀들에게 인생에 관한 모든 것은 가르쳐주려고 할 때, 아이들은 우리에게 인생이 무엇인지 가르쳐준다.
> — 안젤라 쉬빈트(Angela Schwindt)

나는 때로는 단순한 것이 더 낫다는 킬머의 생각에 동의한다. 이러한 이유로 나는 토론의 명료함을 위해 다음과 같이 단어들을 정의한다. 아무리 소박하고 유창하게 정의를 한다 하더라도, 다른 해석과 관점이 언제나 존재한다는 점을 기억하길 바란다.

정의적(Affective): 느낌에 머무르거나 감정의 질을 존중하는 성향. 바람, 소망, 기쁨, 두려움, 관심, 가치, 태도를 포함하여 경험하고 배우는 것에 대한 감정적 측면들. 이러한 측면은 개개인의 기억, 이상, 어떤 일과 사람에 대한 인식에 따라 영향을 받는다.

감정(Emotions): 우리의 환경, 내적 상태, 경험에 반응하는 의식의 비언어적 상태

느낌(Feelings): 어떤 일의 개인적 의미에 대한 감정 상태를 보여주는 것

영역(Domain): 특정한 한계, 활동의 영역 안에 포함된 것에 속한 것

창의성(Creativity): 현재를 넘어 확장하고자 하는 상황을 앞서는, 결단력 있는 충동. 독창성, 상상력, 공상으로 특징지어진다.

학습(Learning): 경험의 분화, 통합, 일반화

정의적 영역 발달의 연속체

정의적 영역의 발달은 경험 개방적인 것에서 시작하여 예술과 같은 특정 현상에 관계있는 라이프스타일을 갖는 것으로 끝맺는 연속성을 갖는다. 여기에서는 이를 개괄적으로 설명하여 여러분이 그 용어에 익숙해질 수 있도록 했다. 각각의 범주는 다음에 더 자세하게 논의할 것이다.

감수(Receiving): 특정한 현상에 기꺼이 참여하는 것(음악, 시각예술, 연극, 시, 춤)

반응(Responding): 학습자의 편에 적극적으로 참여하는 것(노래 부르기, 그리기, 연극하기, 쓰기, 춤추기)

가치화(Valuing): 한 사람이 특정한 현상, 대상, 행동에 부여하는 가치(시각예술, 공연예술에 대한 평가)

조직화(Organization): 상이한 가치들이 내적 일관성을 갖도록 가치체계를 형성하는 것(교육과정에서 예술의 역할을 인식함)

가치 복합화(Value complex): 특정한 라이프스타일을 계발하기 위하여 자신의 행동을 상당 기간동안 통제하는 상태(예술적이고 창의적 노력에 참여하는 자기신뢰와 자기의지를 보여줌)

창의성과 예술을 연구하는 정의적 접근은 자신의 존재와 학습에 대하여 여러분의 자기이해가 예술 교사가 되기 위해 필요한 "가치로운" 지식에서 가장 핵심적인 것이라는 생각에 기초하고 있다. 이것은 전혀 새로운 이야기는 아니지만, 잠재력을 현실화하기 위하여 자기이해를 강조하는 것은 여전히 더욱 강조되어야 할 필요가 있다. 다음에는 자기이해와 창의적 예술 과정의 관계라는 개념을 다루게 된다.

교수 · 학습 분위기

누구나 종이나 캔버스에 무엇인가를 그려야 한다는 것에 겁을 낸다.
판단이나 자기비판 이전에 무엇보다도 자유가 주어져야 한다.

— 데이비드 스미스(David Smith), 미국 조각가

어떤 조건에서 여러분은 예술을 탐구하는 과정에 참여하는가? 어떤 교실 분위기가 정의적 영역에 참여하는 것을 촉진하는가? 다음과 같은 특성을 갖는 교실 환경에서 우리는 창의적 예술 과정에 보다 적극적으로 참여할 수 있을 것이다.

1. **심리적 안전감:** 시도하는 것이 안전하게 느껴진다. 이러한 분위기는 모든 구성원이 만들어야 하는 것이다. 정보를 공유하고 공동체 감각을 형성하는 데 시간과 에너지를 쓴다. 우리가 다른 사람들에 의해 수용된다고 느낄 때 우리는 새로운 환경에 들어가는 것을 덜 어려워하게 될 것이다.
2. **편안한 영역:** 우리는 어떤 일들을 다루고 위험을 무릅쓸 만큼 안전하다는 것을 확신하게 된다. 우리는 어렵지 않게 실수를 받아들이고 우리 자신의 성취를 인정하며 다른 사람들의 성취를 높이 평가해줄 수 있다.
3. **격려:** 또래 친구, 동료, 교사들은 지식을 넓히고 가능성을 탐험하고 지평을 넓힐 수 있는 활동을 주도함으로써 자발성(self-direction), 자기동기화, 자율성을 갖도록 증진시킨다. 모든 사람이 호기심 많고 열린 정신을 유지한다.
4. **성취:** 예술과 창의성에 대한 우리 자신의 신념은 경험에 의해 형성된다. 우리는 학습에 개방적이고 반응적이다. 우리는 만족스럽게 우리의 성취를 확

신한다.

학생들은 창의적 과정에 진입하고 반응하기 위해서는 다음과 같은 요소들이 필수적이라고 말했다.

- 재능이 있을 것이 기대되지 않음
- 또래집단에게 수용됨
- 교수님이 도덕적으로 판단하지 않을 것으로 신뢰함
- 학습 공동체의 일원으로 참여함
- 결정하는 데 어느 정도 선택 가능함
- 교수의 진정성
- 협동적 학습의 기회
- 공유된 문제 해결
- 교실에서 내 역할에 대한 명확한 기대
- 경쟁보다 협동을 육성하는 활동들

자기이해와 창의성 연결하기

교수 학습 환경을 유지하는 것은 창의적 존재인 아이들, 예술, 그리고 교사로서 우리들의 역할을 연결하여 이해할 수 있도록 한다. 우리는 아이들이 창의적이고 예술적인 경험으로 들어갈 수 있는 통로를 열어줄 책임이 있기 때문에 어른으로서 우리가 누구이고, 특히 교사로서 우리가 누구인가를 면밀히 파악할 수 있도록 노력해야 한다. 교육자로서 나의 경험은 자기이해와 창의적 과정을 진행하기 위한 경향이 관련될 수 있도록 확장된 관점을 제공해왔다. 나는 이러한 것들이 상호 관련되어 있는 것이 아니라, 똑같은 것이라고 생각한다.

이러한 관련성에 대한 내 관점은 우리 시대의 훌륭한 학자들의 작품을 읽고 연구하면서 얻어진 결과이다. 매슬로우(Maslow, 1970)와 로저스(Rogers, 1983)는 토랜스(1962, 1979, 1984, 1995, 2000)에 의해 설명된 몇 가지 형태의 성격 특성이 자기실현한 사람들의 특성들을 보여주는 것이라고 설명한다. 매슬로우와 로저스는 창의적 사람과 자기실현한 사람이 같은 특성을 갖고 있다고 생각한다. 우리가 이 생각을 받아들인다면, 자기이해와 창의적 사람이 될 수 있는 우리의 잠재력의 관계를 더 넓게 이해할 필요가 있다. 다음에서 자기실현한 사람이 되어가는 여정에 있는 사람들의 특성에 대한 매슬로우의 연구를 개괄적으로 제시한다.

자기실현과 교사

매슬로우의 연구(1970, 1971)는 자기실현한 사람의 중요한 특성들을 제시해주었다. 이러한 특성들 중에, 특히 여섯 가지는 교사로서 우리의 역할에 관련되어 있다. 여섯 가지 특성이 제시되어 있는 [그림 2-2]를 읽으면서, 여러분 자신을 묘사하는 특성들을 한번 생각해보길 바란다.

우리는 매슬로우, 로저스, 토랜스가 제안한 아이디어를 지지해줄 만한 증거를 찾으려 한다면 아이들이 많은 교실을 상상해보기만 하면 될 것이다. 우리는 가드너의 다중지능이론이나 피아제, 에릭슨, 로웬펠드, 비고츠키의 발달이론을 고려할

[그림 2-2] 자기실현과 교사

- 자신, 타인, 자연의 수용: 자기실현한 사람은 자연을 받아들이는 것과 같이 자신의 결정과 인간의 본성을 수용한다. 이것은 자기실현한 사람들이 완전히 자기만족적이라고 말하는 것은 아니다. 그들은 자연에 있는 사물들을 수용하는 것과 똑같이 인간의 본성을 수용한다는 것을 의미한다. 그들은 다른 사람과 세계를 무비판적으로 수용한다. "물이 젖었다고, 혹은 바위가 딱딱하다고 비판하는 사람은 없다." (Maslow, 1971, 207)
- 자발성: 자기실현한 사람들은 자발적으로 행동한다. 그들은 단순함, 자연성, 내적 삶, 자신의 생각과 자기인식을 가지고 행동한다. 타인을 해치거나 다른 사람과 싸우고자 하지 않으며, 타인을 해치거나 싸우지 않기 위해서 노력할 것이다. 그들의 행동은 "품위 있게 쾌활하게 협의회의 의식과 의례를 경험할" 수 있도록 하는 윤리규약에 기초할 것이다.
- 신선한 감상: 자기실현한 사람은 아이의 눈으로, 삶의 아름다움에 기초하여 새롭게 감상하는 능력이 있다. 다른 사람에게는 세계가 아무리 창백한 것일지라도, 자기실현한 사람은 기쁨, 신선함, 놀라움을 가지고 세계를 바라본다. 위대한 음악을 듣거나 한순간에 많은 나비를 보는 것은 처음과 같이 놀랍고 즐거운 경험이다.
- 동질화, 공감, 애착: 자기실현한 사람들은 자애롭고 다른 사람들을 도울 의지를 가지고 있다. 그들은 세상의 모든 사람들에게 한 가족 의식을 느끼고, 인간을 자기 가족의 구성원으로 본다. 그들은 다른 사람의 부족한 점을 용서한다.
- 철학적, 비적대적 유머 감각: 자기실현한 사람은 다른 사람에게 상처를 주면서 웃게 만들지 않는다. 그들은 다른 사람들의 열등함을 웃음거리로 만들지도 않는다. 그들의 유머 감각은 껄껄웃음보다 미소를 끌어내는 우화, 이야기, 철학에 기초하고 있다. 주로 그들의 유머는 자연스러운 것이어서 환경이 바뀌면 반복할 수 없는 것이다.
- 창의성: 자기실현한 사람들은 독특하고 창의적 방식으로 창의적이다. 매슬로우는 창의성을 말할 때 "재능 있음"을 말하지는 않는다. 매슬로우는 자기실현한 사람의 창의성을 아이들의 순수하고 보편적인 창의성과 비슷한 것으로 이해한다. 그것은 삶을 단순하고 신선하고 직접적인 방식으로 이해하는 것이다. 이러한 사람들은 창의성에 대한 관점에 있어서 덜 제약되고 덜 어색해하고, 더 자연스럽다.

때, 전체적 그림을 떠올릴 수 있을 것이다.

창의적 예술은 자기인식의 발달과 아이의 풍부한 창의적 삶을 육성하는 데 보이지 않는 영역인 구조를 제공해즌다. 음악, 춤, 움직임, 연극, 시각예술, 문학등의 경험을 통하여 아이들은 다양한 방식을 통하여 지능, 창의성, 정서, 자기이해의 모든 영역들을 발달시키는 과정에 참여하게 된다. 동시에, 아이들은 자신과 친구들에 대해서도 배우게 된다.

창의적 예술은 교사들의 창의적 삶을 육성할 수 있는 엄청난 기회를 제공해주기도 한다. 어른으로서, 음악, 시각예술, 그 밖의 창의적 예술 영역에서의 경험은 우리의 삶에서 창의적 예술의 가치와 중요성을 알아가도록 이끌어준다. 예술은 자기 자신과 다른 사람에 대해 더 많은 것을 알아가도록 보편적 장을 제공해준다.

교사들의 창의예술 아이디어 원천

아동 중심 교실에서 아이디어는 아이들로부터 온다. 유아 교사들이 학기가 시작되기 이전에 창의적 예술교육과정의 계획을 세우는 것은 쉬운 일이다. 하지만 이것은 좋은 생각이 아니다. 어떻게 교사들이 아직 만나보지도 못한 아이들의 경험을 계획할 수 있단 말인가? 아이들에게 효과적인 창의적 예술교육은 놀이를 통해 표현되고, 아이들의 놀이로부터 나오고, 유아 교실의 "예술 영역"을 넘어가는 것이다. 교사들은 아이들의 놀이 경험으로 들어가야 하고, 창의적 예술을 아이들의 세계로 가져가야 한다. 예를 들어, 안나는 블록 영역에서 "나 좀 봐. 내가 다리를 만들었다."고 말한다. 관찰하는 교사는 이 엄청난 순간을 창작 동극으로 바꾸어서 안나와 친구들이 "세 마리의 빌리 고트가 다리를 넘어간다"는 이야기로 꾸며볼 수 있다. 안나의 친구 루디는 소꿉놀이 영역에서 가짜 전화로 피자를 시키고 있다. 이 경우, 교사들이 해야 할 일은 아이들을 방해하지 않게 조용히 테이블에 종이 접시와 크레용을 가져다 놓아 안나와 루디가 피자를 실제로 그리는가를 보는 것이다.

아동 중심 예술 경험의 기회는 교실 밖에서 찾을 수 있다. 예를 들어 아이들에게 분필을 주고 다른 사람, 나무, 건물의 그림자를 그리도록 해보자. 아이들에게 붓과 커다란 물통을 주고 건물의 의면을 칠하도록 해보자. 아이들이 창의적 예술교육과정에서 "의미 만들기"에 적극적으로 참여하는 것이 매우 중요하다는 점을 많은 연구들이 밝혀내었다(Case, Griffin, Kelly, 2001). 창의적 예술을 위한 아동 중심 접근에서 아동에게 가장 반응이 좋은 것들은 아이들에 의해 시작된 것이다. 또한 전국 표준에서도 아이디어를 얻을 수 있다. 예를 들어 시각예술 표준에서 "아이들은 예술의 미디어와 도구들을 책임 있게 사용할 것이다"라는 구절은 아이들에게 파란색과 노란색 물감과 붓, 종이, 물통을 주고 활동하도록 함으로써 충족될 수 있을 것이다. 선생님들의 제안에 아이들은 초록색을 만드는 법을 발견할 때까지 물감을 가지고 놀기도 한다. 소꿉놀이 영역에 있는 아이들에게 밀대와 찰흙을 줘서 상상속에서 아침 식사용 팬케이크를 만들 수 있도록 해보자.

창의적 예술을 통한 교육과정 통합하기

오늘날 유아교육 환경에서 기준 중심의 교육과정은 아동 중심 교사에게 도전적인 것이다. 아이들은 '나는 지금 수학을 배우고 있어' '이것은 언어예술 수업이야' 라는 식으로 내용에 따라 구분하지 않기 때문에, 교육과정은 통합되어, 아이들이 생각하는 방식에 따라 바뀌어야 한다. 아동 중심 교사는 이러한 통합된 환경의 가이드이며 조정자이다. 교사는 아이들에게 흥미로울 만한 예술 재료와 학습 경험을 제공한다. 아이들은 이전 경험에 따라서 혹은 새롭고 신기한 것에 주의를 기울이

예술에의 경험은 아동의 생활을 풍요롭게 하므로 조기에 도입되어야 한다.

기 때문이다. 아이들의 관심과 경험을 강조함으로써 교사들은 아동 중심의 창의적 예술교육을 위한 출발점으로서 전국 기준을 활용할 수 있다. 음악, 동작, 시각예술, 창의적 연극에 관련된 단원들은 창의적 예술 내용을 통합할 수 있는 아이디어를 포함하고 있다. 제시된 예는 시각적 행위예술, 미술, 사회과학, 언어예술, 과학의 전국 기준에 기초하고 있다. 예술을 다른 내용 영역에 통합하고자 하는 아이디어를 구할 수 있는 훌륭한 사이트는 케네디 센터: 아트에지(ArtsEdge)로서, 웹사이트는 http://artsedge.kennedy-center.org/이다. 아트에지는 예술과 다른 교과를 훌륭하게 통합하는 간학문적 교육과정을 발달시킬 수 있는 도구들을 통하여 교사들이 아이들을 가르칠 수 있도록 한다.

창의예술 개발과 가정의 역할

많은 전문가들은 창의적 아이들의 가정은 매우 즐거운 놀이와 아이들의 창의적 노력에 직접적이고 활동적으로 참여하면서 시간을 보낼 것이라고 생각한다. 많은 면에서 창의적 아이들을 기르는 사람들은 그들 스스로 어린아이같이 순수하다고 생각한다. 엘러마이어(Ellermeyer, 1993)는 "부모는 놀이에서 상상과 유아의 호기심을 불러일으킴으로써 아이들의 창의성 발달에 영향을 줄 수 있다. 창의적 유아들의 부모는 추상적 사상가이며 인내심 있고, 유연하고, 개방적이며, 영감이 넘친다. 그리고 아이들이 높은 독립성을 갖도록 도와준다." (p. 61)고 말한다. 다음과 같은 환경은 아이들의 창의성을 발달시키고 육성하는 데 도움이 될 만한 것들이다.

- 변덕스럽게 바꿀 수 있는 창의적 역할극에 다양한 가능성을 제공한다.
- 아이들이 자발적으로 그리고 가족들의 방해 없이 게임을 창의할 수 있도록 한다.
- 오래된 카드 테이블 위에 던져놓은 담요와 같이 아이들이 "비밀스러운" 놀이를 하는 데 사용할 수 있는 재료가 항상 있다.
- 아이들에게 탐구하고 발견함으로써 창의성을 증진할 수 있도록 나무 블록과 같은 것을 제공해준다.

발달에 적합한 실제

"발달에 적합한 실제"라는 용어는 아이들에게 적합한 실천을 지칭하는 용어로서 이 책의 곳곳에서 사용된다. DAP(Developmentally Appropriate Practices)와 DIP(Developmentally Inappropriate Practices)이라는 용어는 전국유아교육협회(National Association for the Education of Young Children's, NAEYC) 인증 체계의 발달 과정에서 개념화되었고, 이제는 교사, 학부모, 정책결정자, 유아교육 관련 직업군의 사람들에게 폭넓게 받아들여지고 있다. 1987년 처음 발행되고 1997년 개정된 글에서 NAEYC는 좋은 유아 프로그램은 가정의 요구에 반응하면서도 아이들의 신체적, 사회적, 정서적, 인지적 발달을 촉진하는 안전하고 보살피는 환경을 제공해야 한다고 제안했다(Bredekamp & Copple, 1997).

NAEYC에서 제시한 것과 같이 발달의 측면에서 적합한 실제는 유아 프로그램에 영향을 미치는 다섯 가지 요소를 의미한다.

1. 연령 적합성과 개인적 적합성
2. 교육과정
3. 어른과 아이의 상호작용
4. 가정과 프로그램 간의 상호작용
5. 아이의 발달에 기초한 평가

각각은 명확하게 정의된 용어로 길게 토의된다. 이러한 토론의 형식은 발달의 측면에서 적합한 실천과 부적합한 실천을 대조하는 특정한 예들을 포함한다. 이와 같이 명확하고 읽기 쉬운 예는 엄청난 가치가 있다. 예를 들어, 1학년 교육과정으로서 적절한 실제는 "아이의 자부심, 능숙감, 학습에 대한 긍정적인 느낌을 발달시키게 되어 있다." 옆 칸의 부적절한 실제로 "아이들의 가치는 읽기 능력이나 표준화된 시험의 성적과 같은 부분에서 집단의 기대에 얼마나 부합하는가에 의해 결정된다."(Bredekamp & Copple, 1997)

다음 단원들에서 음악, 움직임, 시각예술, 연극, 3차원예술, 문학(글쓰기)의 DAP에 대하여 설명할 것이다. 여러분은 DAP에 대하여 읽어가면서 창의적 예술을 아이들이 경험할 수 있도록 하기 위하여 어떻게 수업을 계획할 것인가라는 문제에 안목 있는 선택을 하게 될 것이다.

[표 2-1]은 이 장과 1장에서 논의했던 주제를 책의 나머지 부분에 적용하여 제시한 것이다. 그것은 창의적 과정, 정의적 영역의 연속성, 다중지능이론, 개인적 · 직업적 영역에서의 성장 단계를 탐구하는 데 앞선 계획자를 제시한다. 이것은 여러분이 이 책을 읽거나 교실 활동에 유용할 것이다.

[표 2-1] 창의적 과정에서 개인적 · 직업적 발달

창의적 과정의 단계	정의적 영역의 연속성	다중지능이론	개인적 · 직업적 발달/ 정서 발달
	1장 • 무대 정비 • 출발하기		
	2장 • 창의적 과정 이해하기		• 개인적 · 직업적 지원체계 발달시키기 • 지원체계 구성원들 훌륭한 교사 찾기
	3장 • 감수/주목하기 • 감정과 이미지 탐색하기		
준비기	4장: 반응하기 • 음악과 신체표현 도입하기	음악적, 신체-운동적, 논리-수학적 지능	• 즉흥 연주
잠복기	5장: 가치화 • 시각예술로 초대하기	공간 지능	• 자각
조명기	6장: 조직화 • 놀이와 창작 동극 격려하기	개인적 지능	• 통합 단계 • 아주 중요한 바구니
검증기	7장: 가치 콤플렉스 • 3차원 예술 실험하기	자연탐구 지능	• 가르치기: 태도, 신념, 행동
	8장 • 문학 능력 향상 계획	언어 지능	• 교사를 위한 시
	9장 • 새로운 모험 시작하기		• 현자로부터의 선물 • 긍정적 언급

개인적 · 직업적 성장

이제 이번 장을 마감할 때가 되었다. 여러분은 생각할 거리를 많이 주는 정의와 단어들을 읽었고, 예술과 창의적 과정에 대한 다양한 의견을 검토했다. 여러분이 이 과정에서 자신의 경험을 몇 번 되돌아보았을 거라고 생각한다. 여러분 자신의 내적 자원을 돌아볼 시간을 가졌기를 바란다.

이 책의 목표와 주제에 덧붙여 이 여정은 유아교사로서 여러분의 성장에 영향을 줄 개인적이고 직업적 이상을 강조하고 있다. 그 주제는 지원체계와 교사로서의 우리 역할에 지원되어야 할 사람과 지원되어야 할 것에 관한 것이다. 누구에게서 우리는 지원을 받을 수 있으며, 교사로서 우리를 지원해줄 수 있는 사람을 어떻게 정의할 수 있을까, 개인적으로든 직업적으로든 우리가 필요로 하는 지원을 얻는지를 어떻게 알 수 있을까? 다음 활동은 이러한 질문에 초점을 두고 해답을 찾기 위한 장을 제공해준다.

개인적 · 직업적 지원체계 개발하기

가르치는 것은 외로운 직업으로 묘사되곤 한다. 세미나에서의 예비교사와 대학원, 워크숍, 단기 과정의 전문직 교사들은 친구나 동료들과 직업적 문제나 교육적 이상을 토론할 기회가 적어서 고립감을 느낀다고 말해왔다. 아침부터 저녁까지 모든 순간 아이들과 상호작용하는 직업에서 가끔 고립감을 느낀다는 것은 아이러니한 일이다. 우리에게 부여된 모든 요구와 함께, 전문직업인으로서 우리의 효율성에 영향을 미치는 이슈나 경험에 대하여 토론할 시간을 찾는 것은 사치스러운 일로 보인다. 아이들을 가이드하고 지원하는 기술을 배우고 있는 우리가 서로를 가이드하고 지원하는 기술을 발달시킬 기회를 갖는 것은 매우 드문 일이다. 지원을 해주고 얻을 수 있는 체계적인 방법을 발달시키고 수행함으로써, 우리에게 적절한 지원을 얻고 기본적인 고립감을 느끼지 않을 수 있는 진정한 조치를 취할 수 있다.

여러분은 각자의 상황에 따라 다음과 같은 구조화된 인적 지원체계를 몇 가지 목적을 위하여 활용할 수 있다.

1. 비슷한 개인적 · 직업적 관심을 갖고 있는 친구와 동료들과의 만남을 재발달시킬 수 있다.

2. 교실이나 다른 과정에서 새로운 관계를 발달시킬 때, 여러분이 스트레스를 받거나 긴장을 느끼거나 갈등상황에 처했을 때 지원 네트워크를 이용하라.
3. 여러분의 새로운 기술을 발달시킬 수 있는 아이디어가 있는 활동들을 하고, 개인적 · 직업적 숙련성에 기여할 수 있는 자원들을 확인하라. 여러분이 효율적이고 지지적인 교사로 활동하는 데 더 확장된 지원 네트워크로 이끌어 줄 잠재적 원천인 동료들과 지도자를 활용하라.

이것은 4~6인으로 구성된 소규모 집단 활동이다. 여러분은 종이와 연필을 준비해 두어야 한다.

과정

1. 여러분이 잘 하는 것이나 여러분이 스스로에게 가치를 두는 것을 적어도 세 가지 적어둔다. 얼마 후 파트너를 정해서 여러분의 강점을 말할 때 그 목록을 활용하라. 예를 들어, "나는 내가 정직하다는 것을 좋게 평가한다."라거나 "나는 아이들과 매우 잘 논다."와 같은 것이 있다. 여러분의 강점을 극대화하는 데 이러한 기회를 활용할 수 있고, 이러한 강점을 가지고 있다는 점으로 여러분 자신을 긍정적으로 평가할 수 있다.
2. 스트레스는 우리가 이 지원을 필요로 하게 되는 주된 이유이다. 여러분에게 스트레스를 느끼게 하는 것을 세 가지 작성하라. 이것은 신체적, 환경적, 대인관계, 혹은 일상생활에서 생길 수 있는 단순한 것일 수 있다.
3. 집단의 모든 사람들이 스트레스를 기록한 다음에, 파트너를 찾아서 잠시 자신이 적은 스트레스 요인에 대하여 서로 이야기를 한다.
4. 여러분의 현재 지원체계를 보고, 여러분에게 지원을 제공하는 사람들을 찾아보라. 여러분은 제공된 형식을 작성할 수 있고 특별한 영역에서([그림 2-3] 참고) 지원을 제공하는 사람들의 이름을 적을 수 있다.
5. 모든 사람들이 형식을 완성했다면(통상 15~20분이 걸린다), 여러분의 파트너를 정해서 여러분의 현재의 지원체계에 대하여 이야기를 한다. 다음과 같은 질문을 고려해보라: 나의 현재 지원체계는 균형을 이루고 있는가, 나는 어떤 영역에서 더 많은 지원을 필요로 하는가, 나는 지원체계로부터 무엇을 얻으려고 하는가, 나는 다른 사람에게 무엇을 제공해야 하는가, 나의 지원체

계를 어떻게 증가시킬 것인가? 나는 어떤 사람에게 너무 많이 짐을 지우고 있지는 않은가.

6. 여러분의 지원체계에 대한 평가를 마쳤다고 생각될 때, 대집단으로 되돌아오라. 전체 집단은 이 과정에서 들었던 어떠한 생각이나 발견, 느낌, 통찰을 말해야 한다.

이 책을 집필하던 학기에 한 학생이 매우 중요한 영역에서 자신의 지원체계가 부족함을 깨달았다는 걱정으로 나를 찾아왔다. 나는 나 또한 균형을 이루지 못하

[그림 2-3] 인적 지원체계

아래의 것은 인간관계가 제공해줄 수 있는 몇 가지 기능을 제시해놓은 것이다. 아래의 설명을 읽고 여러분의 인간관계에서 그러한 특징을 충족시켜줄 수 있는 사람들의 이름을 적어라. 친구, 가족, 이웃, 동료들을 떠올려보라. 어떤 사람들은 하나 이상의 영역에서 떠오를 것이다. 특별한 자원을 여러분에게 제공해주는 사람들을 떠올리기를 바란다.

기능	사람
친밀함. 친밀함, 따뜻한 수용을 제공해주는 사람	________________
나의 느낌을 자유롭게 표현할 수 있도록 해주는 사람	________________
내가 신뢰하여 기꺼이 나에게 다가올 수 있는 사람	________________
나를 돌보고 배려해주는 사람	________________
공유. "같은 배를 타고 있어서" 또는 비슷한 상황에 있어서 비슷한 이해와	________________
관심을 공유하고 있는 사람	________________
비슷한 목표를 향하여 노력하고 있는 사람	________________
나의 경험, 정보, 아이디어를 공유할 수 있는 사람	________________
내가 부탁하고 부탁을 들어줄 수 있는 사람	________________
자기가치. 학생으로서, 교사로서, 행정가로서 나의 역할에 따른 나의 수행	________________
능력을 존중해줄 수 있는 사람	________________
내 역할에서 내가 일하는 것의 어려움과 가치를 이해해주는 사람	________________
특히 내가 내 자신에 대하여 확신하지 못할 때 내 기술을 인식하고 존중해줄	________________
수 있는 사람	________________
위기/과부하. 위기 상황에서 내가 의지해서 도움을 요청할 수 있는 사람	________________
가까운 개인적 관계를 맺고 있지는 않지만, 실제적인 서비스나 사용할 수 있	________________
는 자원이나, 가끔 특정한 문제를 해결하는 데 도움이 되는 전문가를 제공해	________________
주는 사람	________________
자극하기/도전. 내가 새로운 방식으로 일을 할 수 있도록 자극을 주는 사람	________________
나에게 도전의식을 주는 사람	________________

*Adapted from a Human Interaction Laboratory, NTL Institute, Bethel, Maine, 1993. Used with permission.

고 있다고 말하며, 교사로서 우리는 일상생활에서 만나게 되는 동료와 친구들을 개인적 · 직업적 지원 집단으로 활용해야 한다고 말했다. 이 활동을 소개하는 서두에 말한 것처럼, 지원을 요청하는 것은 어떤 위험 요소를 요구하지 않는다. 그러나 나의 경험에 비추어보면, 내가 뭔가 도움을 필요로 할 때, 똑같은 상황에 처해 있는 사람들이 항상 있었고, 그들은 도움을 주는 것을 기뻐할 뿐 아니라 내가 도움을 요청했다는 것을 높이 평가해주었다. 유아교육자들은 지적, 사회적, 정의적 요구와 기대에 대한 인간의 모든 특성을 이해하고 있는 것 같다. 우리는 또한 우리 아이들의 요구를 충족시켜야 한다는 목표를 가지고 있다. 우리는 아이들의 교사인 만큼 서로에게 필요한 배려를 해주어야 한다는 점을 똑같이 인식하고 있어야 한다. 나는 동료들이 줄 수 있는 지원을 과소평가하지 말라고 하고 싶다. 긍정의 힘은 측정할 수 없을 정도로 크다.

창의적 사람은 마땅치 않은 훈련도 늘 견뎌낼 수 있다고 알려져 왔다.

— 안나 프로이드(Anna Freud)

제3장

감정과 이미지 탐색하기

마음으로 볼 때만이 대상을 바르게 볼 수 있다. 중요한 것은 잘 보이지 않는다.

— 생떽쥐베리, 『어린왕자』 중에서(A. Saint Exupery, *The Little Prince*)

여러분이 아름다운 열대 지방의 바다에 떠있다고 상상해보라. 태양은 바다 표면에서 반사하는 노란색 광선을 간직한 채 따뜻하게 비추면서 여러분을 휘감고 있다. 하늘에 부드러운 구름이 흘러가고 있고, 여러분은 새털처럼 가볍게 잔잔한 바다에 편하게 떠있다. 청록색의 바다 표면에 파란 하늘이 연하게 비치고 있다. 햇빛은 물을 비춰서 바닥의 깨끗하고 하얀 모래까지도 볼 수 있다. 모래는 진주처럼 빛난다. 여러분은 부드러운 바람이 불고 잔잔하게 물이 출렁이는 것을 느낄 수 있다. 멀리서 부드러운 바람 소리를 들을 수 있다. 해변 가까이 있고, 햇빛으로 따뜻해진 물에 손을 넣어서 분홍빛 전복 껍질을 만질 수 있다. 머리를 돌려 밝은 햇빛이 파도에서 춤을 추고 있는 것을 볼 수 있다. 물의 표면을 보고 모래 해변, 우거진 풀들, 높은 종려나무, 이국적이고 향기나는 야생 난초를 보라. 어느 게으른 여름 날 오후 여러분은 편안하고 안전한 분위기에서 열대 지방의 낙원에 만족해하면서 여러분 자신에 대해 느끼고 있다.

『유아 교육과정과 발달』이라는 과목의 강의계획서를 준비할 때 나는 항상 다음과 같은 짧은 글귀를 덧붙인다. 인용된 글귀는 실비아 애슈톤 워너(Sylvia Ashton Warner)의 말인데, 학생들은 이 글을 맨 처음 읽게 된다. "다른 사람을 가르치기 전에 나는 내 자신을 먼저 가르쳐야 한다"(1964, p. 6). 영감을 주는 교사로서 우리가 할 수 있는 가장 중요한 것은 정의적 영역(affective domain)[1]에서 우리 자신의 성장 잠재력을 인식하고 정서적 · 개인적 성장을 경험해야 한다. 앞의 1장과 2장에서 나는 창의성, 다중지능, 정서 발달과 예술, 자기이해, 교수-학습 환경에 대하여 설명했다. 이러한 논의들은 우리 스스로 성공적인 교사와 창의적인 사람이 되기 위해 필요한 정의적 영역 발달의 영향을 이해할 수 있도록 한다. 이러한 분야의 연구를 접하게 되면 여러분은 정의적 영역이 교사로서의 성장에 관련되어 있다는 것을 이해하게 될 것이다. 융은 교사가 되고자 하는 어른의 교육에서 정의적 영역이 필수적이라고 강조했다. "아이들이 만나야 할 교사는 단지 똑똑한 사람이 아니라, 사람들을 감동시킬 수 있고, 고마운 분으로 기억될 수 있는 교사이다"(1954, p. 144). 최근의 연구(Walls, Nardi, Von Minden, & Hoffman, 2002)는 학생들이 자신에게 훌륭했던 선생님의 특징을 묘사할 때 정의적 영역은 매우 핵심적인 요소라는

---

1) [역주] 정의적 영역(affective domain)은 블룸(Bloom) 등이 교육목표 분류학에서 제시한 인간의 능력 요인 중의 중요한 한 영역으로 정서적이고 감성적인 속성과 관련된 행동특성을 총칭함.

결론을 내리고 있다. "학생에게 큰 관심을 갖고 있었다는 것은 좋은 교사의 가장 중요한 특징이었다. 좋은 교사들은 따뜻하고, 친절하고, 배려심 있는 분으로 묘사되었다. 반면에 좋지 않았던 교사는 긴장되는 교실 분위기를 만들었던 선생님이었다고 말했다. 또한 그 성격적 특징으로는 차갑고 딱딱하고 배려심 없는 분이었다고 묘사된다."

교사들의 정서 발달이 오늘날보다 더 중요하게 여겨진 때는 없었다. 이러한 이유로 우리가 정의적 영역의 중요성을 중시하는 연구와 정의적 영역 발달의 이론을 정확하게 이해하는 것은 매우 중요한 일이다. 이러한 연구들은 정서 발달에 지적 발달과 똑같은 지위를 부여하는 데 설득력 있는 근거를 제공한다. 이제 이에 대한 이론을 살펴보자. 더욱이 정의적 영역 발달의 중요성을 동료 교사, 부모, 행정가들에게 분명하게 설명하는 것은 매우 중요한 일이다. 정의적 영역의 본질과 학습과 창의적 예술 간의 관련성을 명확하게 설명할 수 있기 위해서는 이것이 교사인 우리에게 의미하는 것을 먼저 명확하게 이해하고 있어야 한다. 이 장에서는 교사 교육, 정의적 영역에 대한 연구를 검토한다.

정의적 영역

정의적 영역은 감정, 열정, 성향, 동기, 도덕적이고 미적인 감수성, 느낄 수 있는 능력, 배려, 애착이나 거리 둠, 공감, 연민, 감사와 같이 실제 삶에 적용되는 것이다.

— 스털링 맥머린(Sterling M. McMurrin, 1967)

예비교사나 교사인 우리들은 우리의 감정, 느낌, 정서적 상태가 어떻게 영향을 미치며, 아이들과 어떻게 상호작용해야 하는지에 대하여 직감적으로 이해하고 있다. 아이들을 가르치는 사람에게는 필수적으로 요구되는 개인적 자질이나 기술이 존재한다. 정의적 영역은 아이들의 전인적 성장을 돕기 위해서는 꼭 다루어야 할 인간 발달 영역이다. 교사로서 우리는 정서와 인지 간의 균형을 찾아야 한다. 우리가 (이해, 적용, 분석, 종합과 같은) 인지 영역에만 기초하여 교육을 한다면, 아이들이 배울 수 있는 모든 방법들을 모두 균형감 있게 가르치고 있다고 말하기는 어렵다. 이 균형감을 성취하기 위해서는 모든 영역의 발달 및 전인적 측면에 관심을 갖고 교육해야 한다.

교육 개혁의 과정은 잘 진행되고 있다. 전인적 성장을 강조하는 개혁 세력들은 인간의 모든 영역을 발달시키기에는 편협하고 부적절한 교육적 실천들을 비판한다. 이러한 변화는 부분적으로는 전지구적인 차원에서 일어나고 있는 급속한 변화에 기초하고 있고, 개인과 사회의 요구에 대한 책무성에 기인한 것이다. 유아 교사들은 기술 체득과 알고 학습하는 정서적 방식 간에 좀더 균형 잡힌 입장을 취해야 할 필요가 있다. 대부분의 교사들은 이 말을 머리 위쪽을 해부하는 것만으로는 충분하지 않다는 표현으로 이해한다. 인간이란 존재는 생각 이상의 존재이다. 사람들은 또한 느끼고 감정을 갖고 있다.

정서교육의 중요성을 인식하는 사람들은 우리가 사회에서 살아가는 데 개인적 지식(느낌, 희망, 두려움, 관심, 가치, 태도)의 이해와 발달이 중요하다는 점을 인식하고 있다. 실비아 애슈톤 워너는 『교사』라는 책에서 인지와 정서 간의 균형이 아이들이 자신의 방식으로 창의적이고 흥미로운 사람으로 자라나도록 한다는 점을 강조하고 있다(1964). 발렛(Valett, 1977)은 정서교육의 중요성에 관한 워너의 아이디어를 확장하여 다음과 같이 쓰고 있다.

> 교육을 통해 사람들이 즐겁고 인간적이고 의미 있는 삶을 살도록 준비시키려 한다면, 좀 더 적절하게 인간적 요구에 대처할 수 있도록 준비시키는 일에 관심을 가져야 한다. 만약 사람들이 사회체제에서 타인과 자신의 요구를 충족시킬 수 없다면 즐겁고 인간적이고 의미 있는 삶을 살 수 없을 것이다(p. 13).

이러한 관찰은 톨스토이의 사려 깊은 비유로 정리할 수 있을 것이다. "조심하지 않고 벌을 다룰 수 없는 것처럼, 사람들을 사랑 없이 대해서는 안 된다. 만약 사람들이 벌을 부주의하게 다룬다면 벌은 사람과 자신을 해치게 된다는 것이 벌의 본성이다" (Tolstoy, 1963, p. 317). 이렇게 하여 톨스토이는 정서교육의 핵심을 강조한다.

교사교육과 정의적 영역

정서교육이 새로운 것은 아니다. 고대 그리스 사람들은 지적, 신체적, 정서적 가능성을 포함하는 전인을 발달시켜야 한다는 점을 강조했다. 18세기 장자크 루소(Jean-Jacques Rousseau, 1712~1778)는 『에밀』에서 이상적인 교육을 묘사하고 있다. 루소는 최대한의 잠재력에 따라 살아가고 느낄 수 있는 "자연인" 에 대한 교육과정을 기술하는 방식으로 정서교육에 대하여 매우 자세하게 설명했다.

그 이후 학자들은 정의적 영역을 통해 탐구할 수 있는 지식의 종류와 내용을 확장시켜 왔다. 듀이(Dewey, 1950)는 학교가 학창시절에 반드시 정서 발달을 위한 시간과 관심을 기울여야 한다고 주장한 현대 교육학자이다. 1970년대 초 와인슈타인(Weinstein)과 판티니(Fantini)는 필라델피아의 도시에 위치하는 학교에서 수행할 수 있는 정서교육을 위한 전반적인 교육과정을 개발했다. 그들이 제시한 목적은 교사들이 직면한 도전과 관련되어 있다: "자유 사회에서 교육은 인간에 초점을 두어야 하는데, 그것은 학생들의 흥미에 기초하고 개인적이고 상호작용적인 기초에 의지하고 있는 교육목적에 의해 실현될 수 있다"(Weinstein & Fantini, 1970, p. 18). 그리스 현인들로부터 현대 학자들이 발전시켜온 이러한 생각들이 교육과정에 개념화되고 발전되고 반영되어 있다는 것을 몇 년 지나면 알게 될 것이다.

칼 로저스의 이론과 교사교육과 정서교육을 연결시키는 중요성에 대한 로저스의 이론을 간단하게 살펴보자. 로저스(1961)는 도움을 주는 어떤 관계에서도 긍정적 관심, 존중, 배려가 필수적이라고 한다. 여러분은 가르치는 것이 도움을 주는 것이라고 생각하지 않을 수도 있다. 하지만 여러분이 아이들 혹은 아이들을 위하여 하는 일을 생각해본다면 교육은 도와주는 직업 중에서도 가장 중요한 것이라는 사실을 부정하지는 못할 것이다. 교실은 아이들과 우리의 요구가 충족될 수 있도록 기획된 활동에 참여하는 학습자들로 구성된 작은 공동체이다. 교사로서 여러분은 학습 경험이 이루어지는 기초를 제공하고 있다. 여러분이 로저스의 의견을 받아들여 교사의 역할이 부분적으로는 돕는 관계에 있다고 생각한다면, 자유롭게 말할 수 있고 아이들에게 자신을 알고 자신을 받아들이는 것, 즉 "정서적으로" 자라나는 것을 장려하는 교실 분위기를 만들어야 한다고 느낄 것이다. 나는 이러한 관점에 전적으로 동의한다. 내가 알고 있는 훌륭한 선생님들은 긍정적인 교실 분위기에 내재되어 있는 힘을 잘 이해하고 있었다. 또한 그들은 학생이 4세이든 40세이든 정서적 표현에 대한 사람들의 욕구의 가치를 매우 섬세하게 이해하고 있었다.

이러한 초기 학자들의 연구 성과에 기초하여 1980년대와 1990년대의 몇몇 뛰어난 학자들은 연구를 진전시킬 수 있었다. 몇 년간의 연구 끝에 스노우(Snow, 1991)는 교수와 학습의 인지적이고 정의적인 요소들은 모든 교육적 노력에 완전히 통합되어야 한다고 결론을 내렸다. 가드너(1991)는 우리 학교를 재구조할 것을 요구하고, 정서 표현을 개방적으로 가르칠 것을 주장한다. 우드(Wood, 1996)는 교사들에게 정서교육을 인간 발달의 가장 중요한 측면의 하나로 이해하라고 주장한다. 이러한 학자들이 전달하고자 하는 메시지는 잘 이해할 필요가 있다. 최근 연구도 고려할 필요가 있다.

최근 연구 결과들

교사준비와 교육에 관련성이 높다고 생각되는 수백 개의 연구물을 선택하여 분석한 결과, 나는 정서교육을 교육과정에 포함해야 한다는 결론을 얻을 수 있었다. 각 연구가 어떤 연구방법을 취했는가에 관심이 있다면 인용한 논문을 찾아보길 바란다. 논문을 통해 연구 설계 등 자세한 사항들을 찾아볼 수 있을 것이다. 일정 시간 동안 연구 결과에 주목하고, 그러한 연구가 교사로서의 여러분의 성장에 어떻게 관련되는가를 생각해보길 바란다.

조소벡(Jausovec, 1989)은 정서적 상태와 영감의 발달을 연결하는 증거를 인용하고 있다. 영감은 월러스의 창의적 과정에서 "아하"의 순간과 깊이 관련될 수 있다. 여러분이 지금까지 정의적 영역에 대하여 배워온 것을 고려할 때, 느낌, 관심이나 공감과 같은 정의적 요소와 통찰력의 발달 간의 관계를 어떻게 결론지을 수 있을까? 두덱과 베로(Dudek and Verreault, 1989), 루스(Russ, 1988, 1996)는 감정 관련 생각에 근접하는 것과 확산적 사고 간의 입증된 관계를 발견했다. 우리가 감정에 무게를 둔 생각과 정서적 상태에 개방되어 있을 때, 우리 경험의 인지적 자원을 더욱 인식하게 되고, 정서 내용은 자원에 대한 우리의 감수성을 강조하게 된다. 우리는 자료가 제시하는 정서적 즐거움(우리가 일을 하는 동안에 느끼는 즐거움, 긴장)을 찾을 수 있고, 문제를 해결하거나 일을 완수할 때의 깊은 기쁨과 열정을 찾게 된다. 이러한 정서적 과정들은 확산적 사고 능력, 즉 자유로운 연합, 개방성, 사고의 유동성, 기대하지 않은 아이디어와 어떻게 관련되는가?

교실에서 교사와 아이들의 역할에 초점을 맞춘 연구로 범위를 좁힐 때에도 여전히 배울 것이 있다. 스타우트(Stout, 1999)는 효과적인 교사들은 비효과적인 교사들보다 더 따뜻하고 공감적이라고 보고한다. 따뜻함과 공감이라는 특성과 이러한 특성을 아이들에게 전달할 수 있는 능력은 정의적 영역에 깊이 뿌리박혀 있다. 이러한 정서적 상태와 내적으로 동기화된 능력은 우리를 아이들의 정서 지향적 경험과 연결 짓도록 한다. 이러한 연구 결과에 의해 제안된 중요한 메시지는 높은 수준의 따뜻함과 공감을 보여주었던 교사들에게 배운 아이들이 그렇지 않은 경우보다 더 긍정적인 성장을 보여준다는 것이다.

2장에서 나는 창의성을 조성하는 교실 환경과 조건을 말했다. 교실 환경은 학습의 다른 측면에 영향을 미친다. 굿과 브로피(Good and Brophy, 1987)는 아이들에게 배려와 긍정적인 철학적 태도를 가진 교사들이 아이들이 실제로 더 많이 배울 수 있는 즐거운 교실 환경을 만들어준다는 점을 알아냈다. 왈즈와 그 동료들(Walls et al, 2002)은 즐거운 교실 환경의 중요성을 보고했다.

> 효율적 교사는 정서적 학습 환경을 만드는 법을 아는 사람이다. 그들은 체계적이고 준비가 되어 있고, 냉철하다. 비효율적인 교사는 끊임없이 적절하지 않은 교육, 따분한 수업, 비생산적인 교실 환경으로 불평을 얻는다. 효율적인 교사는 교수와 학습에 대하여 매우 배려하는 사람으로 설명된다. "열정" 혹은 "열정적"이라는 말은 효율적 교사들을 설명할 때 사용된다(p. 47).

덧붙이자면, 왈즈와 그 동료들(2002)은 최고의 선생님들은 참된 학습, 상호작용적인 질문, 토론에 학생들을 참여하도록 하는 교실 활동에 주안점을 둔다고 결론지었다. 정서교육은 학습자들의 나이에 상관없이 진정한 학습에 필수불가결한 요소이다.

학습의 타당한 영역으로서 정의적 영역의 발달을 지지하는 연구물을 개관해보면 태도, 관심, 이해, 느낌, 감정, 경향성을 포함하는 정서 발달이 왜 교육이 진행되는 모든 영역, 측면과 수준에서 핵심적인가를 일깨워준다. 아인슈타인은 자신의 "과학적 진실에 대하여"(1934)라는 논문에서 "중요한 모든 것이 모두 포함되지는 않았고, 고려된 모든 것이 중요한 것은 아니다."라는 말을 쓴 적이 있다. 이 현명한 말은 정의적 영역에서의 성장의 주관적 특성을 반영하고 있다. 이것은 우리가 지나갈 때조차도 보이지 않는 요술 문의 하나이다.

이제 나는 정의적 영역의 발달을 이끄는 사람들 내부에서 어떠한 일이 일어나고 있는가를 보고자 한다. 어린 왕자와 헤어질 때 여우가 읊조린 말은 정서 발달의 보다 인간적인 면을 보여주는 것으로서, 이런 대화의 대부분이 우리의 개인적 경험 속에 다가와 심금을 울려준다.

> *마음으로 볼 때 대상을 바르게 볼 수 있다. 중요한 것은 잘 보이지 않는다.*
>
> — 쌩떽쥐베리, 『어린왕자』(A. Saint Exupery, *The Little Prince*)

이 말을 하나의 비유로 생각해보라. 인지적 영역이 지성을 통하여 알게 되는 측면에 중점을 둔다면 정의적 영역은 마음의 인식에 중점을 두고 있다. 교육은 정의적 영역을 고려하지 않는다면 충분히 효과를 발휘할 수 없다. 욕구, 감정, 태도, 가치와 같은 인간의 기본적인 관심사와 학습은 불가분의 관계에 있다. 사람들의 긍정적인 자아개념, 정체성, 관계맺음에 대한 내적 욕구는 학습에 지대한 영향을 끼친다. 이러한 본원적 욕구들은 배움의 동기를 제공해준다. 정의적 영역에 대한 강조는 인지적 영역에 대한 우월함을 주장하는 것도 아니고, 인지와 정서 간에 방벽을 세워야 한다고 말하는 것도 아니다. 오히려 인지와 정서 간에 조화를 이루기 위하여 신념, 태도, 감정, 관심에 대하여 배우는 것을 정당화한다. 우리가 이러한 균형을 이룰 때, 학습은 최적화된 수준에서 이루어질 수 있다.

교사의 정서적 특징

교사의 정서적 특징은 학습자에게 가장 큰 영향을 준다. 또한 학생의 삶에 가장 지속적인 영향을 줄 것이다. 몇 년 동안 창의적 예술 수업에 등록했던 대학원 학생들과 연구 프로젝트를 수행해왔다. 매 학기 학생들은 좋은 교사의 특징을 기억해냈다. "좋아하는 선생님"에 포함된 요소들은 다음과 같다.

1. 나를 포함한 대부분의 아이들에게 영향을 미친 선생님
2. 나를 좋아하고 존중해준 선생님
3. 매우 긍정적으로 내 삶에 영향을 미친 선생님
4. 다시 보고 싶은 선생님

교사로서 여러분은 아이들의 감정, 사고, 희망, 관심, 아이들이 가지고 있는 특별한 능력과 재능에 대한 민감성을 계발해야 한다.

> 이번 학기 수강과목 중에서 아동의 정서 발달을 다루는 과목이나 여러분 같은 대학생의 학습에서 정의적 영역을 다루는 과목이 있는가를 확인해보자.

매 학기 각기 다른 학생들로 이루어졌지만 좋아하는 선생님에 대한 생각은 교사들이 보여주었던 정서적 특징과 매우 깊게 관련되어 있었다. 좋아하는 선생님을 정의할 때 대학원 학생들이 사용했던 대부분의 표현들은 관심, 느낌, 이해, 바람, 가치, 태도와 같은 정의적 영역이 관련되어 있다. 기억할 만하거나 좋아하는 교사를 기술하는 데 사용된 단어 목록 내용에 대한 지식이나 문제 해결능력과 같은 인지적 영역과 관련되어 있는 특성들의 하위에 포함되어 있었다.

배움과 가르침의 정서적 요소는 때로 "잠재적 교육과정"이라 불린다. 이것은 여러분이 평소에 차던 팔찌를 오늘은 차지 않았다고 아이들이 떠올리는 것과 같은 부수적 학습으로 표현될 수 있다. 여러분은 아이들에게 말할 때 좋아하던 선생님이 하던 식으로 손을 사용하거나 머리를 돌리고 있음을 보게 될 것이다. 교사교육의 경우 우리가 정서적 내용을 탐구할 때 잠재적 교육과정은 우리 자신에 대한 배움의 과정에서 표면화될 수 있다. 정의적 영역을 탐구하는 첫 번째 단계로서 이 장은 여러분이 정의적 영역의 연속적 발달에 대한 첫 번째 중심 범주를 경험할 수 있도록 안내 이미지 기법(technique of guided imagery)을 소개할 것이다. 먼저 정서 발달의 분류학의 첫 번째 단계인 감수/주목(receiving/attending)으로부터 시작해 보자.

정의적 영역 발달의 연속체: 감수/주목

감수/주목은 특정한 현상이나 자극에 주목하는 것을 뜻한다. 감수는 여러분이 주의를 집중하여 듣고 있으며, 지금 여기에서 경험하고 있는 것을 인식하고 있는 것을 포함한다. 교사로서 여러분이 하고 있는 일의 중요한 목적은 자신이 상상력이 풍부하고 창의적인 잠재력이 있음을 신뢰하고 감수성을 발달시키는 것이다. 여러분은 다양한 종류의 내용, 내용 그 자체에 집중하고 있다. 자신에 대한 이러한 배움의 과정은 아이들 수업을 위해 준비하는 지식 내용과 다르지 않다. 게다가 자기 이해의 목적이 자신뿐 아니라 다른 사람에 대해서도 배우는 것인 것처럼, 여러분은 참여하고 있는 성인 학습자 공동체에 대한 태도와 감정을 더 잘 이해하게 될 것이다. 이것은 여러분이 상상력이 풍부하고 창의적이라고 이해하는 것과 상호 지원하고 상호 신뢰를 형성하는 것에 있어서 중요한 단계이다. 동시에 여러분은 새로운 행동을 경험하게 될 것이다. 때로는 웃으면서 때로는 진지하게 여러분의 상상력의 고삐를 풀 수 있을 것이다.

여러분은 집단으로 참여할 수도 있고, 앞의 2장에서 언급했던 창의예술 수업에 참여하는 학생들이 느꼈던 감정을 가지고 있을 수도 있다. 나는 여러분이 비형식적 학습 환경을 만들고, 여러분이 경험하고 있는 것을 인식하고, 여러분과 다른 사람에게 긍정적으로 반응하고, 어떤 것을 만들어내는 것에 대한 부담감을 떨쳐버리고 상상 경험에 활기차게 참여하기를 바란다. 신뢰와 감수의 환경은 상상력을 자유롭게 활용하고, 자신의 창의성을 탐구하고, 자발성을 발전시키고, 창의적 표현의 세계에 진입할 수 있는 의미 있는 방식을 발견하고자 하는 모든 연령의 학습자들에게 꼭 필요하다. 예나와인(Yenawine, 2003)에 따르면, 사람들은 다른 사람들과 통찰과 관찰을 공유함으로써 한계와 두려움을 극복할 수 있다.

> 집단구성원들은 꼭 예술과 관련되지 않더라도 다양한 경험과 정보를 가지고 있다. 서로를 관찰하고 아이디어를 탐색하는 것을 통하여 "집단구성원"은 개개인보다 친숙하지 않은 이미지에서 가능한 의미를 찾을 수 있다(p. 12).

창의적 환경은 신뢰하는 분위기와 경쟁적이지 않아 긴장되지 않는 분위기가 조성되어야 한다. 이러한 것들은 긍정적인 학습 경험에서 핵심적인 요소이다. 창의적 자기표현을 위한 여러분 자신의 재능을 경험하고 발견하고 인식하기 위하여 이러한 환경을 활용하라.

나는 상상으로 인도되는 안내 이미지와 연결하여 감수의 예술을 소개하고자 한다. 왜냐하면 이러한 과정은 상호 지지로 여러분에게 "미지의 영역"에 들어갈 수 있는 상대적으로 안전한 공간을 제공해주기 때문이다. 여러분이 안내 이미지를 경험할 때 아직 경험하지 못한 판타지와 이미지를 창조할 수 있도록 상상력을 사용하고 감수와 주목의 정서적 상태에 개방적이기를 바란다. 여러분은 이러한 과정을 거쳐서 활동적인 참여자가 될 수 있다. 표면적으로 여러분은 수동적으로 참여하고 있는 것으로 보일 수 있다. 그러나 여러분의 머릿속에서 이루어지고 있는 색상, 이미지, 판타지는 수동적인 것과는 정반대이다. 그것은 행동, 특히 창의적 행동이다.

선택적 과제로서 다음과 같은 안내지침을 생각해보라. 여러분은 발견하는 과정에서 활동적인 참여자가 될 수 있고, 이제 빛을 보기를 기다리는 풍부한 이미지에서 얻을 수 있는 정서적 기쁨에 귀를 기울이지 않을 수도 있다. 감수와 주목에 적극적으로 참여하는 것이 중요한 것은 다음과 같은 이유 때문이다.

1. 상상력을 연습한다.
2. 창의성을 탐구한다.
3. 자발성을 증진한다.
4. 수행에 대한 두려움을 극복한다.
5. 거리낌을 줄인다.
6. 이미지 기술을 활용하는 동안 서로를 지지한다.
7. 판단을 내리지 않는 분위기에서 창의성을 발표한다.

다음 절에서는 여러분이 지금까지 읽어왔던 모든 것을 할 수 있게 해주는 해부학적 부위인 뇌에 대해 알아본다. 전두엽으로부터 몸의 각기 다른 부분들을 연결하는 줄기까지, 여러분의 뇌는 생각하고 느끼고 내적인 메시지를 전달하기 위해 간단히 손가락을 움직이는 능력을 통제한다.

좌뇌와 우뇌(뇌의 좌우 반구)

교사를 위한 뇌 연구인 〈신경세포 찬양〉에서 실베스터(Sylwester, 1995)는 "뇌는 컴퓨터 같다기보다는, 풍부한 층을 이룬 정글 같다."고 썼다. 골만(Goleman, 1995)은 사람들은 실제로 생각하는 마음과 느끼는 마음의 두 개 마음을 가지고 있다는 것을 기억하게 해준다. 때때로 이러한 마음은 함께 활동하고, 때로는 반대로 활동하기도 한다. 어떻게 뇌가 발전하는지, 그리고 어떻게 기능하는지에 대한 골만의 서술은 뇌의 특징을 매우 명확하게 이해하게 해준다.

> 가장 초기적인 뿌리인 뇌간으로부터 정의적인 영역들이 드러난다. 수백만 년의 진화를 거친 이후에 이러한 정의적 영역으로부터 뇌의 최상층의 둘둘 말린 조직인 "신피질"의 생각하는 두뇌로 발전했다. 정서적인 것으로부터 사고하는 두뇌가 자랐다는 사실은 사고와 감정 간의 관계에 대하여 상당한 시사점을 제시한다. 즉 이성적인 두뇌가 있기 이전에 정서적 두뇌가 있었다(p. 10).

두뇌의 양 반구가 각기 특정한 일에 더 능숙하다는 것은 일반적으로 알려진 사실이다. 두뇌 전체가 학습과 정보처리에 관여하더라도, 좌뇌는 좀 더 논리적이고, 분석적이고, 언어적 처리에 우세하고, 우뇌는 주로 종합자로서 전반적인 자극 배치나 게슈탈트나 전체의 관점에서 정보를 조직하고 처리하는 것에 관심을 갖는다. 우뇌는 창의적이고 예술적인 활동이 관계되어 있는 공간 지향적인 일을 맡고 있다. 즉 우뇌는 이미지를 형성하고 부분보다는 "전체"의 그림을 지각하는 능력을 맡고 있는 것이다. 우뇌는 통찰과 충동의 씨앗을 보유하면서 월러스(Wallas, 1926)가 창의성의 과정을 논의하면서 말했던 "아하!"나 "유레카"의 순간을 제공해준다.

우리는 매우 언어적이고 논리적이며 분석적인 사람들을 알고 있다. 좌뇌 우세형 사람들은 단계적 추론을 통해 언어적이고 순차적 분석에서 뛰어난 것처럼 여겨진다. 그들은 컴퓨터와 같은 방식으로 사실을 기억하고, 읽기, 쓰기, 수학적 계산과 관련된 언어를 정보처리하는 데 거의 어려움을 느끼지 못한다. 좌뇌가 우세한 사람들은 "우주와의 신비한 결합"을 원하지 않는다. 그들은 사실을 알고 싶어한다. 그들은 좌뇌의 활동을 활용하여 정보를 논리적인 전체로 조립한다. 즉 좌뇌가 우세한 사람들은 부분으로부터 전체로 움직이는 반면에 우뇌가 우세한 사람들은 그 반대로 한다. 과학자, 수학자, 컴퓨터 전문가들은 좌뇌를 통해 작업하는 것이 능숙하다.

우뇌가 우세한 사람들은 직관과 충동에 의존하는 총체적인 사상가들이다. 이러한 사람들은 순차적이고 단계적인 방식으로 움직이기보다는 전체, 게슈탈트로 삶을 접근한다. 3차원적 이미지, 패턴, 패턴들 간의 연결들을 "보는" 것과 관련된 두뇌 과정은 많은 부분 우반구의 활동과 관련되어 있다. 앞서 언급한 것과 같이, 우뇌는 창의성의 보고이다. 예술가, 음악가, 연기자, 관리자와 같은 직업의 사람들은 우뇌의 총체적이고 동시적인 기능들에 깊이 관련되어 있다. 우리는 두뇌의 특징들에 대한 연구가 중요한 것을 이제 막 이해하기 시작했다. 지금 진행되고 있는 방향으로 연구가 계속된다면, 교사들이 두뇌의 양 반구의 다차원적인 정보처리 체제를 촉진하는 체계적이고 복잡한 교육과정을 계발할 수 있게 해줄 것이다. 우반구의 활동을 필요로 하는 예술을 핵심 교과의 하나로 포함하는 것은 우반구 활동에 요구되는 자극들을 제공해줄 수 있다. 예술은 우반구 활동의 촉매를 제공해주고, 사람들이 시각적, 상징적, 창의적, 동시적, 직관력 있는 학습방법을 계발하고 경험할 수 있도록 해준다. [표 3-1]은 양 뇌의 기능을 정리한 것이다. 다음 절로 가기 전에 우뇌 활동에 대한 정리를 먼저 살펴보자.

[표 3-1] 좌뇌/우뇌의 기능

좌뇌의 정보처리	예
분석	분석은 어떤 것을 구성요소로 나누어보는 능력을 의미한다. 예를 들자면 DNA의 속성으로 과학적 조사를 수행하는 것을 들 수 있다.
순차적인 업무	복잡한 수학 문제를 풀거나 문장을 도표화하거나 우리의 VCR을 프로그래밍하는 데 지시를 따를 때 이러한 정보처리 과정을 활용한다.
논리	우리는 타당하지 않거나 비이성적인 논쟁과 구분되는 추론, 예시에 기초한 합당한 결론을 도출할 때 논리를 사용한다. 심리배심의 신중함은 논리적 과정을 반영한다.
언어적 업무	우리는 말하고 쓸 때 언어적 능력을 활용한다. 읽기, 시험 문제에 대한 답 쓰기, 왜 우리는 그 차표를 얻어서는 안되는가와 같은 어려운 상황에 대한 해결책을 논의하는 것은 우리가 언어적 능력을 활용하여 좌뇌를 활용하는가를 보여주는 예들이다.
사실, 측정, 직선적인 배열	예상되는 결과를 측정하기 위하여 사실을 사용하는 예는 날씨의 패턴을 연구하는 것과 같이 광범위한 자료를 활용하여 일 년 동안 어느 정도의 태풍이 만들어질 것인가에 대하여 결론을 내리는 것이다.
우뇌의 정보처리	**예**
시각적, 공간적 과제	그림을 그리거나 항해 시스템을 디자인하는 과정은 우리가 시각적, 공간적 정보처리를 어떻게 활용하는가를 보여주는 예이다.
전체성 혹은 게슈탈트	우리 자신이나 세계에 대한 전체적 혹은 형태주의적 관점을 말할 때, 우리는 인지적, 정의적, 신체적 상태를 통합하는 법을 인식하는 능력을 포괄적으로 의미하게 된다. 앎과 학습의 세 영역이 완전히 통합되어 상호의존적인 상태가 되었을 때 전체성이 발견될 수 있다. 이것은 인간으로서의 조화로운 기능을 구성한다.
직관	이것은 이성적 사고나 직접적 추론이 없이도 무엇인가를 "알게 되는" 능력을 의미한다. 이 용어는 우리가 직관적으로 알 수 있는 기본적인 진실이 있다는 것을 가정하는 "직관주의"로부터 나왔다. 우리가 "그것이 그냥 옳다고 느껴져"라고 누군가에게 말할 때, 여러분은 자신의 직관에 의존한다.
비언어적 과제	상대방의 의견에 동의하지 않을 때 눈을 돌리거나 우리의 사적 공간을 정의하면서 팔짱을 끼는 것과 같은 신체언어를 활용할 때, 우리는 우리의 생각을 표현하면서 비언어적 제스처를 사용하고 있는 것이다.
이미지, 상상, 통찰	열대 바다에서 수영을 하거나 떠있는 것을 안내해주는 이미지를 읽을 때, 여러분의 마음 속에 떠오르는 이미지를 생각해보길 바란다. 여러분이 이런 저런 생각을 마음껏 할 수 있도록 고즈넉하게 창밖을 응시하고 있던 때나, 문제의 해법을 생각하다가 "아하!"를 경험했던 순간을 상기해보라. 이러한 것들은 우뇌가 이미지, 상상, 통찰의 재능을 어떻게 제공하는가를 보여주는 예이다.

안내 이미지와 우뇌 활동

형태주의 심리학에서 발전되어온 안내 이미지(guided imagery)는 개인의 신체, 감정, 감각, 지각을 연결하기 위한 기법으로 지난 30여 년간 연구되었다(실증적 연구가 의미 있는 학습의 척도가 되기 전부터 여러 해 동안 활용되어 왔다). 우리 마음속에 상상하는 능력인 정신적 이미지는 최근 연구에서 다루어졌다(Block, 1993; Gilkerson, 1998; Goff & Torrance, 1991; Myrick & Myrick, 1993). 때로 환상여행이나 안내된 환상이라 표현되는 안내 이미지는 우뇌의 창조적, 직관적 능력에 들어설 수 있도록 하는 중요한 도구이다. 예나와인(2003)에 따르면, "예술은 대상과 이미지의 가장 복잡한 형태이다"(p. 6). 안내 이미지는 더 많은 이미지에 접근할 수 있는 의식의 수준을 경험하는 내부 지향의 과정이다. 의식의 이와 같은 전체적, 직관적, 통찰의 순간들은 동시에 많은 자극을 지각할 수 있는 단계를 제공하기도 한다.

안내 이미지는 어른과 아이들에게 유연하고 독창적인 사고인 상징과 이미지를 창조할 수 있는 기회를 제공해준다. 이미지는 샘솟아나며 계속 변하는 것이다. 가상하고 상상하는 과정에서 지문처럼 개성 있고 독창적인 이미지를 만들고 정교화할 수 있다. 이미지는 단지 감각적이고 묘사적인 자극을 통해 생긴 독창적이고, 자유로운 아이디어의 흐름이지만 완성된 것은 아니다. 안내 이미지는 완성품이 아니기 때문에 발전시키기 위해서는 반드시 그 과정에 집중해야 한다.

싱어(Singer, 1975)는 자료를 부호화하고 저장하는 두 가지 체계로서 언어적 부호와 이미지 부호를 발견한다. 우리 대부분은 교육과정을 통하여 언어적 체계를 학습하는 데 능숙해진다. 역사적으로 학교는 좌뇌의 직선적이고 순차적인 과정에 관심을 가져왔지만, 의식의 시각적, 전체적 방식에 대해서는 최소한으로만 강조해 왔다. 최근 우뇌 정보처리에 대한 강조로 어떻게 사람들이 학습하는가에 대한 좀 더 균형 잡힌 접근을 통하여 학교가 가져올 수 있는 성과에 초점을 맞추기 시작했다.

이미지 체계가 작동하는 법을 알아내는 전통적 방법의 예는 여러분의 집에 몇 개의 창문이 있는가를 생각해내는 것이다. 읽고 있는 것을 잠시 멈추고 다음과 같은 질문을 생각해보라. "여러분의 집에 창문이 몇 개 있는가?" 다시 읽기 전에 잠시 동안 생각해보라. 우리 집에 있는 창문의 개수를 말하기 전에 대부분의 사람들은 눈을 감고 집을 떠올린 다음 몇 개의 창문이 어디에 있는가를 생각해볼 것이다. 시각적 이미지가 떠오를 때 우리는 재빠르게 기억해낼 수 있다. 많은 경우 일을 수행하는 데 있어서 불충분한 언어 체계를 사용하기 전에 안내 이미지는 이미지 부호에 반응할 수 있도록 한다.

시각적, 상상적, 직관적, 감각적, 비언어적 이해 방법인 우뇌 과정은 교수 학습 과정에서 중요한 측면으로 자리매김되기 시작했다. 더 좋은 소식은 이제는 직관적, 감각적, 상상력이 풍부한 창의에 접근하는 다양한 방식인 예술을 "핵심" 교과의 하나로 간주하여 우뇌를 통한 학습에의 길을 열어두게 되었다는 점이다.

이처럼 균형 잡힌 교육과정을 만들기 위한 우리의 노력이 아무 성과가 없었던 것은 아니다. 하지만 지금의 상태는 우뇌에 비하여 좌뇌를 불균형하게 강조해왔던 것을 변화시키기 시작한 정도이다. 예술, 음악, 춤, 연극 등을 포함하는 인간 발달에 대한 균형감 있는 접근은 좌뇌와 우뇌 모두가 개발되고 향상될 수 있도록 도움을 주고 있다.

안내 이미지와 창의성

안내 이미지는 창의성을 드러내는 도구로 사용될 수 있다. 안내 이미지는 인식(또는 의식)의 내적 상태, 개인적 경험, 상상력을 자유로운 생각이나 시각적 표상으로 결합시키는 과정이다. 안내 이미지는 계획적 경험으로서 이완 상태에서 어떤 이야기와 암시를 제공해주어 정신적 이미지를 만들 수 있도록 안내해준다. 이미지는 삶의 경험만큼 다양할 수 있다. 우리의 "마음의 눈"은 독특한 것으로서 우리가 이해하고 창조하는 데 활용하는 지각이다. 머독(Murdock, 1987)은 안내 이미지를 시각적 은유를 활용하여 다음과 같이 정의했다: "이미지를 활용하는 것은 아티초크[2]를 먹는 것과 같다. 아티초크의 딱딱한 겉 꽃봉오리를 벗길 때, 우리는 좀 더 부드러운 내부의 꽃잎과 맛있는 열매를 발견할 수 있다" (p. 10).

이미지를 활용하기 위해서는 이완이 필요하다. 이완 상태에서 우리의 심장박동률은 낮아지고, 긴장을 풀어놓고, 외부 세계의 산란함과 온갖 재잘거림으로부터 벗어날 수 있게 된다. 우리가 이완되고 "안정을 취할 수 있을" 때, 더 깊은 사고와 감각이 나타나고 백일몽을 하는 동안에 일어나는 것과 똑같은 방식으로 이미지가 형성될 수 있다. 우뇌의 내부 지향 활동들이 증가하는 것은 이완되었을 때이다. 촉매 역할을 하는 말과 소리는 의식의 시각적, 직감적, 비언어적 상태를 탐구하기 위

2) [역주] 엉겅퀴과 식물로 꽃이 피기 전 꽃봉오리의 잎대를 하나하나 뜯어, 샐러드, 항암요리에 쓰임.

> 나의 사유 방식을 되돌아보면 지식을 흡수하는 데 나의 재능 이상의 것을 발휘하게 해준 것은 환타지라는 재능이었음을 깨닫게 된다.
> — 알버트 아인슈타인(Albert Einsten)

하여 내면에 초점을 맞출 수 있는 기회를 갖게 해준다.

마음에 그림을 만드는 과정은 예술적 표현, 자기와 다른 사람에 대한 인식을 촉진한다. 시간과 공간은 이미지 형성에 있어서 문제가 되지 않는다. 우리는 한 번도 가보지 못한 곳에 갈 수도 있다. 우리는 원하는 모습으로 될 수 있다. 우리는 특별한 의미를 갖는 곳을 방문할 수도 있고, 실제로는 할 수 없는 모험을 할 수도 있다. 예를 들어, 우리는 실제로 활짝 뻗은 날개로 하늘을 날고 있는 독수리가 될 수는 없지만, 안내 이미지에서 우리는 바람을 타고 하늘을 날며 자연의 광활함을 느끼며 비행할 수 있다. 여러분이 독수리에 대하여 말해달라고 동료들에게 묻는다면 좌뇌에 저장되어 있는 독수리에 대한 정보를 알려줄 것이다. 만약에 그 친구에게 독수리가 되어서 마천루의 정상에 걸쳐있는 구름을 가르며 날아가는 독수리가 어떻게 느낄지를 말하도록 한다면 그 친구는 우뇌의 직관을 활용하게 될 것이다.

안내 이미지와 자기실현에 대하여 생각하기

안내 이미지는 사람들이 조용히 자신에게 귀를 기울이고 내면에서 일어나는 것에 주의를 기울일 필요가 있다는 매슬로우의 의견이나 내적 지향성에 길을 열어놓는다. 매슬로우는 내적 지향성 또는 지금 이 순간에 집중할 수 있는 능력은 자기실현의 차원이라고 생각하기 때문에, 자기실현 경향성에 대한 매슬로우의 통찰은 안내 이미지에 대한 논의에서 매우 중요한 의미를 갖는다. 자기실현한 사람은 정신적으로 안정되어 있고, 내적 자아의 소리를 듣고 주의를 기울이기 때문이다. 사람들이 내면 지향적일 때, 그들은 지금-여기의 순간에 보다 자연스러울 수 있다(Maslow, 1971). 우리가 우리 이미지에 대하여 더 많이 주의를 기울일수록 그 순간의 직접적인 시간 틀은 고조된 내적 지향성을 만들어낼 수 있다. 우리는 학습, 경험, 감정, 인상의 집합을 참고하여 우리에게 속한 개인적 이미지를 창조할 수 있다.

높은 수행에 대한 요구로 스트레스가 많은 사회에서 우리는 매슬로우(1971)가 불안에 대하여 말한 것에 주목할 필요가 있을 것이다. 내 학생들이 창의성 수업에서 거론했던 "내재된 공포", "들어서기 꺼려함", "주저함" "재능이 없다고 평가될까 하는 두려움"과 같은 것들을 떠올려보자. 다른 사상가들이 내적 세계의 복잡함으로부터 평화와 고요를 찾는 과정에서 발견했던 지혜에 매슬로우도 주의를 기울이고 있다. 그는 외부 지향적인 사람들은 미래를 통제 불가능한 것으로 여기기 때문에 상당한 정도의 스트레스와 불안을 경험한다고 보고하고 있다. 자기실현하는 사람들은 생각과 감정의 조화를 이루기 위하여 외부 세계의 요구와 좌뇌의 재잘거림에 귀 기울이는 것을 "멈출" 능력을 가지고 있다.

왜 안내 이미지를 연구하는가?

시각화 기술을 활용하여 논문이나 책을 인터넷을 통해 찾을 때 여러분은 상상하는 우반구의 활동과 교육과정의 부분으로서 안내 이미지를 사용하는 것에 대한 교육적 함의를 이해할 수 있게 될 것이다. 교사들은 다양한 방식으로 안내 이미지를 활용한다. 실베스트리, 단토니오, 이슨(Silvestri, Dantonio, Eason, 1996)은 이완을 하면서 이미지 반응을 연습했던 학생들은 실행하는 행동을 통제하는 능력이 향상되었음을 보고한다. 그들은 그 기법이 학생들이 표준화된 검사를 할 때 스트레스나 불안의 영향을 최소화하는 데 도움이 되었다고 보고하고 있다. 이야기를 읽거나 듣기 전에 활용된 이미지는 아이들이 이야기의 순서를 알거나 가능한 결과나 대안을 생각하는 데 도움이 되었다. 갬브렐과 코스키넨(Gambrell & Koskinen, 1982)은 읽기 전에 안내 이미지를 접했던 학생들은 이야기를 읽은 후에 이미지를 접한 아이들보다 이해도가 더 높았다. 이후의 연구(Gambrell & Bales, 1986)는 잘 읽지 못하는 아이들에게 안내 이미지를 활용한 결과 아이들의 구성적 정보처리와 노력의 지속, 집중력에 영향을 미친다고 결론지었다(p. 21). 이미지를 통해서 아이들은 자신의 경험과 인쇄된 글자를 연결시키고 있다.

상상력과 창의력을 통합하기 위하여 이미지를 중요한 자원으로 활용하는 사람들이 교사들만은 아니다. 과학자 집단과 의료 관련 종사자들도 개인의 창의적 잠재력, 집중할 수 있는 능력, 좀 더 개방적인 접근으로 문제를 해결하는 것, 새로운 수준의 인간 성장과 발달을 성취하는 등의 일에서 이미지의 중요성을 인식하고 있다. 다음 절에서는 교육 이외의 분야에서 이미지가 어떻게 활용되고 있는가를 검토해보고자 한다.

눈을 감고 지난 휴가 때 보낸 곳을 떠올려보자. 이미지 상상을 하면서 여러분이 그곳에 있었을 때의 기분, 주변 분위기, 질감, 색상을 느낄 수 있는지 확인해보자.

다른 직업에서의 이미지

수학자와 과학자들은 문제 해결이나 과학적 탐구에 대한 해법을 모색할 때 이미지를 활용한다. NASA는 우주 항공기 승무원이 임무 수행 중에 경험할 수 있는 다양한 사안들에 대한 "인지적 예행 연습"을 통하여 우주비행사 훈련에 안내 이미지를 활용한다. 아인슈타인은 상대성 이론의 개념화를 이미지에 직접적으로 관련된 것으로 설명한 바 있다. 아인슈타인은 속눈썹으로 햇빛을 보면서 자신이 빛의 광선을 여행하고 있는 것처럼 상상했다. 아인슈타인은 더 많은 이미지를 발견하기 위해 노력했고, 햇빛을 타고 가는 것이 어떤 느낌일 것인가에 대한 "아하" 혹은 창의적 깨달음을 체험했다. 아인슈타인을 유명하게 만들어준 상대성 이론을 집대성한 것은 이러한 이완의 순간이었다. 햇빛을 타고 여행하는 아이디어보다는 덜 재미있어 보이지만 중요한 이미지를 화학자 케큘레(Kekule)가 묘사하고 있다. 그는 뱀이 자기 꼬리를 삼키는 이미지를 체험하는 동안 벤젠 고리의 분자 구조를 발견해내었다.

정신적 이미지를 활용하는 것의 이점은 의료진들에 의해서 확인할 수 있다. 연구자들은 이미지의 역할과 그것이 신체 건강에 미치는 영향을 조사하고 있다. 다양한 형태의 이미지는 스트레스를 줄이고 신체가 질병에 대항할 수 있는 힘을 축적할 수 있도록 해준다는 결과가 제시되었다. 게다가 안내 이미지의 활용과 이완의 기술은 낮은 심박동수, 맥락, 호흡, 신진대사를 통하여 정신 물리학적 긴장을 발산시켜준다는 결과가 제시되었다(Achterberg, 1985; Green & Green, 1977; Korn & Johnson, 1983).

이완의 기법과 안내 이미지는 사람들이 질병을 치유하고, 고통을 인내하고, 고통과 불안을 감소시킬 수 있는 자신의 능력에 대한 믿음을 갖도록 한다. 40년 이상 산부인과 의사들과 임산부들은 출산에 대한 걱정, 긴장, 산통을 완화시키기 위하여 안내 이미지를 활용해왔다. 출산과 즐거운 감정, 정신적 이미지와 연결시키도록 연습한 산모들은 불안을 감소시켰을 뿐 아니라 중요한 심리적, 신체적 결과를 가져왔다(Dick-Read, 1972; Pelletier, 1985; Simonton & Matthews-Simonton, 1984).

이제 안내 이미지가 예술적 잠재력의 발달에 미치는 영향을 좀 더 살펴보기로 하자. 예술가들은 예술적 시도에서 어떻게 안내 이미지를 활용하는가? 이 질문은 매우 중요한 것이다.

예술에서의 이미지

예술가들은 색상의 패턴이나 균형을 창조하기 위하여 또는 특정 공간에 적절한 형상이나 정원에 조각상을 상상하기 위하여 정신적 이미지를 활용한다. 베아트릭스 포터(Beatrix Potter)는 피터 래빗이 어떤 모습일지, 어떻게 생각할지, 어떤 종류의 장난스러운 행동을 하게 될지를 상상했다. 피터, 래빗 여사(Mrs. Rabbit), 맥그레거 씨(Mr. McGregor)는 포터의 상상을 통해 탄생된 인물들이다. 전설적인 미국의 화가 조지아 오키프(Georgia O' Keeffe)는 꽃의 숨겨진 본질을 깊이 보기 위하여 마음의 눈을 활용했다.

> 나는 그림을 그릴 수 없다는 것을 알고 있다. 나는 아주 화창한 여름날 아침 사막의 태양을 그릴 수 없지만, 그림 색이나 꽃에 관련된 경험이나 특정 순간에 꽃이 나에게 중요하게 여겨졌던 경험을 여러분에게 전달할 수는 있을 것이다(Cowart & Hamilton, 1987, p. 4).

배우들은 극중 인물의 성격이 어떨 것인가를 상상하여 복합적 성격들을 묘사하고, 연극이 끝났을 때는 극중 상황으로부터 자신을 분리시킨다. 오스카 여우주연상을 받은 메릴 스트립(Meryl Streep)은 작품 속 배역들의 삶을 실제로 경험하지는 못했지만 배역에 맞는 목소리, 움직임, 감정을 소화하기 위하여 이미지를 잘 활용한다.

음악가들 또한 새벽의 고요함이나 우뢰소리를 정확히 포착하기 위하여 이미지를 활용하여 작곡하기도 하는데, 이로써 음악을 감상하는 청중들에게 같은 이미지를 불러일으킬 수 있다. 위대한 음악가 중 하나인 모차르트는 대작을 작곡하기 위하여 자신의 정신적 이미지를 활용했다. 〈후궁으로부터의 도주(Entfuhrung)〉를 작곡할 때 자신에게 떠올랐던 이미지를 모차르트가 설명한 적이 있는데, 그는 그중 벨몬트의 아리아에 대해 다음과 같이 말했다.

> 여러분은 내가 그것을 어떻게 표현했는지, 또는 고동치는 마음을 나타내기 위하여 어떻게 했는가를 알고 싶나요? 바이올린 두 개가 옥타브를 연주하도록 했습니다. 여러분은 전율과 비틀거림을 느낄 것입니다. 나는 점점 크게 연주하도록 함으로써 고동치는 가슴이 부풀어 오르는 것을 느끼도록 표현했습니다. 나는 첫 번째 바이올린은 가만히 있고 플루트가 함께 연주하도록 함으로써 속삭임과 한숨을 느끼도록 했습니다(Schonberg, 1981, p. 105).

이제 악보에 음표를 그려가는 작곡가로부터 동작과 춤으로 음악을 해석해서 표현하는 무용가로 옮겨 가보자. 무용가들이 음악의 정서적 내용에 집중하기 위하여 안내 이미지를 어떻게 활용하는지, 그것을 신체 동작과 춤으로 어떻게 해석해내는지에 관한 예들을 찾을 수 있을 것이다. 안내 이미지는 무용가들이 특정한 동작을 마음으로 연습할 때 특히 효과적인 것들이다. 무용가들이 마음으로 예행연습을 할 때 동작을 통해 감정을 교류하는 자신들의 능력에 대한 자신감을 발달시킨다. 무용의 학습과 수행을 증진시키는 데 안내 이미지의 가치를 연구하는 무용교육 연구자들은 "이미지는 무용의 기술과 동작 기술을 익히는 데 매우 유용하다. 또한 그것은 묘사를 보다 적절하고 간결하게 함으로써 무용 교사와 학생 간의 의사소통을 향상시킨다"고 결론지었다(Hanrahan & Salmela, 1986, p. 18).

무용 분야에서는 안내 이미지와 무용의 역할을 조사하는 연구가 풍부하게 이루어졌다(Overby, 1988; Solomon, 1987; Suinn, 1976; Wolfolk, Murphy, Gottesfeld & Aitken, 1985). 무용가들의 안내 이미지와 관련된 경험을 들을 때 다음과 같은 결론을 도출하게 된다. 즉, 안내 이미지는 무용 동작을 계발하고 동작을 보다 잘 표현할 수 있도록 하는 데 매우 강력한 힘을 가지고 있다.

음악가나 무용가가 아닌 우리들이 창조적 잠재력을 갖고 있는 다른 분야의 이미지를 모으는 방법은 있는가? 대답은 당연히 "예"이다. 우리 모두에게는 쓰여지기를 기다리고 있는 시가 있다. 여러분이 시를 표현하기 위하여 선택한 형식은 중요하지 않다. 여기에서 중요한 것은 우리가 인쇄된 시구들을 어떻게 보는가와 시인이 자신들의 생각과 감정을 표현하기 위하여 사용하고 있는 소리와 구문들을 우리가 어떻게 이해하는가에 대한 것이다.

시인들은 우리들이 전달된 이미지를 듣고 보고 냄새 맡고 맛을 보고 느낄 수 있도록 언어에서 이미지를 취한다. 시인의 상상력은 우리가 의식할 수 있도록 하고, 우리의 감정을 사로잡는다. 시인 사라 캐메론 에드워즈(Sarah Cameron Edwards)의 시(1993)를 읽으면서 여러분의 마음의 눈이 어떻게 이미지를 창조하는가를 "보기" 바란다.

금작화(Scotch broom)[3)]

오늘 아침 정원을 걷고 있을 때

---

3) [역주] 금작화는 양골담초라고도 불리는 콩과에 속하는 갈잎 떨기나무꽃. 가시 금작화와 유사함.

나는 금작화를 보게 되었지.
하지만 한쪽 구석에서
노란색 작은 종들이
기다란 초록 줄기에 매달려 있는 것을 보았네.
아직은 2월, 날은 추운데
금작화가 피어있는 곳에는
햇볕이 따뜻하게 비추고 있었네.
금작화…
나는 생각했네.
수십 년 전 어떤 여인은
자신의 고향인 스코틀랜드를 떠나 여기 새로운 나라에 오게 되었을 거야.
그리고 자신의 정원을 거닐며 생각했지.
"흐흠. 여기 꽃씨를 가져왔지.
꽃씨가 피어 자라나면 나는 그것을 보며 고향 생각을 할 수 있겠지."

— 사라 캐메론 에드워즈(1992~1998)

이 시는 이미지가 아주 풍부하다. 이미지는 교사와 아이들, 혹은 인간을 생각하고 이해하고 느끼는 사람들의 일부분이다. 이미지는 인간 존재의 피할 수 없는 부분이고 우리가 이해하고 알아가는 방법이다. 우뇌의 상상하고 직감적이며 전체적인 활동을 자극하는 교육과정 활동에 대한 문화적 편견이 있어 보일 때에도, 자신들의 지능을 보여주기 위하여 우반구를 활발하게 활용하고 있음을 보여준 사람들이 역사적으로 많이 존재한다. 시인, 음악가, 예술가, 무용가 등은 두뇌의 양 반구 간의 시너지를 얻었다. 이러한 시너지 효과는 개별적, 분석적 의식으로부터 전체적 방식으로 향하게 했다. 이러한 변화는 분석적 부분으로부터 보다 새롭고 게슈탈트적인 의식의 상태로 옮겨갈 수 있도록 직감적인 부분들에 의해 만들어졌다. 우반구의 발달과 아이와 어른의 상상적 잠재력은 확실히 창의적이고 예술적인 잠재력을 일깨우는 데 기여할 것이다.

이미지와 아동들의 예술

안내 이미지는 아이들이 예술을 발견하고 창조할 수 있도록 도움을 주는 좋은 자료이다. 색상을 정하고, 음악을 들으면서 떠오르는 장면들을 그리고, 찰흙으로 상상의 형태를 창조하거나 돌고래처럼 수영하는 것을 몸으로 표현하는 바로 그 과정은 아이들을 예술을 탐구하는 풍부한 정신적 환경으로 나아가도록 하는 것이다. 안내 이미지를 활용하여 다양한 방식의 예술을 탐구하는 것은 아이들의 창의력을 두드리는 데 중요한 역할을 한다. 이미지 과정에 깊이 관여되었을 때 아이들은 예술을 활동 자체가 만족스럽고 의미 있는 것이라고 이해한다. 아이들은 모든 경험에서 예술가, 음악가, 조각가, 무용가가 되며, 창조를 위한 자원은 아이들 내부로부터 나온다. 이러한 발견은 창조적이고 예술적인 잠재력의 발달에서 중심적인 것이다.

이러한 경험들은 아이들이 가상적인 예술의 형태로 자신의 아이디어를 비언어적으로 표현하는 모든 예술을 인식할 수 있도록 돕는다. 아이들은 특정 사물의 모든 측면을 경험함으로써 대상의 구체적인 표상을 넘어설 수 있게 된다. 예를 들어, 안내 이미지를 통하여 아이들은 자신들이 만지고 보는 등의 경험을 했던 친숙한 사물의 다양한 차원을 경험하게 된다. 이웃에 나무가 있다면 아이들은 다양한 색상의 나무껍질과 나뭇잎을 갖고 있는 숲을 상상할 수 있다. 그 나무에는 새 둥지들이 있고, 나무들은 바람에 따라 흔들리고 있는데, 나무의 다양한 색상은 계절을 반영하고 있고, 나무 위에는 구름이 흘러가고 있는 식의 아이들 마음 속에 그려진 그림들은 그림, 조각, 움직임, 시 등으로 표현하기 이전에 존재할 수 있다. 아이들이 이 수풀의 나무를 보기 위해 심안을 활용할 때, 나무가 아이들의 상상에 가져다주는 모든 특징들을 경험한다. 아이들은 나뭇잎의 냄새를 맡아보고, 껍질을 만져보고, 나무 꼭대기에서 지저귀는 새들의 노랫소리를 듣기도 하며, 예술적 표상으로 나무에 대하여 자신들이 알고 있는 것을 표현한다. 예술 활동에서 안내 이미지를 활용하는 것에서 중요한 측면은 아이들이 만들어낸 작품이 아니라 아이들이 상상력을 가지고 본 것이다. 아이들이 각각의 이미지가 어떻게 다른가를 이해하고 각각의 다름을 존중하는 법을 배울 때 우리는 "내 것이 저 아이의 것보다 못해.", "나는 앨리처럼 잘 그릴 수 없어."라는 식의 상투적인 푸념들을 듣지 않게 될 것이다. 예술과 어울리는 안내 이미지를 활용하는 것의 최대 장점은 교실 주변에 전시되어 있는 비슷비슷한 나무, 눈사람, 추수감사절의 칠면조를 보지 않게 될 수 있다는 점이다. 이것은 분명히 창의적 교사들에게는 위안이 되는 일일 것이다.

가장 중요한 측면은 바로 이것이다. 안내 이미지는 사람들이 과거나 현재 자신의 경험에 영향을 미쳤던 것들을 보도록 한다는 것이다. 다른 말로 하자면 상상 속에서 우리가 보는 이미지들은 긴 동면의 시간을 보낸 후에 보이는 봄의 새싹처럼 각기 다르고 독특한 것이다. 이론적 관점에서 우리는 피아제를 참고할 수 있다. 피아제에 따르면 사람들은 "도식"이라는 구조로 아이디어를 저장한다.

> 아이들이 가지고 있는 도식은 실제로 주제에 대하여 아이들이 가지고 있는 인상, 연상, 경험, 감정의 총합이다. 그러므로 교사가 아이들을 이끄는 시각화 또는 상상하는 활동은 주제에 대한 다양한 이미지로 귀결되기 마련이다. 안내 이미지에 대한 아이들의 반응은 아이들 각자의 도식에 달려있고, 아이들의 도식이 자극에 의해 얼마나 활성화되었는가 혹은 의식되었는가에 의해 결정된다(Cecil & Lauritzen, 1994, p. 38).

[표 3-2]에서 여러분의 교실에서 안내 이미지를 활용할 수 있는 아이디어를 제시해놓았다.

이 장의 후반부에서 여러분은 아이들에게 안내 이미지를 소개할 때 활용할 수 있는 지침들을 얻을 수 있을 것이다. 아이들을 위한 이미지 활동을 계획하기 이전에 안내 이미지를 활용할 때의 순차적인 특성을 이해하고 있는 것은 중요하다. 여러분은 [부록 4]에서 안내 이미지 활동을 위한 자료를 더 찾아볼 수 있다. 다음 절은 이 과정을 충분히 경험할 수 있도록 고안되었다. 편안히 앉아서 긴장을 풀고 뭔가 얻을 수 있는 활동에 참여해보라.

[표 3-2] 교실의 안내 이미지 활동을 위한 아이디어

안내 이미지	예술적 경험
성장하는 것	아이들에게 따뜻한 땅 속에 깊이 박혀있는 작은 씨앗을 상상해보도록 한다. 그 씨앗이 강인한 나무나 아름다운 꽃으로 성장할 때 심안을 활용하여 땅을 뚫고 나오도록 한다.
악기	악기를 소개하면서 악기를 연주하는 다양한 방식들을 상상하도록 함으로써 안내 이미지를 활용한다. 여러분의 학생들이 악기가 내는 다양한 소리를 듣고 있다고 상상하도록 한다.
문학	아이들에게 이야기나 시를 읽어주기 전에 안내 이미지를 활용하여 아이들이 등장인물이나 사건의 이미지를 형성할 수 있도록 해보자.
감각 탐구	형태, 색상, 감촉을 상상해보도록 한다. 아이들이 색상, 형태, 향기, 질감, 나무에 달려있는 맛있는 과일의 맛을 상상하도록 한다.
무용과 동작	동작과 무용을 탐구하도록 자극 이미지를 활용하라. 아이들이 어떻게 춤추고 교실에서 움직일 것인가를 상상하도록 한다. 다양한 리듬을 들려주고 아이들이 음악에 맞추어 어떻게 움직일 것인지를 상상하도록 한다.

교사를 위한 안내 이미지

네 가지 단계가 안내 이미지에 포함되어 있다.

1. 집중하기
2. 인식을 곁들인 이완하기
3. 상상하기
4. 이미지 공유하기

위의 네 가지는 여러분이 기억해둘 만한 것들이다. 각 단계는 그 자체로 하나의 과정이다. 이러한 단계들은 절차로서, 집중하기의 과정은 이완할 수 있도록 하면서 동시에 마음의 눈으로 이미지를 형성할 수 있다. 마지막 단계인 이미지 공유하기는 첫 번째 단계만큼 중요하다. 각 단계는 여러분이 이론을 실제 적용하여 활용할 수 있도록 상세하게 예를 들어 설명될 것이다.

집중하기

아이들과 우리 자신에게 줄 수 있는 가장 중요한 선물 가운데 하나는 어떻게 집중할 수 있는가에 대한 수업이다. 우리 삶은 세상의 온갖 잡다한 지식과 의견(주로 좌뇌에서 비롯되는)으로 가득 차 있다. 우리가 안전을 취하는 시간을 갖고, 관조하고, 휴식을 취하고, 우리 자신에게 집중하는 것, 즉 그저 "존재하는 것"은 때로는 힘들고 불가능해 보이기도 한다. 우리가 집중하고 있을 때, 우리는 균형감을 경험하고, 지적, 신체적, 정서적, 심리운동적 상태를 경험하게 된다. 집중의 방법을 이해하기 위해 다음과 같은 것을 상상해보자.

> 여러분은 거대한 소나무입니다. 파란 하늘 아래 서있는 커다랗고 조용한 나무입니다. 바닥은 두껍고 오래된 부엽토로 덮여 있습니다. 시든 나뭇잎은 여러분 주변의 땅을 촉촉하게 합니다. 부드러운 풀은 여러분 발 주변에서 자라고 있고, 초록 가지들은 머리 위에 우거져 하늘을 가리고 있습니다. 조용한 바람소리는 여러분의 가지에 드리워져 있는 빛에 스쳐가고 있습니다. 뒤의 수풀에는 침묵이 흐르고 있습니다. 여러분의 뿌리는 땅속 깊이 박고 있고, 자존감과 위엄이 가득한 모습으로 서있습니다. 여러분의 힘찬 몸통은 산의 리듬에 따라 움직이고, 여러분은 위엄 있게 땅과 깊이 연결되어 있습니다. 여러분은 견고하게 뿌리박혀 있습니다. 여러분은 땅에

깊이 뿌리박고 있는 것과 햇빛을 향해 위로 향하고 있는 것 사이에 있습니다. 여러분은 매우 고요하고 … 대단히 조용하고 … 중심에 위치해 있습니다.

집중하기는 내적 고요를 찾는 과정이다. 집중한다는 것은 우리의 지적 능력, 신체적 반응, 정서적 상태, 상상력이 조화롭게 활동하도록 시간을 갖는 것이다. 매슬로우가 자기실현하는 사람들은 조용한 시간을 필요로 한다고 했던 것을 기억해보라. 또한 가드너는 우리 자신을 알아가는 능력으로서 개인이해지능에 대해 어떻게 기술하고 있는가를 상기해보자. 집중 방법을 연습할 때 우리는 현재보다 더 우리 자신을 인식함으로써 보다 안정감 있고 내적 자아뿐 아니라 외적 환경을 보다 잘 통제할 수 있게 된다. 집중하기는 경험에 의한 것이다. 즉 우리는 그것이 무엇인가를 알고 이해해야 한다. 학생들은 집중하기를 다음과 같이 묘사한다.

- 나는 내 몸을 통과하는 줄처럼 여겨졌다. 그리고 땅속으로 사라졌다. 나는 옆으로 흔들거렸지만 균형을 잃지는 않았다.
- 나는 날카로운 핀 위에 서있지만, 떨어지지 않을 것이라는 것을 알고 있는 것 같았다.
- 나는 팽이처럼 느껴졌다. 팽이는 완벽하게 균형을 잡은 채 결코 넘어지지 않아 돌고 있는 것이 아니라 매우 고요한 상태로 느껴졌다.

어떤 아이들의 그림은 실제 사물을 표현하는 반면, 어떤 아이들은 이미지, 아이디어, 감정을 표현하기 위해 그림을 그린다.

다음 활동은 집중하기 단계에서 활용될 수 있다. 그것은 여러분이 상상력을 활용하여 여러분의 몸에서 균형을 잡을 수 있는 곳을 찾도록 한다. 우리 모두는 집중할 수 있는 곳을 가지고 있다. 우리는 그저 그곳을 찾기만 하면 된다. 어떤 사람에게는 그것이 상체가 될 수도 있고, 어떤 사람들은 발바닥, 손바닥이 될 수도 있다. 여러분의 중심을 찾는 상상력을 활용하여 마음의 눈이 적절한 곳을 찾을 때까지 여러분의 몸을 훑어갈 수 있도록 하라.

집중하기 활동은 작은 조약돌이 필요하다. 일단 바깥에서 한쪽이 평평한 돌을 찾아보라. 머리에 올려놓고 균형을 잡을 수 있을 때까지 몇 번을 시도해보라. 여러분이 돌의 무게를 느낄 정도로 무게가 나가야 하지만, 불편할 정도로 무거워도 안 된다. 아직 읽지 않았다면, 이제 『누구나 돌을 필요로 한다』라는 책을 읽을 때이다 ('아동문학과 느낌, 이미지' 참고).

여러분의 중심 발견하기

손에 돌을 잡고 가만히 바르게 서서 몸과 다리를 모아라. 호흡에 집중하고 좀 더 깊고 부드럽게 숨을 쉬어 보아라. 이완하고 균형감을 갖게 되었다고 느낄 때까지 다리를 편안하게 해라. 다리가 좀 긴장되었다고 느낀다면 어느 정도 바닥에 기대어볼 수 있다. 눈을 감고 머리에 돌을 조심스럽게 올려놓아라. 돌이 떨어지지 않을 만한 곳을 찾아보아라. 손을 가만히 놓고 이완해보라. 돌의 무게에 주의를 기울여보라. 머리 위에 있는 돌의 무게를 느껴보아라. 깊고 부드럽게 숨을 쉬면서 돌에 의식을 두어라. 여러분의 돌은 균형을 잡고 움직이지 않는다. 이것이 "존재함"이다. 그것은 말하고 있는 것도 아니고 움직이는 것도 아니다. 돌은 여러분의 머리 위에 있을 뿐이다. 여러분이 해야 할 것은 돌이 그곳에 있도록 하는 것뿐이다. 여러분은 돌이 거기에 있다는 것을 알고 있다. 돌은 여러분에게 의지하고 있으며 거기에 있는 것일 뿐, 달리 해야 할 일이 없다. 여러분과 돌은 완벽하게 균형을 잡고 있고 고요하며 중심을 잡고 있다.

이제 숨을 쉬면서 머리에서 돌을 내려 잠시 돌을 쥐고 있어보라. 돌이 있는 곳에 의식을 집중하고 여러분의 머리위에 있는 돌의 무게를 느낄 수 있는지 살펴보라. 잠시 집중하고 눈을 떠보라. 이제 불을 켠다. 서서히 몸을 움직여보라. 스트레칭을 하면서 편한 곳을 찾아 앉거나 누워 쉰다.

나는 안정을 찾아야 할 때 사용할 수 있는 돌을 가지고 있다. 돌을 안전한 곳에 잘 보관해두어야 한다. 여러분은 집중하기를 활용해야 할 때를 모를 수도 있다. 이 장은 여러분이 안내 이미지를 점점 더 많이 활용하여 집중하기를 실천해볼 기회를 제공해준다.

여러분은 안내지침에 어떤 패턴과 반복이 있음을 확인하게 될 것이다. 여러분이 초보자라면 안내 이미지를 활용하여 창의성을 키우기 위하여 반복적으로 연습하여 그 과정에 편안해질 필요가 있다. 하지만 반복이 이미지 경험 대본에 대한 창의적 접근을 줄이지 않도록 주의하길 바란다.

인식을 곁들인 이완하기

자신의 '중심 찾기' 활동을 하는 동안 여러분은 숨쉬기에 주의를 기울여 의식이 깨어있도록 할 수 있다. 이것은 인식을 곁들인 이완방법을 배우기 위한 기초로서 안내 이미지 과정의 두 번째 단계이다.

이완하기 위해서 우선 편안해야 한다. 어떤 사람들은 편안한 의자에 앉거나 등에 쿠션을 놓고 앉는다. 어떤 사람들은 누워 있는 것을 편안하게 느낀다. 전통적으로 앉는 자세가 의식을 이완하는 것과 관련되어 있다고 할지라도 어떻게 의식을 이완할 것인지에 대한 정해진 규칙은 없다. 이 단계에서 가장 중요한 것은 각자 편

완전히 집중해 있을 때 아이들은 조용하고, 이완되고, 고요한 상태에 있다.

안한 자세를 찾아서 다른 사람들에게 어떻게 보일지 혹은 다른 사람들은 어떻게 하는지를 신경 쓰지 않아야 한다는 점이다.

"인식"이라는 단어는 "지켜보는, 방심하지 않는"을 뜻하는 "gewaer"라는 고어에서 유래되었다. 내가 조사한 바에 따르면, "gewaer"는 대략 1095년 정도, 즉 지금으로부터 900여 년 전에 만들어진 단어이다. 인식을 하고 있다는 것은 무엇인가의 현존, 우리가 경험한 것으로부터 추론하는 민첩함, 보이지 않는 것들의 직감적인 지각에 주의를 기울인다는 것을 의미한다. 즉 인식하고 있다는 것은 의식하고 있음을 의미한다. 정의적 영역 발달의 연속선에서 깨달음이란 우리가 경험하고 있는 것에 주의를 기울이는 것을 의미한다.

"주의집중"이란 "앞으로 뻗음"을 의미하는 라틴어 "attendere"에 기원을 두고 있다. 인식과 함께 이완을 경험하고 있을 때 나는 고요하게 앉아서 좋은 음악을 듣고 있는 것처럼, 또는 지는 해의 남은 빛을 보려고 애쓰는 것과 같이 조금 앞으로 기댄다. 몸은 이완되지만 정신은 매우 주의를 기울이는 것이다.

이완되었을 때 우리는 주의 깊게 이미지에 빠져들게 된다. 처음부터 이것이 가능한 것은 아니다. 나는 안내 이미지를 연습하는 중에 잠에 빠져들어 마치 다양한 음색을 가지고 연주하는 오케스트라처럼 코를 고는 어른과 아이를 많이 보아왔다. 이 과정을 시작하는 사람들 중에는 너무 편해서 잠에 빠져들고, 보통의 교실은 수면실로 변할 수도 있다. 만약 이러한 일이 일어난다면 자신에게 관대해지길 바란다. 다른 배울 만한 가치 있는 일들과 마찬가지로 의식을 이완하는 것도 훈련과 시간을 필요로 한다. 아이들이 이완하면서 잠이 들면 나는 아이들에게 잠이 필요했을 것이라고 혼잣말을 하곤 한다. 아무도 창의적인 생각이 치솟게 할 수는 없다. 그러나 어른으로서 우리는 발견의 과정을 조성하도록 할 수는 있다. 아이들에게 낱말 맞추기를 가르치듯이, 운동화 끈을 묶는 것을 배우는 것과 같이 인식을 이완하기 위한 씨앗을 심어줄 수 있다.

다음 활동은 또 다른 연습과정으로 제시된다. 지금은 인식을 이완하는 것에 초점이 주어졌다. 이 과정은 에너지, 결심, 사려 깊음이 요구된다. 여기에서는 음악을 틀어줄 수 있는 시설을 필요로 한다. 조명을 어둡게 하고 조용한 음악을 들려주어라. 여러분의 척추를 똑바로 세우는 것이 중요하다. 만약 우리가 꾸부정하게 앉는다면 호흡이 방해돼서 온몸이 긴장될 것이다. 심리적이고 심리신체적인 관점에서 우리의 몸과 마음은 산소가 원활하게 흘러야 한다. 우리가 해서는 안 되는 것은 스트레스를 줄이려 하면서 스트레스를 가중시키는 방향으로 몸을 다루지 않는 것이다.

이완 연습

앉거나 눕기 편한 장소를 찾아라. 어떤 사람들은 바닥에 앉는 것을 좋아하고, 어떤 사람들은 벽에 기대기를, 또 어떤 사람들은 눕는 것을 좋아할 것이다. 여러분이 선택한 자세를 막론하고 여러분의 허리는 꼿꼿하게 펴서 호흡이 편안하게 될 수 있도록 하라. 편안한 자세를 취하고 있는가를 다시 한 번 확인해보라. 움직여야 한다면 자세를 바꾸고 다시 편안한지를 확인해보라. 눈을 감고 여러분의 몸에 아무런 스트레스나 긴장이 없는가를 점검해보라. 숨을 들이마시고 숨을 내뱉고, 다시 숨을 들이마시고 숨을 내뱉어라. 여러분은 점점 더 편안한 상태로 되어간다. 숨을 들이마시고 숨을 내쉬고, 숨을 들이마시고 숨을 내쉬고…

여러분의 발에 주의를 집중하라. 발이 어떠한지를 확인하라. 깊이 숨을 들이마시고 발의 근육을 당겨보아라. 숨을 내쉴 때 발의 근육이 이완되도록 하라. 다리에 의식을 집중하라. 다리가 어떠한지를 확인해보라. 깊이 숨을 들이마시고 다리의 근육을 긴장시켜라. 숨을 내쉴 때 잠시 긴장을 유지했다가 다리가 이완되도록 하라. 배에 의식을 집중하라. 숨을 들이마시면서 어떻게 배의 근육을 조일 수 있는가를 점검하라. 숨을 내쉬면서 모든 긴장이 사라지도록 하라.

이제 의식을 어깨에 집중하라. 숨을 들이쉬면서 어깨가 이완될 수 있도록 하라. 어깨에서 힘을 뺄 때 어떻게 어깨가 내려가는지 확인하라. 얼굴 근육, 턱, 눈, 코, 입 등에 의식을 집중하라. 깊이 숨을 들이마시고 얼굴의 모든 근육을 당겨보아라. 숨을 내쉬면서 얼굴의 모든 근육들의 긴장을 완화하라.

이제 여러분의 숨에 주의를 기울여라. 얼마나 고요하게 숨을 쉬는가를 확인하라. 여러분은 고요하게 숨을 쉬고 있다. 여러분이 편안하게 이완되어 있음을 느껴보라. 이제 우리 교실에서 지금 여기의 순간으로 돌아올 시간이 되었다. 손으로 빛을 조절하면서 서서히 빛에 익숙해진다. 여러분의 의식을 바닥(의자, 벽, 땅 등)에 두고 그것이 여러분의 몸을 어떻게 지탱해주고 있었는지를 확인하라. 조금씩 움직이면서 이완으로부터 여러분의 몸을 깨워라. 새롭게 활력을 찾는 것을 느끼면서 천천히 일어나라.

아이들을 가르칠 때 우리는 교실 문 앞에 "방해하지 마세요. 훌륭한 마음 만들기 작업 중"이라고 써 붙였다. 원장님은 열렬한 독서가이며 학자였다. 그는 전인

인식을 갖고 이완할 때 아이들은 편한 자세를 취해야 한다.

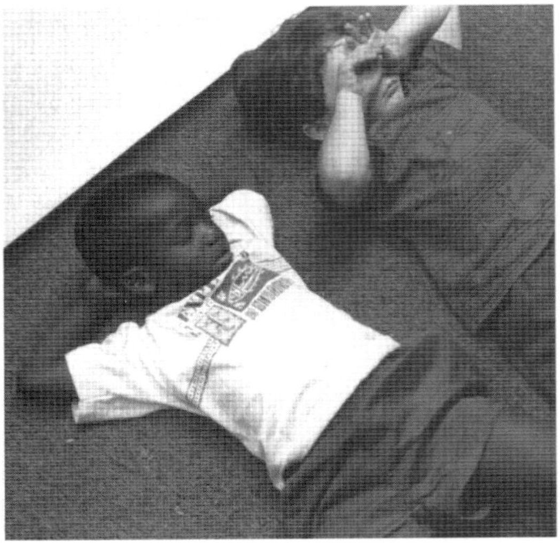

적 발달을 위한 안내 이미지의 가치를 이해했다. 그는 안내 이미지 과정에 끼어드는 것은 아이들의 집중을 방해할 것이라는 것을 알았다. 다행스럽게도 그는 아이들이 얼마나 창의적으로 되는 법을 배우는가에 대한 결과에 영향을 받지 않기를 바랐고, 우리의 "생각하기" 과정을 존중해주었다. 말할 필요도 없이 원장 선생님은 전문적이고 강한 책임감을 가지고 아이들이 두뇌의 양쪽을 발달시킬 수 있도록 도왔다.

지금 밝혀진 것은 언젠가 상상되었던 것이다.
— 윌리엄 브레이크(William Brake)

상상하기

어떤 사람이 상상여행을 하기 전에 "마음 비우기"를 하라고 제안한 적이 있다. 이런저런 생각들이 내 마음속에 생겼다가 사라진다는 것을 알고 있기 때문에 그 제안은 나를 당황스럽게 만들었다. 나는 생각이 좌뇌의 재잘거림이라 표현되었다는 것을 알고 있었다. 나는 어느 정도 생각을 조용하게 할 수는 있더라도 완전히 멈추도록 하는 것은 불가능할 것 같았다. 마음을 비울 생각을 할수록 이미지에 집중할 수 없었다. 활동적인 나의 좌뇌의 바람을 완전히 멈추게 할 수는 없었다. 누구나 자신의 마음을 비울 수 있다 하더라도 내게는 열등하게 느끼는 무언가가 있었고 또 그렇게 상상했다.

우리가 상상하고 있을 때 떠오르는 생각들을 멈추게 하는 것은 꼭 필요한 것도 아니고 바랄 만한 것도 아니다. 안내 이미지로 유도되는 동안 우리의 마음 속에 자연스럽게 떠오르는 생각으로 보게 되는 광경, 소리, 색상, 냄새 또는 이미지를 상상하는 능력을 줄이거나 방해하지는 않을 것이다. 안내 이미지 과정에서 "고요해지는 것"은 중요하지만 여러분의 생각을 쫓아내려고 하지는 않기를 바란다. 그 생각들로 시간 낭비를 하지 않으면 된다. 생각이 떠오르고 사라지게 내버려두라. 여러분 앞에 있는 이미지에 집중하도록 노력하라. 이것은 둘 중 하나를 선택하는 상황이 아니다. 임의적인 생각을 포함하여 이 과정에 가져온 것들은 현재 여러분의 일부로 인식되고 인정되어야 한다. 이러한 생각들을 내면에서 "부르기를 기다리는" 것으로 여겨라. 말할 준비가 될 때까지 그 생각들을 가지고 있을 수 있다.

지금까지 말한 안내 이미지에 포함되어 있는 단계를 순서에 맞게 검토해보자.

- 우리가 균형감을 갖고 우리 자신의 심리적 중심에 뿌리박고 있다고 느낄 때 집중할 수 있다.
- 우리의 몸과 마음이 고요해질 때, 동시에 모든 순간에 (몸과 마음을) 인식하고 완전히 존재하고 있을 때 인식하면서 이완할 수 있다.
- 상상하기는 우리의 상상력이나 심안을 활용하여 정신적 이미지를 창조하는 과정이다. 안내 이미지에서 사용된 재료나 대본은 안정감, 편안함, 이완을 줄 수 있는 것이어야 한다.

안내 이미지를 활용한 이후 나는 이전에는 불가능할 것이라고 생각했을 창의적 충동에 보다 자유롭게 반응하게 되었다는 것을 깨닫게 되었다. 창의적 잠재력이 깊어지고 성숙해지면서 우리는 이러한 경험들을 보다 일상적인 창의적 방법들로 변화시킬 수 있다.

창의적으로 되기 위하여 심안을 활용할 때 우리는 어느 정도 자기탐닉에 빠질 수 있다. 안내 이미지를 활용할 때는 아무도 우리의 이미지를 알지 못하고, 우리가 창조했던 것을 평가하거나 분석하지 못하게 된다. 우리가 창의적 능력을 표출하는 법을 잘 인식하게 될수록, 우리의 두려움은 창의적이고 사람들을 창의적으로 될 수 있도록 이끌 수 있으리라는 확신으로 바뀌게 될 것이다.

- 이미지 공유하기는 안내 이미지의 마지막 단계이다. 이것은 우리가 우리의 경험을 다른 사람들과 공유할 수 있도록 하는 매우 중요한 단계이다. 이제 경험한 이미지를 그리거나, 색칠하거나, 춤으로 표현하거나 글로 표현할 시간이다.

이미지 공유하기

안내 이미지가 끝났을 때, 이야기하기나 반성하기의 시간을 갖도록 하는 것은 매우 중요하다. 어른과 아이들 모두 자신의 경험을 여러 방식으로 표현할 자유를 필요로 하는 것 같다. 아이들은 매우 신이 나서 자기들이 경험한 이미지를 상세하게 묘사한다. 반면 어른들은 소집단으로 나누어 다른 사람들과 편안한 분위기에서 경험을 공유하고자 한다.

경험을 토론하는 것은 중요하다. 모두가 자신의 경험을 공개할 수 있도록 해야 하지만 억지로 자신이 경험한 이미지를 말하도록 해서는 안 된다. 여러분이 "토론"이라는 용어를 생각할 때, 이미지를 나누는 시간은 반성할 수 있는 시간이지 이미지의 수와 질을 평가하는 시간은 아니다. 사람들에게 대답이 정해지지 않은 질문을 던져보자. 예를 들면 다음과 같은 것을 물어볼 수 있을 것이다.

여러분은 안내 이미지 과정에서 무엇이 가장 좋았나요?
여러분의 안내 이미지 과정에서 기억할 만한 일을 말해보세요.
여러분이 바람이 휘몰아치고 있는 곳에 있는 커다란 소나무라면 어떤 느낌이 들 것 같나요?
여러분이 집중하기 위한 장소를 찾고 있을 때 어떤 것이 마음에 떠올랐나요?

아동문학과 느낌, 이미지

And Shira Imagined by Giora Carmi, The Jewish Publication Society, 1988.
쉬라(Shira)는 상상력을 발휘하여 고대의 이미지를 그린다.

Where the Wild Things Are by Maurice Sendak, Harper & Row, 1964.
맥스(Max)는 상상을 통해 소동스러운 야생의 상태로 간다. 나중에 맥스는 저녁상이 차려진 집으로 안전하게 돌아온다.

Everybody Needs a Rock by Byrd Baylor, illustrated by Peter Parnall, Aladdin Paperbacks, 1985.
바위를 찾는 10가지 규칙. 저자는 "아무 돌이나 고르면 안 되고, 자신을 찾을 수 있고 가능하다면 평생 동안 간직하고 싶은 특별한 돌을 찾아라"라고 제안한다.

안내 이미지와 아이들

아이들에게 안내 이미지를 소개하기 이전에 여러분 스스로 그 과정과 안내 이미지의 "상상하기" 경험을 이해하는 것은 매우 핵심적인 문제이다. 마음의 눈으로 상상하는 능력을 연습한 후에 여러분은 그것의 가치를 인식하게 될 것이고, 창조하고 상상하고 꿈꾸는 마음의 부분을 아이들에게 보다 편안하게 소개할 수 있을 것이다. 사려 깊은 교사들은 안내 이미지를 교실에 활용할 때, 기술, 전략, 방법을 계발할 때 다음과 같은 지침을 주의 깊게 고려해서 실행할 것이다.

아이들과 함께 안내 이미지 활용하기

1. 안내 이미지를 아이들에게 활용해보기 전에 먼저 자신이 해보길 바란다. 여러분 자신이 대본을 읽어가면서 어떻게 이미지가 형성되는지를 이해하라. 또는 여러분이 이미지를 연습하는 동안 동료들에게 대본을 읽어주도록 하라. 이것은 적절한 시간감각과 아이들이 경험하게 될 것을 연습하도록 하여 여러분에게 적절하다고 여겨지는 문구를 덧붙이거나, 적절하지 않은 것으로 여겨지는 문구를 삭제할 수 있다.
2. 아이들에게 무엇을 하게 될지 말해주어라. 이미지가 아이들 자신의 것이고, 자신의 상상력을 활용하여 마음속으로 여행을 하게 될 것이며, 아이들이 이미지에 대하여 통제할 수 있음을 이해시키는 것은 중요하다. 아이들이 이미지를 좋아하지 않는다면 아이들은 그것을 상상 속에서 "지워버릴 수도 있을 것이다." 여러분은 다음과 같이 말할 수 있다.

   > 우리는 상상여행을 할 것이다. 이 여행은 가상 체험과 같은 것이 되겠지만, 모든 상상은 영화장면과 같다. 여러분은 좋아하는 것을 만들기 위하여 상상력을 활용할 수 있다. 상상의 장면을 바꾸고자 한다면 상상력을 발휘하여 그것을 지우고 새로운 것을 만들 수도 있다.

3. 아이들이 이완될 수 있도록 적절한 조언을 제공하라. 아이들은 이완하는 데 어른만큼 오랜 시간이 걸리지는 않는다. 몇 문장만으로도 아이들은 이완할 수 있다. 예를 들어 여러분은 다음과 같은 말을 할 수 있다.

다른 사람들을 방해하지 말고 이완할 수 있는 곳을 교실에서 찾아보아라. 여러분은 바닥에 누울 수도 있고, 조용히 앉을 수도 있다. 여러분이 편안하게 앉거나 누웠다면 숨을 편안하게 쉴 수 있도록 등을 곧게 펴라. 눈을 감고 몸과 마음이 쉴 수 있도록 하라. 천천히 숨을 들이마시고 내쉬어라. 여러분의 몸이 이완되고 다른 사람이 들을 수 없을 정도로 숨쉬기가 고요한지를 확인해보라. 숨을 들이마시고 내쉬고 들이마시고 내쉬기를 반복하라. 여러분의 몸과 마음이 아주 고요해질 때까지 몸과 마음을 편안히 두어보아라.

4. 아이들에게 좋은 상상이나 나쁜 상상이 없다는 것을 다시 말해준다. 안내 이미지로 유도되는 동안 우리는 어떤 것을 해야 하거나 다른 사람들이 보는 것과 같은 방식으로 "이해할" 필요는 없다. 편안한 이완의 상태에서 이미지가 나타나면 우리는 느껴지거나 들리는 것에 주의를 기울이기만 하면 된다. 또한 이미지가 형성될 수 있는 충분한 시간을 기다려야 한다. 서두를 필요는 없다. 아이들이나 어른들이 서두르면 자신의 상상이 다른 사람들만큼 왜 안 될까 생각하다가 실패하게 된다.
5. 안내 이미지를 안전하게 만들어라. 예를 들어, 안내 이미지가 애완동물을 잡는 것이라면 적절한 애완동물을 고를 수 있는 선택권을 아이들에게 주면서 "이 애완동물은 너에게 딱 맞는다"라고 말해줘라. "너의 애완동물은 몸을 쭉 펴고 햇빛을 받으며 누워있는 것을 좋아할 것 같은데."와 같은 말을 해주는 것은 아이들이 이완하고, 또 안전감을 갖도록 해줄 것이다. "너와 네 애완동물은 숲의 멋진 산책로를 걷고 있다. 산책로를 따라가면 담장에 이를 수 있고, 그 너머에 사슴이 서있는 것을 볼 수 있다." 아이와 사슴 사이에 담장이 있다는 사실은 안정감을 주게 된다. 안내 이미지를 아이들에게 사용할 때 상상과정에서 아이들이 편안함을 느낄 수 있는 말을 활용해야 한다.

나는 학부생들에게 버려진 가게에 대한 안내 이미지를 발전시키고 있는 대학원생을 관찰한 적이 있다. 이 가게는 대도시의 한적한 곳에 있었다. 어둠이 내려앉은 상황에서 도시의 불빛은 물기를 반사하고 있었다. 방학 동안에 대도시에서 지갑을 도난당했던 경험이 있었던 학생 하나가 매우 불안해했다. 안전감이 적절히 주어지지 않았고, 이완된 상태로 버려진 가게의 이미지에서 발견할 수 있는 보물을 즐기는 대신에 이 학생은 두려움와 불안을 경험했다.

안내 이미지는 우리를 두렵거나 불안하게 만드는 이미지가 아니라 긍정적인 창의적 이미지를 불러일으킬 것이다.

6. 이미지 연습을 시작하는 것은 간단해야 한다. 감각에 초점을 맞추는 안내 이미지는 이 과정의 초기 단계에 특히 유용하다. 처음에 아이들은 눈을 계속 감고 있는 것을 힘들어할 수 있다. 그러나 아이들이 일단 그 과정에 익숙하게 되면 대부분의 아이들은 이완하고 그 자신의 이미지를 만들어낼 수 있을 것이다. 조용하게 음악을 틀어두는 것도 도움이 될 것이다. 음악은 아이들을 누그러뜨리고 조용하게 만든다. 아이들에게 장난감, 특별한 음식, 애완동물과 같이 익숙한 것을 상상하라고 말하라. 그것들이 부드러운지 딱딱한지를 생각하고, 그것의 냄새, 색깔, 맛을 상상하도록 하라. 예를 들어, 여러분은 다감각적인 안내 이미지 활동을 다음과 같이 말함으로써 시작할 수 있을 것이다.

> 네가 좋아하는 장난감을 가지고 있다고 상상해보자. 너의 장난감을 만지고 있다고 상상하고, 그것이 부드러운지 딱딱한지 느껴보자. 장난감의 색깔을 생각해보자. 몇 개의 색깔을 볼 수 있는가? 그 장난감을 가지고 어떻게, 무엇을 하면서 놀 것인지 생각해보자.

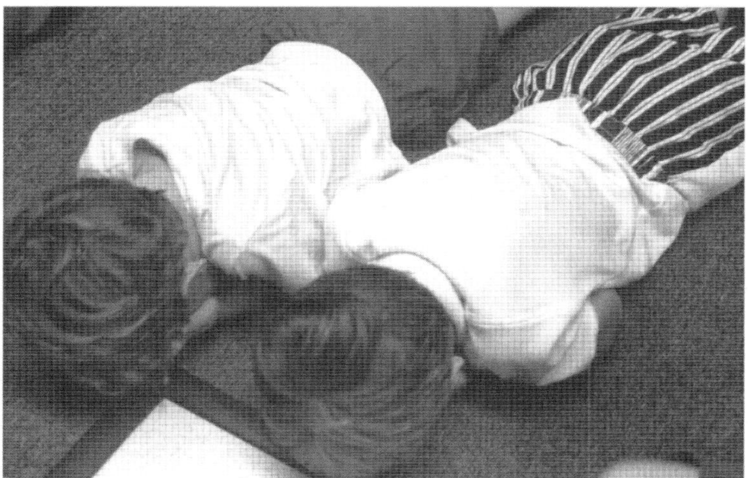

안내 이미지에 접하는 동안 아이들은 누워있거나 친구 옆에 앉아 있는 것을 좋아한다. 눈을 뜨고 "힐끗 보는" 순간, 옆에 친구가 있다는 것은 즐거운 것이다.

7. 아이의 경험에 기초하여 안내 이미지 대본을 써라. 아이들이 안내 이미지에 익숙해진다면 여러분은 아이들의 개인적이고 구체적인 경험을 증진하도록 구성된 대본을 쓸 수 있을 것이다. 여러분이 바다 가까이 산다면 해변을 걷고, 바다 바람 냄새를 맡는 것, 파도를 느끼는 것에 대한 이미지 대본을 쓸 수 있을 것이다. 아이들에게 해변에 있는 것을 찾아서 줍고 그것의 감촉이 어떤지를 상상하도록 해보라. 그러고 나서 아이들이 자신의 이미지를 발달시킬 수 있도록 하라.

> 오늘 우리는 해변(아이들의 환경에 익숙한 환경으로 바꿀 수 있음)으로 상상여행을 떠나려고 한다. 고요하게 숨을 쉬면서 해변을 걷고 있다고 상상해보라. 아주 포근한 날씨이다. 햇볕은 따뜻하고 부드럽다. 하늘을 올려다보라. 바다갈매기의 소리를 들어보아라. 너희들은 바닷가를 거닐면서 부드러운 바람을 쐬고 바다의 냄새를 맡고 있다.
>
> 이제 여러분 앞에 있는 것을 상상해보아라. 가까이 가서 자세히 보아라. 잠시 동안 그것을 살펴보면서 집에 가져가고 싶은지, 여기 그대로 두고 싶은지를 판단해보아라. 집에 가져가고 싶으면 주머니에 넣고, 가져가고 싶지 않으면 잠시 동안 보아라. 여러분은 원하는 만큼 거기에 머물 수 있다. 여기는 아주 맘에 들어서 모든 것이 매우 즐겁게 느껴진다.

이제 해변가를 떠나 우리 교실로 돌아올 시간이다. 우리 교실로 돌아올 준비가 되었으면 눈을 뜨고 기지개를 켜보고 내가 보이도록 둘러보아라.

여러분이 산 주변에 산다면 등산하는 모습을 상상해볼 수 있다. 여러분이 도시에 살고 있다면 커다란 건물이나 동물원에 가는 것을 상상해볼 수 있다. 여러분은 아이들이 경험하는 것을 알고 있다. 창의적 잠재력을 발견하는 과정에 있기 때문에 여러분은 안내 이미지 연습을 계획하기 위하여 아이들의 경험과 지식을 활용할 수 있다.

8. 아이들이 교실의 여기, 지금의 상태로 돌아올 수 있도록 준비시켜라. 여러분은 아이들이 이미지의 상태로부터 구체적인 실재의 상태로 되돌아오는 전이과정에 민감해야 한다. 다음과 같이 말함으로써 익숙하고 안정감을 주는 이미지를 가지고 안내 이미지를 마칠 수 있을 것이다.

> 이제 여러분은 상상을 마쳐야 할 시간이다. 우리 교실을 떠올리고 교실이

어떻게 생겼는가를 떠올려보자. 교실 안에 있는 사람을 떠올려보고, 여러분이 전에 들어보았던 에어컨, 난방기, 목소리, 밖에서 들려오는 빗소리를 기억해보자. 준비되었다고 느낄 때 손가락을 움직여보고, 다리를 쭉 펴고, 눈을 떠보아라. 여러분이 눈을 떴을 때 기지개를 켜고 나를 볼 수 있을 때까지 둘러보아라.

나는 여러분이 꼭 기억해야 할 전이과정을 묘사하고 있는 마지막 구문을 강조했다. 매순간 아이들은 전이과정에 있다. 아이들이 여기에 있다고 인식하고 있을 것이라고 생각하기 쉽다. 하지만 아이들은 이미지에 깊이 몰입해서 자신이 교실에 있다는 것을 잊어버릴 수도 있다. 이것은 여러분에게 이미 제시했던 메시지이다. 즉 안내 이미지는 안전감의 요소를 포함해야 하고, 아이들에게 여러분은 유치원이나 학교에서 가장 안전감을 줄 수 있는 존재이다.

9. 안내 이미지 경험이 끝났을 때, 아이들은 반성하고 자신들의 이미지를 말할 수 있는 시간을 필요로 한다. 안내 이미지 연습의 결론 부분에서 아이들이 무엇을 보고, 느끼고, 듣고, 상상했는지를 말할 수 있는 기회를 주어라. 아이들의 내적 경험은 평가되고 비평되어서는 안 된다. 아이들에게 이것은 단지 본 것과 그것이 어떻게 느껴졌는지에 대해서 공유하는 시간이어야 한다. 비슷하게 아이들은 각자의 이미지가 다르고 특별하다는 점을 이해하고 존중하도록 배워야 한다.

적절한 시간이라는 것도 고려해야 할 요소이다. 2~3세의 아이들에게 안내 이미지 연습은 짧게 이루어져야 한다. 이완하고 이미지를 그리는 전체 과정은 5~6분을 넘겨서는 안 된다. 그 이상 지속한다면 아이들은 잠만 자게 될 것이다. 이보다 큰 아이들은 자신들에게 흥미롭고 생각을 불러일으키는 한에서는 대본에 집중할 수 있다. 나는 20분 이상 안내 이미지 연습에 집중한 5세 아이들을 알고 있다. 반면에 아주 피곤한 날 안내 이미지를 하면서 도입 부분에서 잠에 빠져버린 3학년 아이들을 본 적이 있다. 안내 이미지는 아이들이 이미 피곤한 날, 마지막 시간에 하는 충전 활동이 되어서는 안 된다. 아이들의 상상력을 활용할 가장 좋은 시간은 아이들의 정신이 가장 초롱초롱할 때이다. 그 과정에 참여하고 있는 시간은 아이들이 어느 정도 집중할 수 있는가에 따라 달라진다.

10. 과정 자체를 즐겨라. 여러분이 좋아하는 장난감이나 사랑하는 애완동물에 대한 대본을 읽고 있을 때, 여러분에게 특별한 이미지로 상상할 수 있도록 하라. 좋아하는 장난감에 대한 안내 이미지를 읽을 때 나는 내가 모은 스노우돔 수집품들을 떠올리곤 한다. 사랑하는 애완동물에 대하여 읽을 때 내가 기르던 야옹이라 불리던 고양이를 떠올리고 그것이 얼마나 당당하면서도 귀여웠는가를 생각한다. 아이들에게 안내 이미지를 이끄는 동시에 여러분이 안내 이미지를 경험하는 데에는 연습을 필요로 한다. 하지만 시간이 지남에 따라 점점 아이들과 함께 안내 이미지를 경험할 수 있게 될 것이다.

안내 이미지를 활용하는 지침은 하나하나의 단계가 중요하지만, 여러분이 "상상하는" 것만큼 복잡한 것은 아니다. [그림 3-1]은 각 단계를 요약해 준다.

내 친구가 목록을 만드는 것에 대하여 아주 적절한 조언을 해 준적이 있다. 조언의 내용은 이 목록이 내 삶을 보다 쉽게 만들고, 내가 건강하게 살고 있다는 느낌을 주었고, 내가 안전감을 느끼도록 만들었다면 그 자료를 활용해도 좋다는 것이었다. [그림 3-1]은 모두 이러한 조건을 만족시키는 것이다. 여러분이 안내 이미지를 아이들에게 기쁘게 경험하도록 할 때 이것을 사용하고자 할 것이다.

[그림 3-1] 안내 이미지 준비하기

1. 대본을 미리 읽어보면서 그것이 타당한지 검토한다.
2. 아이들에게 무엇을 하라는 것인가를 말해준다.
3. 아이들이 이완할 수 있는 시간을 준다.
4. 아이들에게 상상하는 데는 옳은 것이나 그른 것이 없다는 것을 주지시킨다.
5. 안내 이미지를 안전하게 한다.
6. 아이들을 위한 안내 이미지 연습이 간단하고 구체적인 것이 되도록 한다.
7. 아이들의 경험과 지식에 적절한 안내 이미지 연습 대본을 쓴다.
8. 아이들이 이미지 상태로부터 실제 장소로 전이하도록 항상 준비하고 있는다.
9. 아이들이 자신의 이미지를 말하도록 한다.
10. 여러분 스스로 이 과정을 즐긴다.

감정 및 이미지 개발과 가정의 역할

다음과 같은 가족과 아이들을 위한 활동은 교실에서 일어나는 주제 관련의 프로젝트를 활용하는 아이디어와 그 아이디어들을 가정에서 적용하는 법을 소개한다. 이 활동의 목적은 학부모들에게 학교에서 선생님들과 함께 했던 비슷한 경험에 기초하여 발달의 측면에서 적절한 배움의 환경을 제공하는 데 있다. 이 활동은 부모와 아이 간의 언어적 상호작용을 촉진하고 아이들이 위험수준이 낮은 활동에 참여하도록 한다.

- 『누구나 돌을 필요로 해(Everybody Needs a Rock)』를 읽어준다.
- 돌을 찾으러 아이와 함께 자연관찰 산책을 간다. 집이나 점포 주변 등에서도 적당한 돌을 발견할 수도 있다.
- 돌을 집어들고 편안하게 앉을 곳을 찾아보도록 한다. 조용한 음악을 배경음악으로 들려주면서 눈을 감고 다음과 같은 안내 이미지를 들어보라고 한다.

자신의 돌을 상상하기

손으로 돌은 잡고 눈을 감는다. 상상력을 발휘하여 돌 색깔을 기억할 수 있는지 생각해본다. 돌은 어떤 형태였는가? 돌은 얼마나 무겁고 가벼웠는가? 깃털만큼 가벼웠나, 야구공만큼 무거웠나, 책만큼 무거웠나? 손가락으로 돌을 문지르면서 그것이 부드러웠는가를 느껴보도록 한다. 이마에 돌을 얹고 그것이 차가운지 따뜻한지를 느껴본다. 돌을 귀에 대고 소리를 들어본다. 돌을 계속 손에 쥐고서 그것이 몇 분 전과 같이 똑같이 느껴지는지를 확인해본다. 눈을 계속 감고 있어야 한다는 점을 기억하라. 상상력을 발휘하여 가상의 돌을 마음에 그려본다. 준비되었을 때 눈을 뜨고 내가 보일 때까지 주위를 둘러보아라.

- 아이에게 돌과 함께한 여행에 대하여 하고 싶은 말이 있는지를 물어보아라. 하고 싶은 말을 할 수 있도록 하고, 억지로 말하게 하지는 말아라. 어떤 여행은 아무도 모를 때 더욱 멋있게 느껴질 수 있다.

아이들에게 상상은 어떤 것이든 가능하게 해준다는 점을 강조하라. 아이들은 마음의 눈을 활용하여 모르는 곳으로 여행을 할 수 있고, 장난감이 살아있는 것처럼 할 수 있고, 색상이나 음악을 가진 동작이나 이미지를 볼 수 있고, 일상 속에서 새로운 상황을 창조할 수 있다는 점을 강조하라. 아이들은 구름을 보면서 구름이 어디에 있었는지, 구름이 어떤 음악을 들었을지를 상상하고, 음악을 들으면서 작곡가는 어떤 사람일까를 상상할 수 있고, 동물이나 새들을 관찰하면서 동물들이 어떻게 말을 주고받을지 혹은 동물의 집이 어떤 모양을 하고 있을지를 상상할 수 있다. 눈을 감고 들리는 모든 소리를 누가 내고 있는가를 상상할 수 있다. 특별한 일에 대한 이미지는 슬픔에 빠진 아이들을 즐겁게 만들 수 있다. 새끼 고양이나 꽃에 앉아 있는 나비를 상상하는 것은 아이들을 안정감 있게 만들어줄 수 있다. 낮잠 시간 전에 꿈을 상상하도록 하거나 스트레스가 많은 일에 대한 우스꽝스러운 결론을 생각하도록 해보아라. 상상력을 발휘하는 것은 단지 안내 이미지 활동에만 제한되는 것은 아니다. 때로 우리는 아이들에게 이미지나 환상을 지금 여기의 삶에 통합하도록 허락하거나 제안해서 아이들이 자신에게 중요하고 유용한 방식으로 상상력을 발휘하도록 할 수 있다.

다문화 맥락에서의 안내 이미지 탐구

다음은 아이들에게 중국의 리양(Liang), 인디언의 귀여운 고퍼(Gopher), 서아프리카의 코피(Kofi)라는 세 명의 작은 소년들을 소개해주기 위한 것이다.

중국과 인디언 민담

데미(Demi)가 쓴 『리양과 마술 붓(Liang and the Magic Paintbrush)』(1988)은 그림을 그리고 싶었으나 붓이 없었던 아이에 대한 중국의 멋진 이야기이다. 어느 날 리양은 무엇을 그리든 간에 살아나게 하는 신기한 마술 붓을 발견했다.

토디 드 파올라(Tomie de Paola)가 쓴 『인디언 야생초의 전설(The Legend of the Indian Paintbrush)』이라는 글은 귀여운 인디언 소년 고퍼에 관한 이야기인데, 고퍼는 아름다운 색에 대한 꿈 이야기를 가지고 있었다. 그 아이는 자신에게 필요한 도구를 만들어서 사람들의 이야기를 그리는 데 활용했다. 어느 날 고퍼의 붓과 색상은 아름다운 야생초로 바뀌었다.

이러한 이야기들을 아이들에게 읽어주고 마술 붓을 가지고 있다면 무엇을 할지 상상해보도록 하거나 아이들이 심안을 활용하여 이미지를 창조할 수 있도록 여러분 자신이 대본을 쓸 수 있다.

꿈 이야기 그리기

드 파올라가 쓴 『인디언 야생초의 전설』을 읽어준 후, 아이들에게 얇은 흰색 카드지를 주어라. 귀여운 고퍼가 사용했던 색상을 사용하여 템페라 물감[4]을 섞고 아이들 각자 자신의 꿈을 그리도록 하라. 아이들이 자신의 꿈이야기를 하고 싶어한다면 그것은 좋은 일이다. 하지만 아이들에게 길게 얘기를 하도록 강요해서도 안 되고, 아이들이 그린 것에 대하여 긴 설명을 해주어도 안 된다. 확장 활동으로서 여러분은 지역의 상점에 들러 교실에서 소개해줄 만한 인디언 야생화[5]가 있는가를 확인해보고, 아이들이 좋아할 만한 원색 꽃화보를 인터넷에서 내려받을 수 있을 것이다.

아동에게 적합한 대본을 하나 골라서 여러분이 상상할 때 읽어 달라고 친구에게 요청한다.

서아프리카 이야기들

마야 안젤로우(Maya Angelou)가 쓴 『코피와 그의 마술(Kofi and His Magic)』이라는 책은 켄테 옷[6]으로 유명한 서아프리카 마을에서 살고 있는 어린 소년의 이야기이다. 코피는 꿈에서 다른 지역을 다니고 있었다. 이 책은 매력적인 그림과 서정적 글로 이루어져 있다.

코피에 관한 책을 읽은 다음, 여러분은 드보라 뉴턴 초콜릿(Deborah M. Newton Chocolate)이 쓴 『켄테 색상(Kente Colors)』이라는 책을 읽을 수 있다. 이 책은 켄테 옷에 대한 다양한 정보를 제공해준다. 켄테 옷은 다양한 색으로 만들어진다. 짜는 사람은 빨강, 초록, 노랑, 파랑, 검정, 황금색을 활용하여 옷을 짠다. 짜는 사람은 집 근처에 있는 공동 작업실의 베틀에서 공동 작업을 한다. 이른 아침부터 늦은 저녁까지 옷을 짜는 것이 수백 년 동안 서아프리카 가족의 전통이 되어 왔다.

---

4) [역주] 고대에서 중세 이슬람, 이탈리아 지역에서 사용했던 계란 노른자를 섞은 물감임.
5) [역주] 현삼과의 초봄 꽃.
6) [역주] Kente cloth란 가나에서 밝은 색으로 수직과 수평으로 기하학적 형태를 넣어 직조한 천으로 만든 옷으로 금실을 쓰기도 함.

자신의 켄테 옷 짜기

색지 줄을 활용하여 켄테 옷을 만들어보는 것은 아주 좋은 생각이다. 아이들에게 검정 종이를 나누어주고 나서 켄테 옷 색상[7)]을 잘라주어라. 아이들은 색지를 검정 종이에 붙여서 각자의 독특한 디자인을 만들어낼 수 있다.

아이들을 위한 안내 이미지 대본

다음은 아이들과 여러분이 함께할 수 있는 안내 이미지 연습 대본이다. 나는 이것이 여러분이 아이들을 위해 작성하게 될 안내 이미지 대본의 모종 싹이 되기를 바란다. 부록 4에는 여러분이 활용할 수 있는 안내 이미지 대본이 있다.

아주 중요한 바구니

안전한 곳에서 안정을 취하고 친구들의 몸과 마음을 고요하게 해라. 천천히 깊은 숨을 들이마시고 내쉬어라. 내가 멋진 물건으로 가득 찬 바구니를 들고 방 안을 걸어 다니고 있다고 생각해봐라. 내 바구니에는 친구들만 볼 수 있는 보물이 담겨 있다.

내 바구니에 있는 선물을 친구들에게 나누어줄 것이라고 상상해보라. 나는 친구들에게 다가가고 있고 이제 친구들은 바구니 안에 들어있는 것을 볼 수 있다. 이제 봐라. 그리고 만져보아라. 그것은 큰가, 작은가, 동그란가, 평평한가? 그것은 다양한 형태로 되어 있는가? 친구들의 보물은 따뜻한가, 차가운가? 이것은 부드러운가, 딱딱한가? 좋은 냄새가 나는가? 맛이 있는가?

친구들은 그 보물을 가질 수 있다. 그래서 친구들이 그것을 안전하게 보관할 수 있는 곳에 대해서 생각해보기를 바란다. 그 안전한 곳으로 보물을 가져가서 숨겨두어라. 이제 내 바구니에 있던 친구들의 선물은 안전한 곳에 있다. 이제는 우리 교실로 돌아올 시간이다. 우리 교실에서 나는 소리를 들어보아라. 내 목소리도 들어보아라. 입을 벌려 하품을 해보아라. 조금 몸을 흔들면서 눈을 떠보아라. 내가 보이는지 방을 둘러보아라.

안내 이미지를 아이들과 할 때 아이들은 내 바구니에 있던 선물에 대해서 얘기하고 싶어했다. 그리고 비밀 장소에 두는 것도 아주 재미있어 했다. 안내 이미지 여행을 한 며칠 후 5세 아이는 나를 잡고 흙으로 빚은 상상 선물을 보여주었다. 그

7) [역주] 빨강, 노랑, 파랑, 초록, 검정, 황금색 등 각각의 색은 독특한 의미를 상징함.

아이는 아주 상세하게 자신의 상상 선물을 소개하더니, 한숨을 쉬며 말했다. "내 상상 선물을 숨기는 것은 쉬웠는데, 이것을 숨길 곳을 찾기는 어려워요."

때로 여러분이 그 경험을 잊어버렸는데, 아이들은 자신의 이미지를 기억하고서 구체적인 사물로 만들 수도 있다. 이런 일이 자연스럽게 일어난다면 여러분은 안내 이미지를 아이들이 무척 즐겼고, 지식을 암호화하고 검색하느라 이미지 체계를 바쁘게 개발했음을 알게 될 것이다. 이미지 탐험은 내적으로 보람 있는 것이며, 이미지 탐구의 과정이 가장 중요하다는 점을 꼭 기억하라.

발달에 적합한 실제

아이들에게 안내 이미지는 상상력을 계발하고, 이전의 기억을 끄집어내고, 다양한 감각들을 자연스럽게 활용하고, 긍정적인 감정적 느낌들을 창조하고, 판타지의 마술과 경탄을 경험하게 하는 기회가 된다. [그림 3-2]에는 안내 이미지를 활용할 때 발달의 측면에서 적절한 방안들이 개괄적으로 정리되어 있다.

특수교육 요구가 있는 아동

대부분의 교사들은 충동적이고 자기통제력이나 자기관리 전략이 부족한 아이들을 만날 수 있다. 어떤 아이들은 심각한 정서장애자로 분류될 수도 있고, 주의력 결핍 과잉활동장애로 진단받을 수 있다. 이러한 특성을 가진 아이들을 위한 프로그램은 충동적 행동을 지연하고 자기관리 기술을 포함한다. 많은 유아교사들은 이러한 아이들에게 시각 이미지를 활용한 이완을 통해 성공적으로 교육해왔다.

이미지를 형성하는 데 꼭 필요한 경험이 부족한 아이들의 어려움을 거론할 필요가 있다. 때로는 아이의 가정환경이나 정신장애로 인해 안내 이미지를 위한 대본의 기초로서 활용해야 하는 산보나 소풍, 동물원 구경, 공원으로의 여행과 같은 경험을 해보도록 교사들이 도움을 주어야 할 필요가 있다는 점을 기억하라. 아이들이 텔레비전을 볼 때와 같이 세계에 대한 실제라는 도식을 어떻게 발달시키는가에 대하여 주의 깊게 이해할 것을 제안한다. 아이들은 텔레비전 프로그램에서 본 일들을 자신의 경험처럼 말하고 쓴다.

[그림 3-2] 발달에 적합한 실제

- 아이들이 여러분에게 무엇을 상상하고 싶은지를 말하도록 하고, 아이들의 경험을 반영한 대본을 쓴다.
- 청각적, 신체적, 후각적, 미각적 탐구를 자극하는 안내 이미지 여행을 제공한다.
- 아이들이 이미지의 어떤 측면들과 상호작용적 관계에 몰입할 수 있는 지적 도전들을 제공한다.
- 아이들의 이미지에 대하여 비평가적 자세를 취해야 한다. 여러분의 긍정적, 수용적 태도는 과정 내내 필요하다.
- 신체적 자세는 매우 개인적 문제임을 기억하라. 어떤 자세가 아이들에게 가장 적절한지를 선택할 수 있도록 하라.
- 아이들이 모든 영역의 이미지를 경험할 수 있는 기회를 제공해주어라. 안내 이미지에 참여하는 동안 아이들은 신체적 동작(몸을 움직이고 미세 운동능력을 활용하는)을 상상할 수 있고, 정의적 영역을 탐구하는 동안에 감정에 대한 인식을 얻을 수 있으며, 장난감을 함께 쓰는 것에 대한 결정을 하거나 갈등에 대한 해결책을 상상함으로써 사회적 기술들을 발달시킬 수 있다. 지적 발달은 아이들이 의사결정하는 법을 상상할 때, 마음 속에 상상 이야기를 쓸 때, 블록 영역에서 빌딩 만들기와 같은 프로젝트를 마치기 위한 계획을 세울 때 촉진될 수 있다.
- 안내 이미지 대본에 안전감을 제공하라. 아이들에게 무서운 것이나 아이들이 불안해할 만한 삶의 경험을 기억하라고 해서는 안 된다.

읽기장애가 있는 아이들에게는 시각 이미지 전략이 독해 능력을 개발하는 데 효과적이다. 켄자스 대학 학습연구센터의 연구자들은 그들의 연구 기반 학습전략 교육과정의 구성요소로서 시각 이미지 전략을 개발시켰다(Schumaker, Deshler, Zemitzsch, & Warner, 1993). 그들의 연구 결과에 따르면 학생의 이해와 기억은 아이들이 글을 읽는 동안 형성한 시각적 이미지의 질과 양에 비례하여 증가한다.

유아교사들을 위한 대학 수준의 조력자인 나의 경험에 따르면, 교사들은 자기 통제나 자기관리 능력에 있어서 결함이 있는 아이들을 만날 수 있다고 생각한다. 아이들이 보람 있고 친구들에게 환영받을 수 있도록 자신을 형성하는 것을 배우는 과정에서 시각적 이미지의 제안을 따름으로써 자신의 초기 충동을 지연하도록 배우고, 이완 활동을 통해 편안하게 되는 것을 배우는 것은 중요하다.

뇌성마비를 앓고 있는 아이들은 자신의 근육이 움직이는 방법을 상상하는 안내 이미지를 활용함으로써 배움에서 상당한 진전을 보여왔다. 또한 다른 안내 이미지 경험은 시각장애를 가지고 있는 아이들의 시각적 상상력을 증진시키는 것으로 보고되었다. (시각이나 청각)장애가 있는 아이들은 경험이 제한되어 있고, 안내 이미지 경험을 위한 대안적 접근을 고안해야 한다는 점을 기억해야 한다. 예를 들어 시각장애가 있는 아이는 대본에서 소리와 질감에 집중해야 한다. 청각장애가 있는 아이들은 묘사적 부분을 이해할 수 있도록 안내받아야 한다. 이러한 경우 이미지는 시각적이고 촉각적인 경험에 집중되어야 한다. 진동과 움직임을 포함한 이미지는 적절할 것이다. 청각적이거나 시각적 이미지를 함께 갖추면 감각적 장애가 있는 아이들의 시각적 · 청각적 상상력을 증진시킴으로써 인지적 자각을 증진시켜줄 것이다. 예를 들어 흰 구름을 묘사하는 안내 이미지는 솜으로 된 공으로 비유되어 표현될 수 있을 것이다. 또는 바람의 소리를 묘사하는 부분은 머리에 불어오는 바람으로도 묘사될 수 있을 것이다.

개인적 · 직업적 성장

여러분은 안내 이미지에 대하여 이미 많은 정보를 얻었다. 이제 성인 학습자인 여러분이 참가자가 될 시간이 되었다. 안내 이미지에 참여하는 데 관련되어 있는 학습과정은 여러분을 정의적 영역의 첫 번째 주된 범주인 "감수"에 집중하도록 한다. "감수"는 의식을 갖고 주의를 기울이기와 여러분의 심안에 들어오는 이미지를 기꺼이 받아들일 수 있도록 집중하는 것, 동시에 여러분이 그것을 경험하는 과정에 집중하는 것을 포함한다.

안내 이미지 연습에 여러분이 참여하는 것은 어떤 신체적 움직임이나 다른 사람의 눈에 실패로 보일 것이라는 위험이 수반되지 않는다. 앞서 언급했듯이, 상상하는 당사자만이 심안을 통해서 본 이미지의 내용과 어느 정도 주의를 기울였는지 알 수 있는 것이다. 여러분이 성장을 위한 씨앗을 상상하기 싫다면 여러분은 식료품 목록을 작성하거나 수업 후 무엇을 할 것인가를 상상할 수 있다. 여러분만이 과정 중에 일어난 일을 알 수 있다. 이러한 방식으로 안내 이미지에 접근함으로써 창의적으로 상상하는 능력을 발휘하기 위하여 어느 정도의 에너지를 활용할 것인가에 대한 책임을 각자가 갖게 된다. 다음의 안내 이미지 연습은 여러분이 상상력과 창의력을 발휘하도록 고안된 것이다. 아래에 서술한 정의적 목표를 항상 기억하라.

- 주의 깊게 듣는다.
- 청각적 자극에 주의를 기울인다.
- 이미지의 중요성에 대하여 민감하게 반응한다.

- 창의력을 인정해준다.
- 이완에 집중한다.

이 안내 이미지 연습은 교육자로서 여러분의 개인적 · 직업적 성장에 초점을 두고 있다. 이것은 여러분이 알고 있는 가장 영향력 있고 특별한 교사의 특성을 스스로 갖도록 해줄 것이다. 여러분의 독특한 교수 형태를 평가하고, 가장 기억할 만한 교사 중 한 명이 될 수 있도록 여러분의 잠재력을 키워줄 자료를 모으도록 한다.

훌륭한 교사 찾기

편안한 곳을 찾아라. 편안함을 느낄 수 있도록 눕거나 앉아라. 이제 눈을 감고 근육을 이완시킨다. 의자나 바닥에 기대도 된다.

여러분이 가장 좋아하는 선생님을 찾는 여행을 떠나려고 한다. 유년기, 청소년기, 성인기를 더듬어보면서 여러분에게 감동을 주었던 선생님들을 기억해보아라. (여기서 2~3분 가량 멈춘다.) 아마 한두 분 정도는 떠올릴 수 있을 것이다. 가장 특별한 사람들을 기억하고 확인해보아라. 그리고 여러분의 마음속에 불러 들여라. 이 분을 여러분이 좋아하게 된 이유들을 생각해보자. 배려 때문인가? 교수 방식 때문인가? 태도 때문인가? 따뜻함 때문인가? 지식 때문인가? 지능 때문인가? 외모 때문인가? 헌신 때문인가? 가치 때문인가? 여러분 자신에게 이들을 묘사하라. 이 분들에 대한 기억을 증진시킬 수 있는 말들을 생각해보라. 1~2분 동안 그 분들에 대해 계속 생각해보자. 이제 이 분들을 떠나서 지금 여기의 교실로 돌아올 시간이 되었다.

가르치는 과정은 "자신을 도구"로서 활용하는 것이다. 여러분에게 특별한 선생님으로 기억되는 분을 떠올려 묘사해보고, 동료들과 비교해보라. 비슷한 점을 발견할 수 있는가.

여러분이 훌륭한 교사를 묘사하는 데 활용했던 단어들을 기억하고 여러분의 기억에서 계속 기억하길 바란다. 잠시 여러분의 기억에 머물러있자. 여러분이 준비가 되었을 때, 여러분에게 들리는 소리, 이 방의 따뜻함과 차가움, 몇 분 전에 여러분이 했던 생각들, 지금 여기 여러분 곁에 있는 사람들을 생각해보자. 이제 지금 여기로 되돌아와서 기지개를 펴보라. 손가락과 발가락을 움직이고 지금 여기로 되돌아온다. 눈을 뜨고 나와 여러분의 동료들이 보이도록 두리번거려보자.

다음의 제안들은 훌륭한 교사 찾기 활동에서 활용될 수 있다.

1. 시작하기 전에 여러분의 상상 속에 떠오르는 훌륭한 교사의 특징들을 모두 적어보자.
2. 여러분의 개인적 목록을 완성할 때, 곁에 있는 동료들의 목록과 비교하고 의견을 교환한다.
3. 나와 내 동료의 목록을 모은 새로운 목록을 작성해보자. 여러분이 쓴 것을 바꾸지 말아라. 동료의 목록과 합치되 똑같은 것을 두 번 쓰지 않도록 한다. 즉, 두 사람 모두 "배려"라는 특성을 썼다면, 합치면서 "배려"라는 단어를 한번만 쓰면 된다. 한 사람이 "지성"을 썼다면 새로운 목록에 추가하기만 하면 된다.
4. 이제 두 명에서 네 명으로 집단을 확대한다. 다시 좋은 교사의 특징들을 모아서 새로운 목록을 작성한다.
5. 이러한 특성들이 인지적, 정의적, 심리운동적 영역에서 대표적인 좋은 교사의 특징이 되었을까를 이야기해보아라. 이 집단이 편안하게 느껴진다면 훌륭한 교사의 특징이나 자신에 대한 평가 등을 속 깊이 토론해볼 수 있을 것이다.

상상은 삶과 예술의 최고 주인이다.

— 조셉 콘라드(Joseph Conrad, 1857-1924)

제4장

음악과 신체표현 도입하기

우리는 음악을 만들며 꿈을 꾸는 자들이다.
— 아더 오 소니시(Arthur O' Shaughnessy, 1881)

연말 연례행사 프로그램을 위한 시간이었다. 나의 음악적 배경 때문에, 교장선생님께서는 나를 이 프로그램의 위원장으로 임명했다. 흥분되었다! 올해는 내가 교직에 선 첫해이고, 처음 맡은 5세 반인데, 교장 선생님께서는 내가 이 프로그램의 책임을 맡기를 원하신다. 유치원에서부터 3학년 학생까지 모든 아동들이 호두깎기 인형 모음곡을 의상, 음악, 거치대, 갖가지 장식을 완벽하게 준비해서 공연하기로 결정했다. 부모들과 다른 교사들에게 깊은 인상을 남기고 싶어서, 유치원 여자 아이들에게는 "꽃의 왈츠(The Waltz of Flower)" 발레를, 남자 아이들에게는 "장난감 병정의 춤(The Dance of the Toy Soldiers)" 발레를 가르치기로 결정했다. 몇 주 동안 이 유아들에게 완벽한 스텝, 완벽한 타이밍, 오른쪽으로 돌기, 제자리에 서기, 인사하기, 스텝 밟고 돌기를 가르쳤다. 처음엔 유치원생들이 즐기는 것 같아 보였지만, 시간이 지나갈수록 유아들이 연습하기를 싫어하기 시작하고 "이 프로그램"을 다시는 하고 싶지 않다고 칭얼댔다. 몇 차례나 몇몇 아이들이 피곤하다고 불평을 하고, 다른 아이들은 자기통제에 어려움을 겪고 있었고, 방해하거나, 부적절하게 행동하고, 때리고, 전반적으로 즐거워하는 것처럼 보이지 않았다. 그러나 우리는 공연 날까지 밀어붙였고, 부모들은 공연을 너무나 좋아했다. 모두들 프로그램을 아주 멋지게 마친 것을 기뻐했다. 아이들이 얼마나 좋아했고, 얼마나 좋은 시간을 가졌는가에 대해 1학년 선생님과 얘기했던 기억이 난다. 그러나 실은, 아이들은 진이 다 빠졌다는 것이다. 그들은 침착하지 못했고, 짜증을 냈고, 지쳤고, 뾰로통해 있었다. 심지어 몇몇은 프로그램이 끝나기도 전에 잠들어버렸다.

긴 겨울방학이 끝난 뒤, 유아들이 학교에 돌아왔고, 호두깎기 인형을 제작하기 이전의 행복하고 잘 적응된 아이들 같아 보였다. 우리 모두 알다시피, 유아들은 굉장히 회복력이 빠르지만 몇 주가 지나도 아이들은 내가 음악을 틀어주는 것을 원하지 않았다. 햅 파머(Hap Palmer)[1]의 앨범을 올려놓자, 아이들은 "아침에 일어나(get up in the morning)" 신체표현에 대해 무엇이 맞고 틀린 방식인지에 대해 논쟁했다. 왜 유치원생들이 햅 파머를 싫어하게 된 걸까? 나는 아이들이 좋아하는 프로코피에프(Prokofiev)의 피터와 늑대, 드뷔시(Debussy)의 라메르(La Mer), 호두깎기 인형에 나오는 곡들을 더 틀었다. 유아들은 발레 음악을 듣고 싶어하지 않았다. 내가 음악을 틀어주는 것도 원하지 않았다. 춤, 의상, 프로그램이라는 단어를 언급하는 것만으로도 전체 학급 분위기를 변화시켰다. 내가 기억하기론 몇 주 정도의 시간이 더 흘러서야 마침내 아이들이 음악으로 돌아왔다. 이른 봄이 되어서야 아이들이 좋아하는 음악, 비발디(Vivaldi)의 "사계(Four Season)"에서 "봄" 신체표현에 대해 다시 알려달라고 하고, 그것을 즐겨 듣게 되었다(Edwards & Nabors, 1993, pp. 77–81).

---

1) [역주] 미국의 아동 음악가. 음악과 동작의 선구자로, 아동기에 초점을 맞춘 언어 습득, 운동 기술, 읽기 기술, 기본 기술 등의 발달에 도움이 되는 노래들로 200여 곡을 만들었음.

이 장을 어떻게 시작할지 생각하고 있을 때, 방금 제시한 이야기는 나에게 다시 한 번 악몽을 되새기게 해주었다. 이 사건들은 실제로 나와 나의 유치원 유아들에게 있었던 일이다. 그 당시에 나는 음악 과정의 중요성에 대해 잘 몰랐고, 오직 공연 중심, 결과 중심적인 접근방향으로 음악에 대해 생각했다. 나의 창의적인 예술 과목들은 수년간 음악프로젝트에 대한 충분한 설명서가 되었다.

어느 정도 시간이 흐른 뒤, 내가 너무 어린 아이들에게 그 나이에 적합하지 않은 형태로 공연(창의적인 예술이라는 이름하에, 그리고 보다 더 구체적으로 "춤") 하라고 몰아가고 있다는 것을 알게 되었다. 나는 이 아이들에게 적합하지 않은 연습을 하게 했을 뿐만 아니라, 아이들 스스로 그들의 아이디어, 사고, 이미지, 표현의 형태들을 해석하고 만들어낼 수 있는가에 대해서는 전혀 고려하지 않고, 어떻게 왈츠를 잘 추는 꽃이나 장난감 병정이 될 수 있는가에 대해서만 나의 아이디어를 주입했다.

이제 무용하는 아이들은 잠시 제쳐 두고, 신체표현과 춤으로의 초대에 여러분이 어떻게 반응할지에 대해 살펴보도록 하자. 다음 절은 3장에서 다루었던 정의적 영역에서의 토론을 이어서 다루고, 정의적 영역 발달의 연속체에서 두 번째로 주요한 항목인 반응에 대해 소개하고자 한다.

정의적 영역 발달의 연속체: 반응

이전에 여러분에게 안내된 이미지에 관심을 가지고 안내된 상상을 탐색하는 과정에서 여러분이 맞게 될 새로운 경험들을 수용적이고 개방적으로 받아들일 것을 권했다. 정의적 영역 발달의 연속체에서 두 번째로 주요 항목인 반응은 학습자의 부분에서 적극적인 참여와 관련된다. 이 수준에서, 안내된 이미지에 참여했을 때 여러분이 경험했듯이, 단순히 특정 현상에 참여하는 것을 넘어서서 뭔가를 하고 적극적으로 개입함으로써 반응하게 하고자 한다. 이 장을 통해, 최소 인식의 수준을 넘어서는 경험을 하게 될 것이고, 음악과 신체표현 활동에 활동적으로 참여하게 될 것이다. 반응한다는 것은 여러분이 참여하고자 하는 의지가 있다는 것을 의미한다. 또한 내용에 관심을 보이고, 가장 중요하게, 다양한 음악적 경험에 반응함으로써 일종의 만족을 얻거나 즐기거나 즐거워한다는 것을 의미한다.

여러분은 음악, 창의적인 신체표현, 또는 춤을 통해 자신의 아이디어를 표현하는 것에 대해 어떻게 느끼는가? 여러분은 음악적인가? 사랑하는 사람에게 생일축하 노래를 불러주거나, 음악이 너무 좋아서 앉아 있지 못하고 친구들과 춤추는 것을 즐기는가?

훌륭한 밴드의 리듬에 맞춰 발을 구르거나 아름다운 오케스트라 심포니가 끝난 뒤에 앙코르를 요청하며 박수치며 서있어 본 적이 있는가? 아마 우리 대부분은 이러한 음악적 재능을 약간씩 가지고 있다. 반면 다른 이들은 음악의 소비자로서 또는 수행자로서 좀 더 깊이 음악과 연결되어 있다. 음악적 개입의 수준이 무엇이건 간에, 음악적 능력과 재능을 증가시키려는 우리의 노력은 창의적이라는 광범위한 정의 아래에 명백히 속하는 것이다.

슐레스만(Schlessman, 2003)은 창의성을 "능력을 넘어서는 한 단계" (p. 6)로 정의했다. 그녀는 창의성을 가진다는 것은 사람들이 흔히 하는 것 이상의 단계로 나아가는 것이라고 말하고 있다. 이러한 관점에서 창의성에 대해 생각할 때, 이와 같은 정의는 모든 교사들이 창의성이라는 위엄을 갖추도록 한다. 나는 교직을 직업으로 선택하는 우리 대다수는 새롭고 다른 상황에서 기꺼이 모험을 할 것이라고 믿는다. 결국, 음악은 우리가 익숙한 가락을 읊조리거나 유명한 가수들의 노래를 따라 부를 때 동시에 발생하는 것이다.

그러나, "난 정말 노래 못해"라고 생각하더라도 걱정할 것은 없다. 유아들이 의미 있는 음악적 경험을 하는 데 있어 아름답게 노래하는 목소리가 꼭 필요한 것은 아니다. 여러분은 읊조리거나, 노래에 맞춰 손유희나 신체표현을 할 수 있다. 유아에게는 리듬이 곡조보다 더 흥미로울 수 있다. 여러분은 CD, 오토하프나 멜로디 벨 같은 간단한 악기들을 사용하거나 음악적 재능이 있는 사람을 자원봉사자로 초빙할 수 있다. 여러분이 신체표현을 하거나 춤을 출 때 리듬을 몸으로 전혀 느끼지 못한다면, 이 장에서 제시되는 여러 종류의 신체표현을 경험해보면서 천천히 시작해보자. 아마도 여러분의 음악적 창의성과 자신에 대해 새로움을 발견할 수 있는 가능성이 열릴 것이다. 유아들은 여러분, 그들의 선생님, 여러분의 열정, 관심, 즉흥성(spontaneity)에 반응할 것이다. 여러분이 자신을 믿는다면, 유아들과 그들의 반응을 통해 자부심을 느끼게 될 것이다.

이 장에 있는 경험적 활동들은 여러분이 신체표현, 춤, 기악법, 노래, 손유희를 탐색할 때 여러분을 격려하도록 설계되었다. 타악기와 악기의 음색에 대해 배우는 동안 음의 높이, 선율, 리듬에 대해 알게 될 것이다. 여러분(그래, 여러분!)은 여러분의 자신감, 상상력, 자기표현력, 그리고 자신만의 혁신적이고 창의적인 아이디어를 계속해서 개발해 나가기 위해 간단한 리듬이 있는 노래들과 리듬악기들을 유아들에게 사용할 수 있다.

이러한 활동들에 반응하고 활동적으로 참여하는 것은 여러분 중 몇몇에게는 쉬울 수 있다. 또 몇몇은 노래하고 읊조리고, 악기를 연주하는 등 여러 가지 방식으로 탐색해본다는 것에 대해 이미 불편해하고 있을 것이다. 여럿이 같이 있으면 안전하다는 것을 명심하라. 여러분 자신의 개인적인 창의성이라는 창문을 열어보고 뭔가 새롭고 신나는 것을 보는 순간을 상상해보아라. 그러나 폭풍이 다가오고 번개가 친다면, 창문을 닫고 다른 이들의 음악과 신체표현을 보고 즐길 수도 있다는 것을 확실히 알아두어라.

이제 어떻게 유아들이 음악과 신체표현에 반응하는지 살펴보자. 좀 더 구체적으로, 유아들이 어떻게 음악과 신체표현을 즐기는가?

음악과 신체표현: 유아를 위한 즐거움과 가치

유아들은 행동지향적이다. 노래하기, 움직이기, 춤추는 것은 재미있을 뿐만 아니라, 듣고 반응하고 모방하고 그들의 목소리, 손가락, 손, 팔, 몸을 창의적이고 그들만의 독창적인 방식으로 사용할 수 있는 기회가 된다.

하임스(Hymes)는 『6세 이하 유아 가르치기(Teaching the Child Under Six)』(1981)에서 "양태와 흔들기"를 가장 정확하게 묘사했다. 하임스는 어떤 전문가보다도 유아들의 자질에 대해 잘 알고 있음에 틀림없다. 그는 유아들이 나이 많은 아동들과 다르게 "이동하는" 방식에 대해 다음과 같이 제시했다.

- 유아들은 잘 앉아 있지 못한다.
- 유아들은 계속해서 조용히 있지 못한다.
- 유아들은 부끄럼을 잘 탄다.
- 유아들은 굉장히 자아중심적이다.
- 유아들은 자부심을 느끼고 싶어하고, 자신이 크고 중요하다고 느끼고 싶어한다.
- 유아들은 자기만의 꿈꾸는 세상을 가지고 있다.

- 유아들은 매우 상냥하다.
- 유아들은 초보자이다.
- 유아들은 굉장히 격려받고 싶어한다.
- 유아들은 소박하고 실용적이고 구체적인 생각을 지녔다.
- 유아들은 순종적이다.
- 유아들은 문맹이다.

하임스는 또한 이러한 유아들에 대한 자질을 알고 더불어 살아가려는 의지와 수용력이 좋은 교실과 유아들에게 적합한 경험을 제공하지 않는 교실(교사)은 차이가 난다고 했다.

유아들의 양태와 흔들기에 대한 하임스의 묘사가 어떻게 음악과 신체표현에 적용될 수 있을까? 행동지향적인 음악적 경험을 유아들에게 개발시키고자 하는 우리의 태도와 접근에 답이 있다. 유아들은 놀이터이든 교실에서든 안팎에서 움직일 공간이 필요하다. 춤추기, 리듬감 있게 움직이기, 율동은 적절히 움직이는 기회를 제공한다. 이전에 어떤 대학원생이 여기에 적합한 어구를 다음과 같이 만들었다. "제자리에 앉아 있고 조용히 하는 것은 시장성 있는 기술이 아니다"(Cain, Personal Communication, 2004). 유아들은 조용히 있지 못하기 때문에 노래를 부르거나, 악기를 연주하거나, 놀이하면서 노래를 흥얼거리는 등 자유롭게 어느 정도 소음을 낼 필요가 있다. 부끄럼을 많이 타는 유아들은 소집단에서 음악적인 아이디어로 놀이를 해보는 기회를 가지도록 해야 한다. 하임스는 이러한 아이들을 "안전한 개인적 집단(safe personal cluster)"이라고 했다. 부끄럼을 많이 타는 유아가 조심스럽게 트라이앵글을 만지작거리고 있거나, 수업시간에 조용히 노래를 흥얼거리고 있다면, 그 유아들은 어쩌면 아직 전체 수업활동에 참여할 준비가 되지 않았거나, 시험적으로 노력해보고 있다는 것을 명심해야 한다. 수업 도중에 여러분의 말을 끊고, "나 혼자 산토끼 노래 다 부르는 것 좀 보세요", "나비처럼 움직일 수 있어요", "서커스에 갔었는데, 어릿광대 악대가 있었어요" 등등 이러한 말들을 하는 것은 유아들의 자기중심적인 성향을 보여준다. 아이들은 문장을 "나는"으로 시작하고, 민감한 교사는 아이들이 제공하는 음악적 소식에 귀 기울이는 데 시간을 보낸다.

학급에서 음악과 신체표현을 포함시키는 주된 목적은 즐거움이다. 음악과 신

이 소녀들은 모래 공간을 가로질러 움직이는 여러 가지 다른 방법들을 탐색하기 위해 그들의 상상력을 사용하고 있다.

체표현을 통해, 유아들은 자기 자신을 표현할 수 있고, 공간을 탐험하며 다니고, 언어와 의사소통 기술을 발달시키고, 감각적 인식을 증가시키고, 리듬, 제스처, 시간, 공간을 통해 자신을 표현한다.

학급에 음악을 포함시키는 네 가지 중요한 이유

반 데어 린더(Van der Linde, 1999)는 음악과 신체표현 활동의 중요성이 왜 과소평가되어서는 안 되는지에 대한 여섯 가지 이유를 제시했다. 이들 중 네 가지는 이전에 우리가 논의했던 것과 관련되어 있다.

1. **정신적 능력과 지능.** 음악과 수학적 사고 간에는 관련성이 있다. 수학적 개념은 아이들이 셈하기 노래를 부르면서 발달될 수 있다.
2. **신체적 자아상에 대한 완수.** 유아들은 근육 발달을 돕는 협응을 발달시킨다. 유아들은 달리고, 균형 잡고, 스트레칭하고, 구부리는 신체표현들을 할 때, 자신의 몸으로 무엇을 할 수 있는지 알게 된다.
3. **정서 발달.** 음악과 신체표현을 통해 유아들은 감정을 표현하고 긴장을 완화시키는 데 있어 어느 정도까지 수용 가능한가를 배우게 된다. 음악은 특별한 분위기를 전달하고, 이 분위기를 통해 아이들은 감정과 정서를 드러낼

수 있다.

4. **창의성 발달.** 음악은 유아의 창의성을 자극하는 상상의 세계를 만들어낼 수 있다. 상자로 드럼을 만들고, 드럼 스틱은 나팔로, 빗자루는 춤출 때 파트너가 될 수 있다. 유아들은 순수하게 즐거움을 위해 노래를 만들거나, 개사해서 노래를 부른다(pp. 2-5).

가끔씩 이 모든 것들은 너무나 쉽게 여겨져서 유아들에게 음악적 인식을 싹틔워 음악과 신체표현으로 확장시킬 수 있는 기회들을 놓쳐버리기도 한다. 상상의 세계, 즉 꿈의 세계는 유아들이 실제로 아이디어들을 실행해보기 전에 분류해볼 수 있는 개인적인 장소이다. 그들은 나비가 어떻게 이 꽃에서 저 꽃으로 날아다니는지 상상해본 후 나비처럼 날아다니는 것을 자신의 해석으로 재창조해낼 수 있다. 교사는 음악과 신체표현 활동을 통해 상상과 환상을 촉진해야 한다. 이는 미래의 사고와 지각 조직에 기본이 되는 음악적 과정의 발달을 촉진하는 자원이며, 유아가 교실로 가져오는 자연적인 자원이다. 독수리처럼 하늘을 고공하고, 바람과 함께 춤추고, 자신의 목소리를 듣는 기쁨으로 노래하고, 말처럼 날렵하게 달리는 척하는 능력을 발견하기 시작한 상냥한 유아들은 그들의 신체, 마음, 목소리가 음악적 발달과 신체운동 기능적 발달을 위해 지니고 있는 모든 가능성을 탐색해볼 수 있는 안전한 공간을 교사가 제공해주길 기대한다.

유아들은 뭔가를 반복하는 것을 좋아한다. 그들은 다시 노래하고 싶어하고 지그재그로 움직이고 싶어한다. 유아들은 어떻게 조그만 거미가 물기둥을 타고 올라가는지 같은 호기심으로 가득 차 있다. 영감이 떠오를 때 움직이고 춤추고 싶어한다. 유아들은 여러 가지를 시험해보도록 다양하고 풍부한 음악적 경험을 설계해줄 교사를 필요로 한다. 라피, 그렉, 스티브(Raffi, Greg, Steve)나 젠킨스(Ella Jenkins)의 음반을 틀어줄 수는 있지만, 아이들이 자신에게 개인적이고 적합한 방식에서 들은 것을 자신만의 방식으로 해석하도록 시험하게 놔두어야 한다.

좋은 학급은 음악에 적합하게 준비되어 있다. 감각적인 교사는 유아들이 서투르지만 리듬감 있게 움직이려고 시도하는 것을 축하해준다. 아이를 전인으로 고려한다는 것은 그 아이의 음악적 표현의 모든 측면을 존중한다는 의미이다. 음악을 접촉하는 것에 대한 가치를 인식하는 것은 풍부하고 다양한 노래, 손유희, 다른 음악적 경험들에 아이들을 몰입시키도록 하는 많은 선택과 가치 있는 가능성들을 현명한 교사에게 제공한다.

유아는 매우 일찍부터 음악을 인식하기 시작한다. 신생아도 조용한 노래, 뮤직박스, 음악 장난감을 통해 안정감을 느낄 수 있다. "가갸" 소리를 내고 옹알이를 시작하면서, 신생아는 여러 가지 다른 음색, 리듬패턴을 다양하게 구사해볼 수 있게 된다. 걸음마를 하게 되는 아이들은 전형적으로 박수를 치고, 춤추고, 음악 박자와 리듬 패턴에 따라 여러 가지 다른 방식으로 움직이면서 돌아다닌다. 유아들은 음악적 소리에 민감하고, 여러 가지 다른 박자와 속도에 자유롭고 즐겁게 반응한다. 동시에, 새롭고 다른 방식으로 몸과 목소리를 사용할 수 있다는 것을 알게 된다.

> 네가 말할 수 있다면, 너는 노래할 수 있다. 네가 걸을 수 있다면, 너는 춤출 수 있다.
>
> — 짐바브웨 격언

유아기를 거치면서, 음악적 발달에서 유아들이 달성한 주요 성취들이 이번에는 발달의 이정표들을 지원해준다. 음악과 신체표현을 탐구해 보면서 얻는 가장 중요한 부산물은 언어 발달이다. 유아에게 의사소통은 대개 비언어적이라서, 음악과 신체표현은 유아의 의사소통 기술과 능력을 확장시키고 강화시킬 수 있다. 유아들은 단어들을 곡조에 붙이면서 익숙한 단어 패턴들을 실험해볼 수 있다. 리듬패턴을 모방해보고, 음악과 춤으로 의사소통할 때, 이를 신체적 활동과 결합할 수 있다. 유아들은 익숙한 노래에 맞춰 가사를 바꿔 부르고, 놀이 활동에 맞춰 홍얼거리는 챈트를 구성해보면서 단어를 가지고 놀게 된다. 언어적 · 동작적 힌트들은 유아들이 새로운 단어와 단어의 순서들을 기억하는 데 도움을 준다. 그들은 규칙적인 박자, 속도의 변화, 강세, 동시에 하기를 실험해본다. 이러한 요소들이 단어와 문장으로 의사소통을 통합하는 것들이다.

교육과정의 모든 영역에서와 같이, 교사 여러분들은 유아들이 자신의 세계에 관해 지식을 구성하도록 도움을 주고, 그들이 자신의 경험을 이해하도록 도움을 주기 위해 음악과 신체표현이 왜 중요한 도구인가를 이해할 때, 발달적으로 적합한 음악과 신체표현 활동은 성공할 수 있다. 확실히 음악과 신체표현은 언어와 같은 다른 과목 영역을 강화시킬 수 있는 통합적 교육과정으로 사용될 수 있다. 그러나 메츠(Metz, 1989)의 경고처럼, "단순히 음악을 교육적 환경에 사용한다는 것이 유아들의 음악적 지각이 발달되고 있다는 것을 보증하는 것은 아니다. … 우리는 '음악 그 자체로서의 목적' 으로 음악에 초점을 둘 필요가 있다.

더 나아가 우리 교사는 어떻게 음악적 경험을 유아들에게 도입할 것인가뿐만 아니라, 왜 음악이 유아의 전체적 발달에 필요 불가결한 것인가에 대해 정통해야만 한다. 이유에 대한 이해를 촉진할 수 있는 한 가지 방법은 발달이론이 제시하고 있는 관점들을 살펴보는 것이다. 다음 절은 유아들의 삶에서 왜 음악이 필요하고, 음악이 중요한 과목 영역으로 존재하는가에 대한 통찰을 제공해줄 것이다.

음악 발달 이론

유아들은 음악 소리에 대해 타고난 인식과 감각을 지니고 있다. 유아는 어떤 다른 연령대보다 더 즉흥적으로 음악을 탐구하고, 목소리, 신체, 자신만의 감정 상태로 음악과 신체표현 활동을 향해 탐험해 나간다. 전체 유아들이 참여한다. 각 유아들은 음악과의 만남에 대해 정서적, 인지적, 심동적으로 반응하고, 이는 창의성의 특질이다. 가드너(Gardner)는 유아들이 사랑스러운 그림과 음악에 색을 입히는 것을 직관력 있게 관찰했다.

> 유아들은 음악이나 이야기를 몸 전체로 듣는다. 어쩌면 넋이 빠져 완전히 몰두하고 있을지도 모른다. 혹은 이쪽 저쪽으로 몸을 흔들거나, 행진하거나, 노래에 박자를 맞추거나, 번갈아가며 이러한 것들을 하고 있을지도 모른다. 그러나, 어떤 경우이건, 이와 같은 예술 과목에 대한 유아의 반응은 아마도 신체 감각에 의해 스며져 있는 신체적인 것이다(1973, pp. 152-153).

가드너의 다중지능이론: 음악적, 신체운동적 지능과 논리수학적 지능

음악적 지능

이 지능에는 음의 높이(또는 선율), 리듬, 그리고 음악적 표현에 대한 감상을 인식하고, 만들어내고, 감상하는 능력이 포함된다. 작곡가, 연주자, 지휘자 또는 음악에 참여하고 있는 유아들 모두 음악적 지능을 많이 소유하고 있다. 지휘자이면서 작곡가인 레오나드 번스타인(Leonard Bernstein), 작곡가이면서 연주가였던 고 레이 찰스(Ray Charles), 가수이면서 작사가 겸 작곡가인 에밀로우 해리스(Emmylou Harris), "노래의 영부인" 엘라 피츠제랄드(Ella Fitzgerald), "레이디 데이(Lady day)"로 유명한 빌리 홀리데이(Billie Holiday), 포크송 가수이자 정치활동가인 조안 바에즈(Joan Baez), 가수이면서 작곡가 겸 작사가이고 화가이며 키보드 연주자이자 기타리스트인 노라 존스(Nora Jones), 작사가 겸 작곡가인 제임스 테일러(James Talor)와 에릭 클랩튼(Eric Clapton)은 모두 엄청나게 어마어마한 음악적 지능을 지닌 사람들의 예이다.

신체운동적 지능

신체의 움직임을 조절하고, 대상물을 기술적으로 다룰 수 있는 능력은 신체운동적 지능의 핵심 요소이다. 가드너는 신체적 지능을 무용수, 안무가, 운동선수, 무언극, 외과의사, 공예가, 문제를 해결하는 방식에서 손이나 신체를 사용하는 사람들이 사용하는 것으로 명시하고 있다. 이 지능에 속하는 전형적인 사람들에는 미국의 무용수이자 안무가인 앨빈 아일리(Alvin Ailey), 아프리카 춤을 미국으로 옮겨온 최초의 안무가이자 무용수인 캐서린 던햄(Katherine Dunham), 기품 있고 힘이 센 세레나(Serena)와 비너스 윌리엄스(Venus Williams), 로빈 윌리엄스(Robin Williams), 빌 코스비(Bill Cosby) 같은 희극적인 캐릭터로 알려진 당대의 명장들이 있다.

논리수학적 지능

수학자, 과학자, 작곡가는 확실히 이러한 형태의 지능을 가지고 있는데, 이는 리듬, 박자, 박자표, 음표를 포함해서 논리적, 수리적 패턴을 구별하는 능력과 감각, 그리고 고리로 연결된 추론을 다룰 수 있는 능력을 포함한다. 패턴, 범주, 관계는 바로크 시대의 대위법과 화성에 나타나던 것이다. 작곡가에게 보이는 논리수학적 지능의 한 예로, 요한 세바스찬 바흐(Johann Sebastian Bach)의 고전적 작품인 추상이론의 전환으로 알려진 "푸가의 기법(The Art of Fugue)"을 들 수 있다. 푸가의 예술은 대위법을 순수하게 최고조까지 수행한 작품으로 논리수학적 지능의 뛰어난 한 예를 보여준다. 바흐의 작품이 그 동안 여러분이 풀려고 시도했던 어떤 수학 방정식만큼이나 복잡하다는 것을 인정하지 않는다면 푸가의 기법에 대한 다음 묘사를 읽어보고 스스로 생각해보라.

> 이 작품은 4개의 푸가로 시작한다. 이중 2개는 주제를 표현하고, 나머지는 역진행으로 주제를 묘사한다(즉, 뒤에서 앞으로). 역푸가가 있고 나서, 원 주제의 순서가 도치되고, 원주제와 결합된다. 이중푸가, 삼중푸가, 몇 개의 캐논, 세 쌍의 대칭푸가가 있다. 거울의 반사를 두 배로 실제적으로 하기 위해 첫 번째 푸가의 최고음은

> 두 번째 푸가의 저음이 되고, 알토는 테너로, 테너는 알토로, 저음은 최고음으로 변해서 12장 2절이 12장 1절을 선행해나가는 것처럼 보이는 결과가 된다(Schonberg, 1981, p. 43).

확실히 모든 사람이 이 모든 의미를 이해하지는 못하겠지만, 이 장에서 음악과 신체표현에 포함되어 있는 논리수학적 지능에 대한 좋은 예이다.

매우 높은 수준의 논리수학적 지능을 나타내는 사람들의 예로는 바흐, 과학자 알버트 아인슈타인(Albert Einstein)과 퀴리부인(Madame Curie), 생물학자 어니스트 에베레트 저스트(Ernest Everett Just), 식물학자 조지 워싱턴 카버(George Washington Carver)가 있다.

음악적, 신체운동적, 논리수학적 지능의 개념은 여러 형태의 음악적 표현을 감상하는 동안 리듬, 음의 높이, 음색을 만들어내고 감상하는 능력, 우리의 신체를 사용하고 대상물을 능숙하게 다룰 수 있는 능력이 자양분을 받아 키워질 가치가 있어서 인류가 시작할 때처럼, 우리는 우리의 충만한 가능성에서 기능할 수 있다는 것을 전제하고 있다. 가드너(1983)에 따르면, 성인이 되어서 음악적, 신체운동적, 그리고 논리수학적 능력에서 성공하는 것은 초기 유아기시절 동안 경험한 것의 도움을 받기도 하지만 방해를 받기도 한다. 가드너는 교육자들이 각 지능에 대해 인지하고, 각 지능이 유아의 인지, 정서, 사회, 신체 발달에서 중요한 기능을 하는 일반지능으로 육성되도록 고무하고 있다.

음악적, 신체운동적, 논리수학적 지능에 대한 지원

유아를 이러한 지능영역으로 인도하려고 준비할 때, 직접 해볼 수 있는 학습 활동들을 광범위하게 계획하도록 해라. 유아들에게 마르셀 마르소(Marcel Marceau)와 위대한 무언극의 전통을 도입해라. 유아들에게 무언극이라는 예술 형태가 비언어적 표현방식으로 신체를 사용하는 능력과 신체표현을 어떻게 통합시키는지를 보여주어라. 유아들에게 크레파스를 주고 파켈벨(Pachelbel)의 캐논(Canon in D)을 그려보라고 해라. 아이들에게 그들의 신체를 표현의 수단으로 사용할 기회를 주어라. 전통적인 우화를 전혀 다른 결과로 만들어보게 하거나, 역할극을 하거나 각색해보도록 해라. 신체에 대한 인식을 할 수 있는 운동을 도입하고, 신체인식을 증가시킬 수 있는 신체운동적 이미지를 사용하라. 유아들의 춤을 녹화하고, 아이들에게 보여줘서 그들이 창작해낸 춤을 관찰하고 생각해보도록 하라.

교사들에게 전하는 가드너의 메시지

우리가 유아의 모든 지능 발달에 전념하는 교사가 되고자 한다면, 인간의 잠재성의 중요한 영역을 신장시키는 수단으로서 음악과 신체표현 활동을 사용해야 한다. 뭔가를 덜 한다는 것은 아이들에게 최대한 기능할 수 있는 기회를 부정하는 것이다. 1991년 인터뷰에서 다니엘 거스키(Daniel Gursky)는 가드너의 말을 인용했다.

> 교사들이 그들의 강점과, 학생들의 강점에 대해 깊이 생각하고, 어떻게 교육과정의 목표에 도달할 것인가를 생각하게 하는 것은 정말 큰 작업이다. 교사들이 다중지능 전문가가 될 필요는 없지만, 음악이나 춤에서 학생들에게 도움이 되도록 학생들을 어디로 보내야 할지는 알아야 한다(p. 42).

그러나, 가드너의 언급이 우리에게 면죄부를 주거나, 음악, 춤, 또는 체육 전문가에게 음악적 발달과 신체운동적 발달을 각기 맡기라고 하는 것은 아니다. 음악, 신체표현, 춤, 신체적 인식, 그리고 신체 활동은 유아교육과정에서 이야기 시간이나 낮잠 시간처럼 마땅히 자연스럽게 동화되어야 한다.

계획과정의 시작

유아들은 모든 능력이 발달될 수 있는 환경을 제공받아야 한다. 유아들의 음악적 지능을 육성할 때, 음악 표현을 지원할 수 있는 다양한 경험을 제공해야 한다. 예를 들어, 간단한 노래를 부르거나, 유아들에게 여러분이 흥얼거리는 것을 듣게 하거나, 하루 종일 음악을 듣게 하거나, 다른 과목 시간으로 변경된다는 것을 알려주기 위해서나, 뭔가 특별한 일을 공지하기 위해 악기를 연주하라. 교실에서 배경음악을 틀어주고, 점심 시간 후나 하루 일과를 마친 후 유아들이 하교하기 직전과 같은 특정 시간에는 정기적으로 녹화를 하라. 유아들이 음악적 이미지를 볼 수 있도록 상상력을 사용하게끔 격려하는 많은 다양한 음악작품과 유형들을 선택하라. 위대한 고전음악 작가들에 초점을 맞춘 음악적 개념들을 소개하고, 예를 들어, 어떻게 고전음악이 상업적인 음악과 다르게 들리는지 경험하게 하라. 에너지를 많이 소비한 활동 후에는 유아들이 쉴 수 있도록 음악을 사용하라. 드뷔시의 "바다(라 메르)"를 『메인에서의 어느 날 아침(One Morning in Maine)』을 읽기 전에 틀어주

항상 카메라를 준비해서 창의적인 동작들을 찍어 남길 수 있도록 하라.

거나, 재즈음악은 『벤의 트럼펫(Ben' s Trumpet)』을 읽어주기 전에 틀어주어라.

교육자들은 음악적이고 신체적인 활동을 유아가 경험하는 학습의 한 부분이라고 직관적으로 강조하고 있다. 그러나, 최근까지 우리는 학습과 앎이라는 중요한 두 영역을 증진하고 지원하는 활동과 경험들을 의도적이고 체계적으로 제공할 때 발생할 수 있는 음악적 학습과 신체운동적 학습을 충분히 인식하는 데 실패해왔다. 음악적 지능과 신체운동적 발달을 촉진하도록 고안된 교육과정은 유아들에게 적합한 학습활동과 교수방법을 통해 신장되어야 한다. 유아들은 음악, 신체표현, 춤에 대한 개념을 형성하기 시작하는데, 이는 차후 지적 성장에 대한 기초로 기능할 수 있다. 무엇보다, 모든 유아들은 앎, 학습, 정보처리에 대해 지극히 개인적인 양식에 적합한 방법으로 학습할 기회를 가질 자격이 있다.

초기 음악 발달의 기본 단계

유아들을 위한 음악과 신체표현 경험을 계획하고 실행하는 방법에 대해 생각하기 전에, 초기 음악 발달의 기본 단계를 이해하는 것은 중요하다. [그림 4-1]은 4~6세

사이의 유아들을 위한 음악과 신체표현 활동에 대한 아이디어를 제안하고 있고, 음악 발달의 개관을 잘 보여주고 있다. 초기 음악 발달에 대한 이 개관은 음악과 신체표현 경험에 대한 목표를 개발하는 데 중요한 골격을 제공한다. 또한 전국유아교육협회(National Association for the Education of Young Children)에서 발달적으로 적합하게 연습할 수 있는 자세들에 대해 잘 설명하고 있으므로 유용한 안내지침으로 고려해볼 수 있다.

[그림 4-1] 음악과 신체표현 활동을 위한 아이디어

2세:

♪♪ 몸을 앞뒤로 좌우로 흔들고, 위아래로 움직인다. 손뼉 치기 게임, 손유희, 율동을 즐긴다.
♪♪ 운율, 리듬을 따라 해보고, 신체동작을 통해 음악에 반응한다.
♪♪ 짧고 간단한 노래를 배울 수 있고 악기와 소리들을 실험해보는 것을 즐긴다.
♪♪ 음악을 듣고, 때때로 간단한 음악 박자에 신체동작을 맞추어본다.
♪♪ 간단한 패턴이 있는 노래에 반응한다.
♪♪ 위로, 아래로, 앞으로, 뒤로 움직이면서 공간을 탐색한다.
♪♪ 바닥 가까이 몸을 낮추어 움직이거나 발끝을 세워 까치발로 걸을 수 있다.
♪♪ 놀이할 때 노래하거나 읊조린다.

3세:

♫♪ 익숙한 노래의 특정 구절을 따라 부른다.
♫♪ 규칙적인 박자를 만들거나 유지할 수 있다.
♫♪ 후렴구가 있는 노래를 하고, 선율에 맞춰 노래한다.
♫♪ 활동 동안 이야기하고 노래한다.
♫♪ 지속적으로 리듬감 있게 반응하고, "얼음" 처럼 갑자기 멈추기도 할 수 있다.
♫♪ 음반 듣기를 좋아하고, 다른 아이의 동작을 따라 하거나 반응하기를 좋아한다.
♫♪ 노래할 수 있는 시 구절이나 단어들을 제안한다.
♫♪ 리듬악기에 관심이 있다.
♫♪ 어른이 유아와 같이 놀고 따라 할 수 있는 리듬 패턴을 제공할 때 즐거워한다.
♫♪ 간단한 손유희를 배울 수 있다.
♫♪ 여러 가지 다른 속도와 수준으로 어른을 따라 박수를 칠 수 있다.

4세:

♪♪♪♪ 목소리 통제와 리듬감 있는 반응이 향상된다.
♪♪♪♪ 음악적 활동에 대해 제안을 한다.
♪♪♪♪ 노래에 단어들을 붙이고, 악기를 가지고 노래를 만든다.
♪♪♪♪ 새로운 리듬을 만든다.
♪♪♪♪ 노래하는 것을 즐기고, 환경에서 소리와 리듬을 더 잘 인식한다.
♪♪♪♪ 방향, 시간, 힘을 바꿈으로써 쉽게 배워지는 동작들을 솔선수범하여 추가한다.

[그림 4-1] 음악과 신체표현 활동을 위한 아이디어 (계속)

♪♪♪♪ 동물, 기계, 또는 다른 익숙한 사물이나 사람들의 동작을 흉내 낸다.
♪♪♪♪ 보다 길고 복잡한 손유희와 노래를 배울 수 있다.
♪♪♪♪ 노래가사를 완습하는 능력이 증가한다.
♪♪♪♪ 창작 동극과 동작, 노래를 결합시킨다.
♪♪♪♪ 음량과 고저에 따라 소리를 조화롭게 맞추고 분류할 수 있다.
♪♪♪♪ 목소리나 악기로 리듬 있는 패턴을 만든다.
♪♪♪♪ 손유희, 챈트, 음률을 외운다.
♪♪♪♪ 낮음-부드러움, 빠름-느림 같은 기본 개념을 형성한다.

5세와 6세:

♫♫♪ 노래를 기억해서 완벽하게 부른다.
♫♫♪ 특별한 규칙이나 패턴에 따라 노래 부르거나 춤추기를 즐긴다.
♫♫♪ 규칙적인 박자에 리듬감 있게 움직이고, 장단을 맞춘다.
♫♫♪ 고저를 잘 통제하고 리듬을 정확히 하는 능력이 증가한다.
♫♫♪ 능력과 개인적 재능을 함께 사용하고 음악적 이해가 형성되기 시작한다.
♫♫♪ 간단한 춤 스텝을 배우고 이를 리듬에 적용한다.
♫♫♪ 보다 정확하고 정교하게 악기를 연주한다.
♫♫♪ 많은 노래를 알게 된다.
♫♫♪ 속도와 강약에서의 변화를 이해하고, 극적인 동작을 향상시키기 위해 음악을 사용한다.
♫♫♪ 음악활동에서 상대방이나 소집단과 잘 활동한다.
♫♫♪ 집단에서 모두가 차례로 노래하는 것을 즐기고, 단어들이 종종 반복되는 음악게임에 특히 관심을 가진다.
♫♫♪ 음반을 들을 때 집중하는 시간이 더 길어진다.
♫♫♪ 어떤 소리와 고저를 비교할 수 있다.

발달에 적합한 실제

발달적으로 적합한 실제에 대한 개념은 유아기에 쓰일 수 있는 프로그램을 위한 적절한 연습에 대한 명확한 설명을 제공해준다. [그림 4-2]에 제시된 중요한 지침들에 대한 요약은 음악, 춤, 다른 음악적 경험과 관련되어 있기 때문에 유아의 발달 수준에 맞춘 음악적 경험을 제공하는 데 있어 여러분의 역할을 이해하기 위한 수단으로서 기능한다.

이 발달적으로 적절한 연습들은 유아들의 음악과 동작 경험을 확장시키기 위해 우리가 해야 하는 것의 최소한 양만을 제시하고 있음을 명심하라(Bredekamp, 1987; Bredekamp & Copple, 1997).

[그림 4-2] 전국유아교육협회(National Association for the Education of Young Children)의 지침 개관

- 교사는 유아들과 함께 노래하고, 유아들이 활동적으로 참여할 수 있는 “곰 세 마리(The Three Bears)” 같은 간단한 스토리를 가진 것으로 율동에 참여하고 손유희를 한다.
- 공간과 시간을 충분히 제공하여 유아들이 뛰기, 뜀뛰기, 전력 질주하기, 공 잡기 같은 대근육 기술을 탐색하고 연습할 수 있도록 실내외 체육 환경을 구조화해야 한다. 또한 우리는 언제든지 필요한 도움을 줄 수 있도록 옆에 대기할 필요가 있다. 실외 활동을 하는 동안 예전에 교사가 의자에 앉아 있던 모습은 다행스럽게도 사라졌다.
- 학급에서 어른들은 유아들의 언어 능력과 음악적 능력을 확장시킬 수 있는 경험과 기회들을 많이 제공한다. 유아들에게 전래동요와 손유희를 소개한다; 유아들이 노래하고 음반을 듣도록 격려한다; “런던브릿지(London Bridge)”, “델의 농부(The Farmer in the Dell)”, “토지 주위로 돌기(Ring Around Rosie)” 같은 동작 게임이나 원 만들기 놀이들을 촉진하고, 실제 악기와 같은 간단한 리듬악기들을 제공한다.
- 다양한 음악 형태와 작품들을 듣는 기회를 제공해서 유아들이 매일 심미적 표현과 감상을 할 수 있도록 한다.

음악과 수학 통합하기

수학, 예능과 같은 프로그램 내용과 교육과정 영역은 매일 이루어지는 교실 활동 맥락에서 결합될 수 있다. 여러분이 표준을 “가르치는” 것이 아니라는 것을 명심해라. 여러분은 통합적인 학습환경을 제공하여 유아들이 스스로 접해볼 수 있는 경험에 참여할 수 있도록 한다. 첫째로 계획을 짤 때, 표준을 잘 숙지하고, 고려하도록 한다. 예를 들어, 표준(항상 참고할 수 있게 노트에 적어놓거나 프린트해둘 것)에 대한 여러분의 지식은 아마도 다음과 같을 것이다.

- 수학 표준 I(유치원~2학년): 유아들은 수에 대한 개념의 기본 특성과 확장된 특성을 이해하고 적용한다.
- 음악 내용 표준 I: 유아들은 노래를 따라 부르고, 다양한 곡들을 부른다.

이 표준들을 함께 살펴보고, 이들이 표방하는 것에 적합하게 수업을 설계해보자.

수업 개관:

올리버 워즈워스(Olive A. Wadsworth)의 『초원 너머(Over in the Meadow)』(Anna Vojtech, 삽화)를 이야기 시간에 읽어줄 책으로 선택하라. 이야기를 읽어준 후, 아이들과 함께 동물들의 다른 서식지에 대해 이야기를 나누어라. 이야기를 읽어줄 때 유아들이 다음 장에 몇 마리의 동물이 있을지 예상해보게 격려하라. 이는 유아

들에게 숫자의 순서를 연습해보게 하는 것이며, 언급된 수학 표준에 부합하는 것이다. 음악 표준은 노래 부르기, 신체표현, 창의적인 각색을 통해 이야기를 이해하는 것을 유아들이 보여줄 때 달성된다. 예를 들어, 이야기를 읽는 대신에, 선율을 만들고, 이야기를 노래해보게 하라. 이야기의 첫 페이지를 노래하고, 아이들이 나머지 이야기를 노래하도록 이끌어라. 또한 유아들에게 해당 페이지에서 그들이 보는 동물들의 신체표현이나 표현을 모방해보도록 하라. 유아가 그들만의 것을 즐길 수 있도록 이것을 크게 만들어 붙여놓는 것도 좋다. 이 수업은 Kennedy Center의 ArtsEdge(http://www.artsegde. kennedy-center.org)에 기초한 것이다.

신체표현과 무용을 사회과목과 통합하기

교사들이 춤과 사회를 생각할 때, 제일 먼저 떠오르는 생각은 세계 각국의 춤이고, 어떻게 이러한 민속전통이 다른 문화를 공부하는 것과 잘 조합될 수 있는가이다. 사회 교과목은 신체표현과 무용 교육과정에 상당히 세련된 방식으로 통합될 수 있다고 본다. 예를 들어, 다음 표준을 살펴보자.

- 전국 지리 표준(유치원~초등 2학년)—표준 2: 장소의 위치를 알고, 지도, 지구본, 그리고 다른 지리학적 도구와 기술들의 특징과 사용을 이해한다.
- 전국 무용 표준—표준 3: 무용이 의미를 만들어내고 의미를 의사소통하는 방식이라는 것을 이해한다.

두 가지 표준을 다루고 있는 Kennedy Center의 ArtsEgde(http://www.artsegde.kennedy-center.org)에 기초한 것이다.

수업 개관:

케빈 행크스(Kevin Henkes, 1996)가 쓴 『릴리의 보라색 지갑(Lilly' s Purple Plastic Purse)』에서 릴리는 반짝이는 25센트 동전 3개와 열면 음악이 나오는 보라색 지갑을 보여주느라 수업시간을 방해하게 된다. 이 교실 안에서 유아들은 다른 종류의 동전들로 놀이를 할 수 있는데, 어떤 것이 제일 큰 소리를 내고, 어떤 것이 가장 부드러운 소리를 내는지 알아볼 수 있다. 25센트 뒷면에는 미국의 각 주를 상징하는 그림이 있으므로 지도 위에 각 주에 해당하는 25센트를 놓아둔다. 또한 타악기 기능을 하는 보라색 지갑을 만든다. 마지막으로 유아들은 타악기로서 동전과 음악지갑을 이용해 춤을 춘다. (http://www.artsegde.kennedy-center.org/content/2110/)

유아들은 25세트를 각 주와 맞춰볼 수 있고, 동전을 용기에 넣고 이리저리 흔든다. 또한 자신만의 보라색 지갑을 만들 수도 있고, 지갑으로 만든 마라카스 악기 소리에 맞춰 춤을 출 수 있다.

특수교육 요구가 있는 아동

여러분의 학급에 있는 모든 아동들이 신체표현과 음악 활동을 즐길 수 있다는 것을 항상 기억하라. 장애가 있는 아동들도 음악이 주는 즐거움을 경험할 수 있는 기회에서 제외되어서는 안 된다. 여러분은 장애를 가진 아동들이 참여할 수 있도록 활동들을 수정할 필요가 있다. 그러나 여러분의 보살핌을 받도록 맡겨진 각 아동들에게 특별한 선물을 제공하는 또 다른 방식으로서 이 추가적인 계획을 생각해야 한다. 지(Gee, 1997)는 장애가 있는 아동을 음악과 신체표현 활동에 참여하게 하기 위해 다음과 같은 제안을 했다.

신체장애가 있는 아동

신체장애가 있는 유아들에게 균형감각을 느끼게 하는 위치에 있고 편안하다는 것을 확실하게 느끼게 해준 후, 그들이 팔, 손, 다리, 머리를 움직이는 것을 볼 수 있도록 자세를 잡아준다. 또한 지켜보고 있는 어른들이 근처에 있으며, 활동을 하는 동안 편안하다는 것을 확신시켜 주어라. 유아들의 이름을 사용한 노래를 부르거나, 그들이 입고 있는 것에 대해 노래하게 하고, 어떤 느낌을 갖는가에 관해 노래해보도록 해라. 장애보다는 유아들이 인간으로서 누구인가에 관한 측면에 초점을 두는 것을 명심하라. 신체장애를 가진 유아들이 충분히 움직여서 참여할 수 있도록 신체의 부분들을 사용한 신체표현 노래들을 선택하라. 예를 들어, 팔 신체표현에 어려움이 있는 유아가 있다면, 몸 전체를 흔들게 하는 활동이나, 머리 움직임에 강조점을 두는 활동들로 계획하라. 음을 낼 수 있고, 신체표현 기술이 가능하고, 손과 눈의 협응력이나 다른 특정 기술 등에서 괜찮다면, 즐겁고 위협하지 않는 방식에서 연습할 수 있는 활동들을 설계하라.

> "특수교육 요구 위한 계획"
> 시각적으로 손상이 있는 유아들에게 손유희를 도입할 수 있는 계획을 설계해보라.

청각장애가 있는 아동

청각장애가 있는 아이들을 위해서, 손뼉 치기, 리듬에 대한 감각을 발달시키는 데 도움이 되는 챈트와 같은 리듬을 활용한 활동들을 계획하라. 시각적 단서를 사용해서 다른 유아들을 따라 박수 칠 수 있도록 하라. 청각장애를 가진 유아들이 소리나 시각적 단서와 관련 없이 자유로운 신체표현들을 할 수 있도록 해서 신체표현들을 여러 가지 방식으로 창작해보도록 한다. 악기를 연주해보게 하고, 트라이앵글을 치거나 오토하프 같은 것을 쳐볼 때 오는 진동을 느껴보게 해라. 실로폰이나 멜로디 벨은 각각이 만들어내는 진동이 다르기 때문에 청각장애를 가진 유아들에게 매우 좋은 악기이다. 나무 블록이나 막대, 그리고 마라카스도 유아들에게 진동을 느끼게 해준다. 그들이 비록 블록의 소리나 막대의 딸깍 소리를 들을 수는 없지만, 막대를 두들기는 것만큼 블록들이 서로 부딪치는 것만큼 진동을 느낄 수 있고, 리듬감 있게 연주하는 것을 배울 수 있게 된다. 마라카스는 촉감을 느낄 수 있어, 유아들이 이 악기를 흔드는 만큼 진동을 느낄 수 있다. 청각장애가 있는 유아들 중에서 많은 유아들이 양질의 낮은 음을 들을 수 있다. 그들이 이러한 저음을 들었을 때, 북가죽의 진동을 알아차릴 수 있다. 청각장애가 있는 유아들이 이동식 녹음재생기에 손을 대볼 때, 힘찬 저음의 맥박 진동을 손을 통해 느낄 수 있다. 여러분은 또한 유아들이 박수 치는 활동을 하는 동안 유아들의 손을 잡고 도움을 줄 수 있다.

녹음재생기를 바닥에 놓아두고 저음을 최대한의 크기로 틀어놓는다. 청각 손상이 있는 유아들에게 신발을 벗게 하고, 발로 저음의 진동을 느껴보게 하라. 이는 유아들이 음악의 박자를 느껴보는 데 도움이 되어서 음악박자의 리듬에 맞춰 몸, 팔, 머리를 움직일 수 있게 된다. 진동을 통해 리듬과 박자를 느껴보는 유아들만의 고유의 경험은 교사가 가르치는 것보다 더 중요하고 의미 있다.

시각장애가 있는 아동

음악과 신체표현 활동을 계획할 때, 시각장애가 있는 유아들에게는 특별한 고려가 필요하다. 유아들을 어른 옆에 앉도록 해야 하며, 그들만의 물리적 공간을 만들어 주어야 한다. 음악에 대해 이야기하고, 악기에 대해 묘사해서 설명해주고, 유아들이 다양한 악기들의 물리적 특성을 탐색해보게 격려해야 한다. 그들이 시각적 단서를 이용해서 배울 수 없기 때문에, 어떻게 악기를 잡고 연주하는지를 보여줄 필

다른 곳보다 바닥이 높은 곳이 유아들이 혼자서 어떤 악기가 무슨 소리를 만들어내는지를 알아내기에 좋은 장소이다.

요가 있다. 리듬 막대과 트라이앵글처럼 양손이 협응해야 하는 악기를 연주하는 것은 시각장애가 있는 유아들에게는 어려울 수 있다. 유아들이 악기를 연주할 때 여러분이 악기를 들어주어서 유아들이 성공적인 연주를 할 수 있도록 도와줄 수 있다. 신체표현은 시각장애가 있는 유아들에게는 종종 위협적이다. 여러분은 이 공포에 대해 지각하고 있어야 하며, 따라서 신체표현 활동을 설계할 때, 구부리기, 몸을 좌우로 흔들기 등의 제자리에서 할 수 있는 신체표현들로 시작한다. 유아가 일단 한 장소에서 움직이는 것에 대해 편안함을 느끼게 되면, 여러분은 바닥에 계속 접촉할 수 있는 기어가기나 구르기 같은 안전한 보행 신체표현으로 신체표현 경험을 점진적으로 확장시킬 수 있다. 시각장애가 있는 유아들도 한발로 깡충 뛰기, 전력질주하기, 그 외의 보다 복잡한 신체표현들을 배울 수 있다. 그러나, 여러분은 이러한 신체표현을 어떻게 하는지를 신체적으로 그들에게 보여주어야 한다. 명심해야 할 중요한 것은, 시각장애가 있는 유아들이 안전감을 느낄 수 있도록 그리고 여러분이나 다른 성인이 항상 옆에 같이 있다는 것을 확인시키는 일이다. [그림 4-3]은 시각장애가 있는 유아를 위한 음악과 신체표현에 대한 개관을 제시하고 있다.

[그림 4-3] 장애가 있는 아동들을 위한 음악과 신체표현

음악과 동작 경험은 여러분의 학급에 있는 모든 다른 유아와 마찬가지로 장애가 있는 유아들에게 중요하다. 음악적 경험이 제공하는 모든 이점을 이끌어내기 위해, 여러분은 장애가 있는 유아들이 최대한 자유롭게 자신을 표현할 수 있도록 활동들을 수정해야 한다. 다음은 장애가 있는 유아들을 위한 음악과 동작 활동 계획을 시작하는 데 도움을 줄 수 있는 일반적인 지침들이다.

- 균형 기술에 한계가 있는 유아들을 위해 안전장치로서 안전모를 사용한다.
- 언어적 신호뿐만 아니라 수신호도 주고, 여러분이 제안할 때에는 매번 유아들을 마주 보도록 한다.
- 휠체어에 있는 유아들이 움직일 때, 또는 여러분이나 다른 유아들이 밀어줄 때, 유아들이 어떻게 느끼는가를 표현하도록 얼굴표정을 사용하도록 한다.
- 시각장애가 있는 유아들에게는 촉각적 단서를 제공하고, 청각장애가 있는 유아들에게는 시각적 단서를 제공한다.
- 손가락 움직임에 제한이 있는 유아들에게는 손유희를 할 때 다른 신체부분을 사용하도록 한다.
- 일반적인 공간에서 가장자리를 인식할 수 있도록 네모난 카펫을 사용한다.
- 시각장애가 있는 유아에게 개인적이고 언어적 단서를 제공해줄 수 있는 다른 유아와 짝을 지어준다(Broughton, 1986).
- 장애가 있는 유아들을 위해 음악과 동작 경험을 어떻게 계획해야 할지 확실하지 않을 때, 학교나 지역에서 전문가의 조언을 구한다.

음악과 신체표현 교육과정의 많은 요소들을 현 유아교육 프로그램에서 찾아볼 수 있다. 노래하기, 춤추기, 악기 연주하기, 표현력 있는 신체표현을 할 수 있는 공간을 마련하고 어떻게 계획해야 하는지를 아는 교사들은 음악과 신체표현 활동의 가장 중요한 목표를 달성한 사람들이다. 여러분은 어떻게 환경을 가장 적합하게 구성할 것인지 결정해야 할 것이다. 이 환경은 여러분이 설계한 음악과 신체표현 활동으로 유아들을 자유롭게 이끌어 들이는 상상의 장이 된다. 음악적 경험에 대한 여러분만의 자원과 창의적인 접근이 음악과 신체표현 교육과정을 성공적으로 이끄는 열쇠가 된다.

무대가 기다리다: 아동들을 위한 음악과 신체표현

유아들에게 적합한 음악과 신체표현 경험들은 상당히 많이 있다. 유아들은 자신의 신체로 표현할 수 있는 방식으로 움직이고, 그들이 듣는 리듬의 박자에 맞춰 춤을 춘다. 그리고 가장 선율적인 어른의 목소리에 잘 어울리지 않더라도 즉흥적으로

노래를 부른다. 유아학급에서 음악과 신체표현 활동은 유아들을 웃게 하고 즐겁게 만든다. 이 절에서는 유아들을 위한 음악과 신체표현을 탐색해보고, 춤, 노래하기, 악기 연주하기, 역동적인 신체표현, 율동을 포함해서 음악과 신체표현의 여러 측면들을 소개하고자 한다.

학급 아동과 춤

20세기 가장 위대한 무용수 중 한 명인 이사도라 던칸(Isadora Duncan)은 공연 전에 다음과 같이 말한 것으로 유명하다: "내가 의미하는 것을 여러분에게 말할 수 있다면, 춤에는 어떤 의미도 없는 것이다." 그녀의 강력한 이 말은 어떻게 유아들이 음악과 춤의 과정으로 접근해야 하는지를 보여주는 전형적인 예이다.

교사로서, 우리의 주된 관심은 음악에서 비롯되는 소리, 선율, 리듬에 정서적으로 반응하는 유아들의 능력을 육성하고, 개발하고, 깊이 있게 하는 것이다. 음악과 신체표현은 느낌을 표현하는 방식일 뿐만 아니라 앎의 방식을 표현하는 것이다. 음악과 신체표현은 유아들이 그들의 세상을 경험하고, 그들이 아는 것을 표현하는 일반적인 방식들을 뛰어넘도록 한다.

> 춤은 삶의 한 순간, 에너지의 진동을 일으키는 조각이다. 위대한 조각 작품은 억제되지 않으며, 그 주변의 공간에 영향을 미치기에 이른다. 우리는 공간, 즉 세상의 에너지에 존재하고, 우리 각각은 자신이 원한다면 이 에너지를 받아들이고 있다 (Mazo, 1991, p. 34).

우리가 "음악작품에 참여하고 있는 유아들"이라는 가드너의 묘사로 돌아가 생각해보면, 우리는 춤－우리의 신체가 음악의 흐름을 경험하는 것－이 상징적 형태와 이미지를 통해 다양한 경험들을 연결해주는 은유라는 것을 부인할 수 없다.

음악, 신체표현, 춤에 대해 이해하고 수용함으로써, 교사는 유아에게 앎의 방식에서 경험들을 제공하고자 하는 감각과 의지를 지녀야 한다. 이는 유아교사에게 매우 중요하다. 유아들을 위한 음악, 신체표현, 춤 활동을 잘 계획하고 준비하기 위해서는 어떻게 유아들이 이러한 창의적 과정을 탐색하는가 그리고 여러분이 어떻게 그들의 시야에 다가설 수 있는가에 대해 숙지해야 한다.

아동문학과 음악

Ben's Trumpet by Rachel Isadora, Mulberry Books, 1979.

벤(Ben)은 지그재그 재즈클럽의 음악가들이 재즈를 연주하는 것 듣기를 좋아한다. 벤은 자신의 트럼펫이 있는 척한다. 이웃집 아이들은 그런 벤을 놀렸지만, 나중에 클럽의 트럼펫 연주자가 벤을 초대해 밴드와 같이 연주하자 더 이상 놀리지 않았다.

Amazing Grace by Mary Hoffman, illustrated by Caroline Binch, Dial Books for Young Readers, 1991.

그레이스(Grace)는 이야기를 좋아하고, 유모가 말해준 이야기나 그녀가 읽은 이야기를 실제로 연기해 보면서 많은 시간을 보낸다. 연극 피터팬에서 역할을 맡기 위해 오디션을 볼 때, 하늘을 나는 피터팬에 대한 그레이스의 해석은 모든 사람들을 놀라게 했다.

Song and Dance Man by Karen Ackerman, illustrated by Stephen Gammell, Knopf, 1988.

손자들을 방문한 할아버지가 소극장 단원이었을 때 공연했던 몇몇 노래, 춤, 농담들을 보여준다.

기본 춤 동작

우리가 춤추게 되는 것은 신체표현 경험과 움직임에 대한 감각을 우리의 표현적이고 상상적인 힘에 연결시킬 때 가능하다. 춤은 고조된 운동감각적 인식, 신체적 지능, 하나의 심미적 경험으로서의 신체표현에 대한 예리한 지각을 포함한다.

춤은 무언으로 감정을 표현하는 예술 형태이지만, 그럼에도 불구하고, 유아들이 매우 쉽게 접근할 수 있는 표현 형태이다. 춤의 본질을 다루는 무용전문가들, 이론가들, 작가들은 춤 교육과 춤을 위한 전체적인 개념틀을 형성하는 기본적 신체표현이 무엇인가에 개괄적으로 동의하고 있다(Dimondstein, 1971; Frosch-Schroder, 1991; Laban, 1948; Moravcik, 2000; Neelly, 2001; Van Der Linde, 1999). 모든 춤 동작은 세 가지 기본 특성인 공간, 시간, 힘의 혼합이다. 동작에 영

구경꾼의 눈에는 감동이 가득 차 있다. 교사는 무고하고 우아한 유아들이 과정에 들어오는 것을 축하해야 한다.

향을 주는 다른 요소들에는 흐름, 무게, 신체 인식, 타인과의 관계, 대상물과의 관계가 있다. 게다가 동작은 보행이나 움직이지 않기, 재현적 반응, 또는 두 개 이상의 신체표현의 조합을 통해 이루어진다. 이 모든 것이 약간 복잡하게 들리더라도, 일단 진정하라. 유아들이 춤이라는 예술을 개발시키는 데 여러분이 도움을 줄 수 있는 가장 효과적인 방법 중 한 가지는 이러한 용어들의 의미에 대해 진지하게 토론해보도록 유아들을 고취시키는 것이다.

> 춤에 대한 아동들의 정의: "춤은 이야기하는 것이다. 너의 신체로 뭔가를 말하는 것이다. 말을 사용하는 것이 아니라, 말하기 위해 신체를 사용하는 것이다."
>
> — 플레밍(G. A. Flemming)

음악과 신체표현 어휘에 관해 유아들과 얘기하는 것은 중요하다. 유아들은 음악적 맥락에서 시간과 같은 단어를 사용할 수 있을 만큼의 지식이나 언어적 기술을 가지고 있지 않다. 유아들은 단지 아침에 언제 일어났고, 어른들은 시계에 중요한 의미를 부여한다는 정도로만 시간에 대해 연결시켜 생각할 수 있다. 유아들이 음악을 듣거나 리듬이나 박자를 탐색해보고 있을 때, 동시에 음악과 춤에 대한 어휘들을 도입해서 단어와 실제 활동을 연결시키도록 해라. 유아들에게 단어와 전문용어를 맥락과 상관없이 강의하려 하지 마라. 대신, 유아들이 경험하고 있는 것이 무엇인지를 묘사하는 수단으로서 정확한 용어를 간단하게 사용하라.

음악적 맥락에서 단어들의 의미와 언어에 대한 여러분의 인식을 확장시키기 위해 여러분이 할 수 있는 또 다른 일은 유아들에게 춤을 가르치는 무용 교사로서가 아니라, 창의적인 신체표현에 대해 여러분만의 감정을 느끼고 활동적으로 참여하는 정규 학급 교사로서 창의적인 신체표현과정에 반응하는 것이다.

> 유아들은 어른들이 창의적으로 작업하는 것을 볼 때, 이것이 사람들이 실제 삶에서 행하는 것이고, 즐거움과 만족감을 주는 것이며, 교실에서만 일어나는 것이 아니라는 것을 이해하게 된다. 이런 방식으로, 유아들은 설명과 간접적인 정보에 전적으로 의지하지 않게 되고, 신체표현과 행동을 목격하는 기회를 가지게 된다(Dixon & Chalmers, 1990, pp. 16-17).

다시 말하면, 우리가 신체표현의 결과가 아니라 과정에 초점을 두고 있다는 것을 기억하는 것은 중요하다.

다음은 신체표현과 춤에서 사용되는 용어들에 대한 설명이다.

공간 이 단어는 우리가 신체표현을 하기 위해 영역을 사용하는 방식과 관련된 것이다. 이는 아무도 들어갈 수 없는 "개인적인 공간"이 될 수도 있고, 어디나 가능한 보다 확장적인 영역인 "일반적인 공간"도 될 수 있다. 유아들이 앉아 있건 서 있건, 일단 그들이 한 공간에 있으면, 그 공간은 사용 중이라는 것을 알 필요가 있다. 신체표현과 춤에서, 공간에 대한 지각은 신체, 다른 이들과의 공간, 아직 사용하지 않은 공간인 일반적인 공간과 관련해서 생각되어야 한다.

여러분은 유아들에게 팔을 활짝 펴고 다른 사람과 닿지 않게 빙글빙글 돌아보게 함으로써 개인적 공간에 대한 정의를 유아들에게 알려줄 수 있다. 커다란 비눗방울 안에서 움직이고 있는 것처럼 가정해보라고 함으로써 상상적인 힘에 대해서도 다뤄볼 수 있다. 유아들은 움직이는 이동 활동 동안 움직이면서 개인적인 공간을 가지고 다닐 수 있다. 뛰어 오르기, 깡충깡충 뛰기, 미끄러지듯 움직이기는 한 장소에서 다른 장소로 이동해가는 이동 활동의 예이다.

이동 활동은 크고 정돈된 공간을 필요로 한다. 그렇다고 체육관만한 큰 공간이 필요한 것은 아니다. 여러분의 교실이나 실외에서 좀 넓고 개방된 영역이면 충분하다. 신체표현 활동 동안 여러분이 제시하는 것과 여러분의 말을 유아들이 들을 수 있어야 한다는 것은 중요하다. 큰 방에서 유아들은 여러분을 보고 듣는 데 어려움을 가질 수 있다. 그러나, 너무 큰 공간밖에 사용할 수 없다면, 유아들이 멈춰서 경청할 수 있도록 유아들에게 신호를 줄 수 있는 드럼이나 탬버린 같은 타악기를 사용함으로써, 유아들이 경청할 수 없는 문제를 해결할 수 있다. 신체표현은 기쁨의 비명, 웃음, 다른 많은 "아이다운 소리들"을 가져온다. 신호는 음악과 신체표현 경험에 대한 구조와 예측을 제공할 수 있으며, 이 두 가지는 유아들이 이 과정을 탐색하는 데 안전감을 느끼는 신뢰롭고 안전한 환경을 조성하고 유지하는 데 있어서 중요하다.

시간 시간은 속도와 리듬의 특성이다. 신체표현은 시간상 느리거나 빠를 수 있고, 리듬이라 일컫는 계속되는 근육의 이완과 휴식일 수 있다. 신체표현의 속도는 빠른 것에서 느린 것으로 변화할 수 있다. 속도에 대한 유아의 감각은 간단한 타악기로 박자를 제시해줌으로써 용이해질 수 있다. 신체표현과 춤에서, 리듬은 두 가지 근원을 가진다. 한 가지는 음악으로, 여기서 유아들은 음을 통해 만들어지는 리듬을 들을 수 있다. 또 한 가지는 춤으로, 여기서 유아들은 그들의 신체표현으로부터 리듬을 만들어 낼 수 있다. 더구나, 신체표현의 속도는 전체적인 신체운동 감각적인 반응을 포함하는 일련의 리듬의 변화이다. 이 반응에 의해 유아들은 그들이 음악에서 듣는 내외적인 자극과 그들의 신체에서 느끼는 즉흥적인 감정과 정서를 통해 속도와 리듬을 이해하고 조직할 수 있다.

유아들을 위한 시간은 음악에서는 "정확한 시간을 가리키다"나 "시간을 지키다"가 아니다. 오히려, 유아들이 속도나 리듬을 즉흥에서 해보고, 탐색해보는 기회이다. 다이아몬드스타인(Dimcndstein, 1971)은 유아들을 번호대로 춤추게 해서는 안 된다고 경고한다. 유아들이 자신의 신체를 통제할 수 있고 리듬감 있는 표현의 범위를 넓힐 수 있는 방식에서 반응하도록 해야 한다.

힘 힘(force)의 개념 또한 신체표현과 춤에서 중요하다. 유아들은 근육의 팽팽한 정도로 다양한 신체표현의 특성들을 가볍게, 무겁게, 갑자기, 또는 지속적으로 경험한다. 유아들이 힘의 다른 특성들을 탐색하면서, 미는 것과 끌어당기는 것, 무거움과 가벼움 간의 차이를 경험할 수 있다. 유아들은 균형감과 체중이동을 알게 된다. 아마도, 힘에 대한 탐색을 통해, 유아들이 "중심이 있다"거나 에너지가 방출되고 조절되는 것으로부터 그들의 신체를 균형 있게 조절할 수 있다는 것을 이해하기 시작하는 것은 매우 중요하다.

3장에서 제시되었던 집중하기 경험은 유아들을 자신이 가장 균형 잡혔다고 느끼는 곳에 자리 잡을 수 있도록 도움을 준다. 이 중심화 활동은 유아들이 어떻게 균형감각을 잃지 않은 채, 깡충 뛴 후에 미끄러지듯 움직여 이동할 수 있는가, 그리고 얼마나 멀리 몸을 구부릴 수 있는가를 알게 하는 데 도움이 된다. 예를 들어

지속되는 신체표현은 마치 무거운 물건을 상상으로 들어올리는 것과 같은 부드러움, 에너지의 완만한 흐름으로 표현될 수 있다. 흔들기 신체표현은 팔을 머리 위로 큰 원을 그리듯이 흔드는 것과 같이 신체의 한 부분을 다른 부분의 주변으로 움직이는 것이다. 타악기 신체표현은 우리가 손이나 다리 또는 몸통을 흔들 때처럼, 갑작스럽고 빠른 그리고 날카로운 에너지의 방출을 요구한다. 유아들은 드럼이나 트라이앵글을 칠 때, 그들이 사용할 수 있는 힘의 양을 알 수 있게 된다.

이동 이 용어가 암시하듯이, 이동은 공간을 가로질러 움직이는 특성이다. 걷기, 달리기, 뛰어 오르기, 한발로 뛰기, 깡충 뛰기, 높이 뛰어 오르기, 미끄러지듯 움직이기, 질주하기는 이동 신체표현의 예들이다. 비이동 신체표현은 제자리에 있는 것이다. 이는 공간을 이동하지 않는 방식으로 움직이는 것이다. 예를 들어, 스트레칭하기, 구부리기, 몸 돌리기, 몸 꼬기, 좌우로 흔들기, 몸 웅크리기 등이 있다.

얼마나 자주 아동들이 고전음악에 노출되는 것이 좋은지 판단하기 위해 주변 학교의 음악 전문가를 인터뷰해 보아라. 음악전문가가 유아들에게 고전음악을 어떻게 소개하고 있는가? 유아들은 어떤 종류의 고전음악을 경험하고 있는가? 여러분이 알아낸 것을 리포트로 작성하라.

이러한 신체표현을 해봄으로써, 유아들은 신체표현의 방향(위, 앞, 뒤, 아래), 신체표현의 수준(고, 저, 혹은 그 사이), 신체표현의 관계(위, 아래, 관통해서, 돌아서), 신체표현의 위치(수평, 수직, 대각선)에 대해 탐색해보게 된다. 유아들은 이용 가능한 공간을 조직하는 것을 배우는데, 이 공간들은 자신과 관련성이 있거나, 대상물이나 다른 개인과 관련성이 있는 것들이다. 유아들이 창의적인 신체표현의 여러 다른 형태들을 모두 탐색해볼 때, 신체를 통제하는 것을 알게 되고, 자신의 신체의 능력과 힘에 대해 자부심을 발달시킬 수 있다. 무엇보다도 그들은 "나를 따라서 내가 하는 것처럼 해"라는 처방된 접근을 모방하기보다는 신체표현과 춤의 창작자가 된다는 점에서 내재적 기쁨을 발견한다.

유아들은 초보자이고, 신체표현과 춤을 통해 알게 되는 방대한 표현에 대해 이제 막 알아가기 시작한 것이다. 앞으로 다닐 정규 학교에서 향후 20년 이상 정식으로 무용교육을 받을 시간은 충분하다.

노래, 손유희, 악기 선택하기

노래를 부르고, 음악으로 움직이고, 손가락으로 새, 토끼, 비 오는 모습을 만드는 것은 많은 종류의 음악적 표현의 기초를 형성한다. 리듬과 신체표현에서 긍정적이고 즐거운 경험을 한 유아들은 이러한 경험을 계속해서 반복하고 싶어한다. 유아들은 놀면서도 자연스럽게 즉석에서 노래한다. 리듬, 음의 높이, 크기를 다양하게 변화시키면서 말이 안 되는 노래나 챈트를 만든다.

예를 들어 선생님이 손가락으로 두 마리 작은 새, 잭(Jack)과 질(Jill)을 아주 멋지게 만들 때, 제인은 듣고 있다. 그녀는 이야기와 손유희에 빠져들고, 스스로 손가락 신체표현을 하거나 단어를 말하는 등의 반응을 하기 시작한다. 교실 밖으로 나와 놀이터에서 제인은 팔을 들어 올리고 "이건 잭이고, 이건 질"이라고 노래하면서 날아다니듯이 돌아다닌다.

이 네 살짜리가 새로운 손유희를 배우면서 내재적 기쁨을 알게 되었고, 과정에 대한 선생님의 열정과 진지함을 알게 된 것이다. 놀이터에서 날아다니듯 돌아다니는 경우에서처럼 제인에게 손유희는 평범한 경험의 한 부분이 되었다.

아동들과 노래하기

아장아장 걷는 유아들을 위한 노래는 부르기 쉽고 짧으며, 박자가 한결같아야 한다. 또한 유아들이 종종 시를 배우기 훨씬 이전부터 노래를 외우기 때문에 노래는 반복되는 것이 좋다. 유아를 위해 특정 음높이로 노래를 할 때, 그 범위는 유아들의 발성능력 범위 안에 들도록 해야 한다. 가운데 도에서 다섯 번째 위에 있는 솔까지의 음역으로 맞추도록 하라. 여러분이 피아노에서 가운데 도가 어디인지 모른다면 여러분 학급에서 아는 사람을 찾거나, 교수님께 어떻게 가운데 도를 오토하프에서 찾는지를 알려달라고 부탁하라. 피아노에서 가장 왼쪽 흰 건반부터 시작해서, 24번째까지 세보아라. 그것이 가운데 도이다.

유아들은 목소리로 노래하는 것을 발달시켜 나가면서, 가운데 도에서 위아래로 한 옥타브만큼씩 음역을 확장시켜 나가고, 보다 넓은 음역으로 노래 부를 수 있게 된다. 여러분이 노래 부를 때, 목소리를 사용하고 듣는 데 편안하지 않을지라도, 아이들에게 노래하는 것을 계속 소개하고 같이 노래 부를 수 있다는 것을 명심하라. 대부분의 사람들은 노래를 멋지게 부르는 훈련을 받지 않았다. 유아들과 노래 부르는 동안 여러분이 기타를 치고 있는 상상을 하기 어렵다고 해도 지극히 당연한 일이다! 유아들은 그들이 완벽하게 노래를 부르는 것보다는 언제나 교류와 상호작용에 더 관심을 가지고 있다.

유아들은 다양한 노래를 즐기고, 특히 개인적인 의미를 지니는 노래를 좋아하는 것 같다. 예를 들어, 자신의 이름이 들어가거나, 신체 부위, 옷, 느낌, 생일과 같이 특별한 경우에 대한 노래들을 좋아한다. 집, 가족, 학교에서 일어나는 일들, 동물, 애완동물과 같이 아이들 관심을 반영하는 노래는 흥미롭다. 동물에 관한 노래에서 유아들은 동물들이 내는 소리를 따라 해볼 수 있고, 이러한 노래는 유아들의 관심을 끌고 노래 활동에 유아들을 참여하도록 격려한다.

여러분이 유아들에게 처음 노래를 소개할 때, 유아들은 아마도 모든 단어나 모든 구절을 다 따라 부르지는 않을 것이다. 반복되는 후렴이 있다면 유아들은 빈번히 듣는 단어나 구절을 부르는 것을 즐길 것이다. 유아들에게 처음 노래를 시켰을 때, 유아들이 음의 높이, 음색에 맞지 않게 노래 부르고, 한두 단어만 부를지라도 좌절하지 말아라. 여러 번 반복하다 보면, 구절이나 선율을 알게 되고, 나중에는 "또 노래해요"라고 말할 것이다. "그 대목"에 가능한 노래나 챈트들을 많이 개발하라. 교사들은 새로운 노래나 손유희를 찾아야 하는데, 이들은 유치반에서 매일 매일 일어나는 귀중한 자원들이기 때문이다.

노래 선택하기

여러분이 유아들에게 소개할 수 있는 수백 개의 노래 중에서 유치반에서 빈번히 사용할 수 있는 몇 가지 범주들이 있다. 다음은 유아들과 처음 노래를 시작하기 전에 여러분이 고려해볼 수 있는 노래들의 예와 분류이다. 이들은 유아들이 음악적 지능과 신체운동 지능에 다가서기 시작할 때, 활동적이고 상징적인 경험을 할 수 있는 기회를 제공할 것이다. 그러나, 여러분은 음악적 개념을 지지해주는 이론적 틀에 대해 알고 있어야 하는 유일한 사람이다. 아이들을 위해서, 노래하고 움직이는 것은 순수하게 즐거운 경험이어야 하며, 신예의 어린 작곡가나 거장으로 활성화시키고자 하는 "교수방법"이어서는 안 된다.

오래된 전통적인 민속 노래 많은 전통적인 민속 노래는 전 세계에서 비롯된 것이다. 대부분 이야기를 얘기하고 있고, 유아들이 이해할 수 있는 간단한 메시지를 전달한다. 내가 좋아하는 곡들은 다음과 같다.

엄지는 어디에 있나요?(Where is Thumbkin?)
이 어르신, 그는 기도했네(This Old Man, He Played One)

나는 작은 차 주전자(I' m a Little Teapot)
두 마리 작은 검은 새(Two Little Blackbirds)
메리(몰리) 맥을 그리네(Miss Mary (Molly) Mack)

전래동요 전래동요의 선율은 유아들이 항상 좋아하는 것이다. 간단하고 기억하기 쉬운 선율들이기 때문에 유아들이 부르기 쉽고 유아들에게 적합하다.

메리는 어린 양을 가졌네(Mary Had a Little Lamb)
반짝 반짝 작은 별(Twinkle, Twinkle, Little Star)
런던 다리(London Bridge)
여기 머루 숲을 돌아가네(Here We Go 'Round the Mulberry Bush)

자장가 자장가는 낮잠 시간 전이나 활동적인 시간 뒤에 유아들을 조용히 시키고 진정시키는 데 아주 좋다. 또한 유아들에게 작은 인형이나 작은 토끼를 안고 잠자도록 얼르는 것을 상상해 보도록 하는 것도 유용하다. 나는 그동안 자장가를 유아들에게 불러주면서 유아들의 눈이 졸려서 껌벅거리는 특별한 순간들을 보면서 지내왔다.

쉿, 어린 아기야(Hush, Little Baby)
자장자장 아기야(Rock-a-Bye Baby)
자고 있니?(Are You Sleeping?)
자장가 잘 자거라(Lullaby and Good Night)

손유희와 율동

손유희는 어떤 의미에서는 즉석에서 율동을 하는 것이다. 대개 선율, 단어, 어구의 반복이 있기 때문에 유아들에게 손유희는 굉장히 매력적이다. 조그만 손가락을 "썸킨(Thumbkin)" 이나 토끼로 변형시키거나 "호키포키(The Hockey Pokey)" 에서 온몸을 흔드는 것은 흡사 마술과도 같다. 손유희나 율동에서 단어들은 무엇을, 어떻게, 언제, 어디로 움직일지에 대한 방향이나 제안을 제공해준다. 일반적으로, 유아들을 손유희와 율동을 계속해서 부르고 듣는 것을 처음부터 끝까지 즐긴다. 손유희가 짧거나(또는 교사에 의해 주도되고), 율동이 간단하고 반복적이라면, 유아들은 몇 번 해본 후에 율동이나 신체표현을 배울 수 있다. 보다 긴 손유희나 율동은 일단 유아들이 노래 전체를 다 들어보게 하는 것이 중요하다. 유아들이 내용이나, 가사, 선율에 익숙해지면, 여러분은 노래나 손유희를 좀 더 작고 감당할 수 있는 부분들로 나눌 수 있다. "곰 사냥을 갑시다(Let' s Go on a Bear Hunt)"와 같은 반복되는 구호(echo chant)와 손유희는 교사가 먼저 율동을 보여주기 때문에 유아들이 반응하기에 쉽다. 선생님이 어귀를 읊고 나서 유아들이 되받아 읊는다. 반복되는 구호는 유아들이 짧은 한 줄이나 간단한 어귀만 기억하면 되므로, 유아들 사이에 매우 인기 있다.

손유희와 율동은 교육과정 개발과 관련되어 있으며, 유아들이 개념을 이해하는 것을 신장시키기 위해 사용될 수 있다. 예를 들어 "곰 사냥을 갑시다"는 아래로, 위로, 주변으로, 통과해서 같은 개념을 강화해준다. 동시에, 아이들과 직접적으로 관련 있는 손유희나 율동은 유아에게 의미 있는 개인적이고 구체적인 경험들을 제공할 수 있다. "썸킨이 어디 있지?(Where is Thumbkin?)"는 유아들에게 항상 인기 있다. 유아들의 손가락과 팔은 관심의 중앙에 있고, 놀이의 중심이다.

몸을 전체로 움직이게끔 하는 손유희와 노래는 시간을 변경할 때 도움이 된다. "곰아, 곰아, 돌아라(Teddy Bear, Teddy Bear, Turn around)"는 유아들이 진정할 필요가 있을 때 유아들의 에너지를 다른 용도로 쓰기 위해 사용될 수 있다. 신체표현은 재미있고, 유아들은 단어에서 단서를 얻고, 쉽고 재미있게 다음 과정으로 옮겨 간다. 이 과정은 종을 치거나 불을 껐다 켜는 것보다 훨씬 부드럽다.

전통적인 노래 "줄을 서서 나를 따라와(Come Follow Me in a Line, in a Line)"

손유희를 배우는 아동들의 능력은 연령과 경험에 따라 매우 다양하다.

는 시간을 변경할 때 유아들에게 도움이 될 수 있는 곡으로 매우 밝은 곡이다. 교사는 피리 부는 사나이처럼 노래를 부르면서 아이들 사이를 지나다니며 한 명씩 머리를 살짝 건드린다. 유아들은 자신의 머리가 건드려졌을 때, 한 손을 들고 긴 줄을 만들어 선생님을 따라 움직인다. 이는 유아들을 원으로 배치시키거나 교실의 다른 공간으로 이동시킬 때 효과적이다. 조용히 줄을 만들고 반복적인 노래에 맞춰 움직이는 것은 여러분이나 유아들이 큰 혼란 없이 함께 모이거나 원을 그려 모이게 도와준다. [부록 2와 3]은 여러분이 유아들에게 사용할 수 있는 율동과 손유희를 위한 단어나 음표들을 포함하고 있다.

손유희나 율동을 유아에게만 제한해서 사용하는 것은 아니다. 신체표현, 행동, 노래하는 능력을 확장시키고 정교화시키는 유아들의 능력은 연령과 경험에 따라 증가한다. 3세 유아는 활동을 통해 움직일 때, 형식에 구애받지 않고, 짧은 선율의 노래를 부른다. 이 유아들은 모든 단어를 다 기억하지 못하고, 심지어 정확한 의미도 잘 이해하지 못한다. 그러나 그들은 노래를 부르거나 손유희를 하는 동안 그들이 경험한 감정이나 정서를 종종 기억한다.

보다 큰 유아들을 위한 손유희와 동요는 새로운 단어, 운율, 두운법을 배우고, 언어와 언어적 기술을 발달시키고, 개념을 형성할 수 있는 잠재성을 제공한다. 교사들은 노래와 손유희를 사용하여 언어와 읽기 과정의 부분들인 속도, 강세, 박자 패턴, 강도에 대한 유아들의 인식을 확장시킬 수 있다.

유아들에게 손유희와 율동을 사용하기 전에, 여러분이 단어와 신체표현들을 배우고 연습해서 유아들이 마음에 새길 수 있도록 해야 한다. 특히 손유희는 여러분과 유아들 간에 따뜻함과 친밀감을 교환할 수 있어야 한다. 이러한 분위기는 여러분이 활동 중에 악보를 언급하거나 읽음으로써 없어질 수도 있다. 여러분은 손유희와 율동을 아이들과 열정적으로 공유해야 하며, 손유희뿐 아니라 유아에게도 신경 써야 한다. 여러분이 완전히 단어와 율동에 익숙해질 때까지 몇 가지 손유희를 배우고 연습해라. 일단 단어와 율동들에 안정감을 느끼고 나면, 여기에 삶의 즐거움을 느끼게 할 수 있는 따뜻함, 자연스러움, 즉흥성을 부여하라.

유아들의 나이에 따라 조절하거나 여러분만의 것을 만들기 위해 기본 형태를 마음껏 변화시키거나 수정하라. 율동과 손유희에 대한 이러한 접근은 여러분의 창의적인 능력을 사용하게끔 하고, 유아들 모두가 동시에 똑같은 것을 하게 하는 고정관념을 깰 수 있게 한다. 유아들은 "작은 거미(Eensy Weensy Spider)"를 자기들이 움직이고 싶은 방식으로 만들 수 있으며, "호키포키" 에서 그들만의 독특한 방식으로 몸을 흔들도록 격려받을 수 있다.

유아들을 위한 악기

예술 경험에서 가장 흥분되는 부분 중에 하나는 악기를 연주함으로써 음악을 만드는 것이다. 유아들은 악기에 관심을 가지고, 악기들을 시험 삼아 조작해보며, 막대기, 드럼, 심벌즈, 종, 다양한 악기들이 여러 가지 다른 소리와 음색들을 내는 것을 경험해보는 것을 좋아한다. 리듬악기는 유아들이 창의적으로 탐색해볼 수 있는 다양하고 풍부한 기회를 제공해준다. 각 악기들은 사용하는 방법이 간단하면서도 특별하고 재미있는 방식으로 다양하게 연주될 수 있다.

유아들에게 악기 나눠주기 여러분 중 몇몇은 전통적인 "리듬 밴드"가 만들어내는 혼돈을 기억할지도 모른다. 다행스럽게도, 악기를 사용한다는 관점으로부터 리듬악기를 개인적으로 선택해서 긴장을 풀고 사용하는 방향으로 현재의 동향이 흘러가고 있다. 이 접근에서는, 유아들이 개인적으로 악기를 선택할 수 있고 그 악기가 어떤 음색들을 만들어내는지, 다이내믹 레인지[2)]가 어느 정도인지, 어떤 음악적 질감이 개발될 수 있는지를 알아낼 수 있다. 유아들은 악기를 연주하는 여러 가지 다른 방법들을 시험 삼아 시도해볼 수 있고, 북채로 드럼을 쳤을 때와 손가락으로 쳤을 때 소리가 어떻게 다른지를 알 수 있다. 유아들은 줄에 매달려 있는 트라이앵글을 쳤을 때와 손으로 들고 트라이앵글을 칠 때의 소리를 비교해볼 수 있다. 유아들은 악기 안에 숨어있는 음악을 발견할 수 있게 되고, 그들만의 리듬 패턴을 창작할 수 있게 된다. 더 많은 유아들이 리듬악기를 가지고 시험해볼수록, 악기가 음악을 만들기 위해 간직하고 있는 가능성, 조합, 마음에 드는 패턴에 더욱 민감해질 것이다. 유아들이 악기를 탐색해볼 수 있는 적절한 기회를 제공하는 것은 모든 악기들이 동시에 소리를 내는 전형적인 "리듬 밴드"가 되지 않도록 하는 데 도움을 줄 수 있다. 확실히, 모든 악기들이 다이내믹 레인지의 최대까지 점강음으로 드럼의 박자에 맞춰 행진하는 것은 상당히 유아들에게 혼란스러움을 주고, 교사들을 좌절시키는 일이다.

---

2) [역주] 재생이 가능한 최대 음량과 최소 음량의 비율의 차.

악기 감상하기 유아들이 자유롭게 악기를 조작하고 실험해보는 것도 중요하지만, 교사가 악기를 소개하면서 지침과 구조를 알리는 것 또한 매우 중요하다. 우리가 첫 번째로 해야 할 것 중 하나는 타악기와 조율된 악기가 실제 악기라는 태도를 받아들이는 것이다. 모든 심포니 오케스트라에서 우리가 어릴 때 리듬밴드 세트에서 찾아볼 수 있었던 것 같은 악기들, 드럼, 트라이앵글, 종 등이 사용되고 있다. 완전한 드럼 세트가 동원되지 않은 '1812 서곡' 은 상상할 수가 없다.

여러분이 구입한 리듬밴드 세트에 있는 각 악기는 독특하고 고유한 음질을 만들어낼 수 있다. 공명기 종 같은 조율악기는 독특하고 풍부하며 울려 퍼지는 음색을 가지고 있다. 우리 행동을 본받고, 우리의 말을 받아들일 준비가 된 유아들에게, 악기에 대한 우리의 취급과 유아에 대한 우리의 태도는 그들이 악기를 연주하고 다루는 방식에 지속적으로 영향을 미칠 수 있다.

한 번에 한 악기씩 소개하라. 가능하다면, 몇 개의 똑같은 악기를 가지고 모든 유아들이 탐색해보고 그 악기가 어떤 소리를 내고 이 소리가 어떻게 나오게 되는지 알 수 있도록 하라. 유아들은 잘 기다리지 못하기 때문에, 지금 당장 악기를 연주하고 싶어한다. 유아들이 악기를 연주하고 소리를 내는 여러 다른 방법들을 시도해 보도록 격려하라. 악기에 대해 알 수 있도록 필요한 시간을 충분히 주어라. 여러분에게 오직 한 세트의 악기만 있다면, 악기를 중앙에 놔두고, 소집단으로 나누어 소개하도록 한다.

한 가지 악기를 한 번에 소개함으로써, 유아들에게 각 악기에 대한 음감을 점진적으로 발달시켜 줄 수 있다. 유아들이 몇 개의 악기들을 실험해볼 때, 여러분은 유아들이 리듬패턴, 선율을 만들어 보도록 격려해라.

여러분은 리듬, 음색, 선율, 화음에 유아들이 반응하도록 길을 열어두는 것이다. [그림 4-4]는 유아들에게 적합하게 사용할 수 있는 악기 리듬에 대해 설명한 것이다.

방금 논의된 음악과 신체표현에 대한 생각이 음악 프로그램을 시작하는 좋은 방법이지만, 가능하다면 기록매체를 사용하는 것도 고려해야 한다. CD나 카세트테이프를 사용하는 이점은 대개 노래가 특별한 목적에 맞게 분류될 수 있다는 것이다. 유치반에서 사용하기에 적합한 목록을 제공하기 어려울 수 있지만 여러분에게 도움이 될 만한 개인적인 음반이나 음반을 제작해서 파는 음악가를 발견하기 바라면서 내가 선호하는 것들을 포함시키고자 한다.

[그림 4-4] 유아들을 위한 악기

트라이앵글은 고리에 매달려 있다. 쇠막대로 부드럽게 친다. 트라이앵글은 부드럽고 밝은 소리를 낸다.

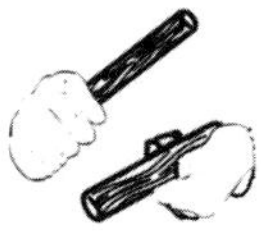

클라베스는 딱딱한 나무로 만들어진 두껍고, 잘 다듬어진 막대기이다. 클라베스 한 개를 손바닥에 올려놓고, 다른 클라베스로 친다.

리듬 막대는 짝으로 연주한다. 리듬 막대는 매끈하거나 톱니가 달려 있다. 리듬 막대 한 개를 들고 다른 하나로 치거나, 한 개의 산마루 부분을 따라 다른 하나로 문질러서 연주한다. 리듬 막대는 박자를 맞추기에 굉장히 좋고, 유아들이 느린 박자를 유지하도록 도움을 주기에 적절하다.

우드 블록은 깊이 울리는 소리를 내는 구멍이 있는 작은 블록이다. 나무채나 딱딱한 고무채로 가볍게 친다.

마라카스는 박(또는 단단한 플라스틱)에 씨앗이나 조약돌을 채워 만든다. 재빨리, 또는 간격을 두고 흔들어 리듬을 만든다. 계속해서 느리게 흔들어서 지속적인 소리를 만든다.

드럼은 어떻게 연주되느냐에 따라 여러 가지 다른 소리들을 많이 만들 수 있다. 손가락, 손, 손가락 마디, 또는 채로 연주할 수 있다. 북가죽이 울리도록 빠르게 튀기듯 치면 듣기 좋은 소리가 난다.

모래 블록은 거친 사포나 은사포가 붙어 있는 작은 나무 블록이다. 손잡이를 잡고 함께 문지른다.

징글벨은 막대에 붙은 종을 손바닥에 대고 리듬감 있게 톡톡 치거나 활발하게 흔들어 연주한다.

탬버린은 유아들이 매우 좋아하는 악기이다. 나무나 플라스틱으로 된 둥근 틀에 플라스틱이나 가죽으로 판을 대었고, 틀 주변으로 조그마한 찰랑거리는 것들이 매달려 있다. 판을 손이나 손가락으로 치거나, 찰랑거리는 소리가 들리도록 탬버린을 흔들 수 있고, 또는 두 가지를 같이 한다.

[그림 4-4] 유아들을 위한 악기 (계속)

손가락 심벌즈는 정말 기분 좋은 섬세한 소리를 낸다. 손가락 양쪽에 끼고 가볍게 울리게 친다. 또는 한 개는 엄지에 끼고 나머지 한 개는 장지에 껴서 한 손으로 칠 수도 있다.

심벌즈는 대개 놋쇠로 만들어지고 손잡이나 띠가 있다. 심벌즈는 수직방향으로 움직여서 칠 때 가장 좋은 음색을 낸다. 심벌즈 한 개를 살짝 높이 들고, 다른 하나는 아래로 낮게 든 후에, 아래로 내리친다. 여러분은 아이들에게 심벌즈를 소개하기 전에 심벌즈 연주를 연습하고, 듣기 좋은 소리를 만드는 기술을 완습하고 싶어할지도 모른다. 심벌즈가 내는 사랑스런 음색을 유아들이 듣는다면, 심벌즈를 실제 악기로서 존중할 것이다.

공명종은 채로 연주되고, 유아들에게 고저, 선율, 화음을 경험할 수 있도록 해준다. 공명종은 조율되기 때문에, 패턴과 선율을 알아가는 동안, 유아들은 특정 높이의 소리를 정확히 내는 악기로 실험해볼 수 있다.

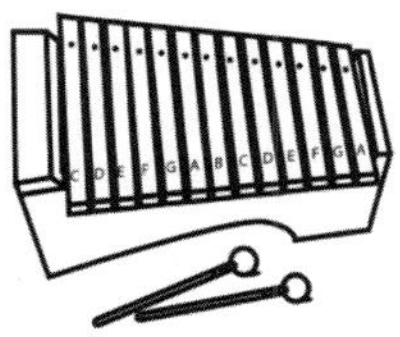

오르프는 본래 독일의 작곡가 칼 오르프(Carl Orff)가 설계한 것이다. 이 악기가 비싸긴 하지만, 유아기 환경에서 갖추고 있으면 매우 좋다. 오르프는 음질이 매우 좋고, 아름답고 순수한 음색을 낸다. 가장 낮은 음을 내는 메탈로폰(metallophine)은 풍부한 알토나 베이스의 음색을 낸다. 막대들은 두꺼운 금속으로 만들어졌다. 실로폰(xylophone)의 막대들은 단단한 나무로 만들어졌다. 막대들은 떼어낼 수 있고 분리가능하고 다른 음색 패턴을 내기 위해 바꿔질 수 있다. 철금(glokenspiel)은 가장 높은 소리를 내는 악기이다. 막대들은 떼어낼 수 있는 금속이고, 밝은 소프라노 음색을 만들어낸다. 유아들은 글로켄스필이 작아서 연주하는 것을 어려워한다. 그러나, 4세 유아나 그 이상의 유아들은 막대를 치고, 상쾌하고 명쾌한 음색을 듣는 것을 즐거워한다.

오토하프[3)]는 음악적이지 않은 선생님에게 아주 가치로운 악기이다. 여러분은 오토하프를 연주하기 위해 특별한 음악적 훈련을 받을 필요가 없다. 오토하프는 현악기이고, 여러분의 무릎 위에 또는 바로 서서 평평하게 유지하면서 연주할 수 있다. 버튼을 누르면서 오토하프를 연주할 수 있다. 각 버튼은 음악기호인 문자들을 가지고 있고, 여러분이 연주하는 화음에 상응한다. 대부분의 악보는 소절 위에 문자의 형태로 화음 표기를 포함하고 있다. 문자 표기에 따라 상응하는 버튼을 누르면서 오토하프를 친다. 유아들도 오토하프를 배울 수 있으므로, 여러분은 유아들이 오토하프를 연주해서 모든 화음, 소리, 감각적 느낌을 탐색해보는 것을 염려할 필요가 없다.

3) [역주] 귀터(C. A. Gütter)가 만든 지터(Zither)의 일종, 화음을 쉽게 연주할 수 있는 악기임.

"유아들과 음악에 대해 이야기하기" 몇몇 1학년 아이들을 인터뷰해라. 그들에게 가장 좋아하는 음악이 무엇인지 물어보고, 다른 종류의 음악보다 왜 그것을 더 좋아하는지 설명해보게 하라.

자메이카의 레게[4]에서부터 아일랜드의 지그[5]와 릴[6], 루이지애나의 자이데코[7]까지 삶을 시작하는 한 방식으로서 전 세계에서 만들어지는 음악을 유아들에게 접하게 하라. 전 세계로부터의 다양한 음악과 신체표현은 학급에서 유아들에게 다양한 문화교육을 도입하는 데 발판이 될 수 있다. 이 장에 우리나라와 반대편에 있는 문화로부터 온 음악과 신체표현 활동 두 가지가 소개될 것이다.

고전음악과 유아

유아에 대한 음악적 경험으로는 유치원 학급과 관련 있는 음악 이외에 고전음악도 포함되어야 한다. 여러분의 학급에 있는 몇몇 유아는 고전음악을 연주하고 감상하는 가정에서 성장했을 수도 있다. 이러한 유아들은 참으로 운이 좋은 편이다. 재즈, 락, 올디스[8]같이 오직 한 가지 장르만 듣는 유아들을 고전음악에 노출시킴으로써 음악적 경험과 감상을 확장시킬 수 있다. 고전음악을 조기에 접한 경우 예술 형태로서 음악에 대한 유아의 즐거움이 증가하고, 심미적 인식이 증가한다는 연구들이 있다(Cecil & Lauritzen, 1994).

20세기 스위스 작곡자이며 제네바 음악학교(Geneva Conservatory)에서 화음 교수인 에밀 자크-달크로제(Emile Jaques-Dalcroze, 1865~1950)는 신체표현을 신체를 악기로 사용하는 방식이며, 음악표현에 대한 대응관계에 있는 것으로서 생각했다. 더 나아가 그는 신체를 음악적 반응과 결합시킴으로써 초기 음악적 지능이 촉진될 수 있다고 믿었다. 이러한 이해는 "세계 공통어"인 고전음악에 의지함으로써 촉진될 수 있다.

> 우리의 가장 깊고 가장 친밀한 반응을 내재적 몸짓으로 구체화시키고, 우리 존재에 대한 뿌리로 이어지는 특히 인류를 닮은 신체표현들을 음악이 구현하고 있기 때문에 음악은 인류에게 중요하다(Jaques-Dalcroze, 191, p. 129).

---

4) [역주] 자메이카에서 발생한 새로운 대중음악. 전통적인 흑인 댄스뮤직과 미국의 솔뮤직이 결합됨.
5) [역주] 빠르고 경쾌한 춤곡이며 3비트의 반복임.
6) [역주] 스코틀랜드, 아일랜드 등지에서 2명이나 4명이 빠르게 추는 춤곡이며 4비트의 반복임.
7) [역주] 루이지애나에서 흑인들이 주로 연주하던 춤곡.
8) [역주] 옛날에 유행한 음악.

바흐의 서곡(Preludes)을 들으면서 조용한 활동을 하는 것에서부터 허버트(Herbert)의 『장난감 나라의 아기들(Babes in Toyland)』에 있는 "장난감들의 행진(March of the Toys)"을 들으면서 교실을 행진하는 것에 이르기까지, 고전음악은 유치반에 다양한 방식으로 자연스럽게 스며들 수 있다. [그림 4-5]는 고전음악 선곡에 관한 것으로, 특정 리듬패턴에 맞춰 유아들이 자연스럽게 신체를 움직일 수 있다.

고전음악은 모든 형태, 모양, 크기에 적용될 수 있는데, 나는 여러분과 여러분의 유아에게 가능한 몇몇 다른 스타일에 대해 얘기하고 싶다. 교향곡에 덧붙여 소나타, 현악 4중주, 협주곡, 콘서티나, 3중주, 춤이 있다. 그리고 오페라를 잊지 말자. 오페라는 수년에 걸쳐 인기가 증가하고 있다. 아마도 음악, 신체표현, 대사가 분리되지 않고 우리의 인성을 울리는 방식으로 제시되고 있기 때문인 것 같다. 내가 학생들에게 오페라에 대해 얘기할 때, 런던에 짙게 낀 안개처럼 뭔가 우리 교실 분위기로 천천히 뻗어 들어오는 듯한 공포를 느낀다. 나는 여러분이 오페라 팬이 되어야 한다거나 여러분의 유아들에게 어떤 형식적인 방식으로 오페라를 소개하라고 제안하는 것이 아니다. 그러나, 여러분의 학급에서 조용하게 오페라를 틀어

[그림 4-5] 고전음악과 신체표현 탐색

걷기	카발레브스키(kabalevsky): 「코메디언」에서 "무언극"("Pantomime" from Comedians) 프로코피에브(Prokofiev): 「겨울 휴가」에서 "출발"("Departure" from Winter Holiday)
행진하기	반 윌리암스(Vaughan Williams): 「말벌」에서 "주방용품으로의 행진"("March Past of the Kitchen Utensils" from The Wasps) 그리그(Grieg): 「서정시 모음곡」에서 "노르웨이 시골뜨기의 행진"("Norwegian Rustic March" from Lyric Suite)
뜀뛰기	무소르그스키(Mussorgsky): 「전시회의 그림」에서 "부화되지 않은 병아리의 발레"("Ballet of the Unhatched Chicks" from Pictures at an Exhibition) 바흐(Bach): 「모음곡 3번」에서 "무곡"("Gigue" from Suite No.3)
상하, 좌우로 흔들기	오펜바흐(Offenbach): 「호프만의 이야기」에서 "뱃노래"("Barcarolle" from The Tales of Hoffman) 생상스(Saint-Saens): 「동물의 축제」에서 "백조"("The Swan" from Carnival of the Animals)
미끄러지듯 가기	카차터리안(Khachaturian): 「가장무도회 모음곡」에서 "왈츠"("Waltz" from Masquerade Suite) 차이코프스키(Tchaikovsky): 「잠자는 미녀」에서 "왈츠"("Waltz" from Sleeping Beauty)

아름답게 색칠되어 있거나 장식되어 있는 악기는 유아들의 흥미를 끈다. 여러분의 학교에 있는 음악 전문가에게 어떤 독특한 악기를 구할 수 있는지 알아보기 위해 자문을 구하라.

놓는 것을 무시하지 말라고 부탁하고 싶다. 유아들은 여러분이 선정한 음악에 다른 종류의 음악이 포함되었다는 것조차 눈치채지 못할지도 모른다. 그렇다 하더라도, 여러분은 여러 가지 다른 고전음악 형태로 확장시켜 유아들을 노출시킬 것이다. 수년 전, 「나비부인(Madame Butterfly)」에서 몇 곡을 선정해서 조용한 시간대에 몇 번 틀어주었는데, 다섯 살짜리 유아 하나가 나에게 다가와서 여자의 목소리가 자기를 졸립게 한다고 말했다! 조용한 시간에 유치원 교사에게 무엇이 더 필요하겠는가?

[그림 4-6]은 내가 좋아하는 악기의 고전음악 음반 목록인데, 여러분의 개인적인 즐거움을 위해서나 유아들의 듣는 즐거움을 위해서 여러분만의 음악도서관을 만드는 데 유용할 것이다.

고전음악은 라피(Raffi)와 엘라 젠킨스(Ella Jenkins)와 함께 유치원 학급에서 들려주어야 한다. 맥기어(McGirr, 1995)가 말했듯이, "너무 자주 유아기 프로그램이 오직 유아들의 음악, 전래동요, 손유희, 밝고 짧은 희극 등 그것도 모두 주로 잘 알려진 악기로만 연주되는 것들을 사용한다. 유아는 보다 더 세련되게 청취하는 능력이 있다"(p. 75). 고전음악에 노출되는 유아들은 경험하게 되는 음악 전체를

[그림 4-6] 고전음악 모음곡: 권장 음반

모차르트(Wolfgang Amadeus Mozart). E 플랫 교향곡 39번과 C 교향곡 41번. E 플랫 39번은 모차르트의 위대한 3부작 중 첫 번째로 1788년 6월 26일에 쓰였다. 6주 만에, 모차르트는 나머지 3개의 교향곡을 작곡했고, 39번은 세 곡 중 유일하게 클라리넷의 장점을 최대한으로 살린 곡이다. "아다지오", "알레그로", "안단테", "미뉴에트", "피날레"로 구성되어 있다. C 41번은 1788년 8월 10일 쓰였다. 모차르트가 이것이 그의 마지막 교향곡이 될 것이라는 것을 직감했을 거라고 믿어진다. 마지막 부분은 오케스트라를 통해 말하고 싶어한 모든 최종적인 것을 확고하게 표현한 것 같다.

쇼팽(Frederic Chopin). 소나타 3번, op. 58. 이 소나타는 피아노 음악을 사랑하는 사람들을 위한 것이다. 로버트 슈만(Robert Schumann)은 쇼팽의 소나타 3번, op. 58에 대해 다음과 같이 말했다: "농담이 아니라면, 이것을 소나타라고 부르는 것은 뜻밖의 일이다. 왜냐하면, 그의 가장 무모한 어린아이 넷을 단순하게 함께 묶어놓았기 때문이다…." (Van Cliburn, 1992). 그러나 조지 샌드(George Sand)는 다음과 같이 말했다: "이 작품에서 그가 성취해낸 자급자족의 일관성은 그를 자신이 하고 있는 것을 정확하게 알고 있는 거장으로 만들었다." (Van Cliburn, 1992). 이 작품에는 환상적인 가속도를 축적하고, 엄청난 대담함과 탁월함을 지닌 최고점으로 치닫는 강렬한 아름다움과 힘이 있다. 종결부는 불 같은 결론의 작품으로 가득 차 있다.

베토벤(Ludwig van Beethoven). 현악 4중주 3번 D 장조와 현악 4중주 C 단조. 현악 4중주는 4부분으로 구성되어 있어서, 작곡가가 충분한 선율을 가지고 전체 음악형태를 만들 수 있다. 전혀 군더더기가 없다. 베토벤은 장기적인 설계자였고, 매우 조직화된 음악을 작곡하는 것을 따르는 추종자였다. 그의 스케치북에 나와 있듯이, 그의 현악 4중주는 거의 슈퍼맨이나 할 수 있는 힘든 것들로 가득 차 있다. 40년 동안 힘든 작곡 과정을 거쳐 탄생한 평생의 작업에서, 그는 16개의 현악 4중주를 완성했다.

바흐(Johann Sebastian Bach). 브란덴부르크 협주곡 1~6번. 바흐는 바로크시대의 작곡가였다. 오케스트라의 수석으로서, 그는 수치와 점수를 뛰어나게 잘 읽어내는 사람이었다. 그의 청력은 너무나 좋아서 거대한 오케스트라 안에서의 아주 경미한 실수조차도 감지할 수 있었다: "지휘하는 동안, 그는 노래하고 자신의 파트를 연주하고, 리듬을 느리게 유지하고, 모두에게 언제 들어올지 신호를 보낸다. 한 사람에게는 고개를 끄덕이면서, 또 다른 이에게는 발을 두드리면서, 세 번째에게는 손가락을 흔들면서, 모든 이를 다 함께 대기시키고, 모든 곳에 예방책을 준비하고, 그는 신체 모든 부분을 통해 리듬을 타며, 어떠한 불안정감도 고쳐냈다." 그의 안목은 위대했고, 비견할 데 없는 기술을 지녔고, 힘, 표현, 독창성에서 무서우리만큼 뛰어난 화성 감각을 지녔다. 브란덴부르크 협주곡들은 바흐가 인간으로서 어떤 사람인가에 대해 표명한 것이다. 이 곡들은 신비주의, 풍부함, 복잡성, 장식, 우화, 왜곡, 거대한 착취로 가득 차 있다(Schonberg, 1981). 이미 브란덴부르크 협주곡들의 음반을 가지고 있다면, 그의 작품에 대한 이 기술어귀들이 어떻게 그의 작품에 묘사되어 있는지를 알아보도록 해라.

즐길 수 있고, 광범위하게 음악을 경험해볼 수 있는 특별한 기회를 가지는 것이다. 많은 연구들이 조기에 고전음악을 접하는 것이 유아들이 예술형태로서의 음악을 즐기는 것을 증가시키고, 유아들의 심미적 인식을 증가시킨다고 암시하고 있다(Ceceil & Laurizen, 1994). 위대한 고전음악 작곡가나 그들의 음악에 대한 노출 없이 유아들이 모든 음악에 대한 감상능력을 발달시킬 것을 기대할 수 없다. 더 나아가, 이러한 기회도 없이 어떤 유아들은 그들이 성인이 되어 대학수준의 음악감상 수업을 들을 때까지 고전음악이라는 것이 존재한다는 사실조차 모를 수도 있다.

아무리 어린 유아라도 가장 광범위한 맥락에서 음악 감상능력을 발달시키기를 원한다면, 유아들에게 고전음악을 포함해서 다양한 음악을 듣도록 고무시켜야 한다.

음악과 신체표현에 대한 과정

교사로서 여러분의 주된 책임 중 하나는 믿음, 자유, 의사소통이 가능한 따뜻하고, 안전한 환경을 확립해서 긍정적이고 즐거운 음악과 신체표현 경험이 일어날 수 있도록 하는 것이다. 표현의 즐거움은 음악과 신체표현의 주요한 가치이다. 유아들이 공간을 이동하고 시간이나 힘을 탐색해볼 때, 완벽한 형태를 요구하지 않도록 주의해야 한다. "물 위, 구름 위, 지구 위, 하늘 등을 나는 것과 같은 엄청나게 고무되는 기분, 자유로움, 유쾌한 기분 때문에 유아들은 움직인다." (Logan & Logan, 1967, p. 39). 우리가 할 일은 이러한 자유로움을 환영하는 분위기를 만드는 것이다.

어떻게 이러한 분위기를 구조화시킬 것인가? 어떻게 음악과 신체표현이 여러분의 학급에 살아남도록 할 것인가? 유아들이 다음과 같은 상태를 느끼고 확신하는 분위기에서 유아들의 참여가 일어날 것이다.

- 안전하게 시도해볼 수 있다.
- 나는 사건들을 다룰 수 있다.
- 우리 선생님은 내가 시도해보도록 격려해준다.
- 나는 그렇게 함으로써 임무를 완수한다.

유아들은 자신이 안전하고 지원받고, 격려받는 환경에 있다는 것을 알 때, 무한한 창의적인 표현을 자유롭게 탐색하고, 실험하고, 반응한다. 이제 유아들이 새로운 것을 시도하고, 자신을 다른 방식으로 표현해볼 수 있도록 안전감을 느끼는 환경을 확립했다면, 그 다음에 여러분이 질문할 것은 아마도 "어떻게 시작하지?" 일 것이다. 좋은 교사는 항상 계획을 가지고 시작한다. 다음 절에서 여러분이 준비해야 하는 학습 계획에 대해 얘기해볼 것이다.

신체표현과 춤 소개하기

유아들이 그들만의 공간을 가지고 있고, 그 공간은 오직 그들에게만 속한다는 것을 확실히 알도록 해라. 유아들이 개인적인 공간이 무엇인지 파악할 수 있도록, 상상의 공간인 비눗방울을 탐색하는 과정을 안내해주는 것도 도움이 된다.

1. 아이들 사이를 걸어 다니면서 교실에 있는 모든 공간을 가리켜라. 의자와 책상 사이의 빈 공간을 보여주고, 유아들 사이에 공간에서 여러분의 손을 흔들어라. 유아들에게 천장과 유아들 사이의 공간을 쳐다보게 하라.
2. 유아들이 서고, 앉고, 누울 수 있는 바닥에 어느 누구도 만질 수 없는 공간을 가지도록 한다. 손, 팔을 주위로 움직여 그들이 할 수 있는 최대한 공간을 채워보게 하라.
3. 할 수 있는 최대로 다리를 움직이고 쭉 뻗어보게 해서 다리로 채울 수 있는 공간이 얼마만큼 되는지 보게 하라.
4. 유아들에게 서서 발을 움직이지 않고 자신만의 공간에서 최대한 뻗을 수 있는 만큼 팔을 움직여보게 하라. 유아들에게 발과 다리가 가지는 고유의 공간을 탐색해보게 하라.
5. 유아들에게 커다란 비눗방울 안에 있다고 상상해보게 하라. 어느 누구도 초대하지 않는 한 비눗방울, 즉 누구도 자신의 공간 안에 들어올 수 없다. 유아들은 자신만의 상상의 공간 안에서 여러 가지 다른 방식으로 움직일 수 있다. 또한 교실을 여기저기 움직일 때 자신의 공간인 비눗방울을 가지고 다닐 수 있다.

공간, 시간, 힘 탐색하기

여러분이 유아들과 계속해서 공간, 시간, 힘에 대해 탐색할 때, 이 절에서 제시된 제안들에 기초해서 활동들을 개발할 수 있다. 이 생각들은 여러분이 계획을 짜고 여러분만의 음악과 신체표현 활동 개발을 시작하려고 할 때 도움을 주고자 제안된 것이다. 녹음된 음악이나 다른 리듬 반주를 추가해서 경험을 확장시켜라. 유아들을 신체표현과 춤에 참여하게 하는 많은 제안들을 아래에 제시했다. 그러나, 여러분이 한 번에 혹은 "신체표현의 날"이라고 명명된 하루에 이 모든 것을 시작하는 것은 추천하지 않는다. 여러분의 계획과 자연스럽게 진도가 맞는 아이디어들로 나누어 분류하라. 또는 유아들이 창의적이고 독특한 다른 방식들로 신체를 움직일 수 있는 여러 방법들을 유아들에게 소개하는 방식으로 매일 한 번에 한 가지를 유아들에게 사용하라. 또한 여러분의 학급에서 매우 특별한 유아 집단을 위한 음악이나 경험을 계획할 때, 이러한 제안들을 변경하고 수정해서 여러분만의 아이디어로 사용하기를 바란다. 유아들의 창의적인 신체표현에는 저작권이 없다. 여러분은 수많은 "출발점이 되는" 아이디어를 읽을 것이다. 이 아이디어에 대한 확장은 여러분의 창의성에 달려있다.

공간

1. 공간이 무엇인가요? (공간에 대해 설명하면서 시작하라. 혹은 유아들에게 공간의 정의가 무엇인지 말해보도록 하라)
2. 여러분은 어느 누구도 건드리지 않고 여러분의 것이 될 수 있는 공간을 바닥에서 찾아볼 수 있나요?
3. 여러분을 얼마나 크게 만들 수 있나요?
4. 여러분 신체의 여러 부분들을 쭉 뻗어서 여러분이 닿을 수 있는 방향이 얼마나 많이 있는지 봐요.
5. 여러분의 신체 중 두 부분만을 이용해서 길고 낮은 다리를 만들 수 있나요?
6. 여러분의 공간에서 앞으로 움직일 수 있나요? 뒤로? 옆으로? 원을 그리면서? 위에서 아래로 여러분의 높이를 변화시킬 수 있나요?
7. 바닥에 누워봐요. 여러분의 공간에 둥그런 모양을 만들 수 있나요? 똑바로 편 모양은? 구부린 모양은? 비비 꼰 모양은?

시간

1. 누군가와 부딪치지 않고 얼마나 빨리 움직일 수 있나요? 얼마나 천천히 움직일 수 있나요?
2. 여러분은 빠른 속도에서 느린 속도로 변화시키면서 움직일 수 있나요?
3. 여러분의 공간을 벗어나지 않으면서 매우 빨리 움직일 수 있나요?
4. 여러분 신체의 한 부분은 매우 빠르게, 다른 부분은 매우 느리게 움직일 수 있나요?
5. 차고, 잡고, 던지기 신체표현을 합쳐서 매끄럽게 이어서 할 수 있나요?

힘

1. 얼마나 조용히 걸을 수 있나요? 얼마나 무겁게 걸을 수 있나요?
2. 강한 바람에 맞서서 걸을 때는 어떻게 걷나요?

3. 여러분의 근육이 매우 강하게 느껴지나요? 약하게 느껴지나요?
4. 어떻게 무거운 물건(가벼운 물건)을 드는지 보여주세요.

[그림 4-7]에 있는 이러한 아이디어들은 공간, 시간, 힘에 대한 확장을 제시하고 있다. 어떤 아이디어들이 유아의 연령과 기술에 발달적으로 적합한지 검토해 보아라. 불확실하면, 조기 음악 발달의 기본 단계들을 살펴보는 이전 절들을 다시 참고해볼 수 있다. 현명하게 조언을 한다면, 이 아이디어들을 모두 동시에 같이 사용하지 말라는 것이다.

[그림 4-7] 신체표현을 위한 아이디어들

- 친구들은 할 수 있는 한 최대한 작게 만들어요.
- 친구 몸의 다른 부분들을 사용하여 여러분이 채울 수 있는 공간이 얼마만큼 되는지 보아요.
- 친구들의 몸을 최대한 크게 만들고 빈 공간의 안과 밖으로 움직여요.
- 공간을 통해 다른 방법으로 움직여 보도록 해요.
- 친구들은 곧장 똑바로 움직일 수 있나요?
- 친구들은 지그재그로 움직일 수 있나요?
- 친구들은 앞으로 뒤로 움직일 수 있나요?
- 친구들은 옆으로 움직일 수 있나요?
- 친구들은 위로, 아래로 또는 원을 그리며 움직일 수 있나요?
- 친구들은 가까이 있는 사람을 건드리지 않으면서 매우 가까이 움직여갈 수 있나요?
- 팔과 몸을 최대한 높게 하여 움직이고 그 다음엔 최대한 낮게 하여 움직여요.
- 등을 대고 바닥에 눕고, 발과 다리가 공간을 날아다니듯 해봐요.
- 배를 깔고 누워 머리를 뒤로 뻗어 젖히고, 발을 허공에 차고, 팔을 옆으로 뻗어 흔들어요.
- 할 수 있는 한 느리게 교실을 여기저기 움직여요.
- 다른 사람의 공간에 들어가거나 건드리지 않으면서, 할 수 있는 한 빠르게 교실 주위를 움직여요.
- 할 수 있는 한 빨리 움직여요. 여러분은 쥐처럼 조용히 움직일 수 있나요?
- 친구들은 거미처럼 조용히 기어 다닐 수 있나요?
- 친구들은 나비처럼 하늘을 날 듯 춤출 수 있나요?
- 친구들은 얼마나 무겁게 움직일 수 있나요? 여러분은 코끼리처럼 움직일 수 있나요?
- 친구들은 자기의 근육을 강하게 만들어서 곰처럼 흔들 수 있나요?

전통적인 리듬밴드가 혼란을 만들었던 것을 생각해보면, 이 모든 활동을 한꺼번에 도입할 때, 여러분은 확실히 통제가 되지 않는 유아 집단을 보게 될 것이다. 상식적인 수준에서 여러분만의 판단을 사용하라.

이 모든 아이디어들은 유아들이 그들의 환경에서 익숙한 것들을 모방하거나 특정한 신체표현을 수행하기 위해 신체를 사용하는 역동적이고 창의적인 신체표현을 창조하도록 격려한다. 또한 신체표현이나 춤 경험에 음반이나 악기로 반주를 덧붙일 것을 장려한다. 신체표현과 춤에 대한 많은 부가적인 아이디어들을 제공할 수 있는 아래와 같은 책들도 있다.

- Gelsanliter, W., & Christian, F. (1998). *Dancin' in the kitchen*. New York: Putman.
- Hopkins, L.B.(Ed.). (1997). *Song and dance: Poems*. New York: Simon & Schuster.
- Morgan, M.(1999). *Wild Rosie*. New York: Hyperion.
- Shannon. G. (2000). *Frog legs: A picture book of action verse*. New York: HarperCollins.
- Wood. A. (1992). *Silly Sally*. New York: Harcourt Brace.

다문화 맥락에서의 신체표현과 춤 탐구

음악은 모든 연령의 유아들에게 흥겨움, 즐거움, 만족감을 주는 전 세계적인 언어이다. 도시이든 시골이든, 중국, 지중해, 댈러스, 로마이든, 유아들은 읊조리고, 노래를 만들고, 춤추고, 손뼉치고, 몸을 흔들고, 리듬에 맞춰 움직인다. 문화적으로 다양한 음악, 춤, 표현적인 신체표현은 문화적 전통과 생각들을 전달하는 데 있어 다른 안목을 제공한다. 많은 언어들이 춤이라는 단어를 번역할 단어가 없는 반면, 어떤 언어는 한 개의 포괄적인 용어를 가지지 않고 춤에 대한 다중 단어들을 가지기도 한다(McCarthy, 1996). 예를 들어, 이 절에 포함된 춤 활동 중 하나인 훌라(hula)는 많은 지시대상물을 가진다. 즉, 춤, 무용수, 사용된 노래 또는 챈트. 애이나(Aina)는 이러한 개념이 그의 모국인 나이지리아에서도 익숙한 것이라고 한다(Personal Communication, 2003). 그가 말하기를, 나이지리아에서 드럼은 춤의 필수적인 부분이고, 춤이라는 언어 또한 드럼치기와 관련되어 있다. 다음의 두 가지 활동은 우리나라와 정반대에 있는 나라의 춤들 중에서 문화적 유사점과 차이점을 반영하고 있다. 하와이의 문화적 전통이 훌라에 반영되어 있는 반면, 지중해의 리듬과 챈트는 갈색의 꼬마 아가씨에 대한 신체표현과 노래에 담겨 있다. 세계적 관점에서 진실인 것은 음악, 신체표현, 춤이 참으로 전 세계적 언어, 즉 "문화의 전형, 앎의 방식, 의사소통의 방식, 인류의 동적인 역사"라는 것이다(Frosch-Schroder, 1991, p. 62).

하와이의 훌라와 카리브해의 원형 그리기 춤

훌라

하와이의 유아들은 매우 어린 나이에 훌라를 배운다. 훌라는 특정 이야기를 전하는 다양한 손유희와 신체표현을 포함하고 있다. 여기에 소개하는 기본 스텝은 배우기 매우 쉽다. [그림 4-8]은 기본 신체표현을 묘사한 것이다. 여러분이 필요한 것은 하와이 음악이나 우클렐레[9] 음악의 음반이다. 레이라고 불리는 화환을 춤추는 동안 쓸 수 있게 유아들에게 주거나 만드는 것도 고려하면 좋다. 여기에 소개된 "진주조개 껍데기(Pearly Shells)"는 전 세계적으로 알려지고 사랑받는 전통적인 훌라이다. 춤 신체표현이 간단해서 유아들에게 적합하다.

> 때때로 춤추기와 음악은 신문에 나와 있는 글보다 한 나라의 관습에 대해 더 진정한 이미지를 묘사해줄 수 있다.
> — 진 켈리(Gene Kelly)

기본 훌라 스텝

신체 움직임

손을 허리에 댄다.

오른쪽으로 움직이고 왼발을 따라 붙인다.

(손과 팔은 오른쪽으로 든다.)

반복

왼쪽으로 움직이고 오른발을 따라 붙인다.

(손과 팔은 왼쪽으로 든다.)

반복

9) [역주] 작은 기타처럼 생긴 4현으로 된 하와이 악기.

[그림 4-8] 훌라 기본 스텝 - 카홀로(Kaholo)

[그림 4-8] 훌라 기본 스텝 - 카홀로(Kahɔlo) (계속)

진주조개 껍데기

진주조개 껍데기 **바다로부터** **빛나는 태양**

손을 아래로 하고, 손바닥은 위로 한다. 오른쪽 먼저, 그 다음 왼쪽

양손을 앞으로 하고 가슴을 향해 굴린다.

팔과 손을 옆으로 움직여 머리 위로 올리면서 원을 만든다.

해변을 감싸 안기 **내가 그들을 볼 때** **나의 심장이 나에게 말하네** **너를 사랑한다고**

팔/손을 뻗어 앞에서 앞뒤로 흔든다.

손바닥이 보이도록 손을 눈 옆에 놓는다. 다른 팔은 앞으로 뻗는다. 반대로 반복한다.

손을 가슴에 갖다 댄다.

두 팔을 교차하여 가슴에 댄다.

이 작은 진주조개 껍데기보다 더: 첫 번째 동작을 반복한다.

손을 무릎에 올린 채 무릎을 구부리고 좌우로 몸을 흔든다.

반복

손유희

미소 동작: 뺨에 손을 대고 미소 짓는다.

코코넛 나무: 한쪽 팔꿈치를 다른 쪽 손바닥에 올려놓고 팔을 좌우로 흔든다.

음악 및 신체표현 개발과 가정의 역할

교사는 유아의 보호자들을 격려하여 음악과 신체표현 활동에 유아들이 참여할 수 있게 해야 한다. 많은 가정들은 지적 발달과 음악적인 문해능력과의 상관관계를 보여주는 최근 연구들에 관심을 보이고 있다. 부모들은 음악과 동작을 자녀에게 도입하기 위해 많은 것들을 할 수 있다. 보호자들이 유아들이 읽기를 배우는 것을 돕고, 읽기 준비도를 격려하는 것과 마찬가지로, 유아들에게 음악적 문해능력의 기본을 형성하도록 많은 음악적 경험을 제공할 수 있다.

다음 목록은 가정과 보호자들이 유아들과 함께 음악과 신체표현을 즐길 수 있는 몇 가지 아이디어들을 제시하고 있다.

- 집에서 노래하고, 읊조리고, 춤을 춤으로써, 음악과 신체표현에 대한 당신 자신의 즐거움을 표현한다.
- 유아들과 상호작용하고, 그들이 집에서 접근 가능한 여러 가지 소리 자원을 탐색하도록 격려한다. 예를 들어, 냄비를 거꾸로 뒤집어놓고 긴 나무 수저로 두들겨 드럼과 북채처럼 해본다.
- 유아들에게 악기를 가까이서 볼 수 있는 기회를 제공한다. 유아들에게 기타 줄을 어떻게 튕기고 피아노 건반을 어떻게 치는지 보여준다.
- 유아들과 같이 춤춘다. 손을 잡고, 들어올려, 음악에 맞춰 춤춘다. 좋은 노래의 리듬에 맞춰 손뼉 친다.
- 옷 입기, 차 타러 가기, 욕조에서 비누거품 불기와 같이 일상의 소소한 일들을 주제로 한 노래를 만든다.

바다 굴리기: 가슴 앞에서 두 팔을 굴리는 신체표현을 한다.
빛나는 태양: 두 팔을 머리 위로 올려 태양을 만든다.
사랑과 심장: 손을 가슴에 댄다.

진주조개 껍데기(Pearly Shells) - 노래 부르거나 챈트하는 동안 대사와 손유희

진주조개 껍데기(Peraly Shells) - 모래사장에서 진주조개 껍데기를 줍는 동작

바다로부터(From the ocean) - 바다 굴리기
태양에서 빛나네(Shining in the sun) - 태양 동작
해변을 감싸 안아(Covering the shores) - 팔과 손을 뻗어 모래사장을 만지듯이
내가 그들을 볼 때(When I see them) - 손을 눈에 대는 동작
나의 심장이 나에게 말하네(My heart tells me) - 사랑과 심장 동작
너를 사랑한다고(That I love you) - 두 팔을 교차하여 가슴에 대는 동작
이 작은 진주조개 껍데기보다 더(More than all those little pearly shells) - 모래 사장에서 진주조개 껍데기를 줍는 동작

유아들과 같이 하기에 아주 좋은 자료로는 하와이 유아들이 훌라 춤을 추는 "유아를 위한 훌라(Hula for Children)"라는 제목의 비디오가 지역도서관에 있다. 도서관에 없다면, 하와이 음악 상점에서 구입할 수 있다(Hawaiian music store.com, P. O. Box 223133, Princeville, HI 96722-3133, 전화 808-826-4223, http://www.hawaiianmusic.com/videos/v10.html).

카리브해 원형 그리기 춤

카리브해 섬의 노래와 운율은 종종 프랑스, 영국, 아프리카에 그 기원을 두고 있다. 원 그리기 게임을 할 때 "원안에 갈색의 소녀(Brown Girl in the Ring)"를 부른

훌라는 전 세계적으로 알려진 하와이의 전통적인 춤이다. 기본 스텝이 배우기 쉽고 유아들에게 적절하다.

다. 한 유아가 원의 중심에 서 있고, 다른 유아들이 따라 할 수 있는 신체표현을 한다. 이 노래의 출처는 그레이스 할워스(Grace Hallworth)가 편집하고 캐롤라인 빈치(Caroline Binch, 1996)가 삽화를 그린 아프리카계 지중해식 운율, 게임, 노래 전집이다.

원 안에 갈색의 소녀

원 안에 갈색의 소녀가 있네
트랄랄라라
원 안에 갈색의 소녀가 있네
트랄랄라라
원 안에 갈색의 소녀
트랄랄라라
그녀는 설탕과 자두처럼 달콤하기에
이제 너의 행동을 나에게 보여줘
트랄랄라라
그녀는 설탕과 자두처럼 달콤하기에
이제 여러분의 짝을 안아주고 뽀뽀해
트랄랄라라
이제 여러분의 짝을 안아주고 뽀뽀해
트랄랄라라
이제 여러분의 짝을 안아주고 뽀뽀해
트랄랄라라
그녀는 설탕과 자두처럼 달콤하기에

그 외에 세델라 말리-부커(Cedella Marley-Booker)의 유아들을 위한 레게와 칼립소[10] 음반을 구매하는 것을 고려해보는 것도 좋다. (『Smilling; Island of Song: Reggae and Calypso Music for Children』, Redway, CA: Little People Music, 1992).

---

10) [역주] 카리브해 지역의 음악.

창의적 신체표현

[그림 4-9]에 제시된 아이디어들은 보다 더 제한을 두지 않는다. 이 아이디어들은 유아들마다 다를 수 있는 표현의 자유를 염두에 두고 설계된 것이다. 이 아이디어들은 유아들이 공간, 시간, 힘이라는 기본 요소들을 탐색하는 것을 뛰어넘어 움직이고, 그들의 신체표현 경험에 그들간의 창의적인 해석과 상상, 그리고 각색을 덧붙이기 시작한다는 것을 의미한다. 예를 들어, 여러분의 유아들에게 무거운 수레를 밀고 있는 것처럼 행동해 보라고 할 수 있다. 어떤 유아들은 어떻게 무거운 수레를 움직이는지를 알고 있는 반면, 다른 유아들은 텔레비전에서 봤던 수레에 대한 이해로 대신할 것이다. 다른 예로, 여러분이 유아들에게 그들이 튀고 있는 팝콘인 것처럼 행동해 보라고 할 수 있다. 옥수수 씨앗이 지글지글 소리를 내기 시작하

[그림 4-9] 신체표현의 각색

- 행복하게 움직여라.
- 화난 것처럼 움직여라.
- 슬픈 것처럼 움직여라.
- 여러분이 얼마나 부드럽게 또는 거칠게 움직일 수 있는지 보여주어라.
- 헝겊인형처럼 춤추어라.
- 여러분이 나무이고 주위에 바람이 불고 있는 척하라.
- 말처럼 교실 주위를 뛰어다녀라.
- 토끼처럼 교실 주위를 깡총깡총 뛰어다녀라.
- 여러분이 뭔가 굉장히 무거운 것을 옮기는 것처럼 움직여라.
- 원숭이처럼 몸과 팔을 흔들어라.
- 수영하고 있는 척하라. 여러분의 신체, 팔, 다리가 어떻게 움직이는가?
- 여러분이 깜짝 장난감 상자인 것처럼 하라.
- 여러분을 바람 빠진 풍선처럼 만들고 천천히 부풀려라.
- 여러분이 꼭두각시 인형이어서 누군가가 여러분을 움직이게 하는 것처럼 하라.
- 여러분은 뭔가 잃어버린 것을 찾고 있다면 어떻게 움직일 것인가?
- 깊게 쌓인 눈, 깊은 강, 뜨거운 모래, 차가운 얼음 위를 걷는 것처럼 움직여라.

[그림 4-10] 유아들이 창의적으로 움직이는 방법을 생각하도록 여러분 자신의 상상을 사용하라.

고 폭신하고 맛있는 팝콘으로 폭발할 때 어떻게 움직이는가?([그림 4-10] 참조) 어떤 경우이건 유아들이 빗속을 걷는 것에 대해 자신이 아는 대로 표현하거나, 깜짝 장난감 상자에서 인형이 어떻게 앞으로 튀어나오는가를 표현할 때, 유아들의 해석은 존중되어야 한다. 가장 중요한 것은 유아들이 그들의 세상에 대해 아는 것이건 모르는 것이건 그것을 표현하는 방식에서 자신들의 몸을 움직인다는 것이다.

창의적 신체표현을 위한 재료

재료들과 지지대를 사용하는 것은 유아들이 신체표현을 통해 자신을 표현하는 것을 격려하고 자극할 수 있다. 다음 재료들은 특히 유아들에게 즐거움을 준다.

스카프 유아들에게 가볍고 알록달록한 스카프를 주고 공간을 움직일 때, 스카프를 위로, 아래로, 빙 둘러지게 해보도록 하라. 스카프는 날아가는 망토로, 하늘높이 나는 날개로, 또는 빗속에서 춤추는 우산으로 마법처럼 변형될 수 있다.

띠 집단 신체표현 활동에서 유아들이 움직이고 좌우로 몸을 흔들 때, 유아들은 긴 띠를 사용해서 재미있고 물 흐르는 듯한 모양들을 만들 수 있다. 띠를 바닥에 놓

고, 공간을 정의 내릴 때 사용할 수도 있으며, 또는 아기 염소가 터벅터벅 건널 수 있는 다리로 사용할 수도 있다.

후프 바닥에 후프를 몇 개 놓아두고 유아들이 여러 가지 다른 방식으로 후프 안이나 바깥으로 통과해 나가도록 한다. 신체의 어떤 부분은 후프 안에 집어넣고 다른 부분은 바깥으로 나오게 한다. 예를 들어, 유아들에게 "두 발을 후프 안에 넣고 손으로 후프 밖을 짚고 걸어볼래?"라고 시킬 수 있다. 유아들은 또한 후프를 뜀뛰기 기술을 연습하기 위한 줄넘기처럼 사용할 수도 있다.

콩주머니 콩주머니 게임을 해라. 유아들에게 각각 오자미를 나누어 주어라(되도록이면 알록달록한 것으로). 리더(교사 혹은 다른 유아)가 다른 유아들이 따라 할 신체표현을 제안한다. 오자미를 머리 위에 놓고 떨어지지 않게 교실 안을 걸어 다닌다. 오자미를 어깨, 팔, 팔꿈치, 발에 올려놓는다. 등 위에 오자미를 올려놓고 교실 여기저기를 기어 다닌다. 바닥에 오자미를 놔두고 오자미 위로 뛰어넘어 다닌다. 오자미 위에 앉는다. 오자미 위로 구른다. 오자미를 위로 높이 던진 후 두 손으로 잡는다. 오자미 활동 시 후프와 띠를 같이 사용한다.

낙하산 손잡이가 바느질된 낙하산은 유아들에게 사용하지 않는다. 유아들이 조그만 주먹을 손잡이 안으로 밀어 넣을 수가 있어서, 낙하산이 공기로 꽉 차 있으면 손을 빼기가 어려워 낙하산을 놓아 주기가 어렵다. 여러분의 낙하산이 이런 모양이라면 나는 그것을 잘라버리라고 제안한다. 공기가 가득 찬 낙하산의 힘은 매우

유아들을 위해 띠를 만드는 것은 매우 쉽고 비싸지도 않다. 약 1미터 정도의 색이 고운 재료로 20개 정도의 띠를 만들 수 있다.

강해서 유아가 잡고 있기 힘들 때, 유아들은 쉽게 놓아버릴 수 있는 자세를 취해서 불편한 자세로 낙하산을 잡아당기고 있지 않도록 한다. 유아들에게 낙하산을 위로 아래로 움직여보게 한다. 낙하산을 들고 원을 그리는 패턴으로 움직인다. 또는 낙하산 가운데에 가벼운 공을 넣고 공이 이리저리 튀도록 한다. 여러분과 유아들은 (몇몇 어른들의 도움이 필요함) 순간적으로 낙하산 밖으로부터 텐트를 만들 수도 있으며, 이때 낙하산 안에서 보는 색깔은 참으로 아름답다. 이것은 매우 쉬운 과정이며 여러분이 시도해보기를 바란다. 지시사항은 간단하다: 유아들과 몇몇 어른들이 낙하산 주위로 가까이 간격을 두고 자리를 잡는다. 낙하산을 높이 들어 공기가 꽉 차도록 한 다음 낙하산 안으로 뛰어 들어가서 재빨리 낙하산 모서리를 깔고 앉는다. 낙하산은 공이 될 것이고, 여러분과 유아들은 낙하산이 만들어낸 멋진 특성 안에서 기뻐할 것이다.

이 장에서는 유아들을 음악과 신체표현 활동에 참여하게 하는 다양한 방법들을 소개했다. 여러분이 이러한 경험들을 유아들에게 계획할 때, 가장 긴요한 것은 유아의 성장과 발달을 유념해야 한다는 것이다. 유아들에게 너무 자주, 지나치게 활동에 참여하도록 하지 말아라. 유아들의 성장 단계와 패턴의 중요성에 대해 계속해서 생각한다면, 예술교육을 위한 전국 표준(National Standards for Arts Education)을 고려해야 한다. 다음 절에서는 유아부터 4학년 유아까지를 위한 음악과 춤에 대한 표준에 대해 살펴보고 유아들에게 이러한 종류의 활동들을 계획할 때 명심해야 하는 지침들을 제공하고자 한다.

음악교육 전국 표준: 유치원~초등 4학년

전국음악교육자협회(The Music Educators National Conference, MENC)는 1994년에 아동들의 음악학습과 관련하여 협회의 신념을 반영하는 표준을 확립했다. 이 표준은 아동을 가르치는 교사들에게 체제를 제공하고, 교사가 발달적으로 적합한 교육과정을 계획하는 것을 돕는다. 교육과정 개발뿐만 아니라, 우리는 평가의 세상에 살고 있다는 것을 기억해야 한다([그림 4-11]). 이런 관점에서, 다음 절에서는 아동들의 음악과 신체표현 발달에 대한 평가를 소개하고자 한다.

평가

표준화된 교육과정은 평가에 초점을 많이 두고 있다. 유아교육자로서, 우리는 다음과 같은 질문을 마주하게 된다. 음악과 신체표현은 유아기 수준에서 성적으로

[그림 4-11] 음악교육 전국 표준: 유치원~4학년 (계속)

내용 표준 1: 혼자서 또는 다 같이 다양한 곡들을 노래하기.
실제 적용: 아동들은 (행복함 또는 슬픔을) 표현력 있게 적절하게 (크고 부드럽게) 강약으로, (구절이 끝나면 쉬어) 악귀를 나누고 (노래 속에 있는 단어의 의미를 이해하면서) 해석해서 노래 부른다.

내용 표준 2: 혼자서 또는 다 같이 다양한 곡들을 연주하기.
실제 적용: 아동들은 (드럼으로 느린 1-1박자와 같은) 짧은 리듬과 (실로폰으로 ABC, ABC와 같은) 선율의 패턴을 반복한다.

내용 표준 3: 선율, 변주곡, 반주를 즉흥 연주하기.
실제 적용: 아동들은 간단한 리듬변주곡("Row, Row, Row Your Boat" 같은 간단한 노래의 리듬을 변경시킴)이나 (리듬악기) 반주로 즉흥 연주한다.

내용 표준 4: 특정 지침에 따라 작곡하거나 편곡하기.
실제 적용: "노를 저어라(Row, Row, Row Your Boat)"를 편곡하면서 다양한 자원의 소리를 사용한다(예컨대, 냄비나 팬을 채로 두들기기).

내용 표준 5: 악보를 읽고 기록하기.
실제 적용: 아동들은 연주할 때, 강약(부드럽고 크게)과 속도(빠르고 느리게)와 관련된 기호(예: 높은음자리표)와 전통적인 용어(예: 크레센도)를 구별하고, 이들을 정확하게 해석한다.

내용 표준 6: 음악을 분석하고 묘사하는 데 귀 기울이기.
실제 적용: 아동들은 음악을 듣는 동안 특정 음악 행사나 등장인물에 대해 동작(예: 좌우로 흔들기, 깡충깡충 뛰기, 과장된 동작)을 통해 반응한다.

내용 표준 7: 음악과 음악 공연을 평가하기.
실제 적용: 공연(예: 학급 춤이나 음악 발표)이나 경연대회를 평가하기 위해 아동들은 준거(예: 아동 제작 루브릭과 교사 제작 루브릭)를 사용한다. 아동들은 적절한 용어를 사용하여, 그들의 특정 음악 작품과 스타일에 대한 개인적인 선호를 설명한다.

내용 표준 8: 음악, 다른 예술형태, 그리고 예술 이외의 규율 간의 관계를 이해하기.
실제 적용: 아동들은 다양한 예술에서 사용되는 공통용어(예: 형태, 선, 비교, 박자, 강약, 화음, 선율, 속도)의 의미에서 유사점과 차이점을 판별한다.

내용 표준 9: 역사와 문화와 관련지어 음악을 이해하기.
실제 적용: 아동들은 다양한 음악 환경(예: 집, 이웃의 자선행사, 밴드 공연)과 문화(예: 민속적, 전통적, 학문적)에서 음악가(예: 오케스트라 지휘자, 민속노래가수, 교회오르간 연주자)의 역할을 알고 묘사한다.

내용 표준과 성취 표준의 전문은 http://menc.org/resources/view/national-standards-for-music-education에서 볼 수 있다.

매겨질 수 있는가? 음악과 신체표현에 참여하는 아동들을 성적 매기는 것에 대해 반대하는 의견들은 다음과 같다.

- 아동들은 받게 될 성적에 대해 더 많이 생각하게 될 것이고, 활동에서 오는 즐거움과 기쁨은 줄어들 것이다.
- 성적을 강조할 때, 성적은 아동의 학습 방법을 방해할 수 있다.
- 성적에 대한 강조는 아동의 참여에서 즉흥성을 사라지게 한다.
- 성적은 창의성을 고사시킨다.

이러한 반대의견을 염두에 두고, 우리는 공정한 방식과 실제적인 상황에서 아동들이 그들의 능력을 보여줄 수 있도록 평가 절차가 설계되어야 한다는 것을 명심해야 한다. 유치원 학급은 양육적인 환경이 되어야 하며, 이러한 환경 속에서 모든 아동들이 음악과 신체표현을 탐색해보도록 동기화될 수 있다. 아동들이 참여한 후에 이어지는 부정적인 결과(성적)를 두려워해서는 안 된다. 이상적으로, 교사는 관찰과 일화적인 기록을 포함하는 실제적 평가 전략을 조합해서 아동들의 성취를 측정해야 한다. 아동의 음악과 신체표현 경험에 대한 결과, 아동의 성장과 음악적 표현, 완수한 기술, 학습에 대한 아동의 태도, 다른 아동들과의 상호작용에 대해 기록하는 것은 교사에게 아동의 진전에 대한 개요를 제공해준다. 이는 교사가 아동을 계속 성장하도록 이끄는 데 도움을 준다. 음악과 신체표현에 참여한 아동들을 평가하는 것은 감성과 존중으로 이루어지는 과정이라고 광범위하게 정의할 수 있다.

무용교육 전국 표준: 유치원~초등 4학년

전국무용협회(The National Dance Association, NDA)는 1994년 표준을 마련했다. 협회표준은 유치원부터 초등 4학년에 이르는 아동들이 자기 자신을 표현하고 의사소통하는 수단으로서 그리고 타인의 표현에 관심을 가지는 방식으로서 이러한 자연적인 특징을 사용하도록 춤이라는 언어를 읽고 쓸 필요가 있다는 협회의 믿음을 반영하고 있다([그림 4-12]). 춤을 추고 춤을 만드는 것은 아동들에게 나중에 배우게 될 춤에 대한 필수적인 지식과 기술을 제공하는 것이고, 또한 인간임을 자축하는 방법을 제공하는 것이다. 음악을 위한 전국 표준과 마찬가지로, 무용에 대한 표준은 효과적인 평가를 포함한다.

[그림 4-12] 무용교육 전국 표준: 유치원~초등 4학년

내용 표준 1: 춤 공연에서 동작의 요소와 기술을 알고 시연하기.
실제 적용: 유아들은 동작 요소(예: 앞으로, 뒤로, 지그재그)와 기술(예: 달리기, 한발로 껑충 뛰기, 점프하기, 높이뛰기, 질주하기, 미끄러지기, 깡충깡충 뛰기), 그리고 방향(앞으로, 뒤로, 옆으로, 대각선으로, 뒤돌아)을 정확히 알고 시연한다.

내용 표준 2: 안무의 원리, 과정, 구조를 이해하기.
실제 적용: 아동들은 안무의 원리(예: 동일한 스텝 사용하기 또는 다양한 팔 위치), 과정(모두 정면을 보고, 반은 무대 오른쪽, 나머지 반은 무대 왼쪽), 그리고 구조(예: 2명 짝, 3명 또는 6명 집단으로)를 사용한다.

내용 표준 3: 춤의 의미를 의사소통하고 기념하는 방식으로 이해하기.
실제 적용: 아동들은 춤의 의미를 의사소통하고(예: 1에서 100까지 숫자를 모두 포함하는 즉흥 춤을 안무한다), 기념하는(예: 학교의 100일 기념) 방식으로 춤을 이해한다.

내용 표준 4: 춤에 비판적이고 창의적인 사고 기술을 적용하고 시연하기.
실제 적용: 아동들은 춤의 요소 중의 하나로서 비판적이고 창의적인 사고기술(예: 평가, 분석, 판단)을 적용하고 시연한다.

내용 표준 5: 춤을 다양한 문화와 역사적 시기에서 이해하고 시연하기.
실제 적용: 아동들은 역사적 시기 측면에서 춤을 묘사하고(예: 후기 보스턴 티 파티), 시연한다(예: 민속춤의 일종인 Virginia Reel을 공연). 아동들은 지역사회의 자원으로서 춤을 배우고 효과적으로 춤을 추고, 춤의 문화적 · 역사적 맥락을 묘사한다.

내용 표준 6: 춤과 건강한 삶을 연결시키기.
실제 적용: 아동들이 어떻게 건강의 실천(예: 영양과 안전)으로 춤추는 능력을 향상하는가를 설명한다.

내용 표준 7: 춤과 다른 규칙들을 연결하기.
실제 적용: 아동들은 다른 규칙(예: 춤과 과학에서의 패턴)으로부터 개념과 아이디어를 이해할 수 있는 무용 프로젝트를 만든다.

내용 표준과 성취 표준의 전문은 http://www.aahperd.org/nda/template.cfm?template= standards.html에서 볼 수 있다.

평가

평가 전략의 관리가 공정함과 지속성을 요구하기 때문에, 모든 아동은 성공할 수 있는 기회를 제공받아야 한다. 교사의 지시는 명확하고 이해 가능한 것이어야 한다. 모든 아동에게 똑같은 시간을 할애하여 춤 활동에 참여하도록 한다. 아동들이 누구나 경험 앞에서 중요한 존재라는 것은 진실이다. 특히 아동들의 춤 능력을 무용 표준에 따라 평가할 때, 다음 제안들이 유용할 것이다.

- 교사는 아동들을 녹화할 수 있다. 이 녹화자료는 개인적으로 재검토될 수 있고, 따라서 교사가 클립보드를 들고 걸어 다니기보다 더 적극적인 참여자가 되는 것을 가능하게 한다.
- 평가가 민감하게 이루어진다면, 아동들에게 자부심을 심어줄 수 있다.
- 평가가 부적절하게 이루어진다면, 아동들에게도 평가가 비판으로 느껴질 수 있다. 우리는 이미 어린 시기에 자주 압박받는 아동들에게 더 이상의 추가적인 압박을 주고 싶지 않다.

[그림 4-12]는 전국 무용 표준을 강조하고 있으며, 실제 학급 활동에 적용될 때 이 표준이 어떻게 보일지에 대한 정보도 제공하고 있다.

개인적 · 직업적 성장

이제, 교사 여러분은 어떤가? 여러분의 창의적 발달에 진전은 있는가? 초점을 돌려 여러분이 음악과 신체표현 경험에 반응하는 몇 가지 방식에 대해 살펴보자. 정서적인 발달의 연속선상에서 두 번째 분류와 관련 있는 전형적인 동사 중에는 '돕다', '수행하다', '연습하다' 가 있다. 경험 학습을 위해서 과거 음악과 신체표현 활동에 여러분이 적극적으로 참여하는 것을 방해했을지도 모르는 낡은 덫을 없애버리도록 최선을 다하라. 어떻게 우리 유아들이 똑같은 종류의 어려움을 마주하게 되는지 가치 있게 통찰하기 위해서 창의적인 과정으로 들어가야 하며, 이는 전적으로 우리 자신의 의지임을 명심하라.

즉흥 연주 활동

즉흥 연주하기는 여러분과 함께 설계하는 것이다. 여러분이 악기에 대한 여러분의 해석을 반영하는 작품이나 악보로 작업할 때, 여러분만의 본능적인 방식에서 리듬악기를 탐색해보는 기회를 가질 수 있다. 활동하는 동안, 여러분과 소집단 동료들이 독특한 악보를 작곡하려고 시도할 때, 여러분은 개별적인 악기들의 명백하고 표현적인 잠재성을 발견할 것이다.

여러분은 과도한 연습 또는 선행 교육이나 특별한 음악 전문지식 없이도 이 모든 것을 할 수 있다. 먼저 이것이 불가능한 과제이거나 여러분의 음악적 발달 단계에서 너무나 도전적인 것이라고 생각할 수 있다. 그러나 나의 유아들이 독창적인 작품을 만드는 데 성공하고, 그들의 노력의 성과에 매우 만족했다는 것을 여러분에게 확실히 말하고 싶다.

즉흥 연주 준비하기

여러분은 다양한 리듬 악기가 필요할 것이다. 다음 목록은 최소한 필요한 것들을 제시한 것이다. 탬버린, 심벌즈, 손가락심벌즈, 드럼과 채, 클라베스, 우드 블록과 채, 트라이앵글과 쇠막대와 매다는 고리, 톤 블록과 채, 마라카스, 리듬 막대, 징글벨이나 징글스틱, 모래 블록, 작품을 더 다양하게 하도록 오토하프, 오르프, 공명종, (비록 학급에서 아무도 연주할 줄 모르더라도!) 기타 같은 현악기를 선택적으로 추가하는 것도 좋다.

여러분의 연주 데뷔를 녹화할 장비가 필요하다. 작품을 연주하면서 동시에 듣는 것이 어렵다면, 녹화 화면에서 순간들을 포착할 수 있다.

즉흥 연주하기

즉흥 연주 활동을 시작하기 위해, 모든 악기를 바닥에 놔둔다. 모든 사람들이 각기 다른 악기를 시도해야 하고 각 악기들이 만들어내는 다양한 음색, 소리, 리듬에 주의를 기울여야 한다. 여러분이 익숙한 악기를 연주할 때 새롭거나 색다른 방식을 사용할 수 있는지, 악기의 각기 다른 부분들을 섞어서 사용해볼 수 있는지 보아라. 예를 들어, 여러분이 나무 채로 트라이앵글을 치면 어떻게 될까? 모두가 모든 악기를 연주해볼 수 있는 적절한 시간을 가진 후에, 각자 한 가지 악기를 선택한다. 그 단계는 다음의 과정을 따른다.

1. 모두가 한 가지 악기를 선택할 때, 5명이 한 집단으로 움직일 수 있게 임의적으로 집단을 묶는 방법을 사용한다. 예를 들어, 번호로 나누거나, 여러분이 입고 있는 옷 색별로 나눈다.
2. 각 집단은 다른 집단의 소리가 되도록이면 들리지 않는 거리에 공간을 마련한다. 환경이 허락된다면, 각 집단은 교실 밖으로 나가거나 다른 교실을 이용한다.
3. 즉흥 연주, 간주곡, 리듬표현, 또한 다른 독창적인 음악작품을 만든다. 여러

분이 원한다면, 즉흥 연주를 정교화하기 위해 신체표현, 율동, 가사를 첨가한다. 또는 선호한다면, 철저히 악기를 위한 작품으로 작곡할 수도 있다. 여러분이 악보를 쓸 필요는 없다. 마음속으로 여러분의 즉흥곡을 차례대로 따라가도록 시도하라. 그러나, "생일 축하합니다"와 같이 오랫동안 널리 알려진 노래를 모방하는 것이 아니라 독특한 곡이 되어야 한다는 것을 명심하라. 여러분의 집단이 특별히 재능이 있거나, 여러분 중에 신예의 라흐마니노프가 있다면 고전음악 주제에 대해 광시곡을 쓸 수 있을 것이다(내 경험으로는, 이러한 경우는 한 번도 없었지만, 나는 어떠한 음악적 천재성도 좌절시키고 싶지 않다!)

4. 발표 준비를 하고, 20분 후에 학급으로 돌아간다. 여러분의 집단과 같이 머무르고, 악기를 여러분 옆 바닥에 놓아둔다.
5. 이제 공연할 시간이다. 각 집단은 각각의 즉흥 연주를 발표하고, 임명된 사람이 각 집단의 공연을 녹화한다. 모든 집단들이 그들의 작품을 연주한 후에 녹화된 음악을 다시 틀어준다. 재생하는 동안, 각 집단의 공연은 박수, 갈채, 휘파람 등 각종 감상의 표현들로 보상받을 것이다.

이 모든 활동들에서 음악과 신체표현 경험은 유아들이 연습할 수 있도록 발달적으로 적절하게 변경되고 수정될 수 있다. 일단 여러분이 여러분 자신의 창의적인 잠재성을 탐색해볼 개인적인 경험을 해보았다면, 전문가로서 여러분이 어떻게 유아들의 나이에 적합한 활동으로 유아들에게 가져갈 것인가를 폭넓게 이해해야 한다. 유아교사로서 여러분의 역할은 유아들에게 만족감과 즐거움을 가져다줄 수 있는 음악과 신체표현을 접할 수 있도록 하는 것이다. 음의 높이, 리듬, 선율을 완습하는 것이 목표가 아니며, 여러분 자신이 음악적으로 천재일 필요는 없다. 목표는 노래하고, 움직이고, 춤추고, 악기를 연주하는 과정에서 유아들이 기쁨과 즐거움을 찾도록 하는 것이다. 여러분이 할 일은 이러한 경험을 위해 계획을 세우고, 여러분이 계획을 세울 때 개방적이고 유연해야 하며, 유아들의 발달수준을 아는 것이다. 여러분은 새로운 아이디어와 기술들을 추구해야 한다. 유아들이 반복을 좋아할지라도, 여러분이 단지 3~4개의 목록만 가지고 있다면, 유아들은 노래와 손유희를 곧 지루해할 것이다. 마지막으로, 여러분은 창의적 잠재성이 마르지 않는 원천으로부터 자연스럽고 즉흥적으로 흘러나오는 유아들의 창의적인 자기표현을 즐겨야 한다.

> *음악은 여러분 자신의 경험, 여러분의 생각, 여러분의 지혜이다. 여러분이 실행하지 않는다면, 그것은 여러분의 뿔 밖으로 나올 수 없다.*
>
> — 찰리 파커(Charlie Parker)

제5장

시각예술로 초대하기

시각예술의 세계는 우리의 상상력을 옮기는 캔버스이다.

— 헨리 데이비드 소로우(Henry David Thoreau)

The Creative Arts *A Process Approach for Teachers and Children*

'식물' 단원 표상의 두 가지 접근

여러분이 처음으로 아동을 가르치기 위해 내일 수업에 들어가는 날이라고 생각해보자. 여러분은 학교에 대해 좋은 이야기를 들었고, 학교 위치가 어디인지 그리고 내일 아침에 어떻게 학교에 도착해야 하는지를 생각하면서 오늘밤 시간을 보낼 것이다. 여러분의 임무는 2학년과 3학년 모두를 관찰하는 것이다. 앞으로 펼쳐질 장면들에서 시각 이미지를 보기 위해 여러분은 마음의 눈을 사용하게 될 것이다.

2학년을 가르치는 교사는 '자라나는 식물과 다른 사물들' 단원을 소개하고 있다. 교사가 정원에서 가져온 빨간 장미를 아동들에게 보여주면서, 장미를 세 부분(녹색 줄기, 장미꽃 봉오리, 녹색 나뭇잎)으로 구분하여 각각의 명칭을 불러주었다. 일곱 살 체트(Chet)라는 남자 아동은 줄기 위에 있는 가시를 보고 나서는 손을 들고서 자신이 경험한 장미덩굴에 대해 이야기했다. 교사는 체트에게 선생님이 이야기를 하고 있을 때 주의집중하고 조용히 해야 한다고 알려주었다. 체트는 손을 내렸지만 여전히 교사에게 집중하지 않는다. 설명이 끝날 즈음에 교사는 큰 장미를 괘도 위에 그리기 위해 빨간색과 녹색 매직펜을 사용했다. 그리고 아동들은 자신만의 장미를 그리기 시작했다. 교사는 종이 위부터 아래까지 길고 넓게 갈색 선으로 그림을 그리고 있는 체트에게 다가갔다. 체트는 작은 점들을 갈색으로 그리기 시작했다. 교사는 체트에게 다가가서 무엇을 그리고 있느냐고 물었다. 체트는 장미 줄기 위에 가시를 가리키고 교사에게 장미가시에 찔린 경험에 대해 "이것이 나를 찔리게 한 가시이고, 이 가시가 나의 옷을 잡았어요."라고 이야기했다. 교사는 부드럽게 체트에게 선생님이 그린 장미를 집중해서 보고 그리라고 다시 상기시켰다. 교사는 체트가 사용한 빨간색과 녹색을 제외한 크레파스 색깔들은 너무 혼란스러워서 없애는 것이 낫다고 느꼈다. 교사가 생각하기에 체트는 그림과제에 어려움을 갖고 있는 것 같았고, 서로 다른 너무 많은 색깔들이 체트에게 혼선을 일으키는 것 같았다. "만약 빨간색과 녹색 크레파스만을 가졌다면 집중해서 장미를 그릴 수 있을 텐데…"라고 교사는 생각했다. 그날 수업이 끝날 즈음 다른 친구들의 그림은 전시되었는데 체트의 장미그림은 전시되지 않았다. 왜 체트의 그림이 전시되지 않았느냐고 물어보자, 교사는 체트가 지시대로 따르려고 하지 않았고 결국 장미 그리기를 원하지 않았다고 설명했다. 나는 아동들에게 그리고 싶지 않으면 그리지 말라고 이야기한다. 내가 만약 강요했다면 아동들의 창의성을 차단하게 되는 결과를 낳기 때문이다.

3학년을 가르치는 다른 교사의 경우 '식물' 단원을 수업하고 있다. 교사와 아동들은 아침에 학교 뜰을 거닐면서 자신들이 보기에 유리한 위치에서 다른 종류의 나무들을 보고 있다. 교실에 들어가서는 두세 명의 아동들은 색깔 있는 티슈, 풀, 크레파스를 모으려고 교실에서 움직이고 있다. 어떤 아동들은 템페라 물감통과 그림 그릴 큰 종이를 가지고 탁자 옆에 앉아 있다. 다른 탁자에서는 종이를 찢는 아동들과 찢어진 종이에 풀을 붙이는 아동들을 볼 수 있다. 교사는 교실 안을 돌아다니면서 더 필요한 것이 있는지 아동들에게 물어본다. 여러분은 훈련받은 수업의 참관인이기 때문에 교사가 아동들에게 어떤 그림을 그리고 있는지 물어보는 것 또는 아동들의 그림에 대해 남용되는 문장을 반복하면서 판단하는 것이 방해가 된다는 것을 알고 있다. 예를 들면 "내가 생각하기에 조각들을 함께 모아서 풀을 붙이는 것이 좋겠다." 등이다. 만약 여러분이 교사에게 아동들이 만드는 것이 무엇이냐고 질문을 한다면, 교사는 "아침에 산책하면서 본 나무들을 만드는 것입니다."라고 대답할 것이다. 만약 더 자세하게 아동들에게 나무 그리는 것을 보여주지 않을 것이냐고 물어보면 교사는 "내가 나무 그리는 것을 아동들에게 가르쳐준다면, 그것은 아동들의 나무가 아니게 됩니다. 그렇지 않겠습니까? 아동들은 자신만의 방법으로 나무를 봅니다. 이 그림은 우리가 아침에 본 모든 종류의 나무들을 전부 표현한 한 그루의 나무입니다."라고 대답할 것이다.

교실에서 발생하는 상황들을 예술과 발달 측면에서 보라. 두 교실에서 일어나고 있는 상황들을 통찰력을 가지고 아동 활동 측면과 교사의 가르치는 태도 측면으로 구분하여 분석해봐야 한다.

아동들과 예술적 과정

첫 번째 교실에서, 체트는 관습을 억누르는 데 익숙하지 않은 예술가이다. 체트는 교사가 아이디어 감성을 소통하는 이미지를 시도하고 있는 동안 체트 자신은 장미 가시의 경험을 갖고 교사가 생각하는 장미에 대한 해석 그 이상을 보고 있다. 체트는 정원에서 장미 덤불의 경험으로 자신이 그리고자 하는 것이 무엇이고 그것의 가장 중요한 부분이 무엇인지를 경험했다. 체트의 경험은 예술작품을 만들 때 기폭제가 된다. 체트는 선생님이 그린 모방, 복사, 녹색 줄기 그리고 빨간 장미 봉오리 등에 관심이 없고, 장미, 장미나무, 가시에 관한 불쾌한 경험에 반응했던 개인적 체험에 관심이 있었다. 또래 친구들에게 인기가 있는 체트의 경우, 그림은 자신을 표현하고 세상과 소통하는 가장 훌륭한 방법이다(Bleiker, 1999). 가드너의 의견에 따르면, 체트는 창의적 예술과정이 어떻게 일어나는지에 대해 정확하게 보여주었다. "예술에 대한 학습은 어릴 때부터 모방이 아니라 직접 자기만의 독특한 것을 그리면서 이루어진다" (Brandt, 1987, p. 32).

여러분은 창의적 과정의 준비기, 부화기, 조명기, 검증기 등의 과정에 대해 이미 많은 것을 알고 있다. 희망적인 것은 이러한 과정들이 어떤 수업에서는 가능하다는 것이다. 유아교육자들의 경우 유아들이 만든 결과보다는 만드는 과정에 더 관심을 가져야 한다고 창의예술의 이해 측면을 강조하는 것을 배웠다. 유아들의 경험을 바탕으로 창의적 자기표현을 할 여지를 주는 것이 중요하다. 진부하게 아동들에게 관여하거나 교사 위주의 예술 활동을 진행하는 것은 위험하다. 체트가 담임 선생님에게 기계적으로 정형화된 요구에 어떻게 반응했는지를 기억해보라. 선생님이 유아들의 작품을 전시한 결과물들을 보면 선생님이 그린 것과 똑같은 것을 15~20개 정도 보여준 것이다. 불행하게도 그 선생님은 체트의 작품을 이해하지 못했고 결과적으로 체트는 그림을 전혀 그리지 못한 것이다.

대조적으로 토랜스의 관점에서 3학년 학급 아동들을 보면 창의적 과정의 네 가지 특징을 보게 될 것이다. 3학년 아동들은 산책을 하면서 자신들의 생각을 자유롭게 연합할 수 있는 기회를 가지고 예술작품에 자신의 경험을 어떻게 표현할지를 고민한다. 다양한 예술작품에 사용할 원 자료들 중에서 아동들 스스로 적절한 자료를 선택하고 이를 활용하여 나무 이미지를 만든다. 이러한 아동들에게는 실험할 수 있는 시간을 제공해야 하고 나무를 표현할 수 있는 다양한 방법들을 탐험하도록 해야 한다. 다른 말로 표현하면 담임 선생님은 예술적 과정 접근에 더 융통성을 발휘한 것이다. 아동들은 자신들이 필요할 때 작품을 만들 원 자료를 선택하고 자신의 속도에 맞게 진행한다. 지금에 와서 3학년 아동들이 어떻게 이러한 과정을 즐기면서 독창성과 정교성을 고무시켰는지 알 수 있을 것이다. 이처럼 교실에서 발견된 모델은 아동들의 마음의 눈에서 나타나는 것이다. 아동들은 자신들이 본 나무들을 표현하는 자신만의 방법으로 실험을 한다. 아동들은 선생님과 똑같은 형태로 나무를 만들어야 한다는 위협을 받지 않고 있다. 어린 아동들과 함께 일을 하는 우리들은 아동들의 창의적이고 예술적인 노력을 격려하고 칭찬하고 지원해야 할 책임이 있다. 우리는 어른들의 생각을 만족시키기 위해서 예술적 환경을 통제해서도 안 되고 아동들의 창의적 표현들을 인위적으로 서둘러 재촉해서도 안 된다.

우리는 매우 많은 아동들로부터 "나는 그릴 수 없어요." 또는 "나의 그림은 다른 것처럼 좋지 않아요."라는 소리를 들었다. 만약 여러분이 자리에 앉아서 자화상을 그리라고 하면 슬그머니 사라질 사람들이 얼마나 많겠는가? 창의적 과정은 옳고 그름에 대하여 미리 생각하여 억압되면 안 된다. 어떤 사람들은 최종 결과물이 다른 사람들의 작품과 어떤 측면에서 닮았다는 점에 의존하는데, 이렇게 되면 창의적 자기표현의 자유는 점점 잃어버리고 그 결과는 더 이상 자신의 창의적 노력의 결과가 아닌 것이다.

아동들은 왜 그리는가?

체트는 왜 자신만의 독특한 스타일로 그림을 그린 것일까? 내가 아동들과 함께 지내면서 아동들에 대해 이해하고자 한 것은 체트와 의사소통하려는 일차적 목적 때문이다. 체트는 자신만의 경험, 이해, 감성에 따라서 표현을 했다. 이는 사람들의 경우 자기 스타일로 모든 것을 이해하고 표현하는 것과 같은 맥락이다. 처음에 체트가 갈색으로 선을 그리는 것은 자신만의 정확한 방법으로 그의 경험을 조직화하고 표현하는 것이다. 그는 타인에 의해서 경험하고 이해하는 방법을 가진 장미를 자신의 관점으로 표현했다. 나의 관점에서는 체트가 장미 덤불에 관하여 인지하고, 생각하고, 느끼는 방법은 큰 통찰력을 가진 심오한 예술 작업인 것이다. 실제적으로 체트의 그림은 그가 장미 덤불이 자라나고 있는 복잡한 것을 탐구하고 이해하여 표현한 것이며, 체트의 지적 성숙에 따른 정확한 신호의 표현으로 간주할 수 있다. 그는 자신의 경험으로부터 지식을 구성한 것이다. 체트가 그린 단순한 갈색의 작은 점은 세상에 대한 자신의 생각과 인지에 대해 우리들에게 말하고 있는 것이다.

> 화가는 태양을 보고 노란 점으로 표현을 한다. 예술가는 노란 점을 보고 태양으로 그릴 수 있다.
>
> – 파블로 피카소(Pablo Picasso)

종종 아동들은 자신들의 생각을 의사소통할 단어가 부족하다고 느낄 때 그림을 그리거나 또는 표현할 수 있는 적절한 단어가 없을 때 그리기로 표현한다. 아동은 새로운 방법으로 어떤 그림을 그리기도 하고 크레파스나 물감 그리고 다양한 재료들을 활용하여 그림 재료들의 속성을 배우기도 한다. 그리기와 색칠하기는 어린 아동들이 세상을 느끼고 만지고 듣고 볼 수 있게 도와준다. 또한 아동들은 빈 종이에 아름다운 색깔로 표현할 때 즉각 나타나는 기쁨 때문에 그림을 그리기도 한다. 아동들에게 있어서 기쁨과 즐거움은 새로운 크레파스 상자의 냄새를 맡거나 이젤 앞에서 그림을 그리면서 미끄러지는 듯한 느낌, 흰 종이에 색칠한 붓을 처음 놓았을 때의 느낌과 같은 것에서 온다.

"왜 아동들은 그림을 그리는가?"에 대한 대답은 아동들이 그림을 그리거나, 색칠을 하거나, 풀로 무엇인가를 함께 붙인다는 사실 때문에 중요한 것이 아니다. 어린 아동들의 이러한 시도는 가치 있고 보살핌을 받아야 한다. 체트가 그림 그리기를 그만두거나 더 이상 그림 그리기를 원하지 않을 수도 있는 상황을 만들면 안 된다. 이러한 상황이 발생하지 않도록 지원하는 것은 우리와 교사의 책임이다. 아동들의 그림은 사회적, 정서적, 신체적, 인지적 발달 단계에서 의미 있는 사건을 전달하는 것이다. 아동들이 종이위에 아무렇게나 그리는 첫 번째 시도는 아동들 자신들의 주변 환경에 있는 사물, 객체, 사람들을 어떻게 이해하고 알고 있는지를 우리들에게 표현하는 것이다. 다음 절에서는 아동들과 아동들의 그리기, 학습 간의 관계를 깊게 조사하게 될 것이다.

그리기와 학습의 관계

여러 분야에서 시각예술의 경험은 아동의 학습을 용이하게 한다. 미술은 아동들이 기쁨, 두려움, 혼란 등의 감정을 물감을 통해 흐르거나 빛나게 표현하도록 하여 해소시킨다. 아동들이 미술작품을 만드는 것은 사회화되는 과정으로 미술 경험을 통해 책임감을 갖게 된다. 붓이나 페인트 통을 씻어야 하고, 그림은 예술가에 의해

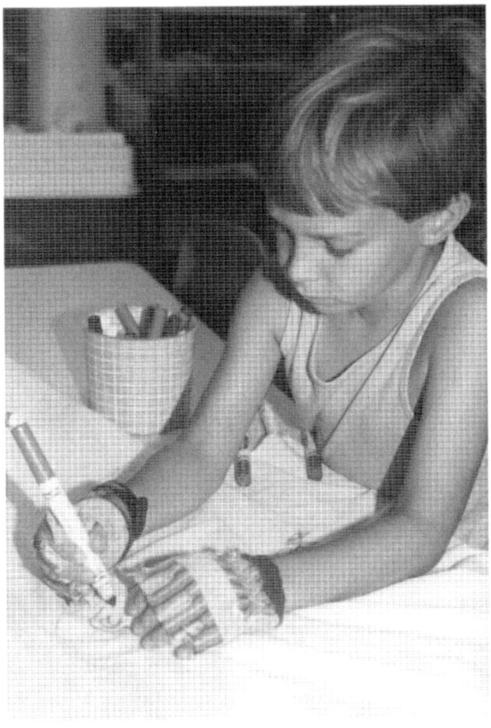

한 아동이 범선에 오르는 자신의 경험에 대해 그림을 그리는 동안 항해사들이 사용하는 장갑을 끼고 있다. 소년이 항해 장갑을 착용하는 것은 자기표현의 과정에 중요한 요소이다.

규명되어야 한다. 재료들과 공급되는 물품들은 적절한 위치에 갖다 두어야 한다. 인지 발달 단계에서 아동들은 자신의 생각과 아이디어를 표현하기 위해 시각 자료들을 사용한다. 아동들이 자신들의 작품에 대해 서로 이야기할 때, 아동들은 개념을 규명하고, 문제해결 기술을 개발하고, 기억과 관찰 기술 그리고 언어 연습 등을 증진시킨다. 어떤 측면에서 예술은 아동들이 크레파스나 붓을 사용하여 자신의 근육을 움직이는 것으로 신체적인 활동을 하는 것이다. 결국 예술은 창조적인 것이다. 아동 개개인은 그 누구에게도 알려지지 않고, 활용되지 않은 방식으로 자신만의 독특한 형태로 미술 재료를 활용하여 표현한다. 아동들은 자신들의 세계에서 경험한 아이디어나 관점을 가지고 미술 경험을 하고 이러한 과정에서 자신의 창의적인 잠재성을 실현해간다.

미술과 인지적 발달

어린 아동들에게 일차적인 미술적 가치는 물리적 지식을 습득하는 것이다. 폭스와 디필리(Fox & Diffily, 2000)에 의하면 아동들은 미술작품의 탐험을 통해 주변 환경에 있는 물체들의 물리적 속성을 이해하기 시작한다. 아동들이 탐험을 하기 시작하고 자신들의 작품에 상징적인 표현을 하기 위해 초점을 맞추기 시작하는 단계가 도식 단계이다. 일반적으로 이 시기는 그리기와 시각적 작품들을 인식하기 시작하고 인지발달단계에 특별한 이점을 갖게 된다. 폭스와 디필리는 인지 발달의 특별한 이점에 대한 개요를 다음과 같이 설명한다.

- 그리기는 아동들의 정신적 표상을 형성하는 데 도움을 주고 자유롭게 더 많은 생각을 할 수 있도록 지원해준다(Lansing, 1981).
- 그리기는 조사를 하기 위한 방법이며, 아동들로 하여금 다양한 활동으로부터 학습을 통합하는 역할을 한다(Thompson, 1995).
- 그리기는 아동들의 생각에 융통성을 촉진하고, 자신들이 배운 내용을 정확하게 표현하게 하고, 공식적인 글쓰기에서 단어를 사용하여 사물이나 활동을 표현할 수 있게 만든다(Fox & Diffily, 2001).
- 그리기는 글쓰기와 서로 관계가 있다(Koster, 1997). 생각이 떠오르면 종이 위에 자신들의 생각을 기록하는 것이 신진 작가들에게 필수적인 것과 비슷하다.

풀로 붙이는 작업은 학습된 기술이다. 아동들은 이 작업을 완벽하게 하려면 시간과 연습이 많이 필요하다.

- 예술 탐험은 의사 결정, 평가, 문제해결처럼 고차원적 사고 기술을 지원한다.

창의적 · 정신적 성장의 로웬펠드 이론

빅터 로웬펠드(Viktor Lowenfeld) 이론은 아동들이 미술 과정을 통해 어떻게 성장하고 배우는지를 우리가 이해하는 데 큰 영향을 주고 있다. 그와 브리튼의 공저인 『창의적 · 정신적 성장(Creative and Mental Growth)』(1987)은 많은 나라의 언어로 번역되었고, 8판째 인쇄되었다. 바이올리니스트, 화가, 디자이너로 명성을 날린 로웬펠드는 어릴 때 영재였다. 그는 자신의 재능을 잘 통합할 수 있었다. 그는 1925년 눈에 띄는 스테인드글라스 창문으로 파리 만국박람회 콘서트 빌딩을 설계했다(Unsworth, 1992).

로웬펠드와 브리튼(Lowenfeld & Brittain, 1987)은 아동들이 미술적 과정을 탐험하고 경험함으로써 진보한다는 것을 규명했다. 아동의 미술적 과정의 단계는 갈겨 쓰기, 전조작기, 조작적 표상으로 알려진 단계이다. [그림 5-1]은 이런 단계들에 초점을 맞추고 있다. 여러분은 수업에서 피아제의 지적 발달 단계를 정확하게 일치시켜 적용할 수 있다고 기대하지 않는 것이 좋다. 개별 아동들의 예술적 발달 단계가 개인마다 차이 있다는 것을 이해하고 인식하는 것이 좋다.

[그림 5-1] 로웬펠드의 미술 발달 단계

난화기: 약 2~4세

미술적 표현의 초기 단계는 마음대로 갈겨쓰는 형태로 1~2년 정도 이런 상태가 지속된다.

- 이 연령 때의 아동들은 마음대로 움직이는 것을 즐거워하고, 색깔을 인지하는 과정은 크레파스를 어떻게 사용했느냐에 따라 결정된다.
- 난화기는 아동들이 마음대로 선, 원, 수직선, 수평선 그리기를 반복한다. 반복 연습을 한 후 점점 그림이 조직화된다.
- 난화기 후반부(3.5~4세)에 아동들은 자신이 그린 것에 이름을 붙이고 자신이 그린 것이 무엇인지 설명하기 시작한다. 이것은 예술적 과정에 매우 중요한 것이다. 왜냐하면 아동들은 더 이상 선이나 패턴을 그리는 단순한 작업을 한 것이 아니기 때문이다.
- 난화기 단계의 마지막 단계는 아동이 상징적인 것을 생각하는 시기이다. 자신의 그림을 성찰하기 시작하고 교사나 다른 어른들에게 칭찬을 받으려고 노력하기 시작한다. 이러한 초기 표현들은 어른들에게는 의미 없어 보이지만 이것을 만드는 아동들에게는 매우 의미 있는 것이다.

전조작기(초기 도식 단계): 약 4~7세

4~7세의 어린 아동들은 처음으로 자신의 생각을 표현하려고 시도한다. 전조작기 단계의 아동들은 자신들이 무엇을 보고 무엇을 느꼈는지를 재인식하면서 예술작품을 만드는 과정에 참여하고 이 둘과의 관계에 몰입하게 된다.

- 아동들은 사람을 표현하기 위해 팔과 다리를 선으로 그리면서 원도 함께 그리게 된다. 융통성은 이 단계에서 나타나는 중요한 어휘로 아동들은 끊임없이 자신이 표현하는 상징들을 변화시킨다. 예를 들어 오늘 사람 머리를 그리기 위해 표현한 원이 내일은 타원형으로 바뀔 수 있다.
- 이 단계의 아동은 색상과 표현 방법에서 높은 융통성을 발휘한다. 아동은 자신의 얼굴을 초록색 머리와 빨간색 얼굴로 표현한다. 아동은 자신들이 좋아하는 색상을 골라서 색칠하는 것을 실제 정확하게 표현된 색깔(얼굴 색 또는 머리 색깔)보다 더 흥미로워한다.
- 이 단계의 아동은 자신의 환경을 더 많이 인식한다. 그리고 그림을 시작하는 기준을 적용하기 시작한다. 아동들은 잔디, 꽃, 집, 나무들의 기준점을 종이의 아랫부분에 그린다. 그리고 하늘은 종이의 윗부분에 그린다. 이것은 정말 중요한데, 그 이유는 이러한 발달 과정의 아동들에게는 자신에게 있어 세상에 의미 있고 중요한 것을 표현할 수 있는 자유를 누릴 수 있는 기회가 제공되기 때문이다.

도식기: 약 7~9세

아동들은 수많은 실험을 통하여 도식화 단계에 이르게 되는데, 이 단계는 아동들이 인간과 환경에 대한 확실한 개념을 이해하는 단계이다.

- 이 단계의 아동들은 실제 사물에 대한 그림이나 상징을 반복해서 그린다. 사람이나 집들을 그리거나, 같은 모양, 색, 형태의 무지개를 반복적으로 그린다.
- 그림들이 매우 개성적이다. 아동들이 형태 개념에 대해 점점 이해할수록, 그들은 그들 자신만의 인간에 대한 개인적인 상징 또는 환경의 사물들을 점차 발전시켜 간다. 개별 아동들이 그림을 그리면서 표현하는 윤곽은 다른 아동과 매우 다를 것이다. 그리고 이러한 그림들은 아동 개개인의 발달에 대해 잘 알 수 있는 근거 있는 자료가 될 것이다.

[그림 5-1] 로웬펠드의 미술 발달 단계 (계속)

- 아동들은 공간에 순서가 있는 것을 발견한다. 그리고 공간에 놓여 있는 하나하나의 물체가 연결되어 있다고 인식한다. 아동들은 일상적인 공간에서 모든 사물들의 관계를 정립하고 사물들을 본다. "이것은 집, 이것은 무지개, 이것은 나무야."라고 인지한다. 아동들은 가끔씩 사물이나 사람의 안쪽과 바깥쪽을 동시에 볼 수 있도록 그림을 그린다.
- 이 단계의 아동들은 그림을 그릴 때 일탈 행위를 한다. 모든 일탈에는 처음 시작했던 그림의 근원과 그것의 의미에 따라 만들어진 개인만의 의미가 있다. 예를 들어 아동들은 중요한 부분을 과장시키기도 한다. 아니면 중요하지 않는 부분이나 잘 안 보이는 부분을 무시하거나 아예 없애 버리기도 한다. 또는 중요한 부분의 상징을 바꾸기도 한다. 당연히 어른들의 시각에서 이러한 모든 특징들은 해석되고 있는 것이다. 아동들은 대개 이러한 과장들에 무신경하다. 아동들은 오히려 자신에게 있어 '사실'로서 존재하는 크기와 관계만을 표현한다. 아동이 그린 그림은 자신들이 세상과 사람들을 보는 시각을 반영하고 있다.

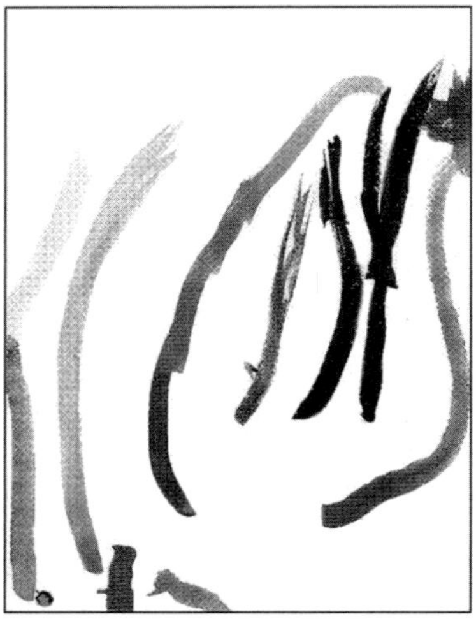

생후 3년
난화기

생후 3년 5개월
난화기

생후 4년
난화기

생후 4년
전조작기

[그림 5-1] 로웬펠드의 미술 발달 단계 (계속)

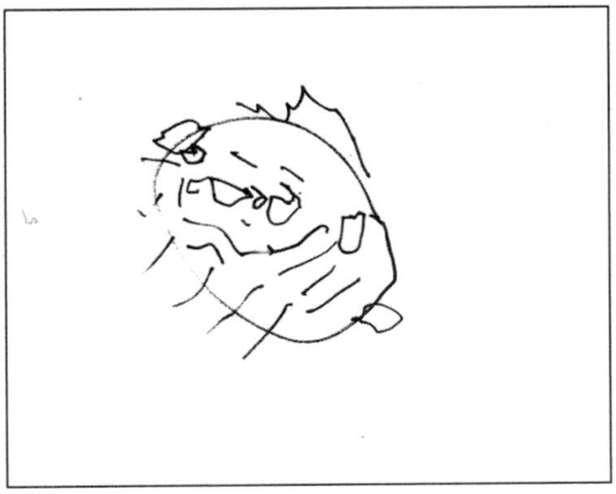

생후 4년 2개월
전조작기

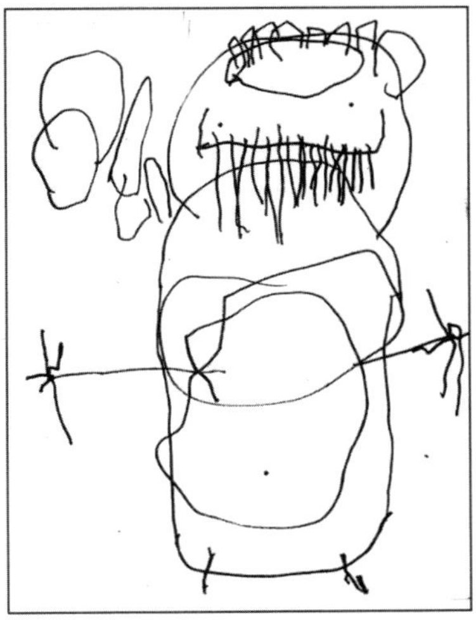

생후 4년 6개월
전조작기

생후 4년 11개월
전조작기

생후 5년
전조작기

켈로그의 발달 단계

켈로그(Kellogg)의 연구는 가장 기본적이고 중요하게 그리기와 학습과의 관련성을 보여주고 있다. 수백만 아동들로부터 모은 다양한 종류의 그림에 대한 그녀의 연구는 가치 있었다. 결과적으로 그녀는 몇 개의 보편적이고 예측할 수 있는 발달 단계를 입증했고, 모든 아동들이 같은 나이에 같은 방법으로 같은 것을 그리는 경향이 있음을 알아내었다(Barnett, 1998, p. 40; Kellogg & O'Dell, 1967).

> 삶은 큰 캔버스와 같다. 여러분은 그 위에다 여러분이 할 수 있는 모든 그림을 그려야 한다.
>
> — 대니 케여(Danny Kaye)

[그림 5-2]는 켈로그의 발달 단계들에 대한 설명을 요약한 것이다.

[그림 5-2] 켈로그의 발달 단계

단계 1: 난화 단계

갈겨쓰기는 매우 초기 단계이다. 켈로그에 의하면 어린 아동들에게 가장 중요한 그림 단계가 이 단계이다. 이 시기에 그림은 간단하고, 갈겨쓰는 즐거움 때문에 아무렇게나 그린 표식이라고 볼 수 있다. 아동이 마구 쓰는 단계에는 표현 예술을 할 준비가 되어 있지 않다. 이 시기의 아동은 단지 그림을 그리는 것에 대한 능력과 힘만을 인식할 수 있다. 아동들은 주변의 친구들이나 어른에게 그들의 그림들을 보여주면서 자부심을 느낀다.

단계 2: 선과 모양 단계

아동은 섬세한 운동 기능이 발달하면서 스스로 자신감을 갖게 되고 점차적으로 아무렇게 갈겨쓰던 것에서 간단한 그림 모양으로 그리게 된다. 이러한 단계는 켈로그가 제시했던 보편적 상징들이 하나의 모양으로 다져지는 과정이라고 할 수 있다. 만다라(교차선에 의해 네 개의 부분으로 나누어진 원 그리고 타원형의 모양들), 태양(방사선이 그어진 원모양), 사다리(교차선을 포함한 평행선), 또 원통의 모양, 물결 모양, 무지개, 그리고 다른 많은 모양들이 상징이라고 할 수 있다. 켈로그가 수집한 전 세계의 모든 아동들의 그림에서 나타나는 것은 이러한 보편적인 상징이다. 이 상징들은 의사소통의 초기 모양들이다. 켈로그는 이러한 중요한 의사소통의 형태들이 나중에 글을 쓰는 것과 읽기 형태의 단계를 구축시킨다고 설명한다. 켈로그는 이 단계가 매우 중요하고 체계적으로 보이지 않을지라도 아동들은 이러한 과정 속에서 기쁨을 느끼고 계속 그림을 그릴 것이다.

단계 3: 중간표상 단계

이 단계의 아동들은 단계 2에서 얻은 경험들을 사용하면서 진짜 실물과 비슷한 그림을 그리기 시작한다. 태양을 상징하던 동그란 형태의 그림에서 사람, 식물, 그리고 공과 같은 놀이 도구 형태로 그림이 발전한다. 사다리의 형태는 집, 트럭, 차 모양의 그림으로 발전한다. 만다라의 형태는 창문 또는 현관문이 된다. 아동들은 선이나 모양을 그리는 처음 단계의 과정에서 점점 어느 정도 표현할 수 있는 사물 그림으로 발전하게 되는 것이다. 이 단계가 중간표상 단계이다. 아동들은 자신이 그린 그림을 묘사하고, 스토리를 말하고, 의미를 확장시키면서 정교하게 그림을 그린다 .

출처: Kellogg & O' Dell(1967)에서 재인용.

교사의 역할이 얼마나 중요한가?

교사의 역할은 매우 중요하기 때문에 그 역할이 얼마나 중요한지 한번 짚어봐야 한다. 교사들은 아동들이 처음으로 시도하는 표현에 옳고 그름이 없다는 것을 기억해야 한다. 어른의 관점에서 아동들이 자신만의 독특한 방법으로 예술적 표현을 하는 것을 평가해서는 안 된다. 아동의 그림은 특별하고도 민감한 자신들의 내면을 표현한 것이기에 무조건 존중해 주어야 한다.

우리에게 요술 지팡이가 있다고 상상하고, 다양한 시각으로 나무를 표현했던 3학년 교실을 찾아간다. 아동 개개인은 나무를 다른 시각으로 바라보고 있다. 지혜로운 교사라면 그림을 그리거나, 색을 칠하거나, 콜라주를 만드는 등 다양한 방법으로 여러 가지 준비물을 제공하여 개별 아동들이 자신만의 개성과 능력을 발휘할 수 있고 의미 있는 작품을 만들 수 있도록 환경을 제공할 것이다. 교사는 아동들의 상상력과 관찰력, 이미지는 교사와 아동들끼리 나무에 대해 나누었던 대화를 기초로 하여 만들어지는 것을 이해하게 된다.

마치 체트와 3학년 아동들이 미술 능력을 포함한 우리만의 창의적인 능력을 가지고 우리 모두는 태어났다고 인식하는 것과 같다. 만약에 여러분이 지금 당장 자신의 관심 초점을 넓혀서 여러분의 공책 끝에 적힌 낙서라든가 전화하면서 그린 복잡한 디자인과 같은 사소한 창의적 경험들을 생각해보면 여러분이 표현적이고 창의적인 활동들을 자연스럽고도 무의식적으로 한다는 것을 느낄 수 있을 것이다. 이러한 경우들은 우리 모두의 경우와 비슷하고, 이러한 발전의 패턴은 대개 어린 시절부터 시작된다.

오래된 개념들은 던져버려라–중요한 것은 과정이다

다음 내용을 고려하면서, 어떻게 하면 여러분이 아동들에게 좀 더 창의예술 활동을 할 수 있도록 지원할 수 있을지 고민해보자.

- 패턴들을 던져버리기. 여러분이 가지고 있는 모든 색깔 있는 종이들 그리고 무늬 있는 종이들을 버리기
- 그림 그릴 종이를 제공하려고 복사지 주기
- 색칠공부 책들은 모두 맨 뒤쪽 책장에 갖다놓거나 아예 그것들을 없애기

타티아나의 딜레마

다음의 상황에서 무엇이 잘못되었는지 토의해보자: 유치원 선생님은 타티아나(Tatiana)의 그림을 보다가 다른 아동들에게 보여주며 이렇게 말했다. "타티아나는 오늘 정말이지 사랑스러운 그림을 그렸군요. 얘는 아름다운 녹색으로 모든 나뭇잎들을 색칠했고 사과들은 진짜같이 아주 빨갛게 색칠했답니다!" 그리고 그 선생님은 타티아나에게 귓속말로 이렇게 말했다. "네가 오늘 그린 사과들은 어제 그린 파란 사과들보다 훨씬 맛있고 진짜처럼 보이는구나."

- 엄격하거나 가혹하게 그리고 요리책과 같은 단계적인 예술 활동을 제공하지 않고 한 달을 버텨 나갈 수 있다고 자신과 약속하기
- 아동들에게 시간제한을 주지 않고, 아동들의 역량에 맞게끔 분위기를 조성하기(Rinker, 2000)
- 기본적인 재료들이 주는 자유로움을 만끽하기
- 아동이 그대로 따라할 수 있는 샘플을 제시하지 않기
- 여러분의 노력과 아동들을 위한 창의적인 시도에 대해 신념 가지기
- 아동의 작품을 인정하고 창의적인 과정을 격려해주며, 아동들에게 그들의 작품이 가치 있음을 알려주기
- 아동들이 창작하는 과정과 창작하면서 느끼는 행복감에 초점을 두기
- 항상 아동을 창의적인 존재로 인식하기
- 아동의 내부로부터 창의적인 표현이 우러나온다는 것을 명심하기

여러분과 함께하는 아동들의 예술작품은 매우 중요하다. 왜냐하면 창의적인 과정은 그들에게 있어서 매우 진지한 일이기 때문이다. 종종 아동들의 창작 결과물은 아동들의 성장과 그들 주위를 둘러싼 세상의 이해를 반영하고 있다. 우리가 아동들의 창작 가능성을 가로막는 것은 우리가 아동들에게 완벽한 결과를 생산할 것이라고 감히 생각하기 때문이다. 교사로서 여러분은 자기 아동들에게 친근하게 대해야 하며, 그들에게 창작의 노력은 다양하고 중요하고 가치 있다는 것을 그들에게 깨닫게 해야 할 것이다.

확실한 경험 제공하기

교사인 여러분은 아동들에게 굉장한 용기와 함께 도전적인 요소를 줌으로써 진정한 경험들을 제공해주어야 한다. 그렇게 함으로써 아동들은 창작 과정을 통해 그들 자신을 표현할 수 있는 용기를 얻게 된다. 여러분은 아동들의 관찰자이며 또한 보조자이다. 아동들이 미술 준비물들을 찾을 수 있게끔 도와주어야 하고, 그들이 그 준비물들을 가지고 그들이 원하는 것을 만들 수 있게끔 도와주어야 한다. 여러

분은 아동들이 창작하려는 시도에 행복과 열정을 보여줘야 한다. 그리고 판단하거나 가치를 내세우거나 또는 더 심하게 그들 앞에서 아동이 그리는 작품의 이름이 무엇인지 물어봄으로써 모욕감을 느끼게 해서는 안 된다.

그러나 "아동들에게 자신의 작품에 그들의 이름을 적도록 하라. 왜냐하면 한 예술가가 그들의 작품에 서명하는 것과 같은 의미이기 때문이다"(Rinker, 2000, p. 74).

켈로그와 오델(Kellogg & O' Dell, 1967)은 아동들의 미술을 평가하는 기준을 만드는 것은 매우 위험하다고 느꼈고, 그 때문에 그들 역할의 본질을 깨달았다.

> 아동들의 미술작품은 어른들의 시각에서 해석하면 안 된다. 어른들은 아동들이 삐뚤게 그린 거리와 그 위에 삐뚤게 그린 집을 찾아 경고를 보내서는 안 된다. 비를 맞아들이는 삐뚤게 그려진 집은 단순한 디자인일 뿐이다. 아동들이 심심풀이로 그린 간단한 미술 활동이 아니라 모든 예술의 기초작업으로서 어른과 아이가 함께 미술작품을 즐길 수 있는 날이 올 것이다. 어른들은 유아들이 채워놓을 스탠실을 만들거나 어른이 이해하지 못하는 것에 대해 조소하지는 않게 될 것이다(p. 95).

우리의 역할이 촉진자와 도우미라면 창작 과정에 대해 아동과 얘기할 때 무엇에 대해 말할 수 있을까?

아동들과 함께 그들의 작품에 대해 대화하기

아동들이 그린 그림들을 보았을 때, 교사가 할 수 있는 적절한 반응은 무엇인가? "선생님~ 제가 만든 것 좀 보세요!" 매우 빈번하게 유아의 교사는 이렇게 대답하곤 한다. "와, 아주 예쁜데!" 이 답변은 매우 피상적이며, 생성적인 반응을 이끌지 못하고 있다(Paciorek, Personal Communication, 2004).

4장에서 힘즈(Hymes, 1981)가 어린 아동들은 초보자라고 했던 말을 기억해보자. 아동들은 시각예술의 세계를 처음으로 발견하는 시기이므로, 교사인 여러분이 아동들에게 다가갔을 때 피해야 할 몇 가지 반응들이 있다. 첫 번째로 "이게 뭐니?"라는 질문은 하면 안 된다(Thompson, 1990, p. 221). 또 특정한 그림을 그린 이유에 대해서 설명하라고 해서도 안 된다. 쉬르마체(Schirrmacher, 1986)는 "이게 뭐지?"와 "이게 원래 무엇을 그리려고 한 거니?"라는 질문은 매우 퉁명스럽고, 아동들이 대답하기에 어렵다는 사실을 발견했다. 아동들의 미술은 매우 사적이다. 또 그들의 미술은 자신들의 미술을 표현하려는 목적보다도 페인트를 이리저리 옮겨 가며 한 페이지마다 그릴 때의 단순한 행복감을 반영한 표현물일지도 모른다. 쉬르마체(1986)가 말하길, "네 그림에 대해 설명해주렴." 이란 말처럼 덜 거칠지만 조금은 새로운 방법이 어떠한 다른 질문보다 아동들에게 더 접근성을 줄 수 있다. 이렇게 접근하는 방식이 아동들에게 그들의 미술을 설명할 수 있게 용기를 복돋아주지만, 쉬르마체는 어떤 1학년 아동은 친구들에게 자신의 그림을 교사로부터 숨겨야 한다고 말했다는 이야기를 전하였다. "선생님은 너희들에게 너희가 그린 그림들에 대해 긴 지루한 이야기를 할 거고, 너희는 그동안에 기다려야 될 거니깐 …" [표 5-1]에는

[표 5-1] 미술활동 지도 사례

활동 상황의 지침	예
아동들의 작품을 비교하거나 아동의 "실수"를 고쳐주고, 아동이 작품을 만드는 과정에 가치 평가하는 일이 없이 아동들에게 페인트, 풀, 종이, 그리고 다른 미술 준비물들을 얼마만큼 작품에 사용했는지 찾아볼 시간과 여유를 주자.	헬렌(Helen)의 교실에서 한 부모 도우미가 아동들에게 닭 그리는 법을 보여주고 있었다. 닭의 몸을 그리기 위한 동그라미 시리즈들이 있었고 또한 다른 모양을 그릴 것들이 준비되어 있었다. 헬렌은 이 방법들을 잘 따라하지 못하자 스스로 황당해했다. 아동은 자신이 했던 실수들을 고치기 위해 지우개를 다 썼고, 결국에는 마음에 들지 않아 자신이 그린 그림을 꾸겨서 버리고 말았다. 도우미가 헬렌에게 문제가 생겼다는 것을 알고, 헬렌에게 다가가 닭 그림을 대신 그려주었고, 그 그림에 헬렌의 이름을 적어도 된다고 했다. 그 그림은 자랑스럽게 게시판에 걸렸다. 말할 것도 없이 이 행위는 매우 부적절하고 무의미하다.
아동들의 작품에 대해 말할 때, 미술적인 요소들에 초점을 맞춘다. 하디맨과 제니치(Hardiman & Zernich, 1981)는 아동들과 색깔, 선, 패턴, 모양새, 공간, 그리고 질감을 가지고 말하는 것이 매우 적절하다고 제안한다.	아동들과 그들의 미술에 대해 대화하는 것을 이끌어내는 적절한 대화는 이러하다. "종이의 끝에서 끝부분을 갈색 선으로 잘 이었구나." 또는 "장미에 있는 까칠까칠한 가시를 표현하기 위해서 여러 가지 색을 썼구나." 또는 "너의 그림을 완성하는 데 많은 시간을 쏟았구나."
아동들이 자신의 미술작품이 실패했다고 생각할 때, 여러분은 아동들이 느끼는 어려움이 무엇인지 알고 도와주어야 한다.	만약에 한 아동이 동그라미를 붓칠을 하고 있는데 물감이 종이 위에 다 부어졌다. 여러분은 이럴 때 이렇게 말한다. "이렇게 되었으니 속상하네. 하지만 우리 다른 색깔 물감을 섞어서 두껍게 칠해보자꾸나. 그러면 너의 동그라미가 다시 살아날 거야."
마지막으로, 미술작품을 발표할 때, 여러분은 좀 더 구체적인 언급을 해야 한다.	예를 들어 "네가 그린 풍선들이 꼭 하늘에게 높이 날아가는 듯 보이는구나. 네가 구름을 그림으로써 풍선이 더 높게 떠 있는 것으로 보이네." 라고 말한다. 아동이 풍선과 구름을 그렸다는 것을 확실히 말해 주는 것은 각 색깔의 동그라미로 말해주는 것보다 나은 언급이다.

출처: Hardiman & Zernich, 1981; Shirrmacher, 1986; Smith, 1980에서 재인용.

[그림 5-3] 미술작품에 대한 부적절한 접근

- 아동들에게 무엇을 어떻게 만들지 물어보지 않기. 아주 어린 아동들은 완성될 작품의 모양을 고려하면서 만들지 못하기 때문이다.
- 아동들이 쓰고 있는 색이 무슨 색인지 퀴즈를 내지 않기.
- 교사가 생각하고 있는 것을 분명하게 제시하지 말기.
- 미술활동을 하는 도중이나 완성된 작품이 얼마나 깔끔한지에 대해 강조하지 말기. 이러한 언급은 아동들의 창의성을 막는다.

출처: Rinker, 2000, p. 75에서 재인용.

아동들과 그들의 작품에 대해 대화하는 효과적인 지침이 제시되어 있다.

그 다음에 여러분이 아동들과 그들의 그림을 통해 전달될 매우 사적인 표현들과 관련된 대화를 시작할 때 도움을 줄 참고자료들이 있다. [그림 5-3]은 여러분이 아동들의 그림을 보고 말하지 말아야 할 것을 간결하고 명확하게 분류해놓은 것이다.

어린 아동들은 그들이 아는 것과 그들에게 있어서 의미 있는 것들을 그림으로 표현할 수 있는 자신들의 능력에 매우 기뻐하기 때문에, 모든 미술 활동에는 아동들에게 창작과정을 발전시킬 수 있는 기회가 담겨 있어야 한다. 또 모든 미술 경험들은 아동들의 지적 가능성을 발전시킬 수 있어야 한다. 민감한 교사는 아동들의 발전을 이해하는 것이 그들이 실질적으로 무언가를 만들고 그리는 과정만큼이나 중요하다는 사실을 안다. 시각예술은 몇몇 중요한 영역에서의 성장, 특히 공간적 지능을 발전시키는 기회를 준다.

채색은 유아들에게 그들의 감정, 경험 또는 감각 표현들이 미술 과정을 통해 나타낼 수 있게 한다.

시각예술 경험 확대와 가정의 역할

아동들의 미술적 노력을 유지시키기 위해 가족들은 아동들이 수업시간에 하고 있는 미술활동들에 대해 잘 알고 있어야 한다. 집에서 하는 미술활동들은 아동이 수업시간에 했던 경험들을 말할 수 있게 자극해줘야 하고 그들의 배움에 있어서 부모 참여가 필요하다. 그렇다면 가족들이 아동들의 창의성을 키우기 위해 어떻게 할 수 있을까?

- 아동들에게 그들이 작품을 잘 완성될 수 있게 생각하고 만들 수 있는 충분한 시간을 주어야 한다. 창의성은 짧은 시간에 나타나는 것이 아니다.
- 아동에게 다음 기회에도 계속할 수 있도록 미완성된 작품을 놓을 공간을 마련해야 한다. 그리고 아동들이 충분히 영감을 받을 수 있는 공간도 마련하는 것이 좋다.
- 새로 산 물건들, 찾은 물건들, 재활용 물건들과 같은 여러 사물들을 모아서 정리해보는 것이 좋다(예를 들어, 단추, 돌, 조개껍질, 구슬 등).
- 아동들을 돌보는 사람들도 정식 미술수업이 아니라 할지라도, 미술활동을 시도해봐야 한다. 격려하는 것과 위험을 감수하는 것, 실수를 받아들이는 것을 통해서 부모들도 그들 자신을 미술로 표현하는 데 용기를 얻을 수 있다. 가족 구성원인 그들의 태도는 아동들의 예술적 태도에 깊은 영향을 준다(Edward & Springate, 1995).

가드너의 다중지능이론: 공간 지능

공간 지능은 시각으로 세상을 정확하게 바라볼 수 있는 내적 지각능력을 말한다. 다른 말로 설명하자면 공간 지능은 시각적이거나 공간적인 표현에 나타나는 힘, 균형, 그리고 구성을 인지하거나 창조해낼 때 필요하다. 이 공간적 지능은 색, 선, 형태, 모양, 공간, 그리고 그것들의 관계가 매우 중요하다. 이러한 공간 지능이 높은 사람들은 탐험가, 조각가, 건축가, 엔지니어, 화가들로 대부분 공간 지능을 많이 응용하는 사람들이다. 피카소(Pablo Picasso), 오키페(Georgia O' Keeffe), 라이트(Frank Lloyd Wright), 페이(I. M. Pei), 미켈란젤로(Michelangelo), 왓슨(James Watson), DNA 분자의 구조를 찾은 크릭(Francis Crick)이다. 이 사람들은 엄청난 공간적 지능을 지닌 우리에게 알려진 사람들 중 몇 명이다.

가드너(1983)는 공간적인 일을 처리하는 것은 우뇌가 잘 발달되었다고 하고, 공간적인 지식들을 생산하여 응용해 쓰는 역할을 충분히 소화하는 것이라고 설명한다. 공간적 지능은 시각예술에서 특별히 이용된다.

> 페인팅과 조각은 시각적이고 공간적인 세상을 자기만의 독특한 예술방식으로 표현해야 하기 때문에 매우 정교하고 치밀함을 수반해야 한다. 정교한 모터의 움직임을 조절하는 능력과 같은 다른 특정 수행 능력들 역시 정교하고 치밀함을 수반해야 한다. 하지만 가장 중요한 것은 공간을 그래픽으로 파악할 수 있는 본래의 공간적 지능이 있어야 한다는 것이다(p. 196).

여러분 중 몇 명은 유명한 화가나 조각가일지 모르지만, 대부분은 단지 색을 섞는다든지 지점토를 가지고 이것저것 모양을 만들어보는 것과 같은 간단한 미술활동만을 즐길 것이다. 우리는 미술을 볼 수 있고 즐길 수 있다. 다른 화가들의 미술작품들을 보면서 차이점을 배울 수 있다. 또한 우리는 아동들에게 매일매일 미술적인 감흥을 불러일으킬 수 있다. 여러분의 반에 있는 모든 아동들은 이미 예술가들이다. 여러분이 해야 하는 것들은 단지 그들이 미술작품을 잘 완성할 수 있도록 그들에게 필요한 준비물을 챙겨주고, 그들이 미술적 탐색을 할 수 있도록 시간을 주고, 그들의 예술적 노력을 존중하고 챙겨주는 것뿐이다.

공간 지능 지원하기

미술을 향한 여러분의 태도와 아동들에게 용기를 주는 교사로서의 활동이 아동들이 미술활동에 몰입하게 하는 데 확실히 중요하다. 다음의 예는 아동의 공간적 지능을 발달시킬 수 있는 제안들이다.

- 아동들에게 다양한 미술재료를 활용하도록 제안하기(페인트, 크레파스, 마커, 분필)
- 자르기, 찢기, 붙이기 등의 방법제시와 형형색색의 종이와 질 좋은 가위 주기. 신문지나 오래된 잡지, 전화번호부와 같은 쉽게 찢을 수 있는 종이 주기
- 딱풀, 목공풀, 종이풀과 같은 여러 종류의 접착제 소개하기

- 아동들에게 찍기놀이를 할 수 있는 재료들을 제공하기. 예를 들어 핑거페인트를 위해 스탬프 패드나 여러 색깔의 마커들을 주고, 프린트 디자인을 만들기 위해 조그마한 블록들이나 코르크, 지우개, 병뚜껑 등을 제공해주기
- 교실 벽에 멋진 미술작품을 걸어두기. 그것들을 정기적으로 갈아주어 아동들에게 훌륭한 미술작품들을 노출시켜 주기

시각예술을 위한 재료와 과정

아동들이 미술 재료들을 사용할 때, 우리는 반드시 그 미술 준비물들이 아동들이 가지고 창작하기에 적합한지 알아야 한다. 미술 준비물은 아동들이 자기 자신을 표현할 수 있는 기회를 극대화시키며, 다양한 색과 질감을 탐색하고, 움직이는 시각적 현상을 발달시키며, 감정적인 배출구를 제공하기에, 진정한 미술적인 경험을 도와주는 데 매우 중요한 요소이다(Lowenfeld & Brittain, 1987).

아동문학과 시각예술

Lucy's Picture by N. Moon, Dial Books for Young Readers, 1995.

한 어린 소녀가 시각장애자인 자신의 할아버지를 위해 손만을 가지고 느낄 수 있는 특별한 그림을 만들었다.

Visiting the Museum by Laurene Krasny Brown and Marc Brown, Penguin Group Publishing, 1986.

한 가족이 미술 박물관을 방문하여 원시시대의 토착예술부터 20세기 팝아트에 이르는 다양한 시대적, 예술적 스타일을 보았다.

Matthew's Dream by Leo Lionni, Scholastic, 1991.

매튜(Matthew)의 부모님은 매튜가 의사선생님이 되기를 원했지만, 미술 박물관 견학을 다녀온 이후로 매튜는 화가 되기를 꿈꿨다.

미술 재료

난화기에 유아들은 크레용과 같은 미술 재료들을 사용하는 것에 익숙해지기 위해 연습이 필요하다. 왜냐하면 그들이 종이 위에 크레용을 이리저리 움직이며 그릴

때 지각적 능력과 움직이는 감각을 경험할 수 있기 때문이다. 반면에, 수채화는 유아들의 발달과정에 부적합하다. 왜냐하면 유아들이 조그마한 붓을 가지고 그려야 하며, 물 조절도 해야 하는 여러 문제점들이 있기 때문이다.

포장되지 않고 크기가 큰 크레용은 유아들에게 욕구를 충족시켜 주며 또 섬세한 에너지를 길러준다. 크레용은 아주 훌륭한 재료이며 구하기가 쉽다. 큰 사이즈의 마커들 또한 훌륭하다. 왜냐하면 유아들이 잡기 쉽고, 깔끔하고 부드럽게 색이 칠해지기 때문이다.

하얀색과 색이 있는 종이에 쌓여있지 않는 분필은 기술적 문제 없이 자유로운 표현을 하기에 적합하다. 분필은 비 온 후에 뽀송뽀송해진 바닥이나 포장길 같은 야외에서 쓰기에 멋진 재료이다. 크레용과 분필은 표현하기에 매우 적합하다. 사용하기 매우 편리하고 대부분의 유아들은 몸을 이러저리 움직이며 조절하며 그릴 수 있기 때문이다.

템페라 기법 페인트도 매우 적합한 재료인데 그 이유는 템페라 자체의 밀도가 두껍기 때문에 흘러내리지 않고 안정적으로 붙어있기 때문이다. 필자가 유치원생들을 가르쳤을 때, 한 유아가 이젤에 그림을 그리고 있었는데 템페라 페인트를 이용했다. 나는 그 아동이 각각의 손에 붓을 쥐어들고 있는 것을 발견했다. 한 손에는 페인트를 묻힌 붓과 다른 한 손에는 깨끗한 붓이었다. 내가 유아에게 왜 두 개의 붓을 사용하느냐고 물었더니 유아가 말하길, 물감이 흘러내릴 때 깨끗한 붓으로 닦아내야 한다는 것이었다. 이 사건은 페인트를 잘 섞어야 된다는 중요한 교훈을 주었다. 수채화 물감은 간단한 재료들로부터 변화하는 것을 잘 받아들이고 가끔씩 유아들이 새로운 방향의 페인팅을 제시하기도 한다.

학급내 미술의 실제

유아학급을 방문하여 유아들이 자신을 표현하기 위해 활용 가능한 재료목록을 전부 작성해보라. 학급 내에는 없지만 유아가 사용가능한 다른 재료들의 추가목록도 작성해보라.

유아들은 그들의 경험에서 순서를 가져오기 위한 노력으로 미술 재료를 사용한다. 또 자신의 생각을 실재 형태로 표현하기 위해서이다. 우리가 보는 팸플릿이나 카탈로그의 모든 미술 재료들을 아동들에게 노출시키고 싶다 하더라도 가장 중요한 것은 역시 얼마나 유아들에게 제공하는 재료들이 유아들의 활용능력과 조절능력의 발달을 도와줄 수 있느냐의 문제이다.

풀과 접착제는 초등학교와 유치원에서 매우 중요하다. 이따금씩 교사들은 붙이기와 자르기와 같은 미술활동을 계획하는데, 이러한 활동들은 단지 어버이날이나 크리스마스 같은 기념일을 위해 고려했던 것이 대부분이었다. 이러한 종류의 활동들은 아동들의 창의력 발달에 있어서 전혀 도움이 되지 않는다. 왜냐하면 대개 이런 것들은 교사에 의해 완성되고 무의미하게 만들어지기 때문이다.

붙이기 효과는 어린 아동들에게 매우 힘들고 당황스러운 과정이 될 수 있다. 왜냐하면 아동들은 접착의 성질을 잘 모르기 때문이다. 결과적으로 그들은 접착제와 풀을 핑거페인트와 같은 방법으로 생각한다. 아동들은 손가락으로 풀의 진득한 감촉을 느끼고, 그 냄새를 맡아보고, 종이에 딱 붙였을 때 커다란 행복을 느낀다. 그들은 종이에 풀칠할 자리에 직접적으로 풀을 칠하고 나서 그들의 실수를 깨닫고 만다. 바로 그림의 뒷면이 보이게 붙인 것이었다. 또한 풀칠을 많이 해야 할 곳과 적게 해야 할 곳을 미리 구분하지 못해 피해를 보는 경우도 허다하다.

아동들과 함께 있을 때 인내심을 가져야 한다. 그리고 그들이 완벽하게 풀과 접착제를 사용할 수 있게 될 때까지 아동들에게 간단하고 덜 구조적인 붙이기 방법을 제공해야 한다. 그들에게 풀칠하는 법을 연습시키기 위해 매우 큰 종이와 작은 조각들의 종이를 주고, 그들이 작은 색종이들을 잘라 큰 종이 위에 붙일 수 있게 용기를 주어야 한다. 아동에게 무언가를 표현할 수 있는 물질을 만들라고 시키기 전에 충분히 풀칠하고 붙이는 능력을 기를 수 있도록 연습할 기회를 주어야 한다.

이러한 전 도식적 단계에서 도식 단계에 이르게 되면 아동들은 질감, 색깔, 형태와 그 외의 다른 것들을 표현하기 위해 색상지, 콜라주 재료들, 접착제, 그리고 가위를 잘 사용할 수 있다. 여러분이 이러한 재료를 사용하는 법에 대한 정보를 제공하는 것은 아동들에게 그 재료를 수용할 수 있는 능력을 감소시킬 수 있다는 것을 알아야 한다. 아동은 발달 단계에 따라 미술 재료를 선택하며 단지 전형적이고 보편적인 예쁜 완성품 만드는 것에 초점을 두지 말아야 한다.

과정과 활동

나는 미술 "활동"에 방해가 될 수 있는 아이디어나 아동들의 창의력을 일깨워주는데 필요한 능력과는 관계없이 그저 정해진 수업방법에 따라 가르치게 될까 봐 늘 걱정한다. 하지만 매우 논리적인 근거에 입각한 연구결과는 다음과 같은 깨달음을 주었다. 나의 아동들은 예술가의 모습으로 성장해나가는 동안 주어진 것을 뛰어넘어 성취해냈다.

미술 재료로 식품을 사용할 때 야채는 특히 유치원에서 많이 애용하는 활동이다. 하지만 나는 우리가 미술이라고 가리키는 활동에 어떤 형태의 음식이든 사용하는 것을 추천하지 않는다. 많은 아동들이 빈곤한 상태에서 살고 있는데 그들에게 음식은 훌륭한 상급과 같은 것이다. 우리가 미술 재료로서 식품을 사용할 때 우리는 아동들에게 귀한 영양가를 지닌 식품에 대해 가치를 두지 않는다는 메시지를 전달해야 한다. 게다가 아동들은 미술 재료를 받아들일 때 식품 재료도 활용할 수 있다고 인지해야 한다. 절대로 재료들을 사용하는 데 당황스러운 모습을 보이면 안 된다. 만약에 여러분이 초콜릿 푸딩을 가지고 핑거페인팅을 하려 한다면, 대안방법을 고려해보라고 권하고 싶다. 초콜릿 푸딩 자체가 맛이 없을지도 모르지만 아동들에게는 오직 예술 창작 목적으로 사용되는 하나의 미술 재료로서 여겨질 것이다.

다음에 설명할 것은 시각예술을 통해 창의력을 키울 수 있는 과정을 강조하는 몇 가지의 아이디어들이다. 이 아이디어들에만 의존하지 말고 아동들이 창의적으로 예술 활동을 할 수 있도록 이끌어가는 방법을 여러분 자신만의 스타일에 맞게 가르칠 수 있도록 해보자. 아동에게 있어 예술경험의 가치는 과정 속에 있다.

그러한 아이디어들은 개방적이다. 그리고 페인팅이든 구조물이든 그림이 되든 간에 모든 완성품은 각각의 아동들마다 다르다는 것을 교사는 당연하게 생각해야 한다. 우리가 아동들의 예술적 표현을 격려해주고 시각적 예술 발견의 과정에 몰입하는 것을 목적으로 한다면 아동들 자신에게 큰 의미가 있는 그 작품의 중요성을 제대로 인식시켜야 한다.

크레용 사용하기

결감 문지르기 사포, 나뭇잎과 같은 뚜렷한 결감의 납작한 사물 위에 신문지를 덮고 그 상태에서 크레용으로 문질러보자. 아동들은 이렇게 다양한 표면에 문질러서 다양한 질감의 효과를 만들어내는 것을 즐긴다. 아동들에게 벽이나 인도, 바닥, 나무 블록, 카펫, 타일, 퍼즐조각, 또는 그들이 찾을 수 있는 모든 것들 위에 문지를 수 있도록 유도해보자.

판화기법 밝은 색의 크레용을 고르자. 그리고 두꺼운 종이의 모든 표면에 색칠해

벽돌담은 결감 문지르기를 시도하기 안성맞춤이다.

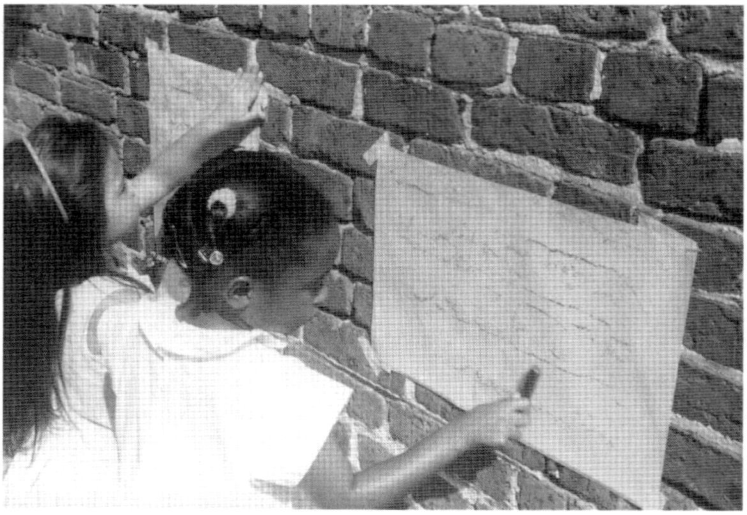

보자. 그 위에 검정색, 청색과 같은 어두운 색으로 칠하자. 빛나게 하기 위해 어두운 표면을 휴지로 닦아보자. 그러고 나서 이쑤시개 같은 가는 막대나 포크, 숟가락 손잡이 같은 무딘 도구들로 어두운 표면을 긁어 그림을 그려보자. 그러면 어두운 색 아래 칠해진 밝은 색깔들로 나타난다.

크레용과 물감 혼합하기 크레용으로 그림을 그려보자. 아주 세게 눌러서 사용하고 색칠을 꼼꼼하게 해보자. 어느 부분은 남겨놓고 바탕 부분은 칠하지 말자. 그림이 완성되면, 템페라로 종이의 전체 면에 엷게 붓으로 색칠을 하자. 그 크레용으로 두껍게 덧칠한 부분은 템페라가 흡수되지 않기 때문에 그림이 아름답게 완성될 수 있다.

크레파스 크레파스는 크레용과 파스텔의 유성 혼합물이다. 한쪽 방향은 깎여져 있고 매우 다양한 색깔이 있다. 아동들은 크레용을 쓰듯이 크레파스를 즐겨 사용하는데, 특히 종이 포장을 벗길 때 크레파스를 사용하는 것이 더 편하다고 느낀다. 크레파스는 좀 더 자란 아동들에게 매우 흥미로운 방법으로 사용되는데, 그림이 완성되었을 때, 물감을 엷게 칠해 크레파스를 약간 액체화시키기도 한다. 이런 효과는 마치 오일페인팅을 한 것처럼 멋있게 변한다. 작은 붓으로 엷게 칠해보자. 그러나 물감을 엷게 칠하는 사용법은 유아들에게 부적합하므로 더 나이 든 아동들에게 제안하자.

색분필 사용하기

분필과 사포 사포의 표면에 깨끗한 붓과 물로 페인트를 칠해보자. 축축한 사포 위에 색깔 있는 분필로 그림을 그려보자. 그 축축한 사포지는 색깔을 아주 풍부하게 표현해줄 것이다. 그림이 완성되면 말려두고 그 다음에 안 지워지면서 계속 보관할 수 있도록 접착스프레이를 뿌려두자.

분필과 녹말 액체풀 녹말 액체풀로 종이의 표면을 칠하거나 그림을 그리기 전에 분필을 녹말 액체풀에 담그자. 종이가 마르면, 색 있는 분필이 종이에 꽉 달라붙을 것이며 번들번들한 모양새가 나타날 것이다. 다른 방법으로, 색분필로 먼저 그린 다음에 전체 표면에 녹말 액체풀로 칠하는 방식이 있다.

페인트 사용하기

템페라 액체 템페라나 분말식 템페라를 구입할 수 있다. 아동들을 위해 페인팅 활동을 계획할 때, 템페라 색이 밝고 풍부하며 두꺼운지 확인부터 하자. 아동들이 템페라를 가지고 페인팅할 때, 종이에 물감이 흘러내리는 걱정을 하도록 해서는 안 된다. 조그마한 양의 물감을 매일 섞음으로써 신선함을 유지하고 건조되면서 나오는 찌꺼기들을 제거해야 한다. 새로운 물감을 섞을 수 없게 되었을 때, 식물에서 채취한 향유를 조금씩 넣어 딱딱하게 굳어지는 것을 피하자.

템페라는 쉽게 번진다. 그래서 아동들이 붓이나 스펀지 또는 롤러로 그림을 그릴 때 사용할 수 있다. 이젤에서 그림을 그릴 수도 있고, 바닥이나 책상에서 그릴 수 있다. 템페라를 가지고 작업하는 것은 매우 번잡한 작업이기에 아동들에게 작업복을 제공하는 것이 좋다. 아동들이 이젤에 대고 페인팅을 할 때, 바닥 아래에 무언가를 깔아두어 물감이 흐를 때 바닥에 묻지 않도록 방지하자. 물통은 늘 깨끗한 물로 유지시키고, 물감 사용하는 곳 근처에 놔두자.

빨대를 이용한 페인팅 핑거페인트 종이를 사용하거나 다른 반질반질한 빛나는 종이를 사용하자. 아동들에게 빨대나 스포이드 같은 것으로 작은 양의 다양한 색깔 물감을 빨아들여서 종이에 한 방울씩 묻혀보자. 그러고 나서 빨대로 그 방울을 자신이 원하는 방향으로 불어보면서 색도 섞어보고 새로운 혼합색을 만들어보는 것도 해보자.

분말식 템페라 납작한 표면 위에 종이를 올려두고 스펀지와 물로 그것을 적신다. 밀가루 체를 이용해서 다른 색깔의 건조 템페라를 더 뿌리거나, 종이 위에 손잡이를 돌리거나 체질하여 템페라 가루를 흩뿌린다. 아동들은 건조된 붓으로 색깔들을 다양하게 조합하여 새로운 효과들을 나타낼 수 있다. 템페라가 지워지지 않게 헤어스프레이를 그림 위에 뿌린다.

흩뿌리기 페인팅 교사가 흩뿌리기 페인팅 틀을 제공한다면 아동들이 하기 쉬울 수 있다. 이 틀은 만들기 쉬우며, 아동들이 작업할 때 튼튼한 기반이 되어준다. 대략 가로 30cm와 세로 30cm 크기인 네모 모양의 나무틀을 만든다. 윈도우 스크린이라 칭하는 철사로 만든 그물망을 구입하여 그것을 그 나무 틀보다 조금 크게 자른다. 철사의 가장자리를 구부리고 그 끝을 몇 겹의 테이프로 덮는다. 이것은 아동들이 철사의 거친 가장자리 부분에 긁히는 것을 방지한다. 그 스크린과 틀을 스테이플러로 찍거나 나사로 고정시킨다. 이것이 흩뿌리기 페인팅 틀의 윗부분이다. 그 다음은 네 개의 나무다리를 만드는데, 시중에 파는 목공접착제를 이용하여 틀의 아랫부분과 나무다리를 잘 부착시키면 된다. 만약 나무를 다루거나 틀 만드는 것이 능숙하지 않다면 잘 만들 수 있는 사람에게 도움을 요청하는 것도 좋다. 이처럼 한 그림을 작업하기 위해 이루어지는 여러 과정들 속에서 아동들이 기쁨을 느낀다면 여러분도 기쁠 것이다.

아동들에게 미리 잘려진 여러 모양의 종이들을 제공하거나 나뭇잎, 작은 나뭇가지들과 같은 다양한 자연의 물질 또는 이미 잘려진 스텐실을 제공해보자. 흩뿌리기 페인팅 부분을 몇 겹의 신문지로 덮어보자. 신문지 위에 그림 그릴 종이를 올려두고, 그 종이 위에 사물을 올려놓는다. 골무나 작은 크기의 테이프를 이용하여 그 사물을 잘 고정시킨다. 그림종이 위에 흩뿌리기 페인팅 틀을 놓는다. 오래된 칫솔을 페인트에 담그고 나서 마구잡이로 문지른다. 스크린을 기준으로 앞뒤 왔다갔다 하면서 칫솔을 문지른다. 조심스럽게 그 사물을 건져 없애고, 완성된 그림을 즐기자! 검은색 판지와 밝은 색의 페인트를 사용하거나 하나의 페인팅에 여러 색을 써보면서 실험해보자. 활동이 다 끝났으면, 깨끗한 칫솔로 흩뿌리기 페인팅 틀을 잘 씻어내자. 딱딱한 템페라는 스크린의 작은 구멍에서 잘 씻겨 내려가지 않을 것이다.

벽 페인팅 벽 페인팅은 야외에서 하기 좋은 활동이다. 그리고 바로 학교의 실외

벽에 페인팅할 수 있어서 매우 좋다. 아동들에게 물과 페인트 붓들을 주고 그것들을 가지고 그리라고 한다. 건물의 외벽이나 놀이터에 있는 아무 벽에 벽지를 고정시켜서 그 위에 그리게 한다. 종이를 벽과 땅이나 인도 사이 부분을 구분할 수 있게 잘 고정시키자. 왜냐하면 땅이나 인도에 페인트가 다 흐를 수 있기 때문이다. 아동들에게 액체 템페라가 담겨진 용기와 큰 붓을 주어 칠하게 한다. 구체적인 주제는 없다. 어떤 아동들은 그들 자신만의 공간에 그릴 것이며, 다른 아동들은 함께 모여서 집단 활동을 할 수도 있다. 그들이 어떠한 방법으로 벽화를 그리느냐보다 다른 아동들과 함께 작업하고 만드는 과정이 중요하다. 벽화를 하나의 집단 페인팅으로 남겨두자. 아니면 작은 조각으로 잘라서 아동들이 각각의 부분을 가질 수 있도록 하자.

핑거페인팅 핑거페인팅은 움직임과 감각 발견에 적합하다. 아동들은 손가락, 손, 팔, 손톱, 심지어는 팔꿈치를 사용하여 그림을 창작하고 디자인한다. 그림은 지워질 수도 있고, 새로운 그림을 만들어낼 수도 있다. 핑거페인팅은 아주 행복한 경험이 될 수 있는데 아동들이 몇 개의 색들과 여러 움직임들만 가지고도 다양한 효과들을 나타낼 수 있기 때문이다. 핑거페인팅이 깨끗하거나 깔끔한 작업이 아니기

아동들이 종이를 돌려가면서 칠한다고 계획했다면, 매끄러운 표면의 종이를 사용할 수 있도록 하자.

때문에 아동들에게 몇 개의 큰 스폰지와 양동이에 든 물 그리고 많은 양의 종이타월이 필요하다. 작업복을 입는 것이 도움이 될 것이다.

이 페인트들을 잘 사용하려면 핑거페인트 종이의 양쪽 면을 적시고 매끄럽고 납작한 표면 위에 올려둬라. 두 큰 술만큼의 핑거페인트를 젖은 종이위에 놓는데, 여러 개의 물감들을 사용한다면, 각각의 물감을 아주 조금씩 덜어서 종이 위에 짜 놓는다. 너무 많이 짜놓으면 페인팅이 건조될 때 떨어져 나가기 때문에 조심하여야 한다. 아동들이 페인트를 골고루 칠할 수 있게끔 유도하고, 다른 부분도 칠할 수 있게끔 제안하자. 페인팅이 완전히 건조되었을 때, 조심스럽게 모서리를 이용해 들어서 평평하게 신문지 위에 올려두어서 건조시켜라.

프린팅

스폰지 프린팅 스폰지를 작은 크기로 자른다. 각 아동들에게 여러 다른 색깔의 페인트가 든 용기들을 가지게 하고 똑같은 숫자의 스폰지 모양을 갖게 하자. 수채화 종이는 스폰지 프린팅을 하기에 매우 적합한데 그 이유는 흡수력이 좋기 때문이다. 아동들이 스폰지를 페인트에 담근 다음에 그 스폰지를 종이에 찍으면서 다양한 형태의 디자인을 할 수 있다.

미술 포트폴리오
몇 개월간 아동들이 작업한 그림들을 모으자. 아동들의 그림에서 나타나는 사소한 변화나 스타일의 유사점, 주제, 형식, 방법까지 모두 기록하자.

물체 모양 찍기 아동들에게 찍을 수 있는 빈 필름통, 코크마개, 병뚜껑, 플라스틱, 쿠키커터, 나무블록과 같은 여러 다양한 사물들을 주자. 아동들이 각기 다른 사물들을 두툼한 템페라에 담근 후 찍기와 색깔을 겹치게 해서 디자인한다. 아동들은 그 다양한 사물들을 뒤집어도 보고, 비꼬아도 보면서 비틀거나, 돌려보면서 찍을 수 있다. 아동들은 매우 자주 프린트할 사물들을 새로운 방법으로 이리저리 움직여도 보고 배치해볼 것이다. 한 가지 놓치지 말아야 할 점은 이 모든 부분이 창작의 과정이므로 아동들에게 자유를 제공하는 것이다.

덮어 찍기 아동들에게 아이비 같은 양치류의 식물 잎들, 또는 은행나무나 떡갈나무의 큰 잎사귀들 같은 다양한 종류의 나뭇잎들을 주자. 나뭇잎을 페인트로 덮어서 칠하고 그 위에 종이를 올려둔다. 페인트가 종이에 묻어나면 나뭇잎의 모양, 선, 능선과 테두리가 보일 것이다. 깃털, 나무나 조개를 이용해 음식 이외의 모든 사물들을 가지고도 무한대로 가능할 것이다.

큰 통에 담긴 접착풀은 유아에게 당혹감을 줄 수 있다. 좋은 대안방법으로는 접착풀의 적당량을 종이그릇에 담아 유아들이 손가락을 이용해 활용할 수 있도록 하라.

접착제와 풀

콜라주 콜라주는 각각 다른 종류의 물질들을 표면에 붙임으로써 디자인이 완성되는 과정을 말한다. 하나의 미술방법으로서, 어린 아동들과 좀 큰 아동들도 모두 좋아한다. 콜라주를 만드는 데 옳고 그름은 없다. 또 완성물의 형태는 무언가를 표현하고자 하는 것보다 추상적으로 나오게 된다. 콜라주 재료는 분리된 용기에 저장되어 있어야 하고, 각각의 용기에는 비슷한 성질의 재료들이 모여 있어야 한다. 아동들이 "콜라주 만들기 상자" 안에 자신의 콜라주 재료들을 보관할 수 있게끔 하고 새로운 사물들을 찾을 때 바로 넣을 수 있도록 한다.

처음 사물들을 모을 때, 천의 조각들, 카펫조각들, 단추들, 뚜껑들, 조개, 씨앗, 이쑤시개, 작은 조각의 나무, 모래와 자갈, 반짝이, 빨대, 마른 잎들, 꽃, 나뭇가지가 포함될 수 있다. 아동들은 그들 자신만의 사물들을 집이나 밖에서 모으는 것을 즐긴다. 잠깐 동안의 놀이터 산책이나 남의 집 뒤뜰 산책 중에 엄청난 양의 사물들을 구할 수 있을 것이다.

콜라주를 만들 때, 아동들은 사물들을 배치하여 디자인과 패턴을 만든다. 그들이 주제를 가지고 있거나 머릿속에 아이디어가 생기면, 같은 종류의 사물들을 모아놓은 하나의 용기를 선택할 것이다. 또는 여러 다른 용기 속에 든 여러 가지 사물들을 이용할 수도 있다. 아동들이 콜라주 작품에 어떤 것을 이용해서 어떻게 만들 것인지 정하는 것이 창의적 과정에 속한다. 아동들이 다른 사물들과 다른 디자인을 가지고 실험하면서 그것들을 두꺼운 종이나 하드보드지에 붙인다. 얇은 종이에는 자갈이나 모래를 붙이기에 힘들다. 아동들이 콜라주 외의 부분에 페인팅과 색칠을 할 수 있도록 해야 한다.

모자이크 모자이크는 작은 조각의 색지, 돌, 씨앗, 구슬, 그리고 다른 재료를 박아 넣어 표면을 장식하고, 그림을 그리고, 디자인하는 기법이다. 모자이크 작품을 만드는 것은 매우 오래 걸리는 과정이며 또한 아동들이 오랜 시간동안 디자인에 몰두할 수 있는 집중력을 요구한다. 아동들에게 이러한 모자이크를 위한 도식단계를 설명할 때 아동들이 단순한 디자인과 쉽게 사용할 수 있는 재료를 선택하도록 하자.

어린 유아들에게 큰 통에 담긴 풀은 사용하기 힘든 경험을 하게 한다. 그 대신 종이 접시에 풀을 덜어내어 아이들이 손으로 풀을 묻혀 쓰도록 하라.

아동들은 펠트펜을 가지고 색종이나 판지 위에 단순한 디자인을 그린다. 그러고 나서 그 디자인 위에 전체적으로 풀을 바르고 재료를 눌러서 붙인다. 좀 나이가 있는 아동들은 종이에 물체를 붙이기 전에, 다른 배치 구도와 다른 디자인, 다른 재료들로 실험하길 원한다. 또 어떠한 아동들은 바로바로 한 조각의 재료를 풀칠해가며 붙이는 것을 선호한다. 이런 과정들은 아동들의 표현기술과 재료를 다루는 능숙함에 달려 있다.

미술교육에 관한 전국 표준(The National Standards for Arts Education)은 아동들이 시각예술 안에서 알아야 하는 것 그리고 해야 하는 것을 정의했다. 유치반부터 초등 4학년까지의 표준화된 교육내용 중 일부는 역사, 문화와 연관성이 있는 시각예술이다(Consortium of National Arts Education Associations, 1994).

이 장에서는 다문화 배경을 통해 시각예술을 탐색하는 방법들을 소개한다. 여러분이 아프리카 가면이나 에스키모인의 조각들을 만드는 과정 중에 있다면, 여러분은 다양한 문화 속에 존재하는 예술적인 관계들의 중요성을 탐구할 수 있을 것이다. 아동들에게 중요한 다른 개념으론 미디어, 미술 비평, 창의성, 개성, 미술의 가치, 그리고 시각예술과 다른 분야 사이에 연관성을 만드는 일이다.

미술교육 전국 표준

전국미술교육협회(The Consortium of National Arts Education Association)는 시각예술에서 제안하는 가장 중요하고 견고한 아이디어, 개념, 과제, 지식에 대해 연구하고 있다. 표준 설정뿐 아니라 유아교육자들이 미술을 통해 아동들의 성장과 발전을 도모할 수 있는지 평가를 받도록 되어 있다. 평가를 위한 아이디어와 제안들은 다음과 같다.

평가

전통적으로 유아교육자들은 평가의 과정으로서 포트폴리오를 사용해왔다.

- 포트폴리오는 아동들의 시각예술 작품을 기록한다.
- 교사에게 아동들의 발전도를 보여주는 시각적인 시간 흐름을 제공하기 위

해 여러 시각예술 활동에서 만들어진 인공물들을 모을 수 있다.

◆ 포트폴리오는 시간에 의한 아동들의 성장을 기록한다. 처음에는 아동의 핑거페인팅이 로웬펠드와 브리튼(1987)의 '난화기'를 반영할지도 모른다. 학기의 마지막 부분쯤 아마 아동들이 상징적으로 생각하기를 시작할 것이고, 인식할 수 있는 예술작품의 인식으로, 첫 번째 표현물 만들기를 시작할 것이다.

◆ 오랜 시간 동안 아동의 작품을 감상하라. 결국 아동들에게는 페인트의 질감, 찰흙의 냄새, 텅 빈 종이의 매끄러운 표면 위에 수채화 물감을 가지고 붓칠하는 방법, 이러한 과정이 가장 의미 있는 것이다.

[그림 5-4]는 전국예술교육협회의 개요를 제시한다. 본 개요가 어떻게 실행되는지 자세하게 설명될 것이다.

[그림 5-4] 미술교육 전국 표준 K-4

시각예술 K-4

내용 표준 1: 재료, 테크닉, 과정들을 이해하기
아동들이 크레용, 페인트, 풀과 같은 각기 다른 재료들을 사용하고 콜라주, 프린팅, 엣칭, 질감 문지르기 같은 여러 기법들을 이용한다. 그리고 아이디어들을 가지고 활동하든가, 여러 시행착오 끝에 문제를 해결한다든가, 오래된 아이디어를 새로운 방법으로 모색하는 과정들을 통해 아이디어와 경험들, 이야기들을 소통한다.

내용 표준 2: 구조와 기능에 대한 지식을 이용하기
아동들이 페인트를 덧대어 칠하기를 통해 3차원적인 미술을 창조하듯이 구별할 수 있고, 팔레트를 사용하여 붓을 이용하는 것같이 여러 기능성을 생각하여 자신의 아이디어를 전달할 수 있다.

내용 표준 3: 주제, 상징, 아이디어의 범위를 고르고 평가하기
아동들이 가족이나 애완동물과 같은 다양한 주제를 정하고, 납작한 모양 같은 상징물을 정하고, 미술작품의 의미와 같은 아이디어를 고를 수 있다.

내용 표준 4: 역사와 문화의 관계 속에서 시각예술을 이해하기
아동들이 자신의 문화가 아닌 특정의 문화와 시대(식민지시대), 장소들(국가의 수도)과 관련된 구체적인 미술작품을 구분할 수 있게 한다.

내용 표준 5: 자신의 작품과 다른 사람의 작품들의 장점과 특징들을 숙고하고 평가하기
아동들이 각기 다른 미술작품들을 보고 다른 반응들이 나올 수 있다는 사실을 이해시킨다. 아동들이 함께 그들의 미술작품들에 대해 이야기할 수 있다.

내용 표준 6: 시각예술과 다른 분야들을 연관시켜 보기
아동들이 시각예술과 사회학, 언어학, 과학, 수학과 같은 다른 분야들과의 연관성을 이해할 수 있다.

다문화 맥락에서의 시각예술 탐구: 아프리카와 에스키모 가면과 조각

아프리카 가면과 조각은 우리가 아프리카 미술을 생각하면 바로 상상되는 것들이다. 이 다양한 국가들과 민족들이 존재하는 광활한 대륙은 그들 삶의 통합적인 부분을 보여주는 전통적인 예술 양식들이 풍부하다.

북극에서 멀지 않은 꽁꽁 언 해안의 세계에서는 에스키모 또는 이뉴잇이라 불리는 사람들이 살고 있다(에스키모와 이뉴잇은 '사람' 이라는 뜻이다). 이뉴잇은 가면과 조각을 만드는데, 에스키모 예술문화를 보존하기 위한 방법으로 만든다. 이번 절에서는 다양한 문화의 사람들 속에서 존재하는 문화 유사성을 배울 수 있는 활동들을 할 것이다.

활동 5-1: 동물 모양의 가면과 조각 장식하기

아프리카와 에스키모 사람들의 가면은 대부분 종교적이거나 주술적인 의례와 같은 특정 목적에 의해서 만들어졌다. 많은 아프리카인들과 에스키모인들은 모든 동물들이 영혼을 가지고 있다고 믿었는데, 춤꾼이 동물가면을 쓰면 그가 표현하고자 하던 그 동물의 영혼이 된다고 믿었다. 고대의 사냥꾼들이 가면을 씀으로써 그가 잡은 동물에 대한 영광을 표현하려고 했을지도 모른다. 어떤 가면 의식은 자연의 힘에 영향을 주려는 시도로서 행해지기도 했다.

> 꿈이 개인에 대한 것이라면 예술은 사회에 대한 것이다.
>
> – 랄리버트와 켈(Laliberte and Kehl)

두 개의 문화에서 조각은 또 다른 중요한 의미를 갖는다. 예를 들어 가나에 사는 야샨티 여자는 건강한 아기의 출생을 위해 아기를 닮은 조그마한 인형을 조각해서 몸에 지니고 다닌다. 에스키모 예술가들은 그가 조각할 모양이 벌써 돌 안에 있다고 믿었다. 그는 그 돌을 손에 쥐고, 말하거나 노래를 부른다. 그리고 그 모양이 그에게 나타날 때까지 기다린다. 그 모양을 숨기고 있는 돌의 부분을 도려낸다.

여러분과 아동들이 직접 쓸 수 있고 즐길 수 있는 가면을 만들 수 있다. 종이그릇을 이용하고 그 뒷부분에 집게를 접착시켜 손잡이로 사용한다([그림 5-5] 참고). 아니면, 판자를 이용해 자신만의 가면을 만들 수 있다. 약간의 물감이 필요하고, 장식을 위해 다른 재료들이 필요하다. 첫 번째로 어떤 모양을 어떻게 잘라서 만들

[그림 5-5] 종이그릇 가면

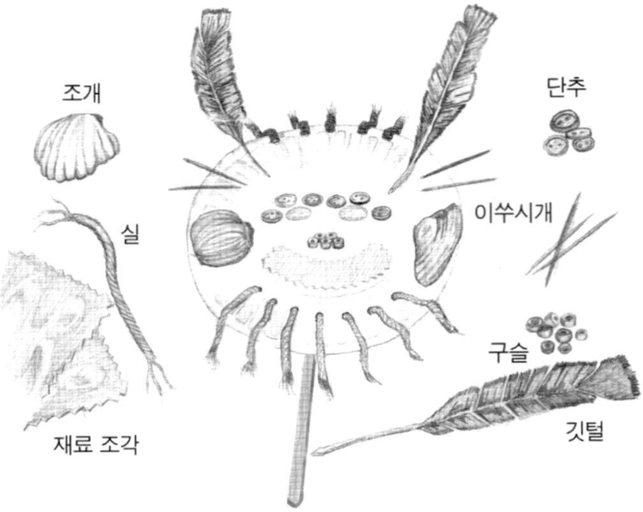

것인지 정해야 한다. 그러고 나서 눈을 표현하기 위한 구멍을 만든다. 아동들의 눈과 코에 맞게 구멍을 뚫을 수도 있다. 아니면 색을 칠해도 좋다.

여러분은 아동들에게 눈과 코를 만들기 위해 다른 재료를 주어도 좋다. 조개, 씨앗, 구슬 또는 천의 조각을 풀칠해도 된다. 털실을 이용해서 머리카락을 만들어도 좋다. 그리고 흙과 야채 색으로 기하학적인 디자인을 색칠할 수 있다. 긴 빨대와 라피아 야자나무 섬유로 만든 끈으로 술을 만들어 드문드문 매달면서 아프리카의 전통 가면처럼 만들 수도 있는데 이 방법은 가면을 쓰는 사람의 정체를 숨기기 위한 것이다. 아마 활동시간에 서로의 모습을 못 알아보는 일은 없을 테지만 어디까지나 그 가면 속의 주인공이 되어보는 재미를 위해서 해보는 것이다!

에스키모 가면은 자주 동물의 형상을 나타내는데, 이러한 가면들은 색칠되었거나 깃털이나 털로 장식되었다. 새 모양의 가면은 근처의 미술도구 상점에서 인공적인 깃털을 사서 장식할 수 있다. 반대로, 곰 모양의 가면은 가짜 털로 뒤덮어서 만들 수 있다. 아니면 아동들이 동물의 그림사진을 부분적으로 잘라서 풀로 붙이고 자신만의 동물 가면을 만들 수도 있다. [그림 5-6]은 동물 가면의 예이다. 고대 에스키모인들의 이야기이다. 옛날에 칸나카팔럭(Kannakapfaluk: 때로는 세드나(Sedna) 또는 나비아시앙(Niviarsiang)이라 불림)이라는 한 소녀가 살았다. 이 이야기는 그녀의 고집 센 성격으로 인해 생긴 고난에 대한 것이다. 이야기는 이렇게 시작된다. 칸나카팔럭은 구혼자의 청혼을 거절한 고집 센 성격에 대한 벌로 개와 결혼하게 되는데 남편인 개가 그녀를 자신의 나라로 데리고 가버린다. 그 나라

[그림 5-6] 동물 가면

에는 모두 개만 있었다. 어느 날 칸나카팔럭은 이러한 삶을 복수하기 위해 자신의 부츠에 자식들을 넣어 바다에 흘려 보내버린다. 한 부츠는 얼마 가지 않아서 어느 섬에 도착했는데 그 자식들이 인디언의 조상이 되었다고 한다. 그들의 외모는 사람의 모습이었지만 아버지의 피는 속일 수 없었다. 다른 부츠는 바다 저 건너편에 떠내려갔는데, 그 속에 있는 강아지들은 나중에 북해로 돌아와 배를 항해하는 백인이 되었다. 그래서 그들은 많은 털과 곰 같은 얼굴을 하고 있는데 역시 아버지인 개의 용모를 닮았다는 것이다.

아동들은 미리 조각된 비누와 물을 가지고도 형태를 만들 수 있다. 묶어 맨 비닐봉투 안에 비누를 다시 넣어 비누가 잠길 때까지 물을 붓는다. 몇 시간동안 담가 놓으면 비누는 저절로 부드럽게 되어서 쉽게 조각할 수 있게 된다. 아동들은 그 비누를 짜서 자신이 원하는 형태와 모양으로 형상을 만들 수 있다. 아니면 나무스틱으로 자신이 원하는 모양을 도려내어 만들 수 있다([그림 5-7] 참조). 여러분은 어떤 모양의 비누조각이 나올지 상상할 수 없을 것이다. 작은 구멍을 뚫어서 조각을 만들고 실로 연결하여 걸어두면 건조된다.

아동들에게 어떻게 가면을 만들고 조각을 만드는지 소개하는 것보다 더욱 중요한 것은 아동들이 교사로부터 아이디어를 얻는 것이 아니라 자신들이 만들어낸 어떠한 과정을 적용하여 미술활동에 임하는 것이다. 우리의 목표는 아동들에게 문화적 유사점과 차이점을 인지하고 그 가치를 이해시키는 것이다.

아프리카와 에스키모 가면과 조각에 대한 훌륭한 자료는 『에스키모의 미술(The Art of the Eskimo)』(Shirley Glubok, Harper & Row), 『가면과 표현미술

[그림 5-7] 에스키모인의 비누조각

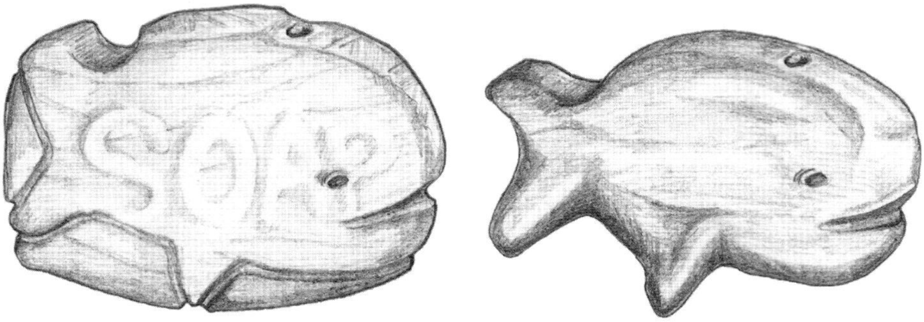

(Masks and the Art of Expression)』(John Mack ed. Harry N. Abrams)에서 얻었다.

발달에 적합한 실제

많은 예들을 보면, 시각예술에 대한 아동의 반응은 아동의 발달 단계와 성향, 재료의 이용가능성, 지지력, 비판하지 않는 어른에 달려 있다. 이러한 요소들은 아동들이 미술을 통해 자기 자신을 표현하는 미래의 탐구정신을 결정짓게 하고, 자신의 능력과 자기 자신에 대한 긍정적인 감정들을 결정짓는다. [그림 5-8]은 발달에 적합한 실제의 간략한 내용을 나타내고 있으며, 시각예술교육에 내포된 내용을 담고 있다.

시각예술과 언어예술 통합하기

이번 통합된 교과는 큰 아동들에게 특히 3~4학년의 아동들에게 맞게 디자인되었다. 이것은 묘사적인 언어 기술 사용과 효과적인 듣기를 포함하고 있다.

- 언어예술 표준 8, 3~5학년 읽기: "다른 목적으로 듣고 말하는 전략을 사용하기"
- 시각예술 표준 1(K-4): "재료, 기법, 과정을 이해하고 실행하기"

[그림 5-8] 시각예술 발달에 적합한 실제—특수교육 요구 아동들

- 환경은 색과 디자인에서 대조되고, 밝은 색이 교실 전체에 패턴을 만들어내는 데 사용된다.
- 교실은 아동들의 눈높이에 맞추어서 다양한 시대와 민족을 대표하는 사람들의 얼굴, 친근한 동물들, 친근한 사물들, 그리고 그림 같은 것들로 잘 장식되어야 한다.
- 아동들은 적합한 미술재료를 제공받아야 한다. 교사들과 다른 어른들은 아동들이 미술재료를 충분히 탐색하고 이용할 수 있도록 도와주어야 하며, 미술작품 결과물이 다 완성되기를 기대해서는 안 된다.
- 미술활동들은 창작의 과정을 통해 다양한 재료들에 대해 배워가면서 아동들의 자긍심, 역능감, 그리고 긍정적인 감정들을 발전시킬 수 있도록 디자인되어야 한다.
- 아동들에게는 시각예술을 통해 예술적인 표현들과 감상할 수 있는 기회가 매일매일 주어져야 한다. 다양한 미술 재료들이 창의적 표현에 이용될 수 있다는 것을 명심하자.
- 아동들의 삶과 연관되어 있는 미술 아이디어는 아동들이 그들 자신을 심미적으로 표현하고, 자신의 생각과 감정을 표현하도록 일상을 통해 통합된다.

수업 개관:

아동들은 신발을 만들 것이다. 유치원에서 우리는 아동들이 자신의 발로 모양을 만들게 한다. 그러나 이러한 경우, 신발 자국과 신발의 질감, 모양, 색깔에 초점을 맞추었다. 아동들에게 자신의 신발을 보게 한 후에 신발 자국의 모양을 추측하게 해보자. 다음으로 아동들에게 재빨리 신발의 아래 창을 다시 만들어보면서 모양, 색깔, 보폭을 종이에 그리도록 시킨다. 아동들이 이 일을 마쳤으면, 아동들의 모든 그림들을 교실 앞에 걸어둔다. 독립적인 아동들은 묘사적 언어를 사용하며 자신들이 선택한 신발모양을 묘사하여 설명한다. 반면 다른 아동들은 적극적으로 그 설명을 들으면서 이 신발 모양이 누구의 것인지 추측해본다. 게임을 하기 위해서는 아동은 반드시 시각예술에 대해 묘사할 수 있는 언어를 가지고 있어야 한다. 아동들은 그림으로 그려진 신발 모양을 찾아내는 것으로 스스로를 평가한다. 그들의 판별능력과 형태와 패턴을 만드는 능력은 더 향상된다. 이러한 활동들은 http://artsedge.kennedy-center.org/content/2022에서 찾을 수 있다.

특수교육 요구가 있는 아동

모든 아동들은 미술 활동을 통해서 창조할 능력과 자기 자신을 표현할 수 있는 능

력을 가지고 있다. 장애를 가진 아동들은 그리기, 칠하기, 찍기, 그리고 다른 미술 활동들을 매우 좋아하고 즐길 수 있다. 여러분은 장애를 가지거나 건강에 손상을 입은 아동들에게 몇 가지 방법을 가지고도 다른 친구들과 잘 어울려 활동할 수 있는 미술 활동들을 제공할 수 있다. 이러한 미술과정 또한 배우는 과정이며, 한 명의 아동이 모든 아동들에게 좋은 영향을 줄 수 있다. 다음의 제안들은 벨린다 브로튼(Belinda Broughton)이 쓴 『특수교육 요구가 있는 아동들을 포함한 모든 어린 아동들을 위한 미술 교육과정(An Arts Curriculum for Young Children-Including Those with Special Needs』(1986)에서 발췌한 것이다.

신체장애 아동

풀칠하거나 페인팅하거나 색칠할 때 견고한 표면을 제공할 수 있는 쟁반을 사용하자. 신체장애를 가진 아동들이 발가락을 움직일 수 있다면, 아동이 있는 바닥에 종이를 올려두고, 발가락으로 그림을 그릴 수 있도록 해보자. 버팀대와 목발을 사용하여 발자국 프린팅이나 발자국 페인팅을 잘할 수 있게 이끌자. 무언가를 잡는 능력에 제한이 있는 아동들에게는 두 개의 손을 가지고 붓이나 크레용을 잡아서 쓸 수 있게 도와준다. 콜라주나 다른 촉각 디자인 활동들을 하는 동안 풀을 이용할 때는 풀의 밑바닥을 테이프로 붙여 책상이나 무릎 쟁반에 잘 설 수 있도록 해두자. 섬세하게 움직일 수 없는 아동에게는 크레용이나 페인트보다 사인펜을 사용할 수 있게 한다. 왜냐하면 사인펜으로 그릴 때, 적은 힘으로도 큰 선을 그릴 수 있기 때문이다. 가위를 잘 사용하지 못하는 아동들에게는 미리 잘려진 모양의 재료들을 제공하자. 프린팅에 필요한 물품을 선택할 때, 무언가를 잡는 능력에 능숙하지 못한 아동들에게는 큰 물건들을 제공하자.

청각장애 아동

청각장애 아동들에게 미술을 하는 과정에 대해 설명할 때, 손으로 하는 신호와 말들을 이용하자. 아동들에게 특정한 프로젝트에 접근할 수 있게 아주 다양한 방법을 보여준다. 그래서 그들이 재료들을 가지고 다른 방법으로 만들 수 있을지 본다. 청력이 안 좋은 아동들에게 청력이 좋은 아동들을 짝궁으로 삼아서 서로 도와가며 활동할 수 있게 이끌자. 청력이 안 좋은 아동들이 자신의 짝궁으로부터 실마리를 얻어서 미술 활동을 할 수 있기 때문이다. 아동들이 미술과정을 잘 이해했는지 물으면 손 신호로서 대답할 수 있게끔 유도하자. 청력이 안 좋은 아동들은 반드시 여러분이 무언가 예를 들거나 아동들에게 지시를 내릴 때 잘 보이는 곳에 앉혀두어야 한다. 벽 페인팅과 같은 집단 활동들을 할 때, 청력이 안 좋은 아동들이 여러분이나 다른 아동들과 가까이 있게 해야 하며, 어떻게 만드는지 볼 수 있게 해야 한다. 항상 이 아동을 바라보고, 도움이 필요할 때 손 신호를 반복한다. 유아들은 수화를 시작한 지 얼마 안 되었기 때문에 그들이 미술과정을 이해하는 데에는 교사의 책임이 크다. 눈으로 볼 수 있는 단계별 신호카드를 준비하자. 청력이 안 좋은 아동들에게 똑같은 단계별 신호카드들을 주어 자신이 해온 단계를 설명할 수 있도록 유도하자. 청력이 안 좋은 아동들은 모든 아동들과 똑같이 창의적인 미술 활동에 참여할 수 있다는 것을 명심하자. 그냥 쉽게 아동들이 보고 베낄 수 있는 일명 '요리책(cookbook)' 미술을 할 수도 있겠지만, 오늘날 아동들의 수업에서는 받아들일 수 없는 행동이다.

시각장애 아동

시각장애를 가진 아동들에게 테두리모양을 제공하여 그들이 그리고 싶은 물체의 윤곽을 잡을 수 있게끔 한다. 아동들에게 풀을 줄 때, 그 풀에 조그마한 알갱이의 모래들을 넣어서 그들이 촉각으로 까칠함을 느껴가면서 어디에다가 풀칠을 해야 하는지 알 수 있도록 하자. 테이프를 가지고 그림종이의 가장자리 부분을 표시하여 아동들이 그림의 경계부분을 알 수 있게끔 하자. 모래, 쌀, 소금, 반짝이, 설탕을 이용하여 각기 다른 색깔의 물감에 질감을 주어 아동들이 무슨 색을 사용할지 촉감으로 선택하게 하자. 빨간색, 파란색, 녹색, 노란색과 같은 순서를 아동들이 외울 수 있도록 페인트 용기를 배치해보자. 그리고 그 용기를 책상에 부착시켜서 아동들이 이리저리 붓칠을 하면서 치면 쏟아지지 않게 고정시키자.

시각장애를 가진 아동들에게 프린팅이나 풀칠을 하기 위한 물건을 줄 때, 아동들이 무엇을 들고 있는지 말해주어야 한다. 나는 언젠가 어떤 교사가 시각장애를 가진 아동들에게 그 물건을 붙이기 이전에 그 물건이 무엇인지 먼저 "추측"을 해보라고 하는 것을 보았다. 그 때 한 남자 아동이 모든 물건들을 추측하고 있었는데, 그는 그 다음부터 물건을 가지고 작품 만드는 것에 대한 흥미를 잃게 되었다. 추측하는 것은 적어도 5분이 걸렸는데, 그 시간이 지나자, 그 소년은 피곤함을 느꼈고 프로젝트 전체에 대한 흥미를 잃었다. 아동들에게 미술 프로젝트에 연관된 특정한 물건에 대해 이야기할 때에, 그들이 직접적으로 작업하는 과정에 이르기 전에 충분히 만져보고, 느껴보고, 냄새를 맡아보아 전반적으로 탐색할 수 있게끔 해야 한다. 아동들에게 확실한 질감을 가진 다양한 미술재료들, 즉, 엠보싱이 들어간 벽지, 사포, 기름종이, 주름종이와 같은 재료들을 제공한다. 아동들에게 모양 그림을 오리라고 하기 이전에 미리 오려진 모양들을 주어야 한다. 시각장애 아동들에게 미리 마음속으로 그림을 그려볼 수 있도록 안내 이미지를 사용하는 것이 바람직하다.

아동들을 위한 예술 아이디어 이미지 인식

시각적이고 감각적인 경험들은 어린 아동들에게 매우 중요하다. 시각예술은 아동들에게 감각 인지의 인식을 높여주는 기회를 제공하며, 그들 자신만의 경험과 생각의 부분이 되는 이미지를 확장시켜 준다. 우리가 시각예술을 가지고 시각 인지능력과 감각 인지능력을 결합시킬 때, 각각의 그림과 페인팅은 아동 개인의 창의적인 성장을 확대시키는 중요한 수단이 된다. 다음은 시각과 감각인지를 시각예술 과정에서 이용해보는 것인데, 이 책의 모든 아이디어들을 여러분이 맡은 아동들의 발달 단계에 맞추어 마음대로 늘리거나 줄이거나 새롭게 재구성 해보도록 하자.

패턴 엿보기

다음 활동에 필요한 준비물

- 흰색 판지 (아동 한 사람당 한 장)
- 크레용, 크레파스, 색분필 또는 사인펜

과정

1. 아동들에게 그들의 옷을 살펴보라고 하고 그 옷을 묘사할 수 있는 말들을 생각해보라고 한다. 다음의 질문들을 물어보자.
   - 네 옷이 한 가지 색이니?
   - 어떤 모양이 보이니?
   - 길고 가느다란 조각을 찾을 수 있니?

- 땡땡이 무늬는 있니?
- 길고 가느다란 줄 부분이 다른 방향으로 겹친 것을 찾을 수 있니?

2. 아동들에게 흰색 판지와 크레용, 사인펜을 준 다음에 그들이 자신의 옷에서 본 패턴들을 다시 머릿속에 상기시킨 다음에 디자인하도록 시킨다.
3. 그들의 디자인이 완성되었을 때, 아동들의 눈높이로 전시한다.
4. 아동들 모두에게 친구들의 디자인을 보여주고 어떤 친구의 옷과 잘 어울리는지 추측해보게 한다.

'쥐 프레드릭'과 함께하는 상상여행

다음 활동을 위한 준비물

- 레오 리오니(Leo Lionni)의 책 『프레드릭』(Pantheon Books, 1967)
- 큰 하얀색 종이(각 아동마다 한 장씩)
- 무거운 모눈종이 또는 큰 하드보드지
- 다양한 색의 화장지와 색판지들
- 아무렇게나 잘려진 작은 색상지 모양들
- 풀, 접착제, 또는 물-풀 혼합제
- 콜라주 사물들(건조된 꽃, 작은 나뭇가지들, 모래, 조개, 유리조각이나 나뭇잎)

과정

1. 『프레드릭』 동화책을 읽는다. 그리고 '프레드릭'이 어떤 쥐인지 이야기해보자.
   - 이 쥐는 협동을 잘했니?
   - 이 쥐는 도움을 주었니?
   - 이 쥐는 어떻게 도와주었니?

   동화와 관련된 다른 열린 질문들을 물어보자. 꿈을 꾸어본 적이 있는지, 꾸어 봤다면 어떤 꿈을 계속 기억하고 싶은지, 그 꿈 이야기를 다른 친구들과 나누고 싶은지, 아니면 상상여행을 떠나보고 싶은지에 대해 질문해보고 아동들이 대답할 수 있게 격려한다.

2. 아동들에게 특별한 상상여행을 준비시켜라. 아동들에게 바닥 또는 의자와 같은 편안한 장소에 자리를 잡으라고 한다. 그리고 다음의 대사로 상상여행을 시작한다.

 자, 아주 편안하게 앉아봐. 두 눈을 감고 우리는 작은 쥐가 된단다. 친근한 쥐 친구와 함께 담요를 덮어보자. 너의 빛나는 두 눈을 감고, 너를 감싸는 아주 포근한 털을 느껴봐. 너의 작은 핑크색 발을 움츠리렴. 비 오는 날을 위해 따뜻한 태양의 빛을 담아두렴. 꽃들에게서 색깔을 담아오고, 그것들을 아름다운 바구니에 담아보렴. 팝콘의 냄새를 모아둬. 실크처럼 부드러운 쥐의 귀를 느껴봐. 하늘 높이 선 뭉실뭉실 하얀 구름을 보렴. 그리고 새들의 아름다운 노랫소리를 들어봐.

3. 상상여행이 끝나면, 아동들이 느낀 이미지에 대해 대답을 들어보자. 그리고 그들이 기억하고 싶은 것들에 대해 이야기해보라고 하자. 아동들이 이름을 부르면서 질문할 수 있도록 하자. 예를 들어, "린디(Lindy), 무엇에 대해 꿈꾸었니? 그리고 무엇을 제일 기억하고 싶니?"
4. 소원을 빈 아동의 대답을 들었으면, 쥐가 책상 속으로 숨어 들어간다고 부드럽게 속삭이고, 미술재료들을 이용해 자신이 상상여행에서 간직하고 싶은 이미지들을 콜라주 기법, 페인팅, 그림 그리기 등으로 표현하라고 하자.

내 모습

다음 활동을 위해 필요한 것

- 벽지
- 크레용, 사인펜, 아동을 위한 펨페라 페인트
- 가위들

과정

1. 아동들 개개인의 특별한 특성들에 대해 이야기해보자. 다른 사람을 우습게 하는지, 언제나 도움을 주는지, 바쁜지, 어리석은지, 활발하게 노는지 등에 대해 이야기해보자.
2. 아동들에게 자신의 짝궁을 고르게 한다. 한 짝의 아동들에게 그들의 몸 크기

보다 조금 큰 벽지를 준다. 한 아동을 그 종이 위에 눕히고, 짝꿍은 그 친구의 몸 형태를 따라 베낀다.

3. 다 그리고 나면 자리를 바꾸어 짝꿍의 몸을 그린다.
4. 그림이 완성되면, 선으로 그린 몸의 모양을 색칠한다. 아동들에게 풍부한 시간을 주어서 그들이 원하는 대로 그릴 수 있도록 허락하자. 이 작업은 서둘러서 끝내려고 하면 안 된다(나는 이 작업을 하는 데 일주일이라는 시간을 준 재능 있는 교사를 알고 있다).
5. 그림이 완성되면 건조시킨다. (아동들이 페인트를 사용했을 경우) 아동들에게 가위를 가지고 그림을 자르게 한다. 아직 아동들이 자르는 데 능숙하지 않다면 자르지 않고 그저 몸 모양을 색칠하게 내버려둔다. 이것이 아동들의 창작물인 것을 잊지 마라. 만약에 여러분의 아동들 스스로가 하지 못한다면, 처음부터 여러분이 도와주면 안 된다.
6. 아동들이 몸의 형체를 다 색칠했으면, 그들의 눈높이에 맞게 게시한다. 이것은 아동들이 자신의 교실에 대한 주인정신을 일깨울 수 있는 좋은 방법이다.

정의적 영역 발달의 연속체: 가치 평가

정의적 영역에 초점을 둔 교수학습 경험들은 자아인식, 통찰력의 발달을 강조한다. 정서 발달의 특성 때문에, 자아이해의 단계로 나아가는 과정은 상호 개인적인 경험들과 다른 사람들과의 관련성을 포함한다. 창의적인 미술과정을 함께 탐색하는 집단에서 여러분은 이미 다른 이들과 의사소통하는 능력을 발달시켜 왔다. 개인적으로 창의적인 미술과정에 몰두하려면, 여러분은 동료들을 신뢰해야 하며, 열린 마음으로 자신의 의견을 표현해야 한다. 가치를 평가하는 과정은 창의적 미술에서 말하는 가치와 연관되어 있다. 많은 사람들이 벌써 성장과 배움의 과정 속에서 창의적인 미술의 역할에 대한 진가를 인정하고 있다. 유사하게, 여러분의 행동이 창의적인 미술 내용에의 개입의 시작이 될 수도 있다. 가치를 평가하는 것은 간단히 창의적인 미술의 가치를 인정하는 것에서부터 교육적인 프로그램에서 효과적인 수행에 대한 책임감을 확신하는 것까지 포괄한다. 가치를 평가하는 것은 특정의 가치들을 내면화하는 것이지만, 특정 가치들의 근거는 명확하게 식별할 수 있는 일관되고 안정된 행동과 연관되어 있다.

하지만 기억하라. 정의적 영역의 발달은 점진적인 과정이다. 여러분은 창의적인 미술 경험 속에서 긍정적인 감정이나 불편한 감정들을 경험했을 것이다. 여러분의 전반적인 반응이 긍정적이고 성장하는 쪽으로 향상되었다면, 여러분은 더 큰 열정으로 지속할 수 있을 것이다. 자신의 역할에 대해 아직 확신이 안 서는 사람들은 시각예술을 새로운 가치와 반응을 얻는 시작의 단계로서 써보자. 정의적 영역의 발달은 자기내면화를 위한 지속된 과정이며, 절대로 정지된 것이 아니다.

개인적 · 직업적 성장

효과적인 의사소통은 필수적이고 효과적인 교사가 되기 위한 통합적인 부분이다. 이번에 할 활동은 자기인식이다. 이것은 여러분이 다른 사람들과 언어적 또는 비언어적인 방법으로 의사소통하는 것을 장려하도록 설계되었다. 이것은 여러분이 참여한 창의적인 미술활동에 대한 평가를 도와줄 것이다. 전반적으로 창의적인 미술활동은 참여성, 의사소통, 민감성, 개방성에 초점을 맞출 것이며, 작업 동료와 함께 여러분의 참여도, 의사소통 능력과 의지, 민감성과 개방성의 감정, 창의적인 미술에 대한 개인적인 배움의 목표와 관련성에 대해 이야기를 나눌 것이다.

자기인식

과정

1. 작은 집단 또는 짝으로 뭉쳐라. 그리고 여기 목록에 적힌 질문들에 묻고 답하기를 돌아가면서 하자. 여러분이 편하게 답변할 수 있는 질문들만 답변하자. 그러나 창의적인 미술 활동에서 여러분의 참여도에 대해 알아볼 수 있는 좋은 기회를 잘 고려하여 판단하자. 의사소통 능력, 민감성, 개방성 그리고 배움의 단계에 대한 여러분의 생각들도 알아볼 수 있다.
2. 다음의 것은 꼭 지켜야 할 것들이다.
   - 앞으로 이야기할 것들은 모두 비밀이어야 한다.
   - 계속하기 이전에 개인은 각 질문에 대답한다. 이 질문에 대답하기 싫으면 통과시켜도 좋다.
   - 여러분이 얼마만큼 말하고자 하는 것은 여러분 의지에 달려 있다.

참여도

1. 모든 활동들에 참여했는가?
2. 어떤 활동들이 참여하기에 쉬웠는가?
3. 나에게 가장 어려운 것은 무엇이었는가?
4. 다른 이들은 어떻게 참여했는가?
5. 누군가 제외되는 것을 알아채지 않았는가?
6. 어떤 방법에 여러분이 포함되고 격려받았는가?
7. 나의 참여 단계에서 만족하거나 불만족했다면 이유는 무엇인가?

의사소통 능력

1. 자유롭게 잘 말할 수 있었는가 아니면 그렇지 않았는가? 이유는 무엇일까?
2. 어떤 증거로 다른 사람들이 나의 이야기를 듣고 있었는지 알 수 있었는가?
3. 어떤 증거로 내가 다른 사람들의 이야기를 듣고 있었는지 말할 수 있는가?
4. 나의 지도교사가 나의 말에 귀 기울였는가? 예시를 들어보아라.
5. 나의 지도교사의 말에 귀 기울이고 잘 대답했는가? 어떠한 방법으로 그랬는가?

민감성과 개방성

1. 다른 사람들이 나의 요구에 어떻게 민감했는가? 그렇지 않았는가?
2. 어떠한 부분이 내가 다른 사람들과 그들의 경험에 대해 민감성을 느꼈는가?
3. 사람들과 어떤 감정과 생각을 공유했는가?
4. 다른 사람들의 생각과 감정을 공감하는 데에 얼마만큼 어려웠고 쉬웠는가?
5. 긍정적인 감정과 부정적인 감정을 어떻게 조절했는가?

배움

1. 내가 다른 사람들로부터 배운 것이 무엇인가?
2. 창의적 미술과 감정적 발전에 대해서 배운 것이 무엇인가?
3. 내가 몰랐던 창의적인 발전과정에서 내가 지금 아는 것은 무엇인가?
4. 다른 사람들의 배움에 내가 기여한 것은 무엇인가?
5. 나의 배움의 목표가 얼마나 성취되었는가?

6. 나의 배움에서 무엇을 할 것인가?
7. 창의적인 미술교육에서 나의 현재 태도는 어떠한가?

색칠하기, 그리기, 인쇄하기를 준비하기 이전에, 나는 여러분에게 마지막으로 한 가지를 생각하게 하고 싶다. 그것은 사실 매우 중요한 질문이다. "모든 아동들은 천재처럼 그림을 그린다. 우리가 그들의 이러한 능력을 쉽게 둔화시키게 한 것은 무엇인가?" 나는 여러분이 이 장를 다 읽고 나서 이 질문에 대해 깊이 생각하는 시간을 가졌으면 좋겠다.

> *당신의 내면에는 당신이 모르는 예술가가 있다. 우주의 시작 전에 그것을 알고 있었다면 빨리 "네"라고 말해라.*
>
> — 루미(Rumi)

제6장

교실 안에서의 놀이와 창작 동극 격려하기

인간이 가지고 있는 창의적인 표현 중 하나가 놀이이다. 창의성은 인간이 무언가를 배우는 능력, 어떤 것에 대처할 수 있는 능력 그리고 무언가를 만들어내려는 모든 능력을 이끌어낼 수 있는 가장 중요하고도 근원적인 힘인 것이다. 나에게 놀이란 지금까지 알아왔던 사실을 새로운 형태의 표현 방법과 새로운 발견, 현상을 통해 새로운 조합을 이끌어나는 과정이다.

— 로저스(Mr. Rogers, 1993)

여러분은 몇 분 동안 관찰자 역할로 카르멘(Carmen) 선생님의 수업을 보고 있다고 상상해보자. 그리고 유아들이 어떻게 자신들의 놀이 욕구를 충족시키고 유아들 스스로 놀이를 재구성하는지를 지켜보자. 여러분은 이 수업의 관찰자로서, 수업이 시작되기 전에 카르멘 선생님과 이야기를 해본다. 그리고 아침 활동에 관한 카르멘 선생님의 계획을 재검토한다. 수업에서 진행과정으로서 "골디락스와 곰 세 마리(Goldilocks and the Three Bears)" 이야기에 나오는 물건들이 필요하다는 것을 알고 그 물건을 모으기 위해 유치원 안을 둘러볼 계획을 세운다. 카르멘 선생님은 유아들이 이야기의 문장, 줄거리, 갈등, 주제, 결말을 정확하게 이해할 수 있도록 본인이 먼저 지난 몇 주 동안에 이야기를 반복해 읽으면서 수업을 준비했다고 언급했다. 선생님과 유아들은 다른 크기의 의자, 숟가락, 침대 그리고 그릇들을 찾는다. 선생님과 동극을 준비하는 팀은 금발여자를 대신할 수 있는 인형을 찾고, 오트밀 상자에서 오트밀을 미리 비움으로써 유아들이 상상의 오트밀 죽을 넣었다고 가정할 수 있게 용기를 준비한다. 소꿉놀이 영역은 세 마리 곰집으로 바뀌고, 유아들은 중앙에 모든 사물들을 배치한다. 사물들이 중앙에 배치되면, 카르멘 선생님은 다음 과정으로 넘어간다. 카르멘 선생님은 대사를 읽는 사람의 역할을 하며, 유아들이 이야기 내용을 차례대로 들으면서 바로 반응할 수 있도록 한다.

카르멘 선생님은 이야기를 읽기 시작한다. 대화가 있는 부분에서 잠깐 멈추고 유아들에게 묻는다. "이 때, 아빠 곰이 뭐라고 말했을까?" 선생님은 유아들이 대답할 때 자리에 계속 앉아있게 한다. 그러나 선생님이 유아들에게 아빠 곰이 한 말에 대해 질문을 하면 유아들은 일제히 일어나서 소꿉놀이 영역으로 갈 것이다. 소꿉놀이 영역으로 가는 길에 아동들은 아빠 곰의 말투와 목소리 흉내를 내면서 반응할 것이다. 그리고 엄마 곰과 아빠 곰 사이의 대화를 펼칠 것이다. 이 상황에서 유아들은 '골디락스와 곰 세 마리' 이야기의 각기 다른 등장인물의 역할을 이해하고, 선생님의 간섭과 방해 없이 자유롭게 자신이 생각하는 곰의 일상 세계를 상상 속에서 펼친다. 카르멘 선생님은 유아들이 자신의 몸보다 작은 의자에 앉아 놀려고 하는 장면을 목격한다. 다른 어떤 유아들은 침대가 부러지지 않았는데도 부러졌다고 불평하기도 한다. 한 유아는 줄거리에 따르면 숲을 걸어야 하는데도 오트밀 상자에 들어있던 죽이 뜨겁다며 보이지 않는 죽을 식히느라 정신없다. 유아는 그 순간 실제 숲을 걷는 것이 불가능하기 때문에 자신이 봤던 숲에 대한 모든 것을 묘사하면서 그 소꿉놀이 영역이 마치 숲이 된 듯 상상하며 걷는다. 유아 세 명은 금발머리 여자가 그들의 집을 어지럽힌 것에 대해 이야기하고, 다시 가구들과 다른 사물들을 재배치하고 정리한다.

모든 유아들이 이야기 줄거리를 극화하는 데 익숙해질 때 쯤, 그들은 다양한 다른 역할들에 대해 이해하고 또 그들만의 의견에 따라 새로운 대사를 추가시키기도 한다. 유아들은 이야기를 전개시키면서 마음에 들거나 들지 않을 때, 줄거리 내용을 조금씩 바꾸기도 하고 새롭게 만들기도 한다. 그리고 유아들의 상상력과 준비된 소품들을 사용해서 이야기 마지막 부분에 금발머리 여자와 세 마리의 곰들이 겪는 갈등을 해결해보기도 한다. 카르멘 선생님은 유아들이 연극놀이를 할 수 있게끔 이끌지만 그 이야기 줄거리가 전개되는 과정에선 선생님의 생각을 투입하거나 강요하지 않는다.

아주 멋지고 웅장했던 사회극놀이를 마치고 나서, 그것을 보던 실습생 한 명이 매우 당황해하며 아침에 했던 활동들이 마음에 들지 않는다고 한다. 그녀는 자신의 부정적인 입장을 카르멘 선생님에게 말한다. "이야기 전개가 무너져서 끔찍했어요." 하지만 카르멘 선생님은 "이야기 줄거리는 전혀 무너지지 않았고, 이것은 오히려 유아들이 스스로 만든 자랑스러운 이야기 줄거리일 뿐이예요"라고 대답한다. 게다가 유아들은 이야기 줄거리를 이끄는 책임감을 가지고 자신들의 배움에 철저히 한몫했다고 말했다.

놀이는 이런 것이다

카르멘 선생님 수업은 유아들이 놀이의 가치를 이해하고, 유아들 스스로 욕구와 흥미를 충족시킬 수 있도록 학습계획을 재구성했기 때문에 유아 스스로 매우 흡족하게 즐길 수 있었다. 나는 선생님이 될 예비 유아교사들에게 우리가 유아들에게 초점을 맞추면, 유아들이 어떤 놀이 활동을 원하는지 알 수 있다고 자주 말한다. 그리고 유아들은 경험하기 전에 조심스럽게 계획하는 것보다 실제 놀이를 진행하면서 효과적인 자신만의 반응을 보이면서 놀이를 더욱 새롭게 발전시키면서 만들어간다.

유아에게 놀이란 유아 자신에 대해, 다른 사람들에 대해, 그리고 세상에 대해 배울 수 있는 초기 매체이며, 유아기에서 아동기로 넘어갈 때 발전적 과정을 자극해주는 매체이다. 다음은 사회적 놀이, 사회극놀이, 그리고 창작 동극에 초점을 두었다. 이 세 가지 개념을 각각 명료화하는 것은 중요하다고 생각한다. 사회적 놀이, 사회극놀이, 창작 동극의 중요성과 각각의 예들은 여러분이 이미 알고 있는 것을 더 잘 이해시키거나 새로운 지식을 추가할 수 있는 유용한 도구로 사용될 것이다([그림 6-1] 참고).

> 창의적인 아동들은 두 번씩 보려고 하고, 냄새나는 것에서 소리를 들으려고 하고, 더 깊게 땅을 파고, 꿈의 궁전을 지으며, 동전을 가지고 태양 아래서 놀며, 깊은 물속을 나왔다 들어갔다 반복하며, 그들 마음대로 노래 부른다.
>
> – 폴 토랜스(Paul Torrance)

[그림 6-1] 다른 모든 놀이들을 포함하는 사회적 놀이

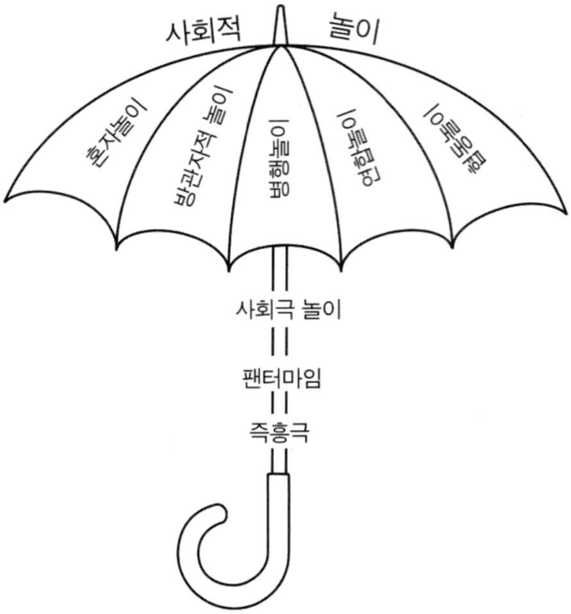

사회적 놀이

사회적 놀이는 사회에 존재하는 상호 관계들 속의 몇 가지 다른 단계들을 둘러싸고 있는 모든 놀이 연극 활동의 우산 역할을 한다. 유아들은 그들이 체스게임을 할 때나, 퍼즐게임을 할 때, 또는 놀이터를 뛰어다니며 영웅놀이를 할 때, 모든 종류의 사회적인 연극에 동참한다. 그 안에 확실한 역할이 있는 것은 아니다. 그럼에도 불구하고 이러한 사회적 상호작용들은 유아들에게 자신과 관여된 그리고 대인적인 사회적 능력들을 배우고 연습할 수 있는 기회를 제공한다(Taylor, 1995).

카플랜과 카플랜(Caplan & Caplan, 1973)은 사회극과 사회적 발달에 기여하는 연극 행동 목록에 대해 글을 썼다. 그들은 "사회적 발달은 아동의 유동성, 커뮤니케이션 능력, 자기관심, 자기지시적 활동들 그리고 사회적 태도와 행동들로써 측정될 수 있다"(p. 75)라고 말한다. 그들은 다음과 같이 놀이에 대해 언급하면서 아동들이 다른 아동들과 함께 어울리면서 복잡한 사회능력들을 습득할 수 있도록 하는 사회적인 놀이의 가치에 대한 통찰을 제공한다.

> 놀이는 아동들에게 그들의 사회적 기술을 시험할 수 있도록 도와준다. 아동들은 사랑을 주거나 사랑을 갈구하는 욕구가 크다. 유아들은 자신의 놀이에서 지배하려는 욕구, 파괴하려는 욕구, 그들의 용감함을 보여주려는 욕구, 시끄럽게 만들려는 욕

> 구 그리고 난장판으로 만들려는 욕구를 채울 수 있는 배출구를 찾는다. 무언가를 만드는 것의 어려움, 손상된 것을 그칠 때의 어려움, 누군가를 도와줄 때의 어려움을 등 모방연극을 할 수 있는 많은 기회를 찾을 수 있고, 다른 아동들과 협동놀이를 현실에서 할 수 있는 기회를 가진다. 놀이의 힘은 신비로운 것이 아니다. 놀이는 모두 평범하고 건강한 아동들에게 기본적인 것이다. 놀이는 행복을 제공하고 배움을 제공하며, 실수에 대한 최소한의 의험과 보상을 제공한다. 왜냐하면 놀이는 현실 속에서 존재하는 제약과 좌절 속에서 탈출할 수 있도록 도와주기 때문이다. 그리고 놀이는 아동들에게 최대한 상상할 수 있는 더 많은 가능성과 실험하고 돌볼 수 있는 거대한 기회를 제공한다(p. 75).

여러분이 유아들의 사회적 놀이를 관찰하면 혼자 놀고 있는 유아들, 같은 물건들을 가지고 독립적으로 노는 유아들, 또는 하나의 놀이 에피소드를 만들어 협력적으로 놀이하는 유아 등 다양한 유형의 유아들을 볼 것이다. 파튼(Parten, 1932)의 놀이에 관한 초기 연구에서는 다양한 여러 종류의 사회극을 묘사하고 있다. 파튼은 유아시절의 사회극놀이는 유아기 초기에 일어나는 놀이 방식 또는 놀이 단계라고 설명한다. 파튼의 아이디어에 의하면, 각기 다른 발달단계에 있는 유아들이 적절한 놀이 경험을 가질 수 있도록 교실 내의 구성을 설계하여야 한다. 사회적 놀이에 대한 기술이 홀로 하는 놀이에서 협력적인 놀이로 옮겨지는 하나의 연속선으로 보일 수 있지만, 어린 유아들은 그들의 개인적인 경험, 감정적, 지적, 신체적, 사회적 기술들의 각기 다른 단계이 따라 수시로 변화하며 다른 단계의 놀이를 할 수 있다. [표 6-1]은 파튼의 사회적 놀이의 단계들을 보여주고 있다.

교육자인 우리는 놀이가 유아들에게 매우 중요한 것이라고 알고 있다. 모든 놀이 활동들은 유아가 새로운 사회기술을 획득하고 발전시킬 수 있는 능력들을 키워준다. 뿐만 아니라 유아 자신이 사는 환경 속에서 일어나는 일들을 표현하고, 언어 사용의 폭을 늘려주는 역할을 한다. 놀이에서 파생되는 모든 활동들은 유아에게 있어서 최고의 효율적인 교육방식이라는 사실이 오랜 연구 끝에 발견되었다. 놀이에 대해서 더욱 학습하고 싶다면, 다음 연구들을 참고하는 것이 바람직하다. (Bruner, 1986; Gabriel, 2000; Green, 2002; Morris, 2002; Smilansky & Shefatya, 1990; Stotter, 2000; Zeece & Graul, 1990).

[표 6-1] 사회적 놀이 단계

놀이 단계	놀이 모습
혼자놀이	유아들은 옆에 있는 다른 유아들이 무엇을 하고 있는지 안중에도 없이, 자신의 장난감을 가지고 혼자 극놀이를 한다. 예를 들어, 빌딩 쌓기 활동을 하는 과정에도 한 유아는 완전히 인형을 제1의 놀이 사물로 인식하고 몰입하면서 그 인형을 계속 가지고 혼자 놀고 있는 현상이다.
방관자적 놀이	한 유아가 다른 유아에게 말할 수 있다. 또는 무엇을 하고 있는지에 대해 다른 유아에게 질문할 수도 있다. 그러나 그 놀이에는 동참하지 않는다. 유아는 그 놀이를 관찰하고 들음으로써 다른 유아들 가까이에서 자신의 위치를 정한다. 그리고 유아 자신의 개인적인 방법으로서 놀이를 지속한다.
병행놀이	유아들은 똑같거나 비슷한 사물을 가지고 놀이를 한다. 그러나 개별 유아들은 독립적으로 놀고 장난감을 공유하지 않는다. 유아마다 다른 유아와 상관없이 독립적이다. 퍼즐을 함께 맞추는 것 또는 작은 블록들로 건물을 쌓는 것은 좋은 예이다.
연합놀이	유아들은 함께 논다. 하지만 그들의 놀이는 체계적이지 않다. 유아들은 각각 자신의 장난감을 사용하면서 질문을 하고, 다른 역할을 확인하기도 한다. 그러나 이 활동은 구체적인 상황이나 게임으로서 조직화되지 않았다. 예를 들어 어떤 유아들이 얼음땡 놀이를 하기로 결정하고서 놀이터를 돌아다니며 서로를 쫓는다. 그러나 확실한 역할은 없다. 서로를 쫓는 활동을 하다가 누군가 그만둘 때까지 놀이를 하는 것이다.
협동놀이	이 단계의 놀이는 협력성과 목표들을 포함하고 있다. 개별적으로 유아들은 특정한 역할을 가지고 놀이집단은 각 구성원들의 협동에 의존하고 있다. 유아들은 목적에 의해 놀이를 구성하는데, 전체적인 구성안에 각 개인의 책임들이 분배되어 있다. 예를 들어, 유아들이 병원놀이를 할 때, 어떤 유아들은 의사가 될 것이고, 다른 유아들은 환자 또는 간호사가 된다. 그리고 놀이가 완성되기 위해서는 각 유아들의 역할들이 협력되어야 한다.

출처: Based on Parten, 1932에서 재인용.

사회극놀이

사회극놀이의 정의는 매우 다양하다. 일반적으로 사회극놀이를 정의하면, 에피소드에 따라 아동들이 역할과 행동을 취하는 놀이를 의미한다(Brewer, 2003, p. 142). 사회극놀이는 또한 다른 이들과 함께 사회적 역할을 맡아 행동하는 것으로 묘사된다. 그리고 그것은 두 명 이상의 아동들이 상호적으로 연결된 역할을 가지고 놀이를 하는 것도 의미한다(Levy, Wolfgang, & Koorland, 1992; Morris, 2002; Smilansky, 1971).

사회극놀이는 사회적 놀이에서 발전된 형태이다. 예를 들어, 어떤 유아 집단이 장난감 블록을 가지고 공항을 만들며 놀고 있다(협동 놀이). 유아들이 놀이를 할 때, 블록을 가지고 비행기, 복도 또는 짐 가방인 것처럼 상상하며 응용하여 놀고 있다. 유아들은 말, 손짓, 몸짓 그리고 사회적인 어감을 풍기며 마치 비행기 조종사, 승무원 또는 승객처럼 사물과 행동, 주변상태를 신경 쓰면서 행동한다(사회극놀이). 이러한 복잡한 놀이 활동들은 아동들에게 인지적, 정서적, 신체적, 사회적 발전의 풍요로운 기회를 가져다준다. 비고츠키(1978)는 유아들에게 사회극놀이가 추상적 · 논리적 생각을 발전시키는 의미 있는 방법이라고 설명한다.

과제

지역 내 어린이집이나 유치원 학급을 방문하여 창작 동극에 참여하는 시간과 상황을 기록하라. 교사를 관찰하고 창작 동극에 아동들이 참여토록 이끄는 기술을 적어보라.

이와 같은 점들을 고려해볼 때, 유아들이 어떻게 사회극놀이를 활용하는지, 또 이 사회극놀이가 왜 유아기 때 필요한 기본적인 교육과정인지를 가까이 다가가서 관찰해보면 좋을 것이다. 사회극놀이를 살펴보면 아동들이 텔레비전이나 영화에서 보았거나, 책에서 읽었던 이야기들 또는 삶에서 얻은 경험들을 가지고 놀이 주제를 만들어 그것에 맞는 적절한 행동과 언어를 사용하는 모습을 관찰하게 된다. 사회극놀이는 어린 아동들에게 매우 자연스러운 활동인데, 특히 창의성을 기르는 데 가장 중요하다. 이 종류의 놀이는 토랜스(Torrance)의 창의적 과정의 특성들(유창성, 융통성, 독창성, 조화성)과 매우 상응된다. 사회극놀이 도중에 아동들은 자연스럽게 흘러가는 일상의 아이디어를 상상 속에서 얻는다. 그들은 또한 문제를 해결하는 다른 방식들을 탐색한다. 아동들은 그들의 생각과 아이디어들을 확장시키고 활성화시키기 위해 자신들의 이야기 재현에 새로운 스탬프를 찍는다.

예를 들어, 3세반 카르멘 선생님의 수업환경을 생각해보자. 소꿉놀이 영역에 들어서면서 자연스럽게 유아들의 이야기가 자발적으로 시작된다. 이야기가 끝날 쯤에, 비로소 유아들은 이야기에 나오는 등장인물의 역할에 대해 감을 잡게 된다. 유아들은 침대, 의자, 대사에 대해서 불평하고 그 문제들을 해결하기 위해 새로운 방법을 고안해낸다. 여기서 중요한 것은 선생님이 유아들의 행동이나 생각을 방해하지 않을 때 발전된 사회극놀이가 탄생한다는 점이다. 선생님은 놀이를 시작하기 전에 미리 가구와 간단한 소품, 의상들, 다른 물품들을 무대 위에 장치하는 데 이것은 유아들에게 그들 자신만의 아이디어를 창출해낼 수 있도록 도와주는 역할을 한다. 유아들의 활동은 지속되고 확장되는 사회극놀이의 고전적인 예시로 전개된다.

사회극놀이와 창의성은 같은 맥락으로 연결되어 있다. 왜냐하면 두 가지의 과정들은 유아들이 상징을 사용하기 위한 능력을 필요로 하기 때문이다. 놀이는 유아의 창의적 가능성의 발전을 용이하게 하는 풍요롭고 복잡한 과정으로 보여야 한 사회적 놀이와 사회극놀이는 아동들에 의해 즉흥적으로 만들어진다. 그리고 상상력에 좌우된다.

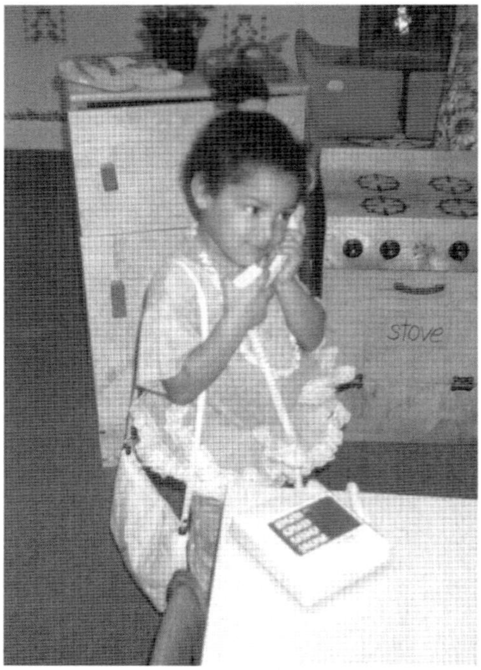

다. 다른 말로 표현하면, 사회극놀이는 초기 유아기의 교육과정에서 기본적이면서 필수적이다. 선생님들은 유아들이 자신에게 있어 매우 의미 있고 중요한 자신의 아이디어를 발전시킬 수 있는 사회극놀이가 되기 위해 장기적인 계획을 갖도록 지원한다.

크리스티와 워들(Christie & Wardle, 1992) 그리고 찰리에와 실번(Chaille & Silvern, 1996)은 유아들이 단기간 사회극놀이를 할 때보다 장기간 사회극놀이를 할 때 유아 스스로 놀이 활동에 적극성을 보인다는 것을 발견했다. 더 나아가 추가적으로 주는 놀이시간이 아동들에게 지루함을 느끼게 하기보다 아동들에게 더욱 생산적이고 복잡한 놀이 활동들을 할 수 있도록 도와주었다(p. 30).

하임스(Hymes, 1981)가 4장에서 '어린 유아들은 시작하는 사람' 이라고 말한 것을 기억하는가? 왜냐하면 하임스의 아이디어는 어린 유아들에 대한 우리의 이해 정도를 뒷받침하고 있기 때문이다. 우리는 시작하는 사람인 유아가 적극적으로 스스로 다양한 견해의 차이로부터 벗어나 자신만의 놀이를 구축할 수 있도록 도와주는 여러 사회극놀이 활동에 참여하기 위해서는 많은 시간이 필요하다는 것을 안다. 매우 발전되고 정교한 형태의 사회극놀이가 되도록 하기 위해 이야기 나누기 집단에 유아가 앉아서 이야기 속 대사를 반복하면서 변화를 만들어 나가고자 카르

많은 놀이 에피소드 안에서의 상호작용들은 비언어적인 형태로 나타난다. 이러한 경우, 의사소통은 행동과 모방적인 액션에 의해 일어난다.

멘 선생님이 "중간 벨을 바꿔야 될 시간이에요."라고 말했다면 유아들의 놀이에 무슨 일이 벌어졌을 것이라고 생각할 것이다. 카르멘 선생님이 사회극놀이에 대한 이해력을 보다 넓히기 위해서는 세 살 아동들의 수업에 관련된 다양한 활동을 점검하고 사회극놀이의 여섯 가지의 요소들 또는 기준들에 따라 아동들의 행동을 살펴보아야 한다. 스밀란스키(Smilansky, 1971)가 말하는 사회극놀이에 포함되는 것들은 다음 내용과 같다.

- 모방적인 역할놀이
- 사물을 가지고 흉내 내기
- 행동과 상황에 맞게 흉내 내기
- 지속성
- 상호작용
- 언어적 의사소통

이러한 기준들이 세 살짜리 유아들의 연극에서 놀이 활동에 연결되어 유아들이 각기 다른 역할을 하면서 자발적인 행동들을 적용할 때, 우리는 반드시 그들의 놀이를 체계적으로 관찰해야 한다.

유아들은 이야기 구성에서 각기 다른 역할들을 맡고, 언어를 통해 모방적인 행동과 행동으로 반응하는 동작 하나하나에 자신의 아이디어를 표현한다(모방적인 역할극). 유아들은 소꿉놀이 영역에 있는 침대와 의자들을 가지고, 마치 엄마 곰,

아빠 곰, 아기 곰의 침대나 의자인 것처럼 흉내 놀이를 한다. 또 죽을 만드는 이야기 과정 중에서 오트밀 상자를 냄비로 탈바꿈시키기도 한다. 한 유아가 숲으로 산책 가는 동안에 죽을 식히자는 제안을 하기도 하고, 동시에 직접 놀이터를 걸어 다니기보다 언어로만 산책 행위를 묘사하기도 한다(행동과 상황에 맞는 흉내놀이). 유아들은 고집이 매우 세다. 유아들의 놀이는 아침부터 줄곧 이루어졌다. 그리고 카르멘 선생님은 연극이 처음 시작된 후에 이야기가 날마다 바뀌고 발전되고 지속된다고 한다. 이를 통해 유아들은 다른 유아들과 함께 진정한 상호작용을 하고 있음을 알 수 있다. 유아들은 골디락스의 침입에 대해 떠들었고, 침대, 의자, 죽과 같은 자신들이 가지고 있는 소품을 언제 사용할지에 대해 견해를 나누기도 했다. 유아들은 자신들의 경험과 생각들을 연결시켜 연극 에피소드의 상황과 결말, 해결책을 내려고 서로 의사소통했다.

여러분이 사회극놀이를 할 수 있는 기회를 생각해본다면, 계획이 있건 없건 역할과 주제가 정해진 놀이로 구성된다는 것을 기억해야 한다. 그러나 여러분은 유아들이 처음으로 놀이 활동을 시작할 수 있도록 역할과 주제를 제안하면서 유아들이 연극놀이를 시작할 수 있게 아이디어의 씨앗이 될 수 있는 핵심을 줄 수도 있다. 여러분은 반드시 유아들의 목소리에 항상 귀 기울이고, 관찰하고, 미리 준비된 자신만의 계획에 의존하기보다는 유아들의 놀이상황을 지켜가면서 적절하게 다음 신호를 알려야 하는 융통성 있는 방법을 고려해야 한다. 나는 유치원 선생님이나 대학 교수 일을 해오면서, 자주 당혹스럽고 난감한 일이 있었는데, 어린 유아들을 가르치기 이전에 의자에 앉혀야 된다고 믿는 선생님들을 볼 때였다. 유아들은 지식 안에서 지식을 구성한다. 그리고 선생님이 말하는 것보다 놀이는 지식을 구성하는 과정을 더욱 용이하게 한다.

교육자들은 사회극놀이가 아동들에게 있어 높은 가치를 지니고 있음을 오랫동안 알고 있었다. 유아들은 사회극놀이를 통해서 자신의 의지와 생각을 가지고 자신들에 대해, 남들에 대해 그리고 그들을 둘러싸고 있는 환경에 대해 재해석할 수 있다. [그림 6-2]는 사회극놀이의 가치에 대해서 학부모나 다른 사람에게 쉽게 설명 할 수 있는 참고문이다.

지혜로운 선생님에 의해 격려되거나 가치가 평가될 때, 놀이의 욕구는 "배움과 개인의 표현 방법, 그리고 결국은 창의적인 예술로 이어지는 지속적인 방법"으로 작용될 수 있다(McCaslin, 2000, p. 38). 나는 여러분 대부분이 지금 이 순간 놀이

[그림 6-2] 교육과정 속의 사회극놀이에 대한 가치

사회극놀이

1. 아동들의 상상력을 가치 있게 한다; 유아 개개인이 가지고 있는 각기 다른 창의적인 표현들을 존중한다; 그리고 어린 유아들이 심상적인, 추상적인 현실의 상황들로부터 알게 되는 의미들을 구체화시키면서 비판적인 사고 능력을 키울 수 있는 아동 중심의 세계를 제안한다.
2. 아동들이 이 세상을 구성하고 있는 사람, 사건, 사물들과 같은 것을 표현할 수 있도록 움직임, 소리, 언어를 유연하고 창의적으로 사고해 인지할 수 있도록 도와준다.
3. 사회적, 감성적 성장의 기회를 제공하고, 유대관계 형성을 발전시키며 다른 사람의 감정과 욕망을 존중할 수 있도록 도와준다.
4. 협동력을 배울 수 있게 하며, 집단 또는 개인차에서 생겨나는 갈등들을 해결할 수 있는 능력, 또한 다른 사람의 개성과 생각, 견해의 차이를 인식할 수 있는 능력을 길러준다.
5. 사회극놀이는 아동의 삶에 있어서 매우 통합적인 자연스러운 활동이다.
6. 아동들이 사건의 연속성에 대해 증명하고 전달할 수 있는 배움의 환경을 만들어준다.
7. 아동들 스스로가 자신의 생각을 체계적으로 표현할 수 있게끔 도와준다.
8. 아동이 직접적으로 육체적인 운동감각을 통해 배울 수 있는 중요한 역할을 한다.
9. 아동들에게 모험과 황홀의 세계로 탈출할 수 있게끔 도와준다.

출처: Based on Edwards & Nabors(1994) 외에서 재인용.

의 중요성과 사회극놀이가 유아들의 전반적인 발전에 기여한다는 사실을 인식했음을 확신한다. 나는 이 믿음을 바탕으로 사회극놀이 보다 더욱 자발적인 단계인 창작 동극에 대해서 설명하고자 한다.

창작 동극

전문가 넬리 맥캐슬린(Nellie McCaslin)의 '창작 동극' 정의에 대한 설명으로 본 내용을 시작하려 한다. 나는 그녀의 작업이 초기 어린 시절 유아들의 교육에 있어 창작 동극의 기준을 정해준다고 생각한다. 창작 동극은 사회극놀이보다 더욱 구체적이며 더 넓은 의미를 내포하고 있다.

> 이야기는 시작과 중간, 결말로 구성된다. 하지만 이것은 언제나 즉흥적인 연극이다. 대화는 잘 알려진 이야기나 명작의 줄거리의 내용이더라도 배우에 의해 즉흥적으로 만들어질 수 있다. 대사는 미리 쓰여지거나 암기되는 것이 아니다. 이야기는

> 점점 구체화되고 체계적으로 변하지만 즉흥적이며 관객들에 의해 미리 설계되지 않는다(McCaslin, 2000, p. 6).

유아들이 창작 동극을 할때, 그들은 자신이 행동과 대사를 사용하여 줄거리와 사건들 그리고 암시적인 부분을 해석한다. 형식적인 의상과 풍경은 창작 동극에 있어서 부적절한 요소이다. 하지만 모자, 스카프와 같은 간단한 물품들을 준비해 두는 것은 아동들에게 상상의 나래를 펼치면서 그들에게 폭넓은 표현을 할 수 있게끔 도와주는 중요한 요소가 될 수 있다. 유아들이 이런 소품들을 사용할 때 제한을 두어서는 절대 안 된다. 창작 동극의 목표는 청중들을 위한 연극이 아니라, 유아들이 예술적, 지성적, 사회적으로 공유한 경험들을 통해 스스로의 창의적인 표현성을 강화시키는 것이다. 창작 동극은 움직임, 몸짓 그리고 언어적, 비언어적 의사소통을 격려하는 자기표현의 한 가지 수단이다. 교사들은 창작 동극을 격려할 수 있는 경험들을 계획할 수 있는데, 예를 들어 농장, 빵집 또는 식료품 가게 같은 곳으로 소풍을 다녀온 유아들이 자신들이 소풍 간 곳에서 본 광경들을 가끔씩 따라 하도록 다양한 경험을 제공하는 것이다. 유아들에게 자신들이 보고 만난 사람들의 역할과 활동들을 따라할 수 있도록 교실 환경들을 꾸며주어야 한다. 여러분은 문학을 활용하면서 교실활동과 창작 동극을 통합시킬 수 있다. 가장 좋아하는 이야기를 들려준 후에 유아들에게 이야기 속의 인물이 되어 연기할 수 있는 창의적인 경험들을 안내한다. 4장에서 소개한 움직임과 음악 아이디어에 관한 내용과 함께 창작 동극 활동을 계획해본다. 예를 들어, 성장과정, 비가 되는 것, 구름을 만지는 것과 같은 행동들을 말과 행동을 통해 묘사할 수 있도록 한다. 유아들이 공간과 힘에 대해 배우는 시간을 갖는다면, 그들에게 마치 특별한 무언가가 가득 든 무거운 마차를 밀면서 모험을 떠난다고 상상해 보라고 한다. 그리고 유아들에게 그 모험에 대해 묘사할 수 있도록 환경을 제공한다.

줄거리나 등장인물 또는 마지막 부분이 바뀌는 동안에 유아들에게 이야기의 연극적 표현들을 제공하는 것이 좋다. 유아들이 매일매일 경험하는 것, 예를 들어 아침에 일어나기나 아침식사를 하는 것, 이를 닦는 것, 유치원 갈 준비를 하는 것, 유치원에 가는 것과 같은 친숙한 경험들을 동극 형태로 만들어보자. 다른 제안을 통해 창작 동극 경험들은 유아들의 상상력을 넓힌다. 유아에게 상상의 상자를 들고 있도록 제안해본다. 상자 안에는 아주 부드러운 털을 가진 새끼 고양이가 있다.

아이들에게 그 새끼 고양이를 들어 올려보고 고양이와 함께 무얼 하고 싶은지 말해 보라고 한다. 그리고 다른 유아에게 그 역할을 해보라고 한다. 또 유아들은 장난감 가게에서 장난감이 되어보기도 한다. 가게 문이 닫히고 주인이 떠났을 때, 장난감들은 모두 살아서 오늘 어떤 유아가 자기를 가지고 재미있게 놀았다는 등의 상상의 나래를 펼치며 이야기를 나눈다. 창작 동극은 유아 마음속에서 우러나오는 것임을 기억하라. 이것은 유아의 경험과 이해에서 창조되는 것이며 항상 즉흥적인 연극이다. 유아들이 창작 동극에 함께 할 수 있는 방법을 생각하기 전에, 창작 동극의 전문가인 맥캐슬린이 기술해온 유아들을 위한 창작 동극의 접근 순서를 알아야 한다. 나는 그녀가 내린 순서를 따라야 한다고 생각하지 않는다. 그녀가 내린 결론의 아이디어는 다만 우리에게 과정의 중요성을 일깨워주는 중요한 요소라고 생각한다. [표 6-2]는 어린 아동들에게 창작 동극이 어떻게 소개될 수 있는지에 대한 방법에 대해 간략히 설명되어 있다.

상상력과 창의력

유아들이 상상할 때, 그들은 항상 이렇게 한다. 우리의 허락을 받든 받지 않든 그들은 자신만의 사적인 공간으로 들어간다. 이런 사적인 공간은 유아 자신과 유아의 상상력만이 들어갈 수 있는 풍부하고 복잡한 무의식의 상태이다.

[표 6-2] 유아의 창작 동극

종류	특성
상상력과 창의성	유아들은 창작 동극에서 자신의 상상력을 사용한다. 누군가가 된 것마냥 옷을 차려입고, 많이 접한 이야기들, 실제 일어났던 일들, 또는 상상 속의 상황들을 떠올리며 정교한 의식과 모험들이 담긴 그들만의 세상을 만들어간다.
팬터마임	팬터마임은 말을 하지 않거나 소리를 전혀 내지 않으면서 하는 극이다. 팬터마임은 무언으로 제스처를 취하며 서로에게 의미를 전달한다.
즉흥극	즉흥극에서 등장 인물들은 말을 한다. 유아들은 자신의 느낌과 생각을 담아 그들만의 대사를 만들어낸다. 아주 어린 유아들의 대사는 처음에는 매우 짧으나 점점 하는 법을 익히고 나면 점점 빨라진다.
아동들의 무대연극	아동들의 무대연극은 삶을 다루는 주제로 이루어진다. 11살 또는 12살의 아동들에게는 효과적일지 몰라도 어린 유아들을 가르치는 교육자들에게 이러한 격식 갖추어진 무대연극이라는 놀이의 방법은 적합하지 않다. 그러므로 시간을 갖고 수업과정을 계획하는 것이 좋겠다.

다른 유아들과 함께 상상의 연극을 만들어내는 유아들은 자신만의 중요한 발견을 만들어낸다. 연극의 가치를 제대로 아는 선생님들만이 유아가 창의적으로 생각할 수 있도록 영감을 주는 분위기를 만들 수 있다. 예를 들어 환상속의 상상놀이에서 유아들은 혼자 놀거나 다른 유아들과 놀 때 역할을 확인한다. 유아들은 역할, 사람, 동물 또한 사물까지도 고려하면서 즉흥적으로 연극할 것이다. 모리스(Morris, 2002)는 "지도교사의 역할 전략"이라고 불리는 교사들이 주도하는 연극놀이 활동에서 혁신적인 기반을 제시했다. 이 기반의 주요 구성요소 중 하나는 "지도교사가 이끌면서 어떠한 제재 없이 유아 스스로 자발적이고 재미있게 놀 수 있는 기반을 만드는 연극적 놀이"(p. 38)에 초점을 두라는 것이다. 어른인 경우 창작 동극을 할 때 시작과 중간, 끝이 탄탄히 구분되어 있는 정교한 이야기를 만들면서 경험들을 쉽고 용이하게 한다. 그러나 유아들은 덜 체계적이면서 상상에 의존한 대사와 문제를 해결하며 이야기 구성요소를 탐색하게 된다. 유아들은 자기의 의지대로 몰입하기도 하고 그렇게 하지 않기도 하면서 꿈의 세계에서 연기한다. 이런 방식으로 역할을 맡을 때 유아들은 어른들의 관점에서 바라본 어떠한 상황들을 정확히 이해하지 못함에도 불구하고 해결되지 않은 문제들을 다룰 수 있게 된다. 놀이는 감정들과 해결책들 또는 확신하는 활동을 시도할 수 있는 안전한 방법인 것이다(Balke, 1997; Gardner, 1991).

상상 정거장(Imagination Station)은 2002년 모리스(Morris)에 의해 발전되었다. 이러한 접근은 유아들을 위한 동극 교육과정의 개발, 실행과 평가에 기반을 두고 있다. 이 교육과정의 목표는 유아들에게 읽고 쓰는 능력을 키우는 것과 유아들의 구술법과 신체적 언어를 발달시키는 데에 있으며, 유아들은 짜인 동극의 내용 속에서 문제를 해결하는 활동에 의해 사회적, 도덕적 능력을 발전시키는 것으로 나타났다.

이야기여행의 좋은 예는 교사가 상상여행을 하는 학생들을 이야기 속으로 인도하는 촉진자 역할 모습을 상상 정거장으로부터 찾을 수 있다는 것이다. 신체 움직임이 음악과 약간의 해설에 의한 연결로 이루어진다. "마술가루, 여행 택시들, 수영이나 함께 자전거를 타면서 이야기 속으로 떠난다"(Morris, 2002, p. 42).

상상의 사고에 집중해 있을 때, 지도교사는 그 연극적인 형태에 의해 유아들에게 상상 속 이미지를 포착하는 과정을 알려줄 수 있다는 것이다. 한 예를 들자면, 지도교사는 유아를 이미지에 집중하게 할 수 있고 최근에 교실에서 봤던 이미지를

유아들은 놀이를 하면서 의미 있고 목적 있는 방법으로 생각하고, 정리하고 계획하고 주변에 있는 환경들과 상호작용한다.

이용하는 방법으로도 이끌 수 있다.

여섯 살인 앤소니(Anthony)는 20마일 떨어진 이웃동네로 가족들과 함께 이사 갈 준비를 하고 있다. 앤소니의 단짝 친구인 카타(Katya)와 카타 아빠는 앤소니네 가족들이 이삿짐을 옮기는 삼일동안 앤소니네 강아지를 돌보아 주었다. 앤소니는 만약에 카타가 뒤뜰로 향한 문을 여는 법을 잊어버려 자신의 강아지를 잘 돌보지 않아 굶어 죽이면 어떡하지 하고 상상한다. 앤소니의 선생님은 이런 앤소니의 고민을 듣고, 한 유아는 앤소니가 되고 다른 유아는 카타가 되어 이 상황에 어떻게 대처할지에 대한 상황극을 제안한다. 앤소니는 선생님의 아이디어를 마음에 들어했다. 앤소니와 다른 유아들은 블록과 판자 등을 사용해서 상황극에 맞는 뒤뜰과 뒤뜰 문이 있는 공간을 연출한다. 상황극은 앤소니가 카타에게 어떻게 뒤뜰 문을 여는지에 관하여 설명하는 것에서부터 시작한다. 그는 또한 카타에게 물 나오는 호스가 집 어디에 연결되어 있는지 그리고 강아지의 음식이 어디 있는지를 보여준다. 다른 유아들은 곧 이 연극에 참여하게 되는데 곧 카타의 집 뒤뜰에는 이상한 상상속의 동물들이 많아진다. 이 상황극은 처음에 카타의 평범한 뒤뜰에서 시작되어 점점 다양한 동물들이 가득한 동물원으로 변해간다. 상황극의 대사는 아직도 먹이를 주는 것과 동물을 산책시키는 것에 초점이 맞혀져 있지만, 이제 유아들은 코끼리에게 먹이를 주거나 어떻게 하면 기린의 목 위에 올라갈 수 있을지 낑낑 대는 모습을 볼 수 있었다! 이 점에서 얼마나 유아들의 상상력이 대단한지 알 수 있을 것이다.

한 유아의 두려움을 없애기 위해 시작된 이 시도가 창의적이고 상상놀이의 훌륭한 활동으로 확장되었다. 여러분은 선생님 역할에서 잠시 벗어나 유아들이 날마다 경험하는 따뜻한 느낌들과 감정들을 고려하게 될 것이다. 교실에서 이러한 행동들이 일어날 때, 그들의 나이 또는 경험에 상관없이 유아들은 창작 동극을 현실 세계의 안전한 영역으로 인도할 수 있는 중요한 도구로서 사용할 수 있을 것이다. 여러분이 해야 하는 일은 유아에게 집중하는 것이다. 나는 유아들과 창의성, 유아들과 동극, 유아들과 놀이, 유아들과 예술에 대해 많은 이야기를 하고 있지만 유아들의 창의적인 예술 경험의 촉진자로서 여러분의 역할의 중요성에 대해 아직 설명하지 않았다. 다음 절에서는 여러분이 유아들이 창작 동극을 통해서 무엇을 하고 있는지 아는 만큼 얼마나 이로운 영향을 주는지 알 수 있는 기본적인 지침을 제시하고자 한다.

교사와 창작 동극: 교사는 촉진자로서 편한가?

예술가, 배우, 가수, 댄서처럼 교사인 우리에게도 유아들이 창의적인 과정에 몰두할 때 곤경을 처하는 것과 같은 상황이 올 수 있다. 여러분은 이미 많은 책에서 유아들에게 긍정적인 자긍심을 길러줄 수 있는 창의적인 예술 활동이 지도교사의 교육 프로그램에 있어서 매우 중요하다는 사실을 언급했음을 알고 있을 것이다. 여태껏 창의적 예술 활동을 시도해보지 않은 몇몇 지도교사들은 새롭게 할 예술 활동에 대한 경험을 할 준비가 되어 있을 것이지만 다른 몇몇 지도교사들은 유아들 앞에 서기 전에 그들이 과연 교육과정 속 동극 부분을 성공적으로 마칠 수 있을지에 대해 고민하다가 손에 땀이 가득 차거나 무릎을 떨 수 있을 것이다. 하지만 걱정할 필요는 없다. 유아시절의 창작 동극은 브로드웨이 연극에서 필요한 기술을 요구하지 않는다. 생일 케이크에 촛불을 끄는 연기와 같은 조그마한 노력만 있으면 된다. 교사들은 항상 유아들이 편안하게 느낄 수 있는 곳에서 동극을 시작해야 한다. 유아들이 주인공 역할, 조연 역할, 또는 지나가는 배경 역할을 하든지 편안함을 느끼도록 해야 한다. 여러분은 주변에서 아동들이 창작 동극, 연극 또는 예술에 몰두할 수 있도록 적극적으로 격려해야 한다. 그래야 유아들이 하는 창작 동극에서 연극을 지속시킬 수 있고, 무대 뒤편에서 보조하는 중요한 역할을 지원할 수 있다. 또는 무대 안에서 함께 역할을 수행할 수도 있다. 고려해야 할 다른 문제는 여러분이 해줄 수 있다. 항상 가운데나 앞에서 도와야 할 필요 없이 유아들과 함께 자유롭게 참여하면 된다.

친구에게 도움 요청하기 부르기 만약 여러분이 무엇을 하고 있는지, 그 일을 맞게 진행하고 있는지 확신이 들지 않을 때 친구를 불러서 도움을 요청해보자. 학교 친구도 좋고, 부모님 또는 자원 봉사자가 될 수 있고 또는 인형이나 요술봉이 될 수도 있다. 여러분의 인형 뒤에 있는 모든 불편함을 가릴 수 있고, 요술봉을 사용해서 시선을 분산시킬 수 있다. 끊임없는 연습을 통하여 완성된다. 침실이나 또는 부엌 같은 개인적인 공간을 이용해보라. 샤워하면서 노래를 불러보라. 라디오나 시디를 틀어서 노래를 따라 불러보라. 여러분의 일상 이야기를 가지고 웃긴 내용의 노래를 만들어보라. 여러분을 판단하거나 지켜보는 사람이 없을 때 바보 같은 행동도 해보라. 결국은 아무도 여러분을 바라보고 있지 않다. 만약 이 방법이 여러분에게 맞지 않다고 생각되면 차 타고 달릴 때 이 노래를 불러보라. "만약 여러분이 행복하다면 여러분은 그것을 알고 있다." 이 노래를 자신의 기분에 맞게 개사해서 불러보라. "만약 여러분이 화가 난다면 자신은 그것을 알고 있다.", "만약 여러분이 배고프다면 자신은 그것을 알고 있다.", "만약 여러분이 피곤하다면 자신은 그것을 알고 있다." 등으로. 유아들이 모여 있는 넓은 교실이라는 공간에서 하는 것이 쉽지 않다는 걸 알지만, 이렇게 혼자 있을 때 연습을 하고 약간의 리허설만 추가하면 수업에 좋은 영향을 끼칠 것이다(Edwards, 2002; Edwards & Nabors, 1994; Leithold, 2000).

다음 내용은 팬터마임에 초점이 맞추어졌다. 팬터마임은 아무 말 없이 하는 연극이기에 아동들이나 어른들 모두가 쉽게 활동할 수 있을 것이다.

팬터마임

팬터마임 또는 무언극은 우리가 말로 했던 것을 다른 방법으로 전달하기 위해서 우리의 신체를 사용하는 능력을 의미한다. 우리는 여섯 살 유아가 어깨를 으쓱거리는 것을 본 적이 있고, 네 살 아동이 눈을 굴리는 것을 관찰한 경험이 있고, 학교 운동장에 남아서 교실로 되돌아갈 의도가 없다는 것을 행동과 분명히 이해할 수 있는 신체 언어로 전체 교실에 알리는 초등학생과 대면한 적도 있을 것이다. 이들은 자신의 메시지를 전달하기 위해 말을 필요로 하지 않는다. 이들은 팬터마임의 달인이고 심지어 메시지를 전달하는 말도 모른다. 그들은 말 없이 의사소통하기 위한 재능을 보이기도 한다.

아주 어린 유아들에게 팬터마임을 소개할 때는 유사한 이미지와 감정을 탐구하도록 권장한다. 예를 들면, 유아들에게 일정한 리듬의 북소리를 연주하면서 방주위를 걸으라고 권한다. 유아들 스스로 다음과 같이 표현하도록 장려한다. "지금 비가 내리기 시작합니다. 두 팔을 올려서 두 손 위에 떨어지는 빗물을 느껴보세요. 여러분의 얼굴에 떨어지는 비를 올려다보면서 느껴보세요. 앞에 큰 빗물 웅덩이가 있습니다. 어떻게 웅덩이를 건너는지 보여주세요. 이제 눈이 내리기 시작합니다. 몸을 이용해서 매우 추운 것처럼 표현해보세요. 눈이 점점 깊이 쌓이면 떨어지는 눈송이를 가지고 재미있는 놀이를 해보세요. 여러분이 어떻게 눈을 헤치며 가는지 몸으로 보여주세요." 유아들은 빗속에서 걷기나 눈 속에서 노는 것에 각기 다른 반응을 나타낼 것이다. 유아들은 자신의 경험을 자기 나름대로 해석한다. 그리고 자신에게 의미 있는 행동을 결정한다. 유아들이 자신의 몸을 낙엽이나 바람에 날리는 나뭇잎처럼 움직이도록 이야기해보라.

유아들의 독특한 경험과 구체적인 발달수준에 관련된 팬터마임 활동에 참여하면서 세심하게 관찰해보라. 간단한 이러한 유형은, 상상력이 풍부한 경험으로 어린 아동들이 반드시 말을 사용하지 않고서도 창작 동극 형태로 팬터마임에 참여하는 것이 가능하다. 어린 아동들을 위해 특별히 표현력 있는 언어를 사용하도록 요구하는 것은 종종 상상력이 풍부한 경험에 방해가 될 수 있다. 유아들의 욕구와 기량에 대한 리더십과 관심은 유아들을 간단한 팬터마임 활동부터 대사와 각색의 가능성을 발견하기 위해 구두 언어를 사용하는 즉흥적인 창작 동극까지 가능하게 해줄 것이다. 여러분은 다음 내용에서 창작 동극 교육과정 속에 있는 아이디어들을 발견하게 될 것이다.

> 아이들은 만들기 작업을 하면서 세상을 이해한다.
> — 로버트 알렉산더(Robert Alexander)

즉흥극

즉흥극은 소리와 감정을 표현하는 언어를 덧붙인 창작 동극을 말한다. 유아들은 이야기로부터 다소 독창적인 대사의 일부를 이용하거나 또는 피자를 주문하는 시늉을 하면서, 전화기를 대신하는 블록을 사용하면서, 유사한 상황을 연기할 것이다. 일단 유아들은 연극하는 과정에 익숙하게 되면 자신이 표현하고 싶은 것을 반영한 대사와 행동을 추가하기 시작할 것이다.

동요, 시, 노래는 즉흥극을 소개하는 데 있어 훌륭한 소재이다. 두 살 정도의 아동들은 "테디 베어, 테디 베어, 돌아봐"와 비슷한 가사를 각색하는 것을 즐긴다.

"안녕? 디들, 디들(Hey! Diddle, Diddle)" 같은 동요를 이용하면 창의적인 사고와 언어로 된 의사소통을 통해서 연극이 실연되고 확장될 수 있다. 유아는 즉흥극을 통해서 자신이 고양이, 바이올린, 소, 달, 접시나 숟가락이 될지를 결정하고, 또한 상상력이 풍부한 부분에서 각각 어떻게 연기해야 할지를 결정한다. 또는 유아들은 달 위에서 점프하고, 웃고, 달아나면서 즉흥극을 함께 연출할 수 있다. 연출하기 위해 간단한 소품은 유용할지도 모른다. 바닥 위에 놓여 있는 작은 블록은 유아들이 점프할 수 있는 상상력이 풍부한 달로 전환될 수 있다.

"땅딸막한 사람(Humpty Dumpty)"이나 "잭과 질은 언덕에 올라갔다(Jack and Jill Went Up the Hill)" 같은 간단한 동요는 어린 유아에게 유사한 역할을 탐구하고 다양한 성격을 식별할 수 있는 많은 기회를 준다. 아동들은 땅딸막한 사람이 되기를, 왕의 남자가 되기를, 말이 되기를 원한다. 만약 바람직한 교실 환경을 제공하고 격려해준다면, 유아들은 자기 자신을 표현하는 데 편안함을 느끼게 될 것이다. 창작 동극 형태는 강력한 학습 방식이 된다. 이러한 경험들을 통해서 어린 유아들은 자신의 신체를 사용하여 생생하고 상상력이 풍부한 세계에 대해 아는 것을 공연하거나 실제로 보여줌으로써 대화와 감정 표현에 참여할 수 있다.

잘 알려진 이야기는 훌륭한 창작 동극과 같은 경험을 제공해줄 수 있다. 교사는 그 이야기를 읽고 유아의 활동과 행동에 맞는 타이밍을 조절할 수 있다. 또한 유아들이 줄거리, 장면, 구성에 전반적으로 친숙해짐에 따라, 세 살 유아가 "골디락스와 곰 세 마리" 이야기를 이해함에 따라, 유아들은 교사의 지도 없이 대사와 행동을 즉흥적으로 할 것이다. 그러한 행동과 활동, 대사는 유아들에 의해 창조된다는 것을 기억해라. 암기해서 말하거나 지시하는 줄거리, 자기표현 과정에 엄격하게 따르는 줄거리는 정당한 것이 없고, 유아들은 청중을 위한 "작품"을 창조하려는 부담감이 없는 상태에 있을 것이다. "곰 세 마리, 모자 사세요, 스위미, 곰 아저씨에게 물어보렴" 등은 창작 동극을 잘 지원해주는 몇 안 되는 좋은 이야기이다.

유아들은 음향 효과를 좋아하고 소품들은 즉흥극 활동을 하는 동안 많은 재미를 제공해줄 수 있다. 유아들은 혼자서 어떤 음향 효과를 창조할 수 있고 다른 일에는 교사의 도움이 약간 필요할지도 모른다. 다음 아이디어들은 스콧터(Stotter, 2000)로부터 얻었으며 많은 극적인 상황 속에 쉽게 활용될 수 있다.

음향 효과

문 쾅 닫는 소리
- 집에 있는 일상적인 문
- 생쥐 집을 향해 문을 쾅 닫는 시도
- 큰 성을 향해 문을 쾅 닫는 시도
- 문을 닫은 후에 잠그기

쌩 하고 가는 차들과 경적소리
- 당신의 머리를 돌리면서 "줌 줌"
- 비음(콧소리)의 목소리로 "빕 빕"

물 마시는 동물

숲 속에서 노래하는 새들

날아가는 새들
- 부드럽게 시작하기, 점점 크게, 그 다음에 더 부드럽게

바닷가의 무시무시한 파도

오리 가족
- 아빠 오리, 엄마 오리, 아기 오리

북쪽으로 부는 바람

별들
- 밤하늘에 작은 별들이 뺑하고 터지는(불꽃놀이) 소리 창조하기

피아노
- 핑크 어 핑크(Pink-a-pink-a-pink) 또는 여러분이 따라 할 수 있는 무엇이든지 (Stotter, 2000, p. 54)

이러한 소리들을 아름답게 만들어주는 두 가지 책이 있다. 라나 누머로프(Lana Numeroff)가 쓴 『만약 당신이 쥐에게 과자를 준다면?』을 읽어보자(Harper & Row, 1985). 여러분은 모든 종류의 생쥐 소리를 만드는 기회를 갖게 될 것이다. 아동들은 물 마시는 생쥐 소리를 내는 대신 "쿠기 먹는" 생쥐 소리를 낼 수 있다. 로버트 맥클로스키(Robert McCloskey)가 쓴 『오리를 키우는 방법』이라는 책은 말라드(Mallard) 부부와 그들의 오리 가족 기르기 모험담을 담은 즐거운 이야기이다(Viking, 1969). 존 쉔허(John Schoenherr)가 설명한 제인 요렌(Jane Yolen)의 『부

엉이 달(Owl Moon)』은 부엉이에게 가는 유아와 아빠에 대한 이야기이다 (Philomel, 1987). 나무는 여전히 아빠가 "후--후--후" 하고 부르는 동안 동상처럼 서있다. 여러분과 아동들은 부엉이를 향해 "후--후--후" 하고 부르면서 놀이를 할 수 있다. 여러분은 음향 효과를 낼 수 있도록 도움을 주는 이야기책을 더 찾을 수 있다.

동극

공식적인 연극으로 종종 사용되었던 '동극'은 창작 동극과는 매우 다르다. 동극은 관객 중심이고 대중적인 공연을 한다. 동극은 관객을 위해 예행 연습한 공식적인 작품을 의미한다; 그것은 지시적이고, 대사는 암기된 것이고, 소품, 의상과 무대 장치는 작품을 위해 중요한 역할을 한다. 교사 또는 유아들에 의해 만들어진 대본과 동극에서 사용된 장비와 소재들은 창작 동극과 뚜렷하게 구별된다.

6장에서 제시한 방법들과 자료를 활용하면, 유아들을 위한 창작 동극을 기획할 수 있다. 유아 몇 명을 대상으로 실행해보고 결과를 평가해보라. 명단을 적어보라. 유아들이 더 많이 참여할 수 있는 방법을 적어라. 점점 활동이 개선될 것이다.

유아교육학자에 따르면, 우리는 유아를 위한 창의적이고 극적인 경험들을 장려하기 위해 우리 노력을 국한시킬 필요가 있다. 그리고 우리 동료들과 초등학생들의 연극에서 얽매였던 생각에서 떠나야 한다. 동극이나 공식적인 연극은 유아기의 교육과정이다.

창작 동극은 교사들에게 또 다른 문을 개방한다. 우리는 가드너의 다중지능이론으로 자기내부와 대인관계 지능을 이해하는 것뿐만 아니라, 우리가 알고 있는

유아는 연극놀이에 참여하면서 스스로 그 역할에서 기대하는 것을 믿고서 행동하고 표현하고 말한다. 이 사진은 두 마리 염소가 걸걸한 목소리로 노래부르는 것을 연극한 것이다.

창작 동극에 대해서도 적용할 수 있다. 그의 아이디어는 창작 동극과 어린 유아들의 지적 성장 및 발달 사이의 관계를 검토할 수 있는 것을 풍부하게 제공해준다.

가드너의 다중지능이론: 개인이해 지능과 대인관계 지능

가드너의 이론은 교사들에게 개별 유아들의 독창적인 능력에 초점을 둔 활동 계획과 경험들을 제공하도록 제안하며 유아 교육학자들도 이를 중요하게 여기고 있다. 또한 유아들의 다양한 지능을 인정하도록 하고, 성장을 발달시키고, 유아의 복합적인 지능을 존중해야 하는 것으로 제시하고 있다. 창의적인 연극은 개인이해와 대인관계 지능의 발달을 촉진시킨다.

개인이해 지능

개인이해 지능이란 매일 경험하는 우리의 갖가지 감정과 정의적 상태인 정서에 접근하는 능력이자 우리의 행동을 이해하고 이끌어가는 수단으로서 정서에 기반을 두는 능력으로 견주어진다. 가드너(1983)는 가장 발전적인 단계로 "복합적이고 고도의 다양한 감정들을 상징화하고 인식하는" 자기를 이해하는 내부 지식의 지능을 제안했다(p. 239).

이러한 개인이해 지능은 자신을 아는 능력과 자기 자신의 감정에 접근하는 능력과 자신의 소망, 욕구, 바람, 두려움, 기술 등을 구별하는 능력과 관련이 있다. 또한 자기 자신의 강점과 약점에 대해 알고 있으며 감정을 이용하는 능력도 포함하고 있다. 개인이해 지능은 자신의 다른 지능에 대한 지식을 포함하고 있다. 우리는 도움을 주는 전문직과 능숙한 교사와 부모로 종사하면서 매우 발달된 개인이해 지능의 형태를 발견한다. 우리 모두는 삶에서 자기인식과 자기이해의 이러한 수준을 보여주는 자기 나름의 인간에 대한 범례를 갖고 있다고 확신한다.

창작 동극은 유아들이 자신의 감정을 탐구하고 반성하도록 하면서 의미 있는 대화와 풍요로움을 촉진하는 것에 대한 엄청난 잠재력을 갖도록 지원할 수 있다. 또한 적절하게 수용할 수 있는 통로를 통해 감정을 건강하게 방출하도록 도와줄 수 있다. 어린 유아들은 창작 동극의 모든 영역을 통해서 개인적이고 사적인 상태의 역할을 추측함으로써 강한 감정을 해석하는 방법을 실험할 수 있다. 예를 들면, 앤서니(Anthony)의 선생님이 앤서니가 새로운 강아지에게 먹이를 주고 돌보는 것에 대해 상당한 두려움을 경험했다는 것을 알았을 때, 그는 보다 편안하고 통제 가능한 상황에서 자신의 두려움을 표현할 수 있도록 안전한 상황을 제공함으로써 앤서니의 불안감에 대해 고민하도록 했다. 선생님은 "실제적인" 사건과 변형한 사건을 상징적으로 묘사하는 즉흥극 속으로 끌어들였다. 이렇게 함으로써, 교사는 앤서니가 어떻게 느꼈는지를 훨씬 잘 알 수 있도록 만들었을 뿐만 아니라 구체적이고 깊은 두려움과 불안감에서 해방될 수 있게 공연 무대도 제공해주었다. 앤서니는 그의 행동을 이끄는 감정과 개인적인 경험들을 이용하는 방법에 대한 귀중한 교훈을 학습하게 되었다. 게다가 그는 자신이 가진 문제, 소망, 불안감을 이해하고 창작 동극을 통해서 이것들을 궁극적으로 해결하도록 했다.

대인관계 지능

대인관계 지능은 다른 사람들에 대한 외부 세계로 관심을 돌리는 것이다. 이것은 우리가 다른 사람에 대한 감정, 기질, 동기, 소망을 알아차리고 적절하게 반응하는 능력이다. 가드너(1983)는 다른 사람의 의도와 소망을 읽을 수 있는 능력과 다른 사람들과 효과적으로 관계 맺는 방식과 같은 지식, 행동하는 능력이 대인관계 지능이라고 설명했다. 카운슬러, 세일즈맨, 교사, 정치가는 대인관계 지능이 매우 발달된 사람일 것이다. 외교적 대표와 대사로 봉사한 칼 로저스, 아브라함 링컨, 마더 테레사, 마하트마 간디와 정치 지도자들은 높은 대인관계 지능 수준을 가진 사람의 특성을 보인다. 대인관계 지능은 "어린 아동들이 주변 사람들의 다양한 감정을 감지하고 식별하도록 하는 능력"을 의미한다(p. 239).

예술분야에서 창작 동극은 대화, 행동, 비언어적 의사소통 수단을 통해서 메시지를 주고받으며 의사소통함으로써 외부 세계로 움직인다. 창작 동극은 어떤 상황을 바라보는 다른 사람의 관점이나 방식을 이해하기 위한 의지와 메시지를 받아들이는 것에 관심이 있다. 또한 욕구, 이해수준, 상대편의 감수성에 대해 민감하기를 요구한다.

우리가 팬터마임에 참여할 때, 전달된 메시지와 아이디어는 비언어적인 것이다. 즉, 우리는 다른 사람들에 대한 비언어적인 반응만큼 우리의 머릿속에 떠오르는 침묵의 말도 듣는다. 그 결과 우리는 다른 사람들의 반응에 대한 감정과 우리 행동에 대한 이해력이 점점 더 향상되는 것을 알게 된다. 즉흥극을 통해 말을 덧붙이기 시작하면서 다른 사람의 기질, 동기, 욕망을 식별하는 능력이 증가하게 된다.

대인관계 지능의 사례로 창작 동극의 경우, 앤서니의 경험을 다시 살펴보자. 앤서니와 놀이 친구가 놀이에 참여하게 되었을 때, 사실 그의 강아지를 훌륭히 돌보고 싶어 하는 카타의 동기와 소망을 깨닫게 되었다. 창의적인 연극의 에피소드에 자신이 참여하게 됨에 따라 앤서니는 새로운 애완동물을 돌보고 싶어 하는 카타의 감정을 알아차리는 능력을 갖게 되었다.

유아들은 창작 동극을 통해서 개인이해 지능과 대인관계 지능을 발달시킨다. 이러한 말하기, 연극하기, 역할놀이하기, 심지어 침묵의 의사소통 과정을 통해서 유아들은 다른 사람들과 보다 긍정적이고 적절한 관계를 맺을 뿐만 아니라 심오한 자기인식이 생기게 된다.

교사는 창작 동극을 통하여 개인의 지능을 발달시키는 중요한 역할을 한다. 여러분은 분명히 격려자, 관찰자, 설계자, 자원 역할을 하게 될 것이다. 개인지능에 대해 지금까지 학습한 내용을 고찰함으로써 유아기의 개인이해 지능과 대인관계 지능 발달을 지원하기 위한 방법에 대해 고려해볼 수 있는 몇몇 아이디어들을 살펴보자.

개인지능 지원하기

유아들의 경험에 대해 반응하고 주의를 기울이기 위한 의지, 수용, 관용, 인내는 개인이해 지능과 대인관계 지능의 발달을 지원하기 위한 기본적인 요구이다. 어린 아동들은 선천적으로 사회적이고 다른 사람들과 아이디어로 승부를 거는 게임방식을 자주 찾는다. 다음 아이디어들은 "어디서부터 어떻게 시작할까?" 에 대한 고민을 해결해줄 것이다.

표현의 자유와 독창성을 촉진하는 활동을 통해 상상력 활용을 격려하기 유아들이 특별한 친구에 대해 생각해보도록 요구하자. 만약 유아들이 진짜 특별한 친구를 생각할 수 없다면, 친구를 분장시키도록 요구한다. "여러분과 친구는 매우 특별한 장소에 거의 다 걸어온 것처럼 행동하세요. 여러분은 어떻게 그곳에 갔나요? 걸어서 갔나요? 여러분 가족 중 누군가가 특별한 장소에 데려다 주었나요? 특별한 장소에 도착해서 여러분과 친구는 무엇을 하고 있나요? 여러분은 친구와 함께 무언가를 하는 척하면서 서로에게 어떤 말 또는 어떤 행동을 하는지에 대해 상상력을 사용해서 말해보세요. 여러분의 친구에게 하고 싶은 일을 알려주면서 여러분이

그것을 왜 하고 싶어하는지를 말해보세요."

자신에 대한 인식을 촉진하기 위한 창작 동극 활동을 설계하기 유아들에게 목소리 대신 다른 신체 부위를 사용해서 소리를 내도록 요청하자. 유아들이 혀 차는 소리를 내고, 숨을 크게 쉬고, 손뼉을 치고, 발을 구르고, 다른 신체 부위를 가볍게 두드리도록 제안한다. 유아들이 생각할 수 있는 만큼 반응하는 것을 받아들이고 그들이 만들고 싶은 소리를 선택하도록 한 다음 방 안으로 가서 다른 사람들의 간섭을 받지 않고 원하는 소리를 낼 수 있도록 허용한다. 여러분은 테이프를 사용하여 소리를 녹음하고 다시 유아들에게 들려준다. 그러면 유아들은 말을 사용하지 않고 유아들이 만들어낸 "오케스트라" 같은 소리를 들을 수 있을 것이다.

몸 동작과 대화를 통해 기분과 감정을 탐구하기 어떤 가족의 이야기를 듣고 난 후, 가족의 다양한 성격에 대한 느낌과 경험들을 유아 나름대로 해석하도록 하고 유아들에게 자신의 행동과 말을 통해서 전달할 것을 요구하자. 또는 아동들에게 그들이 서로 말을 사용할 수 없고 손으로 이야기해야 한다고 말해준다. 그들의 손이 마치 말과 같으며, 서로 만질 수도 없다. "여러분은 '여보세요' 를 어떻게 말할 것인가요? 여러분이 화가 났다고 상상해보세요. 여러분의 목소리가 아닌 손을 사용해서 어떻게 보여줄 수 있나요? 여러분이 수줍고 겁을 먹었다고 상상해보세요. 여러분이 행복하다고 상상해보세요. 여러분의 손으로 어떻게 보여줄 것입니까? 짝궁을 선택하고 단지 여러분의 손만을 사용해서 친구와 이야기를 나누어보세요."

유아들이 언어로 의사소통하는 가상의 상황을 제안하기, 유아 나름의 특유한 방식으로 다른 사람들과 상호교환하고 서로의 성격대로 말하기 한 가족을 예로 들어 대화를 만들어내고 개별 유아들이 주어진 상황 안에서 각자의 성격대로 반응하는 가족들에 대해 묘사하도록 하자. 상황은 가족이 야외 파티나 소풍가는 것처럼 단순한 것부터 잠자리에 들기 전에 모든 창문과 문을 잠그는 일을 반드시 확인하는 것까지 모든 것을 포괄할 수 있다.

다른 사람들의 감정 이해와 반응을 위해 가상의 상황을 통한 공동 작업 권장하기 여러분은 유아들이 다양한 유형의 삶의 현장 상황에 반응하는 장면을 설정해보자. 페이스 링골드(Faith Ringgold)의 책 『타르 해변(Tar Beach)』은 고층 아파트

창작 동극 개발과 가정의 역할

가족과 환경적인 요인들은 어린 유아 시절의 창작 동극의 발달과 양육에 기여한다. 양육자들은 집에서 창작 동극을 격려하기 위하여 제한적이지 않은 가정 놀이 환경을 제공해야 한다. 창의적인 가정 놀이를 촉진시키는 것으로는 다양한 물건, 장난감, 장비가 있다. 다음의 장난감과 소재들은 가정에서 창작 동극에 활용될 때 특히 유용하다.

- 다양한 유형, 크기, 색깔을 가진 블록들
- 역할놀이를 하는 동안 필요한 문화적으로 정확한 인형과 장비
- 물과 모래 상자
- 고정관념이 없는 소년과 소녀를 위한 적절하고 다양한 관습
- 꼭두각시 인형과 손수 만든 꼭두각시 인형 무대
- 망치와 못, 드라이버와 나사, 금전등록기와 실제 화폐, 분필, 칠판과 같은 실제적인 물건을 갖고 놀 수 있는 집안 구역
- 그림물감, 점토, 손수 만든 점토, 종이, 가위, 매직펜, 풀, 크레용, 반짝이를 포함한 예술품
- 실제 악기

유아들이 위의 모든 장난감의 속성을 발견하고 탐구하도록 격려될 때 유아의 창의성이 증진된다. 유아들은 창작 동극과 관련지어 다양한 방식으로 위의 목록에 포함된 소재를 활용할 수 있다(Ellermeyer, 1993).

발달에 적합한 실제

유아교육협회에서는 어린 유아들을 위해서 창의적인 연극이 매우 중요함을 강조하면서, 아동 중심, 교사 지원 놀이가 발달에 적합한 실제의 본질적인 요소라고 제안한다(Bredekamp, 1987). [그림 6-3]은 발달상으로 적합한 경험과 활동을 실행하기 위한 지침을 제시하고 있다.

빌딩에 사는 유아들을 이해할 수 있는 훌륭한 자료이다. 유아들은 서로 이야기를 하면서 성격, 감정표현을 추측할 수 있고 모두가 받아들일 수 있는 해결책에 다가갈 수 있다.

유아들이 자신의 감정에 접근할 수 있도록 실제 생활에의 도전 기회 포착하기 유아들에게 유치원에서 바꾸고 싶은 것에 대해 생각하게 한 다음 그것을 바꿀 수 없는 모든 이유를 밝혀내도록 요구하자. 그 이후 유아들이 만약 그들이 진정으로 변하기를 바라는 일이 실현된 것처럼 해보라고 요구한다. 창작 동극 경험을 통해 유아들을 관찰하고, 유아 스스로 문제나 기쁨을 확인하는 일이 일어나면 그 결과, 연극의 효과가 더 고조될 것이다. 생일파티와 같은 특별한 경우를 재연하여 방금 새로운 형제가 생긴 유아에게 상상의 선물을 준다. 창작 동극을 통한 개인이해 지능과 대인관계 지능을 발달시키기 위한 대부분의 소재는 매일 아침 유치원에 들어서면서부터 시작된다.

스스로 뒤로 물러서서 촉진자 역할하기 여러분은 창작 동극을 위한 씨앗을 심을 수 있는 사람이다. 유아들이 그 과정 속에서 기꺼이 받아들여질 수 있도록 교실환경을 준비해야 하는 책임이 있으며, 상상의 장면에서 더 깊이 있는 해결책이 필요함을 안다면 과정의 활동을 위한 역할을 예측할 수 있을 것이다. 반드시 "제작자와 지시자"의 역할에 교사 자신이 빠지지 않도록 해야 한다. 창작 동극은 교사의 간섭이 별로 없는 활동의 하나이다.

창작 동극 교육과정의 질에는 여러 요인들이 영향을 미친다. 프로그램 수준은 유아들의 참여의지를 적절히 강화하는 정도와 상호작용이 발달에 적절하게 이루어지는 정도에 의해 결정된다. 이 점을 고려하고, 전국유아교육협회가 창작 동극을 유아 발달에 적합한 내용으로 제공하여 유아교육 현장에서 적용할 수 있도록 지원해야 한다.

창작 동극과 과학 통합하기

유아들은 동물 농장을 아주 좋아한다. 항상 가장 사랑받는 노래 중 하나인 "맥도날드 아저씨는 농장을 가지고 있다네(Old MacDonald Had a Farm)"는 모든 연령대의 유아, 특히 유치원생이 끊임없이 좋아하는 노래이다. 교사들이 동물을 포함한 수업을 계획할 때, 유아 스스로 동물이 되고 싶어하거나, 이야기의 일부에 관심

[그림 6-3] 발달에 적합한 실제

- 교사와 어른들은 장난감을 가지고 상호작용한다. 아기 인형과 액세서리를 가지고 상상하면서 부모 흉내도 내고 타인을 모델링한다. 예를 들면, 여러분이 다과 파티를 제공하면 유아는 마시는 흉내를 내고 맛에 대해 평을 한다. 이는 유아들이 어른 흉내를 낼 수 있도록 환경을 제공하는 것이다.
- 교사는 유아들이 '~인 척' 할 수 있도록 일상적인 단순한 탐험 또는 복잡한 놀이에 참여하도록 한다. 예를 들어 사회극놀이를 하거나 창작 동극을 제공하여 유아 스스로 연극 활동 속에서 서로 협력하고, 돕고, 협상하고 다른 사람과 문제를 해결할 수 있도록 한다.
- 유아들에게 구체적인 상황놀이를 제공할 때는 일상적인 물건, 삶과 직접 관련 있는 물품 등을 제공해야 한다. 교사는 유아들이 창작 동극에 참여할 수 있도록 놀이 환경을 제공해야 하고, 유아들이 소통하거나 협력할 수 있도록 지원해야 한다.

이 있고 참여하기를 원할 수 있음을 알고 있어야 한다. 국가 수준의 교육표준지침은 매우 다양한 생물학과 물리학을 다루고 있다. 교사가 창작 동극과 같은 예술 공연과 과학을 통합하는 수업을 설계할 때 창의적인 사고를 위해 많은 공간을 제공할 필요가 있다.

K-4를 위한 전국 수준의 표준 지침은 동물과 물리적인 환경 사이의 관련된 통합적인 수업에 특히 적절한 것을 포함한다.

- 전국 표준 연극 2: "즉흥극에서 역할을 추측하고 상호작용하면서 행동하기"
- 전국 표준 과학 2: "유기체 간의 관계와 물리적인 환경 이해하기"

케네디 센터 아트(Kennedy Center ArtsEdge)(http://artsedge.kennedy-center.org/ content/3675/) 수업 계획 "거만한 동물 농장"은 유아들이 신나게 즐기고, 여전히 중요한 내용을 배울 수 있는 통합적 경험을 고려하는 교사에게 훌륭한 기회이다.

수업 개관:

유아들은 문제와 해결책을 탐구하기 위해 도리안 크로닌(Dorian Cronin)이 쓴 『클릭, 클랙, 무(Click, Clack, Moo)』 이야기를 들을 것이다(Simon and Schuster, 2000). 유아들은 다양한 이야기를 각색하고 재구성하여 시를 창조할 것이다(http:// artsedge.kennedy-center.org/content/3675/). 유아들은 이야기를 읽은 후, 동물 농장에 사는 물리적 환경에 대한 비판과 질문이 포함된 대화를 나눌 것이다. 다음과 같은 질문을 하면서 대화는 계속 이어질 것이다: "책에 나온 동물들은 무엇을 먹나요? 동물들은 무슨 소리를 좋아하나요? 동물들은 어떻게 움직이나요? 동물들은 안에 사나요? 밖에 사나요? 동물들은 우리에게 어떤 것을 주나요? 여러분은 얼마나 많은 종류의 소를 보았나요?" 유아들이 이야기에 전반적으로 익숙해진 후에 여러분은 유아들에게 교실에 가상의 외양간을 만드는 일을 도와달라고 요청할 수 있고, 외양간에 살 여섯 마리 동물을 선택할 것을 요청할 수도 있다. 그 후, 외양간에 있는 여섯 마리 동물에게 이름을 지어주고 유아들에게 설명해주면 유아들은 동물들의 역할에 대해 추측할 것이다. 만약 유아들이 수줍어한다면, 여러분은 이야기를 다시 읽고 유아들이 농장주 브라운의 문제점을 해결하려면 무엇을 어떻게 해야 할 것인지를 질문하면서 유아가 참여하도록 적극적으로 권장해야 할 것이다.

이러한 학습 경험을 위해서 여러분은 유아들에게 농장주 브라운이 동물들의 요구에 응하고, 물리적인 환경에 관련된 사항들을 요구하는 편지를 쓰도록 하여 유아들의 지식 정도를 평가할 수 있다. 또한 여러분은 전체 이야기를 설명하면서 유아들의 즉흥극을 음악 교사와 협력으로 제공하여 연극 수준을 평가할 수 있다. 단지 이 연령의 평가는 시험과는 관련이 없음을 기억해야 한다. 이전에 제시했듯이 평가는 틀림없이 정확해야 한다.

특수교육 요구가 있는 아동

여러분의 교실에 있는 장애 유아들은 창작 동극에 참여해서 혜택을 받을 수 있을까? 물론 대답은 "예"이다. 연극은 모든 것을 포함하고 있으며 모든 유아들이 창작 동극 과정에 참여하는 것을 통해서 자기인식과 다른 사람들에 대한 인식을 발달시킬 수 있다. 독도로프(Doctoroff, 1996)는 장애를 가진 유아들을 향하여 이 유아들의 태도를 향상시켜 사회적인 상호작용을 격려할 수 있는 창작 동극을 활용하는 방법론을 알아내었다. "수동적인 역할보다는 적극적인 리더십 측면에서 장애를 가진 사람들을 참여하도록 했다"(Haugen, 2000, p. 57). 우리가 다양성, 자기인식, 세상을 함께 공유하는 타인에 대한 인식에 대해 생각할 때, 창작 동극을 위한 기회를 모든 프로그램에서 창조해야 한다. 특히 이러한 프로그램을 기획할 때 장애를 가진 유아들을 수용해야 한다. 모든 유아를 위한 창작 동극 경험들을 계획할 때 다음 지침들을 고려해야 한다.

- 경험 가운데 공유된 배경을 반영하는 주제를 선택하라. 만약 고층 아파트에 사는 유아와 시각장애로 아파트를 전혀 볼 수 없는 아이가 있다면, 연극 관련 활동의 원재료는 유아들이 알지 못하는 것보다는 알고 있는 것에 초점을 두어야 한다. 예를 들면, 시각장애 유아에게 고층 빌딩의 개념을 설명하는 동안 아파트에 거주하는 일반 유아에게 블록을 층층이 쌓도록 요구한다.
- 행동과 대화 속에 환상과 이미지를 소개하는 주제에 관련된 활동을 제안하기 위해 유아들의 공유된 경험을 이용하라. 예를 들면, 휠체어에 앉은 유아를 포함한 모든 유아들에게 산과 계곡 위를 독수리처럼 날아오르는 것과 동틀 녘 촉촉한 아침에 풀 위를 굴러가는 이슬을 어떻게 느끼는지 상상하라고 하자.
- 3장에서 논의된 안전망을 포함한 경계 내에서 가상 상황의 윤곽을 세우고 가상의 탐구, 독창적인 행동, 개인적인 대화를 위한 공간을 남겨두어라. 예를 들면, 유아들에게 소방관이 된 것처럼 행동하기를 요구한다면, 청각장애인 유아들을 위해 시각 단서를 제공해야 한다. 그러면 유아들은 자신감을 가지고 완전히 참여할 수 있다.
- 여러분이 소개하는 소도구는 유아들이 쉽게 다룰 수 있는 신체적으로 안전한 것임을 반드시 확인하라. 각각의 소도구의 가장자리가 뾰족하지 않은지 반드시 체크해야 하고, 소도구의 무게는 유아들이 감당할 수 있어야 하며 시각장애인 유아들도 쉽게 인식할 수 있어야 하고 뇌성마비 유아들도 쉽게 다룰 수 있어야 한다.
- 특별한 욕구를 가진 장애유아 또는 특별한 유아에게 창의적인 연극에 참여할 것을 결코 강요해서는 안 된다. 이는 유아들의 참여를 격려해선 안 된다는 말이 아니라 부드럽게 자극을 주어 참여하게 해야 한다는 것을 의미한다. 수줍음이 많은 유아들, 장애가 있는 유아들, 신체적인 능력이 자신 없는 유아들은 "얘들아, 이것은 너무 너무 재미있단다!"라는 말을 믿지 않을지도 모르기 때문이다.
- 창작 동극 경험 과정의 끝 부분에는 약간의 시간을 할애하라. 유아들에게 이러한 시간은 종결되었다는 기분을 들게 하고 긴장을 풀도록 해준다. 예를 들면, 소방관 활동 종결은 모든 소방관들이 멋진 저녁 식사와 잠자리에 들기 위해 소방서로 복귀하는 것이 될 것이다.

아동문학과 창작 동극

Aunt Nina's Visit by Franz Brandenberg, Greenwillow Press, 1984.

니나(Nina) 고모는 자신의 조카들을 위해 인형극을 보여 주는데, 그 시간에 여섯 마리의 새끼고양이들이 작품을 즐기는 것을 방해했다.

Ms. MacDonald Has a Class by Jan Ormerod, Houghton Mifflin, 2001.

아동들은 농장 방문 후에, 맥도널드(MacDonald) 아저씨의 교실에서 공연에 참석할 준비하기 위해 움직이는 것, 보는 것, 다양한 소리를 내는 것 등을 배운다.

Sarah's Story by Bill Harley, illustrated by Eve Aldrigde, Ten Speed Press, 1999.

사라(Sarah)는 수업시간에 이야기할 내용을 준비하지 않았는데, 학교 가는 길에 예기치 않은 정보를 얻게 되어 수업시간에 이야기 할 내용에 관한 도움을 받는다.

- 시각장애를 가진 유아들이 언제, 어디서, 어떻게 참여하는지 알 수 있도록 도와주어야 한다. 사전에 주변 환경에 있는 물건들을 순회하면서 직접 만져보면서 설명해주고 활동을 하는 동안 실황 방송을 계속 진행하면 된다.

오젠(Haugen, 2000)은 유치원에서 휠체어를 사용하는 유아와 말을 할 수 없는 두 유아들 사이에서 이야기를 듣게 된다. "여러분은 유아들로부터 배워라. 나는 전에 우연히 유치원생의 말을 엿들었다. '장, 안녕? 네가 도서관의 책을 나르면, 내가 너의 휠체어를 밀어줄게'" (p. 57).

창작 동극을 장려하는 과정과 소재

예술작품으로 창작 동극은 유아들이 자신의 개인적인 경험과 감정을 상상의 나래를 펼치는 원천으로 이용할 수 있도록 지원해준다. 더 나아가 유아들이 창의적이고 상상의 놀이에 대하여 빠르게 탐구할 수 있도록 지원해준다. 창작 동극은 유아들의 세계관에 가장 기초적인 부분을 건드려 창조할 수 있는 상황을 만들어준다. 자발적으로 우러나오는 즉흥적인 소리, 움직임, 표현을 창조할 수 있도록 여정을 제공해준다.

유아들은 자신이 필요한 모든 "도구"를 교사에게 가져온다. 유아들이 도구를 완성할 필요는 없으며 유아들의 이해 영역 밖의 지식에 의존할 필요 또한 없는 것이다. 활동과 소리, 팬터마임, 즉흥극, 제스처는 유아들이 흥미로운 방식으로 창의성을 향상시키는 행동을 가능하게 해준다. 교사의 역할은 유아들의 경험, 지식, 감정, 인식에 초점을 두고 창작 동극에 접근하는 "요리책(cookbook)"으로부터 자유로워지는 것이다. 창작 동극은 유아들에게 보다 본질적인 소재를 제공해주는 내면의 자원으로부터 만들어지는 것이다.

> 넬리 맥캐슬린(Nellie McCaslin)의 학급내 창작 동극의 15장 "특수교육의 요구가 있는 아동을 위한 창작 동극"을 읽어보라. 그리고 몇 개의 활동들을 선택하여 특수교육 요구가 있는 아동의 소집단에 직접 적용해보라. 그리고 맥캐슬린의 준거에 따라 평가해보라.

다음의 아이디어들은 개인 단독의 경험으로 소개되어야 한다. 여러분도 읽었듯이, 유아들이 마라톤 연극 경험을 맡아서 해보도록 장려할 것이다. 이는 의도된 것은 아니다. 각각의 아이디어는 활동을 시작하는 발단을 의미한다. 아이디어는 연극의 한 단원으로서 전체적인 수업 계획을 주의 깊게 통합시킨다. 만약 유아들에게 단순한 항목들을 연습한 다음 활동에 교대로 참여하도록 지도한다면 유아들로부터 생각의 발상을 확장시킬 기회를 빼앗아버리는 일이 될 것이다. 마라톤 연극에 접근하는 것은 유아들이 피곤하고 지루해할 것이므로 결과적으로 의미 없는 공연이 될 것이다. 현명하게 유아들의 경험과 기술에 관련된 아이디어로 연극 경험을 제공하라.

팬터마임을 위한 아이디어

- 씨앗이 크고 강한 나무로 성장해가는 과정을 팬터마임으로 표현하자. 부드럽게 땅 속으로 깊이 파고들면서 시작하자. 나무의 성장을 도와주기 위해 적당하게 비가 내리고 있는 것을 느껴보자. 천천히 땅 속으로 가지를 뻗으면서 크고 강한 나무로 성장하는 것을 몰래 엿보자. 잔잔한 산들바람을 일으켜서 나무가 비틀거리면서 회전하게 해보자. 나무 가지들은 어떻게 움직일까? 폭풍우가 몰아치면 어떻게 움직일까? 햇볕이 강하게 내리쬐는 오후에는 어떻게 할까? 나뭇잎이 땅에 어떻게 떨어지는지 보여주자. 강한 바람이 불 때 무슨 일이 벌어지는지 보

여주자.

- 모든 유아들을 분주하게 움직이는 작은 거미들로 바꾸자. 그리고 방 전체를 거미줄로 채워야 한다고 말해주자. 방 구석구석에 가서 있도록 하라. 중앙과 모든 곳의 사이사이에 책상 다리를 하는 것을 잊어서는 안 된다. 천장의 높은 곳까지 거미줄을 어떻게 쏘는지를 보여줘라. 유아들이 가상의 거미줄을 완성했을 때 파리 한 마리가 걸려들 수 있도록 조용히 앉아 기다릴 수 있는 장소를 찾으라고 권하자.
- 가상으로 피아노, 바이올린, 드럼, 기타를 연주하자. 그리고 각각의 악기들을 어떻게 다양한 방법으로 다루는지 보여주고, 무슨 음악을 만드는지 보여줘야 한다. 조금 빠른 노래를 연주하고, 조금 느린 노래를 연주하고, 약간 활발한 노래를 연주하고, 약간 조용한 노래를 연주하자.
- 운동장을 가로질러 공을 튕겨보자. 공을 길 따라 굴려보자. 누군가가 당신에게 공을 던진다고 여기고 가상의 공을 잡아본다. 다른 사람들에게 공을 던지고 쳐다보자. 또 다른 사람에게 공을 굴려보자. 공을 들고 작은지, 무거운지, 가벼운지를 보여주자. 친구에게 공을 튕겨보자. 주변으로 공을 굴릴 수 없으면 공을 잡고 한 곳에 넣어보자.
- 거인처럼 행동하자. 나비처럼 날아보자. 뱀처럼 기어보자. 생쥐처럼 살금살금 걸어보자. 유아들은 동물이 되어 흉내 내는 것을 좋아한다. 어린 유아들이 가장 좋아하는 동물은 고양이, 말, 토끼, 원숭이, 개구리, 새, 뱀이다. 여러분은 유아들이 생각할 수 있는 정도의 움직이는 동물들을 선택하고 다양한 방식으로 움직여보라고 요구하면서 연극의 유형을 확장시킬 수 있을 것이다. 유아에게 뛰고, 기어가고, 질주하고, 불쑥 덤벼드는 여러 동물들을 선택하도록 하자. 그리고 그들에게 비슷하게 행동해보도록 시켜보자.
- 낚시를 해보자. 물속으로 낚싯줄을 던지고 물고기가 오기를 기다려보자. 물고기가 낚시 바늘을 물었을 때 여러분이 어떻게 느끼는지를 보여주자. 힘센 물고기를 어떻게 잡는지 보여주자. 여러분이 잡은 물고기를 감아 올려서 저녁 식사를 위해 요리하자.
- 모두 함께 여행을 가려고 한다. 여행 가방을 꾸리고 점심 도시락을 준비하고 역(기차역, 버스 정류장, 공항)에서 만나기로 하자. 모두 표를 끊고 기차(버스, 비행기)에 탄다. (유아들에게 작은 의자는 유용한 소품이다). 여행하는 것을 어떻

게 느끼는지 보여주자. 여러분은 기차가 떠날 수 없다는 안내방송을 듣게 된다. 그때 여러분이 어떻게 느끼는지를 보여주자. 여러분 뒤에 엔지니어(기관사, 조종사)가 오는 것을 느껴보자. 그리고 말하기를 "이제 출발할 준비가 됐어요!" 라고 한다. 그때 어떻게 느끼는지를 보여주자.

즉흥극을 위한 아이디어: 등장인물들의 말투

즉흥극에서 유아들은 자기 나름대로 대화하고, 활동하고, 행동하고, 표현한다. "정확하게" 반응하고 암기하는 기준은 없다; 유아들은 개인적인 경험과 관점으로 반응하고 상호작용한다. 유아들의 자기표현 방식은 개인마다 가치가 있는 것이다. 연극에 참여하고 싶은 유아들을 모두 참여하도록 하라. 그리고 참여하기를 주저하고 어색해하는 유아들에게 부드럽게 대해 주어라. 여러분의 지지와 격려가 필요한 유아들은 적극적인 유아들만큼 많이 있다. 소심한 유아들은 실수할까 봐 두려워하기도 한다. 유아 자신의 생각과 느낌을 표현하는 소통방식이 서툴다는 느낌이 들지도 모른다. 이러한 유아들에게 참여할 수 있는 작은 기회라도 주어라. 위압적이지 않은 방식으로 자신이 연극 과정에서 활동하고 싶은 욕구가 생기도록 시간을 주어라. 유아 스스로 준비가 될 때까지 결코 창작 동극에 참여하는 것을 강요하지 마라.

유아들에게 즉흥극은 천천히 언어 발달을 할 수 있도록 지원할 것이다. 왜냐하면 즉흥극 대화는 유아들의 언어 능력에 달려있기 때문이다. 유아들의 나이 차이와 상관없이 유아들에게 예기치 않은 일들을 기대하고 유아들의 뜻밖의 반응들을 격려해야 한다. 그러한 예기치 않은 일들이 즉흥극에 독창성을 제공해주고 자기발견, 자기표현, 유아들이 가진 경험에 관한 타인의 공감 등을 이끌어준다. 그 점을 고려하면 다음의 아이디어들을 교실에서 실행할 수 있을 것이다.

1. 유아들에게 횡설수설 말하고 아무 의미 없는 소리를 낼 수 있도록 하자. 서로에게 횡설수설하면서 말하는 상황을 만들어보라고 제안하자. 예를 들면, 주스를 더 달라고 하거나, 밖에 나가서 놀 수 있는지, 친구에게 장난감을 빌려줄 수 있는지, 교실 주위를 뛰어다니는 가상의 강아지를 꾸짖는다든지, 세발자전거를 너무 빠르게 탄다고 화를 내라. 유아들이 다양한 활동, 감정, 행동을 추가하도록 놀이에 아이디어를 제안하고 대화를 격려한다.

2. 유아들에게 즉흥극에서 제안한 다양한 역할을 맡아 이해할 수 있도록 상황을 설정해주자. 다음과 같은 상황을 제시해본다.

- "너와 친구들이 운동장에서 놀고 있는 중인데, 네가 이상한 소리를 듣고 위를 쳐다봤을 때, 운동장에 우주로부터 우주선이 내려오는 것을 보았어. 이때 너는 친구들에게 어떻게 말할 거니? 그리고 우주선에 대해서 어떻게 말할 거니? 네가 우주선을 타기로 결정했을 때 어떤 기분이 드는지 너의 몸을 이용해서 보여줄 수 있겠니?"
- "네가 유치원에서 집으로 왔을 때 현관에 앉아 있는 레프러콘(아일랜드 만화에 나오는 남자 모습의 작은 요정)을 발견했어. 너는 레프러콘에게 뭐라고 말할 거니? 너는 어떤 음식이나 음료수를 줄 거니? 너의 부모님께서 집에 왜 레프러콘을 데려왔는지를 물으면 뭐라고 말할 거니? 너는 레프러콘과 함께 무엇을 할 거라고 설명할 거니?"
- "네가 흉가 가까이에 살고 있는 유아 중 한 명이라고 하자. 어느 날 오후, 뭔가를 찾아보려고 흉가 안으로 살금살금 들어가보기로 결심했다. 너는 어떻게 안으로 들어갈 수 있겠니? 너는 모든 방을 걸어 다니면서 무엇을 발견했니? 갑자기 다락에서 이상한 소리를 들었다. 어떻게 할 거니? 무사히 밖으로 돌아갔을 때 친구들에게 뭐라고 말할 거니?"
- "네가 요술 양탄자를 타고 있는 것처럼 행동해봐라. 네가 길 따라 가고 싶은 대로 갈 수 있고 어디서든 멈출 수 있다. 동물원에 멈춰서 동물을 보는 것처럼 하자. 자, 이제 너는 배가 고프다고 느낀다. 너의 요술 양탄자를 식료품점에 착륙시키고 점심 식사로 먹을 음식을 사러 가자. 네가 산 것은 무엇이고 맛은 어떠니? 집에 오는 길에 너는 무언가를 사기 위해 장난감 가게에 들른다. 너는 어떤 장난감을 선택할 거니? 장난감을 상상해봐라. 너의 장난감을 어떻게 옮기고 뭐라고 말할 거니? 집에 돌아갔을 때, 네가 요술 양탄자를 타고 다니면서 보았던 것들에 대해서 모두에게 말해봐라."

3. 아동들에게 그들이 표현하는 대사와 행동을 교환하도록 부추기자.

- 고래를 잡는 방법이나 타는 방법

- 자동차를 운전하는 방법
- 공룡이나 다른 것과 대화하는 방법
- 달에 올라가는 방법

4. 원의 중심에 어떤 물건을 넣어두고 아동들에게 그것에 대해 이야기하도록 해보자. "어떻게 원 안에 그것을 넣었니? 교실에 있는 것 중에서 어떤 물건을 넣고 싶니? 왜 그 물건을 넣고 싶니? 그 물건에 대해 어떻게 생각하고 있니?"

소품 상자

교실에서 창작 동극을 장려하기 위한 또 다른 방법으로는 소품 상자들을 이용하는 것이다. 유아들이 자유롭게 노는 시간에 소품 상자들을 사용하려면 교사는 교실 중앙 여기저기에 소품 상자를 두면 된다. 이 상자에는 연극 놀이에 특별한 주제로 이용되는 재료들이 포함되어 있고 유아들은 다양한 상황과 역할에 맞게 소품을 이용할 것이다.

카렌 패시오렉(Karen Paciorek)은 유아 시기에 필요한 교육과정에는 소품 상자를 활용하자는 사려 깊은 제안을 했다. 그녀의 아이디어들은 [그림 6-4]에 제시되어 있다(Personal Communication, 2002).

소품과 개방적 자료들을 제공하는 것은 교사의 책임이다. 다양한 자료들을 활용하도록 준비하면 아동들은 선택할 기회를 갖게 된다.

[그림 6-4] 소품 상자 사용 지침서

- 손질이 잘 되어있고 쉽게 손에 닿을 수 있는 소품을 제공한다.
- 연극 놀이를 위한 주제로 가능한 새로운 아이디어와 역할을 아동들에게 소개한다.
- 전신이 다 보이는 거울을 제공한다.
- 놀이가 발달할 충분한 시간을 허용한다.
- 아동들을 드러나지 않게 조심하면서 지도한다.
- 연극 놀이에 참여하는 데 어려움을 가진 아동들을 위해 적합한 지원적 역할을 제안한다.
- 흥미, 느낌, 경험, 관심에 대해 알기 위해 대화를 듣는다.
- 운동장 밖에서 일어나는 연극 놀이를 위한 시설을 제공하는 장소를 마련한다.
- 아동들이 자신의 연극 놀이 소품을 만들도록 허용한다.
- 소품들은 자주 순환시킨다.
- 주제가 지속되면서 아동들이 다시 놀이 영역으로 되돌아오고 놀이가 확장되도록 소품 항목을 첨부한다.
- 종종 놀라운 일을 조금씩 첨부한다: 소꿉놀이 영역 테이블 위에 신선한 꽃, 주방공간에서 벌어지는 요리 프로젝트, 블록 영역에서의 다리나 건물 건축에 관한 책. 이 모든 것은 특별한 영역에서 권장되는 놀이일 것이다.

출처: Paciorek(Personal communication, 2002). 허가하에 사용함.

내가 가르치는 대학의 학생들에게 소품 상자들에 대한 아이디어를 소개할 때, "모든 소품들을 어디서 구할 수 있을까요?"라는 질문을 가장 많이 듣게 된다. 소품은 유아들이 관심을 갖는 것으로 이루어질 것이며 각자의 개인적인 경험과 연관된 것으로 결정된다. 다음 단계로는 지역의 상점에 전화를 하고 학교에 있는 여러 교사들에게 설문조사를 하고, 패스트푸드 식당에서 종이 봉지, 플라스틱 포크와 스푼, 냅킨, 빨대, 식당 로고가 있는 앞치마를 한두 개 얻을 수 있는 패스트푸드 식당 같은 곳을 직접 방문할 수도 있다. 여러분이 부모에게 통신문을 보낼 때 특정한 소품을 모으는 사실을 부모에게 알리고, 해당하는 항목을 유아편에 보내도록 요청할 수도 있다. 나의 학생 가운데 한 명은 그녀가 있는 기숙사 층을 조사하여 영수증, 낡은 열쇠가 있는 상자, 베개, 세 마리의 버려진 박제 동물 등과 같은 기숙사생활과 관련된 다양한 항목을 찾아내었다. 기숙사 주변에서 찾은 단어는 유아들을 위해 고른 것으로 기숙사 관리인은 그녀에게 1년 이상 묶혀두었던 기타를 건네주었다.

소품 상자에 들어갈 항목을 찾는 과정이 유아들의 유치원 경험의 즐거움을 더해줄 수 있다고 생각하라. [표 6-3]에 제시된 주제만 가지고도 유아를 위한 소품상자 탐험을 시작하기에 충분할 것이다. 여러분이 유아들을 위해서 항상 준비해 둬야 할 몇 가지 일반적인 소품이 있다. 이들은 전통적으로 모든 유아들이 좋아하는 물건들인데, 망토, 가면, 왕관, 항아리, 다양한 종류와 사이즈의 모자, 정장 및 드레스류, 소방관 장화부터 마법 슬리퍼를 망라하는 다양한 신발들이다. 여러분의 상상력과 유아들로부터 얻은 경험을 결합해서 소품 상자를 채우고 연극을 시작해보라.

현장 견학

유치원 주변 앞마당 혹은 주변의 흥미로운 장소로 현장 견학을 나가라. 유아들에게 보이는 모든 것을 관찰하고 들리는 모든 소리를 잘 들어보도록 한다. 현장 견학 후에는 유아들이 그들이 보고 들었던 것을 자연스럽게 재현할 것이다. 그들은 건물의 모의품을 만들고, 인도를 만들기 위해서 마스킹 테이프를 구해달라고 하거나 그들이 본 것을 만들기 위해서 마분지 벽돌 블록을 이용할 수도 있을 것이다.

이야기와 시

유아들이 좋아하는 이야기나 시에 익숙할 때는 즉흥극을 통해서 그 경험을 확장시키도록 한다. 연극으로 만들기 좋은 이야기들은 단순한 줄거리, 다양한 동작, 유아 간의 대화 그리고 유아들과 동물들 사이의 대화, 반복되는 단어와 구절 혹은 문장을 가지고 있다. 다음은 연극을 시도해보기 좋은 이야기들이다.

“염소 삼형제”
“골디락스와 곰 세 마리”
“작은 붉은 암탉”
“요정과 구두장이”
“돌 수프”
『곰아저씨께 물어봐』
“빨간 망토”

[표 6-3] 창작 동극을 향상시키기 위한 주제와 소품들

주제	소품	
수의사	동물 사진 박제된 작은 동물 애완동물 운반가방 일회용 의료장갑 접착테이프 빈 비타민 병 면봉	애완동물용 브러시 체온계 헝겊 붕대 두루마리 청진기 강아지 목줄 사료용 접시
우체국	스탬프 스탬프 패드 봉투 학교 문구류	스티커 우편배달용 큰 가방 개인별 우편함 필기구
사무실	컴퓨터 키보드 휴대전화 아이팟	종이 열쇠 서류가방 전자레인지
자동차 수리점	드라이버 망치 보안경 낡은 타이어 타이어 접착제	렌치 열쇠 뭉치 낡은 정원용 호스 번호판 자동차에서 떼어온 스위치류
아이스크림가게	모자 앞치마 아이스크림 주걱 플라스틱 접시	종이컵 빈 토핑통 장난감 체리 빈 아이스크림용 냉장고
학교	작은 칠판 지우개와 분필 보고서용 카드 핸드벨	교사용 책상 스테플러 필기구 고학년용 교과서
이발소/미용실	빗과 브러시 빈 스프레이 통 수건 가운 모양으로 재단된 천 컬 클립과 핀 상표가 붙어 있는 빈 샴푸 통	손거울과 탁상 거울 남성/여성의 미용 화보 전화기 머리핀과 머리 클립 상표가 붙어 있는 빈 면도 크림 통

즉흥극을 위한 이야기를 고를 때는 종종 명확하게 보이는 것 이상의 역할이 있다는 것을 기억하라. 예를 들어 "아기 돼지 삼형제" 이야기에는 돼지들과 늑대 이외에도 나무 막대기, 볏짚, 벽돌, 집이 필요하다.

창의적인 연극은 자기인식과 자기표현을 발달시키기 위한 중요한 과정이다. 이를 통해서 당신과 당신의 아동들은 상상을 넓히고, 신체 움직임을 발달시키고, 언어적 또는 비언어적 의사소통을 연습한다. 어린 유아들을 위한 창의적인 연극 경험을 계획하고 실행하기 위해서 연극이나 연기에 대한 공식 교육을 받을 필요는 없다. 창의적인 연극 활동은 자유로운 표현과 탐험을 위한 최적의 조건을 만드는 데 초점을 맞추고 있다. 이런 활동의 목적 중 하나는 당신과 아동들 사이에 기본적인 믿음을 쌓아가는 기반을 확립하는 것을 도와서 비법률적인 승인과 존중으로 보증되더라도 안전하다고 모두가 느낄 수 있도록 하는 것이다.

창작 동극 활동에 대한 여러분의 참여는 안내 이미지, 음악과 신체표현, 그리고 시각예술의 일부 요소들을 결합시킬 것이다. 창작 동극이란 유아교육에서 창의예술 활동의 총체적 개념으로 부여한 가치를 평가할 수 있는 축적된 경험으로 생각하라.

창작 동극은 유아들이 "다른 사람의 입장에서 멀리 내다볼 수 있게" (Pearson-Davis, 1993, p. 16) 해주고 다른 문화와 인종 집단에서 온 사람들을 인정하고 이해할 수 있도록 돕는다.

연극교육 전국 표준

연극과 희곡은 아동이 인생－행위와 결과, 관습과 신념, 그 밖의 것들과 그들 자신－에 대해서 배우는 기본적인 방식이다. 연극교육을 위한 전국 표준(K-4)은 즉흥극에서 시작되고 즉흥극을 강조하는데 이 즉흥극은 사회적 역할극의 기반이 된다. 다른 시각적 혹은 공연 예술 콘텐츠 분야처럼 연극 역시 평가받아야 한다. 다음 절에서는 연극 표준 혹은 초기의 유아교육자들이 유아극(children' s drama)이라고 인용했던 것을 평가하는 몇 가지 아이디어를 제공하고 있다.

평가

연극 표준과 관련된 유아의 발달을 평가할 때, 교사는 종종 유아의 경험이나 개인적인 발달을 무시할 수도 있는 형식적인 등급 매기기에서 벗어나야 한다. 특히, 연극 표준 K-4는 교사들에게조차 가지각색이고 복잡하며 불확실하다. 예를 들어, 서술 항목에는 쓰기, 연기, 계획, 감독, 연구, 비교, 분석, 이해가 포함된다. 내 생각으론, 초창기의 유아 교실에서는 스밀랜스키(Smilansky, 1971)의 사회극 연극의 여섯 요소에 대해 좀 더 초점을 맞출 수 있었을 것이다. 유아기 때 학습과 인지의 기반이 되는 관찰, 역할극, 창의적인 연극 상황 및 자유극을 통해서, 교사들은 다음 체크리스트 항목들에 대한 비공식적인 관찰을 기록할 수 있다.

- 상상력을 사용한다.
- 역할극에 참여한다.
- 대상에 대한 믿음을 가진다.
- 행위와 상황에 대한 믿음을 가진다.
- 지속적이다.
- 다른 유아들과 상호작용한다.
- 다른 유아들과 의사소통한다.

만약 이 요소들에 대해서 좋은 기록을 유지한다면 당신은 연극교육을 위한 국가 표준을 평가하는 데 큰 성취를 이룰 수 있을 것이다. [그림 6-5]는 연극 교육을 위한 국가 표준에 대한 개관을 보여주고 있는데 여기에는 이 기준이 실제 교실에서 어떻게 적용되는지도 기술되어 있다.

다문화 맥락에서의 창작 동극 탐구

언어가 오래될수록, 민간 설화는 다치 타고난 방랑자처럼 온 세상으로 퍼져나간다. 이들은 그 자신의 개성과 핵심 주제를 유지하면서도 서로 다른 문화에 맞게 변형해 나간다. 민간 설화는 이야기꾼에 의해서 보존되고, 변형되고, 각색되면서 인간의 기억과 목소리라는 단순한 매체를 통해 수 세대를 거쳐 내려오고 있다.

민간 설화는 쉽게 이해할 수 있고, 특히 동물에 대한 이야기는 아동들에게 아주 매력적이다. 이들은 대개 반복과 마법 주문의 황홀한 패턴을 가지고 있고, 불필요한 미묘한 감정 묘사나 원인과 결과 사이의 혼동이 없이 결말을 바로 제시한다.

[그림 6-5] 연극교육 전국 표준

내용 표준 1: 개인적 경험 및 천성, 상상, 문학, 역사에 기초한 즉흥극을 기획하고 기록함으로써 대본 쓰기

- *실습에서는:* 학생들은 교실 연극을 위해 서로 밀접한 관계가 있는 캐릭터와 환경, 상황을 선택하기 위해 협력한다. 예를 들어, 학생들은 그들의 개인적인 경험(야외학습, 가족 환경, 여름 방학, 애완동물과의 관계 등), 천성(인종, 문화적 배경, 가족의 관심사 등), 상상(가고 싶은 곳, 상상 속의 친구와 하고 싶은 것 등), 문학(좋아하는 이야기에 새로운 결말을 지어내보기), 역사(자신들에게 의미 있는—예를 들어, 그날 아침 학교에 오면서 일어났던— '역사적' 사건에 대해 적어보기) 등을 기반으로 아동들의 연령에 따라서 말로 녹음을 하거나 직접 쓴다.

내용 표준 2: 역할을 맡고 즉흥극으로 연기해보기

- *실습에서는:* 학생들은 동화(돼지 삼형제 같은)에 나오는 서로 다른 역을 맡아서 다른 학생들과 함께 연기한다. 그리고 그들이 맡은 배역, 배역 간의 관계, 그 상황이 발생한 장소(예: 볏짚으로 만든 첫 번째 돼지의 집, 늑대의 집 등)에 대해서 말해본다.

내용 표준 3: 교실 연극을 위해서 주변 환경을 조정하고 시각적으로 표현함으로써 설계하기

- *실습에서는:* 학생들은 토의하고 이를 구체적으로 가시화("집을 지을 볏짚, 나무막대기, 벽돌을 보여주기 위해서 뭘 사용할까?" 등)하고 주변 환경을 조정(집을 짓기 위해서 블록을 사용한다)한다. 학생들은 교실 연극을 위한 공간을 준비하고 풍경, 주변 지형지물, 조명, 음향, 의상 및 분장에 사용할 수 있는 재료들을 고르고 안전하게 준비한다.

내용 표준 4: 교실 연극을 계획함으로써 감독하기

- *실습에서는:* 학생들은 함께 계획(연극의 서로 다른 분야를 맡아 소집단으로 함께 작업하기)하고 교실의 다른 공간을 이용해서 연극을 준비한다.

내용 표준 5: 교실 연극을 지원할 수 있는 정보를 찾음으로써 연구하기

- *실습에서는:* 학생들은 동료들과 교실 연극과 연관된 인물(예를 들어, 그들의 이웃에 사는 사람), 사건(예를 들어, 이웃 사람들이 언제 함께 모이고 몇 명의 사람들이 함께 식사를 하는지), 시기(예를 들어, 아동들은 아침에 언제 일어나는지 또는 방과 후에 무엇을 하는지) 및 장소(예를 들어, 부엌, 집 앞마당, 이웃의 뒷마당)에 대한 정보를 주고받는다.

내용 표준 6: 연극이나 극적 매체(영화, TV 또는 전자 매체) 및 다른 예술 형태를 설명함으로써 여러 예술 형태를 비교하고 연결하기

- *실습에서는:* 학생들은 교실 연극의 분위기를 고조시키기 위해서 동작(예를 들어, 다른 동물들은 어떻게 움직이는지 또는 사람들이 급할 때 어떻게 움직이는지), 음악(레이첼 이사도라의 '벤의 트럼펫'을 공연할 때 트럼펫 음악을 녹음해오기 등) 또는 시각적 이벤트(천장에서 떨어지는 별들을 나타내기 위해 교실의 불을 끄거나 손전등을 이용하기)를 선택한다.

내용 표준 7: 개인적 취향을 설명하고 분석하고, 연극, 영화, TV, 전자매체 및 교실 연극으로부터 의미를 찾기

- *실습에서는:* 학생들은 그들의 개인적인 취향(예를 들어 왜 특정한 등장인물 배역을 하고 싶어하는지)에 대해서 설명하고 그 배역이 부족한 것과 필요한 것이 그들 자신과 어떻게 비슷하고 또 다른지 설명한다. 학생들은 또한 훌륭한 TV 쇼나 영화를 보고 이 내용이 자신들의 생활과 어떻게 다르고 또 비슷한지 이야기해본다.

아이들은 어떤 것의 가능성을 탐험할 수 있는 시간이 주어졌을 때 일화가 담긴 놀이를 고집할 것이다.

등장인물은 모두 명확한 캐릭터를 가지고 있으며 착한 자는 영광을 얻고 악한 자는 벌을 받는다. 민간 설화는 무척 재미있고, 우리에게 인생의 옳은 것과 그른 것을 가르쳐주며, 심오한 진실을 말하고 있기 때문에 현재까지 지속되고 있다.

창작 동극에 민간 설화를 접목시키는 것은 다른 집단의 사람들과 그들의 문화, 언어, 문학, 전통 및 지혜를 배우는 데 아주 좋은 방법이다. 아동을 오래된 이야기 속으로 들어가게 하는 것은 아동의 언어를 발달시키고, 문화적 교양을 넓혀주며, 문화 간 인지 및 이해를 확대하고, 극의 수준을 높여준다(Gerke, 1996).

이 책의 1장으로 돌아가서 벽돌 방에서 "염소 삼형제(Three Billy Goats Gruff)" 연극을 하는 아동들에 대해 기술한 부분을 다시 읽어보라. 이 노르웨이 민화는 피터(Peter)가 수집한 민간 설화를 정리해서 1845년 출판한 『노르웨이 민화집』에 실려 있고 1859년 조지 다슨트(George Webhe Dasent)경에 의해 최초로 영어 번역본이 나왔다. 루이스(Lewis, 1991)에 의하면

> 다슨트(Dasent)가 스칸디나비아에 매료된 것은 그다지 놀랄 만한 일이 아니었다. 옛날이야기들의 줄거리는 지역에 상관없이 공통점이 많다. 그 이야기들의 차이는 이야기가 전해지는 장소－나라와 사람들－에 의해 나타난다. 주변 풍경이 황무지인 곳이라면 어디든지 겨울은 길고 매서우며, 마을은 작고 외딴 곳에 떨어져 있으며 마법과 미스터리한 일들이 횡행한다. 왜 사람들은 숲속에는 늑대와 곰뿐 아니라

블록은 세 번째 아기돼지 집을 만드는 데 중요한 역할을 하는 도구이다.

거인이 살고 있는지, 또는 같은 환경 속에서 함께 고난을 겪고 있는 동물들이—그들이 원한다면—말을 하고 심지어는 인간으로 변했다가 되돌아가기도 한다고 의심하는 것일까?(서론)

누적되어온 짐승 설화들은 거의 완벽하게 짧은 이야기들을 구성했다. 불필요한 단어도 없고, 사건은 빠르게 전개된다. 이에 따른 만족스러운 결말은 때로는 유아들이 반복하기 좋아하는 댓구로 묶여지기도 한다.

전 세계 민간 설화의 연극화

노르웨이 전래동화 "염소 삼형제(Three Billy Goats Gruff)"와 영국 동화 "돼지 삼형제(The Three Little Pigs)" "염소 삼형제"에서 염소들은 다리를 건너서 반대편 초원의 풀을 먹고 싶어했지만 다리 밑에 괴물이 살고 있다는 걸 알게 된다. 각 염소들이 다리에 다가가고, 괴물과 만나고, 자기가 다리를 건널 수 있도록 괴물을 설득할 때마다 긴장은 커져 간다. 하지만 이 긴장이 무한정 계속되지는 못한다. 가장 큰 세 번째 염소와 괴물은 그들의 차이를 해결해야 한다. 세 번째 염소가 괴물을 다리에서 밀어버리고 맞은편으로 건너갈 때 갈등은 절정에 도달한다. 그 후로 염소들은 행복하게 풀을 뜯었다([그림 6-6] 참고).

선을 대표하는 등장인물과 악을 상징하는 등장인물 간의 갈등은 민간 설화의 전형적 요소이다. 이야기에 등장하는 다른 악당은 괴물이나 거인과 비슷한 부정적인 역할을 맡는다. 예를 들어, 영국 동화 "돼지 삼형제"에서는 돼지들이 반드시 늑대를 물리쳐야 한다. 명확하게 구분된 선한 등장인물과 악한 등장인물에 덧붙여,

[그림 6-6] "염소 삼형제"가 쿵쿵 거리면서 푸른 초원을 다니다가 다리를 건너가고 싶어하는데. 이때 다리를 만드는 도구로 블록이 큰 역할을 한다.

운율과 의성어를 사용한 음의 반복은 이야기에 빠르고 극적인 절정을 만들어준다. "돼지 삼형제"에서는 늑대가 이렇게 위협한다. "내가 불어서 지붕을 날려버릴 거야!" 늑대는 그의 희생자들과 비슷한 최후를 맞기 때문에 유아들은 그 결과의 논리적 정당성을 받아들인다(Jacobs, 1892).

민간 설화는 모든 연령 수준에 사용되도록 추천되는데, 이는 서로 다른 연령 집단은 그들의 경험과 성숙도에 맞게 그 이야기를 받아들이기 때문이다. 창작 동극의 환경을 준비하거나 이야기로부터 연극을 만들어갈 때, 한 부분을 빼먹어서 이야기의 흐름이 틀어지는 일이 발생하지 않도록 그 이야기를 완벽하게 이해하고 있어야 한다. 유아들이 소화할 수 있는 범위에서 이야기에 필요한 세부장면을 되도록 많이 포함시키고, 절정을 끝까지 유지하면서 순서대로 진행하라.

이야기를 다 듣고 모든 질문과 답변이 끝나면, 유아들은 어떻게 연극을 하고 자신들의 것으로 만들지 계획을 세울 준비가 다 된 것이다. 유아들은 한 이야기로 여러 번 반복할 수도 있다. 반복할 때마다 유아들은 자유와 자신감을 발달시키게 된다. 시간이 지날수록 여러분과 유아들은 창작 동극으로부터 유쾌한 경험을 얻게 될 것이다. 창작 동극은 대중 앞에서의 공연을 염두에 둔 것이 아니라는 것만 기억하라. 이는 단순히 재미를 위한 것이다. 도입, 전개, 절정의 이야기구조를 만들어 나가기 위한 의사소통, 감정의 표현, 신체 움직임을 통한 등장인물의 묘사, 타인과의 상호작용, 다른 등장인물로서 말하고 그 인물을 창조하는 과정을 통해 유아들에 대한 보상이 이루어진다.

활동 6-1: 민간 설화 연극의 준비 과정

다음 목록은 유아들이 이야기를 연극으로 만드는 과정에서 도움을 줄 수 있는 일반적인 지침을 포함하고 있다.

- 모두가 동물이라고 설정한 후 숲길을 걸으면서 먹이를 찾아보도록 한다.
- 몇 가지 동물을 골라 걸음걸이, 울음소리와 그 동물의 느낌을 연습해본다.
- 줄거리 중 주제가 되는 내용을 복습해본다.
- 유아들에게 다른 역할을 할 짝을 고르도록 한다.
- 다양한 소리를 설명해주고 유아들이 소리내보도록 한다.
- 유아들 사이로 바구니를 돌리면서 유아들이 대상의 감각적 특성(단단함, 부드러움, 둥근 것 등)을 설명해보도록 한다.
- 다른 사람의 역할을 해보도록 한다.
- 소풍, 옷 입기, 쇼핑과 같은 실생활의 상황을 연기해본다.
- 사람들과 동물들이 각각의 상황에서 느끼는 감정—행복, 슬픔, 분노, 놀람—에 대한 토론을 이끌어내기 위해 다양한 동작을 하고 있는 사람들의 사진을 보여준다.
- 기계소리를 낸다거나 자연의 소리를 흉내 내는 등의 다른 방법으로 이름을 말하는 게임을 시도해본다.

연극놀이를 할 분위기를 만들어갈 때, 그 과정에서 가장 중요한 사람은 바로 유아라는 것을 기억하라.

- 각각의 유아들을 특별한 기여를 할 수 있는 중요한 사람으로 대한다.
- 각각의 유아들이 연극으로 꾸밀 이야기에 대한 생각과 느낌을 표할 수 있도록 격려한다.
- 각각의 유아들에게 다른 사람이라면 어떻게 생각하고 느끼고 행동할지 상상하고 이를 표현해보도록 한다.
- 각각의 유아들이 자신의 독창적인 아이디어를 유지하고 그 집단의 연극놀이에 이를 반영할 수 있도록 돕는다.

◆ 개성은 긍정적인 자아상, 창조적인 사고, 타인을 인식하고 성공적으로 상호 작용하는 능력의 밑바탕이므로 유아의 정서적, 지적, 사회적, 신체적 성장의 기본이 된다는 것을 인정하고 발달시킨다.

모든 민간 설화들은 고유한 문화에 기반을 두고 있으며 문화의 세계는 무한하다(Wolkstein, 1992). 민간 설화의 방대한 저장고는 전 세계 문화에 존재하는 훌륭한 전래 민화들이다. 다음은 창의적인 연극 활동에 활용할 만한 전 세계 민간 설화의 간략한 목록이다.

아프리카:	암탉과 개구리
덴마크:	말하는 단지
영국:	잭과 콩나무
핀란드:	곰은 북쪽을 말했네
프랑스:	빨간 망토
독일:	브레멘 음악대
인도:	바보와 토끼
아일랜드:	꿀벌과 하프와 생쥐와 게으름뱅이 시계
일본:	혀가 잘린 참새
유태인 민화:	악마의 속임수
멕시코:	왜 당나귀는 사람과 살까
노르웨이:	동쪽엔 해, 서쪽엔 달
폴란드:	왕이 된 유쾌한 재단사
러시아:	미스터 삼손의 모험
스코틀랜드:	정직한 존
남미:	게으른 사람들의 이야기
스페인:	벼룩 이야기
베트남:	작은 용의 당 안에서
서인도제도:	변신하는 마법 나무

이제 이 책의 반복되는 주제인 정서 발달에 대한 토론으로 돌아갈 때이다.

정의적 영역 발달의 연속체: 조직화

교사가 되거나 더 뛰어난 교사가 되기를 배우는 과정에서 우리 자신을 안내하기 위해서, 우리는 우선 우리가 어디에 있고 어디로 가려고 하는지 알아야 한다. 우리는 창조자이면서 동시에 창조물이기 때문에 현재 우리의 발달 수준을 생각하고 우리의 개인적, 전문적 자료들을 만들어야 한다. 여기서 잠시 멈추고 앞에서 언급했던 정서 발달의 연속체에 대해서 잠시 복습해보자. 이 토의의 일부는 자기개방의 척도와 연관되어 있지만, 정서 영역의 발달을 주의 깊게 들여다본다면 우리가 다루는 전 과정에서 적절하다고 생각한다. 주제는 지식과 학습의 정서적 방식이며 전달자는 키에르케고르(Kierkegaad)이다.

키에르케고르와 시간

독자들 중 일부는 철학자 키에르케고르 방식이 정서 발달을 보는 색다른 방식이라고 생각할 수도 있다. 내 입장에서 그의 저술을 생각해봤을 때, 그가 시간에 대해서 기술을 했었고 그의 아이디어에 대한 내 기억이 정서 발달의 연속성에 대한 나의 개인적 관점에 어떻게 영향을 미쳤는지 기억한다. 키에르케고르의 시간에 대한 인식은 나의 정서 발달 과정 이론에 많은 영향을 끼쳤다. 그는 시간은 원과 같다고 믿는 사람들이 있다고 했다. 우리가 만일 시기가 되었을 때 무언가를 하지 않았다면 또 다른 기회가 온다는 것이다. 또한 그는 시간은 강과 같다고 믿는 사람들도 있다고 했다. 기회가 우리 앞을 지나갈 때 아무것도 하지 않는다면, 기회는 우리를 지나간 후 절대 돌아오지 않는다는 것이다. 이것은 정서 발달의 연속성과 어떤 연관이 있을까?

이 시점에서, 나는 독자들이 어떤 현상을 받아들이고 이에 주의를 기울이기를 바란다. 어떤 경우에는 창의적 예술작품을 주시하기를 바라며, 또 다른 경우에는 그 작품이 교사로서 여러분의 개인적, 직업적 성장과 직접 관련이 있다. 다음 토의에서 여러분이 활동에 적극적으로 참가하고 집단 경험에 참여하는 태도로 응답하라고 권해본다. 제5장에 제시된 자아인식(An Awareness of Self) 활동을 함으로써 여러분은 과정에 기꺼이 동참할 정도로 예술에 가치부여를 하는 행동에 대한 통찰력을 증진시키게 될 것이다. 우리들 중 누군가는 이런 기회를 원으로 본다. 즉, 만일 우리가 기회가 주어진 기간 동안 주시하기, 응답하기, 평가하기 같은 내재화 과정에 동참하지 않기로 결정했다면, 나중에 다시 기회가 올 것으로 알고 있다는 것이다. 반면에 우리 중 누군가는 기회는 강과 같아서 한 번 지나가면 다시 돌아오지 않기 때문에 기회는 왔을 때 반드시 잡아야 하는 것이라고 믿고 있다.

이 모든 것이 키에르케고르와 무슨 관련이 있을까? 정서 발달의 연속성은 내재화 절차, 즉 다른 시기에 다른 사람들에게 다른 수준으로 발생하는 순차적인 절차라는 것을 기억하라. 예를 들어, 만일 여러분이 창의적인 예술 활동에 참여하고 있는데, 제시된 활동에 대응하는 것이 어렵다면, 연속성을 키에르케고르의 원과 같다고 생각해야 한다. 여러분이 원하는 수준만큼의 대응을 하지 못하고 있다면, 이 책 전체를 통해서 대응할 기회가 계속되는 것처럼, 더 많은 기회가 있을 것이다. 그들이 여러분의 개인적, 직업적 성장과 연관되어 있기 때문에, 창의적 활동에 대한 여러분의 참여라는 강과 원은 여러분이 이 책을 다 읽고 이 과정을 마친 후까지 꾸준히 지속될 것이다.

정서 발달의 연속성에 대해서, 조직화 절차는 서로 다른 가치를 결합하고, 갈등을 해소하고, 내부적으로 견실한 가치 체계를 만드는 것과 관련이 있다. 우리가 교사가 되는 데 기여한 우리의 모든 다른 부분들을 생각해보는 방법 중 하나는 우리의 강점, 한계, 약점을 이해하고 받아들이는 것이다. 이 절차에서 강조하고 초점을 맞추는 것은 우리의 약점이나 부족한 점을 제거하기 위한 계획을 세우는 것과 우리의 강점을 이용하기 위한 책임을 받아들이는 것이다. 개인적, 직업적 성장에 대한 다음 장은 일련의 활동들이 이 시점에서 여러분 자신과 타인으로부터 여러분의 장점에 대한 정보를 모으는 것에 도움을 줄 것이다. 그리고 여러분은 스스로의 조직화 정도를 보다 정확하고 명확하게 기술할 수 있게 될 것이다.

개인적 · 직업적 성장

우리 자신이 가지고 있는 약점에 대해 인지하지 못하면 여러분의 힘과 수행능력을 향상시키는 것은 불가능한 일이다. 우리는 가끔씩 우리 자신에게 너무 모질게 굴고, 우리의 약점들에 더 신경 쓴 나머지, 이 시점까지 이끌고 온 자신이 가진 강점들에 대해서는 신경 쓰지 못한다. 우리 중 몇 명은 다른 이들보다 우리의 강점과 성취를 인정하고 말하는 것을 힘들어한다. 겸손에 대한 오래된 관념들은 우리 자신을 돌아보는 시야를 가로막고 우리가 가진 강점들을 경시한다. 친구들과 말하는 것은 안심시켜 준다; 자신을 드러내는 것과 공유하는 것은 여러분에게 개인적인 강점과 직업적인 강점 사이의 일치를 이해하는 데 도움을 준다. 공유하는 것은 약점들이 바로잡을 수 있는 결점에 불과하다는 것을 보여준다. 과정은 중요하지 않다. 유아들 또는 다른 어른들과 함께 일하는 경험과 기술이 부족해도 다 고쳐질 수 있다. 우리가 가르치는 유아들이 지속적으로 발전하는 것처럼 우리 지도교사들도 개인적으로 그리고 직업적으로 발전한다. 여러분이 활동들을 하면서 다른 사람들과 의사소통할 수 있도록 창의적인 표현들을 쓰면서 여러분이 가지고 있는 강점에 집중하자.

이러한 활동들은 여러분의 창의적인 반응에 있어서 융통성과 독창성을 기르게 한다. 여러분이 개인적으로 안정적이고 뒷받침되어 줄 수 있는 환경 속에서 참여할 때 여러분은 유아들이 창의적인 과정을 통해 자신들의 여정을 계속할 수 있도록 용기를 돋워줄 수 있는 분위기의 교실을 만들 수 있는 요소들을 배울 것이다.

통합을 위한 단계: 개인적인 "나"와 직업인으로서의 "나"

이 활동을 시작하기 전에 여러분이 준비해야 할 물건들

- 각 집단에 필요한 두 개의 큰 봉투들 (한 봉투 위에는 강점이라고 표시하고 다른 하나에는 약점이라고 표시한다.)
- 각 참여자들에게 필요한 열 장의 작은 종이들
- 각 참여자들에게 필요한 공책 한 장

과정

1. 셋 또는 네 명으로 구성된 소집단을 만들고 바닥에 동그랗게 둘러앉는다.
2. 5분 동안 각자 자신이 유아들을 가르칠 때 유용하게 쓰일 자신이 가진 개인적, 직업적 강점들을 다섯 개씩 생각한다. 이 강점들은 자신이 가지고 있는 특성, 기술, 지식, 경험, 가치 등을 담고 있어야 한다. 예를 들어 교사는 영양이 있는 과자를 준비할 수 있는 능력을 가졌기 때문에 유치원생들에게 영양가 있는 간식을 줄 수 있다. 또는 여러분은 유아 문학에 대해 잘 알아서 각 연령층의 아동들에게 적합한 이야기들을 선정할 수도 있을 것이다. 다섯 가지의 강점들을 생각하고 나서, 공책에 쭉 나열해 써보자. 이것은 여러분의

최종목록이 될 것이다. 그 다음 나누어진 작은 종이들 하나하나에 여러분이 공책에 쓴 강점들을 하나씩 적는다. 그 종이들에 이름을 적지 말고 강점만 적는다.

3. 모두가 최종목록을 다 작성하고 작은 종이들에 옮겨 적은 후에 그 종이들을 강점 라벨을 붙인 봉투에 넣는다. 최종목록은 자신이 가진다.
4. 그 다음, 몇 분 동안 다섯 가지의 바로잡을 수 있는 직업적인 약점들 또는 결점들을 생각한다. 예를 들어 아직 교육과정을 끝내지 않았거나, 책을 읽지 않았거나, 경험하지 못한 활동들이 있거나, 배우고 싶은 기술들을 마스터하지 않은 것 말이다. 또 하나, 여러분이 사회학에 대해 잘 모른다고 생각이 드는데 아직 그 수업을 듣지 않았을 경우, 또는 유아들을 가르칠 준비가 안 됐다고 생각이 드는데 유아들을 가르치기 전까지 한 실습과정 과제만 마친 상태이고 아직 두 개가 남아 있을 때이다. 최종목록에 이 결점들을 적고 또 작은 종이들에 각각의 결점들을 적는다.
5. 강점들을 적어서 봉투에 넣었듯이 여러분의 약점들도 또한 "약점" 표지 표시가 되어 있는 봉투에 넣는다. 약점들을 노출시키는 것이 불편하다면 반드시 하지 않아도 된다.
6. 집단에서 리포터 한 명을 정한다. 이 리포터는 큰 봉투를 열어서 작은 종이들에 적힌 내용들을 읽는다. 우선 약점들만 읽는다. 하나의 약점에만 초점을 맞추어 진행하거나 팀 내 모두가 공유할 수 있는 약점을 골라서 활동을 진행한다. 약점을 해결할 수 있는 대안이나 제안이 있으면 공유한다. 이러한 결점들을 고치기 위해 집중하고 이 약점의 주인공이 누군지 알기 위해 시간을 할애하지 말자.
7. 이제 리포터는 강점 봉투를 열어서 하나씩 읽는다. 하나의 강점들이 읽혀지고 나서 그 강점을 쓴 사람이 대답한다. 예를 들어 인내심이라고 쓰인 강점이 읽혀지면 그 글을 쓴 사람은 "나는 유아들을 가르칠 때 인내심이 강합니다."라고 대답한다.
8. 모든 강점들을 읽고 나서 각 집단들은 몇 분 동안 자신들이 한 활동에 대해서 그리고 자신의 강점들을 표출한 것에 대해서 공유한다.
9. 최종목록은 자신이 갖는다. 약점들을 적은 목록은 여러분이 교육과정을 선택하거나 실습과정의 경험들을 결정할 때 유용하게 쓰일 것이다. 또 강점 목

록은 후에 용기를 잃을 때 훌륭한 도구가 될 것이다.

아주 중요한 바구니

지도교사들은 지속적으로 자신들의 능력이 창의적으로 영향을 주는 자극들로부터 충격을 받는다. 가끔씩 이러한 "그때 그리고 거기(then and there)"의 개인적인 경험들이 현재 존재하는 "지금 그리고 여기(now and here)"의 창의적인 예술 경험을 하는 데 방해한다. 창의적인 예술 활동을 통한 자발적인 반응은 적어도 일시적으로 방출되었다고 하여도 우리가 일상생활에서 겪는 압박과 걱정을 벗어나 자유로워짐을 의미한다.

여러분이 이 책에서 우선적으로 탐색하게 되는 것은 심상으로 인도되는 것이다. 여러분은 아주 작은 녹색 나무가 되어 태양을 향해 솟아있고 따뜻하고 습한 대지에 뿌리를 깊게 박고 있는 모습을 생각해보라. 이 여정은 여러분의 상상 속에서 시작된다. 다음 활동은 현실 속에서 시작되게 디자인된다. 이것은 여러분의 내면에서 일어나고 있는 것과 현재 창의적인 예술 교실에서 일어나는 것에 대한 인식을 높여주는 역할을 한다. 이것은 내면의 긴장, 신체감각, 경험들, 또한 여러분이 하루 종일 만나는 사람들과 사건들을 인식하는 것을 포함한다. 다음의 상상력의 경험들은 여러분과 자유, 창의적인 표현 사이에 존재하는 난관을 만드는 사건들이 무엇인지 일깨워주고 없애주는 역할을 할 것이다.

> 편안한 자세로 앉거나 바닥에 누워라. 그리고 여러분의 몸 전체를 편안한 상태로 놔둬라. 여러분이 있는 곳의 중점에 집중하고 여러분의 마음의 눈으로 몸 전체를 둘러보고 중점을 찾는다. 여러분 스스로를 편안히 진정시킨다. 큰 숨을 몇 번 들이마시고, 여러분의 몸에 있는 모든 긴장들을 모두 몸 밖으로 나가게 한다. 여러분의 몸은 잔잔해진다. 여러분 마음은 집중하고 있고 몸은 앞으로 쭉 뻗는다. 몇 분 동안 여러분이 확실히 집중하고, 진정되고 편안하지 확인해봐라.
>
> 대부분의 시간들을 보내면서 우리는 얼마나 많은 사람들과 경험들을 만나고 그것이 우리에게 어떤 영향을 미치는지 인지하지 못한다. 몇 분 동안 여러분이 오늘 아침에 일어났을 때 어디에 있었는지 상상해보자. 그 곳에 누가 있었나? 무슨 일이 일어나고 있었나? 어떤 감정을 느끼고 있었나? 오늘 하루에 대해 어떤 생각을 가지고 있었나? 이러한 이미지들을 여러분의 마음의 눈으로 보기 시작한 다음, 지금 현재 있는 장소까지 어떻게 왔는지 생각해보자. 어디를 갔었나? 누구를 보았나? 무엇

을 했었나? 여러분이 이 시점에 이곳에 오기 전까지 무엇을 했는지 몇 분 동안 곰곰이 생각해보자. 나는 여러분의 하루를 상상하는 데 몇 분의 시간을 더 주겠다.

이제 여러분의 하루에서 여러분을 괴롭혔거나 갈등을 주었던 것들에 대해 생각해보자. 이것들은 여러분이 만났던 사람이 될 수도 있고, 여러분이 겪었던 사건들이 될 수도 있다. 여러분은 아마도 다른 사람과 의견차이가 났었던 일도 있을 것이다. 여러분은 아마 점심을 놓쳤을 수도 있을 것이고, 차 사고가 났을 수도 있을 것이며, 재미없는 수업을 들었을지도 모른다. 이처럼 여러분을 기분 나쁘게, 피곤하게, 불리하게 하는 여러 일들을 겪었을지도 모른다. 여러분의 마음의 눈을 이용해서 여러분이 오늘 하루 동안 힘들었던 모든 것들을 돌아본다.

커다란 자루가 여러분 옆에 펼쳐져 있다고 상상해보자. 이것은 마대자루이다. 이것은 중요한 목적을 가진다. 오늘 고난을 겪었던 모든 경험들과, 사건들 그리고 사람들을 모두 담아둘 것이다. 이 마대자루는 그 모든 것들을 담아두기에 안전하다. 그리고 잘 묶어놓으면, 여러분이 꺼내고 싶을 때 다시 열어볼 수 있다. 갈등을 빚었던 모든 일들을 하나, 하나씩 꺼내서 마대자루에 넣자. 아주 안전하게 보관될 것이다. 여러분이 원한다면 다시 꺼내 볼 수도 있지만, 지금은 그것과 멀어져서 자유로워지자. 부드럽게 차근차근 그것들을 옮기자. 여러분의 마음의 눈을 통해 그것들을 차곡차곡 넣는 모습을 보자. 여러분의 마음이 어떻게 변화하고 있는지 귀 기울여보자.

그 자루가 꽉 찼을 때, 여러분의 마음의 눈으로 그것을 들어라. 그것은 무거울 수도 있고 가벼울 수도 있다. 무겁더라도 여러분은 들 수 있다. 우리가 우리의 창의성을 탐색하는 동안에 나는 지혜롭고 신뢰할 만한 동료에게 나의 마대자루를 관찰하라고 부탁한다. 여러분의 상상력을 이용해 나의 동료가 지켜보는 가운데 조심해서 자루를 교실 문 밖으로 내보내자. 여러분이 담은 자루가 안전하게 밖으로 보내진 것을 확인하면, 여러분의 상상력을 이용해 다시 방 안으로 돌아오는 것을 상상해보자. 그리고 모든 갈등과 고난에서부터 벗어나는 것이다. 여러분이 그 마대자루가 어디 있는지 아는 이상 여러분은 앞으로 그것들을 가지고 어떻게 조절하며 살아갈 것인지 알 수 있다.

여러분의 손가락과 발가락을 조금씩 움직여봐라. 여러분의 눈을 천천히 떠보고 방의 시야를 여러분의 시야에 맞추어보자. 여러분의 눈을 완전히 뜨게 되면 손발 모두를 쭉 뻗고 모든 긴장들을 털어 없앤다. 그리고 다시 지금 이곳으로 돌아온다.

모든 영역에서, 창작 동극은 모든 사람에게 창의적 성장을 할 수 있는 풍부한 기회를 제공한다. 모든 예술 영역에서, 창작 동극은 넓고 다양한 경험들을 둘러싸는데, 그 이유는 창작 동극은 사고, 감정, 상상력, 행동, 발성법 그리고 말을 다루며, 자기 자신을 이해하는 능력과 다른 사람들을 이해하는 능력을 키우는 기회를 제공한다.

이 장에 소개된 아이디어들은 개인적인 상황에서 요구되는 적응과 제안을 넓히는 지침을 담고 있으며, 바라건대, 그러한 지침이 여러분이 맡고 있는 유아들을 위한 아이디어를 구체화시켜 주는 영감을 줄 것이다.

놀이는 가능성의 환희이다.
Play is the exultation of the possible.

— 마틴 부버(Martin Buber)

제7장

3차원 예술 실험

조각은 여행과 같다. 돌아와보면 다른 조망를 갖게 된다. 3차원 세계란 2차원 세계에서는 결코 갖지 못할 방법으로 놀라움이 가득하다.

— 헨리 무어(Henry Moore, 1982), 영국 조각가

옛날에 나무로 만든 쓰레기통의 바닥에 붙어 있던 찰흙 덩어리가 있었다. 그 찰흙은 아주 부드러웠고 무엇인가로 만들어지기를 원했다. 찰흙은 자신이 무엇이든 될 수 있다는 것과 무엇이 되기 위해서는 누군가의 손길이 필요하다는 것도 알고 있었다. 찰흙은 나무 쓰레기통에서 사는 것이 지겨워졌다. 그는 아름다운 도자기, 컵, 동물, 매혹적인 형태의 창조물이 되기를 꿈꾸었다.

여러분이 이 찰흙을 손에 쥐고 있다고 상상해보자. 눈을 감고 무게를 짐작해본다. 상상력을 발휘하여 찰흙의 딱딱함과 부드러움, 무거움과 가벼움, 매끄러움과 거침 등의 물리적이고 촉각적인 질감을 느껴보자. 이제 형태를 만들기 위하여 찰흙을 천천히 만지는 것을 상상해보자. 찰흙을 포개고 주무르고, 늘려서 전에는 없던 형태로 만들어본다. 찰흙의 모양이 변화되면서 거의 직감적으로 형태가 만들어진다. 형태가 바뀌어가는 그 과정을 상상하면서 계속해보라. 여러분의 마음에 들면서도 찰흙의 성질에도 잘 맞는 형태를 만들게 되었을 때 여러분과 찰흙이 만들어낸 것을 마음의 눈으로 보자.

찰흙은 사람이 만지는 것에 따라 아주 잘 변한다는 점에서 매우 독특한 것이다. 생각한 것을 직접 만들어보는 경험을 할 수 있기 때문에 사람들은 찰흙을 가지고 노는 것을 좋아한다. 우리는 아이디어나 느낌에 따라 찰흙의 형태를 변화시킨다. 찰흙 속에 잠재되어 있는 형태는 주무르기, 늘리기, 비틀기, 평평하게 만들기와 같은 작업으로부터 나온다. 찰흙의 형태는 직접적이고 감각적인 접촉을 통하여 손으로 "알아가는 것" 으로부터 나온다.

찰흙이나 그 외 3차원 예술 형태는 아동에게 깊이, 형태, 공간, 질감을 탐구할 수 있도록 한다. 3차원으로 경험하고 인식한 사물을 평평한 표면으로 바꾸는 2차원의 예술과는 달리 3차원 예술은 무게, 밀도 같은 물질적 속성을 질량을 통해 표현하고, 표면과 가장자리를 통해 형태를 익힘으로써 공간의 세계에 대한 그들의 지식을 표현한다. 아동이 찰흙이나 그 외의 3차원 예술 재료를 가지고 활동하는 것은 어떠한 것인가? 3차원 예술을 탐구하게 될 때 아동들이 경험하게 되는 것을 살펴보도록 하자.

아동과 3차원 예술

3차원 예술을 통한 아동의 창의적 탐구와 실험은 눈으로 볼 수 있는 것이 아니다. 아동은 독특한 방식으로 자신을 표현한다. 또한 이러한 창의적 과정의 결과 나타나는 물질적인 형태는 그것을 만든 아동의 마음을 통해서만 볼 수 있을 것이다. 만족스러운 형태를 만들기 위하여 예술 재료를 조각하고 쌓고 이리저리 조합할 때 아동의 창의적 특징이 나타난다.

아동은 3차원 예술을 통해 복잡한 형태를 다양하게 만들 수 있다. 그림과 달리 3차원 예술은 만지고 느끼고 다양한 관점에서 볼 수 있다. 매우 어릴 때부터 아이들은 3차원 형태를 탐구하기 시작한다. 아동은 블록 쌓기를 하거나 차 또는 기차를 만들기도 하고, 모래성을 쌓기도 한다. 아동은 레고로 훌륭한 구조물을 만들어내기도 하고 찰흙을 주무르고 당겨서 자유롭게 형태를 만든다. 이러한 모든 놀이 활동은 아동이 이미 알고 있는 것을 표현할 방법을 찾기 위하여 아이디어를 조직하는 기회가 된다. 다음 절에서는 아동들에게 적절한 3차원 예술 활동을 자세하게 살펴보고자 한다. 3차원 예술을 아직 한 번도 해보지 않은 사람에게는 이러한 작업이 그리기나 종이를 활용하는 작업보다는 더 도전적인 일이 될 수도 있다. 여러분 스스로 이러한 활동을 시도해보길 권한다. 이 활동에 참여하게 될 때 여러분은 특정한 기술을 따라 배우는 것이 아니라, 한 번도 만들어보지 않은 것을 시도하고 있다는 점을 기억하길 바란다. 3차원 예술이 갖고 있는 놀라움에 대하여 헨리 무어(Henry Moore)경이 말했던 것을 기억하고, 여러분이 이전에는 경험하지 못했던 창의예술 과정에 입문하는 방법을 발견하기를 바란다. 여러분이나 아동은 3차원 예술 활동을 하면서 훌륭한 예술작품이 만들어지는 것을 보고 놀라게 될 것이다.

찰흙으로 틀 만들기와 형태 만들기

찰흙은 시각과 촉각 간의 근본적인 협응을 제공한다. 납작하게 만들고, 구멍을 내고, 밀어 펴서 추상적인 표상으로도 만들 수 있으며, 우리가 인식하고 사용할 수도 있는 모양과 형태로도 만들 수 있다.

2세부터 4세까지의 아동

2세부터 4세까지의 아동에게 찰흙은 훌륭한 재료이다. 아동이 이 3차원의 재료를 다룰 때, 아동은 뚜렷한 목적 없이도 손가락과 근육을 활용하여 찰흙을 치대고 마구 쳐댄다. 아동은 두드리고, 다른 것으로 찌르고, 문지르는 등의 활동을 통하여 깊은 만족감을 얻는다. 이 나이 또래의 아동은 자신이 만든 찰흙 작품에 "오토바이"와 같은 이름을 붙이고 "빵빵" 혹은 "이거 오토바이야"라는 식의 말을 하기도 한다. 이 연령의 아동은 찰흙으로 어떤 형태를 만드는 데 필요한 재주가 별로 없기 때문에, 아동이 가지고 활동하기에 적절한 농도의 찰흙이 마련되어야 한다. 찰흙의 양 또한 두 손으로 가지고 놀고, 어느 정도 떼어내서 형태를 만들 수 있을 만큼 적당히 커야 한다. 이 과정에서 아동은 직접적인 감각(촉각과 시각)의 즐거움을 느끼게 된다. 어린 아동들은 이러한 활동을 통하여 찰흙이 가지고 있는 특성과 잠재력을 발견하게 된다. 이것은 탐구적 활동이기 때문에, 찰흙이 굳어서는 안 되고, 아이들이 제작 활동에 흥미를 느끼게 해야 한다.

4세부터 7세까지의 아동

4세부터 7세 사이의 아동은 만들기 활동에 관심을 갖게 되어 사물이나 자기 자신을 모방하여 만들기도 한다. 이러한 모형 만들기는 아동이 기억하고 있는 이미지와 함께 시작되며, 아동이 찰흙을 가지고 새로운 의미를 부여함으로써 이루어질 것이다. 이미지와 아이디어는 찰흙을 주무르고 늘리는 등의 활동으로 지칠 때까지

어린 아동들은 찰흙 덩이를 평평한 '팬케이크' 또는 '과자'로 만들도록 밀고 펼치기를 즐긴다.

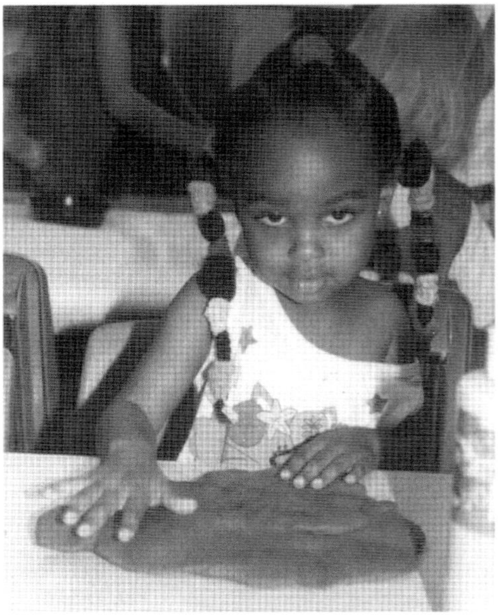

많은 변형을 거쳐서 완성된다. 어떤 아동은 큰 찰흙 덩어리를 가지고 시작하다가 작은 부분들로 떼어내며, 또 다른 아동은 작은 부분으로 시작해서 조합하는 식으로 완성해갈 것이다. 아동의 찰흙 활동을 관찰하면서 이 두 가지 방법들이 모두 사용되는 것을 관찰할 수 있게 될 것이며, 또 두 가지 모두 아이들에게 자연적인 과정이라는 점을 깨닫게 될 것이다. 이러한 사물들은 또한 이쑤시개 등을 활용하여 장식하는 놀이로 발전하게 된다.

7세부터 9세까지의 아동

찰흙의 가소성으로 인하여 7세에서 9세 사이의 아동들은 찰흙 활동을 통하여 많은 것을 배우게 된다. 로웬펠드와 브리튼(Lowenfeld and Brittain, 1987)은 다음과 같이 말한다.

> 재료의 본성은 개념의 유연한 활용을 요구한다. 그리는 것은 동시적인 개념을 필요로 하는 반면에, 찰흙을 가지고 형태를 만드는 과정은 계속적인 형태의 변화를 허용한다. 모양은 덧붙여지거나 줄어들거나 위치와 형태가 변화되기도 한다. 그러므로 행위는 어떠한 동기로도 일어나며, 아동의 경험과 직접적으로 관련된다(p. 185).

여러분은 아이들이 찰흙을 갖고 놀 때 두 가지 방법이 반복됨을 알 수 있다. 모형제작의 합성 방법에서는 개별적으로 부분부분을 모으고, 모형제작의 분석적 방법을 활용할 때는 전체 형태로부터 부분을 떼어내는 것이다. 이러한 두 가지 방법은 모두 아동의 사고와 지각 방법을 반영하는 것으로서, 아이들에게 가장 적절하고 편안한 이러한 방식으로부터 벗어나라고 하는 것은 적절치 않다(Lowenfeld & Brittain, 1987).

상자, 나무, 모래

찰흙으로만 3차원 예술을 할 수 있는 것은 아니다. 3차원 디자인, 추상 조각품, 모빌을 만들기 위해 풀, 테이프, 상자 같은 것들도 사용될 수 있다. 몇 개의 작은 판지로 만들어진 상자는 차, 기차, 비행기, 심지어는 사람과 동물 등 아동에게 의미 있는 3차원 형태로 바뀔 수 있다. 아동은 배달할 때 사용되는 커다란 상자에 색칠하고 장식할 수 있을 정도로 다양한 창의적 구조물을 만들 수 있다. 아동들이 풀과 테이프를 활용할 수 있는 정도가 되었다면 그 과정을 시작할 수 있도록 자세하게 설명해주고 격려해줄 필요가 있다. 가게에서 구입한 나무 조각은 3차원 형태를 결합하는 데 다양한 가능성을 제공한다는 점에서 아동에게 매력적인 것이다. 유치원생들에게 목공 영역을 소개했을 때, 아이들은 나무 조각을 붙이고 색칠하고 구성해서 3차원의 작품으로 만들었다. 5세 아이들은 작은 나무 조각을 가지고 디자인과 구성이 다양한 것들을 만들었으며, 만들기 활동을 통하여 형태, 깊이, 공간적 관계, 넓이, 질감을 탐구하게 되었다([그림 7-1] 참고).

모래 주물은 아동들이 즐길 수 있는 3차원 예술의 또 다른 형태이다. 모래 주물 활동에서 예술가는 깨끗한 모래와 작은 상자로 만들어진 일회용 주물 틀을 활용한다. 소량의 석고 반죽을 섞어서 틀에 부드럽게 붓는데, 이러한 활동의 목적은 반복 활용 가능한 틀로 도안을 재생산하는 것이다. 아동들은 모래로 놀기를 좋아한다. 젖은 모래에 줄을 긋거나 그림 그리기, 조개, 나뭇가지와 같은 것을 배열하여 특별한 도안을 만드는 것을 즐겨한다. 아이들은 모래 주물에 석고를 붓고 떼어내는 놀이에서 형태가 양각되어 나오는 것을 보고 즐거워한다. 어린 아동들과 모래 주물 활동을 할 때는 여러분이 석고를 용기에 부어 넣고 섞어야 한다. 하지만 조금만 도와주면 아동들도 할 수 있다. 아동들은 자신의 도안과 사물을 모래에 배열하고 석고를 섞고 부을 수 있다.

활동에 참가하는 아이들은 작업하면서 재료의 움직임을 느끼기 때문에 3차원 예술 활동에서 초점을 두어야 할 것은 만지고 보고 느끼는 감각적 요소들이다. 3

[그림 7-1] 버려진 작은 나무 조각들은 아동이 3차원적 구조를 구성하는 데 이상적인 재료들이다.

차원 예술을 탐구할 때 아동은 손으로 질감을 느낀다. 아동은 패턴과 도안을 만들어내기 위하여 상상력을 발휘하거나 세계에 대한 이해를 활용한다. 아동은 이러한 경험을 통하여 사물이 예술적 과정에서 만들어지고 발전되는 것을 "관찰하는" 능력을 계발한다.

이 장에서는 여러분과 아동들이 3차원 예술을 제작하는 과정을 보고 느낄 수 있도록 창의적 예술 활동을 고안해보았다. 여러분은 결과물 중심이 아닌 3차원 예술을 실험하고 탐구하는 과정을 통해 아동의 감각적 탐구를 더 깊이 이해하게 될 것이고, 이러한 경험이 아동에게 주는 가치를 보다 잘 느끼게 될 것이다.

> 모든 아동은 예술가이다. 문제는 어떻게 하면 이들이 커서도 예술가로 남을 수 있게 하느냐이다.
>
> – 파블로 피카소(Pablo Picasso)

창의적 표현을 도울 수 있는 조건

여러분의 태도, 교실의 배치, 재료의 사용 가능성, 교실의 환경과 같은 요소들이 아이들의 3차원 예술 경험에 영향을 미친다. 여기에서 가장 중요한 것은 아이들의 노력에 대한 여러분의 태도와 관계 형성이다. 다른 창의예술과 마찬가지로 각자의 표현은 독특하고, 선생님이 완벽한 것을 기대하지 않는다는 것을 아동이 충분히 느낄 수 있어야 한다. 이를 위해서는 개방형 질문을 하고 아동이 생각하고, 작업하고, 재료를 조작하는 다양한 방식을 자기표현의 방법으로 이해하고 실험하도록 허용해주어야 한다. 아동은 제작 과정에서 아직 확실하지 않은 생각을 탐험하면서

3차원 예술 탐색을 촉진하고 격려하는 방식으로 교실 환경을 구성하는 것은 교사의 책임이다.

3차원 예술능력 개발과 가정의 역할

- 아동에게 다양한 종류의 찰흙을 써볼 기회를 준다. 플레이 도우, 집에서 만든 점토, 소품 점토, 조소용 점토와 같은 것들이 포함될 수 있다.
- 찰흙으로 형태를 만들고 본을 뜨고 자르는 것을 할 수 있다. 빵 칼, 아이스크림 주걱, 병 뚜껑, 오래된 가위, 이쑤시개, 빨대, 나사와 같은 것들을 활용하여 작업할 수도 있다.
- 나무 조각은 3차원의 물건을 만드는 데 활용된다. 어린 아동은 독특한 것을 만들기 위해 풀칠하고 깎아내고 끼울 수 있다.
- 커다란 상자는 아동이 좋아하는 재료이다. 마트에서 커다란 상자를 얻어와서 문과 창문이 될 만한 부분을 자르고, 이 "집"을 색칠하고 장식해보도록 해보자.
- 호일은 조각을 하기 위해 활용할 수 있다. 아동은 3차원 형태와 디자인을 하기 위해 호일을 구길 수 있다.
- 특정한 "주제"에 맞는 콜라주를 하기에 적당한 것이 있는지 집안을 둘러보자. 나뭇가지, 나뭇잎, 조약돌, 빨대, 나무껍질, 모래를 주어 카드보드지에 붙여 콜라주를 만든다.
- 아동은 부엌용품을 활용하여 프린트를 할 수 있다. 삶은 감자를 으깨는 기구에 수성 페인트를 칠해서 종이에 찍는 식으로 디자인을 만들 수 있다.

만들어간다. 아동은 여러분과의 관계가 안전하다고 느낄 때 자신의 시도를 받아들이고 새로운 것을 더 많이 시도하게 될 것이다.

아동이 구체적인 재료로 생각, 느낌, 아이디어를 표현하기 위하여 실험할 때, 아동이 성공적으로 작업을 마치기 위해 필요한 단계를 설정해주는 것은 중요하다. 아동의 표현은 경험과 세계에 대한 아동의 지식에 달려있다는 점을 기억하라. 아동은 어른들만큼 많은 지식과 정보를 가지고 있지 않다. 아동이 성장했을 때 어른처럼 세계를 이해하게 될 것이다.

어른과 보호자로서 우리는 아동이 3차원 예술의 발달을 심화시켜갈 수 있도록 도와야 한다. 부모들이 3차원 예술의 복잡성을 이해하도록 돕는 것 또한 교사가 해야 할 일이다. 보호자들은 아동이 모래나 다른 3차원 예술 재료를 가지고 "놀고만" 있는 것은 아니라는 점을 이해해야 한다. 이러한 활동은 아동의 전인적 발달, 특히 공간적 지능을 발달시킨다.

가드너의 다중지능이론: 자연탐구 지능

다중지능이론을 발표한 후 10년이 되었을 때 하워드 가드너는 자신의 이론을 재검토했다. 가드너는 지능이라 불릴 만한 것으로서 자연탐구 지능을 발견하게 되었다.

자연탐구 지능은 바위, 풀, 다양한 식물군과 동물상을 포함하여 식물, 광물, 동물 등을 인식하고 분류하는 능력을 의미한다. 자동차나 운동화와 같은 문화적 생산물을 인식하는 능력도 자연탐구 지능의 영향을 받는다. 가드너는 자연탐구 지능이 인간으로서 살아가는 데 꼭 필요한 능력이라고 설명한다. 우리는 어떤 동물을 사냥할지, 어떤 것을 피해야 할지를 알아야 한다. 다른 동물들 또한 살아남기 위해서는 자연탐구 지능을 필요로 한다. 결국 두뇌에는 자연탐구 지능의 존재를 지지해줄 만한 증거가 있다고 가드너는 주장한다. 두뇌의 특정 부분은 "자연물"이라 불리는 것들을 인지하고 그것에 이름 붙이는 기능을 맡고 있다(Checkley, 1997; Kimmelman, 1999). 다윈은 살아있는 것들의 본성을 깊이 있게 탐구했기 때문에 가장 유명한 자연주의자로 여겨지게 되었다.

이 지능을 소유한 아이들은 자연물이나 동물에 강한 애착을 느낀다. 아이들은 동물이나 자연 현상에 관한 주제, 게임, 쇼, 이야기를 즐길 수 있다. 초등학교에 들어가면 아이들은 생물학, 동물학, 식물학, 지질학, 고생물학, 천문학과 같은 영역에 비상한 관심을 보여주기도 한다. 아이들은 바위, 화석, 나비, 깃털, 조개와 같은 자연물에 관한 사항을 수집하고 분류하고 읽는 것을 즐길 수 있다.

자연탐구 지능 개발하기

다음과 같은 활동은 아동의 자연탐구 지능을 높여줄 수 있다.

- 사물에서 발견할 수 있는 패턴을 찾아보도록 한다.

- 자연의 소리, 냄새, 맛, 촉감과 같은 감각적 요소들을 탐구한다.
- 자연관찰 여행을 하거나 자연과 자연현상을 관찰할 수 있는 행동을 하도록 한다.
- 동물을 교실에 데려와 돌보는 법을 가르쳐준다.
- 아동에게 자연물 모음집을 만들거나 가져오도록 한다.
- 아동에게 자연, 과학, 동물에 관한 시각 자료, 책을 제공해준다.
- 아동에게 멸종 위기에 처한 동물들을 소개하고 그 원인을 설명해준다.

발달에 적합한 실제

아이들을 성공적으로 이끌기 위해서는 교실의 배열과 자료 정리에 세심한 주의를 기울일 필요가 있다. [그림 7-2]에는 여러분이 계획한 3차원 예술 활동들이 발달의 측면에서 적절하다는 점을 입증할 만한 자료를 정리해놓았다.

아동은 다양한 3차원 예술 재료를 탐구하고, 조작하고, 실험해 그것의 특성을 파악할 수 있어야 한다. 이러한 과정은 시간이 걸리는 일이다. 빨리 결과물을 내도록 아동에게 재촉하면 예술 재료의 특징을 이해하는 데 걸리는 시간을 주지 못할 것이다. 아동은 걷기를 배우거나 외투에 단추 끼우기를 배우는 것과 같이 예술 재료의 특성을 천천히 그리고 자기에게 적당한 속도로 이해하게 된다. 항아리를 만드는 기술은 아동이 그 기술을 필요로 하기 전에는 의미 없는 것이다. 종종 교수법들은 아동의 창의성과 개성을 증진하기보다는 아동을 실망시키고 혼란스럽게 만든다. 창의적 표현에서 결과는 항상 예상할 수 없다.

특수교육 요구가 있는 아동과 예술을 결합하는 것은 매우 풍부하고 긍정적인 학습환경을 필요로 한다(Herberholz & Hanson, 1995). "모방하지 못하게 하는 예술 경험은 자기 이미지를 향상시킬 수 있다. 예술에서 독창성은 모방보다 보상을 받는다. 그러므로 마지막 결과물이 옳은 것인가에 대한 관심으로 장애아동들의 잠재되어 있는 창의적 충동을 방해하거나 좌절시킬 필요가 없다" (p. 146).

[그림 7-2] 발달에 적합한 3차원 예술의 실제

- 싱크대 가까이 찰흙놀이 책상과 재료를 놓고 아동 모두에게 물통을 준다.
- 작업복, 수건, 장식하는 데 쓸 수 있는 재료들을 아동의 손이 닿는 곳에 놓아둔다.
- 커다란 상자 조각을 시작하기 전에 교실을 배열하여 아동이 쓸 수 있는 공간을 확보해둔다.
- 모래 주물 활동을 하는 동안 최종 결과물보다는 모래에서 놀고 디자인하는 것에 중점을 두고 활동할 수 있도록 해준다.
- 나무 재료는 아동에게 안전하도록 모서리가 날카롭지 않도록 만든다.
- 아동이 자유롭게 만들 수 있는 분위기, 아동이 필요로 하는 재료나 도구, 아동이 창의적 과정에 참여할 수 있는 시간을 제공해주어야 한다.

이 장에서 소개된 많은 재료들은 자연탐구 지능의 발달을 돕는 것들이다. 찰흙은 자연 재료로서 아동이 쉽게 형태를 만들 수 있다. 짜고 푸는 과정에서 가는 실올을 드러내는 천연 재료인 올이 굵은 천은 솜에서 만들어진다. 모래 주조를 만드는 모래는 땅에서 나오는 것이다. 땅과 자연물, 동물은 여러분과 아동에게 자연탐구 지능의 영역을 발달시킬 수 있는 끊임없는 기회를 주는 것이다. 여러분과 아동은 유치원 뜰에서 이러한 재료들을 발견할 수도 있을 것이다.

특수교육 요구가 있는 아동

3차원 예술에 대해 생각할 때 우리는 조각상, 나무 조각, 뜨개질, 익숙한 사물을 본뜬 인형 같은 것을 떠올리게 된다. 여기에 교사인 우리에게 주어진 과제가 있는데, 그것은 바로 아동 자신이 선택한 것으로 만들 수 있는 자유와 융통성을 줄 수 있는 3차원 예술 재료를 제공해야 한다는 점이다. 이것은 특히 장애아동들의 활동을 계획할 때 더욱 필요하다. 예술 활동의 강점 중의 하나는 장애아동들이 자기 속도에 맞게 일을 하면서 환경을 통제할 수 있다는 점이다. 이것은 자부심과 자기발견을 증진시킬 수 있다.

장애아동들을 위한 3차원 예술 활동을 계획할 때 반복과 다양성을 포함하는 것은 중요하다. 장애아동들은 찰흙 활동이나 풀 붙이기와 같은 것을 반복적으로 연습할 기회가 필요할 수 있다. 반복은 만족감을 줄 수 있으며, 아동이 처음 찰흙을 보았을 때 가졌던 어려움을 극복할 수 있도록 해줄 수 있다([그림 7-3] 참고). 다양

[그림 7-3] 특수교육 요구가 있는 아동들은 다양한 재료들로 반복적으로 실험할 수 있는 기회를 즐긴다.

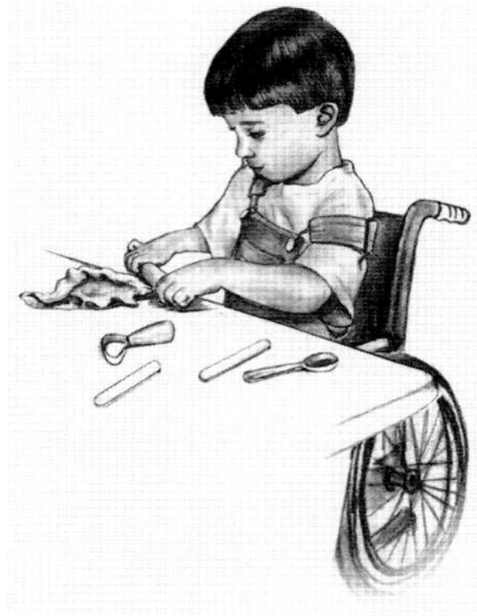

한 활동을 제공함으로써 아동은 하나의 예술 경험으로부터 알게 되었던 것을 다른 경험에 적용할 수 있는 기술을 갖게 될 것이다. 아동은 비슷한 기술을 필요로 하는 2~3개의 다른 예술 활동에 참여할 수 있을 것이다.

여러분은 이 장에서 소개하고 있는 3차원 예술 활동을 아이들의 발달적 요구를 충족시키기 위하여 적용할 수도 있다. 앞에서 나는 장애아동들이 예술 활동을 할 때 활용할 수 있는 아이디어를 얻는 절차를 소개했다. 이 장에는 그러한 제안이 없다. 오히려 나는 모든 창의적 예술 아이디어를 아동에게 적용하기 위한 안내지침을 제시했다. 브루너(Bruner)의 용어를 사용하자면 이 과정은 비계(scaffolding)라 할 수 있을 것이다. 나는 여러분에게 장애아동의 한계나 강점을 불문하고 활동에 필요한 재료, 장비, 대부분의 활동에 필요한 절차를 알려주고자 한다. 그러나 창의적 과정의 조력자로서 여러분은 아동, 특히 장애아동들의 창의적 능력을 과소평가해서는 안 된다. 장애아동들은 바로 이러한 자유로운 자기표현, 실험, 탐구를 하는 동안에 독특하게 자신을 표현해낸다. [그림 7-4]는 교사들이 장애아동들과 작업할 때 명심해야 할 역할을 요약하여 제시하고 있다.

모든 3차원 예술 활동은 활동과 활동에 기초한 학습을 포함한다. 장애아동들이 여러분이 제공하는 재료에 어떤 반응을 보일지를 예견하는 것은 어렵기 때문에, 여러분은 아동에게 어려움을 주는 활동이나 좌절을 줄이고 성공을 위해 필요한 활동 간에 균형을 찾아야 한다. 아이들은 성공을 통해 자신감을 갖게 되고, 자신감을 갖게 됨으로써 창의적 과정에서 얻을 수 있는 가장 중요한 것인 성취감을 얻게 될 것이다.

[그림 7-4] 장애아동과 활동할 때의 교사 역할

- *단순화한다.* 예술재료를 조작하는 데 필요한 기술이 아동의 발달 수준에 맞아야 한다는 점을 확실히 이해하라. 예를 들어, 공작용 점토를 활용하고자 할 때 아동이 그 뻣뻣한 재료를 다룰 만한 힘이 없다는 것을 알게 된다면 찰흙이나 천사점토같이 보다 부드러운 재료를 쓸 수 있다.
- *만드는 법을 반복해서 보여준다.* 아동이 예술 과정에 대해 이해하는 속도나 방법은 다르다. 어떠한 예술 과정에서든 아동이 제시된 것을 같은 방식으로 따르게 될 것이라고 기대하지 않아야 한다. 예컨대 어떤 아동에게는 언어적 설명이 적절할 수 있지만, 청각장애가 있는 아동에게는 시각적인 방식으로 설명해줄 필요가 있다. 여러분의 역할은 안내가 필요한 아동을 관찰하고, 아동의 견해를 듣는 것이며, 다양한 방식으로 반복하여 설명해줘야 할 때도 인내하고 아동에게 친절하게 대하는 것이다.
- *시연해 보인다.* 우리는 대부분의 상황에서 예술 활동의 최종 결과를 시연해 보이는 횟수를 제한하기를 원한다. 그러나 가끔은 장애아동들에게 최종 결과물과 원재료를 연결해가는 창의적 과정에 익숙해지도록 할 필요가 있다. 예를 들어 시각장애가 있는 아동은 이미지와 조각물을 연결시키기 위해서 찰흙 조각품을 만지고 느끼게 해야 한다.
- *예술 활동을 실행할 수 있는 단계로 나눈다.* 예술 과정의 각 단계는 그 나름의 의미가 있고, 다음 단계로 이행하기 전에 충분히 경험할 수 있어야 한다. 우리는 아동이 단계별로 이행하는 데 필요한 시간을 허용할 때, 그 과정이 자연적이고 점진적인 것이라는 점을 알게 된다. 예를 들어, 아동은 찰흙을 가지고 누르고 찌르고 평평하게 만드는 식의 촉감적 활동을 한 후에 공이나 기타의 사물을 만들어낸다. 이 단계는 아동이 예술 재료로서 찰흙의 성질을 관찰하고 학습하는 엄청나게 중요한 과정이다. 이러한 탐구 과정의 마지막 결과가 명확해 보이지 않을지라도, 그것은 찰흙으로부터 무엇인가를 만들어낼 때 유용한 기술적 안내를 해줄 수 있는 바탕을 제공해주는 과정이다.

출처: Herberholz & Hanson, 1995.

3차원 예술 과정과 재료

앞으로 제시할 아이디어는 예술 재료에 대한 충분한 이해를 가지고 있고 다양한 종류의 재료를 탐구해본 경험이 있는 아동에게 적절하다. 아동이 더 많은 정보를 필요로 한다는 것을 느낄 때까지 이러한 방법을 알려주지 않아도 좋다. 아동에게 전에 접해보지 않은 예술 재료를 소개할 때에는 다른 방법을 쓰는 것이 낫다. 여러분이 아동의 말을 듣고, 관찰하고, 아동의 요구를 민감하게 이해한다면 아동이 보다 복잡한 3차원 예술의 기술을 원하는 때를 알게 될 것이다. 또한 아동이 표상적 상징을 탐구하고 있을 때, "이건 뭐니?" 하는 식으로 아동이 대답하기 곤란한 질문을 하지 않기를 바란다. 대신 과정 중심 접근법을 취하길 바란다. "와, 찰흙으로 만들어놓은 것 좀 봐봐"라는 단순한 말에 아동은 만들고 있는 것을 설명하게 될 것이다.

아동문학과 3차원 예술

The Pottery Place by Gail Gibbons, Harcourt Brace Jovanovich, New York, 1987.

그림 장면 이면의 내용을 통해 도자기를 만드는 기술과 도구에 대해 알아볼 수 있다.

Lucy's Picture by Nicola Moon, illustrated by Alex Ayliffe, Puffin Pied Piper Books, New York, 1994.

루시(Lucy)의 할아버지가 루시네를 방문하게 되자 루시는 그림으로 할아버지를 깜짝 놀라게 하고 싶었다. 루시는 할아버지가 맹인이지만 할아버지가 감상할 수 있을 만한 특별한 것을 만든다. 상상력을 조금만 발휘하면 된다.

The Little Lump of Clay by Diana Engle, Morrow Junior Books, New York, 1989.

이 이야기는 버려진 찰흙에 대한 것이다. 쓰레기통에 붙어있던 찰흙은 자신을 데려다가 멋진 것으로 만들어주기를 간절히 바란다.

이 절에 제시되어 있는 구비용품, 용어, 건강과 안전에 대한 정보를 통해 여러분은 아동의 요구를 충족시킬 수 있는 방법을 발전시킬 수 있을 것이다. 어떤 기술을 아동에게 보여줄 때에는 "나처럼 해"라는 메시지가 느껴지지 않도록 주의를 기울이길 바란다. 교사 중심의 방법은 아동의 아이디어와 창의적 시도들이 별로 가치 없는 것이라는 메시지를 보낸다. 실습 교사들이나 초임 교사들, 혹은 부모들은 아동이 만들고 있는 것이 무엇인가를 물어보곤 한다. 이러한 결과물 중심의 접근은 오직 인정해줄 만한 완성품만이 집으로 가져가기에 적절하고 혹은 "전시공간"에 진열해 놓기에 적절한 것이라는 생각을 갖게 한다.

찰흙

찰흙은 자연 재료이다. 여러분이 어디 사느냐에 따라서 땅에서 찰흙을 삽으로 파서 양동이에 담아올 수도 있다. 찰흙은 뚜껑 있는 밀폐된 양동이에 보관해야 한다. 정기적으로 물을 주거나 부드럽게 보관하기 위해서는 습포로 덮어 놓아야 한다. 찰흙이 마르기 시작하면 연필 지우개나 작은 나무 블록과 같은 것으로 홈을 내어 물을 뿌린 뒤 용기를 꽉 덮고 하룻밤을 묵혀둔다. 찰흙이 마르고 딱딱해지면 두꺼운 플라스틱 가방에 담아서 찰흙을 두드려 가루로 만든다. 그러고 나서 물을 섞어 둔다. 여러 가지 색상의 찰흙을 살 수도 있지만, 붉은 빛깔이 나는 찰흙이나 하얀 점토는 아동의 감각적 경험에 유용하게 활용할 수 있는 것들이다.

> 어린 유아반과 좀 더 연령이 높은 반의 방문 일정을 잡고 연령이 다른 두 학급의 아동들이 찰흙에 접근하고 조작하는 방법을 기록하라. 자신의 결과물을 분석하고 두 연령집단을 비교해보자.

유아교육 현장에서 흔히 활용되는 두 가지 형태의 찰흙은 도자기흙과 유성 찰흙이다. 도자기흙은 수성으로 딱딱하게 굳으며 색깔을 칠할 수 있고 가마에 구울 수도 있으며 도예 공방에서 살 수 있다. 유성 점토는 유연하고 재사용될 수도 있고, 다양한 색상을 문구점이나 유아용품 카탈로그에서 쉽게 구입할 수 있다.

대체 점토로서 염분이 들어있는 것은 여러분이 직접 만들 수도 있다. 찰스턴 대학 마일즈유아발달 센터(http://www.cofc.edu/~child/)의 교사들은 꽤 오랫동안 쓸 수 있는 점토를 쉽게 만들 수 있는 방법을 활용하고 있다. [그림 7-5]는 섞고, 만들고, 식히는 방법을 보여준다.

아동은 다양한 종류의 점토를 만져본 다음에 특별한 목적을 가진 도전적인 과

[그림 7-5] 점토 만드는 방법

밀가루 1컵
소금 반 컵
식용유 2스푼
타르터(tarter) 크림 1티스푼
물 1컵
선택사항: 음식에 색깔을 내도록 하는 것이나 박하사탕이나 아몬드와 같은 향미료

위의 재료를 모두 그릇에 넣고 섞는다. 중간 불에 올려서 계속 저으면서, 재료들이 농도가 짙어져 그릇에서 떨어질 때까지 달궈 준다. 이것을 평평한 그릇에 올려놓고 차가워질 때까지 기다린다. 차가워지면 부드러워질 때까지 재료를 치대준다. 이제 밀폐 용기에 담는다. 이것은 두 배나 세 배로 부풀게 된다.

출처: Humphreys, Personal Communication, 1995. 허가하에 사용.

정을 즐길 수도 있을 것이다. "찰흙으로 작업하는 방법"이라는 절의 내용은 단순한 탐구에서 보다 복잡한 단계로 발전해가는 아동이 가끔 두 가지 종류의 점토를 가져와서 "이것은 어떻게 섞어서 만들 수 있어요?"라고 물을 때 여러분들이 잘 대답할 수 있도록 도와줄 것이다. 아동이 묻거나 아동에게 더 많은 정보가 필요할 때 직접 시범을 보이거나 "잠깐 기다려봐. 내가 어떻게 하는지 보여줄게."라는 식으로 대답하는 것은 피해야 한다. 아동이 조각하고 형태를 만드는 경험이 탐구의 과정이라는 것을 항상 명심하고 있어야 한다. 만들어진 작품은 과정의 결과물이어야 하고, 교사들에 의해 예정되었던 것이어서는 안 된다.

아동이 몇 살이건 간에 찰흙을 가지고 탐구하는 과정을 서둘러 마치려 해서는 안 된다. 공룡, 용, 자전거와 같은 최종 결과물을 요구하는 것은 아동의 창의적인 노력을 저해할 수 있다. 유용한 조언을 주고, 아동이 이 흥미로운 재료를 가지고 경험을 표현할 수 있는 자유를 주어라.

건강과 안전

아동에게 찰흙을 입에 넣으면 안 된다는 것을 주지시켜라. 찰흙을 입에 넣으면 몇 가지 문제를 일으킬 수 있으므로, 앞치마를 사용하고 찰흙을 사용한 다음에는 깨끗이 씻도록 지도한다. 찰흙 작업이 끝나면 깨끗이 씻고, 바닥에 떨어뜨렸다면 다른 사람들이 미끄러지기 전에 치워야 한다.

구비용품

찰흙, 스폰지, 작업복, 평평한 표면이나 리놀륨 바닥(30cm 규격), 아이들이 찰흙을 올려놓고 작업할 수 있는 플라스틱 판, 물통, 찰흙을 보관할 밀폐용기와 같은 것들이 찰흙 활동을 하는 데 필요한 것들이다. 여러분은 아동이 찰흙을 가지고 노는 데 충분한 공간을 줄 수 있는 튼튼한 탁자를 사용해야 한다.

아동은 찰흙 활동을 할 때 다양한 도구를 활용한다. 이러한 재료들은 찰흙 그 자체를 탐구하거나 가지고 노는 것보다는 특정한 물건이나 프로젝트를 구상하고 만드는 것에 관심을 느낀 아동이 사용할 것이다. 아동에게 도구를 사용하라고 강요해서는 안 된다. "사용할 수 있다"는 것이 강조되어야 한다. 결과물을 내기 위한 너무 많은 방법과 도구를 제시하는 것은 찰흙 활동의 창의적 본성을 제한할 수 있다.

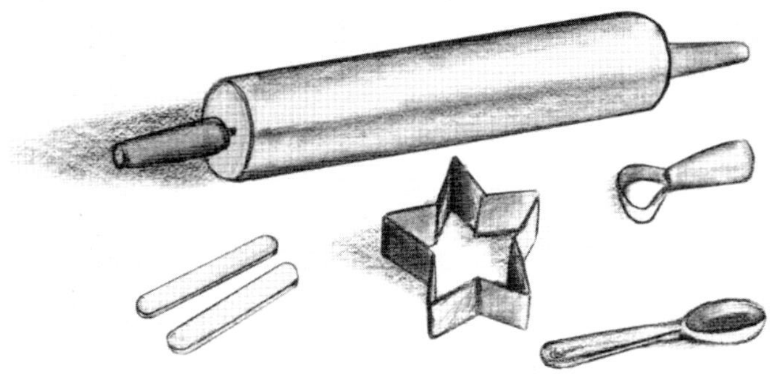

[그림 7-6] 찰흙 작업을 하는 데 필요한 다양한 도구들을 아동에게 제공하라.

[그림 7-6]에서 보여주는 것과 같이 돌림판, 밀대, 찰흙을 자를 때 쓰는 칼, 과자를 자를 때 쓰는 칼, 숟가락, 이쑤시개, 솔, 날카롭지 않은 가위와 같은 도구를 모은다. 템페라 물감은 아이들이 만든 것을 장식하는 데 활용할 수 있다.

찰흙으로 작업하는 방법

흙반죽 흙반죽은 공기 방울을 없애기 위하여 찰흙을 펴고 치대는 과정이다. 여러분이 가마를 활용할 수 있어서 완성한 작품을 구울 수 있다면 잘 반죽해야 한다. 반죽이 잘 되지 않아 찰흙 속에 공기 방울이 남아있으면 가마에서 폭발할 수도 있다.

자국 내기 아동은 찰흙 덩어리들을 하나로 뭉칠 때 홈을 만듦으로써 찰흙에 자국을 만든다. 가위를 활용하여 표면을 거칠게 만든 후에 작은 조각들을 이을 수 있도록 눌러준다. 아동은 연결부위를 연결하기 위하여 젖은 손가락을 이용할 수 있다.

진흙 반죽(slip, 혹은 泥漿) 진흙 반죽은 물기가 많이 섞인 찰흙이다. 진흙 반죽은 크림처럼 보이기도 한다. 진흙 반죽은 진흙 반죽 조각들을 이어 붙이는 데 활용되기도 한다.

대접 모양 만들기 기법(pinch-pot method) 덩어리 찰흙을 대접 같은 모양으로 만드는 과정이다. 손가락으로 공 모양의 찰흙을 평평하게 눌러 편다. 다음 손가락으로 대접 모양이 되도록 찰흙을 올린다. 바닥이 평평하게 되도록 평평한 바닥 위에

올려놓고 누른다.

한 줄씩 쌓아 올려 만들기 기법(coil-pot method) 먼저 대접 모양 만들기 방법을 활용하여 기초를 만든다. 찰흙을 굴려 아이들이 흔히 "뱀"이라 부르는 모양으로 만든 후에, 만들어놓은 대접 모양 위에 둥글게 붙인다. 이 작업을 계속해서 원하는 높이에 이를 때까지 만들어본다. 찰흙이 잘 붙지 않으면 표면에 자국을 내고 진흙반죽을 붙인다. 만들기가 끝나면 아동은 손가락으로 표면을 부드럽게 만들 수 있다.

평판(slab) 기법 나무 막대기 두 개를 평행하게 바닥에 놓는다. 나무 막대기 사이에 찰흙을 놓고 밀대를 이용하여 굴린다. 이것의 두께는 나무 막대기에 따라 달라진다. 연필로 평평한 판 위에 그림을 그리거나 디자인을 하고 가위로 그림 주위를 잘라낸 다음에 주위에 붙어 있는 찰흙을 조심스럽게 떼어내고 디자인한 것이 마르기를 기다린다. 디자인이 가마 속에서 구워질 것이라면 32mm가 적절하다. 구울 때 너무 얇은 것은 금이 가고, 너무 두꺼운 것은 깨진다.

청소하기와 작품 보관하기

아동이 찰흙으로 디자인을 고안하고 어떤 물체를 만들면 그것을 보관하고 싶어한다. 아동이 자신의 창작물을 보관하고 싶어하면 보관할 수 있도록 해준다. 더 만들게 되면 대부분의 아이들은 자신의 작품을 재활용할 수 있도록 찰흙 상자에 넣거나 버리는 것에 수긍하게 될 것이다. 아동은 찰흙이 마르지 않도록 밀봉해 두어야 나중에 찰흙으로 만들기를 더 할 수도 있고, 더 많은 작품을 만들 수도 있다는 것을 알게 될 것이다. 아이들이 작품을 보관하고 싶어하면 작품이 말랐을 때 깨지지 않도록 왁스를 발라놓을 수도 있다. 이것은 간단한 과정이다. 며칠 동안 작품이 마르도록 한편에 두고, 왁스가 담겨있는 바구니에 담갔다 뺀 후 다시 말린다. 2~3일이 지난 후 이 과정을 반복한다. 왁스는 금이 가거나 깨지지 않도록 한다.

> 진심어린 예술작품은 태양과 지구만큼의 존재 가치가 있다.
> – 랄프 왈도 에머슨(Ralph Waldo Emerson)

창의적이고 상상력이 풍부한 아이디어

이 절에서 제시되어 있는 3차원 예술 활동을 위한 아이디어는 아동에게 다양한 경험과 상상력이 풍부한 표현의 기회를 제공해줄 수 있을 것이다. 아무리 결과물이 빈약해 보일지라도 아동의 창의적 노력은 반드시 인정해주어야 한다. 여러분의 역할은 독려자, 촉진자이다.

찰흙

상상의 찰흙 덩어리

아동의 주의집중을 위해서 이 활동을 시작하기 전에 "아동문학과 3차원 예술"이라는 코너에서 소개한 그림책을 하나 읽어준다.

과정

1. 찰흙에 대한 이야기를 읽어준다.
2. 아이들이 찰흙이라면 어떤 느낌이 들 것인지를 이야기한다. 찰흙이 어떻게 느낄지, 찰흙을 가지고 무엇을 할지, 어떻게 찰흙이 딱딱하고 마르게 되는지, 찰흙에 물을 묻혔을 때 어떻게 되는지에 대하여 토론한다. 아동이 찰흙의 특성과 활용에 대한 아이디어를 내면 그에 대하여 언급해준다.
3. 자신이 작은 찰흙 덩어리가 되어 커다란 공으로 만들어지고 있는 모습을 상상해보도록 한다. 다음과 같은 대본은 이 과정으로 이끄는 지시문이다.

   여러분은 모두 촉촉한 찰흙 덩어리이다. 어떤 모양이 되고 싶은지 생각해보자. 특별한 형태로 만들어지고 있다고 상상해보자. 여러분이 원하는 형태로 만들어졌을 때, 잠시 가만히 서있어서 찰흙이 마르고 딱딱해질 수 있도록 한다. 이제 교실을 둘러보아 우리 방에 있는 형태를 찾아보자. 잠시 후 다시 찰흙 덩어리가 될 것이다. 누군가 여러분의 몸에 물을 부어 다시 부드러운 흙으로 될 것이라고 상상해보자.

4. 찰흙이 되면 어떤 느낌이 들 것 같은지 이야기해본다. 이름을 붙일 만한 형태가 있었는가? 건조시키기 위해 필요한 시간동안 가만히 있기는 어려웠는가? 친구들이 볼 수 있도록 교실에 놓는다면 어디에 놓는 것이 좋을까?

찰흙에 자국 내기

이 활동은 찰흙에 자국을 내기 위해서 다양한 도구를 필요로 한다. 여러분이 필요로 하는 것은 다음과 같다.

- 다양한 형태와 크기의 오래된 열쇠
- 칫솔, 빗, 옷핀, 솔방울, 조개, 조약돌, 나뭇가지와 같은 자연에서 얻은 것
- 다양한 형태의 블록, 포크와 수저, 점토에 자국을 낼 수 있을 것이라고 아동이 "생각해낸" 사물들

과정

아동에게 다양한 사물을 골라서 그것을 찰흙에 찍었을 때 어떤 일이 일어나는가를 실험해보도록 한다. 아동이 찰흙에 많은 사물을 찍어볼 수 있도록 다양한 종류를 준비해둔다. 찍는 것에 따라 찰흙 모양이 바뀔 수 있다는 것을 아동에게 알려준다.

천과 재질

천은 아동이 보고 만지고 다루기에 훌륭한 재료이다. 천은 다양한 색상과 질감을 가지고 있으며, 디자인이나 패턴을 만들 때 아동은 풀로 붙이거나 바느질을 할 수도 있고 짜고 풀 수도 있다. 느슨하게 짜인 삼베는 특히 적절하다.

삼베 풀기

짜기는 기본적으로 실 가닥이나 천조각, 종이, 그 외의 사물을 전체적 질감, 직물 또는 디자인으로 엮는 방법이다. 6~7세의 아동은 짜기에 포함되어 있는 위와 아래, 앞과 뒤 기술을 이해하고 조작할 수 있지만, 4~5세의 아동은 재주나 눈과 손의 협응이나 짜기 프로젝트를 완수할 수 있는 인내가 부족하다.

> 작은 상자들을 활용해 상자 조각을 만들어보자. 조각을 만들면서 과정에 집중하기를 바란다. 완성되면 경험을 반성하고 과정이 어떻게 발달했는지 적어보자.

실 풀기는 짜기와 반대이다. 전체에서 시작하지만 디자인을 만들기 위하여 관련 없는 것들은 제거하는 것이다. 이것은 최소한의 미세운동능력을 필요로 하는 활동이지만, 미리 정해진 패턴으로 조합해내는 것이라기보다는 분리해내는 것이기 때문에 나름대로 수확이 있을 수도 있다. 베틀이 없기 때문에 짜기를 하는 사람은 디자인이 완

성되어 보이거나 지치면 그만둘 수 있다. 성인들과 고학년 어린이들은 새로운 색상의 조합, 질감, 패턴을 만들어내기 위하여 다양한 색깔의 실을 사용하여 다시 짤 수 있다. 준비해둘 재료는 다음과 같다.

- 30cm×30cm 정도로 잘라놓은 다양한 색상의 삼베 천
- 가위
- 풀

과정

1. 이쑤시개를 활용하여 삼베에서 실을 들어올리는 법을 아동에게 보여준다. 천의 헤어진 가장자리로부터 실을 잡아서 실이 삼베에서 분리되는 것을 보여준다.
2. 실 풀기나 다른 색상으로 다시 짜기를 함으로써 임의의 혹은 새로운 패턴으로 만들 수 있도록 한다.
3. 이 과정이 끝나면 풀을 칠해 디자인을 고정한다. 삼베의 끝이 해졌다면 그 시작 부분에 풀을 살짝 칠해둔다. 가장자리가 해지지 않았다면 작업과정에서 해질 수 있는 부분에 풀을 칠해라.

상자

3차원 예술은 아동이 형태, 질감, 패턴을 발견할 수 있는 다양한 방법을 탐색할 수 있는 기회를 준다. "상자 조각"은 아동이 다양한 크기와 형태를 결합하여 흥미롭고 상상력이 풍부한 3차원 예술 형태를 만들어볼 수 있는 기회가 된다.

여러분은 상자 조각을 만들기 위하여 다음과 같은 재료들이 필요하다.

- 작은 성냥갑부터 냉장고 배달용 커다란 상자에 이르기까지 다양한 형태와 사이즈의 상자. 과자 상자, 각 휴지통, 우편물 상자, 화장지 심, 또는 유치원 주변이나 야채가게에 있는 상자
- 포장지의 리본, 줄, 이쑤시개, 나무 막대기, 압정과 같이 형태와 디자인을 강조하는 데 활용될 수 있는 소품들
- 풀, 아이들을 위한 보호 테이프, 자신들의 작품에 색을 칠할 때 쓸 수 있는 물감과 붓

과정

상자 조각은 아동이 아이디어나 해석을 나누면서 할 수 있는 공동 작업일 수도 있고, 아동 스스로 개념을 발전시켜가는 개인 작업이 될 수도 있다. 예술가인 아동에게 흥미롭고 상상력이 풍부한 형태나 구조를 만들고 디자인할 수 있도록 기회를 주어야 한다. 이러한 이유로 놀이 방법은 이것을 어떻게 만들 것인가에 대한 단계적인 지시가 아니라, 조각할 수 있도록 "초대"하는 것으로 구성되어야 한다. 조각이 완성되면 아동은 색깔을 칠하고 소품을 활용하여 장식할 수도 있다. 템페라 물감은 우유곽과 같이 왁스 처리된 표면에는 잘 칠해지지 않으므로, 전에 물풀을 조금 첨가하여 칠하는 것이 좋다.

모래

아동과 시간을 보내 본 사람들이라면 아동이 모래를 가지고 노는 것을 얼마나 좋아하는지 쉽게 알 수 있을 것이다. 모래 주물은 진흙 만두, 모래성, 개구리 집을 만드는 것과 같은 원리에 기초하여 한 단계 더 발전시킨 것이다. 모래 주물은 7세 이상의 아동에게 가장 적절하다. 이보다 더 어린 아이들은 단지 모래에 물을 붓고 진흙탕으로 만드는 것에 만족감을 느끼곤 한다.

모래 주물

모래 주물은 젖은 모래로 만든 디자인을 석고로 본뜨는 과정이다. 실제로 형태를 만드는 것 이전에 아동은 모래에서 노는 것에서 큰 기쁨을 느낀다. 교실에 있는 어른이 반죽을 섞어서 틀에 넣는 일을 하고 있지만, 아동은 모래에다 도안을 하고, 디자인을 변형하고, 고안한 것이 조각의 형태로 만들어질 수 있도록 이것저것 덧붙이면서 모래에서 시간을 보내게 된다. "모래에서 디자인하는" 시간은 이 활동 중에 가장 핵심적인 것이며, 가장 많은 시간이 할당되어야 한다. 이 과정은 일단 형틀이 만들어지면 끝나게 된다. 필요한 재료는 다음과 같다.

- 깨끗한 모래
- 물 용기(아이들에게 하나씩 제공해줄 것)
- 아이들 모두에게 나누어줄 작은 상자(작은 신발 상자가 이상적이다)
- 건조된 석고

- 자국을 만들거나 디자인을 할 수 있는 물건
- 석고를 섞는 데 쓸 수 있는 싼 용기
- 뒷정리에 쓸 수 있는 휴지와 신문

여러분의 유치원에 모래 운동장이 있다면 활동을 위한 모래를 수집하기 위하여 용기와 숟가락을 가져가기만 하면 된다. 대부분의 아동은 모래를 모으는 것만으로도 나뭇가지로 디자인하는 것만큼 재미를 느낄 것이다.

과정

1. 작은 상자의 반 이상을 모래로 채운다. 어떤 물건을 가지고 누를 때 모래에 형태가 만들어질 때까지 모래에 물을 뿌린다.
2. 모래에서 디자인한 것을 들어서 오목한 곳을 만들 수 있다. 혹은 어떤 물건을 모래에 눌러서 디자인을 만들 수 있다. 손가락을 활용하여 동그란 구멍을 팔 수 있다. 조개, 조약돌과 같은 것은 디자인을 멋지게 만드는 데 활용될 수 있다.
3. 석고가 완전히 젖을 때까지 물을 섞을 수 있다. 석고 혼합물이 물풀 정도의 농도가 될 때까지 섞는다. 석고 반죽을 상자 모래 주형에 붓거나, 컵을 활용하여 석고 반죽을 주형에 담근다. 천천히 부어서 석고 혼합물이 튀거나 모래의 디자인을 부수지 않도록 조심해야 한다.
4. 석고 반죽은 빨리 마르기 때문에 석고를 모래 주형에 부은 후 바로 양동이를 청소해야 한다. 석고는 딱딱해지면 배수관을 막을 수 있기 때문에 양동이를 싱크대에서 씻어서는 안 된다.
5. 한 시간쯤 지나 석고가 완전히 딱딱해지면 모래 주형 조각을 떼어낸다. 주형으로부터 모래 주물 조각을 들어올린다. 물로 플라스틱 용기를 닦아낸다.

아동에게 재료를 주고, 그것을 자유롭게 활용할 수 있도록 한다. 기회가 주어진다면 아동은 자신에게 중요한 것을 선택하게 될 것이다. 아동은 모래에서 노는 데 재미를 느끼고, 적절한 활동 방법을 찾고 만들어낼 것이다.

아동에게는 상상하고 만들어낼 수 있는 시간이 필요하다. 시간의 중요성을 이해할 수 있는 또 하나의 측면은 보다 복잡한 3차원 예술에 참여하게 되기 때문이다. 이러한 경험은 특정한 예술 재료들이 효과적인지를 알 수 있게 하고, 과정 중심의 접근법을 인식할 수 있게 하며, 위험을 무릅쓰고 미지의 영역으로 확장시킬 수 있는 환경을 구축하는 법을 알 수 있게 한다. 이러한 시간과 관련된 개념(앎, 인식, 환경)은 수세기 전에 중국으로부터 일본에 전래된 예술 활동인 일본식 선(禪, Zen) 정원에 잘 표현되어 있다.

다문화 맥락에서의 3차원 예술 탐구: 중국에서 일본으로 전래된 정원

1185년부터 1333년에 이르는 카마쿠라 시기에 처음으로 디자인된 일본식 선 정원은 관조와 명상을 위해 만들어졌다. 정원은 산과 섬을 표현하기 위하여 돌을 사용했고, 흐르는 물을 표현하기 위하여 모래에 홈을 팠다. 일본의 초기 정원은 사람들이 들어가서 둘러볼 수 있는 곳에 만들어졌고, 오늘날 우리가 볼 수 있는 것보다 훨씬 컸다. 11세기에 수도사들은 장식이 많지 않은 풍경 또는 카렌산수이(Karen-sansui)[1]를 선택하고 수도원에 정원을 만들기 시작했다. 정원은 "선" 이라는 개념을 더 잘 이해할 수 있도록 만들어졌다. 정원을 바라봄으로써 명상을 잘 할 수 있을 뿐 아니라, 정원은 전반적으로 사색할 수 있도록 만들어졌다. 오늘날에는 이러한 형태의 정원을 집안에 두는 것이 보편적인 현상이 되었다. 교실이나 집안에 작은 정원을 만들고 정신없이 바쁜 세계로부터 벗어나 휴식을 취할 수 있다.

실외 놀이 공간은 모래 주물 놀이에 이상적인 곳이다.

1) [역주] 교토 은각사에 있는 마른 정원으로 알려진 일본 정원. 물의 형상으로 파도치는 모습의 형상임.

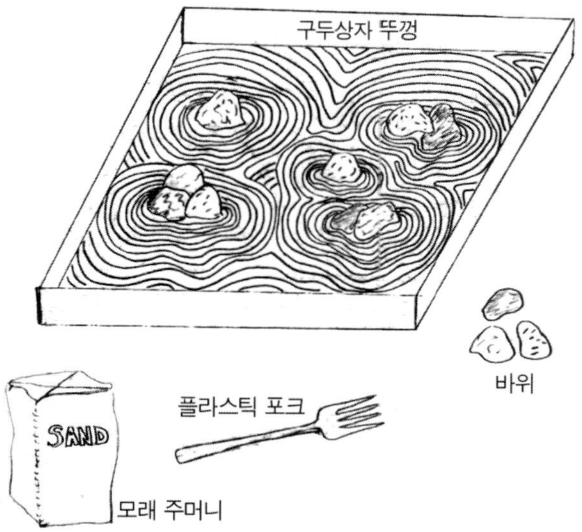

[그림 7-7] 선(禪) 정원

여러분과 아동은 자신들의 일본식 선 정원을 만들 수 있다. 선 정원은 아주 단순하다. 선 정원은 단순할수록 더 좋은 것이 된다. 정원이 다 만들어지면 여러분과 아동이 가끔씩 가서 정원을 보면서 잠시 조용한 시간을 가질 수 있는 곳에 놓아야 한다. 정원을 만들기 위해서는 구두상자 뚜껑, 모래, 조그만 바위나 돌, 플라스틱 포크가 필요하다.

활동 7-1: 일본식 정원

- 아동은 구두상자 뚜껑에 모래를 넣는다.
- 아동은 정원에 놓을 돌멩이를 서너 개 고른다.
- 돌멩이를 모래 상자에 적절하게 놓는다.
- 플라스틱 포크를 활용하여 바위 주변에 동그란 줄을 그어 잔물결처럼 보이게 만든다. 이것은 연못에 던져진 조약돌을 연상시킨다.
- 다른 부분도 긁어내어 모래가 물이 흐르는 것처럼 보이게 만든다.
- 정원은 아동이 새로운 디자인을 만들고자 하거나, 혹은 단순히 플라스틱 포크로 모래를 새로 정리하고자 할 때도 바꿀 수 있다.
- 책상, 교실의 조용한 곳, 창문 앞과 같이 특정한 장소에 정원을 두고 즐긴다.

푸에블로족의 도자기 색칠하기

언제부터 아메리카의 원주민들이 이곳에 와서 살게 되었는가에 대한 논란이 있지만, 그들은 수천 년 동안 북아메리카에서 살았다. 고고학자들은 북아메리카의 원주민들이 사냥과 낚시에 적절한 기술들을 발전시켰던 수렵 채집인들이었다고 생각한다. 북미 아메리카인들의 역사는 광범위한 인간의 특성을 보여준다. 북미 원주민의 전통은 세대에서 세대로 전수되었다. 그들의 전통은 동물, 인간, 자연 세계가 어떻게 창조되었는지를 설명하고, 살아있는 것에 대한 중요한 교훈을 일깨워준다.

비르드 베일러(Byrd Baylor)가 쓰고 바티(Bahti)가 그린 『찰흙이 노래할 때』라는 책은 선사시대 서남 인디안 부족의 일상과 관습에 대한 글이다. 이 이야기는 도자기에 남겨진 그림을 추적해서 만든 것이다. 인디언들은 깨진 도자기를 굉장한 존경심을 가지고 대했다. "모든 도자기 조각들은 어떤 사람의 삶의 부분이다." 라고 그들은 말했다. 찰흙은 각기 작은 목소리를 가지고 노래를 부른다. 그것의 노래는 수천년간 지속되어왔다. 그들의 도자기만큼이나 아주 단순하면서도 강력한 베일러의 시가 그것을 노래하고 있다.

활동 7-2: 도자기 색칠하기

- 아동에게 푸에블로 사람들이 식물을 어떻게 활용했는지를 말해주고 자신들의 도자기에 장식할 작은 돌멩이에 색을 칠한다.
- 아동은 다양한 색상의 템페라 가루를 물과 함께 섞는다.
- 다양한 모양과 형태의 통에 미리 준비해놓은 포스터 그림용 화첩을 붙여 "도자기"를 만든다. 풀이나 테이프를 써서 종이가 제대로 붙어 있도록 한다.
- 자기 "도자기"를 색칠하는 데 아동이 만든 페인트를 활용하고, 그 외 미술 영역에 있는 다른 물건들을 활용하여 도자기를 장식한다.

교사들의 3차원 예술

이 장에서 소개된 3차원 예술활동을 위해서는 창의적 표현, 과정의 인식, 재료의 이해, 시간, 안전감, 신뢰와 같은 것들이 필요하다. 이러한 "재료" 없이 3차원 예술 활동을 시도하고자 하는 것은 창의적 과정을 좌절시키고 아동을 절망에 빠지게 하는 것일 수도 있다.

석고 붕대 마스크

석고 붕대는 젖었을 때 쉽게 조작할 수 있고 석고가 들어 있어 영속적인 형태로 단단하게 마른다. 마스크에 색을 칠하려면 색을 칠하기 전에 접착제를 좀 발라야 한다. 사전에 보호막을 바르지 않는다면 유성의 페인트가 마스크를 녹여서 형태를 망가뜨릴 것이다. 석고 붕대는 두꺼운 널빤지, 신문지, 풍선, 병, 재미있는 형태와 디자인의 사물에서 형태가 잘 만들어진다.

석고 붕대 얼굴 마스크를 만드는 과정은 서로 믿는 자세가 필요하다. 시작하기 전에 먼저 전체를 읽는 것이 좋을 것이다.

이 활동은 기본적으로 어린이와 어른들에게 적합하지만, 유아 교사들이 4세 아이들과 함께 마스크를 만드는 것을 본 적도 있다. 사실 여러분이 만나게 될 4세의 케냐(Kenya)는 선생님이 자신의 마스크를 매일 만들어주기를 원한다. 우리가 이유를 묻자 케냐는 "마스크를 만들 때 잠이 잘 와요."라고 대답했다.

아이의 눈과 입을 막으면 안 된다는 점을 꼭 기억해야 한다. 성인 학생들은 랩을 얼굴에 대고 숨을 쉴 수 있도록 긴 빨대를 조그맣게 잘라서 활용하는 것을 더 좋아한다. 그러나 어떤 사람들은 바세린을 바르고 랩은 눈을 보호하기 위하여 눈 주위에만 씌우는 것을 좋아한다. 아이들과 작업할 때에는 랩 대신에 바세린을 활용하는 것이 낫다. 여러분이 석고 붕대가 주는 감각적이고 촉각적인 감각을 경험해보면 왜 참여하고 싶어하는 아동에게 해야 하는가를 확실히 이해할 수 있을 것이다. 다른 사람에게 석고 붕대 마스크의 모델이 되라고 청하기 이전에 그 과정을 여러분 스스로 경험해보라.

석고 붕대 마스크 만들기

이 과정에서는 신체적인 접촉을 하고 마주보게 된다. 여러분은 파트너와 함께 일

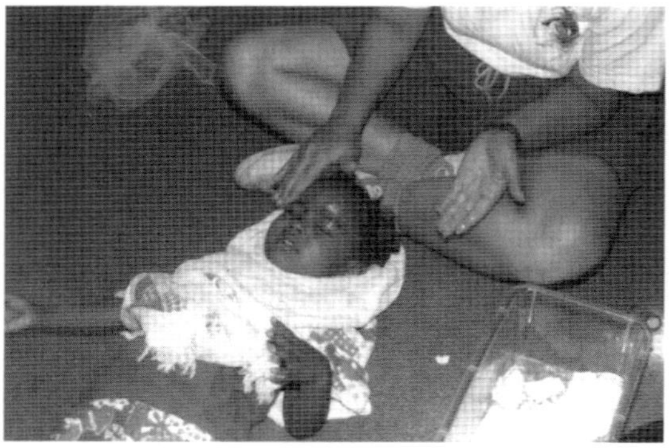

케냐는 선생님이 바세린을 얼굴에 바를 때 편안하게 쉰다.

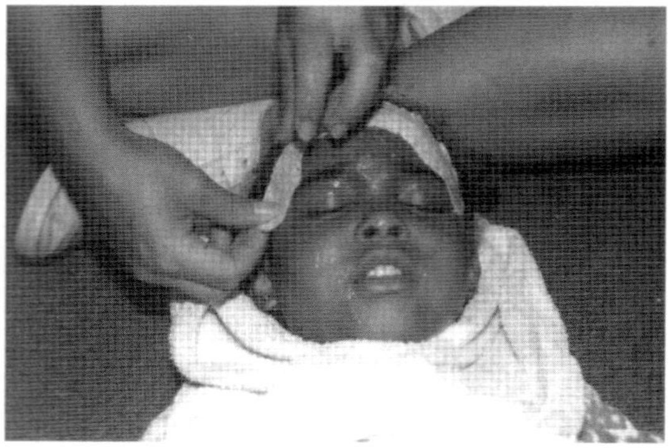

물기 있는 석고 붕대의 작은 조각을 케냐의 이마에 조심스럽게 놓는다.

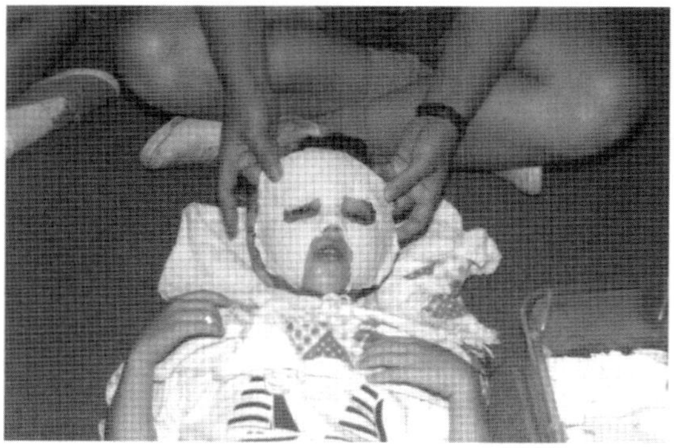

마스크가 완성되면 선생님은 케냐의 얼굴에서 조심스럽게 마스크를 떼어낸다.

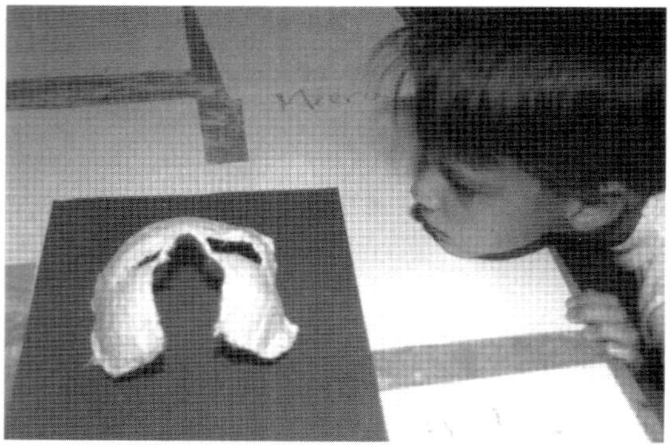

찰리는 케냐의 마스크를 보고 흥미를 느끼며 자신도 마스크 만들기를 하고 싶어한다.

하고 여러분의 얼굴 특성을 영구적인 형태로 본뜨고 있는 동안 함께 이야기를 나눌 것이다. 여러분의 눈을 포함하여 얼굴이 5분 정도 가려지기 때문에, 이러한 것에 공포를 느끼는 사람들은 미리 말하고 모델이 되어서는 안 된다. 그 과정 동안 언제라도 불편하게 느껴지면 얼굴에서 마스크를 들어올려 멈추게 할 수 있다.

여러분은 이 활동을 위하여 다음과 같은 재료가 필요하다.

- 15cm로 잘라놓은 석고 붕대 – 20명의 참석자라면 10kg 1상자. (석고 붕대는 동네의 미술재료 상점에서 살 수 있다.)
- 커다란 빨대
- 물을 담을 수 있는 플라스틱 용기 (1팀당 하나씩)
- 주방용 비닐 랩

- 참가자마다 하나의 작은 담요나 수건
- 바세린 통

과정

1. 마스크 제작자와 모델은 활동을 시작하기 전에 전체 과정을 시연해 보여야 한다.
2. 모델은 바닥에 천장을 바라보며 눕는다.
3. 조각가는 랩을 활용하여 모델의 얼굴, 머리, 목 주변을 덮는다. 모델은 빨대를 활용하여 랩에 구멍을 뚫고 편안하게 숨쉴 수 있도록 한다. 바세린을 활용했다면 얼굴 전체에 바세린을 펴 바르고, 눈 주위에는 랩을 활용하여 덮는다.
4. 조각가는 과정이 진행되는 내내 설명을 해준다.
5. 조각가는 물을 섞어 석고 붕대를 부드럽게 하고, 물이 너무 많으면 물기를 짜낸다. 한 번에 한 조각씩 모델의 이마부터 덮기 시작한다. 눈을 덮은 후 코와 턱으로 이동한다.
6. 조각가는 얼굴 양쪽의 턱뼈에서부터 관자놀이까지 수평으로 한 조각씩 덧붙인다.
7. 조각가는 마스크의 강도를 높이기 위하여 똑같은 단계를 활용하여 또 하나의 층을 만든다. 모델의 얼굴에 석고 붕대를 놓을 때, 조각가는 모델에게 하고 있는 것을 설명해주고, 모델이 편안한지, 숨은 잘 쉬고 있는지를 확인한다. 모델에게 계속 주의를 기울이는 것은 아주 중요한 일이다.
8. 석고 붕대가 두 겹으로 붙여지면 조각가는 모델에게 눈에 바를 것이라고 말해준다.
9. 눈을 덮은 후 조각가는 모델의 특성을 살리기 위하여 손가락으로 약간 문질러 줄 수 있다.
10. 석고 붕대 조각이 딱딱해지면 조각가는 마스크를 만지는 것을 멈추고, 모델 옆에서 모델의 팔과 머리를 만지고, 손을 잡는 식으로 신체적 접촉을 한다.
11. 조각가는 모델과 조용히 대화하면서 마스크가 깨지지 않고 얼굴에서 떼어질 때까지 이야기를 나눈다. 이러한 과정은 거의 15분 정도 걸린다.

시연이 끝나면 참가자들은 짝을 이루고 마스크 만들기 활동을 계속한다. 참가자는 마스크에 이름을 쓰고 마르기를 기다린다. 마스크가 완전히 마르면 스프레이를 활용하여 접착제를 바르고 색깔을 칠하거나 자연 상태로 놔둔다.

이 과정에서 중요한 것은 마스크라는 결과물이 아니라는 점을 기억하라. 마스크는 단지 경험의 결과일 뿐이다. 이 활동을 하는 주된 이유는 석고 붕대가 주는 촉각적, 감각적 느낌을 탐구하기 위한 것이다. "전혀 나 같지 않은데"라는 말이 나오더라도 결과물이 아닌 과정을 경험하는 데 세밀한 주의를 기울일 수 있도록 이 활동을 반복하고 싶어할 수도 있다.

석고 붕대가 굳어 하수구를 막을 수 있기 때문에 남은 것을 싱크대에 버리지 말아야 한다.

찰흙으로 자신을 조각하기

이 과정은 안내 이미지와 찰흙 활동을 통합하여 여러분의 독특한 특징들을 보다 잘 인식할 수 있도록 하는 것이다. 활동을 통하여 여러분은 찰흙으로 자신의 이미지를 만들 수 있다. 여러분의 조각 활동은 그럴듯하게 발전하여 사람 모습을 닮은 것이 될 수도 있고 여러분 자신에 대한 몇 가지 특징적인 면을 추상적으로 표현하는 것으로 끝날 수도 있다. 어떤 것은 전혀 형태를 띠지 않을 수 있고, 단순히 처음 시작했을 때와 유사한 찰흙 덩어리로 남아있을 수도 있다. 여러분이 무엇을 하기로 했건 간에, 여러분의 조각은 자신에게 의미가 있을 것이다. 찰흙을 감각적으로 접하고 자신에 대하여 인식하는 것이 이 과정의 핵심적인 요소이다. 석고 붕대 마스크를 만들 때 의미를 갖는 것은 과정이지 마지막의 결과물은 아니다.

여러분은 이 활동을 위해 다음과 같은 것을 준비해야 한다.

- 한 사람당 두 개의 찰흙 덩어리
- 한 사람당 정사각형 플라스틱
- 사람들이 작업하기에 편안한 작업 책상과 공간

과정

여러분에게는 충분한 찰흙이 있다. 농구공 반만하게 될 때까지 찰흙을 조그맣게 만들어라. 얼마간 찰흙의 느낌을 느껴보고 다음과 같은 안내 이미지를 읽는 것에 주의를 기울인다.

찰흙과 익숙해질 수 있는 시간을 잠시 갖자. … 찰흙의 느낌과 무게를 느낀다. … 손가락으로 탐색하면서 형태를 바꿀 때의 느낌을 느껴보라. … 다르게 만들기를 해본다. … 뒤틀기, 두드리기, 굴리기, 밀기, 당기기, 치기, 구멍 내기와 같은 것을 해보아라. … 찰흙의 특성을 탐색해브고, 다른 것으로 어떻게 만들 수 있는가를 탐색해보아라.

지금까지 여러분은 찰흙을 탐석해보았다. 이제 찰흙을 동그란 공으로 만들어서 여러분 앞에 있는 플라스틱 위에 올려놓아라. 여러분 스스로 편안하게 느끼는지를 확인하고 눈을 감아본다. 여러분의 의식을 손과 손가락에 집중하고 그 느낌에 주의를 기울여보자. … 손바닥에 남아있는 여분의 찰흙을 느낄 수 있는가? 작은 공 모양의 찰흙이 여러분 앞에 놓여있다. 이제 의식을 내면으로 옮겨서, 여러분의 의식을 몸의 각 부분에 집중해보자. 몸이 어떻게 느끼는가를 이해하게 된다. … 편안하게 이완한다. … 깊은 숨을 들이마시고 내쉬면서 긴장을 푼다.

이제 여러분의 마음의 눈을 활용하여 작은 찰흙 공의 이미지를 본다. 그것이 천천히 변해가는 모습을 상상해보고, 그것을 여러분 자신의 이미지로 만들어본다. 여러분의 손과 손가락이 상상속의 찰흙 공을 움직이고 있는 것을 상상해보라. 그리고 천천히 여러분을 상징할 수 있는 것으로 변화시켜보라. … 여러분은 이미지가 몇 번씩이나 변화되어 형태를 잡아가는 것을 볼 수 있을 것이다. 여러분의 마음으로 상상하는 이미지가 무엇이든지 간에 찰흙이 여러분의 상상 속에서 어떻게 발전하고 변화되는가를 인식해보라.

이제 눈을 감고 여러분의 눈앞에 있는 찰흙 공을 만져본다. 잠시 손으로 부드럽게 만져본다. 여러분의 의식을 손가락과 손에 집중하고 찰흙에 다시 익숙해지도록 해본다. 천천히 찰흙을 만져서 찰흙에서부터 여러분의 이미지가 창조되는 과정을 탐구해본다. 찰흙을 형성하는 세세한 과정에 집중한다. … 찰흙이 어떻게 느껴지는지, 여러분의 손가락이 어떻게 움직이는지 그리고 찰흙 형태가 변화될 때 여러분은 어떤 이미지를 느끼는지를 응시해본다. 할 수 있는 한 이러한 형성과정에서 찰흙과 손가락이 여러분을 이끌도록 한다. 찰흙을 가지고 하는 이러한 과정에서 만들어지는 것을 바라본다. 여러분은 이것을 10분 정도 할 수 있다.

(10분 휴식)

이제 천천히 눈을 뜨고 찰흙으로 만든 것을 바라본다. 원한다면 잠시 더 작업할 수 있다. 그러나 거기에 큰 변화를 주지는 말아라. 천천히 바라보면서 그것이 어떻게 보이는지를 생각해보아라. … 그것의 모든 특징과 속성들 … 그것은 지금 여기의 여러분을 잘 보여주고 있는가? 이제 여러분이 만든 것을 보면서 어떤 생각이 떠오르는가? 이 과정을 여러분은 어떻게 표현하고 싶은가?

이 활동이 끝날 무렵 참여자는 이 경험을 정리할 수 있는 기회를 갖는다. 이것은 물론 권유에 의한 것이지만, 여러분은 거의 한 학기 수업을 마쳤기 때문에 정리와 토론이 처음보다는 훨씬 쉽게 느껴질 것이다. 여러분이 이 활동의 정리 단계에 진입하게 될 때에는 맨 첫 번째 사람에게 현재 시제로 말해보라.

집단 조각

이 활동은 커다란 찰흙 덩어리를 다른 사람들의 아이디어에 기초하여 어떤 형태나 디자인으로 만드는 것이다. 조각가들은 집단으로 찰흙을 조각으로 바꾼다. 발전된 형태는 집단의 과정을 반영하고 있다.

여러분은 집단 조각을 만들기 위하여 다음과 같은 재료가 필요하다.

- 4~5명으로 구성된 각각의 집단은 적어도 농구공만큼 커다란 찰흙 덩어리가 필요하다.
- 각 집단은 찰흙을 둘 만한 커다란 플라스틱 판이 필요하다.
- 물이 담긴 통이 모든 사람에게 제공되어야 한다.

과정

1. 4~5명으로 구성된 작은 집단을 만들고 커다란 찰흙 덩어리를 가운데에 놓는다. 이 과정은 침묵의 활동으로서, 아이디어를 말로 교환하는 것은 금지되어 있다.
2. 가운데에 앉아서 앞에 있는 찰흙을 관찰한다.
3. 아이디어가 있을 때 혹은 찰흙을 어떻게 빚을까에 대한 아이디어가 있을 때, 여러분의 손을 보아 조각하기 시작한다. 다른 사람들과 아이디어를 교환하지 말아야 한다는 점을 명심하다.
4. 여러분 각자가 찰흙을 어떻게 만들 것인가에 대한 생각을 가지고 있을 때 동시에 함께 작업하기 시작한다. 찰흙은 어떤 것이 "되어야 할" 필요는 없다. 찰흙의 변화하는 형태는 단순히 집단 과정을 반영하는 것이다.
5. 집단에서 조각이 끝났다고 느낄 때, 작업을 멈추고 무엇을 만들었는가를 잠

시 바라본다.

6. 집단 작업을 마쳤을 때, 방을 돌아다니며 다른 집단이 만든 것을 들여다본다.

이 활동을 하기 시작할 때 다음과 같은 질문을 해보는 것이 도움이 될 것이다. 여러분 자신은 집단의 요구를 만족시킬 수 있도록 질문을 확장하거나 좁혀야 한다. 여기에서 중요한 것은 모든 사람이 과정에 대하여 말할 수 있도록 해야 한다는 것이다.

- 조각하는 동안 여러분은 무엇을 생각했습니까?
- 여러분은 집단 조각의 과정을 어떻게 묘사하겠습니까?
- 집단의 성원들이 조각 작업에 접근하는 방식은 어떤 면에서 같고 달랐습니까?
- 여러분의 조각에 대하여 우리에게 말하고 싶은 것이 있나요?

이 책의 가장 중요한 주제 중 하나는 교사로서 우리가 어떻게 효과적으로 성장하고 발전하는가에 대한 것이다. 우리는 보통 교육과정에서 예술과 그것의 역할에 대한 논의로부터 예술에 대한 우리의 생각과 아이디어를 수업에서 조직하는 방향으로 이야기를 진행해왔다. 이러한 내재화의 과정은 우리가 즐겁고 인간적이고 의미 있는 직업 생활을 준비할 때 매우 중요한 것이다. 우리의 정서 발달과 정서 발달에 대한 우리 자신의 자각은 개인적인 면에서 창의적이고 흥미로운 사람이 될 수 있도록 성장하는 것을 돕는다.

정의적 영역 발달의 연속체: 가치나 가치 복합에 의한 인격화

정의적 영역에서 교육목표 분류학의 주된 범주는 가치 혹은 가치 복합으로 특징지어진다. 정서적인 발달 수준에서 우리의 가치 체계는 삶 전반에 영향을 끼친다. 개인적이고 교사라는 직업적 역할에서 라이프스타일은 창의적 예술과 창의예술 교육에 관련된 일관되고 예측할 수 있는 행동을 수반한다.

정의적 영역의 발달은 계속적이고 평생 지속되는 과정이다. 이 책에서 소개된 몇 가지 경험을 통해 가장 높은 수준의 정서 발달에 이를 수 있으리라고 생각하는 것은 비합리적이다. 그러나 우리가 확신할 수 있는 것은 우리의 정의적 영역의 범위를 "알게 되었다"는 것이고, 이제 분명한 가치에 기초한 창의예술을 소개하는 방법을 선택할 수 있게 되었다는 것이다.

이제 우리의 정의적 영역의 특성에 대한 관점이라는 측면에서 정의적 영역 발달의 연속선을 잠시 생각해보자. 다음 절은 우리가 배운 것, 우리가 생각한 것, 우리가 경험한 감정에 대해서 생각할 수 있도록 해준다.

반성적 인식과 정의적 영역 발달의 연속체

반성적 인식의 중요한 측면은 "특정한 상황에 동반되는 감정을 이해하고 자각하고 통제하는 것을 뜻한다"(Barell, 1995, p. 247). 다음의 질문들은 우리 자신의 정서 발달에 대하여 성찰해보기 위하여 이 책 전반에 걸쳐있는 "개인적 · 직업적 성장"을 위한 활동경험에 초점을 두고 있다. 이 과정은 우리의 경험을 기억하고 자신의 생각에 대하여 질문하고 재고해볼 수 있도록 되돌아보기를 위해 제공되고 있다.

감수

감수하기는 관심 있게 주의를 기울이고 우리 환경에 있는 특정 사물에 대하여 수용적으로 되는 것을 포함한다.

- 여러분이 안내 이미지에 대하여 읽었을 때 처음 드는 생각은 무엇이었는가?
- 여러분은 얼마나 "상상하는 사람"이 되고 싶고 노란 햇빛이나 지표면 밑에 있는 어둠의 이미지를 창조하고자 여러분의 심안을 활용하는가?
- 여러분이 학창시절에 좋아했던 선생님을 회상할 때, 어떤 이미지들이 떠오르는가?
- 다양한 예술 형태, 쓰여진 글, 다른 사람과의 대화 중에 여러분은 어떤 이미지를 포착해내는가?

반응

반응하기는 학습자의 편에서 활동적으로 참여하는 것을 의미한다. 우리는 특정한 상황에 주의를 기울이는 것을 넘어서 무엇인가를 하거나 활동적으로 관여함으로써 반응한다.

- 여러분은 음악을 느끼며 춤을 추도록 기대되었을 때 어떤 생각이 들었는가?
- 다른 사람과 즉흥곡을 작곡할 때 어떻게 느껴졌는가?
- 여러분의 참여 수준을 어느 정도라고 평가하는가? 여러분이 보다 쉽게 혹은 보다 어렵게 참여할 수 있었던 활동은 무엇이었는가?
- 여러분의 참여 수준에 대하여 만족감을 느끼는가? 다른 기회가 생긴다면 여러분이 했던 것보다 더 적극적으로 참여할 의향이 있는가?
- 여러분 자신과 다른 사람들에 대하여 배웠던 것은 무엇인가?

가치화

가치화는 활동의 내용, 상황, 경험, 혹은 우리의 관심사인 창의예술의 가치에 관심을 기울이는 것을 의미한다.

- 창의적 과정에 대한 여러분의 태도는 다른 사람들과의 활동에 어떻게 가치를 부여했는가?
- 아동의 창의예술 활동을 효과적으로 실행하는 것을 얼마나 중요하게 생각하고 있는가?
- 아동뿐 아니라 성인의 창의적이고 예술적인 발달이 중요하다고 인식하게 된 것을 여러분의 행동으로 어떻게 표현했는가?

조직화

조직화는 다른 가치, 갈등 해결, 내적으로 일관된 가치 체계를 형성하는 것에 관심을 갖는 것이다.

- 여러분 자신의 장점과 단점에 대하여 얼마나 생각하고 있었는가?
- 직업적 기술의 측면에서 부족한 점을 보완하고자 할 때 여러분은 어떻게 생각하는가?
- 과정으로서 창의예술을 아동에게 제공할 때 가장 기억해야 할 여러분의 역할은 무엇인가?

- 예술에서의 "지금 여기" 경험은 예술에 두었던 가치에 어느 정도 영향을 주었는가?
- 여러분은 이 질문에 대답하면서 혹은 대답한 후 자신의 생각에 대하여 얼마나 의식적으로 평가하고 관찰하고 있는가?

가치나 가치 복합에 의한 인격화

가치나 가치 복합에 의한 인격화는 우리의 행동을 통제해왔던 가치체계를 충분히 우리가 가지고 있다는 것을 의미한다. 따라서 우리의 라이프스타일을 통하여 일관된 행동으로 나타난다.

- 여러분이 개인적이고 자유로운 활동을 계획할 때 거기에는 예술이 포함되어 있는가?
- 여러분은 얼마나 취미로 음악을 듣고 춤을 추고 크레용 등으로 그림을 그리는가?
- 개인적인 친분이 있는 전문적 음악가, 배우, 예술가들이 있는가?
- 악기를 연주하거나 무용 교습을 받거나 연기 수업을 들으려고 생각해본 적이 있는가?
- 이 수업이 예술에 대한 여러분의 태도와 행동에 영향을 미쳤는가?

여러분은 창의예술 교육에 대한 가치와 그 과정에서 자신의 역할에 대하여 배웠다. 이제 다시 원점으로 돌아올 때가 되었다. 여러분의 여정이 끝난 것이 아니고, 아동의 창의적이고 예술적인 과정을 촉진할 수 있는 창의적 교사로서의 역할을 떠맡아야 하는 새로운 모험을 시작하고 있다. 예술에 관련되어 있는 우리의 태도, 신념, 행동과 예술의 관련성을 잠시 보고자 한다.

> '반성적 인식과 정서 발달의 연속선' 부분을 읽은 후 질문에 대한 답을 적어보라. 정의적 영역의 성장을 위해 자신이 적은 내용을 한쪽 분량의 기술문으로 발전시켜보라.

개인적 · 직업적 성장

여러분들은 지적이고 능력 있고 창의적인 사람들이다. 이것은 가르치는 직업에 있는 사람들로서 필요한 특성이다. 따라서 창의예술에 대한 이러한 접근은 여러분이 개인적으로 의미 있는 방식으로 창의적 과정에 들어올 수 있도록 지원적인 학습환경을 만들도록 해왔다. 이것은 창의예술 탐구를 위한 기본적인 기초이다. 여러분 나름대로 자유롭게 자신을 표현하면서 이 과정을 신뢰하고 시도해봄으로써 아동에게 자유롭게 자기표현을 하도록 도와줄 수 있다.

"창의예술 교육에 대한 여러분의 철학은 무엇인가?" 라는 질문은 예비교사는 물론이고 심지어 경험이 많은 교사들에게도 쉽지 않은 질문이다. 교육철학을 정의하는 것은 어려운 것인데, 누군가 여러분에게 심지어 창의예술 교육의 철학에 대해 묻고 있는 것이다! 톨스토이(1963)의 '예술은 감정의 표현' 이라는 말이나 콜라드(Collard, 사적 대화, 1981)의 '예술 특히 음악은 훈련받은 열정' 이라는 말은 적절한 것이었는가? 이러한 질문에 당황할 필요는 없다. 교사로서의 여정에서 여러분의 교육철학은 아직 발달 과정에 있다. 그러나 창의예술과 교수에 대하여 여러분 자신의 관점을 이제 생각해볼 필요가 있다.

가르침, 즉 태도, 신념, 행동이라는 활동은 여러분에게 가르치는 일에 대한 생각과 창의예술의 교사로서 여러분의 역할을 자문해볼 수 있는 시간을 줄 것이다. 평가받지 않는 상황에서 여러분은 가르침, 특히 창의예술을 가르치는 것에 대한 생각과 감정을 다른 사람들과 이야기 나눌 기회를 갖게 될 것이다. 이것은 창의예술 교육에 대한 여러분의 신념을 정의하고, 이러한 신념에 따라 교육하는 교사인 여러분의 역할을 명백하게 정의하고, 창의예술 교육에 대한 여러분의 철학을 발전시킬 수 있는 첫 번째 단계가 될 수 있을 것이다.

계속 읽어가면서 여러분은 활동 중에 어떤 생각이 드는가에 대해서 생각할 수 있다.

주의할 점은 지금 읽어가면서 말하고 싶은 것이 바뀔 수 있다는 것이다. 만약 바뀌게 된다면 이것은 긍정적인 징후이다. 여러분의 철학이 계속 발전할 수 있는 여지를 남겨두고 있기 때문이다.

가르침: 태도, 신념, 행동

여러분 각자는 창의예술 교육의 영역에 대한 아이디어와 감정을 다른 사람들과 공유할 기회를 갖게 될 것이다. 다른 참가자들과 짝을 이루어라. 교사와 예비교사들이 여러분의 집단에 있다면 두 집단이 함께 짝을 이루도록 하는 것이 좋을 것이다.

짝을 이룬 다음 두 사람은 맨 처음 다음 글을 조용히 읽고 질문에 대하여 대답한다. 도입문을 읽고 짝과 공유하는 것을 마쳤다면, 유아교육에서 예술에 대하여 제기할 수 있는 추가 질문이 있는가를 검토하면서 대집단으로 돌아와서 경험을 이야기한다.

서로 아이디어를 공유하는 것은 기본적인 기술과 적극적 자세를 필요로 한다. 공유된 만남의 본질적 차원은 자기인식, 자기표현, 신뢰, 위험 감내하기, 공감적 이해, 비소유적 배려, 수용, 피드백이다. 수용적이고 평가받지 않는 분위기에서 우리는 다른 사람들에게 자신에 대한 중요한 정보를 털어놓을 수 있다. 이러한 "확장"은 더 큰 신뢰와 수용을 가져올 수 잇다. 개인적이고 직업적인 관계 맺음이 더 밀접하게 되어 자신을 더 많이 보여주고 더 큰 위험을 감수할 수 있도록 해준다. 여러분이 아이디어와 경험을 진심으로 공유할수록 여러분들은 더 많은 정보를 주고받을 수 있는 관계로 발전할 수 있을 것이다.

이 활동의 기본 규칙은 다음과 같다.

1. 여러분은 주의를 산만하게 하는 것이 없는 곳에서 편안하게 파트너의 얼굴을 마주보고 앉는다. 이러한 것을 충족시키지 않는 환경이라면 다른 곳을 찾아본다.
2. 여러분이 이 부분을 읽었을 때 처음 든 생각을 기억한다.
3. 토론된 모든 정보에 대해서는 비밀을 지켜야 한다.
4. 각 파트너는 계속하기 전에 각각의 진술에 대하여 반응한다.
5. 질문을 건너뛰지 말고 순서에 따라 진술한다.
6. 질문 사항은 개방형 진술이며, 여러분이 원하는 수준에서 끝날 수 있다. 여러분은 파트너에게 대답하기 싫은 것은 솔직하게 말하여 건너뛸 수는 있다.
7. 누구라도 이러한 활동이 불편하게 느껴지면 의견 교환을 그만둘 수 있다.

파트너가 읽기를 마치면 다음과 같이 이야기한다.

- 내가 길잡이로 삼고 싶은 사람의 이름은 ....이다.
- 나의 교사 경험은 ....를 포함한다.
- 나는 ....이기 때문에 가르치고 싶다.
- 교사로서 나의 최고의 목표는 ....이다.
- 교사로서 나는 창의예술이 ....라는 점에서 가장 중요하다는 것을 알

고 있다.

- 내가 활용하고자 하는 창의예술 교육방법은 ....이다.
- 이러한 방법을 활용하는 이유는 ....이다.

파트너가 이러한 사항을 말할 때에는 그를 응시해야 한다(그리고 가끔씩 그의 이름을 부르며 반응한다).

- 지금 나는 ....한 느낌이 든다.
- 예비교사로서, 나는 아이들의 창의적 표현을 북돋아주는 데 (매우/어느 정도는/상당히) 성공할 수 있다고 생각한다.
- ....한 면에서 나는 성공적이었던 것 같다(성공적이지 못한 것 같다)
- 내가 더 배우고 싶은 예술교육 방법은 ....이다.
- 내가 활용하는 데 어려움을 느끼는 창의예술 방법은 ....이다.
- 나는 예술과 기술의 차이는 ....라고 생각한다.

확인할 사항: 위의 사항에 대하여 2~3분간 토론을 해보아라. 계속 눈을 마주치면서 다음과 같은 질문을 스스로에게 던지면서 체크해본다.

- 나는 얼마나 잘 듣고 있나?
- 나는 얼마나 정직하고 개방적인가?
- 나는 이러한 의견교환을 얼마나 하고 싶어하나?
- 나 자신에 대하여 무엇인가를 배우고 있다고 생각하는가?
- 내가 더 알고 싶은 창의예술에 관한 교육적 아이디어는 ....이다.
- 아이들에게 보다 효과적으로 창의예술의 경험을 할 수 있게 하는 방법은 ....이다.
- 창의예술 교사로서 나의 진정한 강점은 ....이다.
- 창의예술 교사로서 나의 진정한 약점은 ....이다.
- 나는 교실에서 ....라는 점에서 창의적 예술을 경험하는 내 능력에 (만족감을 느낀다 / 좌절감을 느낀다.)
- 지금까지 나의 창의예술 교육의 철학은 ....이다.
- 창의예술에 보다 창의적이고 참여하기 위해서는 그리고 창의적인 교사가 되기 위해서 나는 계속 ....을 해가야 한다.

- ◆ ....에 대한 나의 전반적인 철학과 신념은 ....이다.
- ◆ ....과 같은 기술들
- ◆ ....에 대하여 방해받지 않는
- ◆ 특히 ....분야에서 나의 능력을 받아들이기
- ◆ 아이들의 창의적 능력과 노력을 인식하고 이러한 것들을 나의 .... 교수활동에 어떻게 통합할까?
- ◆ 다중지능이론과 ....에 대하여 더 배우기
- ◆ ....과 같은 그 외의 것들

◆ 나의 관심을 끄는 너의 아이디어는 ....이다.

◆ 네가 더 얘기하고 싶은 것은 무엇일까?

◆ 우리가 나눈 토론 중 대집단과 공유할 수 있는 것은 ....이다.

◆ 이 질문 중 변경할 수 있는 것은 ....이다.

앞장에서 우리는 정의적 영역에서 어떻게 성장하고 배울 것인가에 대한 많은 예들을 접했다. 우리의 행동, 사고, 감정을 되돌아보면서 우리의 개인적이고 직업적인 발달이라는 부분에서도 많은 결정들을 해왔다.

우리가 정의적 영역을 더 많이 인식하고 인간을 전체적인 존재로 인식할 수 있도록 더 많은 관심과 주의를 기울인다면 우리 자신과 아이들의 창의적 능력을 더 개방적으로 대하게 될 것이다.

나는 로버트 바레트(Robert Valett, 1977)가 고대 속담을 변용한 속담을 제시하고자 한다. 이 속담은 전체 교육 프로그램에서 정의적인 기술과 능력의 중요성을 잘 인식할 것을 강조하고 있다.

나는 듣는다 – 그리고 나는 주의를 기울인다.
나는 본다 – 그리고 나는 기억한다.
나는 느낀다 – 그리고 나는 의문을 품는다.
나는 배려한다 – 그리고 나는 열망한다.
나는 말한다 – 그리고 나는 관련을 맺는다.
나는 숙고한다 – 그리고 나는 이해한다.
나는 사랑한다 – 그리고 나는 초월한다.
나는 경험한다 – 그리고 나는 행동한다.
이러한 과정을 통해 나는 비로소 내가 될 수 있었다.

제8장

문학적 능력 향상 계획

나는 예술의 본질을 알려주는 책을 좋아한다. 책은 아동들에게 직관적이고 직접적인 지식, 바로 감지되는 단순한 아름다움, 그들의 삶을 이겨낼 수 있게 해주는 영혼의 감흥을 제공한다.

– 폴 헤자드, 소르본느의 석학(Paul Hazard, 1994)

레비(Levi)는 나에게 다가와, 내 손에 책을 꽉 쥐어주고, "나에게 책을 읽어주세요."라고 말했다. 나는 책을 펼치고 페이스 링골드(Faith Ringgold)의『타르 해변(Tar Beach)』[1]을 읽기 시작했다. 레비는 내가 읽는 것을 주의 깊게 들었다. 이야기가 끝날 즈음에, 레비는 나를 보고 내가 무슨 생각을 하는지 물었다: "소년도 소녀처럼 날 수 있나요? 소녀는 어떻게 날 수 있었나요?" 나는 이 질문에 당황하여 무슨 말을 해야 할지 몰랐다. 곧, "응, 너 같은 소년도 상상에서는 날 수 있단다."라고 말했다. 레비는 작은 소녀가 빌딩 위를 어떻게 날아가고, 왜 지붕 위에서 저녁을 먹는지에 대해 많은 질문을 갖고 있었다. 이때 다른 친구들이 몰려오고, 다른 아동들도 질문하기 시작했다.

> 나는 열 살 때, 몰래 동화책을 읽으면서 이러한 책을 읽고 있다는 것이 발견된다면 창피할 것이라고 생각했다. 쉰 살이 된 요즈음 나는 공개적으로 동화책을 읽는다. 어른이 되어서야 유치한 것에 대한 두려움과 어른스러워야 한다는 편견을 버릴 수 있었다.
>
> – C. S. 루이스(C. S. Lewis)

내가 레비에게 해준 말이나 설명이 그에겐 만족스럽지 않을 것이라는 것을 안다. 레비는 빌딩 위나 다리 위를 날아가는 것이 어떤 것인지를 자신의 상상력을 통하여 직접 경험하고 싶었다. 상상력에 관한 간학문적인 연구를 함께 한 적이 있는 친구이자 동료인 린다 카프만(Linda Kauffman)에게 상담을 요청했다. 우리는 아동들이 생각하는 상상력에 대하여『타르 해변(Tar Beach)』과 그 밖의 책들을 통하여 연구를 했다.

우리는 아동문학에서 가장 중요한 초점을 시각예술, 연극, 음악, 운동 등 간학문적 문학으로 통합하여 기획했다(우리가 주제망으로 개발한 하나의 단원 내용을 뒷부분에 수록했다). 한 단원을 기획하는 과정에서 몇 번의 놀람과 "아하"라는 보상이 있었다. 이 과정은 경험 많은 교사에게도 새로운 것을 발견하게 했다. 여러분이 이 책에서 창의적 기획에 관하여 우리들이 연습했던 내용을 읽으면 아동문학을 어떻게 활용하는 것이 아동의 시각예술과 공연예술을 강화하고 격려할 수 있는지를 알게 될 것이다. 지금부터 책, 이야기, 시를 어떻게 학습하도록 지원하는 것이 아동의 잠재적인 능력들을 일깨워주는가에 관한 특별한 매력에 관심을 가질 것이다.

---

1) [역주] 흑인 예술가인 페이스 링골드의 패치워크로 구성된 환타지 이야기임. 빌딩 숲속에 아담하게 자리한 가족과 이웃이 행복한 휴식을 취하는 특별한 장소, 즉 모래 대신 검은 타르가 깔린 낭만적 해변으로 옥상을 표현하고 하늘을 나는 소녀가 본 풍경이 담겨짐.

문학 환경

여러분의 주머니에 시집이, 여러분의 머리에 노래가 있다면, 밤에 홀로 있거나 잠을 자려고 할 때도 절대 혼자가 아니다.

— 마조리 파머(Marjorie Farmer, 1973)

나는 어린 아동들에게 비 오는 날이나 어두운 밤을 대비하여 시집을 주머니에 갖고 다니라고 끊임없이 이야기했다. 시나 문학의 다른 장르에 접하는 것은 아동들을 달래거나 편안하게 할 수 있다. 시, 책, 이야기는 아동들에게 거울과 같은 작용을 한다. 문학은 아동들 자신의 내부 세계(상상과 감성의 세계)와 외부 세계를 연결하는 역할을 한다. 유명한 아동용 문학은 아동들의 상상과 정서적 상태를 표현하는데, 그 내용은 다른 사람들(특별히 성인)과 다르지 않은 상상의 세계와 정서적인 내용을 포함하고 있다. 아동문학은 실제 아동들을 대상으로 쓰였기 때문에 그들의 정서와 상상의 세계가 매우 중요하게 다루어져야 한다.

> 아동의 교실을 방문해보자. 거기서 일어나는 일들을 적극적으로 관찰해보고, 아동이 사용하는 자료들이 무엇인지 기록해보자. 다른 교실도 가서 보고, 각각의 교실에서 아동이 읽고 있는 책이 무엇인지 적어보자.

수백 권의 아동도서들이 매년 출간되는데, 이 책들은 아동들을 위한 특별한 경험을 위한 내용을 포함하고 있다. 아동들에게 그림책, 전래 동요(mother goose), 시, 그리고 개념서(concept books) 등 다양한 문학 세계를 소개한다. 그림책은 아동들이 가장 좋아하는 것으로 두 가지 종류로 나눌 수 있다. 하나는 글자 없는 그림책으로 글자가 하나도 없이 그림으로만 구성된 것이고, 또 다른 그림책은 글자와 삽화, 그리고 줄거리로 구성된 것이다. 아동들은 글자 없는 그림책을 가지고 자신만의 줄거리를 꾸며 나간다. 심지어 글자가 쓰여 있는 그림책의 경우에도 삽화로 이야기를 해석하는 경향이 있다. 삽화는 아동들에게 문학의 즐거움을 더 느끼도록 도와주고, 줄거리에 대한 경험을 풍요롭게 한다.

아동들에게 문학은 다양한 장르로 나누어진다. 전통문학은 전설, 전래동화, 우화, 동물 이야기, 신기함과 놀라움, 전래 동요, 광고 노래 등을 포함한다. 판타지는 실제 일어나지 않은 사건이나 장소에 기반을 둔 이야기이다. 아동문학의 또 다른 장르는 현실감을 주는 픽션, 시, 그림책, 개념서, 픽션 또는 논픽션 등이다. [표 8-1]은 다양한 장르와 표현 양태에 따른 아동도서의 예를 보여준다.

[표 8-1]에서 제공되는 사례는 아동들에게 사랑받고 기념될 만한 것을 모아 제

시한 것은 아니다. 서점에는 훌륭한 책들이 수없이 많이 있다. 여러분이 살고 있는 도시에서 어린이 도서관 또는 학교 도서관을 활용하여 아동들에게 좋은 책을 고르는 것은 여러분의 몫이다. 아동의 주변에 그림, 사진, 그리고 선과 색, 도형, 질감 등으로 미적인 구성을 할 수 있는 삽화책을 두자. 아동들이 스스로 문학 탐험을 할 수 있도록 문을 열어주는 것이 여러분이 할 일이다. 여러분은 질 높은 문학작품을 "찾아서 발견"하는 과정을 통하여, 아동들이 문학을 발견하는 과정에 있어서의 즐

[표 8-1] 문학요소와 아동도서의 예시

장르	표현 양태	아동도서 예시
전통문학	전래동화	『빨간 망토(Little Red Riding Hood)』
	동화	『난장이와 구두쟁이(The Elves and the Shoemaker)』
	우화	『토끼와 거북(The Hare and the Tortoise)』
	동물 이야기	『세 마리 염소이야기(The Three Billy Goats Gruff)』
	마술	『미녀와 야수(Beauty and the Beast)』
	전래 동요	『머핏 아가씨(Little Miss Muffet)』
	광고노래	『하나, 둘, 내 구두를 조여라(One, Two, Buckle My Shoe)』
판타지	동물 판타지 유머 이야기	『프레드릭 쥐(Frederick)』(Leo Lionni, Pantheon, 1967) 『식초부부(Mr. and Mrs. Vinegar)』 영국 동화
현실감 있는 픽션	가족의 삶	『알렉산더의 끔찍한 하루(Alexander and the Terrible, Horrible, No Good, Very Bad Day)』(Judith Viorst, Atheneum, 1977)
시	리듬	『진흙에 대한 시(Poem to Mud)』(Z. Snyder), 『오늘은 토요일이예요(Today Is Saturday)』, (Atheneum, 1969)』 중
	반복	『향기로운 비누(Beautiful Soup)』(Lewis Carroll), 『이상한 나라의 앨리스(in Alice' s Adventures in Wonderland)』, (1865)
	상상	『골목길 끝(Where the Sidewalk Ends)』(Shel Silverstein, Harper & Row, 1974)
그림책	단편	『괴물들이 사는 나라(Where the Wild Things Are)』(Maurice Sendak, Harper & Row, 1963)
	바꾸어 말하는 이야기	『잠자는 숲속의 공주(The Sleeping Beauty)』(David Walker, translator and illustrator, Croswell, 1976)
	글자없는 그림책	『만찬에 간 개구리(Frog Goes to Dinner)』(Mercer Mayer, Dial,1974)
개념서	정보	『강아지가 태어났어요(My Puppy Is Born)』(Joanna Cole, William Morrow, 1991)
논픽션	전기	『여기 사인할래요?(Will You Sign Here Jon Hancock?)』(Jean Fritz, Coward, McCann, 1976)

거움과 기쁨을 선물로 줄 수 있다.

칼데콧 상(Caldecott Medal)은 영국 삽화가로 유명한 랜돌프 칼데콧(Randolph Caldecott)에 의해서 이름 지어진 것인데, 매년 뛰어난 그림책을 칼데콧 상으로 정하여 시상하고 있다. 만약 여러분이 이런 상을 받은 책들의 삽화를 유심히 살펀다면, 삽화에서 사용되는 다양한 기술을 발견하고 예술작품의 진정한 아름다운과 매력적인 요소를 알게 될 것이다. 로버트 맥클로스키(Robert McCloskey)의 『오리에게 길 내어주기(Make Way for Ducklings)』(Viking, 1941) 또는 존 쉐이너(John Schoenherr)가 삽화를 그리고 제인 올렌(Jane Yolen)이 집필한 『올빼미 달(Owl Moon)』(Philomel, 1987)을 읽게 되면 아동도서에 있어서 예술의 중요성을 느끼고 배울 수 있다(칼데콧 수상 책 목록은 부록 1에 있다).

문학을 위한 공간 배열

책이나 책을 읽을 수 있는 공간은 활동적인 공간에서 멀리 떨어진 곳, 조용한 곳에 두자. 그런 공간이 마련되면 그곳에 양탄자 같은 것을 깔아준다. 책이 있는 공간은 안락하고, 매력적이며 아동들을 초대하는 공간이다. 항상 아이들의 눈높이에 맞는 책을 진열해둔다. 아동들이 어떤 책을 가장 좋아하는지를 관찰하여 책을 선정한다. 이러한 책들은 기한 없이 진열해두고 개념서나 개별적으로 좋아하는 책, 또는 아동들의 반응에 의해 선정된 책, 새롭게 아동들이 열광하는 책들을 첨가하여 배

큰 베개와 안락한 의자는 책을 읽으면서 웅크리기에 아주 좋은 장소이다.

치하면 된다.

책을 공간에 진열하기 전에 반드시 한 번 읽어보자. 여러분이 책을 완전하게 소화한 후에 아동들에게 책을 선보여야 한다. 그리고 줄거리의 세세한 부분까지 사전에 충분히 숙지해야 한다. 여러분은 매일 책이 놓여있는 공간에 일정표를 잘 정리해두어야 한다. 아동들과 함께 앉아서 책을 읽고, 아동이 관심 있어 하는 책, 함께 읽는 책, 그리고 아동들이 더 알기를 원하는 책에 대해 개별적으로 이야기를 나눈다.

우수한 아동문학 작품 선택하기

아동들을 위해 책을 선정하고 새로운 책을 보여주기 위해 준비하는 것이 여러분의 가장 중요한 책임 중 하나이다. 아동도서에는 다음과 같은 요소들이 포함되어야 한다.

- 아동들이 이야기 결과에 대한 몇 가지 아이디어를 갖도록 단순하고 명확한 구성—이야기는 짧아야 하고 그림과 연관된 적은 단어만이 있어야 함.
- 단어, 리듬 그리고 빨리 친숙하게 되고 노래를 부르고 몇 번을 듣고 난 후에 거듭 말할 수 있는 사건의 반복
- 이야기의 등장인물과의 직접 대화하기
- 아동들의 수준과 관심, 이해 수준에 따라 이해할 수 있는 적절한 말과 단어
- 동물과 사람 그리고 다른 아동들과 관련된 친숙하고 재미있는 상황이나 사건에 관한 이야기
- 아이들이 만족하고 의문점을 해소할 수 있는 클라이맥스
- 개념서라면 정확하고 현실적인 정보
- 인종적이고 문화적인 정보들의 정확성—이야기는 성적, 문화적, 인종적인 편견을 가진 내용이어서는 안 됨.
- 제한된 수의 등장인물

아이들에게 언어능력을 향상시켜 줄 수 있는 방법을 아는 교사는 아이의 언어 습득 수용능력을 파악할 수 있다. 이러한 교사들은 언어적 지능의 발전을 높이 이해하며 아이들의 이러한 지능습득 방법을 잘 알고 있다. 가드너의 언어적 지능에 대한 개념은 이 책에서 마지막으로 논의되는 내용이다. 가드너는 제시한 지능들

외에도 다른 지능들이 판별될 것이라고 주장하지만 이 책에서 초점을 맞추고 있는 부분은 창의적인 예술의 관련 있는 지능 영역들이다.

문학적 능력 개발과 가정의 역할

가정은 아이들이 읽고 쓸 수 있도록 도와줄 책임이 있다. 보육자는 아이들이 글을 읽는 사람과 글을 쓰는 사람 모두가 되기를 원한다면 이것을 기억해야 한다. 비록 보육자의 글 읽기와 글 쓰기 자질이 부족하다고 하여도, 그들은 아이들에게 이야기를 들려줄 수 있고, 읽고 쓰는 능력이 매우 중요하다는 사실을 행동을 통해 보여줄 수도 있다. 가족들이 아이의 읽고 쓰는 능력을 향상시켜주기 위해 할 수 있는 최선의 방법은 그들에게 무언가를 읽어주는 것이다. 수많은 연구 결과, 많은 이야기를 듣고 자란 아이들이 다른 아이들보다 읽고 쓰는 능력이 훨씬 뛰어난 것으로 나타났다. 다음에 소개될 내용은 보육자 또는 가족들이 아이의 읽고 쓰는 능력을 향상시킬 수 있는 방법들이다.

- 아이들에게 책을 읽어주는 시간을 정해서 매일 매일 그 시간에 읽어줄 수 있도록 한다.
- 아이들이 흥미 있어 하는 책뿐만 아니라 부모들 역시 흥미 있어 하는 책을 읽어줘야 한다.
- 부모가 책을 읽어줄 동안 아이들이 책 페이지를 넘겨주거나, 그림에 손가락질을 하는 것은 아이들이 즐기고 있다는 뜻이니, 귀찮아하지 말자.
- 아이들이 책에 나타난 그림들에 이름을 붙여주거나, 이야기를 재잘재잘 말하는 것은 아이의 읽고 쓰는 능력이 향상되고 있다는 뜻이다.
- 책에 나온 등장인물이나 이야기에 맞게 소리 내려고 너무 애쓰지 말자. 그저 신날 때는 신나게 읽고, 놀랄 때는 놀라게, 슬플 때는 슬프게, 이야기 등장인물의 감정 그대로 읽기만 하면 된다. 부모의 목소리는 중요한 도구가 될 수 있다.
- 아이들이 졸려하거나 피곤해하면 이제 책을 덮을 시간이 되었음을 알자. (Kupetz, 1993)

가드너의 다중지능이론: 언어 지능

여기까지 읽은 당신은 이제 가드너의 다중지능이론과 예술 사이의 관계의 중요성과 그의 이론이 어떻게 어린아이들의 예술적, 창의적 과정에 연관되어 있는지에 대해 이해할 수 있을 것이다. 교육자로서 아이들이 모든 지능들을 통해 자신을 표현한다는 것을 온전히 이해해야 한다. 그리고 지금 여러분은 어린아이들이 배운 것과 자신들이 아는 것에 대해 표현하는 다양한 방법이 있음을 파악해야 한다. 이 사실을 염두에 두고 이제 가드너가 말하는 언어적 지능에 대해 자세히 살펴보자.

동화구연가, 시인, 언론인, 연설가, 또는 언어를 사용하는 사람들은 높은 언어적 지능을 가지고 있다. 이 지능은 소리와 리듬 그리고 말의 의미에 대한 민감성과 언어의 여러 기능들에 대한 민감성을 담고 있다. 이것들 중 몇 가지는 청각적 해독(듣기를 통한 의미 파악), 시각적 해독(읽기), 어의(의미검토), 구어법(어순과 억양), 그리고 어용론(언어가 어떻게 사용되는가)을 포함한다.

가드너는 개인이 얼마만큼의 최대한의 지능을 가지고 일을 하는지 알기 위해 자신이 가지고 있는 지능의 "끝의 상태"를 볼 수 있다고 말한다. 그는 젊은 사르트르(Jean-Paul Sartre)의 글에서 찾은 그의 정체성과 신속성과 능력에 대해 설명하면서 이러한 종류의 지능을 설명하고 있는 좋은 예를 보여준다. 가드너(1983)는 사르트르를 인용하면서 이렇게 말한다.

> 글을 쓰면서 나는 존재하고 있음을 느꼈다. … 나는 손목의 통증을 느낄 만큼 빠르게 글을 써 나갔다. 꽉 채워진 종이가 방바닥에 나뒹구는 것도 잊고 나는 글을 써 나갔다. 나는 쓰기 위해 썼다. 나는 후회하지 않는다. 구두발표했을 때와 마찬가지로 내 글이 읽혀진다면 나는 즐겁게 해주려 노력했을 것이다. 나는 또 놀람의 대상이 되었을 것이다. 은밀하지만 나는 진실했었다. [나이 9세](p. 81)

언어적 지능을 가진 사람들 중에는 찰스 디킨스(Charles Dickens), 팻 콘로이(Pat Conroy), 시인 로버트 프로스트(poets Robert Frost), 그웬돌린 브룩스(Gwendolyn Brooks), 소주너 트루스(Sojourner Truth), 마야 안젤로우(Maya Angelou), 랑스톤 허그스(Langston Hughes)가 있다.

언어 지능에 관한 논의에서도 어린아이들의 지능을 확장시키고 교육시키는 일에 있어서 교사의 역할이 강조되어야만 된다. 아이들의 지능 발달 가능성을 높이는 방법을 인지하는 것은 지도교사에게 매우 유용하다. 이 사실을 염두에 두고, 우리가 어떻게 아이들의 지능 발달에 도움을 줄 수 있는가에 대해서 알아보고, 더욱 나아가서 문학을 통해서도 어떻게 아이들에게 도움을 줄 수 있는지에 대해 알아보자.

언어 지능 발달 지원하기

지도교사들에게 가장 중요한 책임들 중에 한 가지는 아이들에게 책을 읽어주는 것이다. 우리가 아이들에게 책을 읽어줄 때, 아이들은 그 내용을 스스로 해석하고 반응하게 된다. 그 동안에 우리는 아이들의 과거 경험들과 현재의 흥미들을 꺼내볼 수 있는 것이다. 테일러(Taylor, 2000)는 다음과 같이 말했다.

> 학생들이 학교와 학교의 문화에 익숙해질 때, 그들이 학교에서 읽은 책을 바탕으로 자신들의 인생과 학습 경험, 문화, 가치관, 언어, 그리고 신체적 특징들의 위치 속에 자신을 적응시켜야 한다(p. 24).

아이들은 책과 이야기를 읽고 반응하면서 점점 읽고 쓰는 능력을 쌓는다. 읽은 이야기를 말로 표현할 때 아이들은 구어적 문해 능력을 향상시키며, 자신들을 표현하는 능력도 향상시키게 된다. 시각적 문해는 아이들이 책에 나온 그림들에 집중하여 그 그림들을 통해 이야기를 더욱 생생히 이해하면서 발전하게 된다. 아이들

아이들에게 이야기를 읽어주는 일은 매우 의미 있는 중요한 활동이다.

은 자신이 읽은 이야기를 다시 말하거나 그림과 낱말들을 휘갈겨 쓰거나 이야기들을 만들면서 그들의 구어적, 시각적 문해능력을 증명하게 된다. 문해는 어린아이들에게 아주 일찍 시작되는 과정이며, 이것의 근원지는 아이들이 소리 내어 읽거나 들은 이야기와 책이라고 할 수 있다. 문해와 언어적 지능의 발전은 아이들이 유치원에 들어갈 때부터 시작된 과정이라고 할 수 없다. 다만 이 과정은 아이들이 유아기 때부터 경험하게 되는 언어적 상호관계와 비언어적 상호관계에서부터 시작된 것이다. 이것은 우리가 처음으로 소리 내어 아이들에게 이야기를 들려주었을 순간부터 지속된 것이다.

모든 종류의 책들이 교실 안의 모든 공간에 차있을 수 있게 교실공간을 배치하자. 프랭크 로이드 라이트(Frank Lloyd Wright)의 "커피 책상" 책을 블록센터에 넣고, 삽화가 담겨진 요리책과 소꿉놀이 영역을 꾸미는 인테리어 책들도 넣어보자. 『어린이 문학선집(Anthology of Children' s Literature)』 제4판(Johnson, Sickels, & Sayers, 1970)의 복사본을 사서, 어린이를 위한 시와 이야기가 담긴 잘 알려지고 유명한 책을 매일매일 아이들에게 읽어줘라. 아이들이 가장 편안한 상태에서 책을 읽고, 그 책에 대한 대화를 친구들과 쉽게 나눌 수 있도록 교실 안에 편안한 공간을 마련하자([그림 8-1] 참고). 플립차트(flip chart), 융판(flannelboard), 영화상영관 스토리(movie-box stories), 칠판스토리(chalk talk stories)를 이용해서 다양한 이야기 들려주기 방법에 접근하고 아이들 스스로가 자신의 이야기를 만들 수 있도

[그림 8-1] 아이들에게 편안하게 책을 읽어줄 수 있도록 안락한 공간을 만드는 것은 아이들이 문학의 즐거움을 배로 느낄 수 있게 한다.

록 용기를 북돋아주어야 한다. 지도교사인 여러분이 교실에 책을 가득 채우고, 아이들에게 책들의 이야기를 하나하나 들려줄 수 있는 기회들을 만들어, 그 이야기에 대한 서로의 다양한 생각들을 나눌 때, 아이들의 언어적 지능과 문해 습득력은 높아질 것이다.

언어적 지능은 말을 할 때 성장한다. 사람들이 복도를 지나면서 느끼기에 여러분의 교실이 가장 조용한 반이라고 소문이 나면 안 된다. 아이들이 늘 말하고, 책을 읽고, 생각을 표현하고, 친구들과 늘 대화해서 하나도 조용하지 않은 반이 되도록 해야 한다. 만약에 다른 선생님이 여러분에게, "여러분의 아이들이 다른 누구보다도 말을 많이 하네요."라고 말한다면, 당신은 살며시 미소를 지으며 "감사합니다!"라고 대답하면 된다. [그림 8-2]는 아이들의 언어적 지능발전을 높이기 위해 교실 공간을 변화시킬 수 있는 구체적인 방안을 보여주고 있다.

이 책은 발달에 적절한 실제와 어린아이들의 배우는 방법에 대한 지식을 기초로 한 교수방법에 초점을 두고 있다. 교육의 전략과 교과과정의 단계가 발전적으로 적합한 것은 문해 프로그램의 질을 결정짓는 중요한 요소이다. 아이들은 스스로 배운 것에 대해 정확히 알고 기억하기 위해서 자신의 경험과 성장, 환경이 서로 어우러져야 한다.

아이들이 고안한 철자를 사용한 고전적인 예는 네 살인 나의 친구, 앤야 메이

[그림 8-2] 창의적 문해 환경 만들기

- 아이들이 노는 공간에 그림들을 붙여라. 잡지, 책, 지도, 신문과 같은 것을 오려서 붙여보자.
- 우체국, 가게, 음식점, 그리고 여행사를 만들고, 그 곳에서 실제로 볼 수 있는 사물들의 그림들을 그 곳 안에 붙여놓자.
- 사물들을 자주 바꾸는데, 아이들이 일상생활에서 자주 볼 수 있는 것 또는 아이들이 흥미를 가지고 있는 것 위주로 바꾼다.
- 아이들의 눈높이에 맞게 라벨을 붙인다. 아이들이 교실 안에서 쉽게 읽을 수 있게 큰 사이즈의 라벨을 만들어서 붙인다. 예를 들어 레고가 든 상자에는 레고라고 크게 적힌 라벨을 붙이고, 퍼즐, 블록, 크레파스, 의상들 모두 그런 식으로 라벨을 붙인다. 이것은 아이들이 사물의 이름을 외우고, 철자법을 익힐 수 있도록 도와준다.
- 도서관센터를 만든다. 아이들의 사이즈에 맞는 편안한 의자를 두어 가능한 한 안락한 공간을 만들자.
- 아이들에게 책을 관리하는 방법을 가르친다. 여러분의 아이들 중 몇 명은 책을 어떻게 다루는지에 대해 잘 모를 것이다. 책을 어떻게 소중히 여기고, 다루는지에 대해 여러분이 먼저 보여주면 아이들은 쉽게 배울 것이다. 책을 다루는 간단한 방법을 아이들에게 알려줄 때 책의 소중함과 더불어 아이들이 신중히 책을 다룬다. 사실에 대한 여러분의 신뢰와 믿음을 보여주는 것이다.

데이빗슨(Anya Mae Davidson)이 쓴 글을 보면 알 수 있다. 그녀는 가족들과 메인에서 펜실베니아로 여행을 갔을 때 그 이야기를 썼다. 그 이야기의 각 페이지에 쓰인 대문자와 소문자 그리고 구두점은 모두 앤야가 썼다. 곧 보면 알겠지만, 앤야는 스스로 무엇을 말할지 정확히 알고 있었고, 다른 사람들이 자신의 글을 정확히 이해하기 위해서는 어떤 방법으로 글을 써야 하는지 알고 있었다.

> 우리가 필라델피아에 도착했을 때는 11시였다.
> 우리 호텔방은 22층에 있었다.
> 다음날은 수영장에 갔었다.
> 나는 요나와 함께 수영장에서 얼마간 수영했다.
> 수영을 다한 다음에 탕에 들어갔다.
>
> — 앤야 메이 데이빗슨. 허가하에 사용됨.

자신이 들어왔던 말들을 해석해서 종이에 쓰려는 이러한 아이들의 독창적인

발달에 적합한 실제

아이들은 듣기와 말하기를 통해서 언어 기술을 습득한다. 문해 기술은 아이들이 자신의 욕구와 관점, 아이디어 그리고 흥분을 표현하기 위해서, 또한 어떠한 문제를 해결할 때 언어를 사용해야 하는 욕구에서부터 발전하게 된다. 아이들은 조용히 있을 때와 어른들로부터 특정적인 개념을 설명 들을 때 언어 기술을 발전시키지 못한다.

아이들의 문해 능력 성장의 중요한 다른 영향 중에는 그들이 읽는 것과 쓰는 방법에 있다. 아이들은 이야기를 말하고 적는다. 그리고 그들이 점차 문해에 관련된 것을 알아갈 때 이것들을 보여준다. 문해의 한 개념은 아이들의 초기 글쓰기에서 볼 수 있듯이, 아이들이 고안해낸 철자법에 반영되어 있다. 어린 아이들이 글을 쓰기 시작할 때, 그들이 여태껏 들어왔던 단어들을 가지고 자신만의 독특한 철자법을 바탕으로 글을 쓴다. 그들은 you를 U라고 쓰거나, are을 R로 쓰기도 한다. 이러한 철자는 어른들에게 이상해 보이겠지만, 어른들의 도움 없이 아이 스스로에 의해 구성한 음성 관계에 의해 생겨난 것이다.

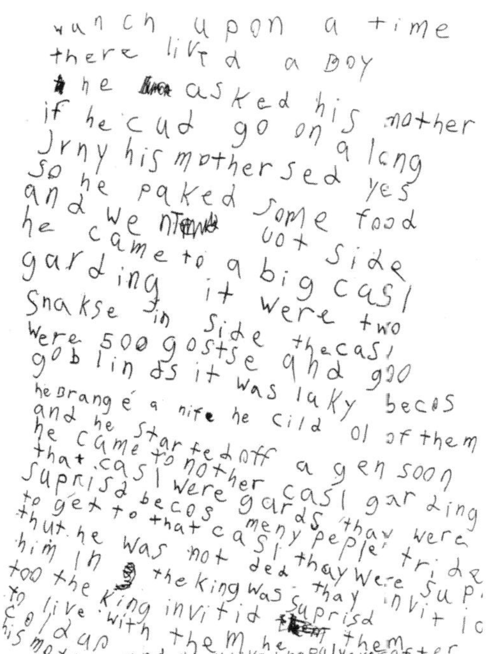

[그림 8-3] 야시 데이빗슨이 자신의 고안한 철자를 가지고 적은 글

시도는 초기 문해 발전을 보여주는 구체적인 요소이며, 선생님과 다른 어른들에게 칭찬받아야 할 점이다.

앤야가 그녀의 이야기를 나에게 들려주었을 때, 아름다운 말씨로 억양을 살리고, 중간에 끊어 읽기를 하면서 각각의 단어를 손으로 집어가며 읽어주었다. "우리가 필라델피아에 도착했을 때 11시였어요. 우리 호텔방은 22층에 있었어요. 다음날에 우리는 수영장에 갔지요. 나는 요나[남동생]와 함께 수영장에서 조금 수영을 했어요. 수영을 다하고 나서 탕에 들어갔어요." 앤야는 재미있었던 일에 대해 글을 썼다. 그녀는 자신의 이야기를 말해주기 위해 자신이 고안한 철자를 사용했는데 매우 바람직한 일이다. 조금 나이가 많은 아이들 또한 이야기를 쓸 때 자신이 고안한 철자에 맞추어 써도 된다. [그림 8-3]은 엔야보다 여섯 살이 더 많은 오빠 야시(Yashi)가 자신이 고안한 철자에 맞게 상상 속의 여행에 대해 구체적으로 적은 이야기이다.

어린 시절 동안에 발전되는 언어와 문해능력에 대한 교육에 있어서 NAEYC의 발달에 적합한 실제에 대한 개념은 어린아이들을 위한 교육과정을 계획할 때 매우 중요하다. [그림 8-4]는 유아들에게 발달에 적합하게 문학작품을 소개하는 방법을 요약하고 있다.

[그림 8-4] 언어 · 문해력과 발달에 적합한 실제

- 교사가 융판이나 자석판을 이용하여 아동들에게 책을 자주 읽어주거나 이야기를 들려주고 아동들이 판에 그림을 조작하거나 배치해보도록 격려한다.
- 교사는 다양한 연령과 인종의 사람들이 그려진 그림책을 긍정적인 태도로 제시한다.
- 교사는 정확한 발음으로 자주 개별 아동에게 말을 건네고 아동의 반응을 들으면서 언어 발달을 격려한다.
- 아동들이 문자의 이름과 소리, 단어 인식과 같은 기본적인 기술을 배우기 전에 읽기와 쓰기가 얼마나 유익한 활동인지 알 수 있는 기회를 많이 제공한다. 언어와 문해력 발달을 촉진하는 활동들은 다음과 같다.
  - 이야기와 시 듣기, 읽기
  - 이야기 받아 쓰기
  - 다양한 인쇄 자료 사용하기
  - 나만의 문자 그리기, 베끼기, 만들기 활동을 통한 쓰기 활동 탐색하기
  - 아동이 스스로 만든 문자로 표현한 단어들을 훌륭한 작업으로 인정하고 정식으로 문해 기술을 배울 준비가 되면 가르치기

아이들이 처음 글쓰기를 하면서 좌절하지 않도록 격려받는 것이 중요하며 어떻게 자신의 생각을 정리하고 표현하는가 그 사례들을 보게 되길 바란다.

> 우리 모두와 관계된 다음 도서 목록에서 여러분이 가장 잘 모르는 것, 예컨대 인종과 문화적 다양성, 노인, 가족 구성과 같은 주제나 폭력, 아동학대, 위탁 보육, 죽음, 노숙, 학교에 대한 태도와 같은 어린이들의 관심사들 중에서 한 가지를 선택한다. 참고문헌 자료 파일을 보충하기 위해 주석을 붙인 문헌 목록을 만들어보자.

언어와 문해능력 프로그램의 목적은 어린 아동들이 말하기와 읽기, 쓰기 활동을 통해 의사소통 능력을 신장하고 이러한 활동들을 즐기도록 하기 위한 것이다. 학급의 있는 특수교육 요구가 있는 아동들 역시 언어와 문해능력에 대한 접근에서 예외는 아니다. 특수교육 요구가 있는 아동들에게도 모든 종류의 언어 능력 발달은 필수적인 것이다.

특수교육 요구가 있는 아동

발달 수준이 동일한 아동들로만 이루어진 학급은 거의 없다. 사실, 교사는 학급의 모든 아동들의 발달 수준이 각기 다르다는 것을 행운으로 생각해야 한다. 모든 아동의 발달은 개별적인 것이고 학급의 모든 아이들이 그렇듯 특수교육에 요구가 있

문해력은 아동기 초기에 성인의 독서 활동을 따라하면서 시작된다.

는 아동 역시 발달 수준에서 차이를 보인다. 예컨대, 여러분의 학급에는 문해 발달에서 일반 아동들과 다른 어려움을 겪고 있는 아동들이 있을지도 모른다. 이 중 또래보다 언어 발달이 눈에 띄게 지체된 아동이 있다고 가정하자. 그 원인은 청각 손상이나 발성기관의 구조적 문제와 같은 신체적 장애 때문일 수도 있다(Brewer, 2003). 또는 시각 손상이나 감정적 문제 또한 영어가 모국어가 아닌 유아와 아동들의 경우 언어 발달이 늦을 수 있다. 어떤 경우든, 모든 아동들이 언어와 문해 활동에서 제외되지 않도록 물리적, 경험적 환경을 구성하는 것은 교수전문가로서 교사의 책임이다. 학급의 모든 언어 활동과 환경에 특수교육에 요구가 있는 아동을 함께 포함시키기 위해서는 통합교육의 철학을 채택하라. 교사가 이러한 고려를 할 때 교실 안의 모든 아동들에게 혜택이 돌아갈 것이다. 다음에 제시된 아이디어들은 학급 안 모든 아이들의 언어 발달을 위한 활동을 계획하기 시작할 때 유용하게 사용될 것이다.

듣기 활동의 통합적 접근

언어 발달이 지체된 아동의 듣기 능력 개발을 돕기 위해 휴워드와 올랜스키(Heward & Orlansky, 1996)는 다음과 같은 활동을 제시했다.

- 언어지체 아동을 위하여 적절하게 자리를 배치한다. 아동이 가장 잘 들을 수 있는 장소에 앉을 수 있도록 배려한다. 이러한 자리는 교사의 자리에서 가장 가까운 곳이거나 이야기 나누기 시간이나 대집단 듣기 활동 중에는 맨 앞자리가 된다.
- 교실 안팎의 배경 소음을 최소한으로 줄인다. 예컨대, 활동 중 배경음악을 사용할 계획이라면 음악을 틀기 전 활동의 특성을 아동들이 충분히 이해하고 있는지 확인한다.
- 교사가 등지고 있을 때는 아동들에게 말하지 않는다. 아동들이 교사의 자연스런 입술 움직임을 명확히 볼 수 있도록 교사의 얼굴 전체를 보여준다.
- 아동들에게 질문을 하도록 격려한다. 아동들이 말을 제대로 이해할 수 없거나 들을 수 없다면 교사에게 신호를 보내도록 요청하는 것도 좋다.

말하기 활동의 통합적 접근

아동의 관심사를 반영한 대화를 나누고 활동을 계획함으로써 아동이 주도적으로 행하게 한다. 언어능력의 발달은 그것이 실제 목적을 위해 사용될 때와 언어가 학습의 모든 활동과 통합될 때 가장 촉진된다. 톰킨스(Tomkins)와 호스키슨(Hoskisson, 2005)은 모든 아동의 언어 발달을 향상시키기 위하여 다음 전략들을 제안하였다.

- 모든 아동들을 대화에 참여시킨다. 가르치는 목적뿐 아니라 사회적 목적을 위해 대화를 한다. 대화에 참여할 때 아동은 공동체 의식과 신뢰 분위기를 형성한다.
- 소집단을 이용한다. 학급의 어떤 아동들은 소집단에서 말할 때 더 편안함과 성공감을 느낄지도 모른다. 예컨대, 그들은 책이나 시에 대해서 말할 때 전체 학급보다는 소집단에서 더 잘 말할 수도 있다.
- 물체를 이용한다. 많은 아동들은 손에 쥐고 있는 물체에 대해 말할 때 더 쉽게 말한다.
- 극놀이 활동을 이용한다. 아동들이 이야기를 할 때 손인형을 사용하거나 두 손인형 캐릭터들을 활용해서 대화를 이끌어가도록 격려한다. 아동들이 손유희에 참여하도록 하고 역할극이나 즉흥극과 같은 극놀이 활동에 참여하도록 한다.

- 언어지체 아동들을 자연스럽게 대하고 교사나 다른 아동들이 그들을 무시하지 않도록 한다.
- 영어가 모국어가 아닌 아동들이 자신의 전통과 문화를 반영하는 노래, 이야기, 책을 통해 그들의 모국어를 공유하도록 장려한다.
- 영어가 모국어인 아동과 영어가 모국어가 아닌 아동들이 짝지어 참여하는 활동을 계획한다. 헤스터(Hester, 1987)는 이런 활동이 아동들이 영어를 배우는 데 도움을 주는 최고의 교수전략 중 하나라고 말한다. 아동들은 교사나 다른 어른들보다 서로를 더 빨리 이해할 수 있다. 이러한 활동은 교사가 준비하기 쉽고 교사 중심의 대화에서 벗어나는 데 도움을 준다.

물론, 학급에서 일어나는 모든 활동은 교사가 아동들이 편하게 말할 수 있는 수용적인 환경을 제공한다면 언어 발달을 촉진할 것이다. 아동들에게 그들의 관심사를 말할 수 있도록 많은 기회를 제공하고 교사와 아동 모두의 활발한 참여가 이루어지도록 하라. 다음 절에서는 언어적으로 풍부한 환경을 학급 모든 아동들에게 제공하려는 과정에 필요한 안내를 한다.

이야기 들려주기와 아동문학

Tell Me a Tale: A Book About Storytelling by J. Bruchac, Harcourt Children's Books, 1997.

미국 원주민의 전통에서 비롯된 훌륭한 이야기와 더불어 전 세계에서 수집된 열두 개의 이야기를 수록하고 있다.

From Sea to Shining Sea: A Treasury of American Folklore and Falk Songs by A Cohn, Scholastic, 1993.

미국의 역사적 맥락 안에서 다양한 문화를 반영하는 노래와 이야기들. 15명의 칼데콧 상(역주: 미국에서 가장 대표적인 아동 그림책 작가에게 주는 상) 수상자들의 작품을 포함하고 있다.

Wonder Tales from Around the World by H. Forest, August House, 1995.

각 대륙에서 수집된 27개의 전래동화 모음집. 생생한 묘사로 이루어진 산문, 운을 맞춘 후렴구, 그리고 유익한 자료 목록 등으로 이루어져 있다.

아동과 함께하는 문학작품 활용 과정과 교수매체

아동들은 계속 대화, 극놀이, 노래, 이야기를 통해 말하기 형태의 언어에 반응하고 있다. 그들은 또한 인쇄자료가 풍부한 환경에서 표지판이나 상표, 잡지와 만날 때나 어른들이 이야기를 읽어주거나 아동들의 많은 질문들에 답을 찾기 위해 책을 이용하는 것을 볼 때 문자 형태의 언어에 대해 학습하고 있다. 문해 발달의 초기 단계에서 아동들은 이야기와 시, 책에 대해 흥분과 즐거움을 불러일으킬 수 있는 교사를 필요로 한다. 우리는 아동들이 활발한 참여자가 되어 문학에 동참할 수 있도록 다양한 방법으로 문학을 사용해야 한다. 이 절에서는 교사가 창조한 교실 내부 문해 환경에서 아동들이 듣고 행동할 수 있도록 문학을 사용하는 몇 가지 아이디어를 소개한다.

융판과 이야기 들려주기

이야기 들려주기는 열정적인 교사가 얼굴 표정과 몸짓, 단어들, 눈맞춤 등을 이용하여 좋은 이야기를 들려줌으로써 아동들을 강렬하게 매혹시킬 수 있는 진정한 의미의 예술이다. 초보 스토리텔러로서 교사는 한 집단의 아동들 앞에 앉아 소도구나 책 없이 이야기를 들려주는 일에 자신이 없을지도 모르지만, 아동이 듣고 즐길 수 있으며 스스로 보람을 얻을 수 있는 수준까지 이야기 들려주기 표현 능력을 개발하는 것 역시 교사가 해야 할 일이다. 융판 앞 이야기 들려주기는 단순한 책 읽어주기와 친밀하고 개별적이며 직접적인 이야기 들려주기 사이의 중간 지점에 있는 것처럼 보인다. 좋은 이야기가 융판 위에서 펼쳐질 때, 아동들은 즉각적인 감각 경험을 얻게 되고 이러한 경험을 통해 자신만의 이야기를 상상력을 발휘해서 만든다.

융판 구성하기

융판 앞 이야기 들려주기를 위한 이야기 등장인물과 소품들은 다양한 방법으로 만들 수 있다.

중간 크기의 인터페이싱[2]을 이용하면 그림책 위에 올려놓아도 그림이 보이기 때문에 유용하다. 연필을 이용하여 등장인물과 소도구의 아웃라인을 그린다. 여기

2) [역주] 옷감에 힘을 주기 위해 허리, 칼라 등에 넣는 재료

아동의 몸 크기에 맞춘 소파나 긴 의자는 아동들이 책을 읽을 때 편안하게 앉을 수 있도록 한다.

에 크레용이나 무독성 마커를 이용해 색깔을 칠하거나 무늬를 그린다. 인터페이싱을 넣어 만든 융판 조각들은 튼튼해서 종이처럼 찢어지지 않는다. 이 조각들은 거의 모든 직물이나 옷감에 붙일 수 있다. 내가 융판 이야기를 한 집단의 아동들에게 들려줄 때는 때때로 융판 등장인물과 소품들을 아동의 옷에 붙여주기도 한다. 이렇게 함으로써 아동들은 이야기에 참여하게 되고 이야기가 끝나기 전에 보드 위에 놓인 등장인물이나 소품이 "되어" 있다!

아동들에게 효과를 발휘하는 또 다른 이야기 들려주기 방법은 가위로 잘라서 사용할 수 있는 자석을 사용하는 것이다. 자석을 잘라서 종이나 판지 조각에 붙여 알루미늄 호일[3]에 올린다. 개인용 자석 보드나 개별학습 영역 안에서 특정 주제 학습을 위한 자석 보드로 작은 케이크 팬이나 피자 팬을 활용한다(Paciorek, Personal communication, 1995). 아동들은 자신만의 등장인물 소품을 만들고 이야기를 재구성할 수도 있다. 아동들이 자신만의 조각들을 그리고 잘라서 자석을 붙여 자신만의 이야기를 만들도록 격려한다. 아동들이 만든 등장인물이나 소품들을 평평한 상자나 종이접개철에 보관하여 그들만의 이야기들려주기를 위해 사용하도록 한다.

융판 활동에 사용할 수 있는 재료는 인터페이싱, 종이, 판지만이 아니다. 다양한 색상의 펠트 또한 사용할 수 있다. 색칠하기 책에서 등장인물이나 소품들을 펠트지에 옮겨 그려 잘라낸다(이것은 색칠하기 책을 이용하는 가장 좋은 방법 중 하

3) [역주] 오븐에 쿠키를 구울 때 사용하는 알루미늄 깔개

[그림 8-5] 이야기 나누기를 위한 융판 사용

- 교사가 이야기의 순서, 주제, 등장인물에 충분히 익숙해질 때까지 이야기를 여러 번 읽는다.
- 이야기 들려주기를 여러 번 큰소리로 연습한다. 이야기를 완전히 외울 필요는 없지만 이야기 줄거리에서 중요한 핵심단어나 구절은 알아야 한다.
- 거울 앞에서 이야기 들려주기를 연습하면서 얼굴 표정, 몸동작, 목소리 높낮이 등을 살핀다. 이야기 들려주기 중 눈맞춤을 유지할 수 있는지 확인한다.
- 들려주는 이야기를 녹음기로 녹음한다. 등장인물마다 다른 목소리로 표현하고, 이야기의 한 장면에서 다른 장면으로 넘어갈 때 말의 속도와 강도 등에 변화를 준다.
- 반복되는 장면이나 동작이 필요한 부분에서는 아동들이 이야기에 참여하도록 격려한다.
- 이야기 들려주기를 시작하기 전 아동들이 모두 자리에 앉아 교사를 볼 수 있는지 확인한다.
- 만일 아동들이 이야기에 흥미가 없다면 빨리 끝내고 다른 활동으로 넘어간다. 이 마지막 단계가 어떤 교사들, 특히 융판을 제작하는 데 오랜 시간을 할애한 이들에게는 가장 힘든 일일 것이다. 아동들이 교사가 준비한 이야기를 싫어한다거나 그 노력을 알아주지 않는다는 것을 받아들이기 힘들지 모르지만 일단 접어두고 다음 기회에, 또는 다른 집단의 아동들에게 다시 제시한다.

나이다). 이 그림들은 대개 선으로만 이루어져 쉽게 그리고 색칠할 수 있다. 이 그림을 장식하려면 다른 재료들, 예컨대 반짝이 가루, 털실, 또는 다른 종류의 직물 등을 덧붙여도 좋다. 하지만 장식을 많이 할수록 등장인물이나 소품들이 무거워진다는 것을 염두에 두어야 한다. 무거운 물체는 융판에서 떨어지고 이야기의 흐름을 방해할 수 있다. 융판 등장인물들이 융판에서 자꾸 떨어지면 교사나 아동들 모두에게 매우 방해가 될 것이다.

아동을 위한 이야기를 준비할 때 도움이 될 일반적인 지침이 있다. 이 지침을 이야기 들려주기 기술과 융판 사용 과정 두 가지 측면에서 살펴보자. 일단 이야기를 선정하면 좋은 이야기 들려주기의 특성을 고려한다. [그림 8-5]는 융판을 이용한 이야기 들려주기의 기본을 제시한다.

이야기를 잘 전달하는 방법과 더불어 교사는 융판을 잘 다루는 방법 또한 고려해야 한다. 융판이 안정적인 위치에 놓여 있는지 확인한다. 만일 융판이 책상 위에 있다면, 가볍게 치거나 흔들어 보아 융판이 책상에서 떨어지지 않는지 확인한다. 등장인물이나 소품들이 빠짐없이 갖추어졌는지도 확인한다. 이들을 아동의 눈에 띄지 않는 평평한 곳에 등장 순서대로 배열한다. 융판에 등장인물과 소품을 배치하면서 이야기 들려주기 연습을 한다. 배열할 위치, 가능한 공간, 다른 요소의 위치 등에 주의를 기울인다.

퀴즈 카드

퀴즈 카드는 이야기 들려주기가 끝난 뒤에도 오랫동안 이야기를 기억할 수 있게 하는 쉽게 제작할 수 있는 시각 자료이다. 이들은 어린 아동들에게 적당한 문학 퍼즐의 한 종류로, 아동들이 상상력을 사용하도록 돕는 데 사용될 수 있다. 퀴즈 카드는 언어 영역이나 교사-아동 상호작용시 사용될 수 있다. 나는 유치원 유아들을 대상으로 퀴즈 카드 수수께끼의 질문을 예측하거나, 질문에 답을 알아맞히는 데 사용했다.

교사는 아동들에게 읽어준 많은 책을 이용해 퀴즈 카드를 제작할 수 있다. 만일 교사가 매주 하나의 퀴즈 카드를 만든다면, 몇 년간 사용할 수 있는 특별한 교수자료를 준비할 수 있을 것이다.

교사는 퀴즈 카드 제작을 위해 다음 재료들이 필요할 것이다.

- 두꺼운 종이
- 베껴 그릴 수 있을 만큼 큰 그림이 수록된 책들
- 다양한 색깔의 마커(무독성, 수성) 또는 크레용
- 코팅 필름 또는 투명한 접착지
- 가위

과정

1. 두꺼운 종이를 가로 35cm, 세로 17.5cm 크기로 잘라 윗면은 15cm 길이로 아랫면은 5cm의 여유분을 갖도록 접는다.
2. 아동들에게 읽어줄 책에서 그림을 선택한다. 그림을 스캔하거나 영사기를 이용하여 두꺼운 종이에 옮긴다. 만일 어떤 방법으로든 그림을 그대로 옮길 수 없다면 손으로 자유롭게 그린다.
3. 굵은 유성 펠트펜이나 크레용을 이용, 그림을 색칠하여 더 실감나게, 또는 원본 그림과 비슷하게 만든다.
4. 그림 앞면에는 아동들에게 질문할 간단한 질문을 쓴다. 교사는 아동들이 책 제목이나 등장인물의 이름, 또는 기타 다른 것들을 생각해보게 할 수 있다.

읽기 학습은 아동이 단어를 해독하기 오래전 인쇄자료가 풍부한 환경에서 시작된다.

퀴즈 카드가 닫혀 있을 때, 아동들은 그림의 일부를 보고 답을 결정할 수 있을 것이다([그림 8-6] 참고). 예를 들어, 유아들에게 "브레멘 음악대는 누구인가?" 와 같은 질문이 주어졌다고 가정해보자. 카드의 아랫면에 보이는 부분 그림은 답을 의미한다. 이 경우 책에 등장하는 하나 또는 여러 마리의 등장 동물의 다리, 귀, 꼬리 또는 기타 부위를 볼 수 있을 것이다.

5. 그림 카드의 그림과 질문을 다 완성하면 투명한 접착지를 겉에 붙인다. 코팅 또한 카드를 견고하게 만들지만 코팅된 자료는 몇 년 지나면 금이 가거나 코팅이 떨어질 수 있다.

[그림 8-6] 퀴즈 카드는 아동들이 문학작품과 상호작용하도록 하고 함께 공유한 이야기 경험을 확장시킨다.

나는 수년 전에 만든 퀴즈 카드를 여전히 보관하고 있다. 수백 명의 아동들과 대학생들이 이 자료를 이용했지만, 여전히 처음 만들었던 그 상태 그대로이다. 시간이 지남에 따라 아동들의 읽기와 사고 수준이 높아지면 단순한 기억과 회상보다 높은 수준의 질문을 만들 수도 있다. 또한 아동의 창의성도 잊어선 안 된다. 작업 영역에 퀴즈 카드를 만들 재료를 준비하고 어떤 새로운 아이디어를 가지고 아동들이 자기만의 카드를 만드는지 지켜본다.

> 만일 아직 도서관 카드가 없다면 공공도서관에 등록하여 셸 실버스타인(Shel Silverstein), 샌드라 마르츠(Sandra Martz), 마야 안젤루(Maya Angelou), 로버트 프로스트(Robert Frost), 로버트 루이스 스티븐슨(Robert Louis Stevenson), 랑스톤 휴즈(Langston Hughes) 등 다양한 시집을 빌려보라. 그 중 심금을 울리는 몇 작품을 골라 교실에서 아동들에게 읽어준다.

이야기가 언급된 퀴즈 카드를 아동들에게 소개한 후 아동들의 놀이 활동을 위해 언어 영역에 배치한다. "새끼 돼지 세 마리(The Three Little Pigs)", "요정과 구두장이(The Elves and the Shoemaker", "브레멘의 음악대(The Bremen Town Musicians)", "어부와 아내(The Fisherman and His Wife)", "라푼젤(Rapunzel)", "공포의 럼펠스텔스킨(Rumpelstiltskin)", "빨간 모자 이야기(Little Red Riding Hood)", "잭과 콩나무(Jack and the Beanstalk)", "피터와 늑대(Peter and the Wolf)", "세 마리 염소 이야기(The Three Billy Goats Gruff)", "미운 오리 새끼(Ugly Duckling)", "헨젤과 그레텔(Hansel and Gretel)" 등과 같은 동화가 이러한 그림 퀴즈 활동에 적합한 것으로 보인다.

시

> *시는 마음과 눈을 고상하게 하고 마음과 눈에 거하는 모든 것의 의미를 드러낸다. 또한 우주의 비밀스런 빛을 찾아내어 인간이 영원히 그 중심에 머물도록 한다.*
>
> — 데임 에디츠 싯웰(Dame Edith Sitwell, 1887~1964), 영국 시인

그 대상이 아이들이건 어른이건 시를 공유한다는 것은 개발할 수 있는 상상력과 축복해야 할 인간성의 본질이다. 우리가 시와 그 감각적 언어를 들을 때는 그 시에 담긴 사상 때문에 환상적 경험을 한다. 시를 읽는 독자는 개인의 일상적 경험이 이 우주에서 유일한 사건임과 동시에 이 유일성이 모든 일상의 보편적 형태임을 깨닫게 된다.

아동에게 시를 읽어줄 때 교사는 이 우주에서 가장 중요한 문학작품인 것처럼

다뤄야 한다. 콜롬과 노테(Collom & Noethe, 1994)는 교사가 아동의 상상력을 언어와 사고의 세계로 끌어내는 도구로서 시를 사용할 것을 제안한다. 교사가 아동에게 시를 읽어줄 때 아주 귀하고 근사한 어떤 일이 발생한다. "아동들은 시인이 제공하는 이미지에 백일몽을 꾸는 것처럼 몰두하여 마음을 가득 채운다"(p. 1). 시를 읽고 쓰는 활동은 이야기를 읽고 말하는 것처럼 흥미와 감성으로 접근한다. 교사가 할 일은 어린 아동이 단어를 가지고 놀거나 만들도록 하고, 운율을 실험하는 방식과 어린 아동들이 경험할 수 있는 시가 가진 풍성함을 느끼도록 지원하는 것이다.

현대는 과거 어느 때보다 모든 연령대의 어린이들을 위한 많은 동시 작가들과 좋은 시집이 많이 존재한다. 쿠티퍼와 윌슨(Kutiper and Wilson, 1993)의 연구에 의하면, 프레루츠키(Prelutsky)의 『새 얼굴(New Kids on the Block)』(Greenwillow, 1984), 실버스타인(Silverstein)의 『골목길 끝(Where the Sidewalk Ends)』(Harper & Row, 1974)과 『다락방의 불빛(A Light in the Attic)』(Haper & Row, 1981) 등이 각 학교에서 많이 대여되는 주요 동시집이었다. 일상에서 익숙한 일들을 운율과 리듬, 시각적 이미지를 이용하여 유머러스한 동시로 표현해내는 이 두 시인의 능력은 아동들을 매료시킨다. 아동들은 이 동시들을 사랑한다. 우리들 중 실버스타인의 시에 등장하는 주인공처럼 등교하기 싫어 "꾀병"을 생각해보지 않은 사람이 있을까? 프레루스키의 『새 얼굴』에 수록된 "오, 테디 베어(Oh, Teddy Bear)"를 읽을 때면 어린 시절로 돌아가 그 때 좋아했던 곰 인형을 떠올리지 않는 사람이 있을까? 이것이 바로 어른과 아동이 잠시나마 현실세계를 벗어나 시적 언어를 우리 마음에 들어오게 함으로써 내면세계에 집중하도록 만드는 시적 경험의 순간이다.

아동들은 타고난 친밀감을 시에 갖고 있는 듯하다. 교사들은 시 읽기와 짓기 활동을 어린 아동들에게 아주 어려운 작업으로도 지적, 정신적으로 매우 풍요로운 작업으로도 만들 수 있다. 교사들은 시가 아동들에게 창의적이고 아주 적절한 경험이 되도록 활동을 계획해야 한다. [그림 8-7]과 [그림 8-8]에 제시된 지침은 시를 아동에게 제시하는데 교사가 자신감을 갖도록 도와주기 위한 방법으로 추천한다.

시인으로서 개인적 경험에 의하면, 시를 짓는 형식은 사람마다 매우 다양하지만 그 방법은 오직 한 가지, 마음에서 우러나오는 것을 표현하는 것밖에 없다. 시를 지을 때 그 감정을 통제하려 하면 우리가 지금 여기서 상상하는 시의 메시지는

[그림 8-7] 아동에게 동시 읽어주기

- 교사와 아동들이 시적 형태의 소리와 리듬을 즐길 수 있도록 매일매일 큰 소리로 아동에게 시를 읽어준다. 이러한 시들은 반복해서 들려주어도 좋을 만큼 훌륭한 작품이어야 한다.
- 시각적 이미지를 예리하게 표현하고 생생하면서도 참신한 언어를 담은 시를 선택한다.
- 작품 그대로 이해할 수 있고 부가적인 설명이 필요 없는 시를 선택한다. 교사가 선택한 시는 대상 아동의 언어 수준에 적합한 언어로 쓰인 것이어야 한다.
- 큰 종이에 시를 써서 교실에 걸어둔다.
- 동시 영역을 구성하고 시집을 읽어준다. 아동들이 교사 또는 다른 아동들과 자유롭게 시에 대해 이야기할 수 있도록 격려한다.
- 시는 아동들이 시인의 경험을 해석하고, 느끼고, 그 자신도 같은 경험을 해볼 수 있는 기회를 제공해야 한다. 시의 주제는 "아동들의 행복한 기억을 자극하고 아동들이 재미를 느낄 수 있는 것"이어야 한다.
- 아동의 시에 대한 해석을 그림, 극놀이, 음률활동으로 확장하여 사용한다. 그러나 이 경우에도 시가 활동의 중심이 되어야 함을 기억해야 한다. 그림, 음률, 극놀이 활동은 동시활동을 도와주어야지 대체해서는 안 된다.

출처: Norton, 2002; Tompkins & Hoskisson, 2005; Webre, 1993.

거짓이 된다.

다음에 제시된 시의 형태는 아동들이 어떻게 이미지와 단어, 아이디어가 결합되어 시가 이루어지는지를 볼 수 있도록 도와주는 방법 또는 공식이다. 이러한 제안을 너무 그대로 해석하려 하지 않는 게 좋다. "어떤 형태는 시보다는 문장처럼 느껴질지 모른다. 시와 산문을 나누는 구분은 모호하다. 그리고 이러한 시 창작 경험은 아동들이 시적 표현을 익히는 데 도움을 줄 것이다(Norton, 2002, p. 433).

톰킨스와 호스키슨은 출간된 지 얼마 안 되어 언어 능력 연구 분야의 고전이 되어가고 있는 그들의 저서 『언어예술—내용과 교수전략(Language Arts: Contents and Teaching Strategies)』(2005)에서 아동이 더 쉽게 시를 지을 수 있는 간단한 공식을 설명함으로써 시인 케네스 코흐(Kenneth Koch)의 아이디어를 더욱 확장시켰다. 나는 교사들이 교실에서 보다 쉽게 동시 활동을 할 수 있도록 이 공식 중 몇 가지를 소개한다. (보다 자세한 정보를 얻으려면 이 장에서 추천하는 저자들의 저서를 참고하기 바란다. 이들의 목록은 부록 1에 소개되어 있다. 이 저자들은 모두 이 분야에서 명망 있는 전문가들이다.)

[그림 8-8] 아동들과 동시 활동하기

- 아동들과 동시 활동을 시작하기 전 교사는 그들에게 다양한 동시를 접할 기회를 먼저 제공해야 한다. 아동들에게 먼저 동시를 듣고 다양한 형식과 스타일의 동시를 기억하고 상상하고 경험할 수 있는 시간이 주어져야 한다.
- 시 짓기에는 아동들이 따라야 할 어떠한 규칙도 없다. 실패작도 없다. 반드시 운율이 필요한 것도 아니다. 교사가 운율을 요구하지 않으면 아동들도 반드시 운율을 만들려고 애쓰지 않을 것이다.
- 시는 어떤 형태이든 상관없다. 어디에서나 지을 수 있고 어떤 것이든 시의 소재가 될 수 있다. 주제는 아동의 감정과 경험에서 비롯되어야 한다.
- 아동은 다른 아동들과 협력작업을 통해 시를 완성할 수 있다. 집단 내 각각의 아동이 한 행씩 시를 지어 합하면 된다. 교사는 이야기 들려주기 활동을 할 때처럼 이들의 생각을 차트에 옮겨 적어 시각화할 수 있다.
- 개별적인 작문활동은 대개 협력작업으로 이어진다. 그러나 아동은 그들의 의식을 개발하고 감각과 상상력을 자극받을 기회가 주어졌을 때만 동기부여된다는 것을 기억하라. 아동들을 밖으로 데리고 나가 가을 공기의 향기를 맡도록 하고 자동차와 버스 같은 도시의 소리를 듣게 하고 나무와 흙을 만지고 뜨거운 아스팔트의 나 모래에서 발산되는 열기를 느끼도록 한다. 그 다음 그들이 보고 듣고 느낀 것을 말로 표현하도록 한다. 때때로 아동들은 다른 아동이 그들의 경험을 말할 때 영감을 얻기도 한다. 그리고 그 과정에서 아동들은 다른 사람의 생각과 사고, 말을 빌어오기를 원할지도 모른다. 이 작업이 충분히 적절하다면 교사는 이러한 생각의 공유와 차용을 칭찬해주고 격려해야 한다.

출처: Based on Cecil & Lauritzen, 1994; Norton, 2002; Tompkins & Hoskisson, 2005; and Webre, 1993.

동시 "내가 바라는 건"

시상을 표현하기 위한 단순한 공식 한 가지는 각 행을 "내가 바라는 건"으로 시작하고 그 내용으로 행을 완성하는 것이다. 다음에 제시된 동시 "내가 바라는 건"은 멘 레브 초등학교(Men Rev Elementary School)의 교사 제인 슐러(Jane Schuler)의 6세 반 아동들이 지은 것으로, 초등학교 1학년 아동들의 생각과 느낌을 반영한다.

내가 바라는 건

내가 바라는 건 더 많은 블록을 갖게 되는 것.
내가 바라는 건 내 생일을 맞이하는 것.
내가 바라는 건 해변에서 노는 것.
내가 바라는 건 갈매기처럼 날 수 있는 것.
내가 바라는 건 하루 종일 그림 그리는 것.
내가 바라는 건 슐러 선생님이 이야기를 들려주는 것.
내가 바라는 건 나만의 작은 공간을 갖는 것.

동시 "색"

이와 같은 아이디어를 이용하여 색에 대한 시도 만들어볼 수 있다. 아동은 색상을 하나 선택해 각 행을 그 색의 명칭으로 시작할 수도 있고 매 행을 다른 색 명칭으로 시작할 수도 있다. 아동은 또한 특정 색상이 자신에게 의미하는 바를 언어로 표현할 수 있다. 제인 슐러의 1학년 반에서 아동들은 검정색에 대한 시를 지었고 다음과 같은 시를 완성했다.

검정색

검정색은 내 강아지 색
흰색이 더 많긴 하지만.
검정색은 하늘색
달이 구름 뒤로 숨었을 때.
검정색은 내 셔츠 색
빨강과 노랑도 섞여 있지.
검정색은 우리 선생님 이름
학교가 끝나면 나와 내 동생을 돌봐주시지.
검정색은 한밤중 내 방
엄마가 방문을 열기 전.

동시 "내가 만일"

"내가 만일" 시에서 아동들은 자신이 아닌 다른 대상, 예컨대 배, 동전, 별 등이 되는 것을 상상해볼 수 있다. 이 시의 각 행은 "내가 만일"로 시작하고 그 사물이나 사람이 되면 어떨지 말하는 것으로 끝을 맺는다. 다음 시는 내 이웃에 사는 아동이 지은 것이다. 7세 아동 가브리엘(Gabrielle)은 붓이 된다면 어떨지 상상해보았다.

내가 만일 붓이라면

나는 세상을 색칠할 거야
분홍과 노랑, 파랑으로.
그리고 풍선을 타고 세상을 여행할 거야.
그러면 온 세상이 무지개가 되겠지.

교사는 이 모든 방법을 아동들의 시 창작을 위한 도움자료로 소개할 수 있다. 물론, 아동들이 문자를 다 알아야 할 필요는 없다. 교사가 대신 기록해주거나 녹음하면 된다. 중요한 건 시상이란 정신을 긴장하지 않고 자연스레 언어로 표현할 수 있을 때 떠오른다는 것을 기억하는 것이다.

다문화 맥락에서의 문학 활동 탐구

다문화 문학이란 다양한 문화적 배경을 가진 집단에서 비롯된 주제와 캐릭터가 드러나는 문학작품을 말한다. 이것은 또한 종교적, 지역적 주제를 포함한다. 다문화 문학은 "사회와 학교의 교육과정에서 누락, 왜곡, 저평가된 문화집단의 정체성, 기여도, 역사에 초점을 맞춘다" (Bishop, 1997, p. 3).

모든 학생들은 학교 환경뿐 아니라 교육과정 안에서 그들 자신과 삶이 반영되어 있어야 한다. 문학작품은 아동이 스스로를 보는 방식과 다른 사람들이 그들을 보는 방식을 이해할 수 있도록 한다. "문학작품은 문화적 민감성을 증가시키는 주요 도구로 인식된다. 따라서 해당 문화집단의 전통과 가치를 정확하게 반영하는 작품들을 선택하는 것이 중요하다" (Norton, 2005, p. 129).

전 세계의 아동 문학과 이들의 말과 글, 시각화된 이야기를 생각하면 나는 즉시 인류가 이 지구상에서 보고 들을 수 있는 수많은 언어들의 풍성함과 아름다움을 떠올리게 된다. 지혜로운 교사는 아동을 둘러싼 환경의 다양한 언어적 경험이 아동의 문해능력을 향상시킨다는 점을 이해한다. 교사들은 아동들이 그들의 모국어와 다른 언어들을 듣고 볼 수 있는 기회를 제공해야 한다. 다양한 언어에 노출된 아동들은 다른 문화에 대해 생각할 기회를 갖게 되고 다른 문화권과의 같은 점과 다른 점에 대하여 이해하게 된다. 책은 아동에게 외적으로는 다른 문화적 배경을 가졌지만 내면은 동일한 감정을 느끼는 아동들에 관한 이야기를 소개할 수 있는 이상적인 매체이다. 그들의 삶과 학습경험에 대한 증거를 목격한 아동들은 그들 자신에 대한 확신과 정치성을 확립하게 된다(Taylor, 2000). 다음 장은 두 가지 다른 유형의 "언어", 이집트와 미국 원주민에 관한 지식과 정보를 제공한다.

이집트 고대 상형문자

아이들이 알파벳 글자를 사용하는 새로운 방법을 발견하는 데 기쁨을 느끼도록 그들에게 글자의 아주 오래된 형태로 쓰게 하는 한 방법을 소개하려 한다. 약 5천년 전 이집트 사람들은 그들 주변의 사물과 그들이 들은 소리를 표상화한 간단한 그림을 그리기 시작했다. 색채 있는 잉크와 펜으로 파피루스 묶음에 새겨진 750가지의 고대 상형문자가 있는데 대부분 사람, 동물, 식물, 그리고 그 밖의 사물들을 표상화한 것이다. 고대 이집트 상형문자는 주로 이야기를 들려주고 아이디어를 나누는 데 사용했지만 흥미 있는 예술 형태로 표현되었다. 이집트에서 채색에 사용했던 색채는 쓰기를 의사소통의 수단이 아니라 마치 예술의 형태로 보여지게 한다. 빨강, 파랑, 초록, 갈색이 쓰였고 모두 흙, 광물가루로부터 얻어졌으며, 금가루도 쓰였다.

아이들이 고대 상형문자를 활용하는 방법은 그들의 연령과 철자에 대한 그들의 이해와 지식에 달려 있다. 철자를 터득한 아동들은 고대 언어로 자신이나 친구들의 이름을 쓰는데 재미를 느낄 것이다. 이 활동에 관련된 과정은 대부분의 몬테소리 교실에서 개별 철자를 활용하여 낱글자를 구성하는 활동에서 아이디어를 본받을 수 있다.

활동 8-1: 고대 이집트의 상징부호로 이름 쓰기

카드 위의 고대 이집트의 상형문자 알파벳으로 개개인의 상징부호를 추적하여 밝혀보자(손으로만 그리다). 적어도 10장의 글자 카드를 갖고 있는지를 확인한다. 아동들이 영역에서 카드를 가지고 놀 때, 그들의 이름을 쓰기 위해서는 모든 상징부호의 카드가 충분하게 필요할 것이다. 그 다음에 각각의 카드 뒷면에 상징부호에 상응하는 영어 알파벳 글자를 쓴다. 예를 들면, 상형문자의 손 상징부호를 보여주면서 카드 뒷면에 D라는 글자를 쓴다.

아동들에게 과정을 영어 알파벳을 사용해서 그들 이름의 철자를 적은 카드를 나열하는 방법을 보여주면서 소개하라. 그러면 아동들은 그들의 이름을 이집트 상형문자로는 어떻게 쓰는지를 보기 위해서 카드를 뒤집어볼 것이다. 상자나 다른 용기 안에 이집트 상형문자 전체를 그대로 복사한 것과 함께 모든 카드를 넣고([그림 8-9] 참고) 여러분의 언어 경험에 집중해라. 사실상 연령이 높은 아동들은 종이 위에 쓴 상징부호를 모방해서 분필과 사인펜으로 색칠하고 싶어할지도 모른다. 그

[그림 8-9] 고대 이집트 상형문자 카드

러나 어린 아동들에게는 이러한 상징부호를 정확하게 모방하도록 요구하는 것은 적합하지 않다. 왜냐하면 그것은 연령이 낮은 아동들에게 너무 높은 수준의 능력을 요구하는 일이며 너무 딱딱하고 지루한 작업이기 때문이다. 예술작품은 완전히 모방되어서는 안 된다는 것이 나의 신념이다.

미국 원주민의 그림 상징부호

미국 원주민들은 나눔의 문화를 기리는 풍요로움을 갖고 있다. 지난 200년 이상 그들의 가치관, 언어, 음식, 옷, 음악, 예술, 오락 등은 잘 기록되어 왔다. 어린 아동들이 "색깔, 문화, 민족성, 모든 사람들의 보편적인 감정인 사랑과 슬픔, 자아존중감, 정의와 친절"의 표면 아래 드러나는 다양성을 배울 때 미국 원주민 문화에 대한 연구를 지지하는 다문화 관련 도서들을 이용하는 것이 필수적이다(Wilms, 1991, p. 4). 미국 원주민에 대해 쓴 수많은 책들은 어린 아동들이 흥미 거리를 찾을 수 있는 방식으로 다양한 원주민 문화에 대한 가치 있는 통찰을 제공해준다. 다음에 나오는 책들은 교사들이 문학-기반 읽기 경험과 다른 내용 분야를 연결시키면서 원주민 문화를 정확하게 고찰해서 주장하고 정당화하는 데 사용할 수 있는 문화적으로 매우 정확한 몇 안 되는 책이다(McMahon, Saunders, & Bardwell, 1996-1997).

미국 원주민 책과 관련된 활동

The Popcorn Book by Tomie dePaola, Holiday House, 1978.

팝콘은 수년전에 원주민들에 의해 발견되었고 미국 원주민 문화와 모든 연령의 아동들에게 자연스럽게 연결되었다. 이 책에는 팝콘을 만드는 두 가지 조리법이 포함되어 있으며 인기 있는 간식거리에 대한 흥미로운 사실이 드러나 있다.

In My Mother's House, by A. N. Clark, V. Herrara, Viking Press, 1991.

이 책은 미국 원주민 아동들이 창조한 이야기와 시의 모음집이다. 그림(도해)은 색깔과 흑백을 모두 사용해서 아름답게 표현되었다. 테수크 푸에블로(Tesuque Pueblo)의 테와(Tewa)는 그들의 공동체의 강한 정신과 함께 사람들의 집, 관습, 작업 습관을 묘사하고 있다.

How Thunder and Lightning Came to Be: A Choctraw Legend, by Beatrice Harrell, collages by S.L.Roth, Dial, 1995.

이 책은 천둥 · 번개의 유래에 관한 것으로 사람들에게 폭풍우에 대해 경고하기 위한 방법으로 우연찮게 천둥과 번개를 창조한 헤로하(Heloha)와 메라타(Melatha)라는 두 마리 새에 관한 이야기이다.

교실에서 비와 천둥과 번개를 창조하는 방법은 여러 가지가 있다. 그러나 이러한 마법을 창조하는 가장 재밌고 좋은 방법으로는 여러분의 손가락과 아동들의 손가락을 이용해서 "비를 오게 하는 일"이다.

비 오게 하는 일

아동들에게 원 안에 앉아 소리가 나거나 바뀔 때 선생님을 보도록 지시한다. 소리는 모두 손을 가볍게 비벼서 낼 수 있다. 일단 모든 아동들이 같은 소리를 내면, 아이들을 보고 여러분의 소리를 바꾸어 딱딱 소리를 내는 동작을 해보이면서(여러분의 손가락으로 딱딱 소리를 낸다) 아동들의 원 주위를 돌면서 소리를 계속 낸다.

그 다음 천둥 치기 시작하는 소리를 내기 위해서 여러분의 손으로 무릎을 쳐라. 모든 아이들이 "천둥" 소리를 낼 때까지 이것을 유지해라. 마지막으로 번개를 동반한 큰 천둥소리를 내기 위해서 어떤 물건(책, 벨, 심벌즈)이나 바닥을 때리거나 쳐라. 일단 여러분이 "비"를 만들고 나면, 비를 멈추고 방이 다시 조용해질 때 그 과정을 뒤바꿔라. 만약 아동들이 손전등을 다룰 줄 안다면 손전등을 껐다 켰다 번쩍이면서 번개를 만들 수 있도록 아동 둘에 하나씩 주어라. 이것은 실제로 방안 전체에 비와 천둥과 번개를 만든다.

다음 절에서는 미국 원주민 인디언이 그림 상징부호를 사용해서 메시지를 쓴 과정을 소개한다. 여러분과 아동들은 이러한 상징부호를 이집트 상형문자를 사용했던 방식과 똑같이 사용할 수도 있고, 교실에서 미국 원주민의 그림 상징부호를 사용하기 위한 여러분의 아이디어를 더욱 창조적으로 설계하고 실행하여도 된다.

미국 원주민 인디언은 스스로 표현하고 쓰기 위해 그들의 언어를 상징부호로 사용한다. 그들은 옷, 주거지, 도자기, 심지어 그들의 신체와 같은 많은 것들을 상징부호로 그린다. 색은 미국 원주민에게 어떤 의미가 있으며 그들은 숯, 장과류, 근류, 점토, 이끼 등과 같은 자연에 있는 여러 사물들로부터 나온 색으로 그린다.

활동 8-2: 미국 원주민의 그림 상징부호로 이야기 쓰기

아동들에게 [그림 8-10]에 있는 상징부호를 보여주면서 미국 원주민의 그림 상징부호를 소개해라. 이러한 상징부호들은 아동의 안목을 넓혀줄 수 있다. 아이들은 각각의 상징부호를 똑같은 방식으로 배열할 수 있도록 분리된 카드 위나 종이 위에 놓는 것은 좋은 아이디어이다. 그 결과 아이들은 단어를 배열해서 문장을 완성할 것이다. 아이들이 하나의 이야기를 만들기 위해서 상징부호를 가지고 배열하고 재배열하는 놀이를 하는 것을 격려해라. 예를 들면, 처음에 걷기를 위한 그림 상징부호를 놓아라. 그러고 나서 오른쪽에 산을 위한 상징부호를 놓아라. 그 다음에, 잠자기를 위한 상징부호를 사용하고 마지막 상징부호를 말을 위한 것으로 덧붙여라. 그러고 나서 아동들에게 이야기를 읽어준다: "작은 소년은 오랜 시간동안 산을 넘

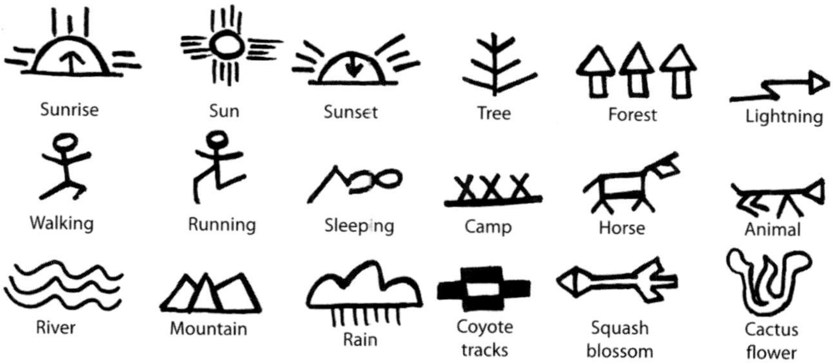

[그림 8-10] 미국 원주민의 그림 상징부호

어서 걸어갔다. 그는 산에서 내려왔을 때 너무 피곤해서 잠을 잤다. 다음에는 그의 말을 데리고 등산하러 갔으므로 그는 걸을 필요가 없었다." 여러분은 아동들에게 똑같이 쓰도록 요구하기 전에 얼마나 많은 이야기를 쓸 수 있는지를 확인해라. 여러분은 각각의 상징부호를 지적하고 읽으면서 아이들에게 여러분의 이야기들 중 하나를 보여줄 것이다. 상징부호는 문장에 있는 단어와 같이 왼쪽에서 오른쪽으로 배치한다는 것을 기억해라.

미국 원주민의 그림 상징부호는 아직 알파벳을 배우지 않은 아동들이나 많은 단어를 알지 못하는 아동들에게 사용될 수 있다. 여러분은 이러한 상징부호를 사용할 때 원하는 만큼 창조적이 될 수 있다: 단 아동들은 자신의 경험을 토대로 이야기를 발명한다는 점을 기억해라. 여러분의 경험을 토대로 이야기를 발명해서는 안 된다.

자, 이제 날아가는 소녀들에 대한 레버의 질문과 단원 개발로 돌아가자. 나오는 내용은 문학, 시각예술, 음악, 무용, 연극 등을 통합하는 문학 기반 단원을 설계할 때 우리가 살펴봤던 과정에 대한 간략한 기술이다. 구체적인 예로 자원들을 브레인스토밍 기법으로 연상하고, 연결하고, 편집하는 것을 포함한다. 물론 여러분이 아는 바와 같이 하나의 단원은 목표와 목적, 수업계획, 평가방법도 포함한다. 왜냐하면 이러한 부분은 단원 발달 방법에 대한 것이 아니라 목표가 없는 예술과 문학, 수업계획, 평가를 통합하는 사례를 제공하기 때문이다.

문학을 통한 예술 연결: 학제 간의 통합

상상력이라는 이름을 붙인 예시 단원은 음악과 신체표현, 시각예술, 동극과 같은 교과목들과 연결된다. 이러한 책에 있는 예술적인 표현 형식들에 존재하는 아이디어를 통합하는 것은 나와 네 명의 1학년 교사들 간에 협력적인 계획을 의미한다.

통합은 아동들이 시각예술과 행위예술에 대한 그들 나름의 해석을 통해 느낀 점, 다양한 생각과 아이디어들을 표현하고 의사소통할 수 있는 구조로 고안된 것이다. 나는 구조라는 단어를 즐겨 사용하는데 그 이유는 비록 교사가 단원 계획이 최근에 향상됐을지라도 아동들에게 그만큼의 투입이 있어야 하기 때문이다. 또한 주제로 다루면서 발달적으로 통합시킬 수 있는 여러 방법들이 있다는 것을 유념해라. 우리는 가장 최선의 작업이 될 수 있을 법한 과정을 선택한다. 비록 이번 절에서는 계획을 세우는 방법에 대해 기술하지만 나는 그것을 바꾸고 수정하도록 여러분을 격려하거나 이미 여러분이 잘 운영하고 있다면 전체적으로 다른 과정을 사용할 것이다.

주제 고르기

레비와 반 친구들은 『타르 해변(Tar Beach)』과 그림에 많은 관심을 갖고 있었기 때문에 날 수 있는 캐시 루이제 라이트후트(Cassie Louise Lightfoot)라는 이름의 소녀를 생생하게 그리는 것이 쉬운 일이었다. 날으는 놀라운 재주를 이루기 위해 캐시는 그녀의 상상력을 이용한다. 다음의 책들은 어린 아동들이 자신만의 상상력을 꿈꾸는 내용을 담고 있으며, 통합에 초점을 둔 것들이다.

- *Amazing Grace* by Mary Hoffman, illustrated by Caroline Binch, Dial Books for Young Readers, 1991.
  어린 소녀는 자신을 잔다르크(Joan of Arc), 7대양을 항해하는 해적 거미 아난시(Anansi the Spider), 또 다른 엉뚱하고 역사적인 캐릭터로 상상한다. 그녀가 학교 놀이에서 피터팬의 한 부분을 시도하려고 결심했을 때 처음에 인종과 성에 대한 고정관념에 직면하게 된다.
- *Wilfrid Gordon McDonald Partridge* by Mem Fox, illustrated by Julie Vivas, Kane/Miller Book Publishers, 1984.
  윌프리드(Wilfrid)는 그의 집 오른쪽 옆문에 사는 한 노인의 집을 방문하면서 나날을 보낸다. 윌프리드는 노인이 전에 잃어버렸던 기억을 다시 찾을 수 있도록 하기 위해 그의 상상력을 이용해 노인에게 줄 여러 물건들을 모은다.

- *Ben's Trumpet* by Rachel Isadora, Mulberry Books, 1979.

  벤(Ben)은 재즈의 리듬과 소리로 가득한 지그재그 재즈 클럽 음악가의 연주를 듣는 것을 아주 좋아한다. 그는 재즈를 들을 때 다른 아무도 볼 수 없는 트럼펫을 함께 연주한다. 이웃의 아동들 몇몇은 "너 미쳤어! 너는 트럼펫이 없잖아!"라고 말하면서 비웃는다. 그의 꿈에서는 클럽의 트럼펫 연주자가 벤을 클럽으로 초대한다.

- *My Head Is Full of Colors* by Catherine Friend, illustrated by Kiki Oberstenfeld de Suarez, Hyperion Books for Children, 1994.

  이 책은 아동을 위한 히페리온[그리스신화] 책이다. 마리아(Maria)는 아침에 깨어 보통 때의 삐쭉삐쭉한 갈색 머리가 모두 무지개 색으로 변하는 것을 상상한다. 그녀의 머리는 예전에 결코 좋아하지 않았던 색들로 오늘 스스로 그리고 색칠한 것이다. 다음날 아침 마리아는 책들로 가득한 머리를 상상한다. 그것들은 그녀에게 멀리 떨어진 곳, 오싹한 거미, 달을 향해 날아간 로켓에 대해 말해준다. 머지않아 그녀의 머리는 동물들과 그 당시 사람들로 가득하다. 어느 날 마리아는 그녀의 머리가 놀라운 일들로 가득하다는 것을 알게 되는 순간에 깨어난다.

- *And Shira Imagined* by Giora Carmi, The Jewish Publication Society, 1988.

  쉬라(Shira)와 그녀의 부모님은 이스라엘을 방문한다. 그들은 처음에 텔아비브(이스라엘 최대의 도시)에 간다. 그녀의 엄마는 "이 도시가 모래로부터 기적처럼 나타나는 것을 상상해봐라"라고 말한다. 그리고 쉬라는 상상한다. 모래에 성을 세울 준비를 하면서 수없이 떠오르는 그녀의 상상력으로 연결된 모든 박제 동물들은 미국에 있는 집으로 돌아온다. 가족들이 여행 갈 때마다 쉬라는 상상한다. 그녀는 동물 친구들이 함께 있다고 상상한다.

- *Tar Beach* by Faith Ringgold, Crown Publishers, 1991.

  캐시(Cassie)는 꿈을 갖고 있다. 그녀의 여생을 보낼 곳은 어디든지 자유롭게 가고 싶다. 어느 날 밤 『타르 해변(Tar Beach)』에 그녀 가족의 할램 아파트 옥상으로 올라가서 그녀의 꿈을 실현한다. 누구나 캐시처럼 날 수 있다는

> 것을 배운다. “여러분이 어디든지 가려면 달리 갈 수 있는 방법이 없다. 그 다음에 여러분이 별들에 둘러싸여 날아가고 있다는 것을 알게 된다.

이와 같이 특별한 책들은 매혹적인 이야기와 그림 때문에 선택되고, 민족성, 환경, 배경, 성, 인종과 나이와 같은 운명적인 것을 나타내므로 선택되었다.

브레인스토밍으로 연상하기

저녁에 이러한 책들을 읽으면서 시간을 보내는 동안에 우리는 이야기 속의 등장인물들에 대한 상상에 빠져있고 열광하는 자신을 발견하게 되었다. 우리가 책에서 즐거움을 발견하지 못한다면 아동들 역시 그럴 것이다. 우리는 책을 읽은 후 우리의 마음속에 떠오르는 모든 생각과 아이디어를 정리하는 동안에 자유연상 기법으로 브레인스토밍하는 시간을 가졌다. [그림 8-11]과 [그림 8-12]는 『타르 해변(Tar Beach)』과 『벤의 트럼펫(Ben' s Trumpet)』에 대해 제각기 브레인스토밍 시간에 한 마지막 결과를 나타낸다.

창의적 과정과 주제망

단원 개발의 과정과 주제망 작성하는 데 쏟는 시간은 계획 설계의 가장 핵심이다. 이것이 초보교사나 숙련되지 않은 교사들이 흔히 내용영역에 대한 재래적인 분과주의와는 다르게 단원을 설계할 수 있는 통찰력을 갖게 하는 방법이다. 단원 설계에 대한 통합적 접근은 창의적 노력을 할 때 일어나는 창의적 과정과 다르지 않다.

준비기에는 정보를 모은다. 레비와 학급 친구들은 상상여행에 대해 알고자 하였다. 그 단원의 목적과 본질을 파악한 후 소주제인 상상에 대한 이야기와 삽화로 인한 연상에 대해 브레인스토밍을 시작하고 상상에 초점을 둔 책을 선택하였다. 그 과제를 다루기 위한 많은 정보가 담긴 목록을 볼 수 있다. 작가와 삽화가의 재능과 민감성을 잘 드러낸 도서들에서 등장인물과 줄거리에 몰입할 때 아이디어가 피어오르거나 잠시 과제에만 집중하도록 몰입하는 부화기는 진행되었다. 이번엔 우리가 저술하고픈 아동도서가 어떤 것인가 활발한 토론으로 이어졌다. 잠시 하나의 단원을 계획 설계하는 과제에서 아름다움에 대해 경탄하는 데 에너지를 쏟았다. 저술과 삽화의 대가에 대한 경이를 표하는 데 어쨌든 우리는 훌륭한 책을 저술하는 재주나 기술을 갖추었다. 모든 요소들이 함께 통합되고 개별적으로 그들에게

개인적인 꿈들	형제, 자매	투광 조명
담요	날다	고층건물
별	퀼트	건설
음식	빨랫줄	직업과 고용
다리	도시	인디언
타르	배	아이스크림
빌딩	다이아몬드	닭
대들보	위로 솟구침	땅콩
가족	비행기	지붕
책상	자다	밤중
수박	공장	침대
직업	선물	매트리스
이웃	놀이 카드	파티

[그림 8-11] 『타르 해변』에 연관된 단어와 아이디어들

재즈	연습	계단
트럼펫	색소폰	패턴
리듬	트럼본	빌딩
지그재그	드럼	또래 압박
비트	동작	상상
블루스	고양이의 야옹	슬픔
도시	울음소리	댄스
밤중	소리	듣기
꿈	가족	어른
소망	할머니	어린이
재즈클럽	형제, 자매	음악가
학교	놀이 카드	친구
피아노	악기	가르치다
		윤곽
		흑과 백

[그림 8-12] 『벤의 트럼펫』에 연관된 단어와 아이디어들

적합한 활동들에 참여하도록 아동의 선택권을 지지하는 것이 우리의 신념이라는 것을 깨달은 며칠 후 영감기를 경험하였다. 아동들이 다양한 활동을 통해 자신들만의 고유한 방식으로 상상력을 높이는 방법을 택한다는 것을 알게 되었다. 상상력이 다양하게 표현되는 것을 깨닫는 '아하' 의 순간은 흥분되고 도전적인 것이었다. 창의적 과정의 완전한 순환성을 경험했기 때문에 우리의 노력은 보답되었고 우리의 아이디어는 큰 의미를 갖게 되었다. 검증기는 유아발달센터의 유아교사들이 이 단원을 실행하고 평가한 후 미래에 이루어지겠지만 유아교사를 위해 재고하고 정교화하고 적용하고 다시 서술하는 것 또한 우리의 몫이다(Balkan, 1990).

방법을 계획해서 연결하기

우리가 『타르 해변』과 『벤의 트럼펫』에 대해 브레인스토밍한 목록을 보고, 우리는 시각예술, 연극, 음악, 무용과 같은 분야에 속하는 항목들을 분류하였다. 또한 다른 분야 즉, 가족구성원, 역할 모델, 여행, 감정 등과 같은 우리가 초기에 생각하지 못했던 세부적인 분야가 분류될 수 있음이 부각되었다. 이와 같이 통합의 가능성은 제한이 없는 것처럼 보였다. 그러나 우리는 우리의 목표가 진정성을 갖기를 원했으므로 이러한 분야들을 일 년 후에 다시 계획에 통합시키고자 주의를 기울였다. 결국, 우리는 레비라는 이름을 가진 다섯 살 아이가 꼬치꼬치 캐묻는 매우 구체적인 질문에 대답해왔다.

[그림 8-13]과 [그림 8-14]는 말에 대한 기본적인 브레인스토밍의 모형들이다. 그것들은 내용 분야에 따른 말을 분류하는 방법을 보여준다. 어떤 말과 아이디어는 문학, 음악, 무용, 시각예술, 연극 등에 간단하게 연관되지 않는 것처럼 보였다. 그래서 우리는 그것들을 목록에서 지웠다. 모든 아이디어를 분류하기 위해 노력하고 강요할 필요는 없다. 여러분에게 아이디어가 발생했을 때, 단지 그러한 아이디어를 빠뜨려서 저절로 떨어뜨리거나 내버려두지 않도록 해라.

이러한 점은 과정의 첫 단계에서 완성되었다: 우리는 주제를 골랐고, 책을 선

[그림 8-13] 『타르 해변』에 나온 아이디어 범주화하기

개인적인 꿈들 - 예술/영향
담요 - 연극
별 - 예술
음식 - 연극
다리 - 예술
타르 - 예술
빌딩 - 예술
대들보 - 예술
가족 - 연극
책상 - 연극
수박 - 예술/연극
직업 - 연극
~~*이웃 - 영향*~~
~~*형제, 자매 - 영향*~~
날다 - 음악/동작
퀼트 - 예술
빨랫줄 - 연극
도시 - 예술
배 - 음악/동작
다이아몬드 - 예술
위로 솟구침 - 음악/동작
비행기 - 음악/동작
~~*자타*~~
공장 - 연극
~~*선물 - 영향*~~
놀이 카드 - 연극
투광 조명 - 연극
고층건물 - 예술
건설 - 예술
직업 - 연극
~~*인디언 - 영향*~~
아이스크림 - 연극
닭 - 연극
~~*땅콩*~~
지붕 - 예술
~~*밤중 - 영향*~~
침대 - 연극
매트리스 - 연극
파티 - 연극

재즈 - 음악/동작
트럼펫 - 음악
리듬 - 음악/동작
지그재그 - 동작
비트 - 음악/동작
블루스 - 음악
도시 - 예술
밤중 - 예술
~~*꿈 - 영향*~~
~~*소망 - 영향*~~
재즈클럽 - 음악/동작
학교 - 연극
피아노 - 음악/동작
연습 - 연극
색소폰 - 음악/동작
트럼본 - 음악/동작
드럼 - 음악/동작
동작 - 동작
고양이의야옹울음소리 - 연극/ 음악
소리 - 음악/연극

~~*가족 - 영향*~~
~~*할머니 - 영향*~~
형제, 자매 - 영향
놀이 카드 - 연극
악기연주 - 연극
~~*계단*~~
패턴 - 예술
빌딩 - 예술
~~*또래 압박 - 영향*~~
상상 - 연극
슬픔 - 연극
댄스 - 음악/동작
~~*듣기*~~
어른 - 연극
어린이 - 연극
음악가 - 음악/동작
친구 - 연극
가르치다 - 연극
윤곽 - 예술
흑과 백 - 예술

[그림 8-14] 『벤의 트럼펫』에 연관된 아이디어 범주화하기

택했고, 브레인스토밍해서 연상하고 분류한 목록에 있는 말을 집단으로 묶었다. 결국 [그림 8-15]에서 보여주는 더욱 복잡한 형태의 웹으로 진화하게 되었다.

학습 경험을 위한 자료원 편집하기

우리는 음악, 동작, 연극 그리고 시각 예술을 통해 아이들에게 광활한 범위의 경험들을 제공하고 싶어한다. 우리는 각 책들을 보면서 그것들과 연관된 활동들을 설계하는 것이 바람직하다고 결론내렸다. 왜냐하면 아이들이 자신에게 가장 끌리는 예술 형태가 무엇인지 결정할 수 있는 다양한 선택권을 주기 위해서이다. 이 단원을 이렇게 설계함으로써, 우리는 자신들이 선택한 활동들을 통해 직접적으로 얻게 되는 경험들을 제공할 수 있다는 점을 발견했다. 즉, 어떤 아이들은 음악, 동작, 또는 페인팅, 조각, 연극을 통해서 자신의 상상력의 힘을 탐색할 수 있다.

우리는 또한 모든 아이들에게 모든 활동이 끌리거나, 적합한 것은 아니라는 사실을 안다. 그리고 우리는 활동의 주제를 정하기 위해 반드시 테마, 상상력, 활동에 중심을 두어야 한다. 가끔씩 우리는 아이들이 할 수 있는 것을 고려하면서 수백가지의 과정과 아이디어의 계획에 지나치게 몰두하게 되어 우리가 처음에 무엇을

[그림 8-15] 상상 단원 주제망

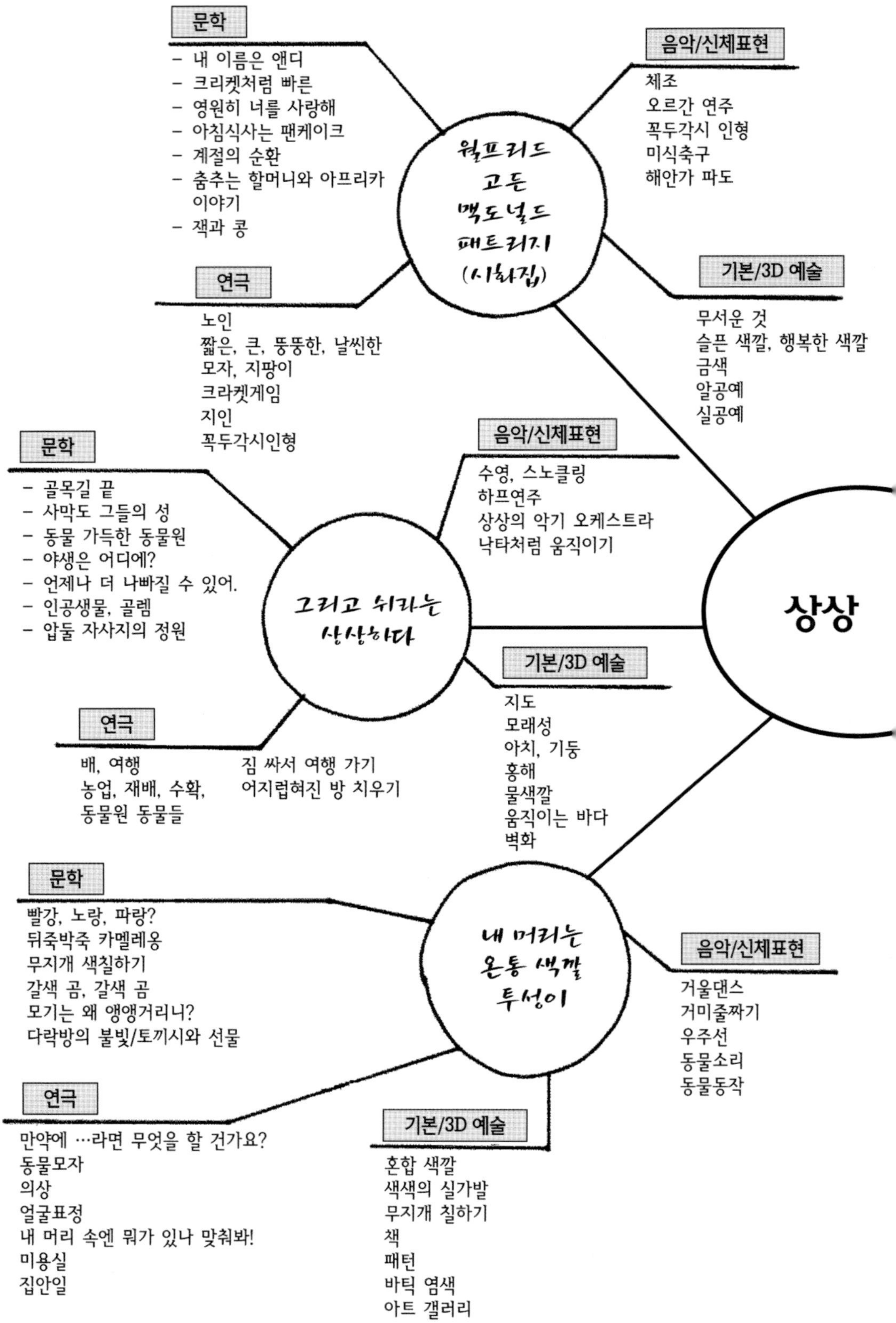

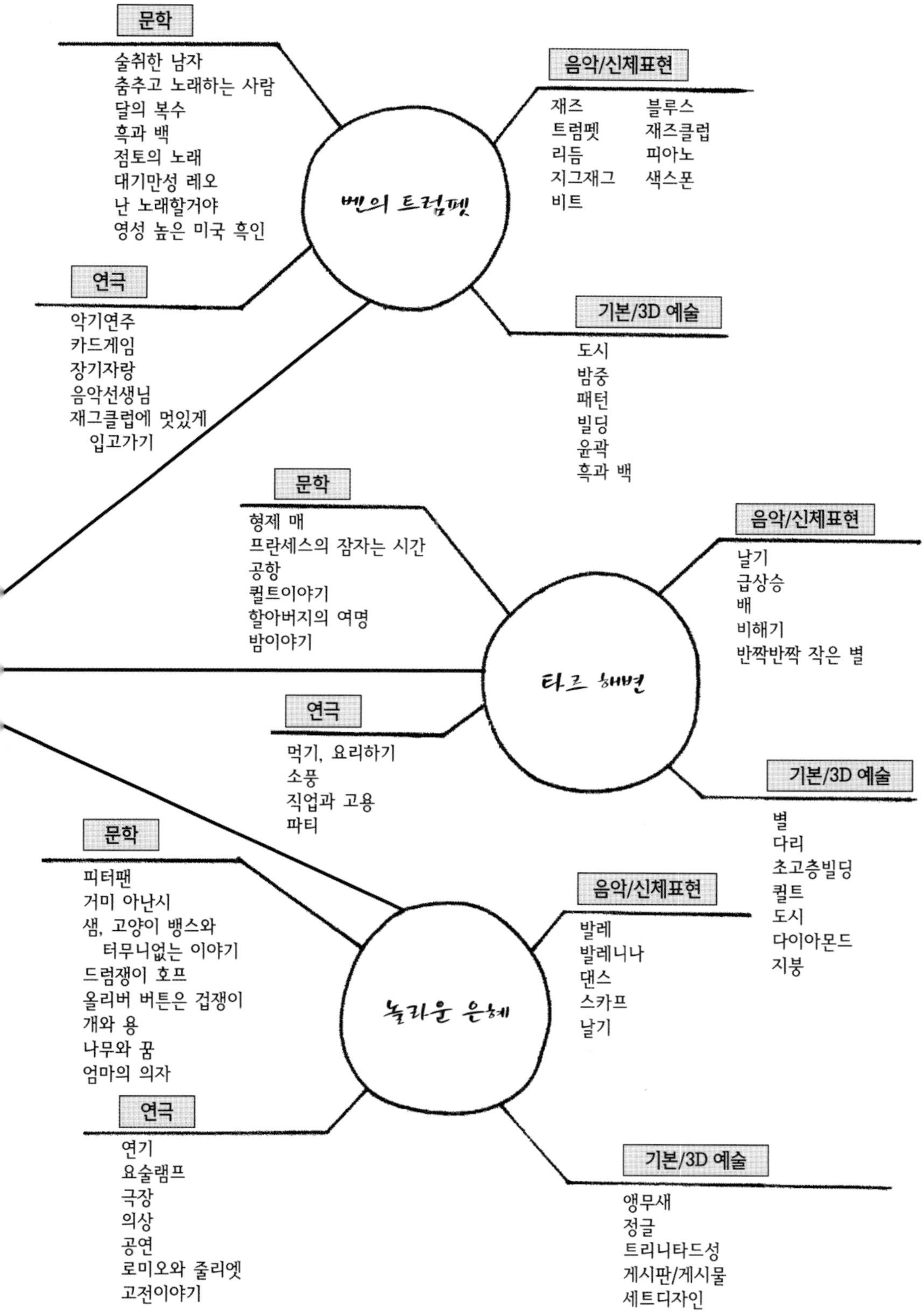
벤의 트럼펫
문학
술취한 남자
춤추고 노래하는 사람
달의 복수
흑과 백
점토의 노래
대기만성 레오
난 노래할거야
영성 높은 미국 흑인
음악/신체표현
재즈
트럼펫
리듬
지그재그
비트
블루스
재즈클럽
피아노
색스폰
연극
악기연주
카드게임
장기자랑
음악선생님
재그클럽에 멋있게 입고가기
기본/3D 예술
도시
밤중
패턴
빌딩
윤곽
흑과 백
타르 해변
문학
형제 매
프란세스의 잠자는 시간
공항
퀼트이야기
할아버지의 여명
밤이야기
음악/신체표현
날기
급상승
배
비행기
반짝반짝 작은 별
연극
먹기, 요리하기
소풍
직업과 고용
파티
기본/3D 예술
별
다리
초고층빌딩
퀼트
도시
다이아몬드
지붕
놀라운 은혜
문학
피터팬
거미 아난시
샘, 고양이 뱅스와 터무니없는 이야기
드럼쟁이 호프
올리버 버튼은 겁쟁이
개와 용
나무와 꿈
엄마의 의자
음악/신체표현
발레
발레니나
댄스
스카프
날기
연극
연기
요술램프
극장
의상
공연
로미오와 줄리엣
고전이야기
기본/3D 예술
앵무새
정글
트리니타드성
게시판/게시물
세트디자인

하려고 했는지 잊게 될 때가 종종 있다. 우리는 이러한 일들이 생겨나지 않도록 해야 한다.

여러분이 주제망을 읽으면 실질적인 활동들 또한 단계들을 포함하지 않았음을 알 것이다. 저자가 발달 단계와 특정 나이의 아이들이 모인 집단 또한 교실의 환경에 대한 욕구들을 반영해 구체적인 활동들을 제시하는 상세한 설명서를 보여주는 것은 현명하지 않다. 주제망에서 보여주는 것은 여러분이 아이디어를 내고, 그 아이디어를 적용해서 아이들이 적절하고 관련된 지식 경험을 쌓을 수 있게끔 설계하도록 도와주는 틀이다.

통합적인 경험 계획하기

예술과 문학이 통합된 주제의 단위를 계획할 때, 개인이나 집단에 필요한 장비나 준비물을 포함시켜야 한다. 아이들에게 다양한 모양과 크기의 상자를 줘서 해변을 만들거나, 유연한 덩어리인 찰흙을 사용해서 윌프리드(Wilfrid)가 낸시양(Miss Nancy)에게 줄 작은 새의 알들을 만들도록 하라. 루이 암스트롱의 생생한 재즈음악을 틀고 뒤에 서서 여러분의 지그재그 재즈 클럽의 악단 단원들을 봐라. 그들은 상상의 악기들을 연주한다. 『거미 아난시』 이야기를 읽고 여러분의 아이들에게 거미줄을 뽑도록 해보자. 혹은 알라딘 이야기를 말해줘라. 그리고 아이들 스스로가 자신의 마법 지니를 만들게 한다. 텅빈 큰 아이스크림 통을 가지고 와서 블록놀이 코너에 놓아라. 그리고 아이들에게 아이스크림 공장을 만들자고 한다. 소풍 갈 준비물들을 챙겨서 상상속의 타르 해변으로 떠나보는 것도 좋은 방법일 것이다.

순수예술인에게 하프를 빌려보자. 그리고 아이들이 직접 하프를 켜보기도 하고 줄을 튕겨볼 수 있도록 한다. 쉬라(Shira)는 그녀의 상상 속에서 하프소리를 듣는다. 아이들이 하프의 아름다운 소리를 상상하기 전에 먼저 하프를 보여주자. 여러분의 교실 중 한 부분을 큰 바다로 만들어라. 블록을 사용해서 카누와 배를 만들고 중앙에 하이와사(Hiawatha; 롱펠로우 시에 나오는 인디언 영웅)가 있는지 봐라. 모래상자에서 모래성을 쌓고 마치 아이들이 가장 좋아하는 동물들이 그 성을 쌓고 있다고 하자. 또한 산의 꼭대기로 올라가는 상상의 차를 타고 상상의 선로를 올라가자고 하자. 많은 색의 크래파스를 준비하고 넓은 크기의 종이를 준비하라. 『나의 머리는 모든 색으로 가득해요(My Head Is Full of Colors)』 책을 미술도구들 옆에 준비하고, 아이들이 그 책을 보면서 종이 한가득 창의적인 에너지를 발산하는 것을 지켜봐라.

로미오와 줄리엣의 주제음악을 틀고 아이들에게 작곡가의 이름을 말해보라고 한다. 그레이스는 그녀의 나나와 함께 발레를 보고 나서 줄리엣이 된다. 여러분의 교실에서 분명히 줄리엣과 로미오를 찾을 수 있을 것이다. 아이들에게 기억을 잘 더듬어서 이 수업시간에 가장 특별하다고 생각되는 사람을 찾아 상상의 물건을 준다고 해보자. 따뜻한 것, 무서운 것, 아이들을 웃게 만드는 것, 또는 울게 만드는 것을 상상해보자. 이야기 "윌포드, 골든, 맥도날드 새(Wilford, Gordon, McDonald Partridge)"에 나오는 목소리가 거인 같은 드라이달 씨(Mr. Drysdale)가 되어보자. 교실 한가득 동물들이 있는 모습을 상상해보자. 만약 '머리에 한가득 책이 올려져 있다면? 빛나는 별들 위로 날아갈 때 무엇을 봤을까?' 상상해보자. 여러 문화 · 인종 집단의 다양한 뮤지컬을 들어보자. 레고와 팅커 조작놀이 교구로 조지워싱턴 다리를 세워보자. 종이인형을 만들거나 융판 이야기판을 교실 안에 세워보자.

준비물들을 모으고 활동들을 계획할 때, 여러분은 그것들이 반드시 아이들의 상상력으로부터 나온 마법에 대한 개인적인 아이디어들을 표현하는 데에 필요한 도약판이라는 사실을 잊지 마라. 여러분은 배움을 가능하게 하는 사람이다. 여러분의 목표는 아이들 스스로가 자신의 상상력을 탐구하면서 자신의 길을 선택해나갈 수 있도록 수업 환경을 만들어나가는 것에 있다. 아이들 스스로가 개인적으로 의미 있고 자신에게 연관되는 활동들을 할 수 있게끔 하고 싶어한다. 만약에 여러분이 모든 아이들이 모든 활동들을 다 하도록 요구한다면, 아이들은 모두 예술과 문학의 단위 내에서 창조되는 많은 신나는 배움의 경험들을 놓치고 말 것이다. 아이들은 맡아야 할 많은 역할들이 있고, 그려야 할 많은 그림들이 있으며, 꺼내야 할 많은 상상력이 존재한다. 아이들을 개개인으로 봐라. 성공적인 결과에만 치중하지 말고 창의적 과정의 중요성을 기억하라. 그리고 여러분이 어린아이들을 위해 계획을 할 때 항상 가드너의 다중지능이론에 대해서 생각하라.

단원 다루기

단원 계획에 사용했던 이야기책을 읽어라. 그 때 얻은 아이디어들이 아이들의 발달에 적합하기 때문에, 여러분의 실습 과정이나 지금 현재 가르치고 있는 학급 안에서 우리의 생각들을 다시 정리해보고, 대체해보고, 재생해보고, 재개념화할 수 있어야지 아이들의 발달에 적합해지기 때문이다(Balkin, 1990). 앞서 말했듯이 자유로운 사고를 허락하고, 여러분이 유연한 사고의 주인공이라는 것을 증명해보아라. 여러분의 아이들의 요구와 발전적인 단계를 여러 시각에서 관찰함으로써 단원을 변화시키는 다양한 방법들을 탐구하라. 여러분이 그런 식으로 탐구할 때, 스스로가 유연한 사고를 가진 사람이라는 사실을 발견할 것이다. 우리가 여태까지 사용해왔던 것에 새로운 이정표를 찍고 다시 새로운 자신만의 것을 창조하라는 것은 바로 독창적인 사색가가 되라는 뜻이다. 그리고 마지막으로 아이디어를 위해 이 열린 창문에 세부장식을 더하고, 여러분의 교육방법에 적합한 단원의 방법을 잘 다듬어보자.

다시 한 번 강조하건대, 지도교사인 우리는 자신이 지닌 개인적인 성장과 직업적인 성장을 포함한 이런 통합적인 부분을 지속적으로 발전시키면서 우리의 내면에 초점을 맞추어야 한다. 나는 여러분을 시를 쓰는 활동에 초대하고 싶다. 다음 절은 여러분이 어른이지만 배우는 입장이 되어 시인이 될 수 있도록 도울 것이다.

개인적 · 직업적 성장

이미지는 시가 탄생하는 곳에서부터 존재하는 최초의 근본 힘이다. 시적 심상은 세상을 새로운 방법으로 바라볼 수 있도록 우리의 마음을 열어주는 역할을 한다. 또한 우리가 눈으로 볼 수는 없지만 우리의 의식이 한 단계 고양될 수 있도록 도와준다.

지도교사를 위한 시

아주 많은 시의 형태가 존재하지만, 나는 그중 5행시(cinquain), 하이쿠(haiku), 누적시(cumulative) 형태들을 소개하여 여러분 스스로의 시적 가능성을 발견하는데 초점을 두었다.

5행시는 생각과 느낌을 표현하는 토대인 구체적인 문맥적 원리에 좌우된다. 하이쿠는 일본 문화에서 각광받는 시의 형태이다. 이 형태는 각 줄마다 5, 7, 5음절이 포함되는 세 줄의 시이다. 누적시는 소집단에서 집합적으로 써지는 시이다. 이 형태는 매우 단순하고 적은 규칙을 가지고 있다. 여러분이 점차 시인의 자질을 발견하고 나서 시작활동이 편안해질 때, 여러분의 아이들과 함께 5행시와 누적시를 만들 수 있을 것이다. 시 쓰는 것을 연습하고 점점 내면의 소리에서 들리는 것을 시로 표현할 수 있는 실력이 갖추어졌을 때, 수업활동으로 시 쓰기 과정을 시작하는 것도 좋다.

5행시 쓰기

- 5행시는 다섯 줄로 구성되어 있고, 특정적인 아이디어, 관찰, 사건 또는 감정을 나타낼 수 있는 운율의 형식이 보통 없다.
- 5행시는 범위가 넓지 않고, 특정적인 것에 대한 몇 줄의 포괄적인 글이 있다. 그 특정적인 것은 작가가 느꼈던 어떤 생각, 감정, 실제로 보았던 것, 관찰했던 것에 대한 것이다.
- 5행시를 조금씩 변형하여 쉽게 쓰는 것은 초급 시인들에게 매우 도움이 된다.

5행시의 변형된 원리에 대해 설명하자면,

- 첫째 줄: 시의 제목 또는 어떠한 하나의 주제
- 둘째 줄: 첫 줄에서 정한 주제에 대한 묘사가 깃든 두 글자들
- 셋째 줄: 그 주제에 관련하여 동작을 표현하는 세 글자들
- 넷째 줄: 그 주제에 관련하여 느끼는 감정을 표현하는 네 글자들
- 마지막 줄: 한 글자로 시를 요약하는데 주제를 대신할 수 있는 동의어를 쓸 수도 있다.

5행시를 위한 안내 이미지 여러분이 가장 편하게 앉아 있을 수 있거나 누울 수 있는 곳을 방에서 찾아라. 5행시를 쓰는 원리가 쓰여 있는 이 책의 해당 부분을 계속 펴 놓는다. 그리고 종이와 펜을 근처에 둔다. 모두가 편안하고 조용할 때, 자원자는 다음에 소개되는 안내 이미지를 읽는다.

> 여러분은 다른 누군가와 맞대고 있지 않고 아주 편안히 눕거나 앉을 자리를 찾았습니다. … 여러분의 몸이 완전히 편안해질 때까지 약간 몸을 흔들흔들 해봅시다. 그리고 이제 가만히 한 자리에 정착하세요. … 여러분의 두 눈을 모두 감고, 내면에 집중하세요. … 생각하고 있는 모든 것들, 말, 이미지 등 모두를 생생히 인지하고 여러분 마음으로부터 떠나보내세요.

여러분의 마음과 몸이 조용해지고 평화로울 때, 이제 여러분 스스로가 아주 멋지고 안전한 곳으로 들어갔다고 상상해보세요. … 여러분 마음의 눈을 이용해서 여러분 아래 펼쳐진 이 세상을 바라보세요. … 여러분에게 아주 따뜻하고, 편안하고, 평화로운 안정을 전달하는 이 세상을 말이에요. … 이곳이 어떤지 느껴보세요. 이곳에서 느껴지는 모든 작은 부분들을 차근차근 눈여겨보고 이것 또한 여러분 마음으로부터 떠나보내세요. … 여러분이 존재하는 이곳의 모양, 공간, 형태 소리를 들어보고 바라보세요. 여러분의 마음속에 존재하는 내면의 거룩한 장소를 눈여겨보고 난 후, 여러분의 인식을 이제 이곳에서 지금의 이 공간으로 옮기세요.

여러분이 점점 가까워질수록, 어떤 것 또는 어떤 사람이 친숙하다는 것을 알게 됩니다. 그것은 사람이 될 수도 있고, 물건 또는 동물 또는 나뭇잎이 될 수도 있습니다. 그 순간에 무엇이 되었든 간에, 여러분은 그것의 정체성을 인식하는 단 한 명의 사람입니다. 여러분의 인식을 여러분이 가지고 있는 감정들을 느낄 수 있도록 하고, 이러한 감정들을 경험하기 위한 시간을 조금 마련해보세요.

자 이제, 여러분의 마음의 눈에서 이 이미지들을 포착하고 뒤로 물러나보세요. 지금 이 순간 여러분의 두 눈을 뜨고, 이 시점의 이곳으로 다시 돌아오라고 요구할 것입니다. 여러분이 준비되었을 때, 자신의 눈을 천천히 뜨고, 아직 자리 잡고 있는 이미지들을 생각하면서 펜을 들고 그 순간을 재창조하여 5행시를 만들어봅시다.

다음의 5행시는 나의 창의예술 수업의 수강생들 몇 명이 창작한 시이다.

고양이
회색과 흰색
털이 많고, 바라보고, 듣는다.
그녀는 주의를 둘러본다.
파수꾼.

잔디
갈색, 건조함
휘젓기, 한숨, 부스럭거림
동물들은 그 속에서 함께 어울린다.
집.

친구
잘생기고 똑똑하다
보살피고, 보호하고, 챙겨 먹인다
델타성(星)이 그를 집으로 데려온다
동반자.

5행시는 우스꽝스러울 수도 있다. 그렇다고 해서 시의 주제로서 쓰일 어떤 생각이나 사건을 놓치지는 말자.

시험
잔뜩 쌓여 있고, 어렵다
읽고, 공부하고, 계획한다
억눌린다
고문.

몇 개의 5행시를 써보고, 여러분 옆에 앉아 있는 사람에게 읽어줘라. 그 후에 전체 집단 앞에서 읽는 것을 고려해보자. 내키면 큰 소리로 읽지만 꼭 크게 말할 필요는 없다.

하이쿠 쓰기

하이쿠는 자연에 대해 언급하거나, 시인 자신의 현재의 경험에서 일어나는 어떤 것을 포함한 시의 형태이다. 그 경험은 시인을 둘러싸고 일어나는 일이거나, 내면의 감정과 느낌이 연관된 것이 될 수 있다. 하이쿠는 느낌이라는 뜻이다. 이것은 우리가 일상 안에서 매일 경험하는 연극 속에서 느끼는 감정적인 순간을 말한다. 안 앳우드(Ann Atwood, 1971, p. 3)는 하이쿠의 작가이며 현대적 시인이다. 그녀는 하이쿠가 "단순하지만 깊으며, 구성적이며, 장황하며, 진지하게 묘사적이며 매우 제안적"이라고 말한다. 하이쿠는 풍미를 느낄 수 있는 시이다. 내가 하이쿠 시를 읽을 때, 시인의 마음과 가슴을 천천히 그리고 부드러운 관심으로 배울 수 있는 것을 상상한다.

하이쿠는 운율이 없는 세 줄의 시이며 합해서 일곱 개의 음절이 있다. 다섯 개의 음절이 첫 줄에 있고, 일곱 개의 음절이 둘째 줄에, 다섯 음절이 셋째 줄에 있다. 여기 예로 일본 시인 이싸(Issa)가 쓴 18세기의 하이쿠 시가 있다.

만약에 모든 것이 나아진다면,
나는 날아갈 텐데, 당신을 이곳으로 초대할 텐데
이 저녁을 함께 하기 위해서
— 이싸(Issa, 1763-1827)

다음의 하이쿠 시의 운문은 몇몇 학생들에 의해 쓰여졌다. 이 시는 오래된 시의 형태를 사용해 구체적인 이미지로 느낌과 경험을 표현했다.

세스는 나와 함께 봄을 나누었다.
갈망하고, 웃고, 손을 내밀었다.
꽃을 쥐어주며.
파란 하늘 아래
시원한 잔디 아래 내가 앉은 곳에서
나는 당신을 쳐다보고 있지.
뉴욕을 건너오는데
꽃 파는 상인들의 색채가 터져 나온다
버스의 창문 밖으로

시의 형태로서, 하이쿠는 어린아이에게 매우 추상적일 수 있다. 그들은 하이쿠를 쓰는 데 힘들어하고 당황해할 제한적인 문맥적 구조를 발견할 것이다. 하지만 몇몇 훌륭한 선생님들은 여태껏 아이들에게 하이쿠의 시를 가르칠 때, 오직 아이들 스스로가 느끼는 감정과 느낌을 포착하여 시로 써내려갈 수 있는 과정을 중요하게 강조하여 가르쳐왔다. 나는 음절의 뜻도 모른 채 오직 선생님을 만족시키기 위해 시를 쓰는 유아들을 보아왔다. 여러분과 내가 하이쿠 시가 매우 재미있고 격려가 되는 시의 형태라고 생각할지라도, 아동들에게라도 하이쿠 시를 쓰도록 하지는 않고 5행시와 그 외 종류의 시를 쓰도록 해야 될 것이다. 하지만 우리는 반드시 어린아이들에게 하이쿠 시를 읽어는 줘야 한다. [그림 8-16]은 하이쿠 시에 관한 참고문헌이다.

[그림 8-16] 하이쿠에 관한 추천도서

하이쿠 시를 아이들에게 읽어주는 것은 아이들에게 기쁨과 아름다운 인식을 제공하면서 그들의 경험을 풍부하게하며 확장시키는 일이다. 아이들에게 하이쿠 시를 읽어주기 위해 준비하는 과정에서, 잘 읽고 그 시 자체가 지니는 미와 본질에 대해 감상하며 이해하도록 하자. 여러분에게 하이쿠의 진실과 지혜에 대해 들려줄 네 권의 멋진 책들을 소개하겠다.

- 『몇 마리의 파리와 나(A Few Flies and I)』, 빌스(R. H. Blyth)와 유나사(Nobuyuki Yuasa) 역, 로니 솔버트(Ronni Solbert.) 삽화, 팬숀 북스(Pantheon Books), 뉴욕(New York), 1969.
- 『귀뚜라미 노래(Cricket Songs)』, 해리 븐(Harry Behn) 역, 하콧트, 브레이스 앤 워드(Harcourt, Brace and World), 1964.
- 『하이쿠: 지상의 분위기(Haiku: The Mood of the Earth)』, 안 앳우드(Ann Atwood) 역. 스크리븐스 썬즈(Scribner' s Sons), 1971.
- 『세상에 대하여: 시를 통해 본 시인의 삶(Of This World: A Poet' s Life in Poetry)』, 루이스(Richard Lewis) 역, 헬론 버터필드(Heloen Butterfield) 사진. 다니엘 프레스(Dial Press), 1968.

누적시 쓰기

누적시는 몇몇 사람들이 하나의 시를 함께 만드는 형태이다. 과정은 매우 쉽고 이것은 각 시인들의 "결집된 무의식"을 가끔씩 반영한다. 나는 네 살 어린아이들부터(그들은 내가 괘도 전지에 써주면 그것을 따라 읽는다.) 아동들 또는 어른들과 함께 누적시 쓰기 작업을 한다. 누적시는 운율이 없고, 따라야 할 문맥적 규칙도 없다. 그리고 각 시인들은 시의 성질과 방향을 마음대로 결정할 수 있다. 다음은 누적시를 쓰기 위한 안내지침이다.

1. 여섯 명에서 여덟 명의 사람들이 작은 집단을 형성한다. 동그랗게 둘러앉는다.
2. 집단 구성원은 시의 시작 줄을 어떻게 시작할지 생각해야 한다. 생각나기 시작하면 종이에 그것을 쓴다. 그리고 옆 사람에게 그 종이를 건네준다. 다음 사람은 첫째 줄을 읽고, 둘째 줄을 생각한 후에 그 아래 줄에 쓴다. 그 사람이 다 쓴 다음에 종이를 접어서 오직 처음에 쓴 줄 말고 둘째 줄에 쓴 글만 다른 번의 사람이 읽을 수 있도록 접는다.
3. 그후 두 번째 사람은 집단 내 아무에게나 그 접은 종이를 건네준다. 그 사람은 둘째 줄만을 읽고 셋째 줄을 연달아 적는다. 그리고 종이를 다시 접어 셋

째 줄만 읽을 수 있도록 종이를 접는다. 그 종이를 다른 사람에게 건네주고 같은 방법으로 쭉 돌아간다. 모든 시인들은 오직 종이에 쓰여 있는 전 줄만을 읽고 그 줄을 바탕으로 해서 자신이 그 다음 줄을 써야만 한다. 집단 모두가 한 줄씩 적어 드디어 시가 완성될 때, 한 사람이 큰 소리로 그 시를 모두에게 읽어준다.

다음의 누적시는 여러분과 같은 예비교사들이 자신들의 시적 가능성을 발견해 가며 쓴 시이다. 나는 이 시를 읽을 때마다 항상 놀라움을 느낀다. 그 시는 마치 한 명의 시인이 상상하여 쓴 것과 같이 생각과 느낌을 표현하고 있다. 여러분이 이 시를 읽으면서, 각 시인들은 오직 이전의 한 줄만 읽고 써내려 갔음을 주목하라.

밝고 빛나는 소용돌이 모양의
바람은 끝없는 길을 달려
나에게로 온다.
아이들은 웃으며 달려온다.
가득 차게 노래를 부르며
멋진 음악과
즐거운 광경에 넋을 잃었다.
아이들은 웃을 것이다. 그리고 자유로워질 것이다.
마치 모래 위를 덮치는 파도처럼.

이제 여러분의 누적시 짓기를 해보라. 여러분의 생각이 자신의 상상력과 함께 자유롭게 흘러가도록 해보자. 시는 우리의 상상력을 신성하게 넓히고 어디로 행할지 모르게 인도한다. 그리고 나의 신중한 바람은 여러분이 밖으로 나가서 여러분과 아이들 스스로의 시를 찾을 수 있게 되는 것이다. 즐겁고 에너지 가득한 문학 프로그램 안에 일상생활에서 일어나는 일들을 포함시켜야 한다. 여러분이 그렇게 할 때, 나는 여러분과 여러분의 아이들이 아주 놀라운 성과를 거두리라 믿는다.

이 장에서 나는 아이들에게 몇 가지의 과정과 도구들을 이용해서 언어 환경과 문해 환경으로 소개할 수 있는 것들을 다루었다. 아동 중심 교육과 아동들의 언어지능 발달을 향상시킬 수 있는 학문 경험의 계획 안에서 교사 역할의 중요성을 강조하였다. 여러분은 아동들의 느낌과 생각을 이해하며, 모델링하는 일을 통해 이 과정을 용이하게 하는 역할을 하고 있다. 여러분이 예술 안에서 이루어지는 여러 분야의 접근을 통해 아동들이 언어, 문해, 문학에 관심을 가질 수 있도록 새로운 방법들을 만들어내야 한다고 생각한다. 그렇기 때문에 여러분은 도움을 절실히 필요로 하는 아동들을 위하며, 또 아동들이 더욱 효과적으로 배울 수 있는 전체적인 교육 프로그램에서 아동들에게 문학 놀이의 중요성을 이해하도록 도와줄 수 있는 중요한 사람이다. 아이들과 신비로운 마술을 공유하면서 문학적 환경을 조성하는 법을 배우는 데 도전하라. 다음과 같은 충고와 함께 이 장을 마감하고 싶다.

시를 통해 친구를 사귀어라. 이야기를 기대해라. 연극을 하면서 울어도 보라. 효과를 고안하라. 말의 마법을 믿어라. 생생한 상상력을 가져라. 꿈을 상상해라. 아이들과 힘껏 웃어라. 조심히 책을 다루어라. 많이 웃어라. 창의성을 나타내라. 나무 아래 앉아서 시를 읽어라. 사랑의 시를 써라. 그리고 선생님이 되라.

교육자인 우리들이 이 중 몇 가지 활동들을 하기 위해 시간을 들인다면, 우리 스스로 아이들의 창의성을 이끄는 힘으로서 활용될 수 있는 더욱 준비된 교육자가 될 수 있다.

상상하는 것은 지식을 쌓는 것보다 더욱 중요하다.

— 알버트 아인슈타인(Albert Einstein)

제9장

새로운 모험 시작하기

여행이 끝나는 곳에서 우리의 여행은 다시 시작된다.

— 엘리어트(T. S. Elliot, 1948)

1장에서 돌고래와 춤을 춘 5살 리엔은 유치원생이었을 때, 어떻게 진흙을 바다 물로 바꾸어 놓는지를 알아냈다. 이사벨라(Isabella)는 1학년 때, 상상의 힘과 손가락을 사용하여 깡충깡충 뛰는 토끼를 만들었다. 6살인 앤소니(Anthony)는 친구 케이챠(ktya)가 새 강아지를 어떻게 돌보는지를 기억하는지 못하는지에 대해 걱정했을 때, 창의적인 각본 경험을 즉흥적으로 쓰기로 결정했다. 레비(Levi)는 하늘을 나는 소녀와 늦은 오후 지붕 위에 있는 초능력자에 관해 인상적인 질문을 하는 신흥 독자로, 상상의 여행에 관해 더 많은 책을 읽으면서 보다 더 상상을 확장시켜나가고 있다.

이 아동들과 상황에서, 감각 있고 관찰력 있는 교사는 통찰과 지식을 통해 아동들이 각자 새롭게 펼쳐진 세상 속으로 여행을 떠날 수 있는 "무대"를 제공했다. 재능 있고 창의적인 교사는 리엔, 이사벨라, 앤소니, 케이챠, 레비에게 손을 뻗어 그들의 삶을 부드럽게 보듬고, 충분히 이해했다. 그러고 나서 각 교사들은 아동들이 그들만의 개인적이고 창의적인 방식으로 성장해나갈 수 있는 통찰력 있는 방식들을 제공했다.

그러나, 선생님이 그려준 빨간 장미 봉오리와 초록 줄기를 그대로 베껴 그리기를 거부했던 인습에 얽매이지 않는 예술가, 체트를 잊지 말자. 체트는 성공하기 위해서는 자신의 관점에서 장미를 그리는 것을 그만두고, 다른 사람이 그린 장미를 재생산하고 모방해야 한다는 지침을 따라야 한다는 것을 빨리 배웠다. 체트의 경험은 쌩떽쥐베리의『어린 왕자(The Little Prince)』(1971)에 나오는 비슷한 상황을 상기해준다.

어린 왕자는 먹잇감을 통째로 삼킨 보아뱀 그림과 코끼리를 소화시킨 보아뱀 그림을 그렸다. 어른들에게 그림들을 보여줬을 때, 반응은 항상 같았다: "이것은 모자야" 보아뱀 그림을 옆에 제쳐두고, 대신에 역사, 산술, 문법 같은 과목에 전념할 것을 조언받았다. 그래서 그는 우리에게 말한다.

> 이것 때문에 나는 6살에 화가라는 훌륭한 직업을 포기했다. 나는 그림 1호와 2호의 실패로 낙담했다. 어른들은 어떤 것도 스스로 이해하려 하지 않고, 아이들이 항상 그리고 영원히 어른에게 설명하는 존재가 되는 것을 성가시게 생각한다. 내가 보기에 정확한 시각을 가진 것처럼 보이는 사람을 만날 때마다, 늘 가지고 있었던 그림 1호를 보여주는 실험을 했다. 이 사람이 진실된 이해를 하는 사람인지 아닌지를 알아내려고 노력했다. 그러나, 그것이 누구이건 항상 똑같이 말했다: "이것은 모자야". 그래서 나는 그 사람에게는 보아뱀, 원시림, 별에 관한 어떠한 것도 이야기하지 않았다. 나 자신을 그 사람의 수준으로 낮출 것이다. 그에게 다리, 골프, 정치, 넥타이에 관해 이야기할 것이다. 그리고 그 어른은 이처럼 감각적인 사람을 만난 것에 대해 매우 기뻐할 것이다(pp. 4–5).

어린 왕자에 나오는 어른처럼, 체트의 교사는 세상에 대한 자신만의 이해를 표현할 기회를 체트에게 주지 않은 것일 뿐만 아니라, 그의 창의적이고 예술적인 잠재성을 육성하기에 필요한 결정적 요소들을 모두 없애버린 것이다.

교사는 활동을 계획하고, 설계하고, 실행하지만, 창조의 과정은 아동을 창조적인 인간으로서 키우기 위해 필수불가결한 정신, 따뜻함, 지원을 포함해야 한다. 뭔가를 덜한다는 것이 단순히 받아들여져서는 안 된다.

이 책에서 제안한 과정과 자료들은 아동들과 예술을 탐색하는 동안 여러분 자신의 창의적 잠재성을 발견하고, 여러분의 상상력을 실험하는 데 관심을 가지도록 초점을 두고 있다. 나는 또한 여러분이 교직을 준비할 때 보다 더 자신에 대한 이해와 자기인식을 하도록 환기시켰다.

다음 절에서는 시각과 공연 예술 활동, 프로그램이나 발표에 참여했던 나의 대학원 학생들의 경험에 대한 실제 이야기를 제시하고자 한다.

시각 및 공연예술 행사 참여에 대한 대학생들의 반성적 사고

이 반성적 사고는 예술에서 새로운 경험에 대해 개방적이 되는 것의 중요성에 대한 타당성으로서 기능한다. 이러한 예술과의 개인적인 만남은 학급에서 아동들의 경험에 영향을 미치게 한다. 여러분이 막 읽으려고 하는 글은 나의 창의성 수업을 들었던 학생들이 기말시험에 실제로 작성한 글에서 발췌한 것이다. 시험과제는 다음과 같았다.

> 창의예술과 관련된 공연이나 제작에 참여하라(음악과 신체표현, 시각예술, 형상화, 드라마와 연극, 3차원 예술, 문학, 시). 행사와 관련된 프로그램, 묘사, 자료들을 수집하라. 여러분이 듣고 본 것과 관련하여 여러분의 교재에서 논의된 아이디어나 개념 다섯 개를 찾아 확인하라. 여러분이 참여한 행사가 책에서 확인해낸 개념과 어떻게 관련되어 있는가에 대해 상세하게 서술하라. 그와 같은 행사에 참여하는 것의 가치에 대해 결론을 내려라.

> **"카렌(Karen)"**: 깁스 예술 박물관(Gibbes Museum of Art)에서 나는 시각적 예술에 대한 경험을 할 수 있었다. 박물관은 학생들에게 예술을 표현하는 많은 방식들이 있음을 보여주었고, 그림, 사진, 3차원 예술의 예들을 통해 역사도 보여주었다. 그림, 데생, 사진들이 시각적 연대표와 역사수업으로 사용되었다. 이는 학생들이 한 도시

의 역사적 측면에 관해 강의를 듣거나 교재를 읽는 것에 대한 대안이 될 수 있다.

"엘리자베스(Elizabeth)": 축제에서 연주를 한 밴드는 스윙 수프(Swing Soup)와 이스트코스트 밴드(The East Coast Party Band)였다. 팬들이 스윙[1], 자이데코, 블루그래스[2], 재즈, 해변 음악에 맞춰 오후 내내 춤을 추었다. 그날의 내 경험을 되돌아보면, 학급에서 음악과 신체표현을 해본다는 것이 중요하다는 것을 알 수 있다. 리듬 패턴을 포함하는 춤을 일상적으로 배우는 것은 수학적, 공간적, 순차적인 사고를 발달시키는 데 도움이 된다. 아동들의 창의적인 자부심은 그들이 음악과 신체표현의 세계를 탐색할 때 개발된다.

"미쉘(Michelle)": 즉흥 공연을 하는 집단 "메리 케이가 포즈를 취하네(Mary Kay Has a Pose)"는 창의적인 신체표현의 훌륭한 예이다. 배우들은 그들의 신체를 장면이나 사건들에 대한 개인적인 해석을 표현하기 위해 사용했다. 각 즉흥 공연자들은 그들 자신의 경험을 무대로 가져왔고, 이러한 그들의 경험을 사용하여 옆에서 다른 공연자가 표현하고 있는 줄거리와 어우러지게 만들었고, 결국 전체가 하나의 줄거리로 융화되었다. 표현의 자유와 개방적인 신체표현은 학급에서 쉽게 실행될 수 있는 창의적인 신체표현을 훌륭히 보여주는 것이었다.

"라이언(Ryan)": 이번 학기 과목을 통해 우리가 배웠듯이, 창의예술의 개발은 생애를 통해 진화해나가는 과정이다. 나는 학우들과 비교했을 때 나의 예술적 능력이 부족하다는 것을 항상 느꼈다. 그러나, 단지 학급 활동에 참여함으로써, 예술에 대한 나의 전반적인 인식은 매우 향상되었다. 재즈콘서트는 학급에서 실제적 경험을 포함하는 것이 얼마나 중요한가를 고려해보도록 하는 데 도움을 주었다. 돌이켜 생각해보면, 그들만의 개인적 경험에 관한 멋진 이야기를 같이 공유했던 교사들은 가장 유익하고, 재미있는 수업을 가르쳤다. 개념이나 이론이 교육의 기초에 중대한 역할을 하지만, 학생들을 맥락에서 학습하도록 돕는 것은 실제의 삶을 반영하는 이야기이다.

우리가 이러한 기본적인 인간의 목표를 추구하기 때문에, 예술에 관한 연구가 사람들이 타고난 인간의 잠재성 실현을 극대화시키는 기초를 제공한다는 것은 점점 더 명백해진다.

---

1) [역주] 재즈
2) [역주] 미국의 전통적인 컨추리 음악

> 여러분이 위대한 것을 믿는다면, 다른 사람도 그럴 것이다.
> – 올리버 웬델 홈즈(Oliver Wendell Holmes)

아동들은 여러분을 기다리고 있다. 드럼을 연주하는 데는 한 가지 방법만 있는 것이 아니라 더 많은 방법이 있으며, 손으로 멋진 토끼를 만들어낼 수 있으며, 아동의 그림이 다른 아이들의 것과 같아 보이지 않을지라도 가치가 있다고 안심시켜주는 여러분의 말을 아동들은 기다리고 있다. 창의적인 예술 과정에 대해 개인적인 감정, 경험, 인식, 앎의 방식, 상상을 가져올 수 있도록 아동들은 여러분이 계획을 짜고 자신들에게 충분한 시간을 주기를 기다리고 있다. 이 책의 마지막 절은 여러분이 쓰는 것이다. 나는 구조를 제공할 것이지만, 이미지, 음악, 색, 연극, 이야기를 자기 자신의 발달이라는 천으로 엮어나가는 것은 여러분에게 달려있을 것이다.

개인적 · 직업적 성장

이 책을 쓰는 동안, 예술교육에 대한 과정 접근의 중요성을 독자에게 전달하기 위해 필요한 명확한 단어들을 찾기 위해 오랜 시간을 보냈다. 마지막 장을 쓰기 시작했을 때, 마일른(A. A. Milne)의 피글렛(Piglet)이 선물을 주는 것에 대해 말했던 것이 생각났다.

> '그래, 그러면 나는 그에게 풍선을 주어야지. 파티에서 쓰고 남은 게 하나 있지. 지금 가서 가져와야지, 그래도 되겠지?' '피글렛, 좋은 생각이야. 그건 바로 이오르(Eeyore)가 그를 격려하고 싶어했던 거야. 풍선으로 격려받지 않는 사람은 어느 누구도 없어.' (Winnie-the-Pooh, Dutton, 1954, p. 79; 1926년 원판)

내 꿈과 피글렛의 선물은 다음의 안내된 이미지를 탄생시켰다.

현자로부터의 선물

교실에서 좋은 자리를 찾아 편안하게 눕거나 앉되, 다른 사람을 건드리지 않도록 한다. 그 자리가 바로 내 자리다 싶게 느껴질 때까지 조금씩 흔들흔들 몸을 움직여라. 눈을 감고 긴장을 풀도록 하라.

> 여러분이 낯익은 오솔길을 걷고 있다고 상상해보아라. 날이 어스름 저물고, 보름달이 수평선위로 떠오른다. 여러분은 오솔길을 쉽게 볼 수 있고, 이 주변 환경에 대해

안전감을 느끼고 있고, 주위의 모든 것을 볼 수 있다. 이 오솔길이 무엇과 같나요? 또 무엇을 볼 수 있죠? 오랫동안 사용한 이 오솔길을 따라 걸을 때 어떤 기분이 드나요? 바로 앞에 아름다운 숲으로 이어지는 작은 길이 있다. 숲 안에는 매우 현명한 사람의 집이 있다. 방문한 모든 사람들에게 현자로 알려져 있다. 현자는 어떤 질문에도 여러분에게 대답해줄 수 있다. … 길을 표시해주는 돌들을 신경 써서 보고, 아름다운 숲으로 들어가서 현자의 집을 향해 걸어가라.

여러분이 길을 따라 움직일 때, 바람이 나무를 통해 노래하는 것에 주목하고, 그때, 여러분 앞에 집이 나타나기 시작한 것을 보라. 작은 모닥불이 보일 때까지 집을 향해 걸어가라. 작은 모닥불 앞에 현자가 앉아 있다. 조용히 다가가라. 불 앞으로 걸어가서 나무를 몇 개 불 속에 집어넣은 후 조용히 앉아라. 불이 좀 더 밝게 타오를 때, 여러분은 현자를 보다 명확히 볼 수 있다. 잠시 동안 그와 같은 현자의 존재에 대해 여러분이 어떻게 느끼는지를 생각해보도록 하라. 이제 여러분에게 중요한 질문을 현자에게 하라. 이 질문을 했을 때, 현자의 얼굴에서 흘러나오는 미소를 보고, 너의 질문에 대해 조용히 들어보라. 대답을 말로만 할 수도 있고 … 몸짓을 통해 할 수도 있고, 또는 현자는 너에게 뭔가를 보여줄지도 모른다. 여러분은 어떤 종류의 대답을 받았는가? 대답과 그것이 주어진 방식에 주의를 기울여라. … 여러분은 이제 곧 현자에게 헤어질 인사를 해야 할 것이다. … 떠나기 전에 여러분이 그 밖에 말하고 싶었던 것이 있으면 무엇이든 말하라.

여러분이 막 작별인사를 하려고 할 때, 현자가 돌아서서 오래된 가죽 주머니를 뒤져서 여러분에게 뭔가 특별한 것을 주려고 찾는다. 선물을 받고 두 손에 들어라. 선물을 보아라. 여러분은 그 선물을 가지고 집으로 돌아갈지 말지 생각하고 있다. 현자가 미소 짓고, 단언하듯 고개를 끄덕이고, 여러분에게 작별인사를 고한다. 이제 선물을 들고 돌아서서 길을 따라 걷기 시작하라.

길을 따라 오솔길로 되돌아 내려올 때, 여러분이 나중에 다시 그 여행을 하고 싶을 때, 현자에게 되돌아갈 수 있는 길을 어떻게 찾을 수 있는지 기억하도록 주변을 세심히 보라. 계속해서 눈을 감은 채로 되돌아올 때 여러분이 가져온 선물을 여기 지금의 공간, 교실로 가져오라. 여러분의 선물을 보다 자세히 볼 시간을 가지도록 해라. 현자가 여러분에게 무엇을 주었는가? 여러분이 준비가 되었을 때, 이 선물을 여러분의 기억 속으로 조심스럽게 그리고 안전하게 간직하여라. 그리고 이제 여러분의 여행에 작별인사를 하라.

상상여행이 끝났을 때, 근처에 있는 누군가와 마주하고 여러분의 여행, 선물, 경험에 대해 얘기하는 시간을 갖도록 한다.

긍정적 언급

이 활동을 위해 여러분은 다음과 같은 자료가 필요할 것이다.

- 큰 종이 1장씩
- 마커팬
- 매스킹 테이프

과정

1. 모든 사람의 등에 종이를 테이프로 붙인다.
2. 교실을 옮겨 다니며 다른 사람의 종이에 긍정적인 언급을 적는다. 익명으로 여러분이 느낀 것만을 적는다.
3. 모두가 긍정적인 언급 적기를 끝냈을 때, 종이를 떼서 여러분에게 주어진 좋은 말들을 읽어본다.
4. "긍정적인 언급 종이"를 집에 가지고 간다. 여러분이 그 종이를 잘 볼 수 있는 장소에 붙이고, 다른 사람들이 여러분에게 말해준 긍정적인 것들을 읽어보도록 한다.

창의예술: 계속해서 하다!

창의예술 교육에서 가장 중요한 요소는 여러분이 사용하는 실행방법이나 여러분이 설계한 활동의 수가 아니다. 가장 중요한 것은 여러분이 창의적인 환경의 필수 요소들을 제공하여, 아동들이 창의적 잠재성을 탐색하고 그에 도달할 수 있다는 것을 알도록 하는 것이다.

창의예술에 개입되어 있는 과정에 의식적으로 관심을 가지고 있는 창의적 교사는 학생들에게 예술을 '주는' 사람으로서가 아니라, 자신뿐만 아니라 학생들에게 세상을 향해 창문을 열어줄 수 있는 사람으로서 자신을 바라볼 필요가 있다 (Dimondstein, 1974, p. 303). 여러분은 직접 창의성을 고무하는 환경에 있는 것이 어떤 느낌인지 알아냈고, 창의적인 과정으로 들어가도록 시간을 주는 분위기를 경험했다. 여러분은 자신의 경험과 자신의 개인적이고 직업적인 이유로 인해 창의예술을 경험하는 과정을 아동들에게 어떻게 소개할 것인가에 대해 결정해야만 한다.

여러분은 또한 여러분이 색칠 그림책, 빨간색 꽃과 초록색 줄기를 포기할 것인지, 그리고 익숙하며, 전통적이며, 결과 지향적인 접근에서 창의적인 예술 산출의 접근으로 창의적으로 변화할 것인지를 결정해야 한다.

잠시 여러분이 학급에 있다고 상상해보라. 여러분은 자신과 아동 모두에게 의미 있고 가치 있는 창의적인 예술교육과정을 설계할 수 있다. 초보교사는 창의적인 예술과정에 참여하도록 아동들에게 시간과 자유를 주는 환경을 어떻게 구조화할 것인가? 숙련된 교사는 모든 아동들이 동시에 같은 것을 그리고, 만들고, 조각하고, 창조하게 하는 구식의 틀을 어떻게 부셔버릴 것인가? 주임교사와 교장은 교사가 창의적인 표현에 대한 전통적인 접근에서 개혁적이고 대안적인 접근으로 옮겨갈 수 있도록 어떻게 도움을 줄 것인가? 대학강사는 열망적인 교사들이 창의예술의 정서적 본질을 이해하도록 돕기 위해 그리고 교수-학습 과정에서 이러한 이해를 사용하기 위해 어떤 경험들을 설계할 것인가? 어린 아동들의 삶의 질을 향상시키는 데 책임이 있는 우리 모두를 위해, 춤에서 우리가 어떻게 동작을 경험하는가? 어떻게 우리의 신체에서 바람의 상상적인 힘을 느끼는가? 어떻게 무지개에서 금색을 찾아 그리는가? 조각에서 꿈을 형상화하여 창조하는가? 어떻게 5행시에서 친밀한 순간을 회상하는가? 이러한 것들을 생각해보고, 여러분이 춤추고, 노래하고, 그림 그리고, 조각하고, 교향악단에서 연주할 만큼 선천적인 재능을 가질 필요는 없다는 것을 명심하라. 여러분이 해야 할 일은 개방적으로 탐색하는 것이다.

여러분 자신과 아동들이 감각 지각을 형성할 수 있도록 하고, 금기된 것을 해보고, 창의적인 충동에 반응할 수 있도록 해주어라. 여러분의 창의적인 잠재성과 아동들의 창의적 노력을 인식하고 민감해져라. 여러분 각자는 기쁨과 즐거움을 발견하게 될 것이다.

여러분에게 마지막으로 마일른의 『위니 더 푸』에 나오는 생각을 한 가지 남긴다. 이 메시지에 지혜와 좋은 선물이 담겨 있다.

> 입구에서부터 동물원 구경을 시작하고, 출구에 다다를 때까지 우리를 최대한 빨리 지나쳐서 걷는 사람들이 있다. 그러나 가장 멋진 사람들은 그들이 가장 좋아하는 동물에게 곧장 가서 거기에 머무른다(p. 12).

여러분은 이 책의 마지막까지 왔지만, 여러분의 여행은 결단코 끝이 아니다. 여러분 자신의 창의적 성장과 안내를 고대하고 있는 아동들 모두를 위해서, 나는

"창의적 예술의 세계로 나아가는 창문"을 아동들을 위해 열어라.

여러분의 창의예술과의 상호작용이 개인적이고 직업적인 의미로 꽉 채워지기를 바라고, 또한 여러분의 모든 경험이 이 아름다운 모험을 계속하게끔 격려하기를 바란다. 아동들의 재능과 창의적 능력을 알고 그들이 여행을 시작하도록 길을 열어주어라.

이제, 이 순간, 기쁨과 삶으로 가득한 창의적 과정의 매력과 경이를 항상 간직할 것을 스스로에게 약속하라!

상상한다는 것은 축복받은 일이다.

— 마크 트웨인(Mark Twain)

아동문학 참고문헌

The following guided imagery scripts are appropriate for young children and adults.

칼데콧 수상 도서와 도해물

The Caldecott Medal Award is presented annually to the illustrators of the most distinguished picture books published in the United States.

2009. *The House in the Night.* Illustrated by Beth Krommes, written by Susan Marie Swanson. Houghton Mifflin.
2008. *The Invention of Hugo Cabret.* Brian Selznick. Scholastic Press, an imprint of Scholastic.
2007. *Flotsam.* David Wiesner. Clarion.
2006. *The Hello, Goodbye Window.* Illustrated by Chris Raschka, written by Norton Juster. Michael di Capua Books/Hyperion Books for Children.
2005. *Kitten's First Full Moon.* Illustrated and written by Kevin Henkes. Greenwillow Books HarperCollins.
2004. *The Man Who Walked Between the Towers.* Mordicai Gerstein. Roaring Brook Press/Millbrook Press.
2003. *My Friend Rabbit.* Eric Rohmann. Roaring Book Press/Millbrook Press.
2002. *The Three Pigs.* David Wiesner. Clarion/Houghton Mifflin.
2001. *So You Want to Be President?* Judith St. George. Illustrations by David Small. Philomel.
2000. *Joseph Had a Little Overcoat.* Simms Taback. Viking.
1999. *Snowflake Bentley.* Jacqueline Briggs Martin. Illustrations by Mary Azarian. Houghton Mifflin.
1998. *Rapunzel.* Retold and illustrated by Paul O. Zelinsky. Dutton.
1997. *Golem.* Story and pictures by David Wisniewski: Photography of cut-paper illustrations by Lee Salsbery. Clarion/Houghton Mifflin.
1996. *Officer Buckle and Gloria.* Peggy Rathmann. Putnam's.
1995. *Smoky Night.* David Diaz. Harcourt Brace.
1994. *Grandfather's Journey.* Allen Say. Houghton Mifflin.
1993. *Mirette on the High Wire.* Emily McCully. Putnam's.
1992. *Tuesday.* David Wiesner. Clarion.
1991. *Black and White.* David Macaulay. Houghton Mifflin.
1990. *Lon Po Po: A Red Riding Hood Story from China.* Ed Young. Philomel.
1989. *Song and Dance Man.* Stephen Gammell. Knopf.
1988. *Owl Moon.* John Schoenherr. Philomel.
1987. *Hey Al.* Richard Egielski. Farras, Straus and Giroux.
1986. *The Polar Express.* Chris Van Allsburg. Houghton Mifflin.
1985. *Saint George and the Dragon: A Golden Legend.* Trina Schart Hyman. Little, Brown.
1984. *The Glorious Flight: Across the Channel with Louis Bleriot July 15, 1909.* Alice and Martin Provenson. Viking.
1983. *Shadow.* Marcia Brown. Scribner's.
1982. *Jumanji.* Chris Van Allsburg. Houghton Mifflin.
1981. *Fables.* Arnold Lobel. Harper & Row.

1980. *Ox-Cart Man.* Barbara Cooney Hall. Viking.
1979. *The Girl Who Loved Wild Horses.* Paul Goble. Bradbury.
1978. *Noah's Ark.* Peter Spier. Doubleday.
1977. *Ashanti to Zulu: African Traditions.* Leo and Diane Dillon. Dial.
1976. *Why Mosquitoes Buzz in People's Ears: A West African Folk Tale.* Leo and Diane Dillon. Dial.
1975. *Arrow to the Sun.* George McDermott. Viking.
1974. *Duffy and the Devil.* Margo Zemach. Farrar, Straus and Giroux.
1973. *The Funny Little Woman.* Blair Lent. Dutton.
1972. *One Fine Day.* Nonny Hogrogian. Macmillan.
1971. *A Story—A Story.* Gail E. Haley. Atheneum.
1970. *Sylvester and the Magic Pebble.* William Steig. Windmill.
1969. *The Fool of the World and the Flying Ship.* Uri Schulevitz. Farrar, Straus and Giroux.
1968. *Drummer Hoff.* Ed Emberley. Prentice Hall.
1967. *Sam, Bangs and Moonshine.* Evaline Ness. Holt.
1966. *Always Room for One More.* Nonny Hogrogian. Holt.
1965. *May I Bring a Friend?* Beni Montresor. Atheneum.
1964. *Where the Wild Things Are.* Maurice Sendak. Harper & Row.
1963. *The Snowy Day.* Ezra Jack Keats. Viking.
1962. *Once a Mouse.* Marcia Brown. Scribner's.
1961. *Babouskka and Three Kings.* Nicolas Sidjakov. Parnassus.
1960. *Nine Days to Christmas.* Marie Hall Ets. Viking.
1959. *Chanticleer and the Fox.* Barbara Cooney. Crowell.
1958. *Time of Wonder.* Robert McCloskey. Viking.
1957. *A Tree Is Nice.* Marc Simont. Harper & Row.
1956. *Frog Went A-Courtin'.* Feodor Rojankowsky. Harcourt Brace Jovanovich.
1955. *Cinderella, or the Little Glass Slipper.* Marcia Brown. Scribner's.
1954. *Madeline's Rescue.* Ludwig Bemelmans. Viking.
1953. *The Biggest Bear.* Lynd K. Ward. Houghton Mifflin.
1952. *Finders Keepers.* Nicolas Mordvinoff. Harcourt Brace Jovanovich.
1951. *The Egg Tree.* Katherine Milhous. Scribner's.
1950. *Song of Swallows.* Leo Politi. Scribner's.
1949. *The Big Snow.* Berta and Elmer Hader. Macmillan.
1948. *White Snow, Bright Snow.* Roger Duvoisin. Lothrop Lee & Shepard.
1947. *The Little Island.* Leonard Weisgard. Doubleday.
1946. *The Rooster Crows.* Maud and Miska Petersham. Macmillan.
1945. *Prayer for a Child.* Elizabeth Orton Jones. Macmillan.
1944. *Many Moons.* Louis Slobodkin. Harcourt, Brace Jovanovich.
1943. *The Little House.* Virginia Lee Burton. Houghton Mifflin.
1942. *Make Way for Ducklings.* Robert McCloskey. Viking.
1941. *They Were Strong and Good.* Robert Lawson. Viking.
1940. *Abraham Lincoln.* Ingri and Edgar Parin d'Aulaire. Doubleday.
1939. *Mei Li.* Thomas Handforth. Doubleday.
1938. *Animals of the Bible: A Picture Book.* Dorothy Lathrop. Stokes.

민간 설화

아시아

Demi. (1990). *The empty pot.* New York: Holt. A tale that develops the importance of honesty.

Hong, L. T. (Reteller). (1993). *Two of everything.* Morton Grove, IL: Whitman. A Chinese folktale in which a magical pot duplicates whatever it contains.

Lang, A. (1981). *Aladdin and the wonderful lamp.* E. LeCain (Illus.). New York: Viking. Deep color and ornamentation illustrate a tale from *The Arabian Nights.*

Laurin, A. (1981). *The perfect crane.* C. Mikolaycak (Illus.). New York: Harper & Row. A Japanese tale about the friendship between a magician and the crane he creates from rice paper.

Levine, A. (Reteller). (1994). *The boy who drew cats: A Japanese folktale.* F. Clement (Illus.). New York: Dial. Cats come to life to defeat a giant rat.

Mahy, M. (Reteller). (1990). *The seven Chinese brothers.* J. and M. Tseng (Illus.). New York: Scholastic. Watercolors complement this traditional tale.

Mosel, A. (1972). *The funny little woman.* B. Lent (Illus.). New York: Dutton. A little woman chases a rice dumpling and is captured by wicked people.

San Souci, R. D. (1992). *The Samurai's daughter: A Japanese legend.* S. T. Johnson (Illus.). New York: Dial. The heroine of the story slays a sea monster.

Young, E. (Trans.). (1989). *Lon Po Po: A Red-Riding Hood story from China.* New York: Philomel. Girls outwit the wolf in this version of the tale.

영국

Brett, J. (1987). *Goldilocks and the three bears.* Northbrook, IL: Dodd, Mead. A highly illustrated version of this folktale.

Cauley, L. B. (1982). *The cock, the mouse, and the little red hen.* New York: Putnam. Repetitious language appeals to young children.

dePaola, T. (1981). *The friendly beasts: An old English Christmas carol.* New York: Putnam's. The setting of Bethlehem is depicted in this folk song.

Galdone, P. (1985). *The little red hen.* New York: Clarion. An industrious hen won't share her cake with her lazy friends.

Galdone, P. (1985). *The three bears.* New York: Clarion. This traditional tale is illustrated with large, humorous pictures.

Kellogg, S. (1985). *Chicken Little.* New York: Morrow. A humorous, modern version of the tale, with cars, trucks, and helicopters.

Kimmell, E. (Reteller). (1993). *The gingerbread man.* M. Lloyd (Illus.). New York: Holiday House. The cumulative tale of the runaway cookie.

MacGill-Callahan, S. (1993). *The children of Lir.* G. Spirin (Illus.). New York: Dial. An Irish tale in which an evil stepmother changes children into swans.

Marshall, J. (1988). *Goldilocks and the three bears.* New York: Dial. A folktale that is added to by means of illustrations.

Rounds, G. (Reteller & Illustrator). (1992). *The three little pigs and the big bad wolf.* New York: Holiday House. The illustrations in this folktale focus on the antics of the wolf.

프랑스

Perrault, C. (1954). *Cinderella.* M. Brown (Illus.). New York: Scribner's. Fine lines suggest the mood of this fairy tale.

Perrault, C. (1981). *The glass slipper: Charles Perrault's tales of times past* (J. Bierhorst, Trans.). M. Miller (Illus.). New York: Four Winds. A new translation of *Histoires ou contes du temps passé.*

Perrault, C. (1992). *Puss in boots.* Retold by L. Kirstein. A. Vaes (Illus.). Boston: Little, Brown. A beautifully illustrated retelling of the French folktale.

독일

Galdone, P. (1982). *Hansel and Gretel.* New York: McGraw-Hill. This folktale is appropriate for younger children.

Grimm, Brothers. (1980). *Hansel and Gretel.* S. Jeffers (Illus.). New York: Dial. Illustrations with strong lines and a magnificent gingerbread house should appeal to readers.

Hyman, T. S. (Reteller and Illustrator). (1983). *Little Red Riding Hood.* New York: Holiday House. The richly detailed borders add to this attractive version.

Jarrell, R. (Trans.). (1972). *Snow White and the seven dwarfs.* N. E. Burkert (Illus.). New York: Farrar, Straus & Giroux. The artist carefully researched the illustrations to show the Black Forest and German heritage.

Plume, I. (Reteller and Illustrator). (1980). *The Bremen Town musicians.* New York: Doubleday. The soft color illustrations show animals going through the forest.

Rogasky, B. (Reteller). (1982). *Rapunzel: From the Brothers Grimm.* T. S. Hyman (Illus.). New York: Holiday House. A forest setting seems right for a girl imprisoned in a high tower.

Rogers, A. (Trans.). (1977). *The wolf and the seven little kids.* O. S. Svend (Illus.). New York: Larousse. Seven goats have a conflict with a wolf when their mother leaves the house.

유대

Geras, A. (1990). *My grandmother's stories: A collection of Jewish folktales.* J. Jordan (Illus.). New York: Knopf. These stories come from a Russian Jewish heritage.

Sanfield, S. (1991). *The feather merchants and other tales of the fools of Chelm.* M. Magaril (Illus.). New York: Orchard. Thirteen folktales from traditional Jewish culture.

Singer, I. B. (1982). *The golem.* U. Shulevitz (Illus.). New York: Farrar, Straus & Giroux. Another version of a Jewish folktale.

Zemach, M. (1977). *It could always be worse.* New York: Farrar, Straus & Giroux. A small hut seems larger when all the animals are removed.

노르웨이

Asbjornsen, P. C. (1957). *The three billy goats gruff.* M. Brown (Illus.). San Diego: Harcourt Brace Jovanovich. Goats prance across the pages of this favorite "telling" tale.

Asbjornsen, P. C. (1992). *East o' the sun and west o' the moon* (G. W. Dasent, Trans.). P. J. Lynch (Illus.). Cambridge, MA: Candlewich. The Norwegian landscape is re-created in the beautiful illustrations that accompany this tale of enchantment.

Asbjornsen, P. C., & Moe, J. E. (1960). *Norwegian folk tales*. E. Werenskiold and T. Kittelsen (Illus.). New York: Viking. A collection of 35 Norwegian folktales.

러시아

Afanasyev, A. N. (1990). *The fool and the fish: A tale from Russia*. Retold by L. Hort. G. Spirin (Illus.). New York: Dial. With the help of enchantment, a peasant wins the tsar's daughter.

Cech, J. (1992). *First snow, magic snow*. S. McGinley-Nally (Illus.). New York: Four Winds. A woodsman and his spouse wish for a child and become parents of a snow child.

Fonteyn, M. (1989). *Swan lake*. T. S. Hyman (Illus.). San Diego, CA: Harcourt Brace Jovanovich. A retelling of the ballet.

Ransome, A. (1968). *The fool of the world and the flying ship*. U. Shulevitz (Illus.). New York: Farrar, Straus & Giroux. A simple boy overcomes obstacles to wed the czar's daughter.

정보를 주는 도서

Ammon, R. (1989). *Growing up Amish*. New York: Atheneum. Photographs, maps, and drawings depict the life of the Amish in Pennsylvania.

Anderson, J. (1984). *The first Thanksgiving feast*. Photographs by G. Ancona. Saint Louis, MO: Clarion. Photographs from the Plimoth Plantation located in Plymouth, Massachusetts, accompany this story of the first Thanksgiving.

Apfel, N. (1988). *Nebulae: The birth & death of stars*. New York: Lothrop, Lee & Shepard. Some photographs from observatories highlight this text.

Ardley, N. (1989). *Music*. New York: Knopf. A history of musical instruments, enhanced by numerous pictures.

Arnosky, J. (1982). *Drawing from nature*. New York: Lothrop, Lee & Shepard. This book gives directions for drawing water, land, plants, and animals.

Banish, R. (1988). *Let me tell you about my baby*. New York: Harper & Row. An older child tells the story of a new sibling.

Barton, B. (1982). *Airport*. New York: Crowell. Large illustrations follow people as they get ready to board a plane.

Bash, B. (1989). *Desert giant: The world of the saguaro cactus*. Boston: Sierra Club/Little, Brown. The story and illustrations are about the life cycle of the saguaro cactus.

Bash, B. (1990). *Urban roosts: Where birds nest in the city*. Boston: Little, Brown. Investigates birds that live in the cities.

Bash, B. (1993). *Shadows of night: The hidden world of the little brown bat*. San Francisco: Sierra Club. Illustrations and text depict the life of the bat.

Berger, M. (1985). *Germs make me sick!* M. Hafner (Illus.). New York: Crowell. Tells how viruses affect people.

Bergman, T. (1989). *Finding a common language: Children living with deafness*. Milwaukee, WI: Gareth Stevens.

Bergman, T. (1989). *One day at a time: Children living with leukemia*. Milwaukee, WI: Gareth Stevens.

Bergman, T. (1989). *On our own terms: Children living with physical disabilities*. Milwaukee, WI: Gareth Stevens.

Bergman, T. (1989). *Seeing in special ways: Children living with blindness*. Milwaukee, WI: Gareth Stevens.

Bergman, T. (1989). *We laugh, we love, we cry: Children living with mental retardation*. Milwaukee, WI: Gareth Stevens.

Branley, F. M. (1983). *Saturn: The spectacular planet*. L. Kessler (Illus.). New York: Harper & Row. Information from the *Pioneer* and *Voyager* space explorations.

Brinckloe, J. (1985). *Fireflies!* New York: Macmillan. A young boy captures, watches, and then releases fireflies.

Brown, L. K., & Brown, M. (1990). *Dinosaurs alive and well! A guide to good health*. Boston: Little, Brown. Humorous text provides rules on nutrition, exercise, and cleanliness.

Cajacob, T., & Burton, T. (1986). *Close to the wild: Siberian tigers in a zoo*. Photographs by T. Cajacob. Minneapolis, MN: Carolrhoda. Large color photographs depict life in a natural-habitat zoo.

Cobb, V. (1990). *Why can't you unscramble an egg? And other not such dumb questions about matter*. T. Enik (Illus.). New York: Lodestar. Developed in a question-and-answer format, this text and the illustrations answer questions such as "Why does wood burn?"

Cole, J. (1982). *A cat's body.* Photographs by J. Wexler. New York: Morrow. Photographs and text show how a cat responds physically in different moods and activities.

Cole, J. (1983). *Cars and how they go.* G. Gibbons (Illus.). New York: Harper & Row. A simplified explanation of how parts of a car function.

Cole, J. (1984). *An insect's body.* Photographs by J. Wexler & R. A. Mendez. New York: Morrow. The anatomy of a cricket is explained in text and photographs.

Cole, J. (1987). *The magic school bus: Inside the Earth.* B. Degen (Illus.). New York: Scholastic. A humorous approach to the study of the planet Earth.

Cole, J. (1991). *My puppy is born.* Photographs by J. Wexler. New York: Morrow. The text and photographs in this book follow puppies from birth through their first eight weeks of life.

Cole, J. (1993). *How you were born.* Photographs by M. Miller. New York: Morrow. A book about birth for young children.

Couper, H., & Henbest, N. (1992). *The space atlas: A pictorial atlas of our universe.* San Diego, CA: Harcourt Brace Jovanovich. Using a large-book format, the authors provide many details about space.

dePaola, T. (1975). *The cloud book.* New York: Holiday House. The book presents 10 clouds and tells about their shapes and the ways in which they forecast the weather.

dePaola, T. (1978). *The popcorn book.* New York: Holiday House. The illustrations and the story present facts about popcorn.

Esbensen, B. J. (1990). *Great northern diver: The loon.* M. B. Brown (Illus.). Boston: Little, Brown. Presented in picture-book format, the text and illustrations describe the loon's migrations, habitat, and characteristics.

Esbensen, B. J. (1991). *Tiger with wings: The great horned owl.* M. B. Brown (Illus.). New York: Orchard. The illustrations and text depict the life of the great horned owl and how it is influenced by interactions with people.

Fischer-Nagel, H., & Fischer-Nagel, A. (1986). *Life of the honey bee.* Minneapolis, MN: Carolrhoda. Close-up photographs show various stages in the life cycle of the honey bee.

Ford, M. T. (1992). *100 questions and answers about AIDS: A guide for young people.* Morristown, NJ: New Discovery Books.

Fritz, J. (1976). *Will you sign here, John Hancock?* New York: Coward McCann. A realistic life story of the Revolutionary War personality.

Gallant, R. A. (1986). *The Macmillan book of astronomy.* New York: Macmillan. Explores the planets and the stars.

George, W. T. (1986). *Box turtle at Long Pond.* L. B. George (Illus.). New York: Greenwillow. Introduces turtles to young children.

Gibbons, G. (1990). *Beacons of light: Lighthouses.* New York: Morrow. Illustrations and text present the history of lighthouses.

Grace, E. S. (1991). *Seals.* Photographs by F. Bruemmer. Santa Fe, NM: Sierra Club/Boston: Little, Brown. Gives details about seals, sea lions, and walruses.

Guiberson, B. (1992). *Spoonbill swamp.* M. Lloyd (Illus.). San Diego: Holt. Through its illustrations, this book tells about the residents of the swamp, a spoonbill alligator.

Haldane, S. (1991). *Helping hands: How monkeys assist people who are disabled.* New York: Dutton. Photo essay about a quadriplegic and a capuchin monkey.

Hausherr, R. (1989). *Children and the AIDS virus.* New York: Clarion. Two levels of information, with large print for younger children and smaller print for older children and adults.

Hirschi, R. (1989). *Who lives in . . . the mountains?* Photographs by G. Burrell. New York: Putnam's. Photographs show mountain scenes and animals.

Hirschi, R. (1989). *Who lives on ... the prairie?* Photographs by G. Burrell. New York: Putnam. Photographs provide an easy introduction to prairie life.

Hirst, R., & Hirst, S. (1990). *My place in space.* R. Harvey & J. Levine (Illus.). New York: Orchard. Detailed drawings provide a humorous introduction to astronomy.

Hoban, T. (1990). *A children's zoo.* New York: Greenwillow. Each photograph is accompanied by a list of three words that describe the animal.

Isadora, R. (1993). *Lilie at ballet.* New York: Putnam's. Text and illustrations follow a young girl's experiences.

Isenberg, B., & Jaffe, M. (1984). *Albert the running bear's exercise book.* D. de Groat (Illus.). Boston: Houghton Mifflin. Step-by-step directions for exercises.

Johnston, G., & Cutchins, J. (1988). *Scaly babies: Reptiles growing up.* New York: Morrow.

Photographs and text cover baby snakes, lizards, crocodiles, and turtles.

Kerrod, R. (1988). *Primates: Insect-eaters and baleen whales.* New York: Facts on File. Photographs, illustrations, the glossary, and an index add to the discussions of monkeys, apes, bats, platypuses, and whales.

Koch, M. (1993). *World water watch.* New York: Greenwillow. A picture book that asks readers to help save the oceans.

Kramer, S. (1992). *Lightning.* Photographs by W. Faidley. Minneapolis, MN: Carolrhoda. Discusses many aspects of lightning.

Krementz, J. (1977). *A very young rider.* New York: Knopf. Photographs and text describe the preparation of an Olympic hopeful.

Lavies, B. (1989). *Lily pad pond.* New York: Dutton. Photographs follow tadpoles and other pond life.

Lavies, B. (1990). *Backyard hunter: The praying mantis.* New York: Dutton. The life cycle of the praying mantis is presented in text and illustrations.

Matthews, D. (1989). *Polar bear cubs.* Photographs by D. Guravich. New York: Simon & Schuster. Photographs and text follow polar bear cubs as they explore their arctic homes.

McDonald, M. (1990). *Is this a house for a hermit crab?* S. D. Schindler (Illus.). New York: Orchard. Picture book follows as a crab looks for a new home.

McLaughlin, M. (1989). *Dragonflies.* New York: Walker. Text and photographs illustrate the life cycle of dragonflies.

McMillan, B. (1992). *Going on a whale watch.* New York: Scholastic. Photographs and illustrations develop some concepts related to whales.

McPhail, D. (1985). *Farm morning.* San Diego: Harcourt Brace Jovanovich. A girl and her father explore the barnyard.

Miller, M. (1990). *Who uses this?* New York: Greenwillow. Readers must turn the page to check whether they have identified the correct user of a tool.

Patent, D. H. (1988). *Appaloosa horses.* Photographs by W. Munoz. New York: Holiday House. Explores the origins and characteristics of Appaloosas.

Patent, D. H. (1988). *Babies.* New York: Holiday House. Tells about infants from birth to age two.

Reid, B. (1989). *Playing with plasticine.* New York: Morrow. Instructions for making plasticine sculptures.

Sattler, H. R. (1985). *Train whistles.* G. Maestro (Illus.). New York: Lothrop, Lee & Shepard. A picture-book guide to the meaning of train whistles.

Sattler, H. R. (1989). *The book of eagles.* J. D. Zallinger (Illus.). New York: Lothrop, Lee & Shepard. Presents the behavior and life cycle of eagles.

Scarry, H. (1985). *Looking into the Middle Ages.* New York: Harper & Row. Pop-up book shows castles, cathedrals, and villages.

Selsam, M. E. (1958). *How to be a nature detective.* E. J. Keats (Illus.). New York: Harper & Row. Encourages children to identify animals by observing their tracks.

Selsam, M. E. (1982). *Where do they go? Insects in winter.* A. Wheatley (Illus.). New York: Four Winds. Discusses flies, grasshoppers, and bees.

Selsam, M. E., & Hunt, J. (1985). *A first look at bird nests.* H. Springer (Illus.). New York: Walker. Describes the nests of common American birds.

Selsam, M. E., & Hunt, J. (1987). *A first look at caterpillars.* H. Springer (Illus.). New York: Walker. Tells about the life cycle and habits of the caterpillar.

Selsam, M. E., & Hunt, J. (1988). *A first look at seals, sea lions, and walruses.* H. Springer (Illus.). New York: Walker. Explores characteristics of seals, sea lions, and walruses.

Selsam, M. E., & Hunt, J. (1989). *A first look at animals with horns.* H. Springer (Illus.). New York: Walker. Discusses characteristics of animals with horns.

Sill, C. (1991). *About birds: A guide for children.* J. Sill (Illus.). Atlanta, GA: Peachtree. Large colorful illustrations and minimal text introduce various types of birds.

Simon, S. (1981). *Poisonous snakes.* W. R. Downey (Illus.). New York: Four Winds. Discusses the important role of poisonous snakes, their habitat, and their behavior.

Simon, S. (1985). *Soap bubble magic.* S. Ormai (Illus.). New York: Lothrop, Lee & Shepard. Encourages observation of and experimentation with soap bubbles.

Simon, S. (1988). *Galaxies.* New York: Morrow. Examines the Milky Way and other galaxies.

Wexler, J. (1993). *Jack-in-the-pulpit.* New York: Dutton. Close-up photographs provide details.

Wood, A. J. (1993). *Egg!* S. Stilwell (Illus.). Boston: Little, Brown. Fold-out book encourages readers to predict.

Yoshida, T. (1984). *Young lions.* New York: Philomel. A book about lion cubs on an African plain.

Yoshida, T. (1991). *Rhinoceros mother.* New York: Philomel. Highly illustrated book tells about rhinoceros behavior and habits.

Zubrowski, B. (1981). *Messing around with water pumps and siphons.* S. Lindblom (Illus.). Boston: Little, Brown. Children's museum activity book encourages children to experiment.

현대 판타지 도서

Andersen, H. C. (1974). *Hans Andersen: His classic fairy tales* (E. Haugaard, Trans.). M. Foreman (Illus.). New York: Doubleday. A collection of 18 Andersen tales.

Baker, K. (1989). *The magic fan.* San Diego: Harcourt Brace Jovanovich. A Japanese man saves his village when he is guided by a magic fan.

Barrie, J. (1911). *Peter Pan.* N. S. Unwin (Illus.). New York: Scribner's. Wendy, Michael, and John accompany Peter to Never Never Land.

Bond, M. (1960). *A bear called Paddington.* P. Fortnum (Illus.). Boston: Houghton Mifflin. The beginning of a series of books about a bear who joins a human family.

Cameron, E. (1954). *The wonderful flight to the mushroom planet.* R. Henneberger (Illus.). Boston: Little, Brown. Two boys build and fly a spaceship.

Clearly, B. (1965). *The mouse and the motorcycle.* L. Darling (Illus.). New York: Morrow. Ralph the mouse makes friends with a boy who owns a toy motorcycle.

Collodi, C. (1988). *The adventures of Pinocchio.* R. Innocent (Illus.). New York: Knopf. A nicely illustrated version of the classic tale.

Erickson, R. E. (1974). *A toad for Tuesday.* L. DiFiori (Illus.). New York: Lothrop, Lee & Shepard. An owl captures Warton, but he becomes his friend rather than his dinner.

Fleming, I. (1964). *Chitty chitty bang bang.* J. Burmingham (Illus.). New York: Random House. This restored car has remarkable properties.

Godden, R. (1947). *The doll's house.* T. Tudor (Illus.). New York: Viking. The three dolls in the story want a home of their own.

Grahame, K. (1908). *The wind in the willows.* E. H. Shepard (Illus.). New York: Scribner's. Mole, Water-Rat, and Toad have a series of adventures along the river, on the open road, and in the woods.

Griffin, P. R. (1991). *A dig in time.* New York: Macmillan. Personal artifacts found in a yard let children have a time-warp experience in which they discover information about family members.

Kipling, R. (1894). *The jungle book.* New York: Doubleday. Collection of jungle stories includes "Mowgli's Brothers," "Tiger-Tiger!" "Rikki-Tikki Tavi," and "Toomai of the Elephants."

Kipling, R. (1983). *The elephant's child.* L. B. Cauley (Illus.). New York: Harcourt Brace Jovanovich. Highly illustrated version of one of the Just So Stories.

Lawson, R. (1939). *Ben and me.* Boston: Little, Brown. Autobiography of Benjamin Franklin's friend, Amos Mouse.

Leaf, M. (1936). *The story of Ferdinand.* R. Lawson (Illus.). New York: Viking. Ferdinand would rather smell flowers than fight a matador.

LeGuin, U. K. (1988). *Catwings.* S. D. Schindler (Illus.). New York: Franklin Watts. Four kittens with wings escape from the city slums.

LeGuin, U. K. (1992). *A ride on the red mare's back.* J. Downing (Illus.). New York: Orchard. A toy horse comes to life and helps a girl rescue her brother from the trolls.

Lewis, C. S. (1950). *The lion, the witch and the wardrobe.* P. Baynes (Illus.). New York: Macmillan. Four children enter the magical kingdom of Narnia by means of a wardrobe.

Lindgren, A. (1950). *Pippi Longstocking.* L. S. Glanzman (Illus.). New York: Viking. Pippi does some very strange things, such as scrubbing the floor with brushes tied to her feet.

Lionni, L. (1963). *Swimmy.* New York: Pantheon. A small fish learns about the marvels of the sea.

Lionni, L. (1967). *Frederick.* New York: Pantheon. A little mouse teaches his friend about the value of the imagination.

Marzollo, J., & Marzollo, C. (1982). *Jed's junior space patrol: A science fiction easy-to-read.* D. S. Rose (Illus.). New York: Dial. Robots and telepathic animals add to this space adventure.

McBratney, S. (1989). *The ghosts of Hungryhouse Lane.* L. Thiesing (Illus.). Cambridge, MA: Holt. Some children discover that their new home has ghosts.

Milne, A. A. (1926). *Winnie-the-Pooh.* E. H. Shepard (Illus.). New York: Dutton. Pooh has some adventures with his nursery friends and Christopher Robin.

Milne, A. A. (1928). *The house at Pooh Corner.* E. H. Shepard (Illus.). New York: Dutton. Pooh constructs a house.

Oakley, G. (1928). *The church mice in action.* New York: Atheneum. The church mice enter Sampson into a cat show in this picture storybook.

Potter, B. (1902). *The tale of Peter Rabbit.* New York: Warne. The original tale of the mischievous rabbit.

Potter, B. (1903). *The tale of Squirrel Nutkin.* New York: Warne. The original tale of the impertinent squirrel.

Selden, G. (1981). *Chester Cricket's pigeon ride.* G. Williams (Illus.). New York: Farrar, Straus & Giroux. Chester embarks on a night tour because he misses his country home.

Thurber, J. (1990). *Many moons.* M. Simont (Illus.). San Diego, CA: Harcourt Brace Jovanovich. In this recent version of Thurber's 1943 story, the court jester grants the princess's wish for the moon.

Travers, P. L. (1934). *Mary Poppins.* M. Shepard (Illus.). San Diego, CA: Harcourt Brace Jovanovich. A strange nanny arrives with the east wind and changes the life of the Banks family.

Van Allsburg, C. (1983). *The wreck of the Zephyr.* Boston: Houghton Mifflin. A picture storybook fantasy in which a boy tries to become a great sailor.

Williams, M. (1984). *The velveteen rabbit.* A. Atkinson (Illus.). New York: Knopf. Another newly illustrated version of the 1922 classic.

Wolff, F. (1993). *Seven loaves of bread.* K. Keller (Illus.). New York: Tambourine. Uses the pattern of a cumulative folktale.

Yolen, J. (1972). *The girl who loved the wind.* E. Young (Illus.). New York: Crowell. The wind visits a girl and sings to her about life.

다문화 도서

아프리카계 미국 도서

Aardema, V. (1975). *Why mosquitoes buzz in people's ears.* L. & D. Dillon (Illus.). New York: Dial. An African folktale that explains why mosquitoes buzz.

Aardema, V. (1977). *Who's in Rabbit's house?* L. & D. Dillon (Illus.). New York: Dial. A Masai folktale illustrated as a play and performed by villagers wearing masks.

Aardema, V. (1981). *Bringing the rain to Kapiti Plain: A Nandi tale.* B. Vidal (Illus.). New York: Dial. A cumulative tale from Kenya.

Arkhurst, J. C. (1964). *The adventures of Spider: West African folktales.* J. Pinkney (Illus.). Boston: Little, Brown. A collection of West African folktales.

Bryan, A. (1986). *Lion and the ostrich chicks, and other African folk tales.* New York: Atheneum. A collection of folktales.

Crews, D. (1991). *Big mama's.* New York: Greenwillow. Some children visit Big mama in Florida.

DeKay, J. T. (1969). *Meet Martin Luther King, Jr.* T. Burwell (Illus.). New York: Random House. This biography stresses the magnitude of Martin Luther King's work and the reasons why he fought against injustice.

Dragonwagon, C. (1990). *Home place.* J. Pinkney (Illus.). New York: Macmillan. The family visits an old home site.

Feelings, M. (1974). *Jambo means hello: Swahili alphabet book.* New York: Dial. This beautiful book uses the Swahili alphabet.

Ferris, J. (1988). *Go free or die: A story of Harriet Tubman.* Minneapolis, MN: Carolrhoda. Biography describes Tubman's experiences during the time of slavery and the Underground Railroad in the United States.

Flournoy, V. (1985). *The patchwork quilt.* J. Pinkney (Illus.). New York: Dial. Making a quilt brings a family together.

Gerson, M.-J. (1992). *Why the sky is far away: A Nigerian folktale.* C. Golembe (Illus.). Boston: Little, Brown. A *pourquoi* tale from Nigeria.

Greenfield, E. (1991). *Night on Neighborhood Street.* J. S. Gilchrist (Illus.). New York: Dial. The text and illustrations depict activities on a street.

Grifalconi, A. (1992). *Flyaway girl.* Boston: Little, Brown. An African girl receives guidance from her ancestors's spirits.

Guy, R. (1981). *Mother Crocodile.* J. Steptoe (Illus.). New York: Delacorte. A folktale from Senegal, West Africa, emphasizing that elders' advice should be heeded.

Haley, G. E. (1970). *A story, a story.* New York: Atheneum. An African tale that tells about a spider man's bargain with Sky God.

Harris, J. C. (1986). *Jump! The adventure of Brer Rabbit.* Adapted by V. D. Parks. B. Moser (Illus.). San Diego, CA: Harcourt Brace Jovanovich. Five Brer Rabbit stories, including "The Comeuppance of Brer Wolf" and "The Moon in the Millpond."

Havill, J. (1986). *Jamaica's find.* A. S. O'Brien (Illus.). Boston: Houghton Mifflin. A girl finds out how good it feels to return a lost possession.

Hoffman, M. (1991). *Amazing Grace.* C. Binch (Illus.). New York: Dial. A girl proves that she can be the best Peter Pan.

Howard, E. F. (1989). *Chita's Christmas tree.* F. Cooper (Illus.). New York: Bradbury. A family prepares for Christmas in early Baltimore.

Johnson, A. (1989). *Tell me a story, Mama.* D. Soman (Illus.). Danbury, CT: Watts. A picture book in which a mother tells stories about her childhood.

Knutson, B. (Reteller). (1990). *How the Guinea Fowl got her spots: A Swahili tale of friendship.* Minneapolis, MN: Carolrhoda. A story of friendship that explains a physical characteristic.

Kroll, V. (1992). *Masai and I.* N. Carpenter (Illus.). New York: Four Winds. A girl compares her life with the life of the Masai.

McDermott, G. (1972). *Anansi the spider: A tale from the Ashanti.* Cambridge, MA: Holt, Rinehart and Winston. A colorfully illustrated folktale.

McKissack, P. (1986). *Flossie and the fox.* R. Isadora (Illus.). New York: Dial. A tale of the rural South.

McKissack, P. (1989). *Nettie Jo's friends.* S. Cook (Illus.). New York: Knopf. Animal friends help a girl find a needle so she can make a dress for her doll.

Mollel, T. M. (1992). *A promise to the sun: A story of Africa.* B. Vidal (Illus.). Boston: Little, Brown. A "why" tale that explains the character traits of bats.

Pinkney, A. D. (1993). *Seven candles for Kwanzaa.* B. Pinkney (Illus.). New York: Dial. Details the preparation for the African American holiday.

Rosen, M. J. (1992). *Elijah's angel: A story for Chanukah and Christmas.* A. B. L. Robinson (Illus.). San Diego, CA: Harcourt Brace Jovanovich. A Jewish boy learns about friendship by the gift of a black wood carver.

San Souci, R. D. (1992). *Sukey and the mermaid.* B. Pinkney (Illus.). New York: Four Winds. A folktale with elements from West Africa, the Caribbean, and the Sea Islands of South Carolina.

Smalls-Hector, I. (1992). *Jonathan and his mommy.* M. Hays (Illus.). Boston: Little, Brown. A boy and his mother take an unusual walk in their neighborhood.

Williams, K. L. (1991). *When Africa was home.* F. Cooper (Illus.). New York: Orchard. A family moves back to Africa because they miss their friends.

Williams, V. B. (1986). *Cherries and cherry pits.* New York: Greenwillow. A girl uses a magic marker to tell stories about people who like cherries.

아시아계 미국 도서

Allen, J. (1992). *Tiger.* T. Humphries (Illus.). Cambridge, MA: Candlewick. A hunter saves a tiger by taking its picture rather than killing it.

Asian Culture Centre for UNESCO. (1976). *Folktales from Asia for children everywhere* (3 vols.). New York: Weatherhill. These folktales come from many Asian countries.

Coerr, E. (1993). *Mieko and the fifth treasure.* New York: Putnam. A young Japanese girl almost loses her gift for drawing when her hand is injured during the bombing of Nagasaki.

Conger, D. (1987). *Many lands, many stories: Asian folktales for children.* R. Ra (Illus.). Boston: Tuttle. These 15 folktales are identified by their countries of origin.

Friedman, I. R. (1984). *How my parents learned to eat.* A. Say (Illus.). Boston: Houghton Mifflin. A humorous story about eating with chopsticks or knives and forks.

Garland, S. (1993). *The lotus seed.* T. Kluchi (Illus.). San Diego, CA: Harcourt Brace Jovanovich. A Vietnamese woman brings an important lotus seed with her when she and her family settle in America.

Hyun, P. (Ed.). (1986). *Korea's favorite tales and lyrics.* D. Park (Illus.). Boston: Tuttle/Seoul International. A collection of folktales, poems, and stories.

Melmed, L. K. (1993). *The first song ever sung.* E. Young (Illus.). New York: Lothrop, Lee & Shepard. Set in Japan, the illustrations and poetic text follow a boy as he poses the question "What was the first song ever sung?"

Mosel, A. (1972). *The funny little woman.* B. Lent (Illus.). New York: Dutton. In this Japanese folktale, a woman steals a magic paddle.

Nomura, T. (1991). *Grandpa's town* (A. M. Stinchecum, Trans.). Brookline, NY: Kane-Miller. The text, which is written in both Japanese and English, follows a boy and his grandfather around the grandfather's town.

Wallace, I. (1984). *Chin Chiang and the dragon's dance.* New York: Atheneum. A young boy dreams of dancing on the first day of the Year of the Dragon.

Yep, L. (1993). *The man who tricked a ghost.* I. Seltzer (Illus.). Mahwah, NJ: Troll. Set in medieval China, this story tells about a boy who outwits a ghost.

남미계 미국 도서

Behrens, J. (1978). *Fiesta!* Photographs by S. Taylor. Chicago: Children's Press. Photographs of the Cinco de Mayo festival.

Belpre, P. (1973). *Once in Puerto Rico.* C. Price (Illus.). New York: Warne. A collection of Puerto Rican tales.

Bierhorst, J. (Ed.). (1992). *Lightning inside you: And other Native American riddles.* L. Brierley (Illus.). New York: Morrow. Riddles from several regions, including southern Mexico and Western South America.

Brown, T. (1986). *Hello amigos!* Photographs by F. Ortiz. San Diego, CA: Holt, Rinehart and Winston. This book's photographs follow a boy on his sixth birthday.

Dorros, A. (1993). *Radio man: A story in English and Spanish.* New York: HarperCollins. Focuses on the migrant farm workers.

Ets, M. H., & Labastida, A. (1959). *Nine days to Christmas: A story of Mexico.* M. H. Ets (Illus.). New York: Viking. Ceci has her first Posada with her own pinata.

Garcia, R. (1987). *My Aunt Otilia's spirits.* R. Cherin & R. Reyes (Illus.). Chicago: Children's Press. An aunt from Puerto Rico with magical powers visits her family in the United States in this story.

Griego, M. C. (1981). *Tortillitas para Mama and other Spanish nursery rhymes.* B. Cooney (Illus.). San Diego, CA: Holt, Rinehart and Winston. In this book, nursery rhymes appear in Spanish and English.

Soto, G. (1993). *Too many tamales.* E. Martinez (Illus.). New York: Putnam's. A family story set during Christmas Eve.

미국 도서

Aliki. (1976). *Corn is maize: The gift of the Indians.* New York: Crowell. A history of corn, how it grows, and how it was first used.

Arnold, C. (1992). *The ancient cliff dwellers of Mesa Verde.* Photographs by R. Hewett. New York: Clarion. A nonfiction book about the Anasazi people.

Baylor, B. (1976). *Hawk, I'm your brother.* P. Parnall (Illus.). New York: Scribner's. Rudy Soto would like to fly through the air like a hawk.

Begay, S. (1992). *Ma'ii and cousin horned toad: A traditional Navajo story.* New York: Scholastic. A horned toad plays tricks on Ma'ii, the coyote, until Ma'ii promises to leave him alone.

Cleaver, E. (1985). *The enchanted caribou.* New York: Atheneum. An Inuit tale of transformation.

Cohlene, T. (1990). *Turquoise boy: A Navajo legend.* C. Reasoner (Illus.). Albertson, NY: Watermill. Folklore uncovers how a Navajo boy brought horses to his tribe.

Cohn, A. L. (Comp.). (1993). *From sea to shining sea: A treasury of American folklore and folk songs.* New York: Scholastic. This book progresses from traditional Native American folklore to that of more contemporary times.

Freedman, R. (1988). *Buffalo hunt.* New York: Holiday House. Illustrations and text show the importance of the buffalo to the Great Plains Indians.

Goble, P. (1978). *The girl who loved wild horses.* New York: Bradbury. Picture storybook tells about a Native American girl's attachment to horses.

Hoyt-Goldsmith, D. (1992). *Arctic hunter.* Photographs by L. Migdale. New York: Holiday House. This photographic essay follows the life of an Inuit boy and his family.

Joosse, B. M. (1991). *Mama, do you love me?* B. Lavalle (Illus.). San Francisco: Chronicle. A young girl tests her mother's love.

Keegan, M. (1991). *Pueblo boy: Growing up in two worlds.* New York: Cobblehill. A photographic essay depicts the life of a contemporary boy.

Luenn, N. (1990). *Nessa's fish.* New York: Atheneum. An Inuit girl and her grandmother embark on an ice fishing expedition.

Miles, M. (1971). *Annie and the old one.* P. Parnall (Illus.). Boston: Little, Brown. Annie's love for her Navajo grandmother causes her to stop work on a rug that she associates with the probable death of her grandmother.

Morgan, W. (1988). *Navajo coyote tales.* Santa Fe, NM: Ancient City Press. A collection of tales for young readers.

Oughton, J. (1992). *How the stars fell into the sky: A Navajo legend.* L. Desimini (Illus.). Boston: Houghton Mifflin. Because Coyote is impatient, First Woman cannot write the laws for the people.

Prusski, J. (1988). *Bring back the deer.* N. Waldman (Illus.). San Diego, CA: Harcourt Brace Jovanovich. A young Native American boy discovers the values of respect, wisdom, and patience.

Roth, S. (1990). *The story of light.* New York: Morrow. A retelling of a Cherokee myth about the bringing of light.

Spencer, P. U. (1983). *Who speaks for wolf?* F. Howell (Illus.). San Anselmo, CA: Tribe of Two Press. A Native American learning story.

Van Laan, N. (Reteller). (1993). *Buffalo dance: A Blackfoot legend.* B. Vidal (Illus.). Boston: Little, Brown. A story about respect between humans and animals.

그림책

Aardema, V. (1975). *Why mosquitoes buzz in people's ears.* L. & D. Dillon (Illus.). New York: Dial. African cumulative tale tells the humorous reason for mosquitoes' buzzing.

Ackerman, K. (1988). *Song and dance man.* S. Gammell (Illus.). New York: Knopf. Grandpa creates the magic of vaudeville for his grandchildren.

Bemelmans, L. (1939). *Madeline.* New York: Viking. Madeline lives in Paris with 11 other girls and has an appendectomy.

Brown, L. K., & Brown, M. (1986). *Visiting the art museum.* New York: Dutton. A family tours the art museum.

Brown, M. W. (1947). *Goodnight moon.* C. Hurd (Illus.). New York: Harper & Row. A book for young children that creates a soothing atmosphere at bedtime.

Burton, V. L. (1939). *Mike Mulligan and his steam shovel.* New York: Houghton Mifflin. Mike Mulligan and his shovel work together.

Carle, E. (1971). *Do you want to be my friend?* New York: Crowell. A mouse looks for a friend.

dePaola, T. (1974). *Watch out for the chicken feet in your soup.* Englewood Cliffs, NJ: Prentice Hall. Joey is embarrassed by his grandmother's old-fashioned ways until a friend shows great admiration.

Engel, D. (1989). *The little lump of clay.* New York: Morrow. A story about a homely lump of clay whose destiny is to be shaped into an object of lasting beauty.

Fleming, D. (1993). *In the small, small pond.* Cambridge, MA: Holt. Rich colors enrich the pond setting.

Gag, W. (1928). *Millions of cats.* New York: Coward, McCann. An old woman's desire for a beautiful cat results in a fight among trillions of cats.

Gibbons, G. (1987). *The pottery place.* New York: Harcourt Brace Jovanovich. This book invites readers to visit behind the scenes and learn about the special tools and skills needed for the traditional craft of pottery making.

Hall, D. (1979). *Ox-cart man.* B. Cooney (Illus.). New York: Viking. Subtle illustrations provide new insights to this tale about a New England farmer in the early 1800s.

Leaf, M. (1936). *The story of Ferdinand.* R. Lawson (Illus.). New York: Viking. Ferdinand decides that he would rather smell the flowers than fight the matador.

Lionni, L. (1969). *Alexander and the windup mouse.* New York: Pantheon. A real mouse is jealous of a loveable windup mouse.

MacLachlan, P. (1979). *The sick day.* W. P. Du Bois (Illus.). New York: Pantheon. A father and daughter amuse each other when they get sick.

Mayer, M. (1974). *Frog goes to dinner.* New York: Dial. A boy hides a frog in his pocket and takes him along when the family dines in a fancy restaurant.

McCloskey, R. (1941). *Make way for ducklings.* New York: Viking. A city park in Boston provides a home for Mr. and Mrs. Mallard and their ducklings.

Musgrove, M. (1976). *Ashanti to Zulu: African traditions.* L. & D. Dillon (Illus.). New York: Dial. The traditions of 26 African peoples are described in alphabetical order.

Potter, B. (1902). *The tale of Peter Rabbit.* New York: Warne. This edition includes Potter's original illustrations.

Scieszka, J. (1992). *The stinky cheese man and other fairly stupid tales.* L. Smith (Illus.). New York: Viking. Full-page humorous illustrations and varying font sizes create a unique book.

Sendak, M. (1970). *In the night kitchen.* New York: Harper & Row. A young child's dream transports him into a night world.

Sendak, M. (1993). *Where the wild things are.* New York: HarperCollins. Max's imagination turns his bedroom into a forest inhabited by wild things.

Seuss, Dr. (1938). *The 500 hats of Bartholomew Cubbins.* Champaign, IL: Vanguard. A magic hat keeps reappearing.

Stevenson, R. L. (1990). *My shadow.* T. Rand (Illus.). New York: Putnam. A feeling of movement is created through the shadows and the actions of the children.

Viorst, J. (1972). *Alexander and the terrible, horrible, no good, very bad day.* R. Cruz (Illus.). New York: Atheneum. Alexander experiences unhappy emotions when he loses his best friend and does not have any dessert in his lunch box.

Walker, D. (Trans. & Illus.). (1976). *The sleeping beauty.* New York: Crowell. This beautifully illustrated book resembles the setting for an opera or ballet.

Yashima, T. (1955). *Crow boy.* New York: Viking. A lonely outcast at school finds respect and self-confidence.

Yolen, J. (1987). *Owl moon.* J. Schoenherr (Illus.). New York: Philomel. A beautifully illustrated book that re-creates the wonders of nature.

Yorinks, A. (1986). *Hey, Al.* R. Egielski (Illus.). New York: Farrar, Straus & Giroux. A janitor realizes that his home is better than he thinks.

Zolotow, C. (1962). *Mr. Rabbit and the lovely present.* M. Sendak (Illus.). New York: Harper & Row. A rabbit helps a little girl search for a gift for her mother's birthday.

시집

Adoff, A. (1974). *My black me: A beginning book of black poetry.* New York: Dutton. A collection of black poetry.

Adoff, A. (1982). *All the colors of the race.* J. Steptoe (Illus.). New York: Lothrop, Lee & Shepard. A girl with mixed-race parents reflects on tolerance.

Aesop. (1988). *Aesop's fables.* Retold by T. Paxton. R. Rayevsky (Illus.). New York: Morrow. A poetic version of the fables.

Angelou, M. (1978). *And still I rise.* New York: Random House, 1978. Powerful, distinctive, and fresh poetry, as always full of the uplifting rhythm of love and understanding.

Atwood, A. (1971). *Haiku: The mood of the Earth.* New York: Scribner's. Beautiful photographs accompany these haiku nature poems.

Baylor, B. (1978). *The other way to listen.* P. Parnall (Illus.). New York: Scribner's. You have to be patient to hear cactuses blooming and rocks whispering, but it is worth it.

Behn, H. (1964). *Cricket songs.* New York: Harcourt, Brace and World. Poems of Issa and other geniuses of the art of haiku are included in this collection.

Bierhorst, J. (Ed.). (1983). *The sacred path: Spells, prayers and power songs of the American Indians.* New York: Morrow. A collection from sources across America.

Bryan, A. (1992). *Sing to the sun.* New York: HarperCollins. African American poems that reflect the culture of the Carribean.

Carroll, L. (1973). Beautiful soup. In M. C. Livingston (Ed.), *Poems of Lewis Carroll.* New York: Crowell. Carroll uses repetition to re-create the sounds of soup being taken from a hot tureen and placed in children's mouths.

Carroll, L. (1977). *Jabberwocky.* J. B. Zalben (Illus.). New York: Warne. A picture interpretation of Carroll's poem in watercolors.

Carson, J. (Ed.). (1989). *Stories I ain't told nobody yet.* New York: Franklin Watts. An anthology that includes a collection of poems written by people in Appalachia.

Caudill, R. (1969). *Come along!* E. Raskin (Illus.). New York: Holt, Rinehart and Winston. Illustrations complement the author's haiku images with acrylic paint on colored rice paper.

deRegniers, B. S., Moore, E., White, M. M., & Carr, J. (1988). *Sing a song of popcorn: Every child's book of poems.* New York: Scholastic. An anthology of poems illustrated by nine Caldecott Medal artists.

Duffy, C. A. (Ed.). (1994). *I wouldn't thank you for a valentine: Poems for young feminists.* T. Rafferty (Illus.). San Diego, CA: Holt. Poems that explore many feelings and emotions.

Ferris, H. (Ed.). (1957). *Favorite poems old and new.* New York: Doubleday. An anthology.

Field, E. (1982). *Wynken, Blynken and Nod.* S. Jeffers (Illus.). New York: Dutton. A classic poem that appears in a newly illustrated edition.

Fisher, A. (1971). *Feathered ones and furry.* E. Carle (Illus.). New York: Crowell. Fifty-five poems written about furry animals and feathery birds.

Frost, R. (1949). *Complete poems of Robert Frost.* New York: Holt, Rinehart and Winston. This is a collection of classic Frost poetry.

Frost, R. (1978). *Stopping by woods on a snowy evening.* S. Jeffers (Illus.). New York: Dutton. Large pictures are used to illustrate Frost's poem.

Hood, T. (1990). *Before I go to sleep.* M. J. Begin-Callanan (Illus.). New York: Putnam. Nighttime verse.

Hopkins, L. B. (Ed.). (1987). *Click, rumble, roar.* Photographs by A. H. Audette. New York: Crowell. This book includes 18 poems about machines.

Hughes, L. (1974). *Selected poems.* E. M. Kauffer (Illus.). New York: Random House. This collection represents the choices Hughes himself made, shortly before his death, of the poems that he most wanted to preserve from his six published volumes.

Hughes, S. (1988). *Out and about.* New York: Lothrop, Lee & Shepard. These poems follow a child and her infant brother through the seasons.

Johnson, H. (1971). *Hello, small sparrow.* T. Chen (Illus.). New York: Lothrop, Lee & Shepard. A collection of poems in the form of ancient Japanese haiku.

Kemp, G. (Ed.). (1980). *Ducks and dragons: Poems for children.* C. Dinan (Illus.). Winchester, MA: Faber & Faber. An anthology of poems about seasons, reality, animals, fantasy, fear, and old songs.

Knudson, R. R., & Swenson, M. (Eds.). (1988). *American sports poems.* New York: Franklin Watts. An anthology of poems about sports and athletes.

Koch, K. (1970). *Wishes, lies, and dreams.* New York: Vintage. Topical poems relate experiences that are common to all children.

Lear, E. (1946). *The complete nonsense book.* Northbrook, IL: Dodd, Mead. This text includes *A Book of Nonsense,* originally published in 1846, and *Nonsense Songs and Stories,* originally published in 1871.

Lear, E. (1991). *The owl and the pussycat.* J. Brett (Illus.). New York: Franklin Putnam's. This classic poem is set in the Caribbean.

Lee, D. (1991). *The ice cream store.* D. McPhail (Illus.). New York: HarperCollins. A collection of humorous poems.

Lewis, R. (1968). *Of this world: A poet's life in poetry.* Photographs by H. Butterfield. New York: Dial. This book includes poems by Issa and interesting information about his life.

Livingston, M. C. (Ed.). (1982). *A circle of seasons.* L. Everett Fisher (Illus.). New York: Holiday House. These poems are about the four seasons.

Martz, S. (Ed.). (1987). *When I am an old woman, I shall wear purple: An anthology of short stories and poetry.* Manhattan Beach, CA: Papier-Mache Press. An anthology of stories and poems that paint a rich picture of women as they age.

Merrill, J., & Solbert, R. (1969). *A few flies and I: Haiku by Issa* (R. H. Blyth & N. Yuasa, Trans.) R. Solbert (Illus.). New York: Pantheon. The great Japanese poet Issa uses the ancient form of verse to express feelings and experiences.

Milne, A. A. (1954). *Winnie-the-Pooh.* E. H. Shepard (Illus.). New York: Dutton. The classic story, with poems, about Christopher Robin's friend, Pooh.

Milne, A. A. (1958). *The world of Christopher Robin.* E. H. Shepard (Illus.). New York: Dutton. These poems tell about a boy and his toy animal friends.

Milne, A. A. (1961). *When we were very young.* E. H. Shepard (Illus.). New York: Dutton. Delightful poems about Winnie-the-Pooh and the hundred-acre wood.

Moore, C. (1980). *The night before Christmas.* T. dePaola (Illus.). New York: Holiday House. Large, brightly colored illustrations appear in picture-book form.

O'Neill, M. (1961). *Hailstones and halibut bones.* L. Weisgard (Illus.). New York: Doubleday. These poems describe the basic colors.

Prelutsky, J. (1982). *The baby uggs are hatching.* J. Stevenson (Illus.). New York: Greenwillow. These humorous poems are about Grebles, Sneepies, and Slitchs.

Prelutsky, J. (Ed.). (1983). *The Random House book of poetry for children.* A. Lobel (Illus.). New York: Random House. An anthology of more than 500 poems divided according to themes.

Prelutsky, J. (1984). *The new kid on the block.* New York: Greenwillow. Author uses rhyme and rhythm to write humorous narrative poems about familiar, everyday occurrences.

Prelutsky, J. (Ed.). (1986). *Read-aloud rhymes for the very young.* M. Brown (Illus.). New York: Knopf. An attractive collection of poems that stress vivid language.

Prelutsky, J. (Ed.). (1988). *Tyrannosaurus was a beast: Dinosaur poems.* A. Lobel (Illus.). New York: Greenwillow. Fourteen poems about characteristics of dinosaurs.

Prelutsky, J. (1993). *The dragons are singing tonight.* P. Sis (Illus.). New York: Greenwillow. Poems about dragons.

Schwartz, A. (1992). *And the green grass grew all around: Folk poetry from everyone.* S. Truesdell

(Illus.). New York: HarperCollins. A collection of folk poetry.

Seuss, Dr. (1957). *The cat in the hat.* New York: Random House. An illustrated humorous poem.

Silverstein, S. (1974). *Where the sidewalk ends.* New York: Harper & Row. A collection of humorous poems.

Silverstein, S. (1981). *A light in the attic.* New York: Harper & Row. Humorous poems that tell about such situations as the polar bear in the Frigidaire.

Sky-Peck, K. (Ed.). (1991). *Who has seen the wind? An illustrated collection of poetry for young people.* Boston: Museum of Fine Arts, and Rizzoli. Appropriate art accompanies this collection of poems.

Snyder, Z. (1969). *Today is Saturday.* J. Arms (Illus.). New York: Atheneum. Snyder uses end rhymes to suggest the visual and auditory elements of mud and internal rhymes to create a real tongue twister.

Starbird, K. (1979). *The covered bridge house and other poems.* J. Arnosky (Illus.). New York: Four Winds. These 30 poems tell about childhood experiences, such as jumping rope, hopping after falling on a ski slope, and wondering why no one can get rags from ragweed.

Stevenson, R. L. (1885). *A child's garden of verses.* White Plains, NY: Longmans, Green. A classic book of poetry.

Viorst, J. (1981). *If I were in charge of the world and other worries: Poems for children and their parents.* L. Cherry (Illus.). New York: Atheneum. Poems about everyday situations that frustrate.

Whipple, L. (Ed.). (1989). *Eric Carle's animals, animals.* E. Carle (Illus.). New York: Philomel. Text includes an anthology of poems about animals.

Willard, N. (1986). *Night story.* I. Plume (Illus.). San Diego, CA: Harcourt Brace Jovanovich. A little boy has an adventure in dreamland.

Zolotow, C. (1978). *River winding.* K. Mizumura (Illus.). New York: Crowell. These poems for young children paint images of things seen and remembered.

부록 2

동요

Come Follow Me in a Line, in a Line

Traditional

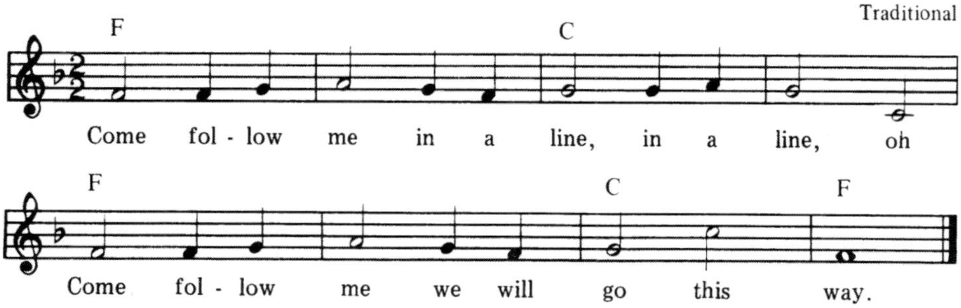

Walk, Walk, Walk to School

Traditional

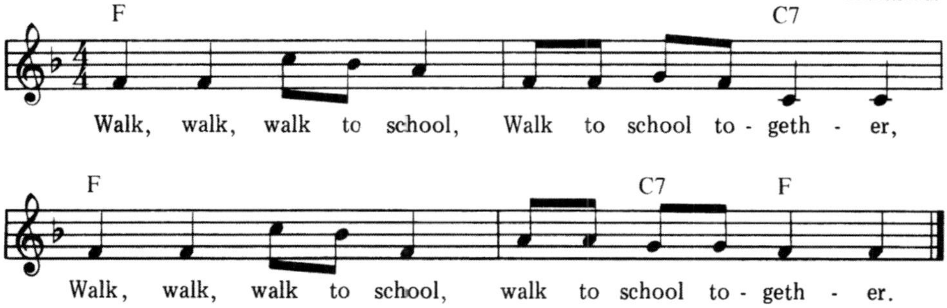

Clap, clap, clap your hands.
Wiggle, wiggle, wiggle your nose.
Blink, blink, blink your eyes.
Tap, tap, tap your toes.

Pick, pick, pick up your toys.
Rest, rest, rest your head.
Close, close, close your eyes.
Take, take, take a nap.

[역주] * 표시된 동요는 한국 아동들에게도 널리 알려져 있음.

If You're Happy*

American Singing Game

2.If youre happy and you know it, tap your toe.
3.If youre happy and you know it, nod your head.
4.If youre happy and you know it, do all three.

Ten in the Bed*

American Folk Song

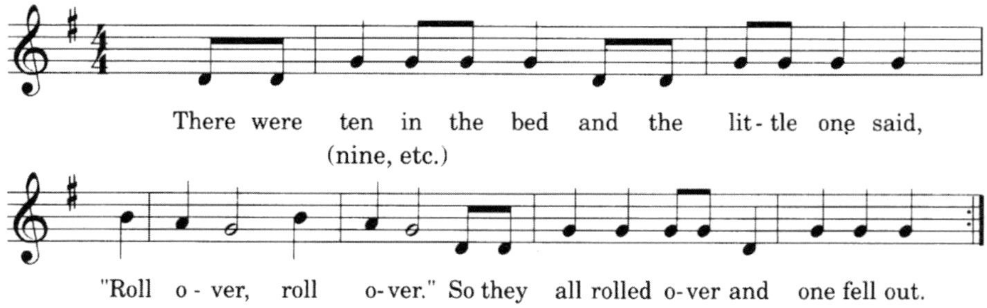

Count down to one. In the final verse, sing: There was one in the bed, and the little one said (whisper), Good night.

Bluebird, Bluebird

American Singing Game

The Mulberry Bush*

Traditional

This is the way we walk to school.
This is the way we tie our shoes.
This is the way we brush our teeth.
This is the way we spin around.

A Song for Seasons

Lyrics by Linda C. Edwards

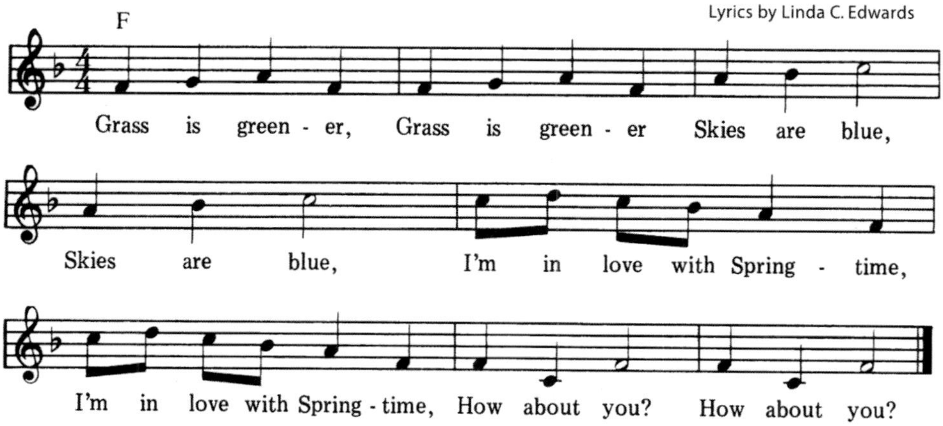

2.Leaves are golden, Leaves are golden
Breeze is cool, Breeze is cool,
Im in love with Autumn,
Im in love with Autumn,
Back to school, Back to school.

3.Snow is falling, Snow is falling,
Skies are grey, Skies are grey,
Im in love with Winter,
Im in love with Winter,
What a great day! What a great day!

Where, Oh Where

American Traditional Game

Hello Everybody

Traditional

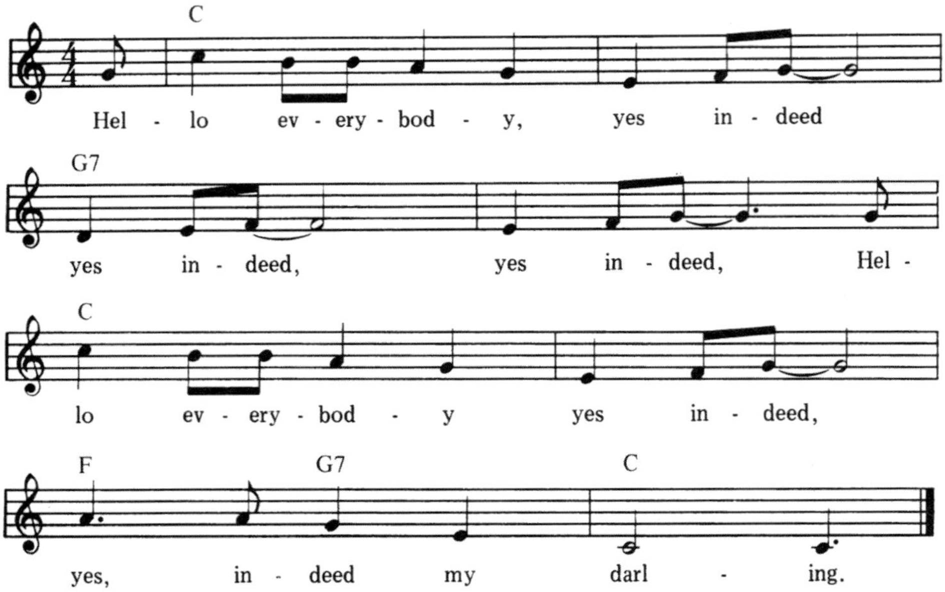

Let's make music, yes indeed.
Let's sing softly, yes indeed.

Let's move quickly, yes indeed.
Let's come together, yes indeed.

Head and Shoulders, Baby*

Shoulders, knees
Knees and toes
Toes and nose
Nose and eyes

Eyes and ears
Ears and mouth
Mouth and head

The Hokey Pokey*

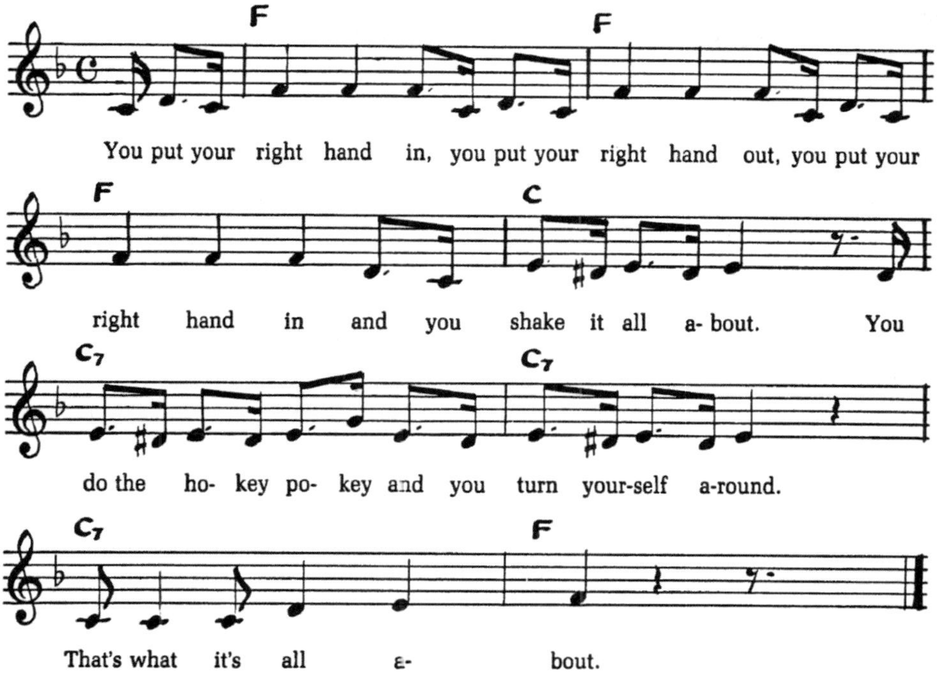

You put your left hand in . . .
You put your right foot in . . .
You put your left foot in . . .
You put your whole self in . . .

Let's Go Zudio

Step back Sally, Sally, Sally,
Step back Sally, all night long.

Strollin down the alley, alley, alley,
Strollin down the alley, all night long.

Lets go Zudio, Zudio, Zudio,
Lets go Zudio, all night long.

Kye, Kye, Kule

African

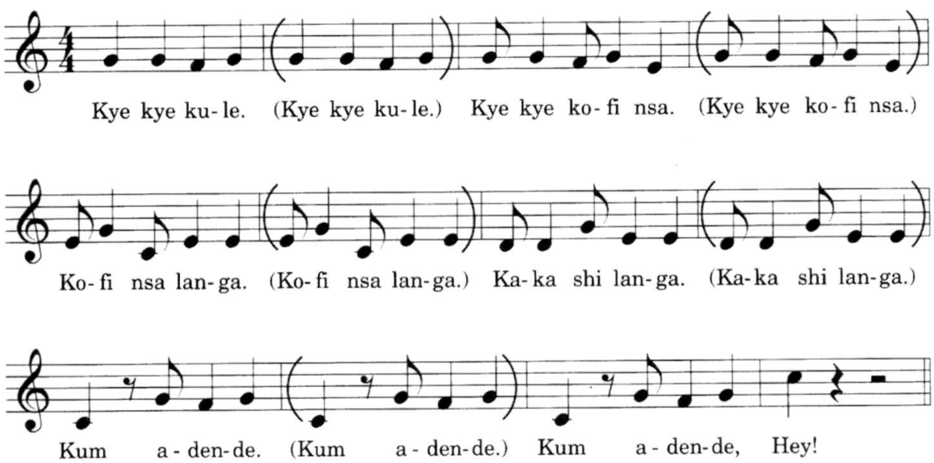

Hi Yɔ Hi Yo Ip Si Ni Yah

(Happy Song)

Navajo

San Sereni

Spanish

El Coquí
(The Frog)

Puerto Rican

A Bedtime Song for Brian and Anthony*

Pretty little horses, up and down
Pretty little horses, round and round.
Dapple grey, come what may
Pretty little mare, dont know where.
Pretty little horses, up and down,
Pretty little horses, round and round.

---

*졸리운 아동을 흔들어 재우면서 조용히 노래하거나 챈트한다.

손유희

* 독자들의 활용 편의를 위해 참고할 수 있는 Youtube 사이트를 표기하나 변동사항이 있을 수 있음을 양지바람.

동물들과 물고기들

다섯 마리 어린 새들(Five Little Chickadees)

http://www.youtube.com/watch?v=ZuOp7pyr59g&feature=related

다섯 마리 어린 새들
(다섯 손가락을 펴고 한 개씩 접어가면서 부른다)
문을 살짝 열어보니
한 마리가 날아가고,
네 마리가 남았어요.
네 마리 어린 새들
나무 위에 앉았는데
한 마리가 날아가고,
세 마리가 남았어요.
세 마리 어린 새들
너를 바라보는데
한 마리가 날아가고,
두 마리가 남았어요.
두 마리 어린 새들
햇님 아래 앉았는데
한 마리가 날아가고,
한 마리가 남았어요.
한 마리 어린 새
혼자 남았네요.
혼자 남은 새가 날아가더니
이제 아무도 없네요.

회색 다람쥐(Gray Squirrel)

http://www.youtube.com/watch?v=YJ-i_zh-iX0

회색 다람쥐야, 회색 다람쥐야,
(가사에 맞게 동작을 한다)
너의 바쁜 꼬리를 흔들어봐.
회색 다람쥐야, 회색 다람쥐야,
너의 바쁜 꼬리를 흔들어봐.
너의 작은 코를 움직여봐.
너의 발톱들로 도토리를 쥐어봐.
회색 다람쥐야, 회색 다람쥐야,
너의 바쁜 꼬리를 흔들어봐.

놀이하는 쥐(Mice at Play)

살금살금 가까이 다가가서
(손가락을 펴서 살살 밀며 묘사한다)

꼬마 쥐가 집에서 살금살금 나와 놀려고 해요.
아무도 꼬마 쥐의 사뿐한 발자국 소리를 듣지 못 해요.
엄마 쥐는 모두에게 고양이를 조심하라고 경고하죠.
(손가락을 입술에 대고 "쉬" 한다)
* 'Play Time Squirrel' 로 응용되기 함

낮잠시간(Naptime)

"우리 아가 이리오렴,"
(신호 동작한다)
엄마 암탉이 말했어요.
"낮잠 잘 시간이란다, 아가"
엄마 닭의 깃털 아래 아기 병아리가 살포시 기어 들어가요.
(오른손이 왼손을 감싸안는다.)
그리고 잠들 때까지 "꼬꼬꼬" 자장가를 불러줘요.

꽥!꽥!꽥!
(Quack! Quack! Quack! 또는 Five Little Duck)

http://www.youtube.com/watch?v=0XRuJ6NW9yM

다섯 마리 아기 오리들이 있어요.
(다섯 손가락을 든다)
큰 아이, 작은 아이, 마른 아이가 있지요.
(손을 가지고 크기를 묘사한다)
그런데 등에 깃털 달린 한 오리 아기가
(손가락 하나를 든다)
오직 할 수 있는 말은, "꽥, 꽥, 꽥!"
(엄지와 나머지 네 손가락으로 꽥꽥 소리를 묘사한다)
"꽥,꽥,꽥!"
근처 호수로 걸어가요.
앞으로 뒤뚱뒤뚱 걸어가요.
(뒤뚱뒤뚱 묘사한다)
그런데 등에 깃털 달린 한 아기 오리가
오직 할 수 있는 말은, "꽥, 꽥, 꽥!"
"꽥, 꽥, 꽥!"
호수에서 내려와요.
호호호 흠흠흠
그런데 등에 깃털 달린 한 오리 아기가
오직 할 수 있는 말은, "꽥, 꽥, 꽥!"
"꽥, 꽥, 꽥!"

숲속의 작은 통나무집
(Little Cabin in the Woods)

http://www.youtube.com/watch?v=6RPrIj2UVOg

숲속에 작은 통나무집이 있어요.
(집게 손가락으로 네모 모양을 만든다)
창문 안에 어린 남자아이가 서있어요.
(집게 손가락과 엄지를 이용해 안경 모양을 만든다)
펄쩍 뛰어다니는 토끼를 봤어요.
(집게 손가락과 가운데 손가락을 펴서 펄쩍 뛰는 동작을 한다)
그러고 나서 문에 노크를 하네요.
(주먹으로 노크하는 동작을 한다)
"도와줘요, 도와줘요, 도와줘요" 토끼는 말해요.
(머리 위로 손을 흔든다)
"안 그러면 사냥꾼이 저를 찾아 죽일 거예요"
(큰소리로 말한다)
"작은 토끼야, 안으로 들어오렴.
(손짓 동작을 한다)
그리고 안에서 머무르렴"
(집게 손가락과 가운데 손가락을 다른 팔에 댄다)

두 마리 작은 검은 새들(Two Little Blackbirds)

http://www.youtube.com/watch?v=I_K-DzL9JwA

언덕 위에 두 마리의 작은 검은 새들이 있어요.
(양쪽 집게 손가락으로 새가 파닥이는 동작을 나타낸다)
새 한 마리의 이름은 잭이고, 다른 새는 질이에요.
(한 손을 들고, 또 다른 손을 든다)

잭이 날아가고, 질도 날아가요.

(오른손을 등 뒤로 빼고 나머지 왼손도 등 뒤로 뺀다)

언덕 위에 이제 아무도 없지요.

잭이 돌아와요, 질이 돌아와요.

(등 뒤로 뺀 오른손을 다시 앞으로 가져오고, 왼손도 그렇게 한다)

언덕 위에 다시 두 마리의 작은 검은 새들이 있어요.

(두 손 모두 처음 했던 동작으로 돌아간다)

아기 거북이가 있었어요 (There Was a Little Turtle)

http://www.youtube.com/watch?v=e9bMjZboMnY

아기 거북이가 있었어요.

(오른손으로 주먹을 만든다)

상자 안에 살았지요.

(왼손으로 오른손 주먹을 감싼다)

웅덩이에서 수영을 해요.

(수영하는 동작을 한다)

돌에 올라가기도 하죠.

(올라가는 동작)

모기를 덥석 물기도 해요.

(오른손으로 관중 앞에 모기가 있는 듯 잡는 시늉을 한다)

날파리도 덥석 물어요. (반복)

잉어도 덥석 물지요. (반복)

그리고 나도 덥석 물어요!

(손으로 자신을 향해 잡는다)

그는 모기를 잡아요.

(잡는 동작을 한다)

날파리도 잡지요. (반복)

잉어도 잡아요. (반복)

그러나 나는 못 잡지요!

(손으로 자신을 향해 잡고, 고개를 좌우로 흔든다)

곰 사냥을 가요(Lets Go on a Bear Hunt)*

http://www.youtube.com/watch?v=PXNT-ToakLR0

(팀의 리더가 각 문장을 읽어주면 따라 말한다. 모두가 걸어가는 리듬에 맞추어 손으로 무릎을 친다)

곰 사냥을 가요.

(걸어가는 리듬으로 손으로 무릎을 친다)

자, 그래.

가자.

거기 루키,

저기에 밀밭이 있어.

그 주위를 갈 수 없어.

그 안으로 들어갈 수도 없지.

그러면 그 사이로 들어가자.

자 그래.

가자.

훽, 훽, 훽.

"벌레!"

(손과 팔을 함께 비비면서 훽 소리를 낸다. 그리고 팔과 다리를 펴서 벌레라고 외친다)

거기 루키,

저기에 강이 있어.

그 위를 갈 수 없어.

그 주변으로 갈 수도 없지.

그러면 수영을 해서 가로질러 가자.

자, 그래.

가자.

옆으로 젓고,

뒤로 젓자.

"악어!"

(수영하는 동작을 하고, '악어' 라고 소리친다)

거기 루키,

저기 다리가 있어.

그 주위를 갈 수 없어.

그 아래로 갈 수도 없지.
그러면 다리를 가로질러 가자.
자, 그래.
가자.
(바닥을 걸어 소리를 만든다)
거기 루키,
저기 나무가 있어.
나무를 지나갈 수 없어.
그 아래로 갈 수도 없지.
그러면 올라가면 되지.
자, 그래.
가자.
(손과 팔로 올라가는 시늉을 한다)
곰이 보이니?
(손을 이마 위로 들어 찾는 시늉을 한다)
곰이 한 마리도 없어
(나무를 타고 땅으로 내려오는 동작을 한다)
거기 루키,
저기 동굴이 있어.
그 주위를 갈 수 없지.
그걸 지나서 갈 수 없어.
그럼 안으로 들어가자.
자, 그래.
가자.
(천천히 무릎 위를 손으로 친다)
두 개의 커다란 눈이 보여!
(호기심이 가득한 말투를 하면서 두 손가락을 치켜든다)
두 개의 날카로운 이빨이 보여!
보드라운 털이 느껴져!
(쓰다듬는 시늉을 한다)
바로 곰이야!
(신나고 큰 소리로 말한다)
(이 손가락 놀이를 거꾸로 빨리 반복해서 한다. 밀밭까지 돌아가면, 한숨을 푹 쉬면서 이렇게 말한다. "얘야, 집에 돌아와서 너무 기쁘다!")

* '책 사냥(Book Hunt)' 으로 개작하여 활용하기도 함

따뜻한 가정

집(A house)

내가 작은 집을 만들어 줄게.
(두 손을 모아 지붕 모양을 만든다)
두 친구가 그 안에 숨을 수 있게.
(지붕모양 손에서 엄지 두 개만 남겨 지붕 아래 두 친구가 들어있다고 나타낸다)
내가 문을 열어 슬쩍 안을 봤더니
(손을 구부려 지붕을 넘어 본다)
그들은 재빨리 밖으로 나갔어.
(두 엄지를 재빨리 없앤다)

나의 집(My House)

나는 작은 집을 만들 거야.
(손가락으로 지붕 모양을 만든다)
큰 창문이 있어서 빛이 밝게 들어오는 집이지.
(두 개의 집게 손가락과 엄지 손가락으로)
높은 굴뚝이 있고 그 굴뚝 위로 구불구불 연기가 나와. (손을 공중에 든다)
그 연기는 눈에 보이지 않지.
겨울에 눈송이가 휘날릴 때
(손을 흔들어 눈이 오는 동작)
또는 내가 폭풍을 들을 때
(귀에 손을 댄다)
나는 나의 작은 집에 앉아 있을 거야.
(앉는다)
아늑하고 따뜻해질 우리 집에 말이지.
(팔을 가슴에 가로질러 얹는다)

차주전자(Tea Pot)*

http://www.youtube.com/watch?v=8GeOAs1W8bE

나는 주전자에요.
(오른손을 옆구리에 놓고, 다른 한 손을 손바닥이 펴진 채로 구부렸다 편다. 마치 주전자인 것처럼)
짧지만 단단하죠.
여기 손잡이가 있어요.
그리고 여기가 몸통이지요.
내가 "뽀글뽀글" 끓면,
나는 외치지요.
"나를 기울여서 차를 따르셔요"
(왼쪽으로 몸을 기울인다)
나는 손잡이를 바꿀 수 있어요.
(왼손과 오른손의 자세를 반대로 바꾼다)
그리고 나의 몸통도.
"나를 기울여 차를 쭈르르르 따라주세요.
(오른쪽으로 몸을 기울인다)
활기찬 아이들의 시간.

* Youtube에는 간단한 내용으로 소개됨

천장에 닿아요(Reach for the Ceiling)

http://www.youtube.com/watch?v=ORofgsW6sEg

천장에 닿아요.
(문장 뜻에 맞게 동작한다)
바닥을 만져요.
다시 일어서요.
더 해 볼까요.
당신의 머리를 만져요.
그리고 무릎을,
그 다음에 이렇게 어깨까지.
천장에 닿아요.
바닥을 만져요.
그게 다에요.
더 이상은 없군요.

작은 두 개의 쌍(Two Little)

http://www.youtube.com/watch?v=i6fO10SviMA

작은 두 발이 쿵, 쿵, 쿵.
(문장 뜻에 맞게 동작한다)
작은 두 손이 짝, 짝, 짝.
의자에서 조용히 살짝 뛰어올라요.
작은 두 팔을 높게 공중으로 올려요.
작은 두 발이 껑충, 껑충, 껑충.
작은 두 주먹이 퍽, 퍽, 퍽.
작은 몸이 둥글게, 둥글게, 둥글게 돌아요.
그리고 작은 아이가 조용히 자리에 앉지요.

오므렸다 폈다(Open-Shut Them)

http://www.youtube.com/watch?v=SzA-CnPFXVY

오므렸다, 폈다.
오므렸다, 폈다.
(손바닥을 폈다 주먹으로 오므렸다 하는 열고 닫는 동작을 한다)
손뼉을 쳐요.
(손뼉을 친다)
오므렸다, 폈다.
오므렸다, 폈다.
두 손을 무릎위에 올리네.
(무릎위에 올린다)
살금살금 기어올라가네.
살금살금 기어올라가네.
너의 턱까지 기어 올라가네.
(턱까지 살금살금 올라간다)
너의 조그만 입을 열어봐,
그러나 그 안까지 들어가면 안되지.
(재빨리 두 손을 뒤로 뺀다)

도깨비상자(Jack in the Box)

도깨비상자가 꽉 닫혀있어요.

(오른손으로 주먹을 쥐고 왼손으로 주먹을 감싼다)
공기도 안 통하고 빛도 없지요.
도깨비는 얼마나 피곤하기에 바닥까지 축 늘어져 있을까요.
우리가 문을 열면 도깨비는 튀어나오지요.
(왼손을 펴서 벌리면 오른손 엄지가 튀어나온다)

흔들기(My Wiggles)

나는 손가락을 흔들어요.
(문장에 맞게 동작한다)
나는 발가락도 흔들지요.
나는 어깨를 흔들어요.
나는 코도 흔들지요.
이제 하나도 흔들지 않아요.
그리고 나는 그냥 나이지요.

쉬기(Relax)

눈을 감고, 고개를 숙여요.
(문장에 맞게 동작한다)
얼굴은 찡그리지 말고 편안하게.
당신의 머리는 공이 되어 왼쪽으로 돌려요!
오른쪽으로 돌려요, 똑바로 앉아요.
턱을 들어요. 천장을 보세요.
크게 한숨 쉬어요. 하나, 둘, 셋.
크게 한번 웃어요. 손은 무릎위에.
낮잠을 잤다고 믿으세요.
자, 이제 여러분은 다 쉬었는 걸요.
이제 다시 공부할 시간이에요!

가끔씩 나는 커요(Sometimes I am Tall)

http://www.youtube.com/watch?v=bXSGv27z82o

가끔씩 나는 커요.
(똑바로 서 있다)
가끔씩 나는 작아요.
(바닥 가까이 구부린다)
가끔씩 나는 정말, 정말 커요.
(발끝을 들어 세운다)
가끔씩 나는 정말, 정말 작아요.
(바닥에 최대한 가깝게 구부린다)
자! 지금 저를 보세요.
(똑바로 선다)

기념일

생일 촛불(Birthday Candles)

오늘은 내 생일이야.
나는 네 살이야.
(네 손가락을 든다)
그리고 여기에 내 생일 케이크가 있지.
(팔로 원을 그린다)
너와 함께 나누어 먹을 거야.
(친구를 지목한다)
우선 초를 셀 거야.
자, 모두 세어보자.
하나, 둘, 셋, 넷
다 셌어요.
이제 촛불을 끄자.
촛불이 하나씩 꺼질 거야.
"후~, 후~, 후~, 후~"
(촛불을 불어서 끄는 시늉을 한다)
하나, 하나씩 불어보세.
(손가락을 하나씩 접어간다)

다섯 개의 꼬마 호박들(Five Little Pumpkins)

http://www.youtube.com/watch?v=9U8ZZugvw9o

다섯 개의 꼬마 호박들이 현관문 앞에 앉아있어요.
(다섯 개의 손가락을 하나씩 세워가면서 문장에 맞게 동작을 한다)

한 호박이 말했어요. "와우 점점 날이 어두워지네."
두 번째 호박이 말했어요. "하늘에 마녀가 날아다녀!"
세 번째 호박이 말했어요. "우리는 신경 안 쓰는걸."
네 번째 호박이 말했어요. "뛰어가자, 뛰어가자!"
다섯 번째 호박이 말했어요. "할로윈이야!"
"쌩~~~~~" 바람이 지나갔어요.
(손을 흔들어 바람이 휘날리는 모양을 묘사한다)
그리고 빛이 사라졌지요.
(큰 박수소리를 낸다)
다섯 개의 호박들은 아주 빠르게 뛰어갔어요.
(손을 등 뒤로 재빠르게 옮긴다)

칠면조씨(Turkey Gobbler)

저는 오늘 우연히 칠면조씨를 만났어요.
("Brownie Smile" 곡에 맞추어 노래 부르면서 문장에 맞게 동작을 한다)
"칠면조 씨! 오늘 하루 어떠셨어요?"
"꽥꽥꽥! 추수감사절인 오늘은 그런 소리하지 말아라."

발렌타인날의 친구(Friend's Valentine)

친구야, 들어봐, 뭐게?
발렌타인이잖니. 난 널 사랑해
친구야, 뽀뽀해줄게
나의 사랑, 친구야

상상해봐요!

울퉁불퉁 애벌레(Fuzzy Wuzzy Caterpillar)

울퉁불퉁 애벌레
코너 끝으로 기어가요.
(손가락으로 기는 동작을 한다)
애벌레는 담요처럼 굴러갈 거예요.
그리고 곧바로 잠이 들지요.
(두 손을 모아 뺨 옆에 두어 자는 모습을 묘사하고 눈을 지그시 감는다)
울퉁불퉁 애벌레
이제 천천히 일어나지요.
(아이들이 깨어난다)
와우 아름다운 날개가 생겼어요.
바로 나비가 되었네요!

부엉이와 올빼미들(Owl and the Brownies)

한 부엉이가 나뭇가지 위에 혼자 올라 앉아있어요.
(손을 접는다)
그리고 그는 아주 조용히 가만히 있었지요.
(속삭인다)
밤이에요. 그는 이렇게 눈을 동그랗게 뜨고 있어요.
(손가락으로 동그랗게 만들어, 눈앞에 갖다 댄다)
그는 모두 다 지켜보고 있지요. 놓치는 것 하나도 없이.
(머리를 양 옆으로 왔다갔다 한다)
몇 마리의 올빼미들이 나뭇가지 위로 살금살금 올라왔어요.
(반대쪽 팔에 손가락 두 개가 기어간다)
그리고 그들은 아주 조용히 가만히 있었어요.
(속삭인다)
똑똑한 늙은 부엉이가 말했어요. "투후우우우우, 투후우우우우."
올빼미들은 깜짝 놀라서 날아가버렸지요.
(손을 등 뒤로 뺀다)
부엉이는 다시 나뭇가지 위에 혼자 올라 앉아 있어요.
그리고 그는 아주 조용히 가만히 있었지요.
(속삭인다)

거미가 줄을 타고 올라갑니다 (Eency Weency Spider)

http://www.youtube.com/watch?v=AQZNBkdxCMY

인씨 윈씨 꼬마 거미는 수도꼭지 위로 올라갔어요.
(집게 손가락이 반대편 엄지 손가락에 서로 맞닿아 위로 올라간다)
비가 내렸고 거미가 깨끗해졌지요.
(손을 흔들어 내리며 비가 오는 흉내를 낸다)
해가 나왔고, 모든 비가 그쳤어요.
(양 손을 머리 위로 모아 동그라미를 만든다)
인씨 윈씨 꼬마 거미는 다시 수도꼭지 위로 올라갔어요.
(아까 한 동작을 반복한다)

[간략형]
거미가 줄을 타고 올라갑니다.
거미가 줄을 타고 올라갑니다.
비가 오면 끊어집니다.
햇님이 방긋 솟아오르면
거미가 줄을 타고 내려옵니다

교통기관과 식물

칙칙폭폭 기차(Choo-Choo Train)

칙칙폭폭 기차가 있어요.
(팔꿈치를 접는다)
폭폭 연기를 내면서 철로를 내려오고 있어요.
(팔뚝을 리듬에 맞추어 회전시킨다)
이제 앞으로 움직여요.
(앞으로 팔을 밀면서 계속 회전시킨다)
이제 뒤로 움직여요.
(뒤로 팔을 빼면서 회전시킨다)
이제 벨이 울려요.
(주먹을 쥐고 벨 코드를 잡아당기는 시늉을 한다)
이제 호루라기가 울리네요.
(입 가까이 주먹을 모아서 분다)
정말 시끄러워요.
(두 손으로 두 귀를 막는다)
기차는 아무 곳이나 다 갑니다.
(팔을 쭉 편다)

땅을 파요(I Dig, Dig, Dig)

나는 땅을 파요, 파요, 파요.
(땅 파는 동작을 한다)
그리고 씨앗을 심을 거예요.
(몸을 구부려서 씨앗을 심는다)
나는 땅을 긁어내요, 긁어내요, 긁어내요.
(긁는 동작을 한다)
그리고 잡초를 잡아당겨요.
(잡초를 잡아당기는 동작을 한다)
나는 천천히 기다리며 바라봐요.
(몸을 구부려 앉아 땅을 바라본다)
그리고 곧 나는 알지요.
(고개를 끄덕인다)
나의 정원은 곧 새싹이 가득할 거예요.
(손을 펴서 싹이 마치 자라듯 묘사한다)
그리고 자라기 시작해요.

떡갈나무(Oak Tree)

여기에 떡갈나무가 있어요. 아주 단단하고 키가 큰 나무죠.
(곧게 서 있는다)
그리고 이렇게 넓게 나뭇가지들이 뻗쳐있지요.
(팔을 넓게 펴고, 손가락도 쫙 폈다)
또 가는 가지들과 이끼로 만든 새들의 둥지가 있어요.
(손을 모아 둥지를 만든다)
그 둥지 안에는 세 마리의 아기 새들이 있지요.
(손가락 세 개를 든다)
산들바람이 불고, 아기 잎사귀들은 춤을 추지요.

(팔을 이리저리 흔든다)

그러나 나뭇가지들은 자그마한 그 둥지를 안전하게 보호하죠.

나뭇가지들은 흔들리지만, 아기 새들은 잘도 잡니다.

(자는 모습을 묘사한다)

사과 따기(Picking Apples)

http://www.youtube.com/watch?v=9bkIr50muqU

여기에 작은 사과나무가 있어요.

(왼쪽 팔을 펴고 손가락을 쫙 편다)

나는 볼 수 있었어요.

(손가락을 쳐다본다)

빨간 큰 사과들, 잘 익고 달콤하지요.

(두 손 모아 마치 사과를 든 것처럼 한다)

빨간 큰 사과들, 먹기에 알맞지요!

(그 두 손을 입 앞으로 가져온다)

사과가 나에게로 떨어져요.

(그 두 손을 머리위에 가져가고 마치 두 손에 있던 사과가 떨어진 것처럼 한다)

여기에 바구니가 있어요. 크고, 동그랗지요.

(두 팔을 둥글게 모은다)

땅에 떨어진 사과를 주워요.

(주워서 바구니에 넣는 시늉을 한다)

저기에 사과가 있어요.

(나무를 쳐다본다)

나는 저기 손이 닿을 거예요. 잘 익고 달콤한 사과.

(왼손 엄지에 오른손이 닿는다)

저 사과가 내가 먹을 사과에요!

(손을 입 앞으로 한다)

버스 타기(The Bus Ride)

http://www.youtube.com/watch?v=v_6KuYtc0Z8

버스 바퀴가 돌고 돌아요.

(팔을 이용해 동그라미가 도는 동작을 한다)

돌고, 돌고, 돌아요.

버스 바퀴가 돌고 돌아요.

시내를 다 돌아다니지요.

버스의 문이 열렸다가 닫히지요.

(팔꿈치를 폈다 오므렸다 한다)

열렸다가 닫혀요. 열렸다가 닫혀요.

버스의 문이 열렸다가 닫히지요.

시내를 다 돌아다니지요.

버스의 창문닦개는 휙, 휙, 휙 움직여요.

(휙 휩쓰는 소리를 팔을 흔들며 낸다.)

버스 기사 아저씨가 말해요. "뒤에 타세요."

(팔을 뒤로 움직인다) (반복)

버스에 탄 사람들은 덜컹덜컹 움직여요.

(자리에 앉았다 일어섰다 한다)

버스의 경적이 퐁, 퐁, 퐁 울려요.

(손과 팔로 경적을 누르는 모양 묘사) (반복)

버스 바퀴가 돌고 돌아요.

(동그라미가 도는 동작을 반복한다)

돌고, 돌고, 돌아요.

버스 바퀴가 돌고 돌아요.

시내를 다 돌아다니지요.

장난감나라

나는 어릿광대 꼭두각시이지요
(I' m a Little Puppet Clown)

http://www.youtube.com/watch?v=IYSrovZZBno

나는 웃기는 어릿광대 꼭두각시이지요.

나의 줄이 올라갔다 내려갔다 해요.

(무릎을 굽혔다 폈다 한다)

자, 우선 서있어요.

그러다가 쓰러지지요.

(바닥으로 떨어진다)

나는 웃긴 어릿광대 꼭두각시이지요.

나는 웃긴 활발한 꼭두각시에요.

나의 줄을 움직여봐요. 그리고 내가 춤추는 걸 보세요.
(위의 동작을 반복한다)
자, 이제는 뻣뻣해요.
(곧게 서고, 팔도 가지런히)
이제 나는 커요.
(발끝으로 선다)
내 줄을 놓으세요.
그러면 나는 쓰러집니다.
(쓰러진다)

테디 베어(Teddy Bear)

http://www.youtube.com/watch?v=GbFo4sxkP1w

테디 베어, 테디 베어, 한 바퀴 돌아요.
(운율에 맞게 동작한다)
테디 베어, 테디 베어, 땅을 만져요.
테디 베어, 테디 베어, 신발에서 빛이 나요.
테디 베어, 테디 베어, 그럴 거예요.
테디 베어, 테디 베어, 계단을 올라가요.
테디 베어, 테디 베어, 기도를 해요.
테디 베어, 테디 베어, 불을 끄세요.
테디 베어, 테디 베어, "안녕히 주무세요!"라고 말해요.
(이 손가락 놀이를 발전시키고자 한다면, "Pop Goes the Weasel"이라는 멜로디에 맞추어 흥얼거리며 손을 움직이는 여러 동작들을 만들 수 있다. 이 멜로디가 끝나고 선생님이 "일어나세요!" 하면 아이들이 벌떡 일어선다)

계절

구름(Clouds)

동글동글 하얀 구름이에요.
(하늘을 바라보며 손가락 끝으로 가리킨다)
하늘 높이 날고 있지요.
하늘에 아이스크림을 여러 겹 쌓아 올려놓은 것 같아요.
바람이 아주 세차게 불 때
(팔을 앞뒤로 흔든다)
조용히 날아가는 건 무엇일까요?
비를 내리게 하는 것은 무엇일까요?
(팔을 높이 들고 손가락을 퍼덕거리며 땅으로 내려온다)
눈을 내리게 하는 것은 무엇일까요?
온 세상을 씻어 내리는 눈과 비예요.
태양과 함께 까꿍놀이를 재미있게 하는 건 누구일까요?
(두 손으로 두 눈을 가리고 까꿍놀이를 하듯이)
저 높은 파란 하늘을 바라보며 날아다니는 저것은 무엇일까요?
(하늘을 가리킨다)

떨어지는 빗방울(Falling Raindrops)

빗방울, 빗방울!
(손가락으로 떨어지는 비를 표현한다)
어디든지 다 떨어져요.
후두두둑 지붕위에 떨어지고,
(바닥에 살짝 두드린다)
후두두둑 땅에 떨어져요. (반복)
여기에 내 우산이 있어요.
(우산을 펴는 듯한 동작을 한다)
이 우산이 나를 안 젖게 할 거예요.
(머리 위에 쓴다)
내가 비 오는 날 걸을 때,
이 우산을 높이 들을 거예요.
(높이 든다)

겨울이 와요!(Jack Frost)

밤에 살금살금 기어오는 것은 누구일까요.
(두 오른 손가락이 왼쪽 팔로 다가온다)
달이 밝고 선명할 때 말이에요.

누가 나뭇잎을 빨간색과 황금색으로 물들였을까요?
(오른손으로 페인트칠하는 동작을 한다)
가을날이 점점 추워질 때 말이에요.
언덕에 올라갔다 내려와요.
(올라갔다 내려오는 동작을 한다)
갈색 옥수수가 줄지어 들어갔다 나왔다.
(들어갔다 나왔다 동작을 한다)
달콤한 소리를 다닥다닥 내는군요.
약간 언 발로 소리를 내요.
겨울이 와요!

바람의 장난(Wind Tricks)

오늘 바람이 장난을 많이 치는군요.
(한 손으로 바람이 이리저리 흔들리는 듯 한다)
내 친구의 모자도 날려버렸어요.
(머리 위의 모자가 날아가는 모양을 한다)
거리 위의 종이들을 날려버렸죠.
(한 손으로 날아가는 종이를 묘사한다)
바람은 거의 내 발을 하늘 위로 뜨게끔 했지요.
바람은 또 나무들과 수풀들을 춤추게 했지요.
(팔을 들고 춤추는 동작을 한다)
윙윙 하고 의기양양하게 휘몰아치는 바람의 소리를 들어봐요.
(귀에 손을 모은다)

겨울 날씨(Winter Weather)

벙어리장갑을 껴요.
(장갑을 끼는 시늉을 한다)
그리고 코트의 단추를 채우지요.
(단추를 채우는 시늉을 한다)
목도리도 둘둘 말아요.
(목도리를 둘둘 마는 시늉을 한다)
부츠를 신어요.
(부츠를 두 손으로 신는다)
신발 끈을 꽉 묶어요.
(손가락으로 끈을 묶는다)
따뜻한 겨울 모자를 써요.
그리고 문을 열고 밖으로 나가요.
(상상의 문을 열고 밖으로 나선다)
밖은 깃털처럼 부드러운 눈으로 날리지요.
(두 손으로 눈 내리는 모습을 묘사한다)

안내 이미지 대본과 확장활동

다음에 제시되어 있는 대본은 아이들과 어른들에게 모두 적절하다. 〈눈 위 걷기〉나 〈비 오는 날〉과 같은 것들은 아이들에게 아주 적절한 대본이다. 어떤 아이들은 눈 위를 걷는 것이 매우 익숙한 반면, 어떤 아이들은 비 오는 날이 더 익숙할 수 있다. 아이들의 개인적 경험에 적합한 대본을 활용하기를 바란다.

〈거울 춤〉은 어른들에게 적절하다. 이 활동은 안내 이미지, 파트너와의 동작과 협동을 포함하고 있다. 또한 음악과 관련된 사항도 제안되고 있다. 〈대화 그리기〉는 어른들이 비언어적 행동의 정확함과 부정확함을 분간할 수 있도록 한다.

어른들에게 적절한 〈집단 신뢰하기〉는 조원들을 신뢰할 수 있고 편안함을 느낄 수 있도록 한다. 마지막에 제시되어 있는 〈여러분은 창의적이다〉는 아주 작은 씨앗으로부터 식물로 자라나는 것을 상상함으로써 자신의 창의성을 발견할 수 있게 해준다.

아동용: 눈 위 걷기

친구들이 편하게 몸을 펼 수 있는 곳이나 가만히 앉아 있을 만한 곳을 찾아봐요. 2~3회 정도 깊고 느리게 호흡하면서 여러분의 마음이 평안한지 살펴봐요. 자기 호흡 소리를 들어보고 아무도 호흡소리를 들을 수 없을 만큼 조용한지를 살펴봐요. 편한 자세를 취하지만, 여러분의 등은 곧게 펴서 숨을 더 잘 쉴 수 있도록 해야 해요.

눈을 감고 눈 온 날의 풍경을 상상해봐요. 두꺼운 솜바지를 입고 하얀 눈이 소복이 쌓인 곳에 나가는 것을 상상해봐요. 친구들은 전에 눈 위를 걸어본 적이 있어요? 눈이 손과 얼굴에 부드럽게 내리는 것을 상상해봐요. 손에 눈이 가득해질 때까지 계속 상상해봐요.

손에 있는 눈을 바라본 다음, 손의 눈이 바닥에 떨어지게 해봐요. 눈이 떨어지는 소리가 들리는가에 주의를 기울여봐요. 부드러운 바람이 주위의 눈을 흩날리게 해요. 눈 위를 걷고 있는 모습을 상상해봐요. 폭신폭신한 느낌과 걷는 길 사이에 들리는 작은 소리를 상상해봐요. 친구들은 폭신폭신함을 느낄 수 있는 곳을 찾을 수 있어요. 누워서 팔과 다리로 눈 모습의 천사를 만들어봐요. 친구들이 원한다면 2~3개의 눈 천사를 만들 수 있어요. 눈 천사를 바라봐요. 눈에서 놀고 천사를 만드는 것이 매우 즐겁지요.

이제 친구들은 조금씩 추워지고 따뜻한 실내로 들어가야 할 시간이 되었어요. 언 몸을 녹여줄 수 있는 것을 마시고 싶어지지요. 무엇을 마시고 싶은지요? 우리 방에 대하여, 우리 방의 모습을 떠올릴 수 있는지 생각해봐요. 눈에서 노는 것을 그만둘 준비가 되면 이 방에서 들리는 소리에 귀를 기울여봐요. 손가락을 움직이면서 기지개를 펴요. 눈을 뜨고 내가 보일 때까지 한번 찾아봐요.

아동용: 비 오는 날

편하게 몸을 펼 수 있는 곳이나 가만히 앉아 있을 만한 곳을 찾아봐요. 자기 숨소리에 귀를 기울이면서 몸에서 공기가 들어왔다가 나가는 것을 느껴봐요. 눈을 감고 부드러운 비가 내리고 있는 모습을 상상해봐요.

비가 오는 소리에 귀를 기울여봐요. 무슨 소리가 들리는가요? 손을 뻗어 비가 느껴지도록 상상해봐요. 어떤 느낌이 느껴지는가요? 차가운가요? 아니면 따뜻한가요? 젖었나요? 주위에 물웅덩이가 있는가를 살펴봐요. 그리고 비가 내리면서 웅덩이가 더 커지고 있는가를 살펴봐요. 여러분은 비가 오는 길에 산책을 나가는 모습을 상상해봐요. 무엇이 보이는가요? 유치원[학교]이 보이는가요? 나무나 꽃 같은 것들이 보이는가요? 나무와 꽃은 비를 맞으며 무엇을 느끼게 될까요? 비 오는 길을 걸어 다니는 다른 사람들도 보이는가요? 귀 기울여 비가 만드는 음악을 들을 수 있는가 시험해봐요. 빗속을 걸으면서 하고 싶은 일이 있나요? (여기에서 잠시 쉰다)

빗속의 산책을 마칠 시간이 되었어요. 친구들의 교실에 대하여 생각하고 교실 모습을 떠올려봐요. 손가락을 움직이고 잠깐 기지개를 켜봐요. 이제 눈을 뜨고 내가 보일 때까지 주위를 둘러봐요.

성인용: 거울춤

거울춤 활동

여기에서는 안내 이미지와 창의적 춤을 함께 결합하는 활동을 여러분에게 보여줄 것이다. 거울춤이라는 이 활동은 대규모의 집단에서 파트너와 활동하는 안전감을 제공해준다. 집단과 파트너는 서로에게 지원자가 된다. 개개인은 결과와 재능 여부에 대한 불안감을 느낄 수 있다. 이러한 이유로 거울춤은 숫자들의 안전감에 의존하고 있다.

여러분은 쭉 뻗고, 구부리고, 돌리고, 뛰고, 돌고, 전진하거나 뒤로 가는 등의 다양한 방식으로 몸을 움직이게 된다. 손가락을 뻗치거나 팔을 들어 올리거나 고개를 돌리는 식의 간단한 동작은 리듬에 맞추어 움직일 수 있고 박자나 힘에 따라 변할 수 있다. 여러분이 이 활동에 참여하여 이 동작들을 하게 될 때, 몸이 움직이는 곳에, 여러분의 몸 각 부분이 다른 부분과 어떻게 관계를 이루어 움직이는가, 다른 사람들과의 관계에서 어떻게 움직이고 있는가에 주의를 기울여보라. 모든 표현 방식은 자연스러운 것으로서, 여러분은 이러한 동작들을 적절하게 조합할 수 있다. 이러한 탐험에는 옳고 그른 것이 존재하지 않는다. 여러분이 가고 싶은 곳으로 가고, 움직이고, 활동하고, 이끌고, 따라할 수 있다. 그 과정은 결과보다 더 중요하고, 이러한 경우 과정은 여러분에게 달려 있다.

거울춤 준비

이것은 대집단 활동으로서 파트너와 함께 활동하게 될 것이다. 가능하다면 여러분과 키가 비슷하거나 이 수업에서 대화를 나누어보거나 낯익은 사람을 파트너로 정하길 바란다. 여러분은 느린 리듬의 음악을 필요로 하게 될 것이다. 파헬벨의 캐논 D장조나 요한 스트라우스의 왈츠나 현대 재즈음악과 같은 것을 고를 수도 있다. 음악이 여러분을 움직이게 만들어주기만 하면 된다.

여러분은 아마도 비춰보기 기술에 익숙할 것이다. 앉아있거나 서있는 동안, 여러분은 파트너의 움직임을 흉내 내기만 하면 된다. 파트너가 오른쪽으로 움직이면 여러분은 그 행동을 흉내 낸다. 파트너가 올라가는 식으로 두 손을 꼬면서 허공 중에 뻗으면 여러분은 똑같이 한다. 여러분의 파트너가 방을 가로질러 뛰어가면 가능한 한 비슷하게 따라한다.

거울춤은 여러분과 파트너가 바닥에 앉아서 서로 마주 보는 것으로 시작한다. 정해진 사람이 실제 춤을 위한 단계로부터 시작하는 안내 이미지 여행을 읽기 시작한다. 예를 들어, 나는 여러분을 파트너로 초대한다. 그리고 서로 마주 보고 앉을 수 있는 곳에 앉아서, 표현적 춤의 세계로 들어간다.

거울춤

편안하게 앉을 만한 공간을 찾아서 파트너와 서로 마주보면서 바닥에 앉는다. 몇 분간 정말 편안한 자세인가를 확인해본다. 여러분의 마음의 눈에 지나가는 생각과 이미지에 몇 분간 주의를 기울여본다. 눈을 감고, 햇빛 좋은 날, 예쁜 꽃들로 가득한 너른 초원에 있다고 생각해보라. 둘러보면서 공간이 얼마나 넓은지를 확인하고 어떤 기분이 드는지 느껴본다.

초원에서 다른 사람을 볼 수 있을 것이다. … 여러분은 바람처럼 자유롭게 춤을 추고 있는 사람을 발견하게 된다. 이 사람은 여러분이 있다는 것을 의식하지도 못한 채 계속 자유롭게 춤을 추고 있다. 무용가가 초원에 들어오고 여러분에게 더 가까이 다가올 때 잠시동안 부드러운 춤 동작을 자세히 관찰해보라. … 곧 이 무용가는 여러분이 있음을 알아차리고 여러분을 보러 가까이 오게 될 것이다. … 무용가가 움직이기 시작하면 여러분의 몸은 어렵지 않게 아름답게 반응한다. 여러분은 힘들이지 않고 거울처럼 따라하게 된다. 여러분과 무용가는 함께 뛰고 돌며, 공간과 시간, 형태와 연습으로부터도 자유롭다.

좁은 길이나 항로, 우주, 무중력상태 등과 같은 상황에서의 무용가의 동작을 똑같이 해보라. 여러분이 무용가를 따라가고 있거나 무용가가 여러분을 따라가는 것과 같은 상황을 마음의 눈을 활용해 상상해보라. 여러분과 무용가의 관계에 주의를 집중해보라. 무용가와 가까이 있는가, 멀리 있는가, 만나고 있는가 혹은 헤어지고 있는가, 옆에 있는가 혹은 뒤에 있는가, 앞서 가고 있나 혹은 뒤쫓고 있는가를 생각해보라.

(독자의 유의점: 여기에서 적어도 1분 정도 쉰다. 자신만의 상상의 춤을 경험할 수도 있고, 60까지 천천히 수를 세어 참석자들이 자신의 상상의 춤을 끝마치게 할 수도 있다.)

1분 정도 지나서 여러분은 상상의 초원에서 거울춤을 추기 위한 음악을 듣게 될 것이다. 음악이 들리면 눈을 뜨고 처음에는 아주 천천히, 다른 무용가들과 움직이기 시작한다. 한 명은 거울이 되고 다른 한 명은 무용가가 된다. 여러분은 편안하게 느껴질 때 역할을 바꿀 수 있다. 하지만 말로 해서는 안 된다는 점을 기억하라.

(독자의 유의점: 음악을 틀어준다.)

음악이 들리면 동작하기 시작한다. 일어나서 거울춤을 창조하면서 여러분은 방 주변을 파트너와 돌아다닌다. 음악의 리듬을 따른다. 다른 방식으로 움직이는 법을 탐구한다. 여러분은 피곤해질 때까지 혹은 음악이 끝날 때까지 춤을 춘다.

활동과정

거울춤 끝에, 여러분은 경험에 대하여 이야기할 시간을 갖도록 하라. 여러분은 다른 사람들 앞에서 춤을 추면서 좋았던 것과 싫었던 것을 표현할 수 있다. 여러분이 편안함을 느낀 정도와 파트너와 실제 장면에서 상상의 춤을 자발적으로 새롭게 표현하려는 정도에 대하여 말할 수 있다. 음악은 적절했는가? 움직이기에 적절한 공간이 있었는가? 어느 정도의 교실 공간을 탐험했는가? 춤 활동의 어떤 부분을 변형하면 아이들에게 활용할 수 있겠는가? 이러한 질문들을 통해 토론하면서 여러분의 전체 경험을 되돌아볼 수 있을 것이다.

성인용: 대화 그리기

종이, 크레용, 마커, 그래프를 만들 수 있는 신문 인쇄용지를 준비해두어 여러분이 느낀 것을 공유해본다.

과정

1. 좋아하는 색을 천천히 고른다.
2. 여러분과 다른 색상을 고른 친구들과 짝을 이루어라. 커다란 종이를 갖고 작업할 만한 공간을 확보한다. 여러분과 파트너 사이에 종이를 두고 마주 보고 앉는다.
3. 사용하지 않는 색깔은 한 손에 들고 있다. 준비가 되면 종이에 함께 그리기 시작한다. 종이를 나누지는 말고 각자 그림을 그린다. 무엇을 그릴지 토론하거나 미리 계획하지 마라. 천천히 그리기 시작하여, 그리는 과정과 여러분의 파트너와 상호작용할 때 느껴지는 것에 여러분의 의식을 집중하라. 여러분의 의식과 생각과 감정을 충분히 느끼면서 작업을 진행한다. 여러분은 번갈아 그릴 수도 있고, 동시에 그릴 수도 있고, 파트너가 허락하면 파트너의 색을 사용할 수도 있다. 이제 시작해서 10분 정도 그림을 발전시켜 본다.

4. 5~10분 정도 그림을 그린다.
5. 두 파트너가 일부를 완성했을 때, 함께 그림을 그리면서 느꼈던 것을 번갈아 이야기해본다. 여러분이 상호작용할 때 의식했던 것과 조용히 대화하는 동안 느꼈던 것을 표현하라.
6. 모두 잠시 이야기를 한 다음 지각 확인 활동을 시작한다.

지각 확인

우리는 1) 관찰가능한 행동에 주의를 기울이거나 2) 다른 행위에 대한 추론을 하거나 3) 우리의 인식이 옳은지 그른지를 다른 사람에게 물어봄으로써 우리 지각이 정확한지 확인할 수 있다. 다음은 비언어적 의사소통에 대한 일반적 해석의 예를 보여준다.

행동(관찰할 수 있는 자료)	**추론(해석들)**
눈살을 찌푸리다	화나고 속상한
갑작스런 움직임	두려운, 깜짝 놀란
웃음, 히히덕거림	행복하고 편안한

우리는 다른 사람과 언어적으로든 비언어적으로든 의사소통할 때 우리가 직접 관찰할 수 있고 다른 사람이 말하고 있는 것 이상을 보는 경향이 있다. 상호작용을 통하여 느낀 것을 발달시킬 때 우리는 정서적인 상태를 경험하기도 한다. 우리의 지각을 확인하는 체계적인 접근을 통하여 이 과정을 더 발전시킬 수 있다. 다음의 예는 전반적인 과정을 묘사하고 있다.

나는 본다(관찰할 수 있는 자료)

예 : "나는 네가 내가 그림 그리고 있는 것을 보고 있음을 안다."

나는 상상한다. (해석)

예 : "나는 네가 내가 그림 그리고 있는 것을 보고 있음을 알고, 네가 내 그림을 비평할 것이라고 상상한다."

나는 느낀다(감각적 지각)

예 : "나는 네가 내가 그림 그리고 있는 것을 보고 있음을 알고, 네가 내 그림을 비평할 것이라고 상상한다. 나는 매우 불안하다."

나는 원한다(변화의 요구)

예 : "나는 네가 내가 그림 그리고 있는 것을 보고 있음을 알고, 네가 내 그림을 비평할 것이라고 상상한다. 나는 매우 불안해진다. 나는 네가 실제로 생각하고 있는 것을 나에게 말해주기를 바란다."

다른 예들

"나는 내가 말할 때 네가 나를 보고 있음을 안다. 나는 네가 내가 말하고 있는 것에 흥미를 느끼고 있을 거라고 생각한다. 나는 행복함을 느끼며, 네가 의견을 말해주기를 원한다."

"나는 네가 울고 있음을 안다. 나는 네가 슬퍼하고 있음을 안다. 나는 공감하며 어떻게 도울 수 있을까 생각하고 있다."

"나는 네가 그리면서 웃는 것을 본다. 나는 네가 즐거워하는 것을 상상하면 우리가 함께 일하는 것이 기뻐진다. 이제 마칠 시간이 된 것 같다."

과정

1. '대화 그리기' 를 했던 파트너와 계속 활동을 한다. 예시로 제시된 언어와 단어들을 활용하여 지각 확인 활동을 시작할 수 있다. '대화 그리기' 활동 중에 있었던 비언어적 의사소통이나, '지금 여기의 지각' 을 점검할 수도 있다. 각자의 지각을 명료화하여 인정하고, 무시하기 전에 최소한 5분 동안 그 과정을 계속해본다. 반드시 '나 진술(I-statement)' 을 활용한다.
2. 자신의 그림과 활동 과정에서 배우게 되었던 것을 팀원들과 이야기 나눈다. 다음과 같은 말들을 참고해볼 필요가 있다.

- 대화 그리기 과정에서 내가 흥미를 느꼈던 것은 ....이다.
- 그리기 활동에서 내가 가졌던 생각과 느낌은 ....이다.
- 내가 활동을 다시 한다면, 나는 ....을 시도해보고 싶다.
- 비언어 활동에서 내가 가지게 되었던 새로운 생각은 ....이다.
- 활동 중에 실망스럽게 느꼈던 것은 ....이다.
- 활동에 대한 느낌은 ....(즐겁다/따분하다/흥미롭다).

'대화 그리기' 활동은 강한 느낌을 주는 표출적 활동일 수 있다. 이 활동에 참여한 예비교사들은 친구나 가족들에게도 적용하고 싶어하였다. 이를 친구들에게 적용하기 전에 친구들은 이 수업을 수강하지 않았음을 기억할 필요가 있다. 지각 점검

과정에 친구들이 참여할 수 있게 하더라도, 여러분은 이제 정의적 영역에 대하여 알아가고 있음을 반드시 기억하길 바란다. 가르치는 일과 관련된 일을 하지 않는 여러분의 친구들은 인간의 성장이나 발달이라는 주제에 대하여 잘 이해하고 있지 못할 수도 있다. 이 기회를 여러분의 직업적 지원체제를 확장시키도록 활용하라. 그리고 여러분이 말하는 것을 잘 알아듣지 못하는 사람들에 대해서도 친절하자.

성인용: 집단 신뢰하기

나는 여러분이 좀 더 여유 있고 집단 구성원들을 편안하게 신뢰할 수 있는 경험에 참여해보기를 바란다. 7~8명으로 구성된 집단을 만든다. 집단구성원들은 동그랗게 앉는다. 집단의 대표는 가운데서 시연을 해 보인다. 대표는 팔짱을 끼고 서있다. 다른 구성원들은 안으로 들어가서 대표의 몸에 손을 얹는다. 대표는 눈을 감고 몸은 곧게 세운 상태로 몸을 이완하면서 집단 구성원에게 의지하며 서있다. 그 옆의 구성원들은 손과 팔을 써서 집단 대표를 잘 지탱해준다. 대표가 좀 더 여유 있고 편안함을 느끼게 되면서, 구성원들은 그를 다른 구성원들에게 넘겨준다. 이와 같은 "계속 돌아가기"는 천천히, 부드럽게 이루어져야 한다. 몇 분 지나서 구성원들은 그를 다시 가운데에 데려다준다.

신뢰 집단 활동의 아이디어는 가운데 있는 사람에게 신뢰의 경험을 부여해준다. 대표는 다른 사람이 자신을 안전하게 잘 보호해줄 것이라는 믿음을 가지고 있어야 하고, 나머지 사람들도 대표가 편안하게 느낄 수 있도록 신뢰를 주어야 한다. 가운데 사람이 다른 것에 혼란을 일으키지 않도록 침묵 속에서 이 활동을 진행하는 것이 때로는 도움이 되기도 한다.

신뢰 집단 활동을 시작하기 전에, 다음과 같은 안내지침을 읽는다.

1. 집단 구성원들 모두 한 발을 앞으로, 다른 발은 뒤로 놓는다. 여러분이 힘이 센 것은 아니지만, 가운데 사람의 몸무게를 지탱해줄 수 있다. 가운데 있는 사람에게 가까이 선다면 여러분은 지탱하기 위하여 힘을 덜 쓸 수 있기 때문에, 여러분은 키가 작고 가운데 사람이 크다면 동그란 원을 더 조그맣게 만드는 것이 좋다.
2. 여러분이 가운데 들어가게 되었다면, 몸은 곧게 유지하면서 가능한 한 편안하게 이완을 취한다. 무릎이나 엉덩이는 구부려서는 안 된다. 발을 땅바닥에

딱 붙이고 선다. 좀 긴장이 된다면 천천히 과정을 진행하여 가운데 사람이 신뢰를 느끼게 해주어야 한다.

3. 첫 자원자가 되어 보라. 자원자가 생길 때까지 이 활동을 계속할 것이다. 이 활동이 끝난 다음 토론 시간을 가질 수 있다. 다음과 같은 질문을 참고해보자.

- 여러분이 가운데 있을 때, 어떤 기분이 들었는가?
- 여러분이 구성원으로 서있을 때, 어떤 기분이 들었는가?
- 가운데 있을 때 편안했는가?
- 집단 구성원들을 신뢰할 수 있었는가?
- 집단 구성원으로서 여러분은 신뢰를 주었는가?
- 가운데 있을 때, 집단 구성원들은 여러분을 어떻게 대해 주었는가? 그것은 부드러웠는가, 아니면 짐을 대하듯 했는가?

성인용: 여러분은 창의적이다

방 안에서 여러분이 편안하게 누울 수 있는 공간을 찾아본다. 누워 있다면 팔과 다리, 모두 편안하게 누워라. 앉는 자세를 취하고 있다면 허리를 곧게 펴고 손은 무릎에 얹고 편안하게 앉는다.

여러분은 눈을 감고 몸을 고요하고 평화롭게 한다. 깊은 숨을 들이마시고 모든 긴장을 푼다. 복식 호흡을 하면서 작은 "휴" 소리와 함께 숨을 내뱉는다. 깊고 부드럽게 숨을 쉬고 있음을 느껴본다. 숨이 부드럽게 몸 안에서 흐르고 있음을 느껴본다.

따뜻함을 생각한다. … 따뜻한 황금빛 햇살이 어두운 우주에 빛을 보내고 있음을 상상해본다. 숨을 쉬면서 모든 온기를 빨아들인다고 생각해본다. 숨을 내뱉으면서 그 기운을 다시 우주에 돌려보내고 있다고 상상해본다. 숨을 들이마시고 내뱉으면서, 황금빛 햇살이 여러분의 몸 안에 들어오고 나가는 과정을 반복하고 있다.

몸의 가운데는 여러분이 균형 잡고 있다고 느끼는 곳이다. … 여러분의 의식은 자신의 균형점을 찾고 있다. 아름다운 황금빛 햇살을 바라보고, 숨을 들이마심으로써 여러분의 몸에서 그 에너지가 흐르고 있음을 느낀다. 내쉰 숨이 황금빛 광선이 되어 하늘에서 비상하고 태양까지 되돌아간다. 여러분은 우주 속에서 함께 호흡하고 있다. 호흡을 통하여 우주의 기운을 공유하고 있다. 고요하고 편안하고 … 의식이 깨어 있고 … 따뜻하고 … 안전함을 느끼고 있다.

여러분이 작은 씨앗이라고 생각해본다. 우주 안에서 깊고 안전하게 둥지를 틀고 있다. … 씨앗은 아름다운 꽃이나 강인한 나무, 혹은 열대 우림의 우거진 풀이 될 것이다. 여러분의 씨앗은 이제 곧 자라게 될 것이다. 아직 씨앗이지만 그것은 이제 자신을 펼쳐 보일 것이다. 여러분의 존재 가운데 뿌리를 내려 땅을 느낀다. … 자신을 땅과 진지하게 연결시켜본다. 여러분이 땅의 일부라고 상상한다. 어둡고 … 차갑고 … 습기가 많은 … 그리고 다 밝혀지지는 않은 과정들. … 여러분의 황금빛 광선이 땅위에 내리쬐고 있다. 광선은 여러분을 따뜻하게 한다.

여러분의 다리는 뿌리가 된다. … 뿌리는 어둠 속에서 자리를 찾기 위해 휘젓고 있다. 여러분의 뿌리는 천천히 움직이면서 … 밖으로 뻗고 있다. … 따뜻하고 습기 있는 땅 속에서 밖으로 향해가고 있다. 여러분의 황금빛 햇빛은 오직 여러분만이 들을 수 있는 메시지를 속삭이고 있다. … 그것은 "성장하라"는 것이다.

여러분이 이제 곧 자라고 있음을 느낀다. … 어두운 땅에서 자신의 길을 끊임없이 찾으면서 여러분의 팔은 불빛을 향해 뻗어가고 있다. 아주 연한 싹이, 다시 햇빛을 받으며 자라나고 있다. 씨앗이 땅 위로 자라나 사랑스럽게 자라나고 있다.

여러분의 풀잎은, 나뭇잎은 이제 활기를 띠고 있다. 여러분은 아름다움으로 가득 차 있으며, 강하고 아름답다. 여러분의 뿌리는 깊게 뿌리를 내리고 있고 땅과 깊숙이 연결되어 있다.

이제 여러분은 편안하게 쉰다. … 아주 고요하고 평화롭게, 활기 있게, 충만하게.

여러분은 이제 다시 이 교실로 돌아올 것이다. 여러분의 손가락과 발가락을 움직여본다. 들리는 소리에 귀를 기울여본다. 그리고 이제 지금 이곳으로 돌아올 시간이다.

이 안내 이미지의 마지막에, 여러분이 경험한 이미지와 느낌에 대하여 말하는 시간을 갖는 것이 좋다. 어떤 사람들은 그림으로, 찰흙으로 이미지를 표현하고 싶어할 수도 있고, 어떤 사람들은 글로 표현하거나 친구들과의 사적인 대화로 표현하고 싶어할 수도 있다. 또 어떤 사람들은 개인적인 반추의 시간을 갖는 것을 선호할 수도 있다. 어떤 방식을 취하든지 간에, 다른 사람에 의한 판단은 허용되지 않고, 우리는 자유롭게 표현하거나 표현하지 않을 수 있다. 아이들에게 적합하게 안내 이미지는 수정할 수 있으며, 발달수준에 적절하게 내용과 단어를 수정할 필요가 있다.

참고문헌

Achterberg, J. (1985). *Imagery in healing: Shamanism and modern medicine.* Boston: Shambhala.

Alexander, R. (1985, March). What are children doing when they create? *PTA Today,* 478–479.

American Alliance for Health and Physical Education, Recreation and Dance. (2004). Retrieved October 21, 2004, from www.aahperd.org/nda/template

Aronoff, F. W. (1969). *Music and young children.* New York: Holt, Rinehart and Winston.

Arts Education Partnership. (1998). Retrieved June 14, 2004, from http://aep-arts.org

Atwood, A. (1971). *Haiku: The mood of the Earth.* New York: Scribner's.

Balke, E. (1997). Play and the arts: The importance of the unimportant. *Childhood Education, 73*(6), 355–360.

Balkin, A. (1990, May). What is creativity and what is it not? *Music Educators Journal,* 30–31.

Barber, B. (1996). Serving democracy by serving the arts. Paper commissioned by the President's Committee on the Arts and the Humanities, Washington, DC.

Barell, J. (1995). *Teaching for thoughtfulness: Classroom strategies to enhance intellectual development* (2nd ed.). White Plains, NY: Longman.

Barnett, R. R. (1998). Children's creativity: Adult's communication. *Montessori Life, 10*(1), 39–41.

Barron, F. (1969). Creative person and creative process. New York: Holt, Rinehart and Winston.

Barron, F. (1978). An eye more fantastical. In G. A. Davis & J. A. Scott (Eds.), *Training creative thinking* (pp. 210–241). Melbourne, FL: Krieger.

Beeler, K. (1976). My most unforgettable teacher: Identifying effective traits. In L. Thayer (Ed.), *Affective education: 50 strategies for experiential learning.* Saline, MI: L. T. Resources.

Bennett, W. J. (1987). Keynote address. Presented at the National Invitational Conference, sponsored by the Getty Center for Education in the Arts, Los Angeles.

Bishop, R. (1997). Selecting literature for a multicultural curriculum. In V. J. Harris (Ed.), *Using multiethnic literature in the K–8 classroom.* Norwood, MA: Christopher-Gordon.

Bleiker, C. A. (1999). The development of self through art: A case study for early art education. *Art Education, 52*(3), 48–52.

Block, C. (1993). Teaching the language arts: Expanding thinking through student-centered instruction. Boston: Allyn & Bacon.

Boles, S. (1990). A model of routine and creative problem-solving. *Journal of Creative Behavior, 24*(3), 171–189.

Booyeyn, L. (2004). Aesthentic discourses in early childhood settings: Dewey, Steiner, and Vygotsky. *Early Childhood Development and Care, 174*(5), 473–486.

Boutte, G. (2000). Multiculturalism: Moral and educational implications. *Dimensions of Early Childhood, 28*(3), 9–16.

Boyer, E. (1987, January). Keynote address. Presented at the National Invitational Conference, sponsored by the Getty Center for Education in the Arts, Los Angeles.

Boyer, E. (1988). It's not either/or, it's both. *Educational Leadership, 45*(4), 3.

Brademas, J. (1997). In President's Committee on the Arts and the Humanities, Creative America: A Report to the President. Retrieved from http://www.pcah.gov/pdf/CreativeAmerica.pdf

Brandt, R. (1987). On assessment in the arts: A conversation with Howard Gardner. *Educational Leadership, 45*(4), 30–34.

Bredekamp, S. (Ed.). (1987). *Developmentally appropriate practice in early childhood programs serving children from birth through age eight.* Washington, DC: National Association for the Education of Young Children.

Bredekamp, S. (Ed.). (1988). The National Association for the Education of Young Children position statement on developmentally appropriate practice in the primary grades, serving 5- through 8-year-olds. *Young Children, 43,* 64–84.

Bredekamp, S., & Copple, C. (Eds.). (1997). *Developmentally appropriate practice in early childhood programs* (Rev. ed.). Washington, DC: National Association for the Education of Young Children.

Brewer, J. (2003). *Introduction to early childhood education: Preschool through primary grades* (5th ed.). Boston: Allyn & Bacon.

Broughton, B. (1986). *An arts curriculum for young children—including those with special needs: Creative experiences.* Chapel Hill, NC: Chapel Hill Training-Outreach Project.

Bruner, J. (1966). *Studies in cognitive growth.* New York: Wiley.

Bruner, J. (1986). *Actual minds, possible worlds.* Cambridge, MA: Harvard University Press.

Caplan, F., & Caplan, T. (1973). *The power of play.* Garden City, NJ: Anchor Press.

Cecil, N., & Lauritzen, P. (1994). *Literacy and the arts for the integrated classroom: Alternative ways of knowing.* New York: Longman.

Chaille, C., & Silvern, S. (1996). Understanding through play. *Childhood Education, 72*(5), 274–278.

Checkley, K. (1997). The first seven ... and the eighth intelligence: A conversation with Howard Gardner. *Educational Leadership, 55*(1), 8–13.

Chenfeld, M. (1978). *Teaching language arts creatively.* New York: Harcourt Brace Jovanovich.

Christie, J., & Wardle, F. (1992). How much time is needed for play? *Young Children, 47,* 27–33.

Clarke, J. (1994–1995, Winter). *Getty Center for Education in the Arts Newsletter,* 9–7.

Collom, J., & Noethe, S. (1994). Tips on leading poetry sessions. *Teachers and Writers, 25*(3), 2–4.

Consortium of National Arts Education Associations. (1994). *National standards for arts education: What every young American should know and be able to do in the arts.* Reston, VA: National Committee for Standards in the Arts.

Cooke, A. L., Brazzel, M., Craig, A. S., & Greig, B. (1999). *Reading book for human relations training* (8th ed.). Bethel, ME: NTL Institute.

Cortines, R. C. (1997). Making the case for district-wide arts education. *Gaining the Arts Advantage: Lessons from School Districts that Value Arts Education* (p. 5). Washington, DC: President's Committee on the Arts and the Humanities, U.S. Department of Education.

Cowart, J., & Hamilton, J. (1987). *Georgia O'Keeffe: Art and letters.* Washington, DC: National Gallery of Art.

Csikszentmihalyi, M. (1997). *Creativity: Flow and the psychology of discovery and invention.* New York: HarperCollins.

Daniels, S. (1995). Images of creativity: The relationship of imagery, everyday cognition, and the creative potential of high school students with exceptional abilities in the arts and sciences. Unpublished doctoral thesis, University of Wisconsin, Madison.

Daniels, S. (1997). Creativity in the classroom: Characteristics, climate and curriculum. In N. Colangelo & G. Davis (Eds.), *Handbook of gifted education.* Boston: Allyn & Bacon.

Davis, G. (2000). *Creativity is forever* (4th ed.). Dubuque, IA: Kendall/Hunt.

Demi. (1980). *Liang and the magic paintbrush.* New York: Henry Holt.

dePaola, T. (1988). *The legend of the Indian paintbrush.* New York: Putnam's.

Dewey, J. (1934). *Art as experience.* New York: Capricorn Books.

Dewey, J. (1950). *Experience and education.* New York: Macmillan.

Dick-Read, G. (1972). *Childbirth without fear: The original approach to natural childbirth* (Rev. ed.), H. Wessel & H. F. Ellis (Eds.). New York: Harper & Row.

Dimondstein, G. (1971). *Children dance in the classroom.* New York: Macmillan.

Dimondstein, G. (1974). *Exploring the arts with children.* New York: Macmillan.

Dixon, G. T., & Chalmers, F. G. (1990). The expressive arts in education. *Childhood Education, 67*(1), 12–17.

Doctoroff, S. (1996). Supporting social pretend play in young children with disabilities. *Early Child Development and Care, 119,* 27–38.

Dudek, S., & Verreault, R. (1989). The creative thinking and ego functioning of children. *Creativity Research Journal, 2,* 64–86.

Edward, C. P., & Springate, K. W. (1995). The lion comes out of the stone: Helping young children achieve their creative potential. *Dimensions of Early Childhood, 23*(4), 24–29.

Edwards, C., Gandini, L., & Forman, G. (Eds.). (1993). *The hundred languages of children: The Reggio Emilia approach to early childhood education.* Norwood,NJ: Ablex.

Edwards, L. (2002). *Affective development and the creative arts: A process approach to early childhood education* (3rd ed.). Upper Saddle River, NJ: Merrill/Prentice Hall.

Edwards, L., & Nabors, M. (1993). The creative arts process: What it is and what it is not. *Young Children, 48*(3), 77–81.

Edwards, L., & Nabors, M. (1994). Creativity and the child's social development. *Dimensions of Early Childhood, 23*(1), 14–16.

Edwards, S. C. (1993). Unpublished poems. Aberdeen, NC.

Einstein, A. (1934). On scientific truth. In A. Einstein (Ed.), *World as I see it* (p. 290). New York: Ginn.

Eisner, E. (1987). Keynote address. Presented at the National Invitational Conference, sponsored by the Getty Center for Education in the Arts, Los Angeles.

Ellermeyer, D. (1993). Enhancing creativity through play: A discussion of parental and environmental factors. *Early Child Development and Care, 93*, 57–63.

Engel, D. (1989). *The little lump of clay*. New York: Morrow Junior Books.

Erikson, E. (1963). *Childhood and society* (2nd ed.). New York: W. W. Norton.

The essential Rumi. (1995). (C. Barks, with J. Moyne, A. J. Arberry, & R. Nicholson, Trans.). San Francisco: HarperCollins.

Farjeon, E. (1956). *The little bookroom*. E. Ardizzone (Illus.). New York: Oxford University Press.

Fayden, T. (1997). Children's choices: Planting the seeds for creating a thematic sociodramatic center. *Young Children, 52*(3), 15–20.

Feierabend, J. (1990). Music in early childhood education. *Designs for Arts in Education, 91*, 15–20.

Fox, J., & Diffily, D. (2000). Integrating the arts—building young children's knowledge, skills, and confidence. *Dimensions of Early Childhood, 29*(1), 3–10.

Franken, R. E. (1994). *Human motivation* (3rd ed.). Pacific Grove, CA: Brooks/Cole.

Franks, O. (1983). Teaching reading through music: Literacy with a plus. In J. Cohen (Ed.), *Teaching reading through the arts* (pp. 52–54). Newark, DE: International Reading Association.

Freeman, N. K. (1997). Education and peace and caring go hand in hand. *Dimensions of Early Childhood, 25*(4), 3–8.

Frosch-Schroder, J. (1991). A global view: Dance appreciation for the 21st century. *Journal of Physical Education, Recreation and Dance*, 62.

Fry, E. (1982). *David Smith: Painter, sculptor, draftsman*. New York: G. Braziller/Washington, DC: Hirschorn Museum and Sculpture Garden, Smithsonian Institution.

Gabriel, J. (2000). Drama: A rehearsal for life. *Child Care Information Exchange, 135*, 45–60.

Gambrell, L., & Bales, R. (1986). Mental imagery and the comprehension-monitoring performance of fourth- and fifth-grade poor readers. *Reading Research Quarterly, 21*, 454–464.

Gambrell, L., & Koskinen, P. (1982). Mental imagery and the reading comprehension of below average readers, situational variables and sex differences. Paper presented at the annual meeting of the American Educational Research Association, New York.

Gardner, H. (1973). *The arts and human development*. New York: Wiley.

Gardner, H. (1983). *Frames of mind: The theory of multiple intelligences*. New York: Basic Books.

Gardner, H. (1987a). Developing the spectrum of human intelligences. *Harvard Educational Review, 57*, 187–193.

Gardner, H. (1987b). The Samuel Torry and June Lyday Orton Memorial Lecture. Delivered at the 37th Annual Conference of the Orton Dyslexia Society, Philadelphia. In *Annals of Dyslexia, 37*, 19–35.

Gardner, H. (1991). *The unschooled mind*. New York: Basic Books.

Gardner, H. (2003). Multiple intelligences after twenty years. Paper presented at the annual meeting of the American Educational Research Association, Chicago.

Gardner, J. W. (1996). Building community. In *President's Committee on the Arts and the Humanities, Creative America: A report to the President* (p. 2). Retrieved from http://www.pcah.gov/pdf/CreativeAmerica.pdf

Gee, S. (1997). Connected by music: Music in special schools. *Times Educational Supplement, 4235*, A34(1).

Gerke, P. (1996). *Multicultural plays for children: Volume I, Grade K–3*. Lyme, NH: Smith and Kraus.

Getty Center for Education in the Arts. (1995). Beyond the Three Rs: Transforming Education with the Arts: An Invitational Conference, Washington, DC.

Getty Center for Education in the Arts Newsletter (1994–1995, Winter), p. 8.

Gibbons, G. (1987). *The pottery place*. New York: Harcourt Brace Jovanovich.

Gilkerson, L. (1998). Brain care: Supporting healthy emotional development. *ChildCare Information Exchange, 121*, 66–68.

Godfrey, R. (1992). Civilization, education, and the visual arts: A personal manifesto. *Phi Delta Kappan, 73*(8), 596.

Goff, K., & Torrance, E. (1991). Healing qualities of imagery and creativity. *Journal of Creative Behavior, 25*(4), 296–303.

Golbeck, S. L. (Ed.). (2001). *Psychological perspectives on early childhood education: Reframing dilemmas in research and practice*. Mahwah, NJ: Erlbaum.

Goldberg, M. (2000). *Arts and learning: An integrated approach to teaching and learning in multicultural and multilingual settings* (2nd ed.). New York: Longman.

Goleman, D. (1995). *Emotional intelligence*. New York: Bantam Books.

Good, T., & Brophy, J. (1987). *Looking in classrooms* (4th ed.). New York: Harper & Row.

Green, C. (2002). Moving to literature. *Texas Child Care, 26*(1), 12–21.

Green, E., & Green, A. (1977). *Beyond biofeedback*. San Francisco: Delacorte Press.

Gursky, D. (1991, November–December). The unschooled mind. *Teacher Magazine*, 38–44.

Haiman, P. (1991). Developing a sense of wonder in young children. *Young Children, 46*(6), 52–53.

Hallworth, G. (Ed.). (1996). *Down by the river: Afro-Caribbean rhymes, games, and songs for children*. C. Binch (Illus.). New York: Scholastic.

Hammer, C., & Dusek, R. V. (1995). Brain difference research and learning styles literature: From equity to discrimination. *Feminist Teacher Editorial Collective, 9*(2), 76–78.

Hanrahan, C., & Salmela, J. H. (1986). Dance images—do they really work or are we just imagining things? *Journal of Physical Education, Recreation, and Dance, 61*(2), 18.

Hardiman, G., & Zernich, T. (1981). *Art activities for children*. Upper Saddle River, NJ: Prentice Hall.

Harp, B. (1988). When the principal asks: "Why are you doing guided imagery during reading time?" *The Reading Teacher, 41*, 588–590.

Harris, L. (1978). Sex differences in spatial ability: Possible environmental, genetic, and neurological factors. In M. Kinsbourne (Ed.), Asymmetrical functions of the brain (pp. 279–284). Cambridge, UK: Cambridge University Press.

Hatfield, T. A. (1996). Benefits analysis of adopting the National Standards for Arts Education: A view from the Arts Education Associations. *Arts Education Policy Review, 97*(5), 12–17.

Haugen, K. (2000). Using creative dramatics to include all children. *Childcare Information Exchange, 135*, 56–57.

Hazard, P. (1944). *Books, children, and men*. Boston: The Horn Book.

Herberholz, B., & Hanson, L. (1995). *Early childhood art* (5th ed.). Dubuque, IA: Brown and Benchmark.

Herrman, N. (1991). The creative brain. *Journal of Creative Behavior, 25*(4), 275–295.

Hester, H. (1987). Peer interaction in learning English as a second language. *Theory into Practice, 23*, 208–217.

Heward, W., & Orlansky, M. (1996). *Exceptional children: An introductory survey of special education* (5th ed.). Upper Saddle River, NJ: Merrill/Prentice Hall.

Hymes, J. L. (1981). *Teaching the child under six*. Columbus, OH: Merrill.

Jacobs, J. (1892). *English fairy tales*. New York: Putnam's.

Jaques-Dalcroze, E. (1921). *Rhythm, music, and education*. New York: Putnam's.

Jausovec, N. (1989). Affect in analogical transfer. *Creativity Research Journal, 2*, 255–266.

Jenkins, E. (1989). *Adventures in rhythm*; *Call and response rhythmic group singing*; *Counting games and rhythms for the little ones*; *Early, early childhood songs*; *You'll sing a song and I'll sing a song* [LPs, Cassettes, and Songbooks]. New York: Folkway Records.

Johnson, E., Sickels, E., & Sayers, F. (1970). *Anthology of children's literature* (4th ed.). New York: Houghton Mifflin.

Jung, C. (1933). On the relation of analytic psychology to poetic art. In A. Rothenberg & C. R. Hausman (Eds.), *The creativity question*. Durham, NC: Duke University Press.

Jung, C. (1954). The development of personality. In *Collected works (Vol. 17)*. New York: Pantheon Books.

Kellogg, R., & O'Dell, S. (1967). *Psychology of children's art*. New York: Random House.

Kilmer, A. (1954). The world's great religious poetry. In C. Miles (Ed.), *Poets* (p. 103). New York: Macmillan.

Kimmelman, M. (1999, February 14). Keeping the arts in mind and the mind on the arts. (Interview with psychologist Howard Gardner). *New York Times*, 52, 38 L, col 1.

Korn, E., & Johnson, K. (1983). *Visualization: The uses of imagery in the health professions*. Homewood, IL: Dow Jones-Irwin.

Koster, J. B. (1997). *Growing artists: Teaching art to young children*. Albany, NY: Delmar.

Kupetz, B. (1993). A shared responsibility: Nurturing literacy in the very young. *School Library Journal, 39*(7), 28–31.

Kutiper, K., & Wilson, P. (1993). Updating poetry preferences: A look at the poetry children really like. *The Reading Teacher, 47*, 28–35.

Laban, R. (1948). *Modern educational dance*. London: MacDonald and Evans.

Lansing, K. M. (1981). The effect of drawing on the development of mental representations. *Studies in Art Education, 22*(3), 15–23.

Leithold, N. (2000). Creative dramatics, beginnings workshop. *Child Care Information Exchange, 135*, 45–60.

Levinson, M. H. (1997). Mapping creativity with a capital "C." *ETC: A Review of General Semantics, 54*(4), 447(7).

Levy, A., Wolfgang, C., & Koorland, M. (1992). Sociodramatic play as a method for enhancing the language performance of kindergarten age students. *Early Childhood Research Quarterly, 7*, 245–262.

Lewis, N. (1991). Introduction. In P. C. Asbjornsen & J. Moe, *East o' the sun and west o' the moon*. Cambridge, MA: Candlewick.

Logan, W. M., & Logan, V. G. (1967). *A dynamic approach to the language arts*. Toronto, Ontario, Canada: McGraw-Hill.

Lowenfeld, V., & Brittain, W. L. (1947). *Creative and mental growth*. New York: Macmillan.
Lowenfeld, V., & Brittain, W. (1970). *Creative and mental growth* (4th ed.). New York: Macmillan.
Lowenfeld, V., & Brittain, W. (1975). *Creative and mental growth* (5th ed.). New York: Macmillan.
Lowenfeld, V., & Brittain, W. (1987). *Creative and mental growth* (8th ed.). New York: Macmillan.
MacKinnon, D. (1976). Architects, personality types, and creativity. In A. Rothenberg & C. R. Hausman (Eds.), *The creativity question*. Durham, NC: Duke University Press.
MacKinnon, D. (1978). Educating for creativity: A modern myth? In G. A. Cavis & J. A. Scott (Eds.), *Training creativity thinking*. Melbourne, FL: Krieger.
Marley-Booker, C. (1992). *Smilin' island of song: Reggae and calypso music for children*. Redway, CA: Little People Music.
Maslow, A. (1970). *Motivation and personality* (2nd ed.). New York: Harper & Row.
Maslow, A. (1971). *The farther reaches of human nature*. New York: Viking.
Mazo, J. (1991). Martha remembered. *Dance Magazine, 65*(7), 34.
McCarthy, M. (1996). Dance in the music curriculum. *Music Educators Journal, 82*(6), 17–21.
McCarty, F. H. (1976). Teaching-learning goals: Steps toward achievement. In L. Thayer (Ed.), *Affective education: 50 strategies for experiential learning*. Saline, MI: L. T. Resources.
McCaslin, N. (2000). *Creative drama in the classroom* (7th ed.). New York: Longman.
McGirr, P. I. (1995). Verdi invades the kindergarten. *Childhood Education, 71*, 74–79.
McMahon, R., Saunders, D., & Bardwell, T. (1996–1997). Increasing young children's cultural awareness with American Indian literature. *Childhood Education, 73*(2), 105–108.
McMurrin, S. (1967, January). What tasks for schools? *Saturday Review*, 41–44.
Melville, R. (Ed.). (1970). *Henry Moore: carvings, 1961–1970, bronzes, 1961–1970*. New York: M. Knoedler and Marlborough Gallery.
Metz, E. (1989). Music and movement environments in preschool settings. In B. Andress (Ed.), *Promising practices in prekindergarten music* (pp. 89–96). Reston, VA: Music Educators National Conference.
Miche, M. (2002). *Weaving music into young minds*. Albany, NY. Delmar/Thomson Learning.
Moore, H. (1982). *Henry Moore: Carvings, 1961–1970*. New York: The Metropolitan Museum of Art.
Moravcik, E. (2000). Music all the livelong day. *Young Children, 55*(4), 27–29.
Morris, J. (2002). The Imagination Station: A drama education program for preschool teachers. *Youth Theatre Journal, 16*, 38–47.
Murdock, M. (1987). *Spinning inward: Using guided imagery with children for learning, creativity and relaxation*. Boston: Shambhala.
Music Educators National Conference. (1994). *National standards for arts education*. Reston, VA: Author.
Myrick, R., & Myrick, L. (1993). Guided imagery: From mystical to practical. *Elementary School Guidance and Counseling, 28*, 62–70.
National Arts Education Association. (1992). Goals for schools and interpretation. *Quality Art Education, 1*, 9–12.
National Dance Association. (1994). National Standards for Dance Education. Retrieved from http://www.aahperd.org/nda/template.com
Neelly, L. P. (2001). Developmentally appropriate music practice: Children learn what they live. *Young Children, 56*(3), 32–36.
Norton, D. (2002). *Through the eyes of a child: An introduction to children's literature* (6th ed.). Upper Saddle River, NJ: Merrill/Prentice Hall.
Norton, D. (2005). *Multicultural children's literature: Through the eyes of many children* (2nd ed.). Upper Saddle River, NJ: Merrill/Prentice Hall.
O'Shaughnessy, A. (1881). Ode. In B. E. Stevenson (Ed.), *The home book of verse, American and English*. New York: Henry Holt.
Overby, L. (1988). Imagery as a teaching tool: A survey of dance teachers. Paper presented at the annual conference of the American Alliance for Health, Physical Education, Recreation and Dance, Kansas City, MO.
Palmer, H. (1988). *Learning basic skills through music (Volumes 1–5); Getting to know myself; The feel of music*. Freeport, NY: Educational Activities. *Multicultural Education, 5*(1), 34–40.
Parnes, S. J. (1967). *Creative behavior guidebook*. New York: Scribner's.
Parson, M. (1987). *How we understand art: A cognitive development account of aesthetic experience*. Cambridge, MA: Cambridge University Press.
Parten, M. (1932). Social participation among preschool children. *Journal of Abnormal and Social Psychology, 27*, 243–269.
Pearson-Davis, S. (1993). Cultural diversity in children's theatre and creative drama. *Youth Theatre Journal, 7*(4), 16.
Pelletier, K. (1985). *Mind as healer, mind as slayer*. New York: Pergamon Press.
Piaget, J., & Inhelder, B. (1969). *The psychology of the child* (H. Weaver, Trans.). New York: Basic Books.

찾아보기

| 역자 소개 |

김명희 교수 이화여자대학교를 졸업하고 보스톤 대학교와 연세대학교에서 박사 학위를 받았다. 현재 한양대학교 사범대학 교육학과 교수로 재직 중이며 다중지능교육에 관한 활발한 연구를 수행하고 있다.

주은희 교수 연세대학교를 졸업하고 연세대학교 대학원에서 공부하고, 영국 웨일즈 대학교 대학원에서 Doctor of Philosophy를 받았다. 현재 한양여자대학교 유아교육과 교수와 부속유치원원장, 유치원 평가위원으로 활동 중이며, 유아 창의성발달과 다문화이해교육을 가르치고 연구하고 있다.

박선희 교수 연세대학교를 졸업하고 한양대학교 대학원에서 유아미디어교육으로 교육학 박사 학위를 받았다. 현재 한남대학교 교직과 교수이고 유아미디어학회 임원이다.

신동은 박사 연세대학교를 졸업하고 연세대학교 대학원에서 교육학박사 학위를 받았다. 현재 한국전문대학교육협의회 부설 고등직업교육연구소에서 직업교육 관련 정책을 연구하고 있다.

박성은 박사 연세대학교를 졸업하고 연세대학교 대학원에서 교육학박사 학위를 받았다. 현재 연세대학교 교육연구소의 선임 연구원으로 재직 중이며 교육심리 분야의 연구를 수행하고 있다.

다중지능으로 풀어본 창의예술

The Creative Arts: A Process Approach for Teachers and Children

발행일 | 2013년 1월 10일 초판 발행
저 자 | Linda Carol Edwards
역 자 | 김명희 · 주은희 · 박선희 · 신동은 · 박성은
발행인 | 홍진기
발행처 | 아카데미프레스
주 소 | 413-756 경기도 파주시 문발동 출판정보산업단지 507-9
전 화 | 031-947-7389
팩 스 | 031-947-7698
웹사이트 | www.academypress.co.kr
등록일 | 2003. 6. 18 제406-2011-000131호
ISBN | 978-89-97544-19-6 93370

값 25,000원

* 역자와의 합의하에 인지첨부는 생략합니다.
* 잘못된 책은 바꾸어 드립니다.